由善而终

上海华信石油集团有限公司

2013

上海商务年鉴

SHANGHAI COMMERCE YEARBOOK

《上海商务年鉴》编纂委员会　编

上海锦绣文章出版社

2012年7月12日，中共上海市委书记俞正声会见瑞士联邦委员兼经济部长约翰·施耐德-阿曼一行

2013年4月20日，中共上海市委书记韩正会见捷豹路虎全球首席执行官施韦德博士

2012年1月31日，上海市副市长艾宝俊在市府贵宾厅会见美国企业公共政策研究所(AEI)总裁亚瑟·布鲁斯

2012年12月22日，上海市商务委党组书记、副主任张新生(左一)带队到闸北区市北高新技术园区调研，听取上海国际贸易技术标准服务中心建设情况和德凯检测公司的汇报

2012年9月28日，上海市商务委副主任王新培会见中法赛马及马业合作执导委员会媒体宣传协调专员本诺·郭吕

2012年2月10日，上海市商务委副主任陈先进会见丹麦驻沪总领事何丽兰

2012年11月14日，上海市商务委副主任顾军会见乌拉圭东岸共和国牧农渔业部副部长恩佐·劳尔·贝内奇一行

2012年6月7日，上海市商务委副主任顾嘉禾(右二)陪同市政协主席冯国勤(左二)巡视中国(上海)国际网络购物大会，介绍特色功能展区和各地优质电商园区

2012年12月17日，上海市商务委副主任王新平会见比利时特命全权公使兼联邦外交、外贸和发展合作部亚洲大西洋司司长吉汉娜·罗卡斯

上海市商务委党组成员、纪检组长胡文君在上海市商业节能降耗工作会议上讲话

上海市商务委副主任吴星宝（前排中）赴中山副食品批发市场进行实地考察

2012年10月17日，上海市商务委党组成员、秘书长俞建明在市商务委创先争优活动总结会议上讲话

上海市商务委副巡视员余如鹤在“上海市商务委员会·都江堰市人民政府商务领域对口援助与合作签字仪式”上讲话

2012年9月21日，在第九届东盟博览会上海展区，上海市商务委副秘书长桑琦（左一）向外宾介绍上海参展企业情况

2012年3月19日， 商务部副部长姜增伟考察上海江桥批发市场、徐汇区广元路菜市场并召开座谈会，听取上海市肉类蔬菜流通追溯体系建设情况汇报

2012年2月16日，商务部服务贸易和商贸服务业司副司长万连坡率组来沪调研上海早餐示范工程建设情况

2012年3月29日，国家粮食局副局长曾丽瑛（左二）视察上海市首家“社区粮油平价店”

第十五届国际商业论坛于2012年5月10日在上海举行。论坛以“商业在上海国际贸易中心建设中的机遇和作为”为主题，围绕“机遇在召唤”“作为靠创新”“借鉴求突破”3个分主题，来自海内外的10多位专家学者深入探讨国际大都市与贸易中心的关系、城市品牌的价值、新的商务模式等问题，为上海早日实现“国际购物天堂”的发展目标献计献策

2012年6月28—30日，“2012陆家嘴论坛”在上海举行，主题是“金融治理改革与实体经济发展”，首次将金融服务实体经济放在重中之重的位置

2012年10月30日，第八十届中国电子展在上海拉开帷幕，新能源、消费电子、绿色环保概念等成为本届展会几大亮点

2012年11月16日，商务部在上海举办2012年中国进口论坛。国务院和各地商务主管部门的相关领导及巴西外交部、土耳其等外国驻华使领馆、贸易促进机构代表和有关专家学者约200人参加论坛

2012年2月15日，上海市商务工作会议在上海展览中心友谊会堂召开。中共上海市委副书记、市长韩正出席会议并讲话。副市长艾宝俊主持会议，市政府副秘书长、市商务委主任沙海林作2012年度商务工作报告，部署落实全市商务工作的重点工作和主要预期目标

2012年11月20日，上海市商务委与保加利亚经济、能源、旅游部签署经济合作备忘录。图为签字仪式

2012年10月10日，“2012第四届上海国际减灾与安全博览会”在上海世博展览馆开幕。本次展会的主题是“智慧减灾，平安城市”，展览面积12000平方米，来自美国、德国、加拿大、韩国、新加坡等多个国家的企业及国内企业参展

2012年9月21日，“2012上海商业十大杰出人物”揭晓，颁奖仪式在上海零售商大会上举行。红星美凯龙家居集团股份有限公司董事长车建新等10人荣获“2012上海商业十大杰出人物”称号

2012年4月26—29日，第二十二届中国国际自行车展览会在上海新国际博览中心举行

2013年3月27日，《上海商务年鉴》第三届理事会单位（扩大）会议在市商务委举行。市商务委党组成员、秘书长俞建明到会并讲话

2012年5月25日，电子商务发展联席会议在市政府第六会议室召开，上海市政府副秘书长、市商务委主任沙海林主持会议并讲话，市发展改革委等20家联席会议成员单位的分管领导和相关处室负责人参加会议

2012年5月8日，霍尼韦尔公司与临港集团C919大飞机项目APU辅助动力装置系统项目举行签约仪式。这是继上海中航商发项目后在临港的第二个民用航空项目

2012年5月3日，在英国伦敦，光明食品（集团）有限公司与英国第二大谷物麦片生产商维多麦（Weetabix）公司签约，收购其60%股份

2012年11月19日，上海金桥经济技术开发区管委会与上海市城市规划设计研究院签订战略合作框架协议，将组织开展开发区空间战略规划研究，为金桥转型升级提供有力的技术支撑

2012年5月30日，上海市莘庄工业区低碳生产性服务业集聚区举行开工奠基仪式

2012年9月13—17日，由中国工业和信息化部中小企业发展促进中心主办，上海东方国际（集团）有限公司所属国服公司承办的2012东盟中国企业建材及家居用品博览会在越南胡志明市富寿体育展览中心举办。图为开幕式剪彩盛况

2012年，在中国商品进出口交易会上，上海丝绸股份有限公司面对全球经济不景气的形势，以产品新、质量优、积极拓展海外市场。图为新产品受到外商亲睐

2012年，东方国际集团上海市纺织品进出口有限公司为提升广交会参展效果，在纺织面料馆新申请4个品牌展位，使展位数达到14个，为公司每年3亿美元左右的出口额打下坚实的基础

上海与世界各国和地区经济贸易关系示意图

2012年上海与世界上229个国家和地区有经济贸易关系

上海商贸国内市场发展布局图

上海商贸国内市场至2012年已有28个商业网点

《上海商务年鉴》理事会

《上海商务年鉴》理事会

（排名不分先后）

理事单位

《上海商务年鉴》编纂委员会

名誉主任　周　波

主　　任　尚玉英

副 主 任　张新生　王新培　陈先进　顾　军

顾嘉禾　胡文君　吴星宝　钟晓敏

俞建明　余如鹤　桑　琦

主　　编　尚玉英

副 主 编　俞建明　王垂芳(常务)

编　　委　(以姓氏笔画为序)

马俊生　邓福顺　申卫华　朱　民　华天雄

刘　敏　孙嘉荣　李　泓　吴国梁　谷　健

陈伟权　周步松　徐文杰　徐士良　奚其龙

臧新兴　戴　刚

《上海商务年鉴》编辑部成员

主　　任　王垂芳

编　　辑　吴　钟　凌淑蓉

资料收集　应伟生　陈家祥　丁东妹　庞经成

《上海商务年鉴》

特约撰稿人、特约摄影和图片搜集人

（以姓氏笔画为序）

上海市商务委员会及所属事业单位

马山姗　尤永生　王　硕　王　静　毛慧红　朱冰心　杨　晓　杨　曜
李西蒙　李坦楼　李　蛰　吴星贤　吴胜娟　沈　艺　沈未来　时　健
陈宇先　陈　昊　陈　虹　陈昭清　金　珏　庞春和　张景佳　郑元强
胡清頎　姚静智　俞　瑾　黄俊恺　黄莎莎　曹　茵　龚维刚　彭　勃
童培幸　濮磊华　戴桂麟

区县

丁映红　王　娟　王海荣　汤　皓　汪　懿　吴培民　陈　彪　陈耀琳
张亦易　倪卫榕　袁　音　夏琼雯　徐卫民　徐　君　唐佩兴　曹济南
鲍　亮　蔡晨怡

保税区、开发区、工业区

王　永　任　朕　李延志　陈建苏　武　鹏　徐圆圆　诸　良

集团企业

朱　平　吕庆荣　徐　斌　葛隽珺

著名企业

王　静　王　慷　王芳卉　王钧华　王　林　乔莉凤　毕　然　朱　昱
朱　菁　孙玉宇　李　琳　李一帆　李保健　李村岚　陆　海　宋　佳
何　娜　周建华　郁　焱　金国忠　罗雨菱　禹　忠　张　英　张　赟
姚文帅　倪　鸣　徐　耀　潘　宇

图片、资料工作人员

刘　锐　孙祎敏　罗　彦　徐彦雯

编辑说明

一、《上海商务年鉴》(以下简称《年鉴》)是一部大型的上海商贸专业工具书,由上海市商务委员会负责组织编纂。其主要任务是全面收集上海每一年的商贸发展情况及资料信息,并编辑整理,汇集成册。

二、《年鉴》的前身为《上海对外经济贸易年鉴》,创刊于1995年,每年编纂出版1卷,已出版15卷。《上海商务年鉴(2013)》延续其总卷号为第十九卷,主要记载2012年上海内贸,外贸,利用外资,对外经济合作,服务贸易,技术贸易,商务体制改革等方面的发展情况,重点反映上海商务企业改革及经营情况。

三、《年鉴》主要采用记叙文体及图表并茂形式,全面记述和真实反映上海商务情况。其编纂体例在突出上海商务地方特色的前提下,力求同国家商务部主办的《中国商务年鉴》相衔接,与海内外编辑的经济类年鉴接轨。

四、《年鉴》设置的编目,随着上海每一年商贸的发展将有增有减。本卷年鉴设综合、企业、开发区、专栏、区县商务、专集、大事记、统计和商贸便览9大篇,"企业"和"专栏"作为两大重要板块,作了较大调整。"开发区"独立成篇。"企业"板块分为"集团"、"内贸"、"外贸"、"外资"、"外经"和"服贸与展览"六类企业,更加详细地记载上海的商业发展情况。"专栏"板块则除继续保留"国内外有影响的展览会"外,新增了"企业与企业家"、"出口名牌"、"特色商业街"和"专题营销"栏目,充分反映上海商业特色。全书约200万字,收集图照200余幅。

(一) 综合。总体介绍上海商务发展情况。

1. 特载。精选市、委领导有关上海商务的讲话,共2篇。

2. 总述。约请上海市商务委综合处撰写的关于2012年上海商务发展综合情况,1篇。

3. 专文。由上海市商务委有关处室及商务委有关直属单位撰写的专题文章,共22篇。

(二) 企业。收录上海内外贸集团、公司发展情况。

1. 集团企业。介绍上海一些代表性的以国内贸易、对外经济贸易为主业的集团的机制转换及贸易发展情况,共4篇。

2. 内贸企业。介绍上海市市场经营居领先地位的内贸企业,共3篇。

3. 外贸企业。介绍上海市对外贸易有影响的外贸企业,共8篇。

4. 外资企业。介绍上海市知名的外资企业,共3篇。

5. 外经企业。介绍上海市对外经济合作主要的"走出去"企业,共3篇。

6. 服务与展览企业。介绍上海市物流与展览有贡献的企业。共8篇。

（三）开发区。介绍上海国家级、市级开发区经营发展情况以及园区重大项目，共7篇。

（四）专栏。设有企业与企业家、出口名牌、国内外有影响的展览会、特色商业街、专题营销和“老字号”与知名企业6个专栏。

1. 企业与企业家。介绍为上海经济发展作出贡献的知名企业和自强创新的优秀企业家，共10篇。

2. 出口名牌。介绍上海市对外贸易出口中自主的名牌商品，共4篇。

3. 国内外有影响的展览会。介绍上海市内外贸最具规模，且有重大影响的展事，共7篇。

4. 特色商业街。介绍消费功能集聚、经营定位鲜明、专业特色突出的上海商业街，共13条。

5. 专题营销。上海市企业及区县有特色的节庆营销或专题活动，共7篇。

6. “老字号”与知名企业。介绍老字号、知名企业等内外贸企业，共187家。

（五）区县商务。介绍上海市17个区县的商务发展情况。

（六）专集。收录上海市商务委员会组织机构及领导人，商贸法规，协会。

1. 上海市商务委员会组织机构。介绍委领导成员、各委处室及负责人，以及委直属单位。共2篇。

2. 商贸法律法规。收录国家及上海市商贸法律和法规文件名录，共2篇。

3. 协会。选登内外贸行业协会，共15家。

（七）大事记。2012年上海商务工作大事记，共138条。

（八）统计。

1. 对外贸易往来国家（地区）贸易情况分析。共15篇。

2. 内外贸统计表。收录上海市2012年度国内贸易、对外贸易、利用外资、对外经济合作、技术贸易等主要统计资料，共35类。

（九）商贸便览。收录上海—中国有关商务数据比较资料，共12类。

五、本卷年鉴有关编目中的数据，由于统计口径不同、方法不一，如有差异，均以统计编中的数据为准。另外有些资料及数据来自网上及相关报纸和杂志，仅供读者参考。

六、本卷年鉴在编纂过程中，得到各撰稿单位及有关人员的大力支持，在此谨表谢意，并请海内外读者对不足之处提出批评。联系地址：上海市四川中路49号209室，邮政编码：200002，电话（021）63218539，传真（021）63519389。

《上海商务年鉴》编辑部

2013年5月

上海商务年鉴(2013)

总 目 录

分编目录

第一编 综合

第二编　企业

第三编　开发区

第四编　专栏

第五编　区县商务

第六编　专　集

第七编　大事记

第八编　统　计

第九编 商贸便览

第一编

综　　合

特载·总述

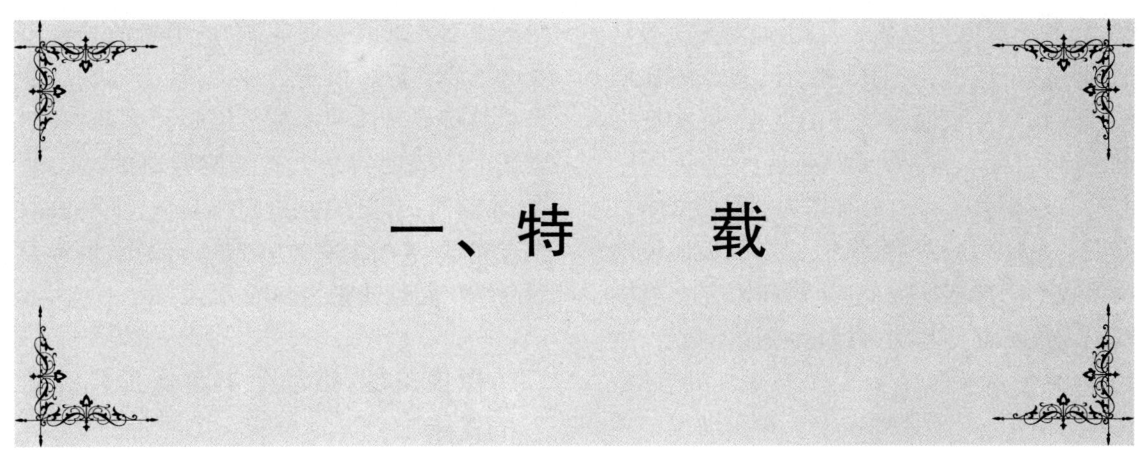

一、特　载

在全市商务工作会议上的讲话

（摘录，未经本人审阅）

上海市副市长　周　波

（2013 年 2 月 27 日）

同志们：

很高兴来参加今天的全市商务工作会议。刚才新生同志作了一个很详实的报告，讲得很好，2013 年的工作要点我都赞同。这几年中，市区商务部门面对复杂严峻的国内外经济环境，紧紧围绕上海国际贸易中心建设，努力在深化开放、扩大消费上下功夫，在困难的条件下总体保持了商务发展“规模质量同步提升、结构效益日益优化”的良好态势，为全市创新驱动、转型发展作出了积极贡献。这些成绩的取得，是市委、市政府正确领导的结果，更是全市商务战线广大干部职工的辛勤努力的结果。在此，我谨对大家的努力和付出，表示衷心的感谢并致以诚挚的问候！

下面，主要谈三点意见：

一、认清形势，准确把握商务发展的新趋势

2012 年的国内外经济环境可谓极其严峻复杂，但在这经济寒冬之中，商务战线的同志们迎难而上、克难奋进，让人感到一股浓浓的暖意。利用外资进入“2.0”时代，全市合同外资与实到外资再创历史新高，合同外资连续两年超过 200 亿美元；总部经济进入“千时代”，全市累计落户跨国公司地区总部 403 家、投资性公司 265 家、研发中心 351 家；服务贸易在全国占比超过 30%，在全市对外贸易中的比重也达到 24% 左右；对外承包工程新签合同额连续 5 年超过 100 亿美元；体育、教育、娱乐等服务性消费、网络购物等新型消费、社区消费、郊区消费等热点发展迅速，全市电子商务交易额超过 7500 亿元。严峻复杂的 2012 虽已过去，但 2013 年的经济形势依然不容乐观。对此，我们要多一份清醒，增强忧患意识，善用“底线思维”，切实提高在适度减缓的环境中推动商务发展的能力。

和平与发展的时代主题和经济全球化的大趋势没有变，但世界经济格局继续深刻调

整,经济环境更趋复杂。因此,面对深化蔓延的国际经济危机,我们既要对其复苏的长期性、艰巨性、复杂性有清醒的认识,更要把握危中之机,抢抓新一轮发展机遇。

我国仍处于可以大有作为的重要战略机遇期的总体判断没有变,但发展面临的风险与挑战更为严峻。因此,面对尚未完全稳固的国内经济复苏基础,我们既要坚定信心、主动作为,更要增强忧患意识,从最坏处着眼、尽最大努力,牢牢把握经济工作主动权。国内经济发展将继续受到世界经济进入相对低迷期与我国经济步入新一轮结构调整期、外需不振与内需相对不足、传统产业产能过剩与新兴产业尚待培育发展等"三个双重制约",稳增长、调结构的任务依然艰巨。国家宏观经济政策取向稳定,但对提高各项政策的针对性和有效性、适时适度进行预调微调、加强政策间协调配合的要求更高,劳动力成本增加、原材料价格上涨、人民币升值、国际竞争加剧、融资困难等"老问题"仍然存在。本轮经济触底后,有很大可能不会像上一轮复苏周期那样出现快速提升的趋势,而将在低位运行,呈现缓慢上升的走势。

商务工作在服务国家战略和上海发展中的地位和使命没有变,但转型发展中的一些深层次矛盾与瓶颈将更加明显。因此,面对处在发展关键期和转型攻坚期的上海和商务工作本身,我们既要千方百计稳增长,防止出现可能的趋势性下滑,更要坚定不移调结构,在平稳增长中加快转型,切实提升发展的质量与效益。从全市看,稳增长压力增大,调结构难度增加,产业结构调整仍处于转型阵痛期,传统支柱产业竞争优势减弱,制造业加速向市外转移,增长相对乏力;战略性新兴产业尚处于培育发展期,产业规模亟待进一步提高;新兴服务业发展面临成本、监管等多种制约,潜力有待进一步释放。从商务工作看,货物贸易的传统优势逐渐减弱、新的竞争优势尚需时日,进出口仍将维持低速增长;经济趋稳回升成为扩大消费的基本动因,但全市消费仍面临外来消费回流、本地消费的外流以及电子商务等新模式的冲击,社会消费品零售总额将难以达到两位数增长。为此,我们要真正认清创新是上海这座城市的活力所在、希望所在,更加强化创新驱动,主动争取先行先试、放大先发效应,进一步释放商务发展与结构转型的潜力和活力。

二、抓住关键,推动全市商务工作的新发展

首先,重中之重是要加快推进上海国际贸易中心建设。中心城市最重要的功能,就是配置市场资源的能力,拥有比较完善的市场体系,这是上海的一大优势,也是国际贸易中心建设的基础和方向所在。上海可以不去和别人比较 GDP 总量、GDP 增速,但在城市的国际影响力、资源支配能力、体现国家战略和国际竞争力等方面,我们一定要有亮点、要有难以被他人取代的特色。一要贯彻实施好《条例》。《上海市推进国际贸易中心建设条例》以地方立法的形式,对近几年来在推进贸易中心建设中的一些行之有效的做法进行提炼、总结和固化,使国际贸易中心建设进入了"依法推进"的新阶段。更重要的是,《条例》本身有很多创新、创制的要求,比如贸易型总部的培育与集聚、商业规划的刚性、会展业的发展等,为我们工作提供了有效抓手,也鞭策我们要有新的举措、新的作为。二要聚焦国家级功能性项目。一方面对已经确定的项目要抓紧、抓实、抓出成效,确保国家会展项目建设进度,严格定节点、定目标、定责任,2014 年底前全部建成并投入使用,有效突破全市会展业发展瓶颈;全力以赴办好首届中国(上海)国际技术进出口交易会,更加凸显技术贸易对整个产业链、技术链、制造链的带动作用,这是贯彻国家以创新驱动发展大战略的重要之举,我们必须首战告捷,商务部门责无旁贷。另一方面要继续主动争取先行先试政策,当务之急是要全力争取国务院批复

建立上海自由贸易园区。自由贸易园区实行“境内关外”的管理模式，适用比保税区等海关特殊监管区域更为优惠的政策。上海自由贸易园区一旦落地，将是上海当好全国改革开放排头兵的重大发展机遇，我们要用3—5年的时间，力争在功能创新拓展、营运总部集聚、国际贸易便利、外汇管理宽松、离岸服务发达、物流监管高效等方面率先突破，构建特殊区域监管改革的示范区、服务贸易对外开放先行区、对外投资促进服务的先导区、国际贸易业务创新的引领区和离岸型产业体系的集聚区，为全国扩大开放探索新路。三要完善多层次共建机制。继续深化部市合作，推动完善商务部和上海市的部市合作机制，定期召开部市合作会议，发挥好共建项目的示范效应。加强市级层面协调，强化市国际贸易中心建设工作领导小组及其办公室的作用，进一步加强委办合作，落实责任分工，共同研究突破瓶颈和难点。扩大市区协作与社会参与，积极营造合力共建上海国际贸易中心建设的良好氛围。

其次是要在实践中思考和把握好“六个结合”。一是“引进来”与“走出去”相结合，“引进来”与“走出去”其实是充分利用国内、国际两个市场、两种资源的两个不同的方面，两者都是面向世界——“引进来”让我们拓宽眼界、高速发展，“走出去”让我们更加融入世界，发展的“骨骼”更加强健。现阶段，我们可能要在“走出去”方面，更多地搭台唱戏，企业有“走出去”的需求，但这方面政治、安全、法律等因素和风险也很大，有过教训，可以充分利用在沪投资促进机构、驻沪领馆等平台，发挥其双向功能。二是产业与贸易相结合，产业发展需要市场、需要需求，贸易提升也需要有优势、有竞争力的产品，两者之间相辅相成，不能仅就产业而产业，就贸易而贸易，没有贸易的带动产业难以做大，没有产业支撑贸易也做不好。三是技术与贸易相结合，一方面要扩大技术进出口，降低技术开发和交易成本，促进成果转化与技术交易，我们的“上交会”是一个很好的平台；另一方面，就提高对外贸易竞争力而言，技术同样是不可或缺。四是内贸与外贸相结合，内外贸一体化是我们转变经济发展方式，扩大内需、稳定外需的重要方向，成立市商务委本身就有打通内外贸的初衷，但目前内外贸在经营模式、业务流程、产品标准、营销渠道和支付体系等方面都还存在着这样那样的差异和阻隔，需要我们积极寻找突破口，探索内外贸一体化的实现模式。五是进口与出口相结合，在当前形势下，单纯讲出口，上海难有大的起色，更多地要在质量、结构、效益上做文章。进口方面，上海还是有比较明显的优势，要加大工作力度，用好用足进口贸易示范区、国际贸易常年展示交易中心、国别商品中心等功能性平台，在通关便利、环境、人才等方面，探索新的举措。六是监管与服务相结合，监管不是目的，服务才是根本，要强化服务型政府的理念，融监管于服务之中，在服务中体现监管，在监管中更好服务。这“六个结合”只是点点题，还需要在实践中进行诠释和回答。

再次是要从结构调整的角度抓好重点环节的突破。一要充分发挥消费对经济增长的基础作用。社零指标反映最终消费，目前需要重点关注社区商业和郊区发展。社区商业已占到全市社零总额的半壁江山，而在中心城区消费增长乏力的同时，郊区的消费增长迅猛，特别是随着新城建设和产城融合的进一步深入，这方面还有很大潜力可挖。要充分关注服务性消费和网络购物等新型消费快速发展势头，尤其是伴随生活节奏加快、网络应用普及、消费习惯变化等趋势，这将是一个重要的增长点。二要着力提高服务贸易和新型国际贸易的比重。充分发挥各类进出口促进平台功能，加快建设具有国际影响力的服务贸易基地和进出口商品的重要集散地。巩固提高运输、旅游、计算机和信息服务等服务贸易优势产业，稳步扩大专业服务、文化创意等领域的交易规模，培育技术贸易、中医药贸易等新增长点，服务贸易进出口额相当于全市进出口总额的25%左右。优化对外贸易产品、市场和企业结构，加大自主研发与自主品牌比例，加快海外营销网络布局，着力培育以品牌、技术、质量、服务等为核心的外贸竞争新优势。三要着力提高利用外资的综合优势和总体效益。坚持与城市发展相适应、与产业转型相匹配，继续引导外资参与国际经济、金融、贸易、航运中心建设和战略性新兴产业发展。更加注重引进国外先进技术、经营模式、管理理念和高素质人才，实现引资、引智、引技之间的有机结合。提升外资总部经济能级，研究完善支持跨国公司亚太区总部发展相关政策，鼓励跨国公司在沪设立亚太区总部和业务部门全球总部。四要着力提高"走出去"的层次。引导企业增强抵御国际经济风险、把握国际化经营的能力，努力培育世界水平的本土跨国公司。加大跨国并购支持力度，引导企业通过并购获取稀缺的战略资源、先进技术、营销网络、管理经验、国际品牌等，为发展拓展空间、赢得机遇。推动银行、保险、基金、投资咨询、会计、法律等机构在境内外开展"走出去"专业服务，更加安全高效地"走出去"。

三、突出队伍，锤炼全市商务战线的新作风

一是要密切联系群众、扎实服务基层，力求作风建设新成效。市区商务部门要以贯彻落实中央"八项规定"和市委、市政府有关实施办法为契机，扎扎实实地改进作风。要讲真话、知实情、干实事、做实功，把工作抓紧抓细抓实，特别是要"眼里有活"，哪里有瓶颈，就集中力量突破；哪个环节打不通，就集中力量攻克。要深入企业、深入基层，进一步加大服务企业的力度，深化完善"一站式"服务、跟踪服务、对口服务、定期调研等机制，切切实实帮助企业解决一些实际问题。要坚持依法行政与科学管理，保持商务领域有关促进政策的连续性、稳定性，提高针对性和透明度。

二是要以能力建设为核心、大力深化"人才强商"战略，形成更强凝聚力和战斗力。要坚持高起点、国际化，大力集聚具有国际商务知识背景，熟悉国际惯例和规则，精通国际商务运营和管理的国际化商务人才。要进一步健全完善干部选拔任用、考核评价等制度，用好各年龄段干部特别是年轻干部，切实加大轮岗交流力度。同时，作为处在全市开放一线的商务干部，更要以开放的心态、国际的视野、全局的角度，主动加强学习、勤于思考、苦练内功，着力构建"人才网"、"信息网"、"人脉网"，打牢坚实的工作基础。

三是要加快职能转变与管理创新，正确处理好政府与市场、社会的关系。从事开放工作的部门，本身更要"开放"。要切实转变政府职能、提高行政效率，凡是市场能决定的，就交给市场，凡是社会有能力承担的，就放给社会，凡是社会组织和中介机构可以作为的，就依靠其发挥作用，凡是政府能购买服务的，就向社会购买。要更加善于运用微博等新媒体的力量，既通过其加强新闻宣传，同时也让媒体加大对我们工作的监督，反过来更好地促进工作。

同志们，今年是新一届市政府的开局之年，做好今年的商务工作是各级政府、各有关部门的共同责任。各区县政府要切实加强对商务工作的领导和支持，各有关部门要积极支持商务工作的发展，各商协会等中介组织和开发区要发挥好自身作用，进一步形成全市商务发展的整体合力。让我们在市委、市政府的坚强领导下，奋发有为、开拓进取，起好步、开好局，共同谱写全市商务发展新篇章！

坚持创新驱动　提升质量效益
进一步推动上海商务事业持续健康发展

——在全市商务工作会议上的报告(摘录)

市商务委党组书记、副主任　张新生

(2013 年 2 月 27 日)

同志们:

这次全市商务工作会议的主要任务是,全面贯彻落实全国商务工作会议和十届市委三次全会精神,按照市十四届人大第一次会议通过的《政府工作报告》明确的目标任务,回顾总结 2012 年本市商务工作,分析商务发展面临的形势,研究部署 2013 年的重点任务。

下面,我代表市商务委向大会作工作报告。

一、2012 年全市商务工作基本情况

2012 年,全市商务部门按照稳中求进的总基调和创新驱动、转型发展的总方针,积极应对复杂严峻外部环境冲击和自身结构调整影响的双重挑战,紧紧围绕上海国际贸易中心建设,扎实推进搭建大平台、服务大市场、推动大开放、优化大环境各项工作,保持了全市商务运行总体平稳、结构调整继续加快的良好态势,为上海转型发展注入了新的动力和活力。

——市场销售稳定增长。全年实现商品销售总额 5.38 万亿元,比上年增长 16.8%;实现社会消费品零售总额 7387.32 亿元,比上年增长 9.0%。电子商务继续保持高速增长,全年实现电子商务交易额 7582.4 亿元,比上年增长 37.7%;网络购物交易额 872.8 亿元,比上年增长 19.1%。商业贡献率继续提升,全年实现商业增加值 3590.33 亿元,可比增长 10.7%,分别拉动全市和第三产业经济增长 1.9 和 2.3 个百分点。

——对外贸易结构优化。服务贸易增速继续快于货物贸易,预计全年实现服务贸易进出口 1480 亿美元,比上年增长 15% 左右,在全国的占比超过 30%,占全市对外贸易总的比重达到 24% 左右。货物贸易增速回落,全年本市货物贸易进出口 4367.58 亿美元,比上年微降 0.2%,但进口增速快于出口、一般贸易增速快于加工贸易、新兴市场增速快于传统市场的发展趋势继续保持。

——利用外资再创新高。全年本市新批外商直接投资项目 4043 项,合同吸收外资 223.38 亿美元,比上年增长 11.1%;实际利用外资 151.85 亿美元,比上年增长 20.5%,双双刷新年度记录。总部经济加快发展,新认定跨国公司地区总部 50 家,新设投资性公司 25 家、研发中心 17 家,BP、惠普、久保田等世界知名企业纷纷在沪设立地区总部。至年底,全市累计吸引跨国公司地区总部 403 家,投资性公司 265 家,研发中心 351 家。

——对外经济合作扎实推进。全年本市新批对外直接投资项目 249 项,投资总额 32.4 亿美元,比上年增长 22%,民营企业投资活跃,并购类项目占比提升。新签对外承包工程合同额 103.11 亿美元,连续 5 年超过

百亿美元的规模；实际完成营业额68.12亿美元，带动相关领域出口70亿美元左右。至年末，上海对外承包工程和劳务合作涉及的国家和地区已达178个。

一年来，重点推进了四个方面的工作：

一是加大力度搭平台。紧密依托商务部与上海市部市合作机制，以合作共建重点项目为抓手，加快推进上海国际贸易中心建设。虹桥商务区国家会展项目主体工程顺利开工，中国(上海)国际技术进出口交易会获国务院批准，中国(上海)国际贸易中心网拓展功能。陆家嘴金融贸易区、北外滩航运和金融服务集聚区、南京西路专业服务商务区等现代服务业集聚区平台功能日益显现。加强现代市场体系建设，钢铁、汽车、珠宝、酒类等现代商贸功能区，有色、化工、液化天然气等大宗商品交易平台加快发展，以我国的钢铁(MySteel)螺纹钢价格指数为基准的螺纹钢掉期合约于纽约商品交易所(NYMEX)上市，上海的价格影响力和市场话语权进一步提升。外高桥保税区国家进口贸易创新示范区以及国际贸易技术标准服务中心、国际贸易常年展示交易中心、国际设计与贸易促进中心、国别商品中心等进出口促进平台稳步推进。《上海市推进国际贸易中心建设条例》经市人大常委会审议通过，于2013年1月1日起正式实施。

二是千方百计稳增长。积极贯彻国家和本市稳定外贸增长各项政策措施，加大政策宣传力度，发挥政策引导效应。密切跟踪外需变化及其走势，建立重点区县、重点区域和重点企业联系机制，深入调研，服务企业，解决难题。深化关贸、检贸、税贸合作，创新贸易便利化措施，开展贸易便利化"一站式"服务中心试点，促进出口退税服务，加快出口退税执行速度。扩大出口信用保险覆盖面，短期出口信用险承保额超过200亿美元。搭建政策性融资平台，加强与相关金融机构合作，优化中小外贸企业融资环境。推进洋山保税港区开展大型船舶和大型设备融资租赁业务，空港保税区探索飞机融资租赁业务及配套服务。

研究制定上海贯彻国务院《关于深化流通体制改革加快流通产业发展的意见》的实施意见。活跃市场消费，开展消费促进月、上海购物节、上海时装周10周年等活动。继续提升商圈业态结构，新建成一批大型商业设施、特色商业街、社区商业等商业项目。加强商业运行监测，推动商业节能降耗。规范市场秩序，打击侵犯知识产权和假冒伪劣、清理整顿违规收费、单用途商业预付卡等工作成效明显。完善主副食品市场监测调控，根据市场变化，适时启动主副食品风险调节资金等机制。推进完善产销对接和农商对接、农超对接。全面完成市政府实事项目，在100家标准化菜市场、1000家标准化超市建成猪肉追溯系统，在150家大卖场、485个标准化菜市场建成蔬菜追溯系统，在200家标准化菜市场建成水产品追溯系统，在50家标准化菜市场建成牛肉追溯系统，在100家标准化菜市场建成粮食追溯系统。全市新增早餐供应网点1005个，完成年度目标的114.2%，8家主食加工配送中心全部建成并投入使用。

三是坚定不移调结构。新型贸易方式和新兴业态加快发展，服务贸易、电子商务等继续保持快速增长势头。重点推进国家对外文化贸易基地、技术交易促进中心等服务贸易平台发展，修订服务贸易和服务外包资金管理办法和扶持标准，发布新版服务外包专业园区和重点企业认定和管理办法，支持企业做大做强。深入创建国家电子商务示范城市，开展电子商务示范园区和示范企业创建工作，支持一批重点电子商务平台和项目加快发展。完善全市电子商务统计制度，统计周期由半年缩短为月度。举办虹桥贸易论坛——电子商务创新示范与引领、国际网络购物大会等活动。深入推进现代服务业综合试点，围绕城市共同配送、现代商贸功能区和国际贸易中心公共平台，首批试点项目进展顺利,实际完成投资额47.6亿元,一批前瞻性、战略性项目和跨行业、跨部门平台经济项目初现端倪。

完善外商总部经济政策,修订出台《上海市鼓励跨国公司设立地区总部的规定的实施意见》、《上海市关于鼓励外商投资设立研发中心的若干意见》等规范性文件。服务业对外开放取得新进展,新批融资租赁企业数和合同外资均大幅增长,浦东新区成为全国首批商业保理项目试点地区。职业技能培训、商品拍卖、养老服务、保安服务等领域吸引外资实现新突破。创新投资促进模式,成立由99家中外投资促进机构组成的"上海市投资促进联席会议"。上海化工区升级为国家级经济技术开发区。举办首届"上海·台湾名品博览会"。加快"走出去"步伐,开展培育本土跨国公司基础性研究,重点扶持有规模实力、品牌优势和市场基础的企业开展跨国并购。鼓励各类所有制企业组成联合体,共同开展境外投资,开拓对外承包工程和劳务合作市场,在上游重点获取战略性资源,在中游注重转移优势产能、拓展市场空间,在下游主攻国际知名品牌和营销渠道,提升对外经济合作质量。累计接待副部级以上外国政府商务代表团12批次、147人次,商务外事对全局工作的促进作用进一步显现。

四是创先争优聚合力。认真学习党的十八大和市十次党代会精神,扎实推进创先争优活动向深度拓展,商务部门自身建设得到新的加强。以"聚力凝心、争创先进、展示形象"为主题,推进机关文化建设;倡导先进商务文化,形成"服务、开放、创新、诚信"的商务精神共识;加强商务干部人才队伍建设,健全完善干部人事工作相关制度,加强商务人才培养;加强廉政建设和反腐败工作,加强对重点岗位、重点部门和重点环节的监督检查,落实政风行风建设,努力以反腐倡廉新成效促进商务事业新发展;注重发挥委属事业单位和行业协会的作用。

二、2013年全市商务工作主要任务

总体上看,今年商务发展具备不少有利条件和积极因素,但面临的问题与挑战不容低估。外部发展环境难有实质性改善,国内经济稳定回升的基础尚不牢固,上海经济在保持平稳增长中加快转型的任务依然艰巨。为此,我们要善于运用"底线思维",保持清醒头脑,增强忧患意识,牢牢把握工作主动权,全力以赴推动商务发展。

2013年,全市商务工作总体要求是:深入学习和全面贯彻党的十八大精神,按照市委、市政府和商务部的各项决策部署,坚持创新驱动、转型发展,围绕加快推进上海国际贸易中心建设,进一步培育开放型经济新优势,进一步发挥消费对经济增长的基础作用,进一步推动现代服务业加快发展,进一步营造更具竞争力的商务发展环境,稳中求进、开拓创新、扎实开局,不断提升发展的质量与效益,努力促进全市商务事业持续健康发展。

主要预期指标是:全市商品销售总额增长15%左右,社会消费品零售总额增长8%左右;稳定上海货物贸易规模,服务贸易总额增长12%左右;利用外资在保持增长的基础上质量进一步提升,新增跨国公司地区总部35家左右;对外直接投资增长10%左右。

(一)以贯彻实施《上海市推进国际贸易中心建设条例》为重点,着力推进国际贸易中心建设

既要发挥好《条例》对国际贸易中心建设的法制保障作用,更将其作为推动工作的重要契机与有效抓手,力求重点突破,进一步提升国际贸易中心能级。

发展贸易型总部。贸易主体是国际贸易中心建设的市场基础。要按照《条例》要求,创设性地开展贸易型总部的培育和集聚工作,借鉴近年来促进外资总部发展的相关政策措施,按照贸易管理型与贸易营运型的总体分类,以及采购、分拨、营销、结算、物流、品

牌等功能特征，抓紧研究制定相应的认定办法与扶持标准，在政策优惠、投资与贸易便利化等方面，支持贸易型总部发展，从而更好地利用两个市场两种资源，提升贸易流通规模和能级。

推动商业规划落地。繁荣繁华的商业是国际贸易中心的重要组成部分，但其规范有序发展离不开政府规划的引领与保障。要将《条例》对商业规划的“上位法”作用落到实处，根据上海市国民经济和社会发展规划，结合区域发展和人口规模，会同相关部门对《上海市商业网点布局规划纲要（2009—2020）》进行修编，将其纳入相应的城乡规划之中，切实增强规划的“刚性”，确保规划的有效落地与实施，提高规划的执行力，更好地促进上海商业持续健康发展。

促进会展业发展。会展是国际贸易中心功能的重要体现。要以《条例》颁布实施为契机，稳步推进国家会展项目建设，严格定措施、定目标、定节点、定责任，确保建设进度；举全市之力办好首届中国（上海）国际技术进出口交易会，在办展形式、参展模式、展出及交易内容等领域力求创新，更加凸显技术贸易对整个产业链、技术链、制造链的带动作用；完善上海会展业发展各项促进政策，着力培育一批具有较大国际影响力和竞争力的品牌展会，为上海建设国际会展中心城市注入新的动力。

完善多层共建机制。深化部市合作框架，推动完善商务部和上海市的部市合作机制，发挥部市合作项目的示范引领作用，积极争取先行先试。加强市级层面协调，强化上海市国际贸易中心建设工作领导小组的作用，进一步加强委办合作，落实责任分工，共同研究突破瓶颈和难点。完善市区协作配合机制，以签署和落实委区合作协议、推进重点项目为抓手，积极调动区县的积极性。充分发挥行业协会、高校及科研院所、金融机构和新闻媒体等的作用，营造社会各界共同支持贸易中心建设的良好氛围。

（二）以优化结构、拓展深度、提高效益为重点，着力培育开放型经济新优势

主动适应对外开放新要求，实施更加积极主动的开放战略，进一步加快对外经济发展方式转变，更好地以开放促改革、促发展、促创新。

坚持创新引领。依托部市合作机制，积极参与新形势下深化对外开放战略性、前瞻性研究。研究综合保税区功能拓展，探索建设浦东自由贸易园区，力争在国际贸易物流运作、外汇管理、功能创新、赋税水平以及非保税物品运作等方面先行先试，推动出口加工区向综合保税区转型。完善支持跨国公司亚太区总部发展相关政策，鼓励跨国公司在沪设立亚太区总部、业务部门全球总部，积极引进研发中心、营运中心、结算中心、数据中心等功能机构。因势利导促进企业跨国经营，培育本土跨国公司。

积极主动作为。稳外贸要主动作为，增强海外办展、参展的力度与有效性，拓市场、抓订单，加快海外营销网络布局设点，加大自主品牌与自主研发投入，形成技术、品牌、质量、服务等外贸发展新优势。引外资要主动作为，着力提高利用外资综合优势和总体效益，紧密结合上海城市转型与产业发展需要，加大招商引资力度，进一步引导外资投向高技术、高附加值的先进制造业，生物医药、节能环保、新能源、工业机器人等战略性新兴产业，以及基于网络平台、信息技术、智能终端等的新产业新业态，促进引资、引技、引智的有机结合。对外经济合作更要主动作为，加快“走出去”步伐，增强国际化经营能力，推动银行、保险、基金、投资咨询、会计、法律等机构在境外开展专业服务，强化政策支持力度，鼓励有条件的企业通过境外投资和兼并收购，获取战略资源、先进技术、营销网络、管理经验和国际品牌，提高境外承包工程和对外劳务合作层次和水平。

加大工作联动。加大贸易与产业联动，重点聚焦民用航空、海洋工程装备、大规模集成电路、新能源、高端装备与成套设备、生物制品与医疗器械等资本和技术密集型产业，促其早日形成产能和出口能力。推动加工贸易转型升级，探索海关特殊监管区企业开展内销货物入区维修业务。加大内贸与外贸联动，推动进出口与国内流通相衔接，坚持出口和进口并重，扩大能源资源、关键部件及国内有需求的消费品的进口，增强外高桥保税区国家进口贸易创新示范区，以及国际贸易常年展示交易中心、国别商品中心、跨国采购园区等进出口促进平台功能。加大服务贸易与货物贸易联动，鼓励企业提高产品和服务一体化出口能力，加快服务贸易重点领域发展，巩固提高运输、旅游、计算机和信息服务、工程承包与建筑等传统优势产业，稳步扩大专业服务、文化创意等领域交易规模，培育技术贸易、中医药贸易等新增长点。

（三）以扩内需促消费惠民生为重点，着力增强消费对经济增长的基础作用

立足扩大内需这一战略基点，抓紧出台上海市“深化流通体制改革加快流通产业发展实施意见”，进一步完善扩大消费需求的长效机制，培育消费新的增长点。

积极引导社区商业等热点消费。社区消费已占到全市社零总额的五成，要顺势而为，进一步做深做大做强社区商业、市郊商业，加快完善大型居住社区商业配套，推动新建一批综合性商业设施，积极引导商业企业入驻，体现繁荣繁华与安居乐业的有机统一。把握服务消费、网络消费、电视购物等快速增长态势，创新发展体验式消费、无店铺消费、定制化消费等新模式，拓展文化娱乐、体育健身、教育培训等服务性消费。深化落实节能家电销售、老旧汽车更新等扩大消费政策，推进实施鼓励分期付款消费、降低刷卡消费费率等措施。丰富购物节、旅游节等节庆消费促销手段，培育再生资源消费、节能环保消费、绿色循环消费等新领域。积极争取离境退税试点，推动建立市内免税店。

稳步扩大生活服务等民生消费。从促消费、惠民生和完善城市功能的需要出发，推动实施“上海市生活服务业发展指导意见”，不断优化全市生活服务业网点布局和促进体系。继续深入推进深化早餐工程实事项目，着重实施标准化门店改造和中央厨房建设，创新大众化餐饮供应模式。着力推进家政服务体系建设，加大家政服务人员培训力度，打造家政服务品牌企业和明星。强化主副食品市场预测预警，完善主副食品储备制度，保障市场安全平稳运行。推进粮食、蔬菜等主副食品产销对接和市外基地建设，新建设和改造一批公益性质的标准化菜市场、社区菜店等。稳步扩大鲜活农产品追溯系统覆盖面，逐步形成以肉类、蔬菜、水产、粮食及水果、南北货等为主的安全信息追溯体系。

支持电子商务等科技创新与应用。以推进流通现代化为目标，鼓励企业广泛应用现代流通技术和信息技术，大力推广并优化供应链管理，推行连锁经营、电子商务、统一配送等现代流通方式，培育形成一批主营业务突出、网络覆盖面广、品牌知名度高、供应链管理水平高、具有国际竞争力的现代大型流通企业。加强电子商务示范城市和示范园区、基地建设，鼓励云计算、物联网、移动通信、射频识别等各类新技术在电子商务领域广泛应用，大力培育典型企业，特别是网络零售龙头企业。推动物流服务和电子商务有效集成，构建与电子认证、网络交易、在线支付协同运作的有效支撑体系。加强电子商务诚信与规范化建设。

（四）以深入推进国家现代服务业综合试点为重点，着力推动现代服务业加快发展

加快形成服务经济为主的产业结构是上海转型发展的重要着力点所在，要放大现代服务业综合试点的政策效应，进一步关注和扶持各类新兴业态发展。

完善试点工作机制。现代服务业综合试点是上海又一先行先试政策机遇，目标是通过三到五年时间，探索突破现代服务业发展的体制机制瓶颈，带动上海服务业现代化、网络化、标准化、品牌化发展，为全国服务业发展积累经验。一年多来，中央财政已拨付专项资金7亿元，上海试点工作也得到了中央领导同志的肯定。要进一步完善"组织实施三保障、项目管理三把关、资金管理三到位"的试点推进模式，开展试点项目中期评估，重点就实施成效、体制创新、模式创新等进行评价，并探索建立现代服务业发展相关标准体系与试点项目储备库，健全长效滚动机制，为全国综合试点项目管理提供经验。

培育发展平台经济。发挥"大市场、大流通"优势，加快培育一批"两头在沪"、"上控资源、下控网络"式的平台型总部企业，着力发展一批集"多方信息、多方需求、多方交易、多方服务"为一体的第三方平台型企业，体现虚实结合、二三融合、内外连接。通过现代服务业综合试点、电子商务战略性新兴产业专项等政策，加大扶持力度，促进本市形成一批以上述两类企业为代表的平台型经济企业群。持续推进现代服务业集聚区建设，结合郊区新城规划，强化分类指导，打造各具特色的现代服务业发展实体性平台。加快国家技术进出口中心、中国(上海)国际贸易中心网、国家对外经济政策研究资讯平台等国际贸易中心公共平台建设。

创新发展新兴业态。加快建设城市共同配送体系，有效提升对全社会物流资源的整合配置能力，降低参与企业的物流成本。依托城市连锁商业网点，推广"网订店取"模式，探索全天候"邮局式"服务。推动"全温带配送中心"建设，鼓励企业向社会释放更多运能，提高使用效率。打破传统商贸模式、融合内外贸易，逐步建成一批集设计、展示、交易、鉴赏、评级、服务、文化、要素市场等功能为一体的现代商贸服务功能区。支持钢铁服务业综合试点区、现代汽车服务产业集聚区等制造基地拓展信息、交易、物流、金融、研发、设计等服务链条，实现向服务高地的转型。加快推动国际酒类商贸服务功能区、国际黄金珠宝商贸服务功能区等结合各自区域和产业基础，在做深做特上下更多功夫，提升发展园区功能。

(五)以优化政府管理和服务为重点，着力营造更具竞争力的商务发展环境

切实落实好中央关于改进工作作风、密切联系群众的八项规定，大力建设服务型政府，进一步形成更加有利于国际化商务发展的大环境。

进一步加大服务企业力度。用足、用好国家和上海已出台的各项稳增长措施，进一步发挥出口退税、信贷担保、保费补贴等政策效应。继续创新完善海关监管方式，优化检验检疫流程，推动外汇管理制度改革试点，清理规范外贸各环节不合理收费，进一步优化和完善贸易便利化环境。深化重点企业、重点区域联系机制，强化工作的主动性与针对性，及时掌握了解企业需求与变化情况，妥善帮助企业解决产品、资金、结算、发运等问题。充分发挥中小外贸企业融资担保政策性平台，缓解中小外贸企业融资难问题，进一步扩大出口信用保险政策覆盖面，推动人民币跨境结算工作不断深入。改善提升商务行政对外服务窗口形象和水平。发挥好行业协会在促进行业发展、行业自律、行业服务、行业监督等方面的积极作用。

进一步优化商务发展环境。加大对贸易摩擦案件的应对组织和工作扶持，探索建立反补贴联合应对机制。灵活运用对外贸易救济措施，充分运用国际规则维护产业安全，营造良好贸易环境。调整优化外资管理和服务方式，将下放审批权限与提高外资工作效率相结合，通过业务培训、网上复核等方式，强化对区县和开发区外资审批的指导。加强外资统计监管与绩效评价，探索实施外商投资全过程管理，落实好CEPA、ECFA等相关工作。支持符合条件的开发区升级为国家级经济技术开发区，深化生态工业示范园区创建工作，完善产业转移促进中心(商务部上海基地)功能。进一步优化知识产权保护和诚信环境，加强市场秩序规范整顿，深化开展打击侵权和假冒伪劣、单用途商业预付卡等工作，持续推进商务诚信城市建设。发挥经贸外事作用，做好商务宣传工作。

进一步加强商务部门建设。认真学习、深刻领会、自觉实践党的十八大和市十次党代会重要精神，在思想、行动等各方面，始终与中央和市委的路线方针政策和决策部署保持高度一致。严格落实中央和市委关于改进工作作风、密切联系群众的各项规定，狠抓作风建设、强化为民意识，从严要求、从严管理、厉行节约，把党的好传统、好作风发扬光大。深化学习型机关、学习型组织建设，大力营造想干事、能干事、干成事的机关文化氛围。进一步加强干部培训与商务人才建设，以提高能力为核心，继续通过挂职、交流、兼职等多种形式，拓宽培训渠道、整合培训资源，增强工作实效。突出正确用人导向，关心使用好各年龄层次的干部、尤其是年轻干部，落实好老干部政治、生活等各项待遇。加强预防腐败体系建设和反腐倡廉教育，严格执行党风廉政责任制各项规定，严肃查处各类违法违纪问题。

同志们，目标凝聚力量，任务催人奋进。让我们在市委、市政府的坚强领导下，统一思想、狠抓落实，坚定信心、迎难而上，以更加奋发有为的精神状态、更加务实高效的工作作风，确保2013年各项目标任务的圆满完成，为全市经济社会发展作出新的更大贡献！

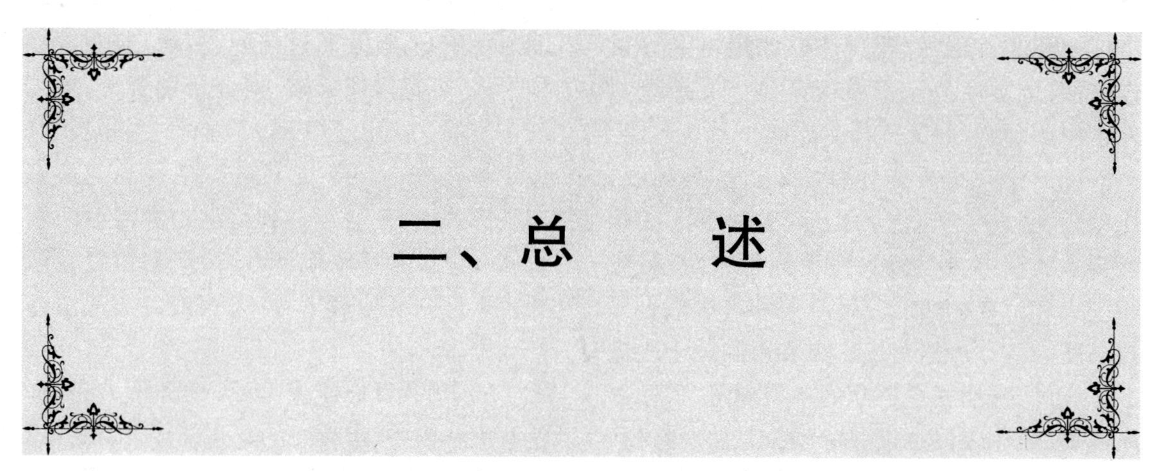

二、总　　述

（一）综　　述

紧紧围绕上海国际贸易中心建设 继续加快结构调整　商务运行总体平稳

——2012年上海市商务运行情况

2012年，上海市商务部门紧紧围绕国际贸易中心建设，扎实推进搭建大平台、服务大市场、推动大开放、优化大环境等各项工作，有效应对复杂的外部环境和城市发展转型的双重挑战，保持商务运行总体平稳、结构调整继续加快的良好态势，为全市创新驱动、转型发展注入了新的动力和活力。

一、流通规模持续扩大，消费拉动作用明显

2012年，上海商品销售总额首次跃上5万亿元大关，达5.38万亿元，比上年增长16.8%，其中限额以上商品销售额4.54万亿元，增长19.7%；实现社会消费品零售总额7387.3亿元，比上年增长9.0%，其中限额以上社会消费品零售总额5293.2亿元，增长7.5%。

2012年各区县社会消费品零售额完成情况表

金额单位：亿元

区　县	金　额	增速（%）	占比（%）
浦东新区	1349.7	12.1	18.9
黄浦区	684.1	6.3	6.9
徐汇区	435.4	10.1	6.2
长宁区	254.4	8.9	3.7
静安区	233.8	3.4	3.6
普陀区	482.0	7.1	7.1
闸北区	240.3	11.2	3.4
虹口区	252.1	10.3	3.6
杨浦区	311.2	13.1	4.3
闵行区	566.6	13.3	7.9
宝山区	460.3	20.5	6.0
嘉定区	430.0	19.8	5.5
金山区	288.5	15.0	4.0
松江区	383.5	12.1	5.4
青浦区	357.8	19.6	4.7
奉贤区	335.3	15.0	4.6
崇明县	64.7	18.3	0.9

（一）流通和消费增速稳中趋缓

全市商品销售总额继续保持了2003年以来连续10年两位数增长势头，表明市场流通仍保持较强活力，但受国内外经济走低和工业生产、出口订单减少等因素影响，增速明显回落，下半年增速比上半年减少10.8个百分点。全市社会消费品零售总额9年来首次跌入一位数增长，但在拉动经济增长的“三驾马车”中仍保持领先，增速分别快于全社会固定资产投资总额、出口5.3和10.4个百分点。

2012年月度限额以上商品销售额运行情况图

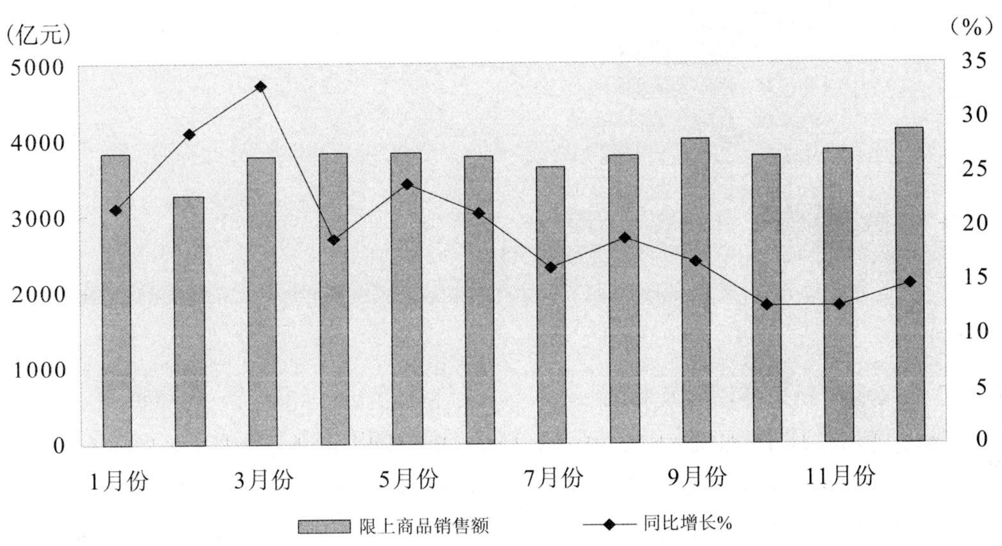

2010—2012年上海社会消费品零售总额按季增长情况图

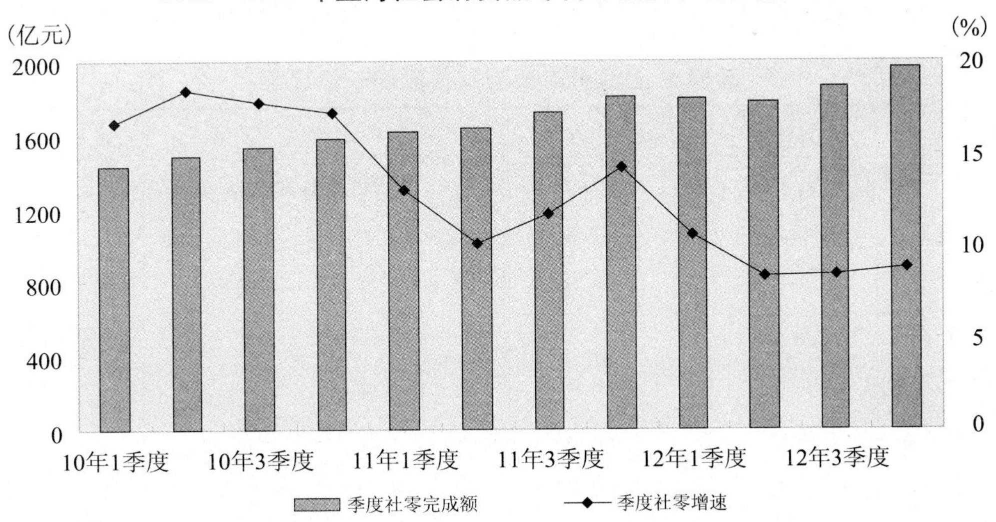

（二）各类消费增长总体平稳

从行业看，上海全年限额以上批发和零售业企业实现零售额4843.3亿元，比上年增长7.9%；限额以上住宿和餐饮业企业实现零售额450.0亿元，比上年增长3.4%，其中，中餐、快餐、西餐、宾馆餐饮分别增长7.9%、6.1%、5.4%、3.5%。从商品类别看，穿的商品增速最快，全年实现限额以上零售额702.9亿元，比上年增长13.3%；吃的商品零售额1222.6亿元，增长3.7%；用的商品零售额2915.4亿元，增长8%；烧的商品零售额452.4亿元，增长6.2%。从具体商品看，通讯器材等增速领先，金银珠宝等则出现下降。

2012 年全市限额以上分商品零售额比上年增长情况图(±%)

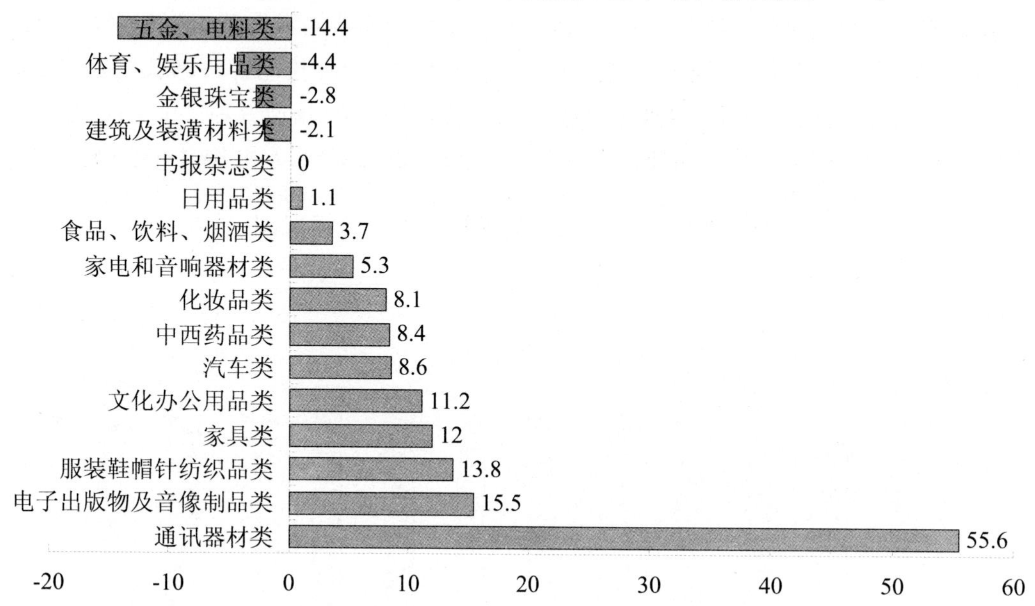

(三) 新兴业态新兴商圈表现抢眼

从业态看,网络购物高速增长,全年实现商品类网络购物交易额658.2亿元,比上年增长139.3%。另据上海市商业信息中心对各大零售业态主要样本企业的监测,全年便利店、购物中心分别比上年增长13.5%、3.4%,专业专卖店、标准超市、百货商厦、大型综合超市则分别下降9.0%、8.0%、1.2%、0.8%。从商圈看,区级商圈零售额增速高于市级商圈10.2个百分点,金山新城、奉贤南桥、莘庄新城等增速均超过20%;市级商圈除新上海商业城、中环(真北)略有增长外,其余均出现下降。

2012 年上海重点商圈零售额增长情况表

商圈	区县	比上年(±%)	商圈	区县	比上年(±%)
市级商圈合计		-1.3	区级商圈合计		8.9
南京东路	黄浦	-1.2	大宁	闸北	-9.4
南京西路	静安	-4.9	南方商城	闵行	6.2
淮海中路	黄浦	-11.1	长寿	普陀	-15.6
四川北路	虹口	-15.4	曹家渡	—	19.0
豫园商城	黄浦	-2.3	金桥	浦东	11.9
徐家汇	徐汇	-0.2	松江新城	松江	10.3
不夜城	闸北	-11.0	莘庄新城	闵行	20.7
张扬路	浦东	5.1	奉贤南桥	奉贤	33.8
五角场	杨浦	-0.2	金山新城	金山	67.5
中山公园	长宁	-5.2	青浦桥梓湾	青浦	0.9
虹桥	长宁	-11.5			
中环(真北)	普陀	2.7			

说明:本表数据为样本企业同口径比较数。

（四）商业对全市贡献度增加

全年商业完成增加值3590.3亿元，可比增长10.7%，增速高于全市及第三产业，对全市经济增长的贡献率达到24.7%，比上年提高2个百分点，拉动全市生产总值增长1.9个百分点。全年商业税收1997.0亿元，比上年增长6.9%，其中批发零售业继续保持税收规模全市行业第一。全市商业从业人员首次突破230万人，分别占全市和第三产业从业人数的21%和37%，是第三产业中提供就业岗位最多的行业，商业对全市和第三产业净增从业人数的贡献率分别高达38%和60%。

2012年全市商业增加值增长、占比及贡献率情况表

行业名称	增加值(亿元)	可比(%)	占比(%)	贡献率(%)	拉动百分点(个)
全市生产总值	20101.3	7.5	100.0	100.0	7.5
第一产业	127.8	0.5	0.6	—	—
第二产业	7912.8	3.1	39.4	17.0	1.3
第三产业	12060.8	10.6	60.0	82.4	6.2
其中:商业	3590.3	10.7	17.9	24.7	1.9
金融业	2450.4	12.6	12.2	19.6	1.5
房地产业	1086.0	4.7	5.4	5.5	0.4
交运仓储邮政业	895.3	5.0	4.5	3.0	0.3
信息服务软件业	918.8	16.5	4.6	9.3	0.2

二、对外贸易增长乏力，结构调整速度加快

2012年上海货物贸易进出口4367.6亿美元，比上年下降0.2%。其中出口2068.1亿美元，下降1.4%；进口2299.5亿美元，增长1.0%；逆差231.4亿美元，扩大29.6%。

上海服务贸易全年进出口1515.6亿美元，比上年增长17.2%。其中出口515.3亿美元，增长8.9%；进口1000.3亿美元，增长22.1%。在全市对外贸易中的比重由上年的22.8%提高到25.8%。

2012年各区县货物贸易进出口完成情况表

金额单位:亿美元

区　县	进出口额	比上年(±%)	占比(%)	出口额	比上年(±%)	进口额	比上年(±%)
浦东新区	2398.9	6.1	54.9	939.8	5.7	1459.1	6.4
黄浦区	47.3	-8.2	1.1	15.3	-10.4	32.0	-7.1
徐汇区	13.2	-17.5	0.3	6.6	-25.2	6.6	-8.2
长宁区	56.7	28.4	1.3	15.3	4.8	41.4	40.1
静安区	32.4	-7.1	0.7	16.2	7.3	16.2	-18.2
普陀区	15.9	0.3	0.4	8.4	-3.6	7.5	5.1
闸北区	8.3	1.5	0.2	5.2	1.7	3.1	1.0
虹口区	39.1	-1.9	0.9	20.1	-0.3	19.0	-3.5

（续表）

区　县	进出口额	比上年(±%)	占比(%)	出口额	比上年(±%)	进口额	比上年(±%)
杨浦区	10.3	-10.7	0.2	7.7	-3.8	2.7	-26.1
闵行区	245.3	-7.2	5.6	168.3	-5.3	77.0	-11.1
宝山区	50.4	-14.9	1.2	27.5	-18.9	22.9	-9.6
嘉定区	176.1	-4.9	4.0	95.9	0.3	80.2	-10.4
金山区	52.3	5.5	1.2	24.2	6.7	28.1	4.5
松江区	492.5	-15.5	11.3	353.6	-15.8	138.9	-14.7
青浦区	112.2	-9.7	2.6	65.8	-9.8	46.4	-9.6
奉贤区	94.6	-4.0	2.2	57.4	-3.9	37.3	-4.3
崇明县	3.3	-10.9	0.1	2.8	-8.7	0.5	-22.8

（一）外贸增速呈逐季下滑态势

受外需低迷、内需不振、产能和订单转移等因素影响，上海货物贸易增速回落明显，比上年下降18.8个百分点，在全国的占比也由上年的12.0%下降至11.3%。从走势来看，呈现逐季回落、降幅扩大的态势，其中一季度增长3.9%，二季度增长2.5%，三季度下降2.4%，四季度下降3.9%，尚未出现筑底企稳迹象。

2012年上海货物贸易进出口月度运行情况图

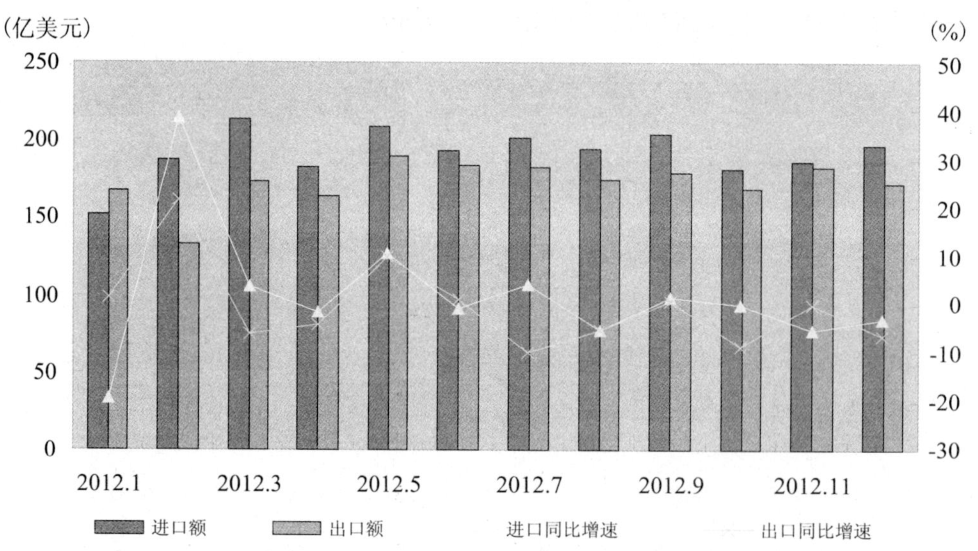

（二）进出口市场出现分化迹象

从出口看，传统市场基本稳定，对美国、日本出口增速高于全市水平，但对欧盟出口下降10.3%，表明欧盟市场萎缩加剧；新兴市场中俄罗斯、中东增速分别达27.8%、7.1%，但对非洲出口下降11.2%。从进口看，传统市场表现不佳，除欧盟增长9.6%外，日本、美国分别下降6.7%和5.8%；新兴市场的差异也很明显，拉美增长4.7%，东盟增长8.0%，但俄罗斯下降13.3%，澳大利亚下降7.7%。

2012 年上海进出口贸易伙伴情况表

金额单位：亿美元

主要出口贸易伙伴			主要进口贸易伙伴		
国家或地区	出口金额	比上年(±%)	国家或地区	进口金额	比上年(±%)
总　值	2068.1	-1.4	总　值	2299.5	1.0
美　国	501.6	3.6	欧　盟	510.8	9.6
欧　盟	391.1	-10.3	东　盟	361.1	8.0
日　本	249.6	4.1	日　本	323.5	-6.7
东　盟	209.2	2.7	美　国	200.2	-5.8
中国香港	159.7	-1.1	韩　国	175.1	-5.4
韩　国	69.5	-6.4	中国台湾	145.3	-3.2
澳大利亚	58.0	2.4	澳大利亚	71.5	-7.7
中国台湾	57.0	-7.9	智　利	54.6	12.7
印　度	49.3	-9.6	巴　西	43.2	-16.8
俄罗斯	32.6	27.8	瑞　士	40.9	-3.6

（三）外贸结构调整继续深入

主要体现在"三个好于"：一般贸易好于加工贸易。加工贸易出口比上年下降6.9%，占全市出口的比重近10年来首次降至50%以下；一般贸易出口比上年增长2.3%。进口好于出口。进口前10位商品中，6类增长、4类下降，特别是汽车、酒类、医药品等消费类产品仍保持两位数增长；出口前10位商品中，4类增长、6类下降，其中自动数据处理设备、服装、船舶、钢材等是造成出口下降的主要商品。民营企业好于其他企业。民营企业进出口增长较快，增速分别高于国有企业、外资企业18.1和11.9个百分点。

2012 年上海进出口构成情况表

项　目		出口额(亿美元)	比上年(±%)	进口额(亿美元)	比上年(±%)
总　值		2068.1	-1.4	2299.5	1.0
贸易方式	一般贸易	789.3	2.3	1052.3	-2.4
	加工贸易	1015.3	-6.9	372.1	-12.1
	其他贸易	263.5	11.8	875.1	12.9
企业性质	国有企业	324.8	-6.8	455.7	-7.2
	民营企业	339.5	10.2	300.4	12.1
	外资企业	1387.7	-2.6	1512.0	0.8
商品大类	机电产品	1433.2	-3.0	1260.7	-0.6
	高新技术产品	902.5	-3.0	815.6	8.6
	纺织服装	199.0	-4.6	48.4	6.1

（四）服务贸易保持较快增长

前三个季度，上海服务贸易增速超过全国 7.1 个百分点，在全国的占比达到 31.7%，特别是一些新兴服务领域进出口增速加快。出口方面，专有权使用费和特许费增长 39.3%，广告宣传增长 37.1%，计算机和信息服务增长 31.0%，保险服务增长 26.6%，咨询增长 21.6%；进口方面，金融服务增长 87.9%，通信服务增长 46.7%，电影音像增长 41.9%。全年离岸服务外包合同协议金额 52.0 亿美元，比上年增长 10.9%；执行金额 36.3 亿美元，比上年增长 13.8%。

“十一五”以来上海货物贸易、服务贸易发展比较图

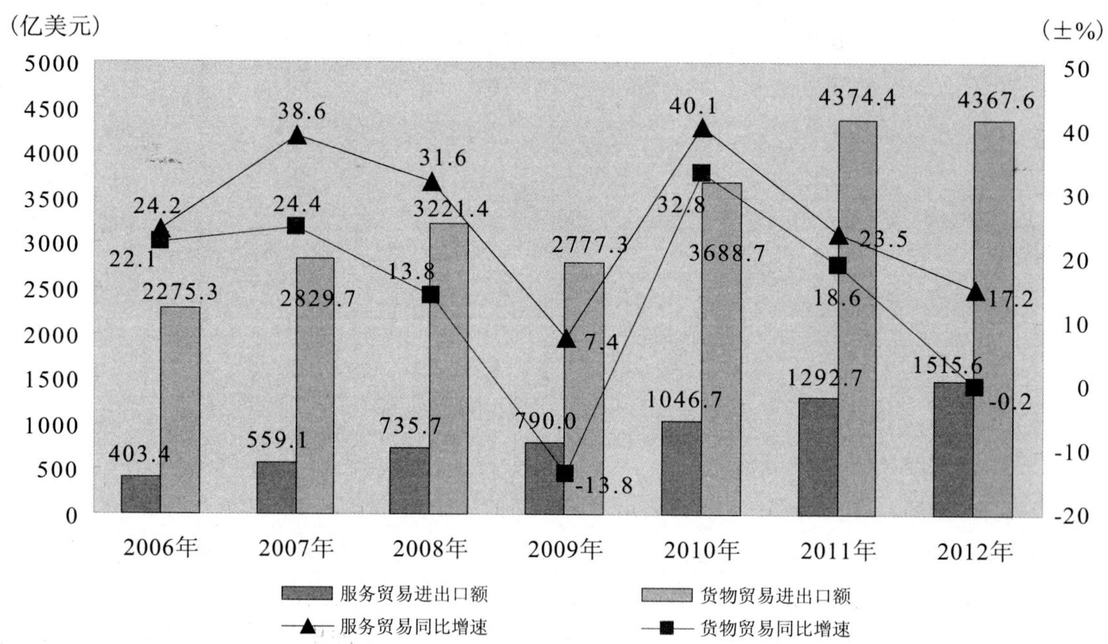

三、利用外资再创新高，总部经济加快发展

2012 年上海新批外商投资项目 4043 个，比上年下降 6.6%；合同吸收外资 223.38 亿美元，比上年增长 11.1%；实际利用外资 151.85 亿美元，比上年增长 20.5%；合同外资和实际利用外资均创历史新高。改革开放以来，落户上海的外资项目累计达 67869 个，实现合同外资 2175.65 亿美元，实到外资 1342.13 亿美元，资金到位率为 61.7%。

1990 年以来上海利用外资情况示意图

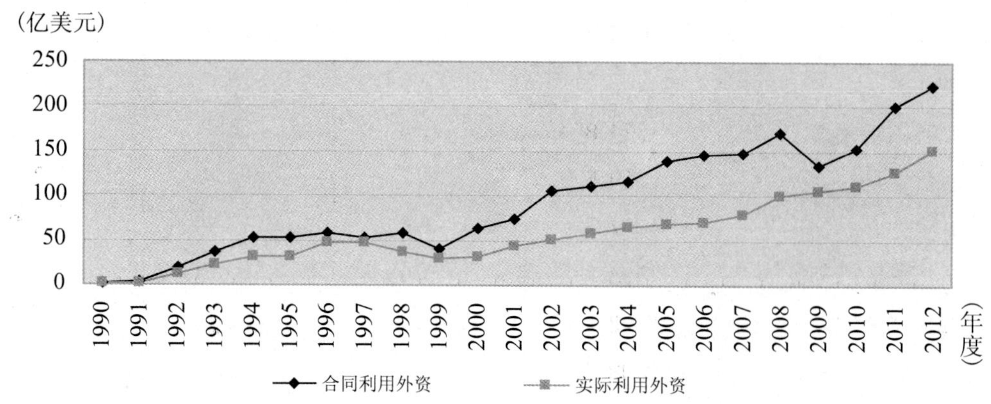

2012 年各区县实际利用外资情况表

区　县	实到外资(亿美元)	比上年(±%)	区　县	实到外资(亿美元)	比上年(±%)
浦东新区	47.7	12.0	闵 行 区	14.9	7.9
黄 浦 区	9.0	-17.3	宝 山 区	0.9	-41.7
徐 汇 区	6.7	30.5	嘉 定 区	7.9	91.5
长 宁 区	10.8	64.0	金 山 区	1.8	35.6
静 安 区	4.6	9.5	松 江 区	7.9	39.2
普 陀 区	6.2	8.0	青 浦 区	6.6	-0.6
闸 北 区	7.4	90.0	奉 贤 区	3.3	-1.0
虹 口 区	10.2	61.7	崇 明 县	0.1	-25.8
杨 浦 区	3.1	-43.5			

(一) 利用外资结构更趋优化

外商投资三、二、一产业在合同外资中的比重分别为 83.8%、16.0%、0.2%,在实际利用外资中的比重为 83.5%、16.4%、0.1%,新批项目数量中的比重为 94.4%、5.5%、0.1%。现代服务业全年实现合同外资 187.13 亿美元,比上年增长 9.6%,其中,租赁和商务服务业增长 24.3%,交运仓储业增长 50.7%,新引进融资租赁公司 60 家、商业保理公司 4 家。制造业全年实现合同外资 35.5 亿美元,比上年增长 20.5%,其中电气机械制造、成套设备、精细化工,以及新能源、节能环保、生物医药等战略性新兴产业等保持较快增长。

2003—2012 年上海合同吸引外资三次产业分布情况图

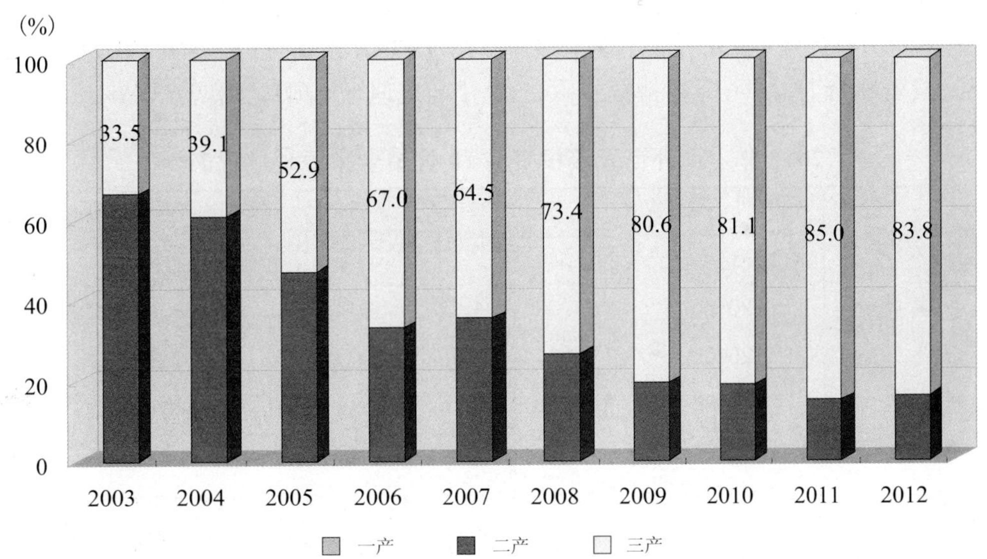

(二) 总部经济保持良好态势

全年新认定跨国公司地区总部 50 家,新设投资性公司 25 家,研发中心 17 家。其中,世界 500 强企业美国金佰利公司、日本最大农业机械制造企业久保田在沪设立中国区总部,全球十大医药企业之一的阿斯利康公司将亚太地区总部从新加坡迁至上海,知名跨国公司罗地亚、巴斯夫等在沪设立研发中心。总部机构能级持续提升,95% 以上地区总部具有两种以上的总部功能。截至 2012 年底,外商累计在沪设立跨国公司地区总部403家、投资性公司265家、研发中心351家，上海成为中国大陆投资性公司和跨国公司地区总部最多的城市，外资研发中心数量亦仅次于北京，居全国第二。

部分年份上海外资总部经济发展情况图

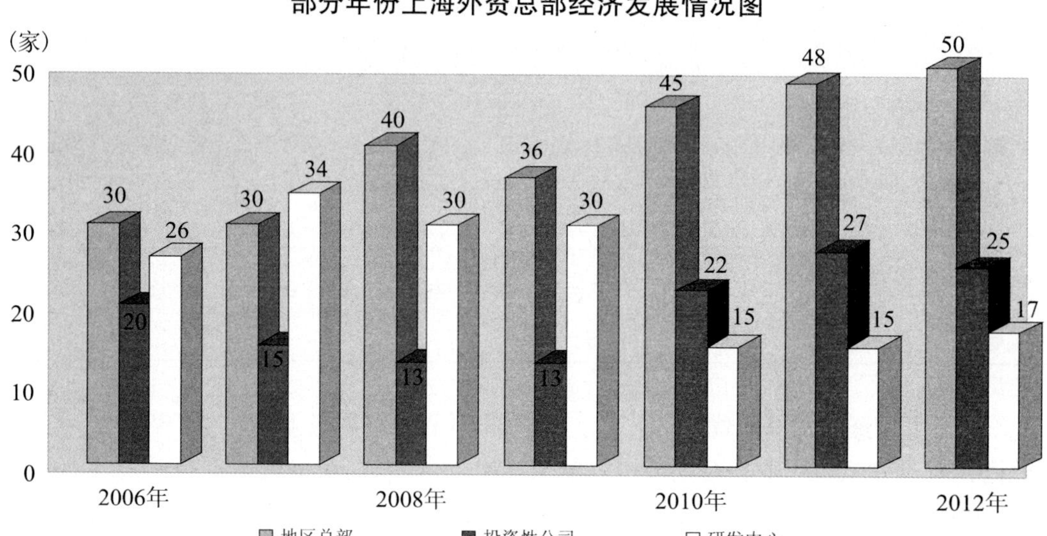

（三）亚洲来沪投资增长较快

2012年亚洲来沪投资167.7亿美元，比上年增长26.6%，占全市合同外资的75.1%。其中，香港特区120.65亿美元，增长40.3%；日本25.02亿美元，增长22%，但受钓鱼岛事件影响，日本对沪投资自9月份开始呈现明显下滑态势，投资额逐月减少，降幅持续扩大，9—12月月投资额分别为3.11亿美元、1.16亿美元、0.98亿美元、0.9亿美元，降幅分别达到4.2%、23.2%、64.5%、69.2%；欧洲来沪投资16.69亿美元，比上年下降2.8%，其中，德国和法国分别下降34.6%、29.2%；美国来沪投资13.21亿美元，比上年下降31%，如扣除上年度迪士尼项目，仍增长66%。

2012年上海外商直接投资前10位资金来源地情况表

排序	国别（地区）	合同外资		排序	国别（地区）	实到外资	
		金额（亿美元）	占比（%）			金额（亿美元）	占比（%）
1	中国香港	120.65	54.0	1	中国香港	68.43	45.1
2	日本	25.05	11.2	2	部分自由港	19.13	12.6
3	新加坡	13.86	6.2	3	日本	18.10	11.9
4	美国	13.21	5.9	4	新加坡	9.75	6.4
5	部分自由港	8.21	3.7	5	美国	7.02	4.6
6	荷兰	5.46	2.5	6	中国台湾	4.34	2.9
7	中国台湾	3.65	1.6	7	荷兰	3.56	2.3
8	德国	3.24	1.5	8	法国	2.84	1.9
9	韩国	1.97	0.9	9	德国	2.53	1.7
10	西班牙	1.79	0.8	10	韩国	2.05	1.4

说明：部分自由港是指英属维尔京群岛、开曼群岛、毛里求斯、巴巴多斯、萨摩亚。

（四）增资和大项目占比进一步提高

全年合同外资增资128.55亿美元，比上年增长22%，占全市合同外资的57.5%，占比较上年提高5.1个百分点。新批投资总额1000万美元以上项目286个，新批增资1000万美元以上项目346个，合同外资合计194.49亿美元，占全市合同外资的87.1%，较上年提高2.4个百分点。利用外资领域和方式进一步拓展，职业技能培训、商品拍卖、养老服务、保安服务等领域吸引外资实现新突破。

2012年部分新设及增资大项目情况表

领　域	项　　目	基　本　情　况
制造业	中航通用电气民用航电系统有限责任公司	新设，投资总额20亿美元，合同外资6.5亿美元，从事民用航电系统的设计、制造等
	上海中石化三井弹性体有限公司	新设，投资总额3.01亿美元，合同外资5022.7万美元，从事三元乙丙橡胶产品的制造
	默克光电材料（上海）有限公司	新设，投资总额1.06亿美元，合同外资3533.6万美元，从事显示屏材料的设计、研发和生产
商贸业	嘉能可有限公司	增资，投资总额增2.85亿美元，合同外资增9500万美元，从事大宗商品贸易
	连卡佛百货商贸（上海）有限公司	新设，投资总额3574.6万美元，合同外资1191.5万美元，从事百货零售
房地产业	华侨城（上海）置业有限公司	新设，投资总额9.46亿美元，合同外资2.41亿美元，从事商业、办公楼等项目的开发经营
	利怡达商业置业（上海）有限公司	新设，投资总额7.88亿美元，合同外资3.94亿美元，从事商业、办公楼等项目的开发经营
交运仓储	上海普高仓储有限公司	新设，投资总额2.1亿美元，合同外资1.2亿美元，从事仓储服务
金融服务业	远东国际租赁有限公司	增资，投资总额增3.3亿美元，合同外资增3.3亿美元，从事融资租赁业务
	高银保理（中国）发展有限公司	增资，投资总额增3亿美元，合同外资增3亿美元，从事商业保理
生物医药	诺华（中国）生物医学研究有限公司	增资，投资总额增2.64亿美元，合同外资增8800万美元，从事生物医药研发
节能环保	华电通用轻型燃机设备有限公司	新设，投资总额1亿美元，合同外资1666万美元，从事航改型燃气轮机发电系统研发生产
	上海电气建筑节能有限公司	新设，投资总额1.43亿美元，合同外资2144.8万美元，从事建筑楼宇的节能改造
软件服务	印孚瑟斯技术（上海）有限公司	增资，投资总额增2亿美元，合同外资增1.3亿美元，从事软件开发、制作

四、“走出去”步伐加快，跨国经营能力增强

2012年上海核准非金融类对外直接投资项目249个，投资总额32.4亿美元，比上年增长22%，其中中方投资额30亿美元，比上年增长40%。此外，上海企业在境外融资再投资于境外项目金额达23.8亿美元。新签对外承包工程合同额103.1亿美元，是连续第五年超过100亿美元；完成对外承包工程营业额68.1亿美元，比上年增长14.6%。

2012 年各区县推动对外直接投资情况表

区　县	项目数(个)	中方投资额(万美元)	区　县	项目数(个)	中方投资额(万美元)
浦东新区	77	59675	闵 行 区	18	1957
黄 浦 区	11	11759	宝 山 区	6	533
徐 汇 区	18	15174	嘉 定 区	15	3737
长 宁 区	12	18723	金 山 区	4	679
静 安 区	5	32056	松 江 区	18	5515
普 陀 区	6	4154	青 浦 区	6	1468
闸 北 区	9	1128	奉 贤 区	20	6511
虹 口 区	9	102677	崇 明 县	3	30918
杨 浦 区	12	3604			

（一）对外投资呈现多元发展

从方式看，境外股权投资和跨国并购成为主流，投资额分别占全市对外投资总额的57%和58%。从主体看，民营企业表现活跃，对外投资项目数、金额分别占全市的63%和30%，国有企业的占比分别为20%和60%，外资企业为17%和10%。从地区看，主要集中在亚洲，占全市对外投资总额84%，其次为南美洲和北美洲，占比分别为8%和4%。从行业看，投资项目最多的是批发与零售业，其次为商务服务业、制造业等；投资金额最多的是商务服务业，其次为制造业、房地产业等。

2012 年上海对外投资项目及资金分布情况图

项目数量行业分布

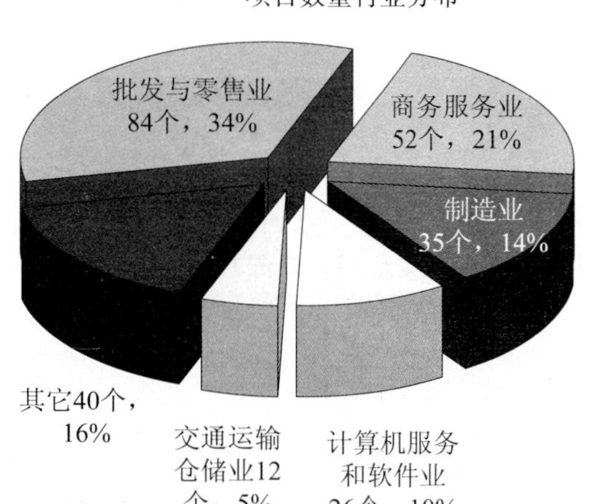

投资额行业分布

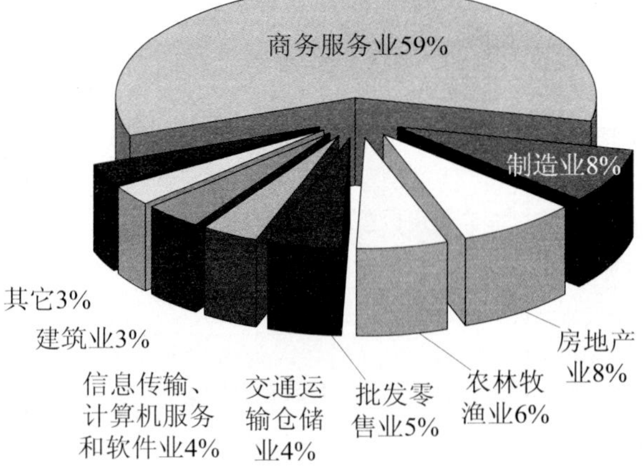

（二）承包工程结构持续优化

高新项目独树一帜，新签对外承包工程项目主要集中在技术含量较高的制造及加工业和石油化工业，合同额分别为34.1亿美元和29.9亿美元，占全市的33%和29%，成为上海工程“走出去”的亮点和具有比较优势的行业。业务地区更加广泛，新签项目合同额中亚洲、欧洲和拉丁美洲的占比分别为43.6%、20.8%和15.2%。大型、特大型项目成为主流，新签合同额超过5000万美元的大型、特大型项目48个，合同总额占全市78.5%。

2012 年上海对外承包工程地区及企业主体情况图

新签合同额地区分布图

(亿美元)
50
40
30
20
10
0
44.94
21.41
15.70
8.97
11.10
0.98
亚洲　欧洲　拉丁美洲　北美洲　非洲　大洋洲

新签合同额企业主体情况图

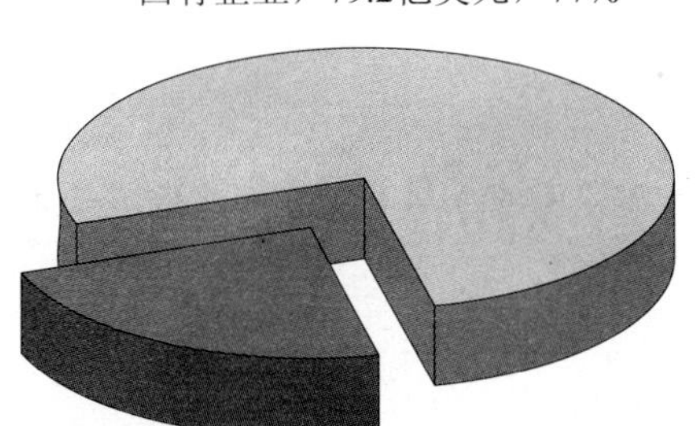

(三) 劳务以及援外稳步推进

全年新签对外劳务合作人员合同工资总额 1.94 亿美元，实际收入 1.85 亿美元；派出各类劳务人员 21244 人次，比上年增长 48.7%；期末在外人数为 29350 人，比上年增长 24.9%。在建援外成套项目 8 个，合计金额 24.8 亿元；实施援外物资项目 17 个，合计金额 3137 万元；举办援外培训班 36 个，培训各国学员 878 人。

（市商务委综合处）

（二）专文（市商务委处室）

应对严峻挑战　促进市场繁荣　确保销售增长

2012年，上海商业通过积极努力，保持了市场繁荣繁华和商业销售增长，但在严峻的国内外经济形势影响下，增速回落明显。

一、上海商业经济运行概况

（一）商业增加值突破3500亿元，对全市经济增长贡献增加

1. 商业增加值增速实现“三超越”。据上海市统计局核算：2012年，全市及第二、三产业增加值分别完成20101.33亿元、7912.77亿元、12060.76亿元，分别可比增长7.5%、3.1%、10.6%，增速分别回落0.7个、3.4个和提高1.1个百分点。其中：商业（包括批发零售业、住宿餐饮业，下同）完成增加值3590.33亿元，可比增长10.7%，增速同比回落0.4个百分点。商业增加值增速实现“三超越”：分别超过全市及第二、三产业增加值增速3.2个、7.6个、0.1个百分点。

2. 商业增加值实现“三提升”。全年上海商业增加值比上年净增347.09亿元，实现“三提升”：一是商业增加值净增额提升，绝对值首次超过工业净增额72.8%、146.25亿元。二是商业对全市经济增长的贡献率提升，达到24.7%，与上年（22.7%）相比，提高2个百分点，拉动全市生产总值增长1.9个百分点。三是商业增加值占全市的比重提升，达到17.9%，与上年（17.3%）相比，提高0.6个百分点，推动第三产业占全市GDP的比重首次上升到60%。

3. 上海商业增加值超过北京，实现“三高于”。全年上海商业增加值超过北京937.93亿元，增加值规模高出北京35.4%；上海商业增加值占全市比重高于北京3个百分点；上海商业增加值增速超过北京5.7个百分点，说明上海商业创新转型的积极努力成效明显。

4. 主力行业增加值实现“双增长”。全年上海批发零售业、住宿餐饮业分别实现增加值3291.93亿元、298.40亿元，可比增长11.5%、2.6%。其中：批发零售业实现第三产业行业增加值规模和全市行业对经济增长贡献率的“双第一”。住宿餐饮业增加值增速高于上年增速（-3.6%）6.2个百分点。

2012年上海商业增加值增长、占比及贡献率情况表

项　目	增加值（亿元）	可比（±%）	占比（%）	贡献率（%）	拉动百分点（个）
上海市生产总值	20101.33	7.5	100.0	100.0	7.5
其中：第一产业	127.80	0.5	0.6	—	—
第二产业	7912.77	3.1	39.4	17.0	1.3
第三产业	12060.76	10.6	60.0	82.4	6.2

（续表）

项　目	增加值(亿元)	可比(±%)	占比(%)	贡献率(%)	拉动百分点(个)
其中:金 融 业	2450.36	12.6	12.2	19.6	1.5
房地产业	1085.96	4.7	5.4	5.5	0.4
交运仓储邮政业	895.31	5.0	4.5	3.0	0.3
信息服务软件业	918.83	16.5	4.6	9.3	0.2
商业小计	3590.33	10.7	17.9	24.7	1.9
其中:#批发零售业	3291.93	11.5	16.4	24.2	1.8
#住宿餐饮业	298.40	2.6	1.5	0.5	0.1

（二）商品销售突破5万亿，流通规模、增速保持产业经济领先

1. 流通增速保持全市产业领先。据市统计局公布：2012年，上海完成商品销售总额53795.10亿元，比上年增长16.8%，增速比上年回落6.5个百分点，但仍然保持2003年以来连续10年两位数增长势头，超额完成了市人代会确定的全年商品销售总额计划目标（5.30万亿元、同比增长15%）795.10亿元、1.8个百分点。上海流通规模和增速均高于农业、工业和建筑业经济指标。

2. 批发销售保持行业增速领先。全市限额以上商品销售额中，零售、批发分别完成4817.35亿元、40564.50亿元，比上年分别增长7.9%、21.3%，分别占全市限额以上商品销售额的10.6%、89.4%。

3. 商品库存总额增长快。12月末，全市限额以上企业商品库存额为2605.70亿元，比上年增长10.2%，当月库存总额环比下降1.4%，增速环比下降10.8个百分点，库存增速低于销售增速6.6个百分点，表明限额以上企业商品销售周转不畅的情况有所好转。

4. 下半年商品销售增速下滑明显。上下半年分别完成商品销售额2.23万亿元、2.31万亿元，同比分别增长24.8%、15.2%。受国内外经济增势趋缓影响，下半年限上商品销售额增速比上半年减少9.6个百分点，其中：10、11月份仅为12.7%，降至全年最低，比上年增速（27.2%、28.1%）分别减少14.5个、15.4个百分点。

2012年分月上海限额以上商品销售额完成情况表

指　标	1月份	2月份	3月份	4月份	5月份	6月份	上半年
限上商品销售额(亿元)	3818.2	3260.2	3771.6	3821.7	3822.6	3783.5	22268.10
今年同比增长(%)	21.7	28.6	33.0	18.9	23.9	21.2	24.80
上年同比增长(%)	27.7	22.2	21.9	19.5	18.7	15.8	20.80
指　标	7月份	8月份	9月份	10月份	11月份	12月份	全　年
限上商品销售额(亿元)	3631.0	3768.3	3983.3	3776.1	3847.0	4108.2	45381.85
今年同比增长(%)	16.1	18.8	16.6	12.7	12.7	14.6	19.70
上年同比增长(%)	19.0	21.8	27.6	27.2	28.1	30.8	23.40

（三）零售规模突破7000亿元，与预期增长目标相差4个百分点

1. 零售规模和增速连续三年好于投资。在拉动本市经济增长的“三驾马车”中，消费增速继续领先。全年上海社会消费品零售总额和增速分别高于全社会固定资产投资总额2132.94亿元、5.3个百分点，零售额增速超过出口总额增速10.4个百分点。

2012年上海消费与投资、出口规模和增速比较表

指　标	单位	2012年	比上年（±%）	上年增幅（%）
社会消费品零售总额	亿　元	7387.32	9.0	12.3
全社会固定资产投资总额	亿　元	5254.38	3.7	0.3
上海市出口总额	亿美元	2068.07	-1.4	16.0

2. 零售规模9年来首次跌入一位数增长。出现名义、实际增速“双下跌”。全年实现社会消费品零售总额7387.32亿元，比上年名义增长9%，比上年（12.3%）减少3.3个百分点；剔除零售物价指数，实际增长7.7%，比上年（7.9%）减少0.2个百分点。其中：实现限额以上企业消费品零售额5293.24亿元，比上年增长7.5%，增速比上年（12.6%）减少5.1个百分点。

3. 9年来首次没有完成零售目标。2012年市商务工作会议确定，全年社会消费品零售总额应完成7660亿元、同比增长13%的计划目标，实际完成零售总额和增速与计划目标相差273亿元、4个百分点。

4. 上海零售额名义、实际增速均低于全国。2012年，全国实现社会消费品零售总额207167亿元，比上年名义增长14.3%，剔除零售物价指数，实际增长12.1%；上海与全国相比，社会消费品零售总额名义、实际增速分别低于全国5.3个、4.4个百分点。

5. 上海零售规模、增速均低于北京。2012年，北京市采取财政支持、区县考核、商银联手、家具以旧换新试点等措施，积极扩大消费，实现社会消费品零售总额7702.80亿元，比上年增长11.6%，零售额和增速分别高于上海315.48亿元、2.6个百分点；连续五年零售规模和增速领先上海。北京限上企业消费品零售额中，占比近70%的六大类主力商品（通讯器材、体育娱乐用品、书报杂志、中西药品、日用品、汽车类）零售额增速均为两位数增长，且增速全面超过上海。

6. 月度零售规模和增速进入“平稳期”。上下半年分别完成限上零售额2576.83亿元、2716.41亿元，同比分别增长8.3%、7.9%，下半年限上零售额增速比上半年减少0.4个百分点，其中：8月份仅为5.4%，为全年最低增速，比上年同期增速减少5.7个百分点。

2012年分月上海限额以上消费品零售额完成情况表

指　标	1月份	2月份	3月份	4月份	5月份	6月份	上半年
限上零售额（亿元）	515.77	393.96	417.33	415.66	419.68	416.46	2576.83
今年同比（%）	7.2	12.7	9.5	6.5	6.1	8.4	8.3
去年同比（%）	23.2	3.2	10.1	10.3	10.1	8.0	11.2
指　标	7月份	8月份	9月份	10月份	11月份	12月份	全　年
限上零售额（亿元）	412.18	423.82	464.55	447.20	454.70	515.53	5293.24
今年同比（%）	6.8	5.4	6.9	6.3	9.0	6.0	7.5
去年同比（%）	9.0	11.1	12.9	13.2	14.5	15.6	12.6

（四）商业税收首次接近2000亿元，对全市税收增长贡献增加

1. 商业税收增速首次低于全市和三产税收增速。据上海市税务局统计：全年上海税收（国、地税全口径，下同）比上年增长8.5%。其中：二、三产业分别增长8%、8.9%；商业税收（包括批发零售业、住宿餐饮业）完成1997.02亿元，比上年增长6.9%，增速比上年（22%）下降15.1个百分点；商业税收增速分别低于全市和第三产业税收增速1.1个、2个百分点。

2. 批发零售业继续保持税收规模全市行业第一。全年上海批发零售业完成税收1922.71亿元，比上年增长6.6%，在全市三次产业所有行业中，税收规模保持行业第一，超出第二、三产业的税收大户——钢铁工业、石油加工业、汽车制造业、烟草制造业，超出第三产业的金融业、房地产业、交通运输仓储和邮政业、信息传输计算机服务软件业。

3. 商业税收对全市和第三产业增长的贡献率下降。全年商业新增税收128.37亿元，对全市和第三产业税收增长的贡献率分别为15.8%、29.1%，比上年（21.2%、40.6%）分别下降5.4个、11.5个百分点；拉动全市和第三产业税收增长1.3个、2.5个百分点。

4. 分行业税收增速"一增三减"。由于工业生产和商品出口增速大幅下降，导致以生产资料批发销售为主的上海批发业全年税收比上年增长仅6.6%，增速比上年（24.4%）下降17.8个百分点；零售业受消费信心不足，就业人数下降，消费价格上涨，以及8月份两次台风袭沪，中秋、国庆期间居民集中出游，消费减少等因素影响，税收比上年增长6.7%，增速比上年（11%）下降4.3个百分点；由于国际入境旅游人数减少、市民消费支出谨慎、公务消费下降等因素影响下，餐饮业税收增长6.7%，比上年（13.2%）回落6.5个百分点。因国内旅游人数增加，住宿业税收比上年增长23.7%，与上年（9.7%）相比，增速提高14个百分点。

2012年上海商业税收完成情况表

项　　目	实绩（亿元）	比上年（±%）		新增税收（亿元）	贡献率（%）		占比（%）	拉动力（个百分点）
		2012年	2011年		2012年	2011年		
全市税收总额	10409.00	8.5	19.9	813.99	100.0	100.0	100.0	8.5
其中：第三产业	5397.95	8.9	20.1	441.43	54.2	52.1	51.9	4.6
其中：商　　业	1997.02	6.9	22.0	128.37	15.8	21.2	19.2	1.3
批发零售业	1922.71	6.6	22.4	119.76	14.7	20.7	18.5	1.2
住宿餐饮业	74.31	13.1	11.8	8.61	1.1	0.5	0.7	0.1

（五）商业引进合同外资突破50亿美元，对全市贡献率超过50%

1. 保持"双过半"占比格局。2012年，上海商业引进外资合同项目2244项，比上年减少6.8%；占全市和第三产业合同外资项目的55.5%、58.8%，保持全市引进外资合同项目中，商业占比"双过半"格局；商业成为拉动上海引进外资合同项目的首要力量。

2. 商业引进外资合同金额增速领先全市。全年商业引进外资合同金额首次突破50亿美元，实现51.64亿美元，比上年增长19.6%，增速分别高于全市和第三产业引进合同外资金额增速8.5个、10个百分点。

3. 对全市和三产引进外资贡献突出。全年商业合同利用外资净增8.46亿美元，对全市和第三产业合同利用外资增长的贡献率达到37.9%、51.6%；全年批发零售业实到外资24.03亿美元，比上年增长13.8%，占全市和第三产业实到外资金额的比重分别为15.8%、19%。

4. 住宿餐饮业合同金额成倍增长。上海迪士尼乐园项目吸引外商投资增加，带动一批商贸设施、高星级酒店和宾馆建设，全年上海批发零售业、住宿餐饮业分别引进外资合同金额46.65亿美元、4.99亿美元，比上年增长12.1%、2.17倍。

2012年上海商业引进外资合同项目、金额和实到外资情况表

行业名称	合同项目（个）	比上年（±%）	占比（%）	合同金额（亿美元）	比上年（±%）	占比（%）	实到外资（亿美元）	比上年（±%）	占比（%）
全市引进外资	4043	-6.6	100.0	223.38	11.1	100.0	151.85	20.5	100.0
其中：第三产业	3818	-5.9	94.4	187.13	9.6	83.8	126.79	21.6	83.5
其中：商　业	2244	-6.8	55.5	51.64	19.6	23.1	—	—	—
批发零售业	2107	-7.5	52.1	46.65	12.1	20.9	24.03	13.8	15.8
住宿餐饮业	137	5.4	3.4	4.99	216.9	2.2	—	—	—

（六）商业投资近400亿元，后世博商贸发展后劲充足

1. 商业营业用房投资增速实现“三超”。2012年，上海房地产开发投资总额完成2381.36亿元，比上年增长9.7%，其中：商业营业用房投资额完成293.75亿元，比上年增长24.4%，增速分别超过全市和住宅、办公楼投资增速14.7个、20.6个、10.7个百分点。全年商业营业用房投资额净增57.62亿元，对全市房地产开发投资总额增长的贡献率达到27.4%，居上海房地产开发投资类别第一。

2. 商业投资增速实现“三提升”。2012年，上海商业固定资产投资总额完成392.94亿元，投资规模比上年提升20.8%，比全社会固定资产投资增幅（3.7%）提升17.1个百分点，商业投资增速比上年（-10.6%）提升31.4个百分点，是2010年世博会后首次快速增长，显示商业地产及基础设施投资继续看好，商业发展后劲充足。

3. 施工建设呈现“两多两少”。表现为商业施工项目数量减少、大型设施建设增多。全年商业施工项目141个，比上年减少3.4%；施工面积1653.17万平方米，比上年增长8.2%；新开工面积450.62万平方米，比上年增长50.4%；竣工面积187.37万平方米，比上年下降21.9%，其中：零售业竣工面积比上年增长3.8倍。

4. 零售业、房地产商业设施和餐饮业投资增长领先。比上年分别增长42.3%、24.4%、20.9%。批发业、住宿业投资比上年分别下降43.5%、2.3%。其中：房地产商业设施投资占商业投资总额的74.8%。

5. 各类经济商业投资竞相增长。国有经济、外商港澳台商投资增长居前，比上年分别增长56.2%、21.1%；民营经济、股份制经济商业投资比上年分别增长2.8%、0.8%。

二、消费品市场运行特点与增速回落原因

（一）主要运行特点

1. 从零售走势看，呈现前高后低再攀升的增势。全年除春节错期因素同比两位数增长外，其他各月均为一位数增长。9月份在全市商业加大中秋、国庆双节促销力度，积极举办上海购物节的有力推动下，出现零售规模和增速双回升，零售额创下当年春节后单月最高纪录，环比增长9.6%，零售增速环比提高1.5个百分点。

2. 从商品大类看，穿类商品增速领先。2012年，全市吃、用、烧三类商品分别实现限上

零售额1222.61亿元、2915.40亿元和452.36亿元，分别比上年增长3.7%、8%和6.2%；穿类商品实现零售额702.87亿元，比上年增长13.3%，增速比上年提高3个百分点。

3. 从行业销售看，批发零售业增速居前。全年批发零售业和住宿餐饮业分别实现零售额4843.26亿元和449.98亿元，分别比上年增长7.9%和3.4%。

4. 从所有制商业看，港澳台商、外资商业销售增速第一。全年国有、集体商业和非公、混合经济商业分别实现限额以上零售额433.25亿元和4859.98元，比上年分别增长8.3%、8.1%；其中：港澳台商、外资商业实现零售额1586.02亿元，比上年增长10.4%，占全市限上企业消费品零售额的30%。

5. 从主要业态看，无店铺零售额高速增长。据上海市统计局统计，全年网上商店实现零售额238.59亿元，比上年增长75.5%。另据上海市商业信息中心监测，全年六大业态中，无店铺、便利店、购物中心零售额分别比上年增长38.8%、13.5%、3.4%，专业专卖店、标准超市、百货商厦、大型综合超市的零售额分别比上年下降9%、8%、1.2%、0.8%。网络购物高速增长，挤压传统业态销售增长空间，推动企业加快发展电子商务。

6. 从主要商圈看，区级商圈零售额增速高于市级商圈10.2个百分点。据上海市商业信息中心监测，全年12个市级商圈零售额比上年下降1.3%，其中：新上海商业城、中环（真北）商圈分别比上年增长5.1%、2.7%，其它商圈销售比上年均有不同程度下降。

11个区级商圈零售额比上年增长8.9%，其中：除大宁、长寿商圈下降15.1%、9.4%以外，其它商圈均为增势，增长领先的是金山新城、奉贤南桥、莘庄新城、曹家渡、金桥、松江新城、南方商城、青浦桥梓湾商圈，零售额分别比上年增长67.5%、33.8%、20.7%、19%、11.9%、10.3%、6.2%、0.9%。

7. 从主要市场看，有色金属市场交易额增速领先。据上海市商业信息中心监测，全年主要生产资料、工业消费品、农产品市场交易额分别比上年增长64.9%、19.4%、7%，增速领先的是有色金属、二手车、农贸市场，交易额比上年分别增长119.2%、21.7%、12.1%；钢材、家电通讯、肉禽蛋、家具、建材装饰、水产品交易额分别比上年下降25%、16.6%、11%、5.2%、3.1%、0.8%。

8. 从餐饮行业看，婚宴看好，增速回升。全年住宿餐饮业营业收入比上年增长3.4%。其中：中餐、快餐、西餐、宾馆餐饮营收分别比上年增长7.9%、6.1%、5.4%、3.5%。

9. 从中秋、国庆市场看，节日销售仍然保持增势，增速出现“三低”。全市395家大中型商业企业节日8天实现营业收入64.30亿元，同比增长9.2%，但是增速分别低于全国和京津两市增速5.8个、4.4个、13.7个百分点；节日增速分别低于春节、“五一”节销售增速4.8个、2.4个百分点；节日增速比上年国庆销售低7.9个百分点。

10. 从主要商品看。2012年，上海限上批发零售企业24个大类商品零售中，5类商品（通讯器材、电子出版物及音像制品、文化办公用品、服装鞋帽针织品、家具）销售增速领先。

2012年上海限上企业零售额增速领先商品情况表

类　别	零售额(亿元)	增幅(%)
通讯器材类	111.99	55.6
电子出版物及音像制品类	3.37	15.5
服装鞋帽针纺织品类	702.87	13.8
家 具 类	30.20	12.0

（续表）

类　别	零售额（亿元）	增幅（%）
文化办公用品类	151.48	11.2
汽 车 类	1139.67	8.6
中西药品类	272.78	8.4
化妆品类	140.64	8.1
石油及其制品	452.36	6.3
家电和音响器材类	372.95	5.3
粮油、食品类	516.77	3.7

有五类商品零售比上年出现下降。一是金银珠宝类，实现零售额155.17亿元，比上年下降2.8%；二是受房地产销售疲软影响，建筑装潢材料、五金电料类、机电设备类分别实现零售额32.03亿元、14亿元、12.30亿元，比上年分别下降2.1%、14.4%、25.1%。三是体育娱乐用品类商品零售额完成29.69亿元，比上年下降4.4%。

11. 从区县商业看，实现"一个首次三个高于"：

（1）区县零售额首次突破7000亿元。根据市统计局发布，2012年，上海商业实现区县零售额7129.77亿元，比上年增长12.4%，受国内外经济走势下滑影响，增速比上年减少2.5个百分点。浦东新区零售规模保持全市第一。

（2）区县零售额增速高于全市平均增速。全年上海实现社会消费品零售总额7387.32亿元，比上年增长9%，其中：区县零售额增速领先全市3.4个百分点。

（3）郊区平均零售额规模高于中心城区。随着市政交通建设和经济发展，市区人口大规模迁移近郊，郊区常住人口高于中心区人口达425.94万人；郊区商旅文娱、住宿餐饮结合的商业建设加快，一批购物中心落户新城，推动郊区零售额快速增长，另外，一批网络购物公司落户郊区，带动了当地销售快速上升。2012年，8个郊区县（不含浦东新区）平均零售额为360.85亿元，超过8个中心区平均零售额（333.62亿元）27.23亿元。

（4）浦东新区、郊区零售增速领先中心城区。全年浦东新区、郊区县零售额比上年增速分别为12.1%、16.8%，领先中心区零售增速（10.3%）1.8个、6.5个百分点。由于以上原因，浦东新区、郊区县零售额增速全部实现两位数增长，中心区则有4个区出现一位数增长。

12. 从商贸、餐饮刷卡消费看，对全市刷卡消费增长的贡献增加。

（1）商贸、餐饮类成为刷卡消费主力军。全年上海商贸、餐饮类合计刷卡消费总额突破6000亿元，实现6258.70亿元，比上年增长69.5%，占全部刷卡消费金额总值的69.7%。其中：商贸、餐饮类分别实现刷卡消费5984.50亿元、274.20亿元，比上年分别增长73.1%、16.9%，占全部刷卡消费总额的62.8%、2.9%。

（2）批发、超市、加油刷卡金额成倍增长。全年商品批发、超市、加油刷卡金额分别比上年增长1.5倍、1.2倍、1.19倍，合计实现3492.30亿元，占全市和商贸类刷卡消费总额的36.6%、58.4%。

（3）商贸、餐饮类刷卡消费贡献增加。全年上海商贸、餐饮类合计刷卡消费净增额为2566.90亿元，对全市刷卡消费总额增长的贡献率高达78.5%。按照社会消费品零售总额指标包括范围，零售、餐饮类刷卡消费为3387亿元,比上年增长41%,占全市社会消费品零售总额(7387.32亿元)的45.8%。

13. 从行业经济效益看。上海6732家限额以上批发零售业全年实现主营业务收入3.97万亿元、上缴税金72.49亿元、实现利润总额800.17亿元,分别比上年增长21.9%、13.8%、9.9%;2127家限额以上住宿餐饮业实现主营业务收入560.25亿元、上缴税金30.55亿元、实现利润总额17.01亿元,分别比上年增长3.2%、0.7%,下降38.3%。

（二）增速回落原因

1. 外需不振影响消费,居民收入减少。全年上海关区出口总额、上海市出口总额分别比上年下降1.8%、1.4%,增速分别比上年减少20.4个、17.4个百分点。由于国际市场不景气,且出口为主的外资和港澳台商工业产值占全市规模以上工业总产值的61.5%,订单减少导致全市规模以上企业工业总产值比上年下降0.3%,其中:前11个月,上海工业亏损企业增加24.3%,利润仅增长1.8%,亏损额增加53.3%,直接影响集团和居民家庭消费增长。

2. 境外游客减少,外来消费拉动力减弱。全年上海国际旅游入境人数为800.40万人次,比上年下降2.1%,比上年降幅扩大0.4个百分点。中秋、国庆节日期间,全国首次实行重大节假日免收7座以下小客车高速公路通行费的政策,9月30日—10月5日,市民自驾游呈现井喷式增长,全市约有1000万人次国内外出游,造成节庆购买力集中外流。据市假日办统计,791.80万人次游客在沪观光,同比增长20.7%(其中:外地来沪过夜旅游者215.31万人次,同比增长4.6%,平均在沪停留2.7天;上海一日游旅游者576.49万人次,同比增长28%,其中:上海市民超过500万人次,占63%);外地游客人均每天消费834.62元,(其中:购物占44%、餐饮占9%,可计入零售额的仅有442.35元),对上海消费的拉动十分有限。

3. 高端消费外流,奢侈品销售下降。据市旅游局统计,2012年上海出国、出境旅游人数为211.65万人次,比上年增长44.5%,(以每人境外购物、餐饮消费2万元计算,全年外流零售额达423.30亿元,占全年上海社会消费品零售总额的5.7%),加上周边省市高收入人群节日集中出境旅游,明显影响上海奢侈品销售。

4. 消费物价居高不下,居民消费支出谨慎。全年上海居民消费和零售价格指数保持全面上涨态势,分别上涨2.8%、1.2%,导致食品等商品消费的实物量减少,居民购买谨慎,消费支出降低。全年上海限上企业食品零售额比上年仅增长3.7%,其中:粮油、水产品、蔬菜、烟酒、饮料零售额分别比上年仅增长7.6%、3.5%、3.3%、1.9%、1.4%,肉禽蛋零售额比上年下降0.8%。

全年上海城市、农村居民家庭人均消费支出分别为2.63万元、1.21万元,比上年增长4.6%、7.3%,增速比上年回落3.6个、2.9个百分点,城市、农村居民家庭人均消费支出增速分别低于收入增速6.3个、3.9个百分点。

5. 股市、房市、车市波动,影响产业发展和消费预期。由于12月份一波上涨行情,推动全年上海证交所股票交易额比上年增长20.4%;黄金交易所成交额比上年增长20.5%;商品房销售额和存量房交易面积分别比上年增长3.9%和下降3.4%。12月末,上海个人住房、汽车消费贷款分别比年初新增168.54亿元、158.90亿元,同比下降22.6%、16.8%。据上海连锁经营协会统计,全年会员单位的家电、建材、超市的市内零售额分别比上年下降31.4%、11.1%、7.2%。2012年第四季度上海企业景气指数为121.9,同比减少3.7个百分点;其中:批发零售业、住宿餐饮业景气指数分别为119.9、112.8,同比减少1.45个、7.2个百分点。

（市商务委商贸行业管理处）

上海对外贸易在逆势中加快结构调整

2012 年，全市商务部门紧紧围绕国际贸易中心建设，扎实推进搭建大平台、服务大市场、推动大开放、优化大环境等各项工作，有效应对的复杂的外部环境和城市发展转型的双重挑战，保持了商务运行总体平稳、结构调整继续加快的良好态势，为全市创新驱动、转型发展注入了新的动力和活力。

一、对外贸易增长乏力，结构调整速度加快

2012 年，上海货物贸易进出口 4367.6 亿美元，比上年下降 0.2%。其中，出口 2068.1 亿美元，比上年下降 1.4%；进口 2299.5 亿美元，比上年增长 1.0%；逆差 231.4 亿美元，降幅扩大 29.6%。

2012 年全国及部分省市进出口情况表

项　目	进出口		出　口		进　口	
	总额(亿美元)	比上年(±%)	金额(亿美元)	比上年(±%)	金额(亿美元)	比上年(±%)
全　国	38667.6	6.2	20489.3	7.9	18178.3	4.3
上海关区	8013.3	-1.4	4911.6	-1.8	3101.5	-0.7
广　东	9838.2	7.7	5741.4	7.9	4096.8	7.4
江　苏	5480.9	1.6	3285.4	5.1	2195.5	-3.3
上　海	4367.6	-0.2	2068.1	-1.4	2299.5	1.0
北　京	4079.2	4.7	596.5	1.1	3482.7	5.3
浙　江	3122.3	0.9	2245.7	3.8	876.6	-5.8
山　东	2455.4	4.1	1287.3	2.4	1168.1	6.0

（一）外贸增速呈逐季下滑态势

受外需低迷、内需不振、产能和订单转移等因素影响，全市货物贸易增速回落明显，比上年下降 18.8 个百分点，在全国的占比也由上年的 12.0% 下降至 11.3%。从走势来看，呈现逐季回落、降幅扩大的态势，其中一季度增长 3.9%，二季度增长 2.5%，三季度下降 2.4%，四季度下降 3.9%，尚未出现筑底企稳迹象。

（二）进出口市场出现分化迹象

从出口看，传统市场基本稳定，对美国、日本出口增速高于全市水平，但对欧盟出口下降 10.3%，表明欧盟市场萎缩加剧；新兴市场中俄罗斯、中东增速分别达 27.8%、7.1%，但对非洲出口下降 11.2%。从进口看，传统市场表现不佳，除欧盟增长 9.6% 外，日本、美国分别下降 6.7% 和 5.8%；新兴市场的差异也很明显，拉美增长 4.7%，东盟增长 8.0%，但俄罗斯下降 13.3%，澳大利亚下降 7.7%。

2012 年货物贸易进出口月度运行情况图

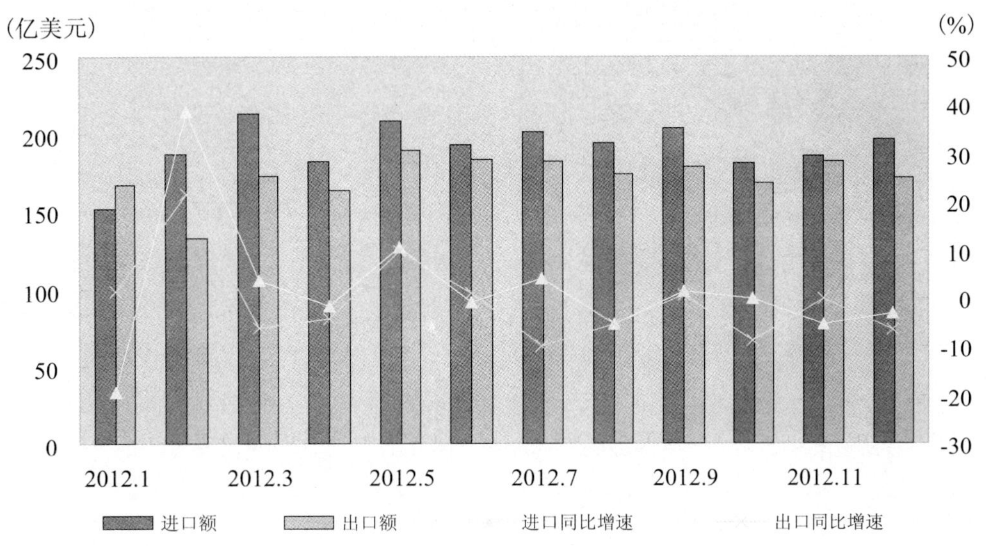

2012 年主要进出口贸易伙伴情况表

主要出口贸易伙伴			主要进口贸易伙伴		
国别(地区)	出口额(亿美元)	比上年(±%)	国别(地区)	进口额(亿美元)	比上年(±%)
总　值	2068.1	-1.4	总　值	2299.5	1.0
美　国	501.6	3.6	欧　盟	510.8	9.6
欧　盟	391.1	-10.3	东　盟	361.1	8.0
日　本	249.6	4.1	日　本	323.5	-6.7
东　盟	209.2	2.7	美　国	200.2	-5.8
中国香港	159.7	-1.1	韩　国	175.1	-5.4
韩　国	69.5	-6.4	中国台湾	145.3	-3.2
澳大利亚	58.0	2.4	澳大利亚	71.5	-7.7
中国台湾	57.0	-7.9	智　利	54.6	12.7
印　度	49.3	-9.6	巴　西	43.2	-16.8
俄罗斯	32.6	27.8	瑞　士	40.9	-3.6

(三) 外贸结构调整继续深入

主要体现在“三个好于”:一般贸易好于加工贸易。加工贸易出口比上年下降6.9%,占全市出口的比重近10年来首次降至50%以下;一般贸易出口比上年增长2.3%。进口好于出口。进口前10位商品中,6类增长、4类下降,特别是汽车、酒类、医药品等消费类产品仍保持两位数增长;出口前10位商品中,4类增长、6类下降,其中自动数据处理设备、服装、船舶、钢材等是造成出口下降的主要商品。民营企业好于其他企业。民营企业进出口增长较快,增速分别高于国有企业、外资企业18.1和11.9个百分点。

2012 年进出口贸易构成情况表

项　目		出口额（亿美元）	比上年（±%）	进口额（亿美元）	比上年（±%）
总　值		2068.1	-1.4	2299.5	1.0
贸易方式	一般贸易	789.3	2.3	1052.3	-2.4
	加工贸易	1015.3	-6.9	372.1	-12.1
	其他贸易	263.5	11.8	875.1	12.9
企业性质	国有企业	324.8	-6.8	455.7	-7.2
	民营企业	339.5	10.2	300.4	12.1
	外资企业	1387.7	-2.6	1512.0	0.8
商品大类	机电产品	1433.2	-3.0	1260.7	-0.6
	高新技术产品	902.5	-3.0	815.6	8.6
	纺织服装	199.0	-4.6	48.4	6.1

二、外贸下行的主要原因

上海外贸进出口下行，除全国普遍面临的外需萎缩、成本上升及价格波动等原因外，与上海本地出口型制造业的发展直接相关。

（一）出口型制造业发展缺乏后劲

近几年来，上海着力转型发展，积极促进服务业发展，确立了加快形成服务经济为主的产业结构战略目标，而且土地资源匮乏，环境承载力受限，上海制造业吸收外资无论绝对值还是相对值都有较大幅度下降。2007—2011 年 5 年间，制造业共吸收合同外资 175.92 亿美元，占全市合同外资总额的 21.8%。2007 年制造业合同外资为 52.19 亿美元，占全市合同外资总额的 35.1%；2012 年制造业合同外资 35.5 亿美元，占全市合同外资总额的 15.9%。近几年来，除原南汇引进昌硕外，引进外向型特大型的制造业外资项目十分鲜见。

（二）出口型制造业发展缺乏竞争优势

在上海出口型制造业容量受限的同时，竞争力明显下降。一是上海包括劳动保障在内的劳动力成本提升高于外地；二是包括口岸费用在内的经营成本高于外地；三是财政支持力度低于外地，如 2011 年下半年开始部分省市为促进出口采取了补贴等措施，企业在利益驱动下，往往安排工厂直接在当地出口。反观上海，由于由市承担的 7.5% 退税部分，由区（县）政府承担 65%，因此区（县）政府不仅缺乏促出口的积极性，更不会推出财政扶持措施。不少企业反映，不是没有订单，而是上海的成本做不下来，只能让外地去做。也有企业反映，原先由上海企业代理出口的，转移到外地去做了。

由于上海出口型制造业缺乏发展后劲和环境优势，这两年出现“产能转移”和“订单转移”的现象，上海的一些重要出口商品出现与全国正增长相反的负增长情况。统计表明，上海出口额排名第一的自动数据处理设备及其部件比上年下降 5.6%，而全国增长 5.1%；上海出口额排名第三的集成电路比上年下降 1.5%，而全国增长高达 64.1%。上海的服装及衣着附件，纺织纱线、织物及制品，出口比上年下降 4.6%，而全国则增长 2.8%。

三、2013 年工作思路

2013 年工作初步思路是：紧紧围绕上海推进国际贸易中心建设这一主线，进一步加快推动外贸转型升级，重点实施“五个加强”：

（一）加强对外贸形势的研判

一是建立和完善与兄弟省市、本市重点区县、重点区域外贸工作联系机制。二是做好重点联系企业外贸数据直报工作。三是完成海关数据分析系统的更新改版工作。四是建立区(县)外贸季度工作例会制度。

（二）加强对国际市场的开拓

一是做好重点海外展会的组织实施工作。按行业、国别和地区推荐一批有影响力的展会鼓励上海企业积极参展。二是加强对出展工作的指导和培训。三是加强对组展单位的考核。四是加快推进国际营销网络建设,充分发挥海外营销服务中心的作用。五是办好几个重点展会。明年重点组织好东盟博览会、亚欧博览会、跨采会、减灾展及广交会、华交会等展会的组织工作。六是加强品牌培育工作。

（三）加强贸易便利化牵头

一是牵头筹备召开市贸易便利化工作联络员会议,为召开全市贸易便利化联席会议作准备。二是继续推进贸易便利化试点工作。三是跟踪解决好贸易便利化中出现的问题。四是继续推动国家级出口基地享受便利化服务。

（四）加强进口贸易的促进

一是做好进口商品中心及进口平台建设。二是抓紧完善国别商品中心认定管理办法,并出台国别商品中心建设财政扶持政策。三是继续打造进口贸易平台。

（五）加强外贸公共平台建设

一是继续推进大虹桥服装服饰、新浦江轻工出口创新基地、杨浦区"上海国际产品设计和贸易促进中心"、闸北区"上海国际贸易技术标准服务中心"的建设,建立一批公共展示、国际营销、公共信息等服务平台。二是培育一批新的出口创新基地,壮大基地队伍。三是用足用好公共平台资金。

（市商务委外贸发展处）

上海利用外资再创历史新高

一、概述

2012 年，上海利用外资再创历史新高，项目质量进一步提升，总部经济蓬勃发展。全年上海新批外资项目 4043 个，合同吸收外资 223.38 亿美元，比上年增长 11.1%；实际利用外资 151.85 亿美元，比上年增长 20.5%。自 2009 年金融危机后，合同外资、实际利用外资连续第三年实现双增长，并再度刷新年度记录。

改革开放以来，上海累计引进外资项目 67869 个，合同外资 2175.65 亿美元，实际吸收外资 1342.13 亿美元，资金到位率达到 61.7%。

1990—2012 年上海利用外资情况年度对比图

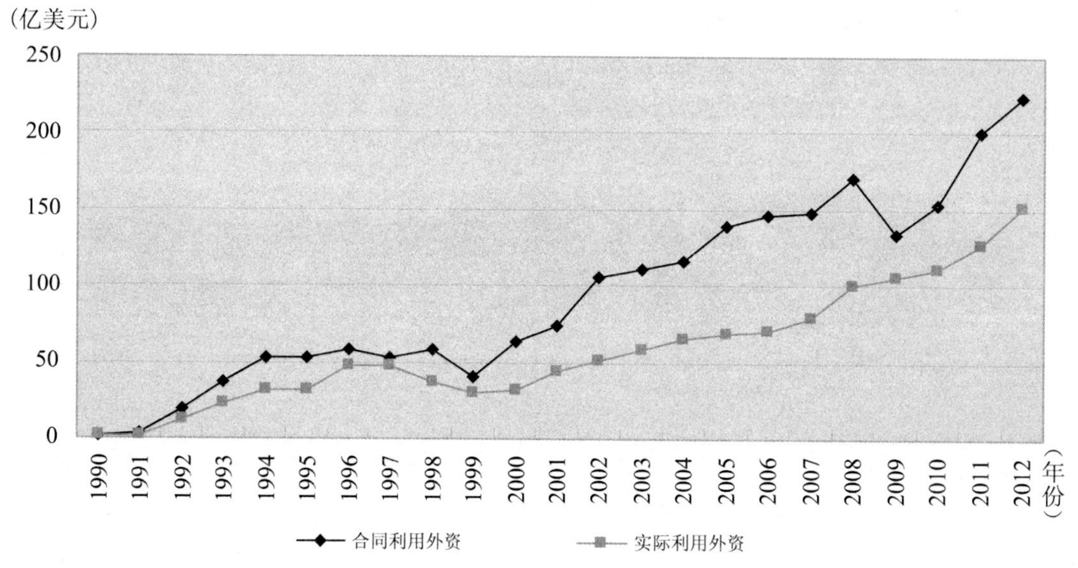

说明：合同外资指标除特别说明外，为新批、增资、减资之和。

二、上海利用外资形势好于全国

根据商务部和部分省市公布的数据，2012 年全国实际利用外资比上年下降 3.7%，上海实到外资增幅高出全国水平 24.2 个百分点。

三、服务经济为主的引资结构继续加强

2012 年，外商投资三、二、一产业在合同外资中的比重分别为 83.8%、16.0%、0.2%，实际利用外资的比重为 83.5%、16.4%、0.1%，新批项目数量的比重为 94.4%、5.5%、0.1%，服务业占利用外资主导地位。从下图

看,2005 年第三产业吸收合同外资金额首次超过第二产业,2009 年第三产业合同外资占比超过 80% ,2012 年第三产业合同外资占比达到 83. 8% ,服务业为主的引资结构在不断加强。

2003—2012 年上海外商投资合同外资分产业比重图

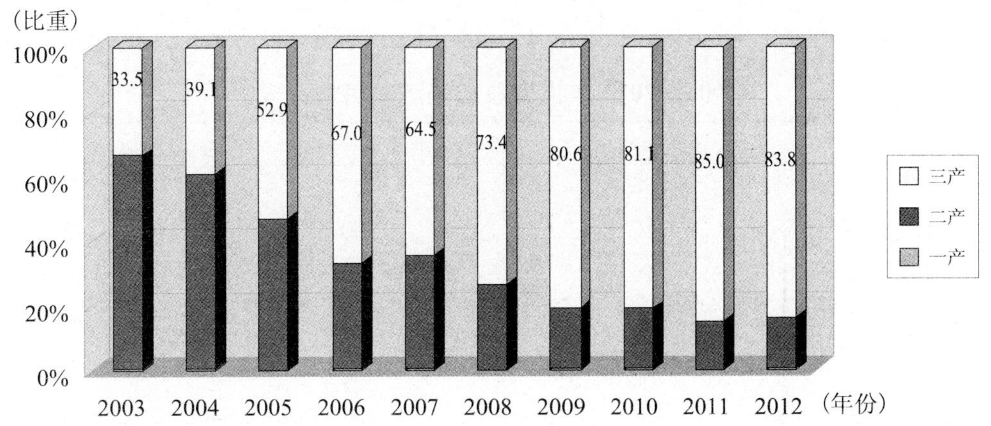

说明：合同外资占服务业的比重。

四、现代服务业利用外资加快发展,外资助推上海四个中心建设

2012 年,新设外商投资服务业项目 3818 个,合同外资 187. 13 亿美元,比上年增长 9. 6% ;实际利用外资 126. 79 亿美元,比上年增长 21. 6% 。投资领域主要集中在租赁和商务服务业(25. 7%) 、房地产业(27. 5%) 、商贸业(24. 9%) 、金融服务业(8. 1%) 和交运仓储业(4. 1%) 。

其中,同"国际贸易中心"建设紧密相关的租赁和商务服务业合同外资 48. 14 亿美元,比上年增长 24. 3% ,实到外资 28. 85 亿美元,比上年增长 29. 5% ;商贸业合同外资 46. 65 亿美元,比上年增长 12. 1% ,实到外资 24. 03 亿美元,比上年增长 13. 8% 。同"国际金融中心"建设紧密相关的金融服务业是发展最快的外资领域之一,新设项目 71 个,是上年的 2. 2 倍,合同外资达到 15. 25 亿美元,比上年增长 8. 1% ,实到外资比上年增长 74. 7% ,新引进融资租赁公司 60 家、商业保理公司 4 家。同"国际航运中心"紧密相关的交运仓储业合同外资 7. 71 亿美元,比上年增长 50. 7% 。

五、先进制造业利用外资稳步增长,推动上海产业结构调整

2012 年新批制造业项目 204 个,合同外资 35. 5 亿美元,比上年增长 20. 5% ;实到外资 24. 53 亿美元,比上年增长 16. 6% 。成套设备、精细化工等行业继续保持较快增长,电气机械制造业吸收合同外资 8. 89 亿美元,比上年增长 214. 3% ;化工行业合同外资 7. 16 亿美元,比上年增长 117. 9% ;通信及电子设备制造业合同外资 5. 27 亿美元,比上年增长 4. 4% 。

新能源、节能环保、生物医药等战略性新兴产业加快推进,引进新设新能源、节能环保领域外资企业 42 家,生物医药研发和生产企业 49 家。其中有:华电通用轻型燃机设备有限公司、上海电气风能有限公司、上海电气建筑节能有限公司、上海龙沙复星医药科技发展有限公司、先声默沙东(上海) 药业有限公司、上海盟科药业有限公司等项目。

六、总部经济蓬勃发展

2012 年总部经济保持良好发展势头,共

新设默沙东等投资性公司25家，认定BP、惠普、久保田等跨国公司地区总部50家；新设罗地亚新材料研发、巴斯夫应用化学研发等研发中心17家。地区总部数量和能级进一步提升，截至2012年底，共吸引投资性公司265家，跨国公司地区总部403家，研发中心351家，上海成为中国大陆投资性公司和跨国公司地区总部最集中的城市，95%以上地区总部具有两种以上的总部功能，研发中心数量居全国第二。

2006—2012年上海总部经济项目情况表

年　份	投资性公司(家)	地区总部(家)	研发中心(个)
累　计	265	403	351
2006年	20	30	26
2007年	15	30	34
2008年	13	40	30
2009年	13	36	30
2010年	22	45	15
2011年	27	48	15
2012年	25	50	17

七、亚洲投资增长较快，欧美投资出现调整

亚洲来沪投资合同外资167.7亿美元，占比75.1%，比上年增长26.6%。其中香港特区投资120.65亿美元，增长40.3%。欧洲来沪投资16.69亿美元，占比7.5%，比上年下降2.8%。其中德国、法国投资比上年分别下降34.6%、29.2%。美国来沪投资13.21亿美元，占比5.9%，比上年下降31%，但如扣除上年的迪士尼项目，则比上年增长66%。

受钓鱼岛事件影响，自9月起日本对沪投资出现下滑，9—12月日本在沪投资合同外资分别为3.11亿美元、1.16亿美元、0.98亿美元、0.9亿美元，同比分别下降为4.2%、23.2%、64.5%、69.2%。投资额逐月减少，降幅不断扩大，预计短时间内日本对沪投资都将受到较大影响。但由于1—8月日本投资增长较快，全年日本对沪投资仍增长了22%。

2012年上海外商直接投资前10位资金来源地情况表

排名	国别(地区)	合同外资		排名	国别(地区)	实到外资金额	
		金额(亿美元)	占比(%)			金额(亿美元)	占比(%)
1	中国香港	120.65	54.0	1	中国香港	68.43	45.1
2	日　本	25.05	11.2	2	部分自由港	19.13	12.6
3	新加坡	13.86	6.2	3	日　本	18.10	11.9
4	美　国	13.21	5.9	4	新加坡	9.75	6.4
5	部分自由港	8.21	3.7	5	美　国	7.02	4.6
6	荷　兰	5.46	2.5	6	中国台湾	4.34	2.9
7	中国台湾	3.65	1.6	7	荷　兰	3.56	2.3
8	德　国	3.24	1.5	8	法　国	2.84	1.9
9	韩　国	1.97	0.9	9	德　国	2.53	1.7
10	西班牙	1.79	0.8	10	韩　国	2.05	1.4

注：部分自由港指维尔京群岛、开曼群岛、毛里求斯、巴巴多斯、萨摩亚

八、增资和大项目占比进一步提高

2012年上海共有合同外资增资128.55亿美元，比上年增加22%，占比57.5%，较上年提高5.1个百分点。新批投资总额1000万美元以上项目286个，增资1000万美元以上项目346个，合同外资合计194.49亿美元，占全市合同外资的87.1%，较上年提高2.4个百分点。

2012年上海部分新设及增资大项目情况表

领域	项目	基本情况
制造业	中航通用电气民用航电系统有限责任公司	新设，投资总额20亿美元，合同外资6.5亿美元，从事民用航电系统的设计、制造等
	上海中石化三井弹性体有限公司	新设，投资总额3.01亿美元，合同外资5022.7万美元，从事三元乙丙橡胶产品的制造
	默克光电材料（上海）有限公司	新设，投资总额1.06亿美元，合同外资3533.6万美元，从事TFT－LCD、OLED显示屏材料的设计、研发和生产
商贸业	嘉能可有限公司	增资，投资总额增2.85亿美元，合同外资增9500万美元，从事大宗商品贸易
	连卡佛百货商贸（上海）有限公司	新设，投资总额3574.6万美元，合同外资1191.5万美元，从事百货零售
房地产业	华侨城（上海）置业有限公司	新设，投资总额9.46亿美元，合同外资2.41亿美元，从事商业、办公楼等项目的开发和经营
	利怡达商业置业（上海）有限公司	新设，投资总额7.88亿美元，合同外资3.94亿美元，从事商业、办公楼等项目的开发和经营
交运仓储业	上海普高仓储有限公司	新设，投资总额2.1亿美元，合同外资1.2亿美元，从事仓储服务
金融服务业	远东国际租赁有限公司	增资，投资总额增3.3亿美元，合同外资增3.3亿美元，从事融资租赁业务
	高银保理（中国）发展有限公司	增资，投资总额增3亿美元，合同外资增3亿美元，从事商业保理
生物医药	上海龙沙复星医药科技发展有限公司	新设，投资总额1588.7万美元，合同外资794.4万美元，从事新药研发
	诺华（中国）生物医学研究有限公司	增资，投资总额增2.64亿美元，合同外资增8800万美元，从事生物医药研发
节能环保	华电通用轻型燃机设备有限公司	新设，投资总额1亿美元，合同外资1666万美元，从事航改型燃气轮机发电系统的研发、生产
	上海电气建筑节能有限公司	新设，投资总额1.43亿美元，合同外资2144.8万美元，从事建筑楼宇的节能改造
专业服务业	普华永道管理咨询（上海）有限公司	新设，投资总额3600万美元，合同外资1200万美元，从事专业咨询服务
软件服务业	印孚瑟斯技术（上海）有限公司	增资，投资总额增2亿美元，合同外资增1.3亿美元，从事软件开发、制作

（市商务委外商投资促进处）

总部经济继续保持良好发展势头

2012年,上海进一步完善跨国公司地区总部政策,吸引跨国公司地区总部继续保持良好的发展势头,全年新引进跨国公司地区总部50家,截至2012年底,累计落户上海的跨国公司地区总部403家。上海是中国大陆吸引跨国公司地区总部最多的城市。

一、基本特点

(一) 投资国别以美、欧、日企业为主

2012年,日本企业设立地区总部22家,占44%;美国企业10家,占20%;欧洲企业12家,占24%。从落户上海的跨国公司地区总部整体看,美国企业131家,占32.5%;欧洲企业106家,占26.3%;日本企业94家,占23.3%。

(二) 行业分布以制造业企业为主

2012年,制造业跨国公司设立地区总部42家,占绝大多数;服务业6家。从落户上海的跨国公司地区总部整体看,其中制造业企业311家,占77.2%。

(三) 浦东新区是吸引跨国公司地区总部的主要区域

2012年,落户浦东新区的跨国公司地区总部22家,占总数的44%;其余的分别注册在黄浦、静安、长宁、徐汇和闵行。从落户上海的跨国公司地区总部整体看,落户浦东新区的地区总部189家,占46.9%。

(四) 能级不断提升

2012年,惠普、金佰利、阿斯利康等500强企业在上海设立地区总部。总体来看,上海的跨国公司地区总部已经呈现出跨境经营和管理的功能,如ABB公司将机器人事业部全球总部设在上海;新通用公司宣布在上海成立国际运营总部,负责北美以外的所有业务;IBM公司将新兴市场总部设在上海,负责管理150个新兴国家市场;霍尼韦尔公司将电子材料部门全球总部设在上海;福特公司将亚太及非洲地区总部从泰国迁来上海;宜家、麦当劳将亚太区总部分别从新加坡和香港特区迁来上海。

(五) 对上海经济发展的贡献突出

据外商投资联合年检数据,2011年,落户上海的跨国公司地区总部实现营业收入3098亿元,税收总额(包括关税)191亿元;上海市税务局公布的2011年上海纳税百强企业中,有9家为跨国公司地区总部。

二、完善总部发展政策

为落实市政府2011年12月修订发布的《上海市鼓励跨国公司设立地区总部的规定》,市商务委、市财政局、市人力资源社会保障局、市公安局出入境管理局、人行上海分行、外汇管理局上海市分局、上海海关、上海出入境检验检疫局等八部门修订发布了《关于〈上海市鼓励跨国公司设立地区总部的规定〉的实施意见》。此次《实施意见》修订的主要原则是鼓励和支持跨国公司"提升能级、整合业务、拓展功能",主要体现在以下方面:

(一) 进一步加强财政资助导向

鼓励跨国公司从境外向上海转移更多的总部功能,支持在沪地区总部整合内部股权、引导具有投资功能的地区总部集聚实体业

务。

1. 支持跨国公司在上海设立亚洲区、亚太区或更大区域的总部。明确了对更大范围地区总部给予资助的内容，即：对新设亚洲区、亚太区或更大区域的总部，且满足一定条件的，可分三年获得800万元的开办资助；对已认定总部升级的，给予一次性300万元的资助。

2. 支持跨国公司地区总部进一步整合业务。原实施意见没有涉及对非国家级的投资性公司地区总部进一步集中销售的鼓励措施，对引导在沪地区总部集聚实体业务的指向性不够。为此，此次修订过程中，在保留原来鼓励政策的基础上，补充了对非国家级的投资性公司地区总部的奖励，即：营业额超过10亿元的，一次性给予500万元奖励。

（二）进一步优化营运环境

进一步优化吸引跨国公司地区总部的营运环境，尤其对地区总部的资金管理、人员流动、通关便利等方面给予支持。

1. 积极探索地区总部资金运作的便利化。新修订的实施意见对跨国公司地区总部资金集中运作给予具体指导，并对地区总部参与跨国公司外汇资金集中管理、境外放款的试点表示支持。根据上海“四个中心”的建设需要，以及更大范围地区总部对包括外汇在内的资金运作的新需求，外汇管理局等部门已经着手探索便利地区总部资金运作的新举措。同时，在跨国公司地区总部跨境使用人民币方面提供方便，包括：开展跨国公司地区总部人民币经常项目下简化业务流程试点，鼓励跨国公司地区总部开展人民币经常项下集中收付业务；支持跨国公司将其人民币境外资金结算中心落户上海等。

2. 进一步完善地区总部的通关便利措施。在新修订的实施意见中，补充了扩大研发自用生物材料检验检疫改革试点范围和A类以上资信等级的总部企业可以为在沪下属企业集中报关报检两项措施。

3. 进一步为地区总部人员流动提供支持。为了进一步突出上海的人才优势，此次修订中，对地区总部人员流动提供了较大的便利。如：把原来仅对地区总部的外籍人员长期居留政策延伸到总部所属注册资金达300万美元以上的法人企业的外籍高管和部门经理；增加对地区总部直接给予口岸签证商务备案单位资格的政策；增加对地区总部的外籍高管和高技术人才给予办理《外国专家证》的政策；增加对地区总部及其投资设立的独立法人研发中心引进的外省市优秀人才办理上海户籍的政策等。同时出入境检验检疫部门为跨国公司地区总部法定代表人以及与总部职能相关的高级管理人员办理健康证明提供了绿色通道。

（市商务委外国投资管理处）

上海对外经济合作工作继续积极稳妥前进

2012年，面对国际经济形势尚无明显好转的背景下，上海市积极贯彻国家“走出去”的方针和各项政策，努力开拓创新，全市对外经济合作工作有序开展，仍然取得了积极稳妥的成绩。

一、主要业绩

（一）企业海外投资重大项目引领“走出去”

2012年，非金融类对外直接投资总额达32.4亿美元，比上年增长22.0%。企业海外投资大项目频现，如光明食品集团收购英国著名品牌食品企业维他麦60%股份；上海汽车工业集团与泰国正大集团共同在泰投资成立一家整车制造公司和一家整车销售公司；中国规模最大的人民币国际投资基金——赛领国际投贷基金启动，支持上海企业“走出去”。

（二）新签境外工程承包项目规模不断提升

2012年，上海企业连续第五年新签境外工程承包项目合同额超过100亿美元，达到103亿美元，完成营业额68.1亿美元，比上年增长14.6%。其中单个合同额超过1亿美元的大项目有22个，包括中国浦发机械工业股份公司承接的柬埔寨首家大型炼油厂项目，惠生工程(中国)有限公司承接的委内瑞拉炼油厂项目，上海电气集团承接的印度哈迪亚电厂2＊300MW燃煤机项目，中交上海航道局有限公司承接的巴西桑托斯港航道扩建项目等。

（三）境外资源类投资合作迈开新步伐

除传统远洋捕捞和海洋资源开发外，多家企业收购境外矿产资源，如上海外经(集团)有限公司收购厄立特里亚扎拉矿业公司60%股权，三林万业收购印尼塔里阿布岛铜矿二期。在农业资源投资合作方面也有多起成功之例，如上海鹏欣(集团)有限公司收购新西兰克拉法牧场，中福集团中标澳大利亚西澳州农业开发项目等。

（四）积极鼓励境外经贸合作开发园区开发

上海“走出去”注重结合服务贸易经济为主的产业特点，鼓励有条件的企业探索在境外投资开发以第三产业为主的经贸合作开发园区，取得成效。2012年，继上海在俄罗斯投资开发的大型综合性开发区项目“波罗的海明珠”后，已有数个境外开发区项目动工建设，包括绿地集团拟出资9亿美元打造的绿地韩国旅游健康城项目、上海万峰房地产有限公司拟投资16亿美元开发的老挝万象塔銮湖经济专区等。

（五）对外援助工作取得丰硕成果

2012年，上海在建援外成套项目7个，金额为23.7亿元；援外物资项目17个，金额为3137万元；成功举办援外培训班36个，共培训发展中国家学员878人。

（六）进一步构筑全方位、立体化、功能型的对外经济技术合作服务平台

2012年2月21日，上海市“走出去”信息服务平台点击开通；2月29日，上海市海外救援服务中心揭牌(该平台将对上海的“走出去”企业提供境外救助和紧急救援服务)；12月底，上海市对外劳务合作服务平台揭牌(该平台承担本市对外劳务合作促进、

保障、规范和管理为一体的政府公共服务职能)。三个平台的建立完善了政府"走出去"的公共信息、管理和保障服务体系。

(七) 对外劳务合作有较大增长

2012 年,上海新派出各类劳务人员 21244 人次,比上年增长 48.7%,职业拓展至厨师、海员、空乘、医护、邮轮服务员、IT 技术人员等中高端专业技术领域;此外,境外工程承包项下派出劳务人员数有显著变化,全年派出 3477 人,较上年减少 38%,充分体现了上海"走出去"企业积极履行社会责任,大幅度提高了雇佣当地员工的比例,属地化管理日渐加强。

(八) 全年境外突发事件发生率为零

2012 年,市商务委通过召开安全宣讲会、培训班、编发各类宣传书籍、组织专项检查和境外项目巡查等方式多管齐下,加强境外项目风险防范和境外安全管理取得显著成效。全年境外突发事件发生率为零。

二、重点工作

(一) 对外直接投资

1. *做好投资环境调研,深化对外投资重点区域研究。*针对企业关注的对外投资热点问题和热点地区,市商务委会同投资促进机构开展了对美国、日本、加拿大、德国、俄罗斯等热点地区的投资环境研究,如研究对日并购优质资产课题、加拿大魁北克省推出的"北方计划"。在此基础上,市商务委还积极参加商务部召开的对美投资工作座谈会,参加商务部和财政部共同举办的中美城市合作论坛等,为服务平台和官方微博的发布提供了数据支撑。

2. *加强股权投资研究,启动股权投资基金推动境外投资课题。*针对当前股权投资基金参与对外投资这一新动向,市商务委及时启动股权投资基金推动境外投资课题调研,与市金融办、外外汇管理局上海分局、市工商局、市人大法工委数次沟通,走访股权投资企业协会,深入股权投资企业了解需求,总结经验,为股权投资基金参与对外直接投资政策的突破积极献计献策。

3. *启动 2012 年度联合年检和 2011 年度统计年报工作。*5 月 29 日,市商务委联合外管局上海分局共同召开 2012 年境外投资联合年检暨 2011 年度统计年报工作会,200 多家有境外投资的企业参加会议,相关负责同志向企业传达年检及统计工作的具体要求,并对操作流程进行培训。根据国家商务部《关于境外投资联合年检工作有关事项的通知》及《对外直接投资统计制度》有关精神,市商务委和外管局上海分局已全面开展联合年检及统计年报工作。

4. *举办上海物流企业海外发展沙龙和服装行业海外投资沙龙。*市商务委成功举办物流企业的交流沙龙活动,并邀请金融、保险、基金、咨询、律师事务所等代表参会,为物流企业"走出去"答惑解疑。组织沙龙活动有利于企业互动交流并获得更多更有价值的信息,为企业搭建更加切实有效的交流合作平台。共有 30 余家中型物流企业参加此次沙龙。此外,与上海纺织服装行业协会共同举办纺织行业海外投资和发展沙龙,帮助纺织类企业转型发展,推动企业"走出去"。

(二) 对外工程承包

1. *继续扩大对外承包工程的经营主体队伍。*针对进一步扩大对外承包工程队伍,推动更多企业参与国际工程竞争,市商务委加强走访调研工作,深入企业进行宣传,使对外承包工程队伍不断扩大。通过排查和调研已初步掌握上海具有国家特级、一级、甲级或部分等级的企业名单以及上一年度机电产品出口额在 5000 万美元以上企业名单,对此类企业开展走访和宣传工作,动员企业加入境外工程承包的行列,力争使上海的对外承包工程主体队伍不断扩大。

2. *举办上海市对外承包工程企业从业人员"走出去"政策培训会议。*2012 年 3 月,市商务委会同外经协会共同举办上海市对外承包工程企业从业人员“走出去”政策培训会议，邀请商务部合作司介绍“走出去”政策，中国进出口银行总行介绍“优贷优买”政策，国家开发银行总行介绍中非合作基金等，120余家境外工程承包企业出席会议，为推进境外工程承包业务起到了积极的作用。

3. 贯彻落实商务部《关于境外中资企业机构和人员安全管理指南》。为进一步规范和完善企业“走出去”安全风险防范和应急处置机制，帮助企业建立健全防范和应急处置机制。市商务委适时下发商务部关于《境外中资企业机构和人员安全管理指南》，并对企业从业人员进行全面培训，提高企业境外风险控制和应变处置能力，规范境外经营行为。

4. 启动突发事件应急处置机制避免企业遭遇不测事件。2012年，为确保境外项目和人员安全防范工作，市商务委在得知境外可能有突发事件时，第一时间启动突发事件应急处置机制，多次布置和指导在外开展对外经济合作项目的上海企业，采取措施做好相关安全防范工作，确保中方人员的生命和财产安全，确保全年境外突发事件发生率为零。

（三）对外劳务合作

1. 积极推动对外劳务合作服务平台建设工作。2月，为加快建设对外劳务合作服务平台，市商务委与外经协会赴山东宁阳县、泗水县劳务基地进行调研，并在上海举办上海市劳务专家委员会专家论证会、上海市劳务专家委员会扩大会议、对外劳务合作服务平台阶段性研讨会等，广泛听取各外派劳务企业意见。6月底初步完成上海市的服务平台的建设工作。9月，市商务委会同市外经协会向上海市经信委平台建设专家评审组提交“对外劳务合作服务平台”的建设基本情况和可行性建设报告，并通过答辩获得了市经信委的支持，年底前结束试运行阶段正式挂牌。

2. 加强劳务企业诚信等级建设工作。完成2011年度上海对外劳务合作企业诚信等级评定工作，要求企业诚信建设要做到规范经营和社会责任并重。最后确定诚信等级A类企业20家，B类企业7家，C类企业12家，该举措为今后进一步规范上海外派劳务企业内部管理、优化境外劳务市场起到推波助澜的作用。

3. 继续推进海员外派业务的划转工作。根据2010年5月30日《商务部交通部关于加强外派海员类对外劳务合作管理有关事宜的通知》和于2011年7月1日正式实施的《中华人民共和国海员外派管理规定》，上海海员类外派企业的管理权限划拨至上海市海事局，但由于派遣游轮服务员的海员外派企业在申报经营资质和申报审批流程上与海事局的管理模式仍然存在差异，因此，市商务委多次走访企业，并会同海事局相关部门就此类企业召开专题会议，帮助企业解决业务划转过渡期间的实际困难。

4. 外派德国厨师考试中心落户上海。2012年4月，中国对外承包工程商会通过考察，将上海中华职业技术学校认定为全国仅有的3家派遣德国厨师的考试中心之一，为全国向德国派遣厨师的劳务企业提供服务。8月，中德厨师劳务合作上海考试中心在沪上海中华职业技术学校顺利揭牌。至此，上海对外劳务合作业务将正式打开通向欧洲之门。

5. 及时制定“上海市对外劳务合作工作管理机制”。按照商务部要求，在《对外劳务合作管理条例》出台后，上海及时制定“上海市对外劳务合作工作管理机制”，将原有的上海清理整顿外派劳务工作机制进一步完善和扩大，为对外劳务合作市场和业务保驾护航。

（四）对外援助

1. 巩固援外质量年的活动成果。市商务委继续巩固质量年整改成果，定期对援外成套企业和援外物资企业进行检查，对援外培训项目情况进行调研和指导，要求援外单位认识到质量年活动不是临时性的，而要坚持把质量放在援外工作的首位，把援外项目当做一项庄严的政治任务对待，“练好内功”，克服困难，保质保量做好每一个援外项目。

2. 承办“对外援助物资项目评审专家培训班”。2012 年 7 月，商务部援外司和商务部国际经济技术交流中心在上海召开“对外援助物资项目评审专家培训班”。积极开展上海地区对外援助物资项目评审专家的征聘工作，共上报 41 名专家。培训班上，援外司和交流中心对上述专家进行了业务培训。

3. 探索地方援外工作新机制。商务部的两个课题《培育援外骨干队伍》和《发挥地方在援外工作中作用问题》已结题，研究成果被商务部采纳。

4. 加强援外主体队伍建设。根据新的《对外援助物资项目实施企业资格管理办法》，市商务委对企业进行管理办法的解读和培训，组织上海援外物资项目实施企业开展换证申请工作。

（市商务委外经处）

上海服务贸易继续保持平稳较快增长势头

一、概述

2012年,在全球经济复苏整体放缓的背景下,上海服务贸易继续保持平稳较快增长的势头,服务贸易总额、出口额和进口额均位居全国首位,服务贸易占上海对外贸易总额的比重从上年的22.8%提高到25.8%,对全市贸易总额的贡献程度进一步得以巩固。据商务部统计,2012年上海服务贸易进出口额1515.6亿美元,这是继2011年服务贸易进出口总额突破1200亿美元大关后,首次突破1500亿美元,占全国服务贸易进出口总额的30.7%,比上年增长17.2%,顺利完成年初确定的增长15%的目标。其中,服务贸易出口515.3亿美元,比上年增长8.9%;进口1000.3亿美元,比上年增长22.1%。

但是由于受国内外各种因素的影响,2012年上海服务贸易进出口的结构与近年来发展趋势相比出现一定变化。

一是受国际原油价格高位震荡,全球特别是我国货物贸易增速放缓等因素影响,运输服务进出口429.8亿美元,比上年增长9%,虽高于2011年2%的增幅,但还是远低于平均增长水平。

二是受到出境游市场持续升温等因素影响,旅游进口继续保持较高增长,实现贸易额519亿美元,比上年增长33.3%。

三是新兴服务出口快速增长,计算机和信息服务出口比上年增长29.4%;广告宣传出口比上年增长28.5%;保险服务和专有权使用费服务出口均实现了30%以上的增幅。

四是服务外包保持平稳增长。上海服务外包合同金额51.98亿美元,比上年增长10.9%;离岸执行金额36.27亿美元,比上年增长13.8%。扣除补报2011年执行的部分,实际2012年离岸执行金额为27.62亿美元,同口径增长21.7%。其中ITO、BPO和KPO分别占66.7%、11.0%和22.3%,知识密集型的KPO业务占比有明显提高。居服务外包发包地前五位的国家和地区为美国、日本、新加坡、荷兰和中国香港,业务占比分别为38.7%、15.2%、6.6%、6.4%以及5.8%。

二、主要工作

(一)加快打造服务贸易公共平台,创新服务贸易发展模式

在商务部的指导和支持下,市商务委联合虹口区商务委、上海外国语大学和中国对外翻译出版有限公司等单位,完善国家文化服务贸易翻译基地项目实施方案,并启动该项目,依托翻译平台加快本土文化企业"走出去"的步伐。同时,在商务部和国家中医药管理局的支持下,市商务委会同上海市有关部门合力推进中医药服务贸易平台建设,通过远程诊疗等手段逐步铺设中医药海外营销网络,在整合中医药资源的同时,不断提升中医药的海外品牌形象。此外,还联合浦东新区商务委积极探索服务外包交易促进平台的可行性,拟打造集信息咨询、会展促进、金融支持和标准化等功能于一身的公共服务平台。

（二）不断完善政策推进体系，增强企业主体的竞争能力

在资金政策方面，做好国家服务外包人才培训、软件贴息资金和文化出口资金的申报工作。在组织企业申报国家资金的同时，根据“部市合作共同推进服务贸易协议”的工作要求，修订上海服务贸易和服务外包发展专项资金操作办法、服务外包平台支持资金管理办法，鼓励企业进行中高级人才培训、到境外参加促进活动、开拓海外市场等。各类资金起到了“四两拨千斤”的作用，帮助企业不断做大做强。

在税收优惠政策方面，根据国家文件的要求，并结合上海“营改增”税制改革试点的实际情况，做好离岸服务外包免征营业税改为免征增值税的过渡工作。并在商务部服贸司的指导下，研究开展国际物流行业技术性业务流程外包服务（BPO）认定标准，深入调研跨国公司地区总部的共享中心服务等新模式，研究扩大服务外包政策受惠面的可能性。

在金融支持政策方面，市商务委和人行上海总部认定10家服务贸易和服务外包最佳伙伴银行，鼓励银行出台符合服务贸易和服务外包企业需求特点的创新性融资产品，涉及集合信托计划、集合债券等多种融资方式，并依托园区积极探索股权融资平台的建设。

（三）加快培育服务贸易重点企业，全面推进服务贸易重点领域发展

按照普遍发展和重点扶持相结合、国家战略和地方特色相结合的原则，依托上海服务贸易联席发展会议制度，重点推进五个服务贸易领域的发展：

一是加快推进国际货代行业发展。做好重点国际货代（物流）企业认定工作，积极打造国际物流服务品牌；指导国际货代行业协会调研“营改增”税制改革对行业的影响；加强国际货代企业诚信体系建设，促进行业健康有序发展。

二是支持推进专业服务贸易发展。会同有关行业主管部门认定第二批重点企业和单位，鼓励其积极开拓国际市场。

三是大力发展服务外包和软件出口。重点培育服务外包示范区、专业园区和122家服务外包重点企业，促进服务外包快速发展；修订并发布服务外包专业园区和服务外包重点企业认定和管理办法；加快服务外包公共服务平台建设工作，完成对第一批公共服务平台的资金支持工作；加强服务外包人才培训力度，基本完成服务外包人才培训中心框架重构的工作。

四是加快文化“走出去”步伐。重点发展文化信息、数字出版、动漫服务贸易，加快发展演艺、影视、出版、印刷服务贸易；组织企业根据新修订的《文化产品和服务出口指导目录》，申报2011—2012年度国家文化出口重点企业和重点项目；组织年度上海文化对外贸易研讨会和推进工作会议。

五是研究促进中医药服务贸易发展。探索对中医药服务贸易的资金支持，推动建设一批海外中医药服务贸易示范机构。

（四）组织企业积极参加境内外促进活动，帮助企业开拓海外市场

在商务部支持下，市商务委成功举办“第十届上海软件外包国际峰会”，积极推介上海服务贸易和服务外包企业，树立上海服务品牌形象；做好中国（北京）国际服务贸易交易会的上海团参展工作，举办“上海主题日”系列活动，充分演绎“上海服务——立足上海、服务全国、面向世界”的理念；组织在韩国釜山举行的“中韩企业家见面午餐会”，利用这一平台促进中韩企业之间的合作交流，培育新的贸易增长点。

（五）全面营造良好的发展环境，增强服务贸易城市竞争力

在认定10家服务贸易和服务外包最佳伙伴银行的基础上，市商务委联合人行上海分行、市服务外包企业协会和服务外包专业园区举办“金融支持服务外包银企对接会”。

进出口银行上海分行和10家最佳伙伴银行为企业介绍融资产品，并和外包企业进行了对接。

其次，出台和落实服务贸易便利化政策。市商务委联合相关的联席会议成员单位推进服务贸易和服务外包重点企业外汇结算便利，设立“服务外包外汇业务绿色通道”；鼓励企业进行人民币跨境贸易结算的试点，减少汇率风险；研究海外高端服务贸易和服务外包人才的人员出入境便利，以及研究生物医药样品的通关便利等。

第三，加大知识产权保护力度和宣传力度。出台《关于加强本市服务外包产业知识产权工作的若干意见》，增强上海服务外包企业的知识产权保护意识，培育良好的接发包环境，并在商务部指导下，汇编企业知识产权保护案例，在商务部网站发布，起到良好的宣传效果。

（六）加大服务贸易的宣传力度，加强服务贸易前瞻性研究

编制出版《2012上海服务贸易发展报告》，总结和探索服务贸易发展规律以及前沿动态；联合市服务贸易协会评选100家上海服务贸易优势和潜力企业，编制《探索服务业走出去之路——上海服务贸易案例选编》和《上海服务外包企业案例选编》，不断增强上海服务贸易企业的影响力。组织专家开展服务贸易讲座，加大服务贸易政策宣传和信息推广的力度。

三、2013年工作思路

（一）坚持市场主导和政府引导相结合，全面提高服务贸易的发展水平

一是出台服务贸易促进指导目录，发挥政府的引导作用；二是完善服务贸易促进政策，加大政策的溢出效应；三是打造服务贸易公共服务平台，探索平台化促进模式。

（二）坚持服务贸易和货物贸易相结合，实现贸易的融合发展转型发展

一是提升产品和服务一体化出口能力，促进服务贸易进出口平衡发展；二是提高服务业“走出去”的能力，扩大境外商业存在的规模；三是贯彻落实创新驱动战略，加强服务贸易模式和业态的创新。

（三）坚持扩大规模和提高水平相结合，促进服务贸易高端化品牌化发展

一是推进服务贸易重点领域的发展，大力发展高端业务；二是推进服务贸易重点区域的发展，优化空间布局；三是推进服务贸易重点企业的发展，鼓励企业做大做强。

（四）坚持健全统计和人才培养相结合，促进服务贸易合理化科学化发展

一是健全服务贸易统计体系，推进服务贸易基础性工作；二是加强服务贸易人才培养，建设服务贸易人才梯队。

（市商务委国际服务贸易处）

上海服务业稳中求进、进中有升

2012年上海经济发展在面临复杂严峻外部环境情况下，仍然紧紧围绕“四个率先”的要求，坚持自身结构调整优化的发展方向，取得“创新驱动、转型发展”的新成果，总体呈现出稳中求进、进中有升的态势。2012年，全市实现生产总值达到20101.33亿元。其中第三产业实现增加值12060.76亿元，比上年增长10.6%，占全市生产总值的比重首次达到60%，对全市经济增长贡献达到82.7%，显示第三产业对经济增长的贡献不断增强，以服务经济为主的产业结构正加快形成。

一、经济转型发展效应日益显现

2012年，上海转变经济发展方式继续取得积极进展。在推动国民经济的出口、投资、消费“三驾马车”中，消费增长快于投资和出口，且优势明显。2012年全市实现商品销售总额5.38万亿元，比上年增长16.8%；实现社会消费品零售总额7387.32亿元，比上年增长9%，均快于全社会固定资产投资3.7%的增速。在市场销售中，网上商店实现零售额238.59亿元，增长75.5%。投资结构继续优化，服务业投资比重连续加大，在固定资产投资中，第三产业投资3949.04亿元，占全社会固定资产投资总额的比重达到75.2%。

二、产业结构继续优化，重点产业发展稳中有进

（一）支柱产业持续增长。批发和零售业保持较快增长，增加值达3291.93亿元，比上年增长11.5%。金融业增加值2450.36亿元，比上年增长12.6%。保险业加速成长，全年原保险保费收入820.64亿元，比上年增长9%。其中，财产险公司原保险保费收入271.72亿元，增长11.1%。其他如旅游产业增加值达1497.68亿元，比上年增长4.9%。

（二）服务产业融合发展态势良好，新兴服务业发展成为重要增长点。电子商务、信息服务业、文化创意产业和战略性新兴产业等加快增长。特别是电子商务，这一传统商业和电子信息产业融合产生的新兴业态发展迅猛，全年交易额7815亿元，比上年增长高达41.9%。信息服务业增加值1233.79亿元，增长17.5%。战略性新兴服务业总产出2508.45亿元，增长7.5%。

（三）经济增长对房地产业的依赖进一步减弱，房地产业增加值占第三产业的比重从2010年占比10.2%下降到2011年的9.2%，2012年更是下降到9%。

三、服务业对外开放步伐加快

全年第三产业外商直接投资实际到位金额为126.79亿美元，比上年增长21.6%，占全市实际利用外资的比重达到83.5%。至年末，在上海投资的国家和地区已达154个。年内新增跨国公司地区总部50家，投资性公司25家，外资研发中心17家。至年末，在上海落户的跨国公司地区总部达到403家，投资性公司265家，外资研发中心351家。在

引进来的同时，上海积极鼓励走出去，全年新批的对外投资项目 249 项，比上年增长 8.7%；投资总额 32.4 亿美元，比上年增长 22%。签订对外承包工程合同金额 103.11 亿美元，实际完成营业额 68.12 亿美元，比上年增长 14.7%；对外劳务合作派出人员 17767 人次，比上年增长 1 倍。

四、"四个中心"建设推进顺利，服务功能加快提升

（一）国际金融中心地位进一步确立

1. 金融资源配置功能进一步增强。从金融机构继续集聚来看，至年末，全市各类金融单位达到 1124 家，年内新增 136 家。其中，在沪经营性外资金融单位数达到 208 家，外资金融机构代表处 210 家。

2. 金融市场功能持续增强。2012 年，上海证券交易所各类有价证券成交金额 54.75 万亿元，比上年增长 20.4%。上海期货交易所各品种总成交金额 89.2 万亿元，比上年增长 2.6%。中国金融期货交易所总成交金额 75.84 万亿元，比上年增长 73.3%。全国银行间货币和债券市场成交金额 263.63 万亿元，比上年增长 34.1%。同时，金融创新步伐加快，新的金融产品不断成功推向市场。

（二）国际航运中心服务功能进一步提升

1. 主要业务量指标继续稳居世界前列。2012 年，上海港口货物吞吐量达到 7.36 亿吨，连续第八年居全球第一；港口国际集装箱吞吐量 3252.94 万国际标准箱，连续第三年居全球第一，集装箱水水中转比例达到 42.8%；浦东、虹桥两大国际机场全年共起降航班 59.67 万架次，进出港旅客达到 7870.84 万人次，规模跃升世界级机场行列。

2. 物流企业服务能级日益提升。随着物流业的快速发展，上海物流市场社会化和专业化程度不断提升，涌现一批服务能力较强的物流企业。至年末，全市已拥有 A 级企业 125 家，其中 4A 以上企业 68 家，占 54.4%。这些企业在发展壮大中，逐步形成自身独特的管理理念和业务模式。如安吉天地物流成为国内领先的第三方汽车物流供应商，整车物流服务占国内市场约 35%。

（三）国际贸易中心集聚辐射效应进一步显现

2012 年，随着上海制定出台《上海市推进国际贸易中心建设条例》，商务部与上海部市合作机制进一步深化，国际贸易中心建设持续向纵深推进。

1. 一批展示交易中心、国别商品中心以及技术标准服务中心建成运营或正式开业。外高桥保税区国家进口贸易创新示范区以及国际贸易技术标准服务中心、国际贸易常年展示交易中心、国际设计与贸易促进中心、国别商品中心等进出口促进平台稳步推进。

2. 现代市场体系加紧建设。钢铁、汽车、珠宝、酒类等现代商贸功能区和有色、化工、液化天然气等大宗商品交易平台加快发展。以我国钢铁（MySteel）螺纹钢价格指数为基准的螺纹钢掉期合约于纽约商品交易所（NYMEX）上市，上海的价格影响力和国际市场定价权进一步提升。

3. 对外贸易增长方式继续显现积极转变。体现在对外贸易结构趋于优化：一是外贸进口增长快于出口。二是一般贸易出口增长快于加工贸易。三是服务贸易增速明显快于货物贸易。服务贸易占全市对外贸易总额的比重提高到 25.8%。服务贸易跨境人民币结算额突破 4800 亿美元。

五、现代服务业集聚区建设取得新成就

（一）集聚发展效应持续显现

"十二五"期间，全市确定 25 个集聚区作为重点建设推进项目。至 2012 年末，集聚区的建成面积达 2782 万平方米，完成投资总额 3680 多亿元，吸引全球跨国公司地区总部

176家(约占全市的44%),从业人员约89万。全年完成税收652亿元,年度税收亿元以上楼宇约127栋。集聚区对全市经济特别是服务业发展的贡献度日益提高,国内外总部机构集聚效应凸显。

(二) 推动城市功能转型作用突出

1. 加快“四个中心”建设。服务业集聚区融合金融服务、航运服务、商务服务、信息咨询以及贸易服务等多种服务功能,并为大量的国内外功能性机构和服务产业提供聚合空间和载体,凸显对服务产业的集聚能力和对产业、区域的辐射能力,加速了“四个中心”建设的形成。陆家嘴金融贸易区吸引了3600家各类服务型企业,其中600多家为国内外金融要素市场和银行、证券、保险等中外金融机构,约占全市的70%,已经成为上海国际金融中心的核心区域。黄浦区通过持续推进西藏路环人民广场现代商务区和淮海中路国际时尚商务区发展,2012年金融业实现税收14.9亿元,比上年增长19.2%,使金融业成为全区现代服务业核心产业。北外滩航运和金融服务集聚区以航运服务为特色,集聚3876家航运及相关企业,凸显“航运企业成群、航运要素成市、航运产业成链”的集聚效应。位于集聚区内的上海航交所还定期发布中国出口集装箱运价指数、中国沿海(散货)运价指数与上海出口集装箱运价指数,凸显国际航运中心地位。虹桥涉外商务区一批展示交易中心、国别商品中心以及技术标准服务中心建成运营或正式开业。该区域依托国际跨国采购大会等平台,试点建设跨采园区。

2. 助推郊区新城发展。集聚区对所在区域的经济增长带动作用的同时,兼顾了各区县产业的错位布局和发展,充分体现“错位发展、各具特色”的特点。对包括新城在内的郊区服务业发展起着助推器作用。“十二五”期间,新增青浦区西虹桥商贸商务集聚区、金山区枫泾国际商务区、松江区松江新城国际生态商务区和崇明县陈家镇现代服务业集聚区,以及调整布局的嘉定新城上市企业总部集聚商务区。至此,集聚区基本覆盖各郊区新城。

3. 加速产业转型升级。现代服务业集聚区建设有力地推动区域经济持续、快速增长,对全市加快经济发展方式转型,形成以服务经济为主的产业结构,促进产业升级转型起到了积极作用。长风生态商务区2012年,入住的企业数达到400家,服务业实现税收20.73亿元,并已有5幢税收亿元楼,从“长风工业区”转型为高端办公楼宇集聚、国内外总部入驻、环境优美的生态节能商务区,成为老工业区成功转型的典范。

4. 提升城市功能。闸北苏河湾商业商务服务业集聚区利用集聚区建设契机,充分挖掘历史文化资源,加快区域旧区改造,通过高标准的生态景观改造和现代服务业的集聚,树立起区域全新的品牌和形象,加速推进上海中心城区的城市功能完善。2012年该集聚区税收亿元楼已达9栋。

(市商务委服务业发展处)

在转变发展方式中提升物流服务能级

按照“创新驱动、转型发展”的总体思路,2012 年上海紧紧围绕经济发展方式转变,提升物流服务能级,认真落实《上海市现代物流业发展“十二五”规划》,抓紧落实上海现代服务业综合试点任务,确保上海物流业取得新进展、新突破。

一、新进展与新突破

(一) 物流业规模持续扩大

2012 年,上海全年货物运输总量 9.44 亿吨,比上年增长 1.1%;港口货物吞吐量 7.36 亿吨,比上年增长 1.1%;国际标准集装箱吞吐量 3252.94 万标准箱,比上年增长 2.5%。全港货物吞吐量和集装箱吞吐量继续保持世界第一。另据初步统计显示,上海两大机场完成货邮吞吐量 337.96 万吨,运输规模跃升世界级机场行列。

(二) 城市共同配送体系建设取得实质性进展

根据 2012 年印发的《上海市加快推进城市配送物流发展实施方案》要求,市商务委会同有关部门引导一批龙头企业创新发展模式,逐步解决城市末端配送物流设施不足、城市配送运力未得到有效整合等瓶颈问题。

1. 搭建“全社会物流资源配置”平台。陆交中心建设的 56135 平台已拥有全国 10 万多家会员,每天发布 80 万条有效服务信息,累计撮合 16 万笔物流交易,撮合交易货值达 271 亿元,参与企业的平均物流成本降到了货值的 8%。同时启动建设深水港集装箱水陆联运交易平台,实现海陆港无缝链接。

2. 建设为社会服务的“全温带配送中心”。百联集团国内规模最大、建筑面积近 20 万平方米的全温带共同配送中心完成结构封顶,拥有常温、阴凉、冷冻、冷藏 4 个温带 200 个装卸口。另外,已建立起 4 个托盘营运中心,托盘日均租赁数量超过 5 万块,物流运作效率提高 5 倍。

3. 连锁网点发展“全天候邮局”服务功能。农工商集团在全市 2300 多家农工商超市、好德可的便利店、伍缘折扣店全部实现“网订店取”服务功能。同时对通过网上商城、96896 电话订购的商品,还提供送货上门服务,日配送量稳定在 2 万件。后台呼叫中心坐席由 100 个扩大到 500 个。

4. 推广蔬菜、药品“全程可视化监控配送”。都市菜园依托 3 个配送中心,上游与市内外 20 万亩种植基地对接,下游与 800 多家超市、标准化菜场、社区直供点、餐厅终端对接,开通电子商务网站,实现年 35 万吨蔬菜的集中配送。上海医药建成冷链监管信息平台,年内为全市配送一类疫苗 300 万支,支持超过 65% 区县接种点;建立覆盖 688 个品种药品的药监码系统;已与 29 家医院实现应用数据对接,基本涵盖全市三级医院;已为 5 家三甲医院提供院内物流服务,实现医、药分离。

(三) 综合保税区物流服务功能不断拓展

1. 期货保税交割试点规模化运作。依托期货保税交割和保税仓单质押功能,综合保税区大宗商品进出口快速增长,全年综保区铜及制品进出口额 130 亿美元,比上年增长55%，其中进口量占全国的30%。洋山保税港区2012年新增大宗商品龙头企业33家，共累计达到53家，2012年新增商品销售额200亿元，已初步形成大宗商品产业的集聚规模。

2. *机场综保区启动保税货物与口岸货物同步运作。*2012年11月30日机场综保区空运货物服务平台成功完成国内首单口岸货物和保税货物同步运作，标志着机场综保区区港一体化运作实现突破。

3. *国际中转集拼功能启动运作。*2012年12月12—19日进行国际中转集拼试单运作，首单境外货物经外高桥港区转运洋山保税港区，在洋山国际中转集拼中心内与国内出口货物组合拼箱后再发往境外，走通了国际中转集拼功能全流程，在全国率先实现对国际集装箱货物的二次集拼和中转运输，标志着洋山保税港区国际中转集拼业务已正式启动运作。

4. *跨国公司亚太分拨配送中心逐步集聚。*洋山保税港区加快建设"国际航运发展综合试验区"，集聚近60家通信及电子产品、汽车及零部件、高档食品、品牌服装的分拨配送中心，基本形成面向欧美的分拨配送基地、大宗商品产业基地、面向国内的进口食品、服装、汽车基地以及供应链枢纽基地。机场综合保税区"临空服务创新试验区"初现雏形，重点发展空运亚太分拨中心、融资租赁、快件转运中心等临空服务产业链，已有德州仪器、山高刀具、索尼、爱马仕、戴尔、意法半导体等20余家全球知名跨国公司产品分拨中心入驻机场综保区。

（四）面向中小企业的集成化服务平台不断完善

积极推进物流服务平台建设，为广大物流企业，尤其是中小物流企业，提供口岸通关、企业内部管理等服务，帮助中小企业提升服务能级，以公共服务带动行业整体发展。如亿通国际开发的上海电子口岸平台，能实现口岸通关常用的58种单证中44种单证的电子化传输，单证电子化率达75%，具有全国领先水平。服务网络覆盖海港、空港和各主要产业园区，46个子系统涵盖电子通关、电子物流的各个领域，系统集成度高。陆交中心56135平台开发"56云"平台，通过强大的云计算平台，为货找车，为车找货，撮合物流产品设备交易，促进物流跨领域的商务合作，及时、准确、低成本、低门槛地满足企业，尤其是小型微型企业的物流需求。上海新跃物流"物流汇"平台已集聚4500多家实体会员、37000多家注册会员，面向中小型陆运物流企业推出物流管理软件、物流企业电调系统、呼叫中心服务、车辆全球定位服务等47项服务与产品，改善中小物流企业的内部管理水平和服务质量，累计降低企业运营成本达50余万元、保险成本达60余万元。

（五）物流企业服务能级日益提升

随着物流业的快速发展，上海物流市场社会化和专业化程度不断提升，涌现了一批服务能力较强的物流企业。截至2012年12月，全市已拥有A级企业125家，其中4A以上企业68家，占54.4%；39家企业获评首届"2012年度全国先进物流企业"；33家企业获"上海服务名牌"称号。这些企业在发展壮大中，逐步形成自身独特的管理理念和业务模式。如安吉天地物流成为国内领先的第三方汽车物流供应商，整车物流服务占国内市场约35%；北芳物流、新杰物流等民营物流企业通过提供物流一体化服务，业务收入持续增长；佳吉快运依托品牌输出管理，建立覆盖全国800多个县级以上城市的服务网络，每月承接100万票业务。

（六）区域物流深化合作发展

2012年5月6日，江浙沪两省一市物流牵头部门在浙江省义乌市举行2012年长三角地区现代物流联动发展大会暨中国（浙江）长三角物流发展合作论坛。会议围绕"推进物流业与制造业的联动发展，加快物流业的创新发展"这一主题展开。来自两省一市的物流业主管部门代表根据会议主题，结合物流业发展中的热点和难点，提出了一些新思路和新做法。会上，对2010—2011年度长三角地区15家"守行规、讲诚信"先进单位进行表彰。同时，邀请两省一市12位知名的企业家和学者上台，以"头脑风暴"的形式，围绕"物流业如何创新供应链服务模式与制造业、流通业联动发展"展开高峰对话。

（七）物流业发展环境进一步优化

国务院发布《关于深化流通体制改革加快流通产业发展的意见》，提出大力发展第三方物流，促进企业内部物流社会化。随后，国务院办公厅推出降低流通费用10项政策，突出强调降低物流成本。先后发布的《国内贸易发展"十二五"规划》和《服务业发展"十二五"规划》，都对物流业发展提出新的要求。2012年，上海市政府也正式印发《上海市现代物流业发展"十二五"规划》；市商务委会同市发改委、市交港局、市公安局印发《上海市加快推进城市配送物流发展实施方案》，引导市场形成层次清晰、衔接有序、运作高效的城市配送物流服务三级网络布局，大力发展城市共同配送、城市连锁商业配送、城市电子商务配送、涉及城市安全的专业配送，以及城市应急配送。同时，上海自2012年起推进营业税改增值税试点，并将物流业纳入"营改增"试点范围，消除了重复征税，总体上减轻企业尤其是小型微型企业的税收负担。对于一些交通运输企业出现的增负情况，市有关部门也积极研究完善试点措施，统筹考虑交通运输业税负等问题。

二、面临形势

2013年是上海深入推动创新驱动、转型发展，加快落实《上海市现代物流业发展"十二五"规划》的关键之年。国内外经济、社会的发展变化，既为上海现代物流业加快发展提供了重要机遇，也提出了更高的发展要求。

（一）加快建设"四个中心"，为培育高端物流功能提供重要机遇

金融、贸易、航运活动与物流业密切相关、相辅相成。国务院明确上海"四个中心"建设要着力提升资源配置功能，金融产品创新、新型贸易发展、航运中转集拼等业务拓展步伐加快，这些都需要坚强有力的物流体系支撑。因此，上海必须更加注重高端物流功能培育，重点发展叠加资讯、交易、结算等高增值物流业务，增强对物流资源、网络的控制力。

（二）加速调整产业结构，为提升供应链管理服务带来有利契机

物流业是重要的生产型服务业。国际金融危机后，全球产业结构发生深刻调整，物联网等战略新兴产业快速发展，生产方式加快向智能化方向变革，国内外跨地区产业转移和区域产业一体化进程加速，这些，为物流技术革新和拓展供应链管理服务空间带来契机。因此，上海必须加快提升供应链管理服务水平，促进制造产业转型升级，提高综合服务功能。

（三）着力扩大消费需求，为物流服务模式创新创造良好条件

物流业对满足消费需求起到基础保障作用。城市化进程加快和配套举措落实，扩大内需战略的政策效应明显发挥，居民消费规模持续快速扩大，网络购物等电子商务新型消费方式迅猛发展，这些，对通过改善运营方式来扩大物流规模创造了条件。因此，上海必须加大物流服务模式创新力度，切实降低流通费用，更好地满足人民多样化、高质量、安全性的消费需求。

（四）强化节能减排约束，对转变物流运行方式提出迫切要求

传统运输、仓储等物流环节面临较大能耗和环保压力。外部环境约束及资源供给趋紧，发达国家逐步推行碳关税等绿色壁垒，我国逐步推进各领域合理使用能源消费总量方案，把节能减排作为硬约束，这些，对物流业发展向绿色低碳转型提出了迫切要求。因此

上海必须切实转变物流运行方式,节约集约利用物流资源,发展低碳物流。

(五)推进增值税改革试点,对营造现代物流发展环境提出明确任务

物流业健康发展离不开政策措施的完善。国务院高度重视物流业发展,出台调整振兴规划和一系列配套政策措施,并选择上海率先在交通运输业和部分现代服务业开展营业税改征增值税试点,这些,对上海促进社会化、专业化物流发展提出了明确任务。因此,上海必须大力营造符合现代物流发展的政策环境,理顺体制、机制、法制、税制,形成示范效应。

根据上述面临形势,下一步工作打算:1. 大力推进城市共同配送服务体系建设。2. 着力发展大市场物流。3. 加快完善口岸物流贸易服务功能。4. 切实推进上海西南综合物流园区建设。5. 推广应用供应链管理理念和技术。6. 举办2013年长三角地区现代物流联动发展大会。

(市商务委市场体系建设处)

大力保护和促进中华老字号发展
谱写上海“十二五”商贸业发展新篇章

中华老字号是我国优秀的自主品牌、中华文明的瑰宝、民族工商业的精华。上海是中华老字号的发源地和重要集聚地，汇集了众多具有浓郁民族特色、匠心独具、享誉国内外的老字号。自2006年商务部实施“振兴老字号工程”以来，上海市委、市政府高度重视，并对上海发展老字号提出了要求。市商务委会同市政府18个部门制定了《上海市关于保护和促进老字号发展的实施意见》，各区县政府结合区域老字号现状积极推进，大力实施中华老字号品牌战略。通过市区联手，合力推进，促进老字号传承文化精髓、创新转型发展，使老字号不断焕发勃勃生机和发展后劲。

一、上海的中华老字号是上海历史和中华文明的组成部分

上海是我国的品牌发源地。自从上海开埠以来，民族工商业者在“实业救国”思想的指导下，在与众多洋商激烈的市场竞争中，创造了璀璨耀眼的品牌，创建了一批如“恒源祥”、“菊花”、“冠生园”、“杏花楼”等品牌和商号，孕育出一批既有民族传统又融合西方文明的具有海派特色的中华老字号，成为上海工商业发展的中流砥柱。这些品牌和商号的发展，蕴含了历代民族企业家的艰辛和传奇。这些传统老字号和品牌成为上海地域文化的标志，体现了上海城市发展演变过程，是上海商业文化的重要载体，也是上海乃至我国近代经济发展史中的一个重要组成部分，更是中华文明史不可或缺的部分。因此，能够被评为中华老字号的企业，都是成立于1956年以前的企业，像诞生于1848年的“老凤祥”、1860年的“老介福”、1854年的“老大同”等，最多的已经超过了200年历史，如“王宝和酒家”就诞生于1744年。它们的名字就是历史。

（一）企业数量

1993年，上海272家企业被原国内贸易部授予“中华老字号”。之后由于市场需求变化、企业资产重组、城市规划调整，以及一部分企业未能注册到商标，到2006年，上海率先有51家企业或字号重新被商务部认定为首批“中华老字号”。2011年，上海又有129家企业重新被商务部认定为第二批“中华老字号”。目前上海总共拥有180家老字号，在国内居于前列，成为老字号的重要集聚地。

（二）企业经营

180家老字号总资本359亿元，国有企业占49%，股份制企业占35%，民营企业占16%。2010年，180家老字号营业总额达到1155亿元，实现利税总额61亿元。目前，老凤祥、烟糖集团、老庙黄金等3家企业的年营业额已突破百亿元。

（三）区域分布

180家老字号基本遍布全市各区县，其中118家约占66%分布在黄浦、静安两个中心城区。黄浦区最为集中，集聚了97家老字号，占全市总数的54%；静安区有20家，占全市总数的11%。

（四）行业分布

180家老字号大多关系百姓生活，贴近民生，近三分之二是轻工、纺织品牌。其中，食品业48家，服装布料鞋帽业26家，五金交电业18家，体育文化业23家。

（五）品牌文化

改革开放以来，上海的老字号忠实传承文化精髓，秉持产品精良、风味独特、讲求信誉、服务上乘的文化内涵。目前上海有15家老字号拥有非物质文化遗产项目，10人为非物质文化遗产项目代表性传承人。

（六）市场影响

据市商业信息中心监测，在上海市场，老字号品牌平均市场占有率超过国内外同类品牌，呈逐年上升趋势。在国内市场，180家老字号已建立超过50万个销售网点，其中连锁网点数超过1000的有“三枪”、“古今”等近10家企业，“上海家化”市场网络拓展突破20万个。在国际市场，自行车、鞋类、化妆品、特色食品等行业的12家老字号已经到国外设立销售网络。

二、上海的中华老字号在传承和创新中快速发展

全市各方的关心，对上海老字号企业的发展是极大的鞭策。上海的老字号企业紧紧抓住发展机遇，以市场为导向，积极引入现代经营理念和管理技术，加快产品和服务创新，获得了崭新的发展，呈现出既拥有悠久历史、又不乏新生活力的良好面貌。

（一）传承品牌理念，弘扬文化精髓

老字号具有世代传承的优秀的经营理念和深厚的文化积淀，其核心便是放心、诚信和社会责任，坚守“诚信为本、公道守规、货真价实”的商业道德，让顾客放心。为了保证食品的品质和口味，“西区老大房”坚持向市场公开招标；“王家沙”深入山区采购野生艾草，首推艾草汁青团。“新世界”、“市百一店”等一批企业积极参与社区公益活动，承担社会责任。上海老字号产品和服务质量普遍得到社会认同，“红双喜”、“恒源祥”等先后获得了“上海市质量金奖”。

（二）强化品牌运作，提升品牌价值

“恒源祥”以品牌为纽带，向产业链上游联合100多家生产企业，向下游发展近万家特许经销商和专卖店，成为全球最大的绒线供应商，将恒源祥的产品、服务、理念和文化传递给亿万消费者，2010年品牌价值已超百亿元。此外，在中国第二届“中华老字号”品牌价值百强榜上，上海有19家老字号品牌价值超过1亿元；“老凤祥”、“恒源祥”被评为“代表上海形象”的十大品牌；“杏花楼”名列“全国十大餐饮品牌”。

（三）转变经营模式，拓展国内外市场

上海老字号大力发展连锁经营、电子商务，打破老字号“只此一家、别无分店”的传统理念，完善商业布局，扩大市场容量。据不完全统计，淮海路上的老字号在全国已开出连锁店3000家，数量相当于新开10条淮海路。“新世界”集团建设“南京路商城”网，集聚近80家老字号企业展示销售，扩大市场影响力。“九百”集团组织老字号食品企业以品牌集群方式进社区，深受市民欢迎。“上海家化”积极开拓国际市场，“佰草集”成功登陆法国香榭丽舍大街，“南翔馒头店”在海外开设14家分店，“古今”内衣在新加坡开出首个海外连锁店开始走向国际市场。

（四）创新技术应用，引领行业发展

老字号不断强化新产品开发和新技术应用，提升产品核心竞争力。如“恒源祥”引入纳米技术，建立首家现代服务业国家级企业技术中心。“茂昌”、“吴良材”眼镜光学中心引进国际先进数控全自动割片机，研制了一组镜片外形切割、光学技术参数，得到欧洲同行的高度称赞。“三枪”集团围绕“科技与时尚”，与美国杜邦公司合作，设计“棉＋莱卡”新型面料；与日本旭化成株式会社联手，研制智慧型升温内衣。“光明乳业”建设唯一的国家乳业生物技术重点实验室，自主研发的

保鲜冷链技术，产品和服务在国内同行中处于领先地位。

（五）搭建推广平台，展示品牌形象

依托节庆、展会平台宣传推广老字号。市老字号协会连续五年在上海购物节期间举办中华老字号博览会，2011 年展出面积 6800 平方米，来自 10 个省市的 240 家老字号企业参展，参观人数达到 35 万人次。同时，借助上海世博会和上海国际服装文化节平台，充分展示和推广具有浓郁海派特色的旗袍文化。积极建设上海中心区域老字号专业特色街，在优化豫园城隍庙传统老字号商圈的基础上，新建的福建中路“中华名品街”、云南路“老字号美食街”和陕西路“上海中华老字号第一街”等知名度不断提高；在五角场城市副中心、部分社区商业中心，“第一食品”、“三阳盛”等天天顾客盈门。

（六）完善扶持政策，焕发品牌活力

结合贯彻落实商务部和上海关于保护和促进老字号发展的意见，商务部促进中小企业发展资金、上海加快自主品牌建设专项资金和服务业发展引导资金，聚焦老字号文化传承、技艺保护、技术创新和市场开拓等领域，给予项目资助。据统计，共有 161 个老字号技艺传承、非物质文化遗产保护、工艺流程改造项目获得 1.23 亿元财政直接支持。其中，商务部累计资助资金 1400 多万元，上海市级财政资助资金 5900 多万元，区级财政资助资金 5000 多万元，拉动企业项目投资金额 6.8 亿元，使老字号企业获得了新的发展动力。

正是由于各方面支持和关心老字号的发展，激励了老字号企业不断创新发展。因此，尽管在市场经济的洗礼中，有那么一些老字号企业辉煌不再，但是，上海的老字号企业中已经涌现出越来越多的竞争强者。

三、推进中华老字号发展的主要举措

纵观“十一五”期间，在全社会的共同努力下，上海老字号发展取得了一定成效，但从总体上看，老字号在提升品牌知名度、增强企业创新意识、提高企业综合竞争力等方面还需要进一步加强。根据商务部《关于进一步做好中华老字号保护与促进工作的通知》要求，结合贯彻上海关于进一步促进中小企业发展若干意见，以及上海国际贸易中心建设，上海的中华老字号企业要传承历史文脉，争当“十二五”商贸业发展的旗帜，在创新发展中创造更多社会、经济和文化价值。为此，要举全市之力，在保护和促进上海的中华老字号上，着力做好以下几方面工作：

（一）加大老字号文化保护

一是加强中华老字号商标等知识产权保护。市商务委将会同工商等部门依法严厉打击侵犯老字号商标权、专利权、著作权及其企业名称、商业秘密等违法行为。支持中华老字号开展商标注册、专利申请和境内外维权活动。二是加强老字号的文化遗产保护。认真组织老字号企业参加非物质文化遗产申报和文物普查工作。按照有关法规和规定，做好老字号传统技艺、历史建筑、文化街区的保护工作，采取必要措施鼓励老字号传人开展传习活动。三是加强老字号网点保护。在老字号门店较集中的地区，要划定保护范围，制定专门的保护规划，进行重点保护。

（二）推动老字号转型发展

一是推进企业机制创新。支持老字号企业进行资产重组，支持符合条件的老字号企业上市，发挥老字号品牌和技术优势，盘活老字号资产。二是推进企业模式创新。鼓励老字号企业充分发挥品牌优势，大力发展连锁经营、电子商务等现代流通方式，挖掘市场潜力，扩大品牌影响。三是推进企业技术创新。鼓励老字号满足现代消费需求，在传承传统产品、技艺特色的基础上，通过采用先进的技术、生产工艺和设备，引入时尚创意设计理念，实现产品和服务创新。四是鼓励老字号企业学习世界知名品牌的发展经验，洋为中用，对标竞争，让发展老字号的经营管理理念与世界接轨，站立更高的起点上发展自身。

（三）搭建老字号组团发展平台

加快推进老字号品牌组团式发展，大力拓展社区市场、国内市场以及海外市场。一是启动“社区中华老字号商业街”建设试点工作。根据城市发展需要，结合社区商业发展，集聚中华老字号品牌，以“中华老字号商业街”模式，复制到中心城区及郊区的社区。二是探索建设“网上中华老字号电子商务平台”。引导和鼓励企业运用现代营销模式，积极参与网上国际贸易中心建设。三是筹划建设“中华老字号博览中心”。在创意园区等地规划建设集策划、创意、展示、销售、服务等功能于一体的品牌博览中心。

（四）率先建设黄金珠宝商贸功能区

结合上海国际贸易中心建设，上海已提出依托黄浦区老字号黄金珠宝饰品产业集聚的独特条件，加快建设集采购交易、创意研发、信息发布、展览展示、高端消费等功能于一体，具有国际影响力的上海国际黄金珠宝商贸功能区。该项目已列入商务部与上海市政府合作推进的重点项目，接下来，要加快建设国家级黄金珠宝饰品交易中心，加大对外招商引资力度，吸引国内外知名企业云集上海，建设黄金珠宝要素市场，大力发展黄金珠宝专业服务业。

（五）加大老字号宣传力度

一是健全档案。运用多种方式，对老字号发展史料进行真实、系统和全面的记录整理，建立健全老字号档案。二是拍摄电视纪录片。与SMG艺术人文频道合作拍摄104集大型系列纪录片《老店新说》，大力宣传老字号优秀技艺和品牌文化，不断提高老字号的社会认知度。三是出版上海老字号《昨天，今天，明天》丛书。汇编老字号的发展历程，传承历史经典，展现民族特色，弘扬老字号优秀文化。四是开展品牌价值评估。引导老字号企业适应市场变化，在合作与竞争中形成更大的品牌价值和市场影响力。

（六）完善老字号发展环境

一是加大政策支持。各类产业政策都要聚焦老字号发展，要用好上海服务业发展引导资金、品牌建设等专项资金，重点支持老字号企业管理创新和技术创新，提升老字号企业综合竞争力。二是加强行业协会建设。体现服务企业的宗旨，强化信息沟通和中介协调作用，促进行业规范自律。要求所有的老字号企业都要加入行业协会。三是加快人才培养。依托上海各类院校和科研机构，建立校企结合的老字号人才孵化基地，抓紧培养三支队伍，即老字号企业发展的领军人才、传承老字号技艺的传人和专业的品牌经营人才，为老字号发展注入源源不断的活力。

（市商务委市场体系建设处）

进一步加强上海标准化菜市场建设和管理

标准化菜市场是规定了菜市场的场地要求、设施设备、场内布局、商品陈列与销售要求、商品准入、包装要求、卫生要求和管理要求的规范化菜市场。是用于销售蔬菜、瓜果、水产品、禽蛋、肉类及其制品、粮食及其制品、豆制品、熟食、调味品、土特产等各类农产品和食品的以零售经营为主的固定场所。上海现有菜市场989家，至2012年底全市已建成标准化菜市场880家，约占菜市场总量的90%，每年向全市消费者提供主副食品650万吨，经营的副食品约占全市副食品销售量的75%。平均一个1500平方米菜场，服务人口近20000人。上海从2005年开始连续3年，将标准化菜市场改造列为市政府为民办实事的项目，2008年起连续5年又将标准化菜市场肉菜流通追溯体系建设列为市政府实事项目，2009年标准化菜市场改造列入市政府重大工程项目。2011、2012年重点加大了对市保障性住房大型居住社区配套菜市场建设的力度。为贯彻市委、市政府加强菜市场建设和管理，保障市民食品消费安全的要求，2012年市商务委紧紧围绕确保供应、确保安全和保障价格基本稳定的工作目标，联手有关部门，共同推进标准化菜市场建设和管理工作。

一、推进标准化菜市场二次改造

菜市场依旧是市民购买农副产品的首选，在相当长的时间内，菜市场仍然是市民生活中不可缺少的消费场所。全市经过8年努力，基本上完成了标准化菜市场改造任务。部分标准化菜市场经过多年经营，设备老化、设施陈旧，亟需进行再次改造。因此，从2011年开始，部分区开始新一轮标准化菜市场改造（二次改造），逐步对全市改造5年以上的标准化菜市场分批次进行二次改造，到2012年底，全市已完成140余家标准化菜市场的改造工作。

相对第一次改造，二次改造更突出对于冷链、品牌建设的具体要求，更突出“五化”（购物环境商场化、商品价格大众化、主要商品品牌化、计量器具统一化、市场设施人性化）的要求，更加突出对便民设施建设、节能环保的要求，更加突出保障食品安全的要求。

（一）实施产销对接

为了满足市民消费要求，同时扩大农业企业销售渠道，二次改造中特别重视产销对接摊位的设置。根据区域特点，采取特价专柜、企业自营专柜、农民直销专柜、农标对接、批发市场与菜场对接专柜等多种形式推进产销对接。

（二）推动透明消费

各区县通过标准化菜市场改造，要求标准化菜市场中经营的摊位要清楚标识商品价格，并且标准化菜市场要在醒目位置通过电子屏幕等形式公布当日菜价，使消费者能够明白消费。普陀区积极推进“菜价通”信息监测系统建设。“菜价通”是一套菜价监测系统，依托市政府实事项目“食品安全追溯系统”，自动从标准化菜市场摊主的电子追溯秤中获取菜品每笔交易价格，通过系统计算得出各标准化菜场主要菜品的平均价格，并与各社区的电子大屏幕进行联动，使得小区居民不出小区就能了解到周边菜市场的主要蔬菜价格。“菜价通”也是一套社会系统工程,它把居民住宅小区、标准化菜市场、食品安全追溯系统和政府民生工作紧密联系起来,构建了一张维护广大人民群众根本利益、确保蔬菜价格公开、透明和食品安全的“保障网”。

(三) 引进品牌商品

菜市场引进副食品品牌企业是保障食品安全的有效手段,以二次改造为契机,继续大力引进农产品及深加工副食品品牌企业,采用自主经营、加盟经营、挂牌经营和与菜市场联合经营等方式,特别是推出与品牌企业对接签约,吸引优质食用农产品品牌入驻标准化菜市场。在猪肉、豆制品、熟食品牌引进的基础上,半成品、水产品品牌引进工作正逐步推进。

(四) 拓展服务功能

注重标准化菜市场便民设施建设,菜市场不但有农副产品,同时增设修补摊位,使小修小补不出社区;买菜电话预订,配备专职送货员送菜上门,方便孤寡老人和行动不方便的市民买菜;增设大众化点心摊位满足居民的基本消费;在市场内宣传科学消费知识,建设无障碍通道。

(五) 扩大追溯覆盖

为进一步增强食品安全质量水平,市商务委一直致力于推动全市追溯体系建设。二次改造的标准化菜市场肉类、蔬菜追溯系统已经实现全覆盖,水产品、牛羊肉和粮食追溯系统建设也在积极推进中。市民通过食用农品流通安全信息网,可方便的查询到所购商品来源信息。

二、积极探索菜市场公益性建设

(一) 通过菜市场产权国有化实现菜市场公益性

一是在新建居住社区的规划中,浦东新区、闸北区在土地出让协议中明确标准化菜市场作为社区公益配套建设,对产权所有者、建筑面积、收购成本等有比较详细的规定。二是徐汇、静安、长宁、黄浦等城区通过政府出资回购的方式重新掌握菜市场产权,并委托国有企业或与政府关系紧密的专业品牌公司经营。三是长宁区、虹口区等部分中心城区通过试点国有品牌企业对问题较多的菜市场进行回租管理,掌握菜市场经营权。

(二) 积极探索多元化管理模式体现公益性

普陀区、杨浦区积极推进由专业公司与民营菜场合作,以输出管理方式参与菜市场的经营和管理。通过提高菜市场的管理水平,降低菜市场经营成本,提高菜市场服务,体现公益性。

(三) 完善菜市场布局,满足消费需求

一是加快标准化菜市场建设。根据《上海市菜市场布局规划纲要》要求,各区县积极完善标准化菜市场选址规划,推动已规划项目落地,并确保菜市场用地得到有效落实。二是多种方式保障消费。对由于场地等原因限制,暂时无法建设标准化菜市场的地区,各中心城区充分利用公共资源,采取设置限时菜场、蔬菜直供点等措施,切实方便市民买菜。三是加快大型居住区社区菜市场配套建设。根据市委、市政府要求,市商务委会同市建交委、市大型居住社区建设推进办公室和各区县商务主管部门,努力做好大型居住区菜市场配套工作。

(四) 通过加大政策扶持体现菜市场公益性

菜市场公益性不仅体现在菜市场房屋产权的国有化方面,更重要的体现在政府通过对菜市场的调控监管,为市民提供价格合理、卫生安全的主副食品,满足市民的消费需求。因此,在坚持市场化运作的同时,全市始终加大对菜市场的政策扶持力度。一是对食品安全设施投入补贴。通过对菜市场食品安全流通信息追溯系统、食品安全检测的设施设备建设及运行给予支持,降低菜市场经营者的

经营成本，从而使菜市场经营者可以承担更多的社会责任。二是平抑物价的补贴。通过减免取消菜市场的行政性收费，并在春淡、冬淡适时实施摊位费减免等措施，让菜市场经营者直接感受到经营成本的下降，从而自觉按照政府价格调控要求，稳定蔬菜等主副食品价格。推进绿叶菜产销对接工作中，减免直销摊位租金，降低绿叶菜流通成本，保障绿叶菜市场供应。三是保障淡季市场供应。充分发挥已建立的市外绿叶菜生产基地作用，确保应急时能按照本市需求"种得出、进得来、供得上"，及时向各基地发布本市时令蔬菜品种供求信息。如蔬菜集团江桥、江杨等主要蔬菜批发市场在淡季时都采取适当优惠措施吸纳市外绿叶菜，弥补阶段性不足，保障蔬菜市场供应。

（市商务委市场运行调控处）

加强领导　创新思路
扎实推进商务诚信建设试点工作

2012年9月，商务部办公厅下发《关于进一步做好商务诚信建设试点工作的通知》，上海市、区县商务委以党的十八大精神为指导，认真贯彻落实商务部的通知要求，结合实际，加强领导，创新思路，进行广泛思想发动和部署，围绕"确保商品质量、提升服务品质、坚持诚信经营、树立商业品牌"四项重点任务，努力开展商务诚信建设系列活动。从半年多的试点情况看，商务诚信试点目标基本实现，初步形成一套工作机制。

一、开展商务诚信试点工作的主要做法

（一）领导重视，诚信试点摆上重要位置

1. *领导思想重视，工作摆上位置。*《商务部办公厅关于开展商务诚信建设试点工作的通知》下发后，市商务委党组高度重视，成立商务诚信建设试点工作领导小组，由委分管领导任组长。领导小组下设办公室，办公室设在市场秩序管理处，并拨专项资金支持。委办公会议专题研究，提出"设定目标要高起点，工作要创新，措施要细化"的明确要求。各区县政府和商务部门都把商务诚信摆上位置。市商务诚信建设试点工作动员大会后，静安、黄浦区政府分管区长亲自参加区商务委举办的诚信建设活动，要求企业大力开展商务诚信建设试点工作。各区县商务委领导，组织力量开展调研，制定工作方案，把试点工作摆上位置，与推进商务发展同步抓落实。徐汇、静安、黄浦区商务委在研究招商引资、开拓区域商务发展的同时考虑诚信建设。

2. *领导亲自抓，工作部署全面及时。*商务诚信建设试点工作领导小组办公室分别走访部分区县商务委和行业协会，结合实际制定下发《上海市商务诚信建设试点工作实施方案》、《上海市商务诚信建设试点工作宣传方案》。2012年9月7日，市商务委召开上海市商务诚信建设试点工作动员大会，部署商务诚信建设试点工作。要求加强领导，精心组织，把试点工作摆上重要位置，落实力量，明确责任，加强指导协调，聚焦重点，解决诚信建设上迫切需要解决的问题，进一步提高上海商务诚信建设的工作水平。徐汇、静安、黄浦、浦东、宝山等区商务委主要领导开会研究诚信建设，分管主任带头抓落实。静安区商务委书记、主任到一线指导诚信试点工作，浦东新区商务委副主任带头搞调研，制定了"五个一"实施方案。

3. *企业主动参与，积极性空前高涨。*全市商贸企业和行业协会把商务诚信作为基础和份内工作来抓，组织严密。百联、良友、光明等企业集团领导成立领导小组和工作班子，明确工作目标，细化任务和措施，在抓落实上下功夫。水产、糖烟酒茶、中药、商业医药、副食品、餐饮烹饪等行业协会召开会议进行研究，成立领导小组，制定工作方案，把商务诚信作为业内自律的工作抓手，狠抓落实。新世界、东方商厦、汇真百货、食品一店、泰康、长春食品店等企业结合工作实际，把诚信与经营有机结合起来，变"上级要我做"为

"企业自已想做",主动抓,出成效。有同志反映,这次抓商务诚信试点工作是继世博会后又一次较大的活动,企业发动充分,影响面广。

(二)宣传教育领先,再掀诚信高潮

根据商务部的统一部署和要求,上海商务系统开展广泛的企业内部教育和宣传报道活动,形成了宣传每季有主题,每月有活动。教育以岗位培训为载体,强化道德素质养成,潜移默化,入耳入脑。各区县商务委(经委)、企业集团、协会利用门户网站、大型商业广场,广泛宣传商务诚信建设试点工作,扩大社会知晓度。据统计,2012 年 9 月至 12 月,全市组织户外广场宣传活动 59 场次,参加人员 3.6 万余人,组织职工诚信教育 617 场次,培训人数 10.8 万人次。悬挂诚信建设标语、横幅 2000 多条,发放宣传资料 6 万多份。主要做法:

1. 制定周密计划。市、区县商务委紧贴经营实际,按季度、月份制定商务诚信建设的宣传教育计划,并组织落实。浦东新区利用电子屏幕分别在时代广场、96 广场、正大广场、金桥商业广场、金茂大厦、环球金融中心等 12 个大型商业场所,持续进行商务诚信宣传,扩大社会知晓度。南京路、淮海路、豫园商城,徐家汇、五角场等主要商圈的商贸企业,结合营销实际制定宣传方案。

2. 注重实际抓培训。试点期间,各商贸企业采取员工教育、干部培训、班前会等方式,推进职业道德教育、行业行规教育、社会主义核心价值体系教育,坚持"公正、包容、责任、诚信"的价值取向。第一食品商店在传承服务特色的基础上,大胆创新突破,引进新加坡籍具有丰富国际高端零售管理经验的专业人才担任店长,建立起更高水准的旗舰店服务和营运标准体系。并特邀国际专业老师开展顾客接待礼仪等专项培训,让顾客充分感受到人性化服务、专业化服务、体验式服务。东方商厦组织全员制度流程培训,采取集中授课的形式,培训内容涉及公司 45 个制度文件,共计 2000 人次参加了培训。

3. 举办商务诚信沙龙活动。2012 年 10 月上旬,市商务委与商业发展研究院举办"商业文化·诚信上海"主题研讨会,研究如何认真践行公正、包容、责任、诚信的价值取向,提升商务服务质量和水平,为提振消费信心,加快建设"四个中心"和国际购物天堂,营造和谐的商业环境。研讨会认为:构建上海商业的诚信体系,对有违诚信的行为,一要靠品牌评级来约束,使之盛名之下,不好去为;二是在政策法规的约束下,不敢去为,三要在服务质量标准化的规定下,不能随便去为。

(三)丰富主题活动,扩大商务诚信试点的内涵和外延

试点期间,市、区县商务委围绕"四项重点内容",开展一系列主题活动,进一步扩大商务诚信建设试点的内函和外延。

1. 举办"商务诚信活动周",充盈诚信内函。市商务委举办以"商务诚信,从我做起"为主题的"商务诚信活动周",内容有举办"上海商务诚信活动周启动、商务诚信网开通仪式暨徐家汇诚信商圈推进大会";开展岗位练兵;开展商务诚信知识竞赛;征集商务诚信建设活动标志、铭言和标语;举行商务诚信建设承诺书签字仪式等。各区县商务委(经委)、企业集团、协会、试点企业积极响应,集中在商场、市场悬挂(张贴)商务诚信横幅、标语,开展系列活动,其中组织了近 27 场,近百名企业负责人、劳模、标兵代表全市 200 万商业服务业员工上台在承诺书上签名的形式,体现企业勇担商家之责,诚信经营、真情服务。

2. 开展商务诚信小故事征文和演讲活动,扩大诚信外延。2012 年 10 月,市商务诚信建设试点办公室在全市范围内启动商务诚信小故事征文和演讲活动。各区县商务委(经委)、企业集团、协会、试点企业把征集诚信小故事作为商务诚信建设的重要抓手,发动商场、班组收集典型案例。市商务委通过在报刊上刊登征文启事，编印《商务诚信建设小故事》，开展“商务诚信建设故事大家讲”巡回演讲活动，利用先进典型的感召力，利用基层力量，传播、扩大了商务诚信的社会影响力。

3. 销售真牌真品，助推商务诚信建设。市商务委会市知识产权局等五部门组成的“销售真牌真品，保护知识产权”承诺活动倡导小组，于2008年开始在全市建立企业长效自律机制、营造市场和谐消费氛围，成为推进商务诚信体系建设的一项重要举措，通过不断巩固所取得的阶段性成果，进一步增强企业诚信守法意识，积极营造和谐市场消费环境。试点期间，评选出2012年“销售真牌真品，保护知识产权”案例征集活动获奖单位，同意239家单位为“2013年上海市‘销售真牌真品，保护知识产权’承诺单位”。

4. 开展系列主题活动，充盈诚信正能量。如副食品协会开展“商务诚信试点在菜场”主题活动，中药行业协会针对冬令进补市场开展强化“定制膏方”管理活动等。商务诚信建设进一步增强了消费信心，系列诚信主题活拉动了消费。第一食品商店以诚信促销售，春节前30天总销售3.24亿元，同比上升8.66%。年初一至初六，销售额3492.5万元，同比增幅28.83%。

二、开展商务诚信建设试点的几点体会

（一）政府着力推进，协会着力主抓，企业着力落实

2012年9月以来，按照商务部开展商务诚信建设试点工作的要求，市商务委通过召开会议、下发文件等方式，首先明确了开展商务诚信建设试点工作是商务部门的一项工作，要着力推进。同时，在指导行业开展工作中，由行业协会出面开会议、印制宣传册、开展广泛动员，并承担对试点工作制定方案，现场监督，体现了行业协会的作用。在动员企业广泛参与方面，由企业根据四项重点内容和标准，开展自查自纠，落实措施，体现了商务诚信建设试点工作企业是主体。形成了政府、协会、企业的良性互动。

（二）创新思路，出台措施，推进诚信建设不断深化

1. 制定考评标准。市商务委根据商务部规定四个方面重点内容，为考核工作成果，分别对市商务诚信建设试点工作先进单位、市商务诚信建设试点组织工作先进集体、市商务诚信建设试点组织工作先进个人的考评进行定量和定性的描述和界定，研究制订了三条标准，力求在考评中具有可操作性。

2. 建信息互通平台，扩大诚信影响力。为了加强诚信经营，上海部分区县商务部门、商圈建立了信息平台。2012年11月，市商务诚信网建成开通，以实现信息共享为抓手，指导和促进各层面信息平台建设，为商务诚信的考评工作提供了客观依据。诚信公共信息平台建设是商务诚信建设试点工作的重要基础，是商务诚信建设的方向，引起社会了各方面高度重视。

3. 研究推进企业信用分类管理。试点中，市商务委总结红星美凯龙以商户信用分类管理为手段，推进商务诚信建设的经验。该企业将商户的商品质量、服务品质等方面的日常表现作为经营商户信用分类的指标，形成其在商务诚信、信用方面的综合考评体系，将商户依次分为优、良、中、差四个等级，即绿标商户、蓝标商户、黄标商户、红标商户。通过数据自动计算将商户进行分类管理，进一步规范商户在服务品质、商品质量等方面的经营行为，使企业内部形成良好的商务诚信氛围。

（三）注重整合提升，形成诚信试点工作机制

自开展商务诚信建试点工作以来，市商务委引导商贸企业创新思路，开展具有个性

化的诚信建设系列活动，边试点、边总结、边提高，丰富商务诚信建设内涵，初步形成了工作机制，目前正在推广的机制有：

1. 商务诚信档案制度。静安区以商业诚信档案为抓手，推进商务诚信建设的长效管理。以职能部门网上测评、消费者问卷、网上信息采集和联席会议等形式，对企业的诚信度进行评鉴，在“静安商业诚信信息平台”上公布137家商业企业诚信记录，包括企业概况、信用评价、企业自律、获得市级以上荣誉情况、消费者反映、社会舆论监督等六方面20项内容，接受消费者和媒体舆论的监督，实现政府职能部门、企业、公众三者间网络互动。截至目前，以静安南京路为主线的134家商业企业的诚信记录在静安诚信信息平台上都能公开查阅。诚信档案给企业规范经营行为提供了标准，为职能部门考核企业诚信状况提供了依据。

2. 社会公众满意度测评制度。黄浦区商务委为了进一步了解区域商业系统窗口服务行业的服务状况，提供科学、详细和准确的信息，委托第三方中介机构对本区商业系统服务窗口行业开展服务质量测评。通过测评，针对服务的不足方面提出有效的整改意见，弘扬先进，警示落后。

3. 用劳模精神引领诚信建设制度。长春食品店是全国和上海老先进企业，先后获得荣誉300多项，先后培养了三代老模。商务诚信试点中，企业用劳模精神引领，加强思想教育，坚守诚信经营原则，健全诚信经营机制，拓展服务特色，促进了企业的发展。

4. 建立商业服务质量地方标准。试点期间，市商务委开展编制商业服务质量地方标准工作，指导协会编制了食品零售店、商业零售医店、黄金饰品、超市等4个行业服务质量地方标准。

三、下步工作打算

2013年，着重抓好以下三方面工作：

（一）开展商务诚信评级活动试点

对商业预付卡发卡企业、大型超市、药品流通企业的信用进行分类管理，发动企业积极参与分级评定。评定结果将通报相关部门，作为行政审批、资质认定、行业管理、政策支持等方面的重要参考依据。

（二）建立并发布商务诚信指数

对本市商业服务行业企业商品质量、服务品质、诚信经营及商业品牌等四大指标进行细分量化形成的考核评价指标体系。通过对重点诚信指标进行抽样调查、统计计算，从而得出全市重点区域、重点行业的商务诚信指数，用以衡量全市及各行业的商务诚信建设状况，也可作为政府相关职能部门考量决策的重要依据。

（三）组织商务诚信讲堂活动

在编发《商务诚信建设故事》基础上，开展“商务诚信讲堂”巡回演讲活动，利用先进典型的感召力，利用基层力量，传播、扩大商务诚信的社会影响力，推进商务诚信建设。

（四）开展诚信建设创建活动总结和考核

对前阶段开展诚信建设试点工作进行总结和评估，梳理已经开展的工作，分析存在问题及原因，总结经验和不足，提出下一步整改措施。结合各单位上报的总结，评定考核结果，视情进行抽查，并将考核情况用简报形式在系统内通报。召开商务诚信表彰评选工作，表彰一批先进单位，鼓舞士气，深化商务诚信建设。

（市商务委市场秩序管理处）

上海机电产品进出口平稳发展

一、概述

2012 年,上海机电产品进出口 2693.82 亿美元,比上年下降 1.9%,约占全市进出口总额的 61.7%。其中,出口 1433.15 亿美元,比上年下降 3.01%,占全市外贸出口的 69.3%。进口 1260.67 亿美元,比上年下降 0.64%,占上海外贸进口比重的 54.8%。

2012 年,上海高新技术产品进出口总额为 1718 亿美元,比上年增长 2.17%,占上海外贸总额的 39.34%。其中出口 902.45 亿美元,比上年下降 3%,占全市外贸出口额的 43.64%;进口 815.6 亿美元,比上年增长 8.58%,占全市外贸进口额的 35.47%。

2012 年上海加工贸易进出口额为 1387.41 亿美元,比上年下降 8.35%,占上海外贸总额的 31.8%。其中,出口 1015.29 亿美元,比上年下降 6.9%,占上海出口额的 49.1%;进口 372.12 亿美元,比上年下降 12.07%,占上海外贸进口的 16.2%。

二、机电产品对外贸易

(一) 出口贸易

1. 外资企业仍是上海机电出口的主要企业类型。外资企业出口 1155.49 亿美元,比上年下降 3.33%,占全市机电出口的 80.63%;民营企业出口 137.3 亿美元,比上年增长 8.53%,占全市机电出口的 9.58%;国有企业出口 134.12 亿美元,比上年下降 10.64%,占上海机电产品出口的 9.36%。

2. 机电产品中一般贸易出口增速高于全市机电产品出口增速,加工贸易出口仍是上海机电产品出口的主要贸易方式。上海机电产品一般贸易出口 356.5 亿美元,比上年增长 3.29%,超过全市机电产品出口增速 6 个百分点。加工贸易方式出口 909.78 亿美元,仍为机电产品出口的主要贸易方式,占机电产品出口总额的 63.48%。

3. 上海机电产品对传统市场的出口增速均有所放缓,对新兴市场出口态势良好。美国、东盟、日本、中国香港是上海机电产品出口主要市场。上海对美国机电出口 394.41 亿美元,比上年增长 3.74%,比上年出口增速放缓了 14 个百分点;对东盟出口 139.98 亿美元,比上年下降 4.8%,比上年出口增速下降 12 个百分点;对日本出口 138.54 亿美元,比上年增长 9.41%,比上年出口增速放缓了 11 个百分点;对中国香港出口 130.39 亿美元,比上年下降 0.9%,比上年出口增速下降 19 个百分点。

对俄罗斯、越南、沙特阿拉伯等新兴市场出口态势良好。全年上海对俄罗斯机电产品出口 21.96 亿美元,越南出口 14.35 亿美元,沙特阿拉伯出口 5.9 亿美元,分别较上年增长 40.7%、27.04% 和 44.37%。

4. 自动数据处理设备及部件、集成电路和电话机三类产品是上海机电产品出口的主要产品。2012 年,上海机电出口产品前三位的主要是自动数据处理设备、集成电路和电话机。其中动数据处理设备出口额 469.59 亿美元,比上年下降 5.57%,占上海机电产品出口比重的 32.77%;集成电路出口额

111.08亿美元，比上年下降1.54%，占上海机电产品出口比重的7.75%；电话机出口额74.01亿美元，比上年增长45.89%，占上海机电产品出口比重的5.16%。

（二）进口贸易

1. 上海机电产品进口规模与上年相比呈现持平略降态势，进口增速为负。全年进口额1260.67亿美元，比上年略降0.64%，占上海外贸进口比重的54.8%。

2. 外贸企业进口机电产品占机电产品进口的80%的份额。上海外资、民营和国有企业的机电产品进口分别为1009.28亿美元、97亿美元和141亿美元。其中，外资企业和民营企业增幅较上年分别下降0.59%，6.26%，国有企业机电产品进口比上年略有增长，增幅为0.91%。

3. 机电产品进口居前三位的商品。集成电路、自动数据处理设备及部件、汽车（包括整车散件）是上海进口前三位的机电产品，分别进口374.08亿美元、95.2亿美元和91.48亿美元，比上年分别增长7.62%、12.27%和20.14%。

（市商务委机电和科技产业处）

完善商务法制建设 进一步推进公平贸易

一、商务法制建设工作

(一) 围绕中心服务大局,完成《上海市推进国际贸易中心建设条例》立法工作

保障、促进国际贸易中心建设发展的根本是法律制度的健全完善和良好法治环境的构造。《上海市推进国际贸易中心建设条例》作为市人大 2012 年度的正式立法项目,于 2012 年 11 月 21 日上海市十三届人大常委会第三十七次会议表决通过,并于 2013 年 1 月 1 日起正式实施。

2012 年通过调研、召开国际贸易中心立法座谈会、5 月将条例草案上报市政府、7 月条例议案由市政府提交给市人大常委会准备审议,经市人大解读会、一审、二审直至表决通过,期间由市商务委牵头在市府各部门的通力配合和支持下开展了大量工作:起草《条例》宣传片的脚本、完成《条例》主要内容 PPT 的制作并制定条例宣传方案;协助市人大召开由部分委办局、大型企业、专家学者参加的征询《条例(征求意见稿)》座谈会;组织条例读稿会;联系大型贸易型经营企业,邀请市人大领导实地考察;参加市人大法制委员会第三十六次会议,收集并整理各人大委员及人大代表对条例的意见和修改建议;《条例》正式通过后,起草《〈条例〉主要内容、工作任务及贯彻落实建议》;参与全市贯彻实施《条例》工作会议各项组织工作等。

(二) 提升商务法制环境,做好其他立法项目计划报送工作

积极推动市政府于 2012 年 9 月颁布《上海市再生资源回收管理办法》,并于 2012 年 12 月 1 日起施行。同时,通过向市人大、市府法制办申报 2013 年地方性法规、政府规章制定计划,将修订《上海市酒类商品产销管理条例》列进预备项目,修订《上海市促进电子商务发展规定》列为立法调研项目,修订《上海市展览业管理办法》列进正式立法项目。

处理国家和地方立法意见征询。一类如为《上海市临港地区管理办法(草案会签稿)》、《上海市行政机构设置和编制管理办法(草案)》等提供书面意见;一类如参加《国务院关于食品安全责任追究的规定(送审稿)》等座谈会,表达市商务委的意见;一类如起草《上海市商务委员会关于外商投资准入管理及有关建议的回函》,报商务部。

(三) 进一步推进行政审批改革工作

根据市审改办要求,对《上海市行政审批目录(2011 年版)》中列明市商务委负责的行政审批事项与《国务院关于第六批取消和调整行政审批项目的决定》(国发〔2012〕52 号)相对照,起草《关于落实国务院 52 号文件精神进一步做好行政审批事项清理工作的报告》,提出拟取消和调整行政审批事项各一项。对有关《关于完善本市产业项目准入评估工作的若干意见(征求意见稿)》等文件提出回复意见。

(四) 处理规范性文件相关事务

一是组织各处室对市商务委起草的由市政府或市政府办公厅发布(共计 19 件)及直接以委机关名义发布的规范性文件(共计 40 件),和市府规范性文件数据库进行比对,查

找问题,填报《规范性文件数据库校对结果确认表》;二是对市商务委2012年起草的《上海市服务外包专业园区认定管理办法》、《上海市服务外包重点企业认定管理办法》、《上海市关于鼓励外商投资设立研发中心的若干意见》等规范性文件按规定形成备案报告,报送市府法制办。

(五) 处理行政复议行政诉讼以及涉委民事案件

一起民事诉讼:7月底,北京高院拟就追加上海市商务委员会、上海兰生(集团)有限公司为中国进出口银行与上海轻工国际(集团)有限公司、上海机械进出口(集团)有限公司借款合同纠纷案件的被执行人举行听证会一案,要求商务委和兰生集团派员参加并解释相关情况,该案标的近2亿元。在各方的协调下,该案因申请人撤销申请而终结。

一起行政诉讼:澳门银华投资有限公司诉市商务委有关审批的行政诉讼案件,最终也以原告撤诉而终结。

(六) 做好常规商务法制工作,积极发挥参谋助手作用

根据要求,对商务委各业务处室提交的十几份合同进行法律审核,帮助修改完善内容并出具相关意见。同时做好上半年和下半年委机关具体行政行为统计、全年委机关行政审批事项统计以及行政复议、行政诉讼案件统计等数据统计和上报工作。

二、进出口公平贸易工作

(一) 积极应对贸易摩擦,做好服务企业工作

2012年,共有69起新立"两反两保"案件及61起复审案件涉及上海,调查当年总涉案金额约19.5亿美元。为有效应对贸易摩擦,市商务委积极开展了三个方面的工作。

一是联合商会、行业协会开展案件应诉,如组织协调欧盟光伏产品反倾销反补贴案件,巴西无缝碳钢管、秘鲁服装及配饰、印度间苯二胺等30余起新立案件的企业应诉协调会,并针对涉案金额较小的中小企业推行行业集体应诉机制。还组织各行业协会和重点企业召开了"欧盟部分反倾销复审邀请协调会"。

二是反补贴案件应对,组织相关委办、区县梳理政策,汇总填答美国、欧盟光伏产品、欧盟自行车等多起反补贴案件的政府调查问卷。开展高新、机电出口产品补贴问题研究。

三是开展案件核查与企业调研,如与商务部公平贸易局赴上海赛迪威尔钢化玻璃绝缘子有限公司调研,重点研究商讨发展中国家贸易摩擦应对事宜;在中西部国际贸易摩擦应对培训班上带领培训学员赴第一铅笔厂进行调研活动等。

(二) 进口贸易救济及产业损害调查工作

完善产业安全预警机制,在现有基础上,积极推进产业安全数据直报企业扩容工作。开展上海对外申诉企业存续、运行情况调查。结果显示,上海丙烯酸酯、新闻纸、聚氯乙烯、取向电工钢、碳钢紧固件、苯酚、聚酯切片等遭受国外产品冲击较为严重的产品均经合理运用贸易救济措施,有效保护了产业安全,生产经营平稳运行。

(三) 进出口公平贸易工作平台建设

一是进出口公平贸易行业协会工作站建设,加大对行业协会应诉组织、产业协调、对外协商等实务工作的指导;结合工作实践,启动行业协会公平贸易工作规范性意见的调研起草;完善工作机制,组织召开"第三次进出口公平贸易行业协会工作会议",全市已发展28家行业协会成为公平贸易工作站。

二是与区县商务委互动合作,召开"上海市区县公平贸易(法制)联络员工作会议",总结部署区县公平贸易工作,并在欧盟光伏产品双反案、华勤公司知识产权纠纷等多起案件中与区县合力开展涉案企业的实地调研、应诉协调等工作。

（四）反垄断经营者集中审查

协调上海电气环保公司与三菱公司经营者集中审查，协助商务部调查美国联合技术公司收购美国古德里奇公司经营者集中审查。协调上海电气集团风电股份公司与西门子公司合资建立2个海上风电厂的申请向商务部进行了反垄断申报。开展“上海电气与施耐德（中国）建筑节能合营项目”、“上汽集团延锋伟世通汽车饰件系统有限公司收购美国伟世通公司海外若干内饰业务”的反垄断申报工作，以及杜邦中国集团有限公司和中昊晨光化工研究院有限公司设立合营企业案经营者集中审查的反垄断申报的初审工作。

（五）承办各类大型会议

4月，与商务部公平贸易局在沪共同举办“应对国际贸易摩擦培训班”，4月，举办“上海—瑞典：企业社会责任培训班”，5月，召开“拉美对华贸易摩擦专项研究研讨会”；12月，与商务部产业损害调查局共同承办“第八届中国产业国际竞争力论坛”，与商务部公平贸易局在沪共同举办“全国337调查应对专题工作会”；12月，组织召开“上海市贯彻实施《上海市推进国际贸易中心条例》工作会议等。

（市商务委公平贸易处）

贯彻落实商务财政政策　搭建融资担保服务平台

2012年,为适应商务工作的新形势和新要求,市商务委紧紧围绕加快上海国际贸易中心建设的主线,按照全市商务工作要求和部署,积极贯彻落实各项商务发展财政促进政策,为上海商务工作健康、持续、较快发展提供保障。

一、搭建中小外贸企业融资担保服务平台

市商务委会同上海进出口商会分别与上海联合融资担保有限公司、上海市再担保有限公司签订战略合作框架协议,共同推进中小外贸企业融资担保业务的发展。通过拨付两家担保机构各5000万元专项资金作为代偿风险补偿金这一创新举措,鼓励两家担保公司做大做强中小外贸企业融资担保业务。2012年12月再次按有关规定,追加拨付联合融资担保公司4700万元中小外贸企业融资担保专项资金,专项用于支持联合融资担保公司开展中小外贸企业融资担保业务,发挥财政资金使用效益。至2012年底,上海已有近百家中小外贸企业通过两家担保机构获得专项融资担保,累计审批通过的融资担保额超过5亿元,拉动出口额约4亿美元,企业综合融资成本控制在9%以内。该项政策还成功带动中国银行、上海银行等商业银行延伸开发金融产品、提供授信额度,有效缓解中小外贸企业融资难问题。

二、落实外贸公共服务平台支持政策

通过促进政策的扶持,上海大虹桥服装服饰出口创新基地、上海新浦江轻工产品出口创新基地国家科技兴贸创新基地(生物医药)、国家汽车和零部件出口基地、国家船舶出口基地以及上海国际设计与贸易促进中心等一批出口基地的公共服务平台建设项目获得支持。该项政策的有力实施:

(一)有助于进出口企业降低成本

对于平台建设单位,资助资金直接减少了平台建设投入和运营费用;对于平台使用单位,服务平台给予的优惠服务价格,有效减少其在研发、检测、展示、交易等环节的相应成本。外贸公共服务平台促进政策产生了增强企业发展信心,鼓励企业加大研发投入,加速产品开发和市场开拓力度的综合效应。

(二)有助于实现资源共享

平台建设单位购买的高端设备,很多投资大、维护成本高、使用频率不高,由平台建设单位统一购置并开放共享,避免了企业重复投入。对广大中小企业来说,由于资金限制,短期内无法购置必须的研发和检测设备,一定程度阻碍其研发和产品投入市场的进程。通过平台的建设,可以弥补部分企业设备和专业人员上的不足。

(三)有助于提高出口产品研发水平和质量效益

平台建设单位通过资金扶持,添置高端设备,提升研发服务能力,扩大优惠服务范围,促进了基地内上下游企业之间的紧密合作和交流。基地内企业通过研发合作等方式,实现了研制成功新产品、提高生产效率、节约生产成本,使企业的产品无论质量还是价格都更具有国际竞争力。

（四）有助于提升企业自主营销网络和品牌建设

出口基地企业通过近几年的品牌建设，已取得较丰硕的成果。培养了一批自主营销的专门人才，不少企业已建立起融企划、设计、研发、制版、打样、测试、采购、物流、销售、服务于一体的品牌链，并呈现出内外贸联动的良好局面。

三、鼓励中小企业加大国际市场开拓力度

该项政策主要支持中小企业实施境外展览会、开展企业管理体系认证、各类产品认证、境外专利申请、国际市场宣传推介、电子商务、境外广告和商标注册、国际市场考察、境外投（议）标、企业培训以及境外收购技术和品牌及其他经市商务主管部门批准的中小企业开拓国际市场等项目。通过加大政策宣传、组织政策培训、加快资金拨付等一系列措施，上海较好地贯彻落实国家中小企业国际市场开拓资金政策，享受中小企业国际市场开拓政策的企业达 4085 家，比上年增加 21%；支持的项目达 7923 个，比上年增加 16%。此项政策在促进广大中小企业积极参与国际竞争、打造自主品牌、扩大市场份额、推动区域对外贸易、带动经济发展、增强企业参与国际市场竞争的意识和能力等方面取得良好效果，同时对加强中小企业加强内部管理、树立品牌意识、拓宽经营发展理念等方面也起到较好的推动作用。

四、做好出口信用保险政策推进

出口信用保险扶持政策，既是政府鼓励企业开拓国际市场、规避出口风险的重要方式，也是稳定外贸增长的重要途径。该项政策实施至今，对全市外贸企业“拓市场、调结构、促平衡”方面发挥了积极作用，主要体现五个方面：

（一）积极支持企业开拓海外市场

2012 年，短期出口险累计支持上海出口 222.2 亿美元，比上年增长 45%。其中短期出口险支持对俄罗斯、拉美等国家出口 31.5 亿美元，比上年增长 35%。有力帮助上海企业“拓市场、抓订单”。

（二）进一步促进出口产品结构优化

2012 年，短期出口险支持上海机电产品和高新技术出口 90.7 亿美元，比上年增长 20%。出口信用保险在支持服务贸易出口、支持先进制造业出口等领域也取得新进展，对外贸结构调整做出积极贡献。

（三）有力推动企业“走出去”

通过专项安排的支持，出口信用保险累计帮助上海企业获得国家“421 专项安排”资金 42 亿美元，带动 47 亿美元的境外工程承包项目，对降低“走出去”企业资金成本，提高国际竞争力成效显著。

（四）有效缓解外贸企业融资难矛盾

2012 年，上海有 160 家企业通过保单融资的金融工具获得 104 亿元融资支持，利用保单开展贸易融资业务已成为企业解决融资难问题的一个重要渠道。

（五）明显提升小型外贸企业抗风险能力

2012 年，共有 205 家小型外贸企业获得保费扶持，受扶持的小型外贸企业全年一般贸易出口额 4.85 亿美元，比上年增长 134.55%。

五、统筹推进现代服务业综合试点工作

根据《上海现代服务业综合试点专项资金使用和管理办法》，上海在积极推进现代服务业综合试点项目建设过程中，牢牢把握资金管理“三到位”，即一是做好资金预算、确保政策配套到位；二是严格项目评估，确保投资审核到位；三是加强资金管理，确保安全监督到位。综合试点工作开展以来，始终坚

持最大化发挥政策的集成和放大效应，在浦东新区、虹桥商务区和黄浦江沿岸，上海市城市共同配送服务平台、上海现代汽车服务产业集聚区、中国（上海）国际贸易中心平台项目等一批现代服务业综合试点重点项目启动实施，有力推动上海服务业发展的理念创新、技术创新、制度创新和业态发展模式创新。

（市商务委财务处）

严格执行政策　商务外事工作稳步前进

一、主要工作

（一）领导外事活动安排

截至2012年12月，市商务委共上报市领导出席经贸外事活动142批，实际安排出席113批134人次，其中市委书记俞正声15批，市长韩正19批，陪同参加的委办局领导共597人次。上报委领导出席外事活动415批，实际安排出席363批417人次，陪同参加的处室领导和相关人员共566人次。

（二）外国政府经贸代表团接待

到12月底，市商务委共接待12批147人次的外国政府商务代表团。其中，副总理级代表团1个，正部级代表团8个，副部级代表团3个。

（三）外国人入境签证和在沪居留

1—12月市商务委共办理入境签证邀请函38106批43173人。被邀请来华数量居前三位国家分别为：德国4691人次，美国3967人次，印度3904人次。办理外国人2—5年在沪居留共受理审核3247人。其中，跨国公司地区总部654人，注册资金3000万美元以上企业818人。

（四）常住代表机构管理

市商务委全年共完成外国非企业经济组织常驻代表机构各审批事项109批次。

（五）经贸因公出访

截至12月底，市商委共报批本委机关经贸人员因公出访团组68批次132人次。

（六）重大活动组织筹划

1月，市商务委与市外办、市贸促会合办“2012年新春招待会”。包括跨国公司地区总部代表和知名外商投资企业代表、各国驻沪领事机构官员、各国驻沪新闻机构代表、白玉兰荣誉奖获得者、外国驻沪商会代表、经贸促进机构首席代表等600余名中外嘉宾应邀出席活动。2月，市商务委组织举办“2012上海商务情况通报会”，52个外国驻沪总领馆27位总领事亲临会议现场。12月，组织举办“2012年上海市商务委各国驻沪领馆答谢会”。

（七）经贸外事文宣工作

根据全市和经贸系统主要领导全年商务外事活动，市商务委共编撰44期《外事动态》；建立即时更新、图文并茂的上海市商务外事电子档案数据库；担负外方致市、委领导函件的分拣、报送和保管工作，并代拟市领导、委领导致外方信件，共计88个批次；处理包括市政协、市人大、外办、驻沪总领事馆等部门提出的涉及90个国别的项目推进、贸易纠纷等征询意见函等共235个批次。此外，经商务部指定，由市商务委外事处自5月起开始担负上海市商务系统内部美国经贸信息的接收和发布工作，截至年底已发布24期《美国经贸信息参考》。

二、工作成果

（一）紧跟形势做好领导外事工作安排

2012年上海外经贸发展面临更加复杂严峻的国内外形势，欧债危机反复恶化，全球经济增长明显放缓；我国外需萎缩和内需收缩形成恶性循环，国内经济面临较大下行压力，上海市全年经济增长放缓，调结构促转型到了攻坚克难的关键阶段。市委、市政府在践行“创新驱动、转型发展”的同时，进一步加快“四个中心”的建设。针对这一变化，市商务委积极促成上海市和外方双方高层领导会见，为领导会见准备谈话要点、背景材料以供参考，并在会后及时提供会议纪要，并跟踪落实相关议题的推进情况，以推动相关项目取得突出效果。

为支持“国际金融中心”建设，成功安排市委书记俞正声出席与英国渣打集团董事会主席庄贝思的会见暨中国银行人民币交易业务总部成立仪式。该仪式被俞书记评价为上海建设国际金融中心一个重要里程碑。安排市长韩正与美国甲骨文公司全球总裁马克·赫德的会谈。安排市委常委、副市长艾宝俊出席微软 Office 365 和 Windows Azure 中国运营落户上海相关备忘录签约仪式。根据即将签署的谅解合作备忘录精神，微软公司今后三年将在上海部署运营微软 Windows Azure 和 Office365 中国运营所需的软件和硬件。此项目落户上海，将进一步发挥云计算示范应用带动效应，有助于促进本市加快形成云计算软件、硬件、应用及服务一体化发展格局，打造完整的云计算产业链。

为积极推动改善并保障民生工作，安排市长韩正与法国威立雅环境集团全球董事长兼首席执行官安东尼·弗莱罗的会谈，表明市政府进一步提升居民用水标准、稳定水价的决心。

为践行上海市“转型驱动、创新发展”的方针，3 月，市商务委成功组织常务副市长杨雄出席全球半导体联盟（GSA）高峰论坛，推动战略性新兴产业在沪的发展。10 月，安排市委书记俞正声与沃尔玛全球总裁兼首席执行官麦道克的会谈，肯定了电子商务在上海发展国际贸易中心的重要作用，包括以“一号店”为代表的电子商务新业务发展理念和模式。11 月，市商务委领导参加“创新瑞典展览开幕式”，帮助宣传瑞典在信息和通信技术、声明科学、清洁技术及游戏制作领域的创新能力。

（二）全力以赴保障市领导出访工作

2012 年，在人手紧、准备时间短、业务安排紧凑的情况下，市商务委为市领导出访及调研工作做出诸多努力。9 月，成功组织并有力保障市委常委、副市长艾宝俊率上海市经贸代表团对欧洲三国的访问。对此，市商务委做了包括沟通、联络企业在内的大量前期筹备工作，力求提升调研的效率和质量。在坚持外事原则的情况下，根据企业情况，因地制宜、因人而异，不断完善出访方案，保证了出访任务的顺利完成。通过此次访问，代表团深入了解欧洲商贸业和工业的发展现状，促进了欧洲商贸企业与上海方面的合作，学习了他们在新型物流、高科技应用和新的管理理念等先进经验。

（三）精心准备成功组织重大活动

长期以来，各国驻沪总领馆及领馆商务处与市商务委保持着良好的合作交流关系，各驻沪总领馆在推动上海外向型经济发展、加强上海国际贸易中心建设等方面发挥巨大作用。12 月，市商务委成功举办“2012 年上海市商务委各国驻沪领馆答谢会”。答谢会安排在上海的国际汽车城——嘉定，来宾不仅共同回顾并分享上海市全年经贸发展成果，更通过听取报告、实地走访、现场观摩，充分感受了嘉定作为我国乃之亚太地区汽车贸易核心市场和整车及配件贸易重要集散地的发展潜力。此次活动凸现以下新特点：1. 领馆参与特别积极。有来自 37 个国家的 46 位外国驻沪领馆官员（其中总领事 12 位）出席会议。2. 活动筹办人员少，但效率高。委外事处在常规的翻译接待工作之余，做好相关会务工作，策划并确定汽车博物馆参观、新能源车试乘试驾、全程安保等各方面的细节。3. 活动效果好。答谢会以其广泛的参与范围，精简的议程设置，翔实的会议内容，有效的现场互动受到外宾的一致好评，实践了将商务外事与市对外经济工作紧密结合的思路，也从一个全新的视角深入宣传了上海郊区如何通过发展新能源产业推动城市化进程，以及上海实践创新驱动、转型发展的实践和决心。

（四）周密准备圆满完成接待任务

2012年，市商务委通过前期细致的准备和较强的临场反应，顺利地完成各个团组的接待工作，并取得了较好成效。5月，成功保障了澳大利亚贸易部代表团在沪参加的中澳自贸区谈判小范围磋商。11月，经前期多次协调、周密筹备，市商务委与保加利亚经济、能源、旅游部签署《保加利亚经济、能源、旅游部与上海市商务委员会经济合作备忘录》。该备忘录的最终签署将对促进双方投资合作并拓宽投资领域将起到积极的推动作用。

（五）积极应对外国人入境签证管理新变化

自从外交部调整邀请外国人来华的手续办理程序，针对这一变化，市商务委与市外办积极沟通，取得一致意见，采取三项措施：一是及时修改网络系统，公布新的做法；二是完善办证大厅工作程序，改进窗口服务质量，主动做好解释工作；三是对实践中出现的问题，及时向市外办反映并提出合理化建议，使这项工作平稳过渡。

此外，2012年市商务委共上报永久居留4名对上海有重大、突出贡献以及国家特别需要的外籍人才（包括地区总部外籍高级管理人员）。

（六）持续完善常驻代表机构的管理

近年，外国非企业经济组织常驻代表机构的管理工作，出现商务部进一步限制代表机构外籍代表的人数和市工商局停止对外国非营利机构代表处的审批工作等新变化，2012年，市商务委积极应对外国常驻代表机构出现的新情况，保证该项工作运行平稳。全年共申请新设常驻代表机构4批次，常驻代表机构申请注销4批次，常驻代表机构申请延期67批次，涉及变更（首席代表或一般代表）的申请34批次。据统计，驻沪代表机构在数量上继北京之后位列全国第二位。

市商务委还以外国商协会在沪机构为平台，邀请各机构首席代表或代表出席各项外事活动，并利用各常驻代表机构的政治影响和商会功能，配合推动上海市总部经济工作。

（七）严格把好因公出国审批关

自中办发9号文件和沪委办发14号文件等一系列政策法规发布以来，市商务委高度重视，继续严格贯彻落实中央和市委文件精神，坚持因公出国境的相关审批原则，在计划总量控制的前提下，进一步规范内部报批流转程序，一般性考察团组避免重复出访。

对一些涉及敏感区域或潜在事态风险的团组，加强访前外事纪律及出国注意事项的教育、提示，将审批与服务管理结合起来。上述措施对提高出访效率，加强党风廉政建设，有效遏制公费出国旅游都起到了积极作用，取得明显成效。

（八）开拓创新，建立对外联络良性机制

2012年，市商务委作为国内第一批成员单位（全国仅7个）参与商务部"中国省与美国加州贸易投资联合工作组"的筹备工作。市商务委就该项目的工作机制和框架建立提出的意见已被商务部采纳，目前正积极参与中方与加州政府谅解备忘录的草稿意见征询工作。尽管该项工作刚刚起步，但随着工作进一步开展，该机制将成为一个对外经贸交往的新平台，为上海商贸工作更好地服务。

通过近几年积极推广和努力耕耘，"中日人才培养奖学金项目"在上海的影响不断扩大，得到市政府各相关部门的热烈响应和积极支持。2012年，市商务委向商务部推荐三家单位共4名候选人，其中3人通过商务部的初选，是该项目开展以来上海推荐候选人数最多的一次。既配合商务部圆满完成候选人推荐的相关工作，同时在商务委与市政府各有关部门之间建立起新的联络机制。

2012 年,市商务委继续参与"商务伙伴城市(BPC)"工作。作为委最早建立联系并经办至今的一项国际活动,BPC 目前已形成具有 14 个城市(包括上海市)参与的规模。利用 BPC 这样一个国际性经贸交流平台,市商务委不仅与其他成员城市政府经济主管部门建立沟通联络机制,更作为联络单位加入基于 BPC 基础上的 IBPC 中小企业投资促进机制。

2012 年市商务委还举办专题培训,为注册在浦东新区的外商地区总部、研发中心的有关人员(约 100 人左右)进行相关政策解读,讲解如何为外籍高层次人才办理签证邀请和在沪办理长期居留手续等。

(市商务委外事处)

（三）专文（市贸促会及委直属单位）

立足国际贸促　围绕经济发展
提升贸促工作发展质量和效益

2012年，上海市贸促会围绕服务国家外交外贸和上海经济社会发展工作大局，立足国际贸促工作，扎实开展经贸领域的对外合作和交流，服务上海开放型经济方面取得了显著成绩。全年接待及参与接待27个国家和地区经贸团组共68批680人次，其中国宾团组3个、省部级代表团6个。举行了奥地利萨尔茨堡州长代表团、卢森堡投资推介会、德国北威州投资研讨会、塞浦路斯投资推介会等15场中外企业对接交流会，本地企业841人次参加。全年接待各类展会42个，完成出展项目102个，展览面积有大幅增长。

一、承办2012年韩国丽水世博会中国馆开幕式文艺演出和上海周活动获得圆满成功

受上海市政府委托，市贸促会承办上海市参与2012年韩国丽水世博会中国馆的相关活动。2011年6月初，由市贸促会、市海洋局等18个市政府相关部门和沿海区县成立"上海市参与2012年韩国丽水世博会中国馆相关活动筹办小组"。筹办小组按市政府要求，做好组织、协调、服务、保障等工作，联络中国馆组委会，提出总体方案设想，制作上海活动周宣传片等，全面启动2012年韩国丽水世博会中国馆相关活动的筹办工作。承担丽水世博会中国馆相关活动，主要有三大任务：

一是受中国馆组委会委托，承担6月28日中国国家馆日官方仪式和大型专场文艺晚会演出的重要任务。当日，中国团队以大气恢弘的官方仪式和精彩绝伦的文艺演出在世博园区引起轰动。这些节目荟萃了中华悠久的历史和东方文化精华，又契合丽水世博会主题，在世博园区刮起了一股绚丽的中国风，向世界再一次展示了中国文化的独特魅力。对上海艺术家们精彩纷呈的演出，国务院副总理王岐山给以"圆满、精致、成功"的高度评价。

二是举办以"海・城市"为主题的"上海活动周"。在市贸促会、市海洋局、市文广局等相关单位精心策划下，上海周在中国馆展出极具代表性的三件展品，并通过宣传片，海派剪纸、海派面塑非遗展示和14场文艺演出等，演绎了上海对世博会和海洋发展的理念。

三是举办由中韩两地企业家参加的午餐会和上海－釜山海洋研讨会。以丽水世博会为平台，放大参博效应，有力地推动了上海与韩国在各领域的经贸交流与合作。韩国丽水世博会组委会委员长姜东锡等高级官员和各国参展方代表，都对上海活动周给予高度评价。

在整个丽水世博会筹备和举办期间，市贸促会抽调精兵强将，以高度的责任心，精心组织，狠抓落实，确保了中国馆日官方仪式及

文艺演出和上海周等参博活动,主题鲜明,精彩纷呈,取得了非常好的预期效果。中国馆组委会对上海此次参博活动给予充分肯定,给中共上海市委、上海市人民政府发来贺信,感谢上海对中国馆工作的热情支持。

二、面对复杂多变的国内外经济形势,坚持创新驱动、转型发展,提升市贸促工作发展质量和效益

2012 年,不论是国外来展还是出国展览,都遇到了前所未有的挑战。面对严峻的国内外经济形势,市贸促会紧紧围绕国家产业政策,积极调整展览结构,增强企业核心竞争力,取得了较好的业绩。国展公司共完成自主项目 9 个,展出总面积 33.9 万平方米,比上年增长 44%,参展厂商 5200 多家,比上年增长 64%。6 月举办的汽车零部件展,展出面积达 70000 平方米,比上届 12000 平方米扩大 5.8 倍,展商近 2000 家,使上海汽车展的品牌效应得到充分发挥。公司旗下的婚纱展和染料展继续保持业内世界第一,婚纱展完成展览面积 21.5 万平米,营业收入 6800 多万元,比上届增长 33%。

国际展览部(华茂公司)全年共完成出展项目 93 个,完成展览面积 12866 平方米,比上年增长 19%;完成展位数 1267 个,比上年增长 16.67%;共组织 1097 家企业、1961 人次参展。该部抓住传统市场复苏,扩大巴黎面料展、科隆五金展、法兰克福消费品展招展,做大了传统品牌。同时,集中精力做好大项目,团队执行能力和服务能级显著提升。2012 年度再次获得商务部与上海市“部市合作”项目中国品牌商品欧洲展的承办权,组团规模和质量均超过上两届,并在组展模式和服务内容方面取得多项创新。新兴市场项目拓展也取得可喜成绩。

上海国际展览中心全年共接待各类展会 42 个,顺利完成了展馆租赁、自办展览、管理输出三方面的目标任务。2012 年共主办 7 个展览会,分别为轨道隧道展、食品机械展和润滑油展等。总展出面积达到 18 万平方米,比上年增长 50%。5 月举办的“中国国际养老服务博览会”,首次移师世博展览馆,成为国家民政部支持的业内第一大展。国际乐器展和灯光音响展规模继续扩大,达到 13 万平方米,成为业内世界第一大展。

市贸促展示设计工程公司从去年 7 月份改制以来,实现了从广告设计到展览展示功能的转型。全年共承接各类项目 112 项,其中“泰州市文化创意产业园城市未来馆”,合同标的达 5500 万元,为公司的发展迈出坚实的一步。此外,参与韩国丽水世博会相关工作,顺利完成宣传片的拍摄、宣传品和纪念品的设计制作等任务。

年内,市贸促会(国际商会)与市政府发展研究中心联手组织系列调研活动和“增值税改革试点”等专题培训,发挥代言工商、教育培训作用,累计有 613 位企业代表参加;全年累计走访企业、机构 100 余家,为企业提供信息咨询 1600 多次,举办企业交流活动 22 场,参会企业代表 993 人次。完成中小企业“走出去”资金预审工作,上海企业有 8827 个项目获得扶持,实际拨付金额近 1.2 亿元。

齐心咨询公司接受外商投资项目咨询代理 6 项,接受外商常驻代表处咨询代理项目 156 项,为 18 家外商投资企业和常驻代表机构提供专项服务,为 51 家外商投资企业和常驻代表机构办理年检,接待咨询服务 460 余人次,举办中外企业对口洽谈会 2 场,接待外商投资考察团组 5 个。到 2012 年 11 月底,吸引外资 9600 万美元,实到资金 7200 万美元。

三、开拓法律服务,为业务长远发展奠定基础

从 5 月 1 日起,上海国际经贸仲裁委员会新的《章程》和《仲裁规则》开始实行,运行情况平稳有序。面对干扰和案源受影响的情

况，新受理案件502件，争议金额达58.99亿元。该委员会以拓展为第一要务，深化与华东6省市知名律师事务所和律师协会的联系，进行更为广泛的宣传和推介；通过与中外法律机构、知名高校法学院合作举办研讨会、组织专业座谈会、设立奖学金等，进行品牌宣传，提升知名度。同时，深入重点机构、行业协会、大型企业集团、世界500强企业开展推介工作，切实落实上海贸仲条款载入重要行业和大型企业集团格式合同的目标，为独立运行和未来发展打下坚实基础。

法律部继续发挥"三位一体"(法律部、调解中心、法律公司)的体制优势，增强服务意识，不断拓展国际法律服务业务，客户满意度不断提升。

调解中心自与法院开展"诉调对接"工作以来，加强了与法院系统委托调解工作的有效衔接，并逐步将工作重心从中院转移到部分基层法院，与黄浦法院和浦东法院就"如何推进调解中心与基层法院顺利对接"等进行沟通和探讨，推动"诉调对接"工作的后续开展。

面对欧债危机、我国出口增长下降的严峻形势，出证认证工作着力推进国际商事证明书、领事认证业务的拓展工作，加强优惠原产地业务和ATA业务的宣传推广工作。签发一般原产地证书136301份，比上年下降11.58%；优惠原产地证书837份，比上年增长20.9%；出具商事证明书32860份，比上年下降2.26%；代办使领馆认证26747份，比上年下降10.29%；签发出口ATA单证册1058份，比上年增长20.5%，新增注册企业684家。举办出证认证业务培训班12期，700余家企业近900名业务人员参加了培训。

(上海市贸促会)

确保上海粮食稳定供应

2012 年，在市委、市政府的领导下，在国家粮食局的指导下，全市各级粮食行政管理部门以邓小平理论和“三个代表”重要思想为指导，深入贯彻落实科学发展观，认真学习贯彻党的十七届六中全会和市第十次党代会精神，紧紧围绕全市发展大局，抓收购拓粮源，保供应稳市场，强产业促发展，全力保障城市粮食安全，各项重点工作取得新的进展。

一、加强宏观调控，保障稳定供应

（一）切实做好粮油市场供应工作

一是针对粮油市场不确定因素，指导区县粮食部门和有关企业积极组织粮油货源，认真做好部队、高校、帮困居民粮油供应工作，重点安排好重大节日及党的十八大筹备和召开期间的市场供应，确保供应平稳有序。二是坚持粮油市场信息日报制度，完善监测

2012 年 11 月 24 日，市商务委党组书记、市粮食局局长张新生（右二）到奉贤区庄行粮库和邬桥粮库检查指导秋粮收购工作，市粮食局副局长王建忠（右一）一同参加检查

数据分析工作机制，积极发挥粮食监测直报点作用，加强粮油市场跟踪分析和研判；认真做好粮食流通统计工作，准确反映全市粮食购销调存和供需状况，不断夯实调控基础性工作。三是不断完善粮食应急保障体系，全市调整设立粮食应急储备库点9家，粮食应急加工企业18家，应急供应指定零售网点746家。

（二）深入推进虎林等粮源基地建设

一是继续深化粮食产销合作，在上海虎林粮源基地适度开展市级储备粳稻异地储存，适当延长轮换周期，降低运行成本；组织区县粮食部门赴虎林考察基地运行情况，加强协作，努力扩大虎林粳米在上海市场销售；积极推进开展“公司 + 基地 + 农场（农户）”的粮食订单收购工作，有效掌控粮源，保障上海粮食市场供应。二是探索突破“北粮南运”铁路运输瓶颈，拟订“点对点”铁路班列运输初步方案。三是组织上海粮食企业参加“2012黑龙江金秋粮食交易合作洽谈会”，签订粮食采购合作意向数量近35万吨。同时积极协调调运，推进协议履约。

（三）进一步完善粮食储备运行管理机制

一是会同市有关部门研究形成进一步完善市级储备粮运行管理机制的工作意见，分阶段加快推进。二是有序组织储备粮轮换，确保全年轮换计划完成。三是推进市级储备粮网上竞价销售和“藏粮于企”工作，结合粮食市场情况，网上分批竞价销售粳稻18.01万吨，实际成交17.16万吨，成交率95.6%。四是完成地方储备粮轮换入库质量抽检，质量比往年有所提高。

（四）落实粮油帮困惠民工作

一是认真梳理现行“副补”管理体系和政策，积极推进“副补”调研和有关政策及操作办法调整完善工作。二是梳理完善全市帮困粮油供应网点，做好调整帮困粮油供应折算价格相关工作，并根据市场需求积极研究实物帮困方式，更加便民利民。

二、加快科技创新，推进现代粮食流通产业发展

（一）加快推进粮食流通基础设施建设

一是争取市级建设财力资金支持，推进粮食储备能力项目建设。金山区粮食储备中心项目、上海海丰农场5万吨粮源基地建设项目已获得中央预算内投资补助。二是按照国家粮食局要求，积极推进成品粮低温库建设改造试点，推广物联网技术集成应用。已确定在上海粮油仓储有限公司杨浦粮库试点建设2万吨成品粮应急低温储备仓，并纳入国家粮食局首批成品粮应急低温储备仓试点建设项目范围。上海粮食储运监管物联网应用试点工程项目已形成总体方案，并纳入国家发展改革委重点支持项目。三是加强粮油仓储规范化管理和安全生产管理，开展全市粮食企业“危仓险库”专项调查，督促整改，杜绝隐患，确保储粮安全。

（二）切实抓好粮食收购工作

市、区县粮食部门和有关粮食企业加强对收购形势的分析预判，认真落实仓容、设施和资金等各项准备工作，合理确定收购价格，及早开磅，方便农民售粮，切实维护农民利益。上海全年各类粮食企业共收购粮食73.1万吨，占产量66%。其中夏粮收购小麦16.2万吨，比上年减少10.5%；秋粮收购粳稻56.9万吨，比上年增长23.7%。

三、建设大市场，搞活大流通

（一）积极推进中心粮食批发市场的规划和建设

一是赴外省市调研学习中心市场建设经验，并深入考察外高桥物流园区运行管理情况，形成了组建上海粮食中心批发市场暨上海国家粮食交易中心调研报告和建设方案。指导良友集团落实部门和人员，开展中心市场筹建工作，为推动实施做好准备。二是加

强对现有10个骨干粮食批发市场分类指导，充分发挥保障上海粮食市场供应的重要载体作用，年粮食交易总量达143万吨，其中粳米109.2万吨，食用油4.45万吨。

（二）抓好市政府实事项目和粮食信息化建设应用推进

一是根据市政府实事项目建设要求，协同市有关部门，在上海4家粮食批发市场和104家标准化菜市场建成粮食追溯系统，并试点建成大米、面粉追溯系统。二是积极推进和开展粮食宏观调控管理信息系统等项目建设。粮食批发（零售）市场监测预警预报子系统已投入试运行；地方储备粮动态管理、原粮（储备粮）质量监测、粮食流通数据分析等系统年内基本完成建设并投入试运行；“副补”业务管理信息系统年内完成建设并投入试运行。

四、推进依法管粮，维护流通秩序

（一）加强粮食流通监督检查

一是按照国家粮食局要求，组织开展粮食库存检查，顺利完成企业自查、市级复查等各阶段工作。经查，全市粮食库存数量真实，账实相符，储存安全，质量良好。二是切实加强粮食质量卫生监管。开展对全市粮食加工企业原粮卫生抽查和收购小麦、粳稻质量卫生状况抽查，按季度组织开展流通领域粮食质量卫生调查，进一步掌握粮食加工企业原粮和流通领域成品粮油卫生状况；会同有关部门开展“共建诚信家园，同铸食品安全”主题宣传活动和食品安全百日立功竞赛活动；开展粮食批发市场巡查，配合有关部门做好散装油退市工作。三是进一步健全上海粮食流通监督检查体系，深入开展第二批全国粮食流通监督检查示范单位创建活动，加强行政执法队伍建设。四是组织开展粮食统计数据质量专项检查，进一步提高统计数据质量。

（二）深入推进依法行政

一是积极推进粮食法制建设，加强与市有关部门沟通协调，研究《粮食法（送审稿）》、《粮食法》立法有关意见和建议。二是深入推进粮食普法依法治理，认真开展粮食依法行政示范创建工作，组织开展“法律六进”活动和《粮食流通管理条例》8周年宣传活动，深化粮食法制宣传教育。三是深入推进粮食行政审批制度改革，推进粮食行政审批“一口式办理”，设立“上海市粮食行政审批事项办理中心”和“网上受理大厅”。

一年来，上海粮食系统在党风廉政建设、人才和干部队伍建设等方面都取得了新的成绩。

（上海市粮食局）

服务商务发展大局　教育培训工作续写新篇章

2012 年，是上海市商务教育培训中心成立的第一年。中心按照“创新驱动、转型发展”的商务工作总要求，积极投身于推进上海国际贸易中心建设大潮中，把办出特色、提高教育培训质量作为中心工作的生命线和出发点，服务大局、开拓进取，求真务实、以人为本，各项工作取得了可喜的进步和丰硕的成果。

一、援外培训质量提升

2010 年 5 月，商务部决定命名中心等 4 家单位为“首批商务部国际商务官员研修基地”。2012 年，培训中心研修基地共承办 12 期培训班（根据不同的分类标准，多边班 8 期、双边班 4 期；官员研修班 11 期、技术培训班 1 期），语种涉及到英语、法语、葡萄牙语、阿拉伯语，参训学员共 321 人，来自 5 大洲 63 个国家和地区，学员人数比上年增加 41%。

在援外培训过程中，培训中心成立每个项目的项目工作小组，任命一名项目负责人；与每个授课的专家、学者签订聘用合同，明确权利与义务，按照工作流程实施科学化管理；加强服务保障工作，以人为本，强化责任意识，提升对突发性事件的应对和处理能力，成功应对了学员突发心梗的救治事件、学员之间因宗教和国家矛盾等原因发生冲突事件、研修班期间适逢两次台风的袭击及该班 3 名学员遭遇数人抢劫、研修学员患抑郁症等事件。

2010—2012 年培训中心援外培训情况统计表

项　目		2010 年	2011 年	2012 年	合　计
班　次（期）		2	9	12	23
国别地区（个）		24	64	63	87
培训人数（人）		64	227	321	612
研修班类别（期）	多边官员	2	7	8	17
	双边官员	—	1	3	4
	双边技术	—	1	1	2

二、常规培训稳步发展

（一）发挥委属培训机构的作用，为机关各处室外训当好助手

2012 年，培训中心协助市商务委公平贸易处完成《地方商务主管部门应对贸易摩擦工作交流》、《上海市商务经济运行分析及产业安全预警人才培训》、《美国 337 调查应对专题工作会》等培训班，协助委外资处完成《外资政策和外资审批事项操作》培训班，协助委外商投资促进处和外国投资管理处举办 2012 年港澳台经贸合作（CEPA、ECFA）政策培训，为上海外贸、外资发展提供助力。

（二）发挥行业培训机构特点，为企业内训做好帮手

注重为大型国企送教上门。培训中心为上海汽车进出口有限公司开设《外贸业务知识》讲座、为宝钢集团开设《商检知识讲座》等，满足企业需求。2012 年，培训中心共开设商务师系列、货代系列等培训班 42 个，对外合作培训 8 个单位，培训学员约 4600 人次。加强内贸培训，培训中心共培训营业员、电子收银员、酒类批发零售人员等各类上岗 27239 人次，比上年增长 0.73%。

（三）充分整合利用既有资源，精心组织各类考试相关工作

完成 2012 年度商务系列考试、全国货代考试、全国国际商务单证员考试、全国外贸业务员考试等的考试报名、现场确认、信息汇总等相关工作，完成商务系列、全国货代考试等的证书发放、注册等工作。2012 年，共组织各类国家级长三角紧缺人才考试 31 场，参加 3435 人次，完成各类继续教育再注册 2321 人次。

三、学历教育办学得到巩固

上海市商学院高等职业技术学院国权路院区作为培训中心和上海商学院的合作办学机构，集两家之优势，大力培养外贸职业技术类人才，在服务上海国际贸易中心建设中发挥自身作用。2012 年，院区共培养物流（货代）、报关、商务英语、单证、会计等五个专业的全日制专科学生 1049 人，其中 346 名学生顺利毕业，培养电大专科学生 270 人。

在教学过程中，院区组织实施教学自查和抽查，建设国际商务模拟实训室，继续狠抓教学质量；搭建平台，完善人才培养措施，充分发挥党章社、心理社等 9 个学生社团的作用，搭建百度贴吧——“国科路 75 号”、“易班”等学生活动交流平台，组织学生参加总院“明日商界之星”征文活动、职业规划大赛等活动，不断提高学生的理论水平和动手能力，增强学生奉献社会的本领。在 346 名毕业生中，有 68 名毕业生拿到了全国大学英语六级证书；有 260 名同学拿到全国大学英语四级证书，占比 74.93%，比商学院总院高出 27.42 个百分点。在 2012 年的全国大学生综合英语竞赛决赛中，院区胡灵晔获 D 类（非英语专业的高职生）特等奖，另有 1 人获二等奖，多人获三等奖。积极推动学生考试考证。在参加 2012 年考证的 292 人中，采购师证书考试 84 人，营销师（国际商务）证书考试 208 人；采购师合格率 54.76%，营销师合格率 86.06%，总合格率 77.05%，比上年增长 2.8%。截至 2012 年 8 月 25 日，应届毕业生就业签约率 77.14%，比上年增长 38.27%，就业率 93.71%，比上年增长 0.16%。

上海市商务教育培训中心
（上海市商业人才开发服务中心）

以创建学习型组织为载体
推动酒类监管工作再上新台阶

2012年，市酒类专卖管理局以党的十八大召开为契机，以科学发展观为指导，以创建学习型组织为载体，以“服务大局、建设队伍”为工作宗旨，结合酒类监管工作实际，从加强党政班子的战斗堡垒作用，增强党员干部队伍活力，努力造就一支政治过硬、业务熟练、执法公正、清正廉洁的行政管理和行政执法队伍等方面，推动局各项工作再上新台阶。

一、以创建学习型组织为载体，抓好政治思想建设，提升干部队伍的政治理论素养

酒类专卖局坚持把加强学习作为提升队伍素质的重要途径。几年来在党支部领导下，积极创建学习型组织，坚持“学以致用、以用促学、学用相长”，通过几年的实践，已形成比较健全、规范学习机制，实现学习型组织建设的科学化、制度化、规范化。具体建立五方面制度：一是集体学习制度，每月按年度计划组织一次学习活动；二是党员干部自学制度，每人每年精读理论书籍不少于1本，并要撰写1至2篇学习体会文章；三是全员参加的学习辅导讲座，每季度举办一次；四是调研制度，每年选定几个课题开展调研，科以上干部每年参加调研不少于5天，并积极参与撰写1篇调研报告；五是学习成果转化制度，要求党员干部通过学习能结合思想、工作实际，在推动酒类监管工作、完善行政管理行政执法、加强自身建设方面，完成学习成果转化，实现“学有所用、学有所为、学有所值”。创建学习型组织活动的开展，得到了上级党组织的肯定，支部书记卢荣华被评为上海市“推进学习型组织建设先进个人”。

二、围绕权力运行，查防廉政风险

2012年下半年，酒类专卖局组织党员干部学习《中国共产党党内监督条例》、《中国共产党党员领导干部若干准则》等法律法规，开展廉政风险防控教育，并实行领导班子负责分工部门廉政风险防控工作，各部门负责人对本部门廉政风险防控工作负责。结合事业单位改革后的职能变化，各部门根据新“三定方案”，结合法定权责和原定的每个岗位“职位说明”进行梳理，排查岗位、部门的廉政风险点、环节、表现形式，并提出解决风险的想法和建议，编制全局“廉政风险目录”，在局内OA网上公开，接受群众的监督。并由各部门对各自的廉政风险点提出制度性措施，对监管缺失的点和环节，制定建立新的防范措施和制度，形成以岗位为点、以流程为线、以制度为面的防控机制。

酒类专卖局把2012年确定为“制度建设年”，开展以规范和约束权力运行为主线，查漏补缺，建章立制，进一步完善行政管理、财务管理、资产管理等方面的制度，提高制度的权威性和执行力，确保各项制度行得通、做得到、管得住。把开展“制度建设年”活动与廉政风险防控工作结合起来，认真抓好制度“立、改、废”，初步建立了通过制度规范权力运行、通过制度防范廉政风险的长效机制。

在财政管理体制和财务制度改革上，推行政府集中采购和工程建设资金统一报账制度。在干部管理上，制定关于加强领导班子建设、干部选拔任用工作议事规则和监督检查、公示、经济责任审计等方面的制度。在企业登记、案件查办、消费维权、商标审检等工作中设置制约程序，阻止违规操作。同时计划来年将通过安装服务评价系统，实行网上留痕管理、电子摄像等，运用电子监察防控廉政风险。

三、按照《十二五发展指导意见》及《酒类市场十二五发展规划》的要求，为酒类行业的发展服务

2011年底，国家商务部《酒类流通行业十二五发展指导意见》下发，上海市《酒类市场发展十二五规划》也已完成，这两个重要文件对于做好酒类行业发展及管理工作具有非常重要的意义。2012年结合全市酒类工作的实际，按照《指导意见》提出的“主要任务”，落实酒类流通的各项工作，促进酒类行业的健康发展。

（一）制定规划，启动“上海市酒类功能服务区”的项目建设

根据上海市酒业《十二五发展规划》提出的开展委区合作项目“上海市酒类功能服务区”建设的要求，2012年，功能区八大功能（酒品展示推广、酒类数据交换与信息发布、酒类产品追溯、酒类职业培训、酒类检测评价公共服务、酒类仓储物流公共服务、酒类贸易服务、以及酒类新产品、衍生品开发）已全部启动。酒类功能区建设项目为促进上海酒类贸易能级提升，展现上海酒业新形象，带动相关服务业加速发展发挥了积极的作用。

（二）联手市商业信息中心，共同做好行业流通统计监测工作

按照商务部“酒类流通行业信息监测统计报表制度”最新要求，监测样本要有新的业态、新的领域。3月下旬，酒类专卖局组织一批新的流通企业参与酒类信息监测统计申报，新增样本企业46家，超额完成商务部总样本企业55家的目标。全部66家样本企业中，批发企业16家，新增4家；零售企业29家，新增21家；新增餐饮企业21家。这66家企业每月上报的信息，基本体现了上海酒类市场整体销售现状。国家商务部对信息报送工作实施考核制度，上海连续多月各项考核指标在全国各省市中名列前茅。

（三）顺利完成酒类质检站事业单位改制

根据国家关于事业单位体制改革的要求，质检站退出事业单位系列转为企业化运作，转制工作在9月底前顺利完成。市商务委与虹口区人民政府签署了“关于原上海市酒类产品质量监督检验站职能引入上海国际酒类现代商贸服务功能区协议书”；质检站在编人员全部保留事业单位身份转入虹口区商业网点办；质检站所有资产无偿划转入虹口区商业网点办。目前，新质检站正等待质监局的资质认证后重新开张，届时一个设备齐全、面貌全新的质检站将在行业内诞生。

四、逐步建立酒类电子追溯监管工作体系，运用创新理念，完善酒类长效管理机制

酒类专卖局把开展酒类流通电子追溯系统列为2012年重点工作之一。同时继续把假冒伪劣酒类商品源头作为整治重点，以贯彻落实国家质检总局等七部委《关于印发〈2012年联合打击假冒侵权酒类产品专项集中行动方案〉的通知》、市商务委等八委局《关于印发〈本市2012年联合打击假冒侵权酒类产品专项集中行动方案〉的通知》和《商务部办公厅关于集中清理整顿利用互联网销售滥用“特供”“专供”等标识酒类商品的通知》等精神，营造更加安全、放心、规范、有序酒类市场为重点，进一步规范酒类经营者行为和酒类市场秩序。

（一）开展电子追溯系统建设工作

2012年在开展电子追溯系统建设工作

上海市酒类专卖管理系统在“3.15”当天集中销毁各类假冒伪劣酒类商品2万余瓶

中主要做了以下两方面的工作：一是积极筹建酒类流通信息电子追溯管理平台。二是运用电子溯源平台，开展进口酒（源头）管理。进口酒，特别是进口葡萄酒，以次充好、以假充真、价格虚高等问题很多。酒类专卖局在调查研究的基础上，与市商检局、外高桥综保区三家联手整治。首先，建立进口葡萄酒电子追溯管理平台；其次，在进口葡萄酒中文背标加贴二维码标签，凡是贴标酒全部进入追溯平台加以监管；第三与超市协会联手在商超设立贴标酒专柜。不贴标的进口葡萄酒将自然被淘汰出局。此外，全年共使用各类随附单306.5万份，比上年增长16%。

（二）开展打击侵犯知识产权和制售假冒伪劣酒类商品专项行动

2012年为落实《国务院关于进一步做好打击侵犯知识产权和制售假冒伪劣商品工作的意见》文件精神，巩固打击制售假冒伪劣专项行动的成果，规范酒类市场秩序，营造公平竞争的商业环境，维护广大消费者和企业的合法权益，酒类专卖局持续深入开展专项行动，按照“标本兼治、综合治理、惩防并举、重在预防”的工作方针，组织各区、县酒类专卖管理局以自查、联合检查等形式，对全市滥用“特供”“专供”等标识酒类商品进行专项整治，共出动执法人员434人次，查处利用互联网销售企业1户，零售企业4户，查获带有“特供”、“专供”标识的酒类商品102瓶。

（三）加强公路道口酒类监管工作

2012年，酒类专卖局多次会同交警部门及有关区县酒类专卖管理局对全市进沪道口开展联合执法检查，共查获案件369起，其中363件无随便附单，3件为假冒酒，共查获各类假冒酒186瓶。

（四）强化大型连锁餐饮企业酒类管理工作

加强大型连锁餐饮企业是酒管工作的源头之一。全市列入监管的连锁餐饮企业共74家，已有66家建立了酒类经营的管理制度。除继续加强对已建立管理制度企业监管外，还要敦促其它餐饮企业加快相关制度的建立，严防制假。此外，通过逐家检查、走访，使餐饮企业名优酒空瓶回收销毁制度落到实处，进一步降低制售假冒的发生率，促进餐饮企业酒类经营良性发展。

（五）加大全市酒类商品质量抽检工作力度

切实做好酒类商品质量检测，发挥酒类检测对消费者饮酒安全的预警作用。2012年，酒类专卖局对市场上销售的各种酒类产品进行专项抽查，共抽查酒类产品346只（其中：白酒84只、黄酒122只、葡萄酒70只、啤酒50只、配制酒20只），对其中38只不合格产品的生产厂家、经营者进行了教育和处罚。在做好酒类抽检工作的同时，还在市连锁协会的大力支持下，走访酒类生产企业在沪经营公司及大型批发企业，召开23家大型超市卖场座谈会，意在逐步建立两项工作机制：一是组成一支连锁超市卖场商品信息员队伍，及时掌握、监控酒类商品质量；二是搭建酒类商品信息数据库，及时掌握酒类商品市场动态信息，为加快酒类流通领域追溯系统建设打好基础。通过对区（县）局历年来抽样工作的经验以及存在的难点、问题展开调研，探索酒类质量抽检工作的新方法、新途径。

（上海市酒类专卖管理局）

全球钻石需求下滑　上海采取措施积极应对

2012年，中国经济增速放缓，国内钻石市场消费需求受到影响，对比2011年创纪录的47亿美元钻石进出口交易额，上海钻石交易所的钻石交易冲高回落。2012年上海钻石交易所全年钻石进出口、交易额达38.68亿美元，较上年减少17.8%。截止2012年年底，上海钻交所会员总数为345家，全年增长19家。

一、钻石市场需求减少，国际钻石价格回落，包括上海在内的全球钻石交易中心的钻石进出口额普遍下降

2012年各国贸易保护主义抬头，全球经济颓势依旧。全球钻石市场需求也相应普遍减少，美国和中国两大钻石消费国购买力明显下降，钻石进口额分别减少9.5%和22%。国际钻石价格也有所回落，其中一克拉钻石的价格指数全年下降12.5%。受上述因素影响，2012年比利时安特卫普、以色列特拉维夫、印度孟买、中国上海四个钻石交易所的钻石进出口交易总额分别为519亿美元、165亿美元、391亿美元、39亿美元，降幅分别为8.2%、21%、38%、18%。

二、上海提出“三个转变”思路，应对钻石市场困难

2012年2月13日，上海市副市长艾宝

2012年2月13日，上海市副市长艾宝俊（左二）在市府副秘书长、市商务委主任沙海林陪同下，视察中国钻石交易中心

俊在市府副秘书长、市商务委主任沙海林陪同下视察了中国钻石交易中心，参观上海钻石交易所、国家珠宝检测中心上海实验室以及部分钻交所会员企业，并听取了钻石办、钻交所的工作汇报。艾副市长就做好扩大钻石交易、从全局高度积极推进上海钻石产业链的发展提出了要求。

面对钻石市场困局，钻石办提出了“三个转变”的工作思路设想，在政府机构定位、钻石交易中心定位、钻石产业定位上进行积极探索。为此，钻石办加强了钻石产业链调研，年内分别对钻石产业的创意园区、总部经济、二级市场、毛坯钻石、钻石银行等进行专题调研，并根据上级领导要求对出现的如“全城热恋”钻石商场、企业海外收购钻矿、钻石电子商务等行业热点进行及时的研究分析。

三、成功举办第二届上海钻石文化节

2012 年 9—10 月，上海钻石交易联合管理办公室会同上海市黄浦区商务委员会、上海购物节组委会共同主办第二届“上海钻石文化节”。9 月 29 日晚，钻石文化节开幕式在绿地海湾滩 · 名品汇举办。2012 年上海钻石文化节以“璀璨之约”为主题，举行了钻石婚庆、钻石消费者服务、钻石投资品鉴、大学生钻石首饰设计创意和网上钻石博览会等主题活动。

10 月份，钻石文化节闭幕式和第二届上海大学生钻石首饰设计创意大赛活动也取得圆满成功，在各大院校提交的 300 多件设计作品中，涌现出一批设计新颖独到的佳作。

四、顺利完成全年外资会员企业审批和联合年检工作

2012 年，钻石办批准新设外商投资钻石进出口企业 15 家，变更 11 家，提前终止经营 4 家，具备钻石进出口经营权并进行月度统计和联合年检的外商投资企业在 2012 年底为 141 家。截至 2012 年底，钻交所累计发展会员数为 345 家，其中外资会员数累计为 229 家。截至 2012 年底，钻石办累计预备会员备案 257 家，原始会员 47 家；注销预备会员 28 家，注销正式会员 5 家；具备钻石进出口业务经营权的内外资企业为 271 家。根据商务部和市商务委的部署，钻石办会同工商、税务、财政、统计、外汇等有关部门顺利完成“2012 年度钻交所外资会员企业联合年检”工作。

（上海钻石交易联合管理办公室）

上海会展业继续稳步发展

一、概述

2012年上海会展业继续稳步发展。展览会总展出面积规模继续扩大,展览业的"硬件"也日臻完善。上海新国际博览中心全面落成,世博展览馆完美转型投入使用,中国博览会会展综合体正式破土动工,改变了上海多年来大型场馆的不足。会议(论坛)、节事活动质量有了进一步提升,节事活动内容更加丰富。为到2015年上海基本建成国际会展中心城市的目标又迈进了一步。

(一) 展览会数量、规模均列全国会展城市之首

2012年,上海共举办806个展览项目,比上年的674个增长19.6%;总展出面积达到1109万平方米,比上年的953万平方米增长16.37%。其中:举办国际展览会265个,比上年的227个增长16.74%;展出面积826.9万平方米,比上年的689万平方米增长20.0%。无论是项目数量还是规模,均已成为全国会展城市之首。随着上海展览馆的扩大,上海展览会单个项目规模也在不断扩大。3万平方米以上的特大型项目有77个,比上年增加10个,增长14.9%;展出面积603.4万平方米,比上年增加85.4万平方米,增长16.9%。

2012年上海展览会项目规模情况表

规模	项目数量(个)			项目规模(万平方米)		
	2012年	2011年	比上年(±%)	2012年	2011年	比上年(±%)
合计	806	674	19.6	1109.3	953.0	16.4
10万以上(含)	21	20	5.0	309.4	279.7	10.6
5(含)—10万	26	19	36.8	177.9	135.1	31.7
3(含)—5万	30	28	7.1	116.1	102.7	13.1
1(含)—3万	155	116	33.6	267.8	201.9	32.7
1万以下	574	491	16.9	238.1	233.6	1.9

(二) 国际会议论坛仅次于北京

在后世博效应的影响下,全球经济分析会议、陆家嘴金融论坛、浦江论坛等国际性会议(论坛)质量在进一步提升。上海国际创意论坛、上海会展论坛等以创意、创新为主题的国际论坛品牌效应在不断提升。截至年底,上海举办的国际会议论坛已跻身于全球前25位,在国内仅次于北京。

(三) 节事活动丰富多彩,文化类会展发展迅猛

全年举办的各类节事活动,内容丰富,主题清晰,特别是文化创意类活动向着品牌化、

系列化发展。如上海国际电影节、上海电视节、上海国际艺术节、中国国际动漫游戏博览会(CCG)、中国国际数码互动娱乐展览会(Chinajoy)、中国上海书展、上海之春国际音乐节、上海艺术博览会、上海国际印刷周、上海双年展、上海“设计之都”活动周、上海春季艺术沙龙等均已成为上海品牌化的国际性文化节庆会展活动。各区(县)的各类文化创意节庆活动开展踊跃,如嘉定汽车文化节、金山沙滩音乐节、宝山动漫节等,充分挖掘各区(县)历史、文化、产业内涵,促进商旅文融合发展。上海的节事活动已突破地方区域,向国际化拓展。丰富多采的文化类会展活动,推动了上海文化产业的发展。

(四) 会展业对经济社会发展的辐射作用明显

会展的繁荣拉动相关行业的发展。会展业与旅游、餐饮、宾馆、印刷、装潢、广告、物流、零售、通讯、交通、金融、保险商务活动等行业构成产业协作链条,对本区域的经济发展具有很强的带动效应和后向关联效应,据统计,2012 年可拉动上海 GDP 约占 8% 左右,其中仅展览会的直接收入达到 250 多亿元。

会展的发展增加就业机会达数万人次。会展业从项目策划运作、广告到现场施工、物流、后勤配套服务,需要各类人才共同完成。根据测算,每增加 1000 平方米的展览净面积,就可创造近百个就业机会。据此,2012 年上海展览市场增加了 7 万余人次的就业机会。

二、展览产业发展

根据 2012 年底上海会展行业协会 450 家会员单位结构分析:展览主(承)办企业 60 家,占 13.3%;会议、旅游服务 44 家,占比 9.8%;展示工程企业 279 家,占 62.0%;场馆企业 16 家,占 3.6%;其它配套服务企业 51 家,占 11.3%。以展览主(承)办企业为核心,相关配套服务企业齐全,形成了一个完整的产业链。

(一) 本土展览主(承)办单位健康发展

1. 本土办展主体占主导地位。2012 年,在上海举办的 1 万平方米以上的项目 232 个,总展出规模 869 万平方米。其中,有 157 个项目为上海本土办展主体主办,总规模 577 万平方米,占比 66.4%。本土企业办展已占主导地位,这为上海展览行业发展打下坚实基础。

2012 年万平方米以上展览会项目分类情况表

办展主体类别		项目数(个)	规模(万平方米)
合 计		232	869.2
本土办展	上海注册的国有企业办展	44	159.2
	上海注册的外资企业办展	23	111.9
	上海注册的合资企业办展	37	140.3
	上海注册的民营企业办展	53	166.1
市外来展	中国贸促会各行业分会办展	11	65.5
	国家级社会团体及政府办展	25	68.7
	北京注册的企业办展	25	127.7
	北京以外的外地企业及地方政府办展	9	16.9
	国际性组织及企业直接办展	5	12.9

2. *展览项目市场化运作率达到96%。*上海组展企业所举办的各类展览会项目,从本世纪起基本上都摆脱了依赖政府、依靠政府财政补贴的局面,率先进入市场,实行自主经营市场化运作的机制。2012年展览会项目运作的市场化程度已达96%,比上年提高1个百分点,这使上海展览业健康、稳步发展增添了动力。

3. *多种所有制的办展主体同步发展。*上海展览会办展主体向多元所有制发展,截至2012年底,据各类展览会项目办展面积分析,国有展览企业占比27.5%。独资、合资展览企业占比43.7%,民营展览企业占比28.8%。国企、独合资、民企占比基本形成了3:4:3的较合理格局。

4. *本土办展企业办展能力在不断提升。*2012年,在上海举办展览会项目面积超过10万平方米的有20家,其中在上海注册的本土企业16家,占比80%。按规模排名前20的企业办展总面积为502万平方米,其中上海本土企业办展407.8万平方米,占比81.2%。

2012年举办展览会总规模10万平方米以上企业排名表

排名	企业名称	企业归属地	办展总规模
	合 计		502.4
1	上海博华国际展览有限公司	上 海	66.0
2	中国贸促会纺织行业分会	北 京	53.6
3	慕尼黑展览(上海)有限公司	上 海	45.6
4	上海市国际展览有限公司	上 海	36.5
5	上海现代国际展览有限公司	上 海	31.6
6	法兰克福(上海)展览有限公司	上 海	28.8
7	汉诺威米兰展览(上海)有限公司	上 海	27.6
8	上海万耀企龙展览有限公司	上 海	26.5
9	上海环球展览有限公司	上 海	25.9
10	上海科学技术开发交流中心	上 海	20.0
11	北京雅展展览服务有限公司	北 京	20.0
12	上海国际展览中心有限公司	上 海	18.0
13	上海外经贸商务展览有限公司	上 海	15.2
14	上海浦东国际展览公司	上 海	14.8
15	亿百媒会展(上海)有限公司	上 海	14.5
16	上海世博(集团)有限公司	上 海	13.8
17	上海百文会展有限公司	上 海	11.7
18	上海协升展览有限公司	上 海	11.5
19	中国五金制品协会	北 京	10.4
20	中国焙烤食品糖制品工业协会	北 京	10.4

5. 行业诞生一批高级人才。由上海市职业能力考试院、上海世博人才发展中心、上海市会展行业协会联合组织“上海市会展管理专业技术水平认定”评定，已有500余名长三角地区业内人士分别获得“会展管理”高级、中级、初级职称。其中88名会展人士获高级职称。2012年通过培训认证，又诞生一批高级展示设计人才。这些人才已成为上海会展业发展的中流砥柱。

（二）展览场馆规模将成为全球之最

2012年上海已有11个展览场馆，可供展览面积50万平方米(其中室内40万平方米)。到2014年底中博会会展综合体建成后，上海将有100万平方米的场馆可供使用(其中室内80万平方米)，届时，上海将成为全球场馆规模之最。在展览会项目向规模化发展的趋势下，2012年上海展览场馆呈现大型展馆出租率明显增长、中小型展馆出租率略有下降的现象。

1. 上海新国际博览中心全面落成。2012年2月15日，上海新国际博览中心全面落成，拥有17个风格相似的单层无柱式展厅，室内外展览面积共计30万平方米。2012年新博中心全年共举办展会103个，展览合同销售面积达594.6万平方米。年场馆出租面积增长率达到20%左右，出租率达到57.6%，市场占有率达到52%以上。

2. 世博展览馆完美转型投入使用。借助后世博效应，世博会主题馆改造转型，8万平方米的世博展览馆改建成标准的展览场馆，弥补了上海5万至10万平方米展馆的空缺。2012年，世博展览馆共举办80个展会项目，展出面积达194.4万平方米，比2011年翻了一番，全年出租率达到52.5%，市场占有率达到17.5%。吸引了900多万观众前来观展，成为世博园后续利用中最具“人气”的场馆之一。

3. 中国博览会会展综合体项目开工建设。中国博览会会展综合体项目2012年破土动工，将于2014年底全面建成。届时可提供室内外展览面积50万平方米，以及会议中心、餐饮、商业等较齐全的配套设施。

2012年上海各场馆展览会项目情况表

场馆名称	数量(个)	规模(万平方米)	国际展		国内展		出租率(%)
			数量(个)	规模(万平方米)	数量(个)	规模(万平方米)	
合　计	806	1109.31	265	826.89	541	282.41	—
新国际博览中心	103	594.56	103	594.56	—	—	57.10
世博展览馆	78	194.40	59	146.70	19	47.70	52.51
光大会展中心	161	102.85	30	19.37	131	83.48	44.87
展览中心	88	49.87	25	25.36	63	24.50	31.42
世贸商城	69	49.78	13	14.70	56	35.08	31.28
国际展览中心	40	27.60	23	16.80	17	10.80	31.51
东亚展览馆	17	8.50	3	1.50	14	7.00	25.88
国际会议中心	10	2.40	4	1.20	6	1.20	12.06
浦东展览馆	9	5.70	3	2.70	6	3.00	8.68
农展馆	20	15.20	—	—	20	15.20	27.40
汽车会展中心	6	7.20	2	4.00	4	3.20	3.29
其它小场馆	205	51.25	—	—	205	51.25	—

（三）场馆配套软件、硬件设施日趋完善

1. 场馆的综合服务水平不断提高。协会委托第三方评估公司对上海5个主要展览场馆2010—2011年度综合服务水平进行评估，通过对62个上海国际品牌展、优秀展数据的比对分析，121个展会现场调研，回收6329份问卷调查资料进行分析，会展主（承）办企业、展示工程企业、物流企业以及参展商、专业观众，对5个场馆的综合评价较好，基本都能达标。综合场馆的硬件设施、运营管理及服务水平和客户满意度，5个场馆的测评总分依次为上海新国际博览中心、上海世贸商城、上海展览中心、上海国际展览中心、上海光大会展中心。通过评估，对每个场馆也提出了不少改进意见和建议，场馆的综合满意度在不断提升。

2. 会议设施、餐饮、交通等配套设施日趋完善。地处浦东陆家嘴的上海国际会议中心，交通设施方便快捷，地理位置得天独厚，素以举办大型国际会议、商务论坛而蜚声海内外。拥有20多个规格不同、人数不等（15人—3000人）的会议场馆及最先进的视听设备，7楼上海厅是目前国内最大的无柱大厅，面积4400平米，可同时容纳2000人用餐或3000人开会。上海新国际博览中心拥有51个规模不等，风格各异的附属会议室，可用于举办中小型会议、论坛以及鸡尾酒会等。3个附属入口大厅，兼备观众注册、信息咨询、开幕式、商务中心、咖啡厅、餐厅以及衣帽间等多功能。充足的停车场地，可容纳4730个车位。新博中心周边有浦东嘉里大酒店、卓美亚喜玛拉雅酒店等星级酒店，轨道交通有2号线、7号线。上海世博中心转型成为大型高规格国际会议的重要场所，有大会堂、上海厅、多功能厅、中会议厅、小会议厅、VIP会议厅、专用会议厅、新闻发布厅、贵宾厅、宴会厅、江景餐厅以及可容纳550辆车的地下停车库和地面停车区域。上海世博中心以其会议、展览、活动、宴会、演出等专业功能形成核心竞争力，充分展示上海国际大都会形象，提升上海城市的综合竞争力，是上海新的城市名片。此外，正在兴建中的上海跨国采购会展中心和中博会会展综合体，将分别于2013、2014年投入使用，届时上海展览场馆及其配套设施将更加完善。

（四）展示工程企业服务内涵和质量不断提升

1. 会展业发展，促进展示工程业务面不断拓宽。各展览会项目有60%以上为特装展位，其设计制作的科技含量、绿色环保元素大增。具有展示工程资质的企业优势显现，如现代国际、美术设计、龙展、笔克、形家、点意空间、和煦、汇展等展示工程一级资质企业不仅积极推进上海临展的展示设计向高科技、环保、节能等方面发展，而且将展示设计、业务延伸拓展到博物馆和展示厅，并承接一些政府招标项目。作为展览项目主要配套企业的壮大，推动了展览项目的发展。展示工程企业在为上海成为创意城市、设计之都建设中作出了贡献。

2. 设计创意水平不断提高。上海展示工程企业参与了2010上海世博会，设计创意水平经受国际舞台的考验和锤炼，得到大幅提升。在2012年上海市会展行业协会组织开展的2011—2012年度原创展示设计作品评比表彰活动中，经过高校和业内专家评审，从30家参选企业提供的91件作品中评出了“最佳原创展示设计作品”20件和“优秀原创展示设计作品”25件。这些获奖作品，一方面体现了上海展示工程企业设计创意水平的日益提高，同时也为推动上海创意产业发展，加快上海“设计之都”建设起到了积极作用。

3. 倡导绿色环保、循环使用展具。为积极推进生态文明建设的战略要求，结合会展业实际，上海市会展行业协会正在积极发展低碳、节能、环保的展览展具在展会中的使用，倡导绿色展览。

4. 创建展示设计人才培训、认证体系。为配合上海“创意城市，设计之都”的建设，全面提升会展业的创意设计水平，协会于2012年创建了展示设计师的培训、认证体系。根据展示设计师的标准，协会在业内认定10会展行业首批高级展示设计师。尔后开设高级展示设计师培训课程，对来自展示工程企业负责人、设计总监50名人员进行首批培训，提高他们的创作设计水平。

三、2013年发展思路

2013年是上海深入推进创新驱动、转型发展的重要一年。上海会展业将不断地优化会展环境、加强行业规范、提升行业服务水平、实现新的跨越，进一步来推进上海国际会展中心城市建设的进程。主要工作思路是：

（一）配合政府研究制订发展会展业的鼓励和扶持政策；（二）制订行业地方标准，规范会展市场，建立上海会展行业主体信用评价体系，推动行业诚信体系建设；（三）促进会展行业的国际化、专业化、市场化、规范化水平；（四）加强会展创意设计人才公共服务平台建设，继续加强对会展人才的培训。

（上海市会展行业协会）

开拓进取　积极推动上海电子商务发展

上海市电子商务促进中心（联合国贸易网络上海中心）是在原上海对外经济贸易计算中心、联合国贸易网络上海中心基础上组建而成立的上海市人民政府商务委员会直属事业单位。2012年，中心按照既定的时间节点和工作任务，遵循促进上海市电子商务发展的要求，积极稳妥地开展和推进各项工作。

一、电子商务统计工作开局良好

近年来，上海电子商务快速发展，商业模式持续创新，应用领域不断拓展。为了更加及时、准确、全面地反映上海电子商务发展和应用情况，为政府部门宏观管理和决策提供更加科学、客观的依据，中心承担全市电子商务统计工作，按照市商务委员会、市统计局等部门修订完成的新的统计制度开展全市电子商务统计工作，抽样企业数超过300家，并增加了月报和季报。

为提高统计工作效率，中心开发"电子商务统计网上直报系统"，方便企业统计工作的开展。同时，中心还协同市商务委办公室、市商业发展研究中心等相关部门撰写电子商务统计报告。并参与流通典型企业统计数据上报工作，配合市商业信息研究中心跟踪电子商务行业的流通典型企业达110余家。

二、国际贸易中心平台建设有新进展

2012年是中国（上海）国际贸易中心平台建设的第二年，为了使平台发布的各类信息更好地满足用户的需求，顺应国内外经贸的发展要求，中心对平台做了进一步的改版和完善。改版后的板块内容更具专业性，数据时效性更强，栏目分类更加清晰，板块定位更加明确。

中心进一步加大平台同第三方机构合作的步伐，深入推进同"上海钢联"、上海市测绘院、上海有色金属交易中心等第三方机构在信息内容上的合作，使平台各类信息内容更具权威性。

2012年中心加大平台对外宣传、推广的力度，参加由国家商务部支持、市商务委员会主办的"中国（上海）国际网络购物大会"。在展会的中心区域向参展商、参展来宾详细介绍中国（上海）国际贸易中心平台建设的背景、建设过程以及目前平台的发展成就等，使更多的企业、更多的群众了解平台、知悉平台、使用平台，扩大平台的用户规模，提升平台的知名度、影响力。下半年，中心还与国内高端B2B第一品牌——环球市场集团达成战略合作，推荐上海市优质制造型外贸企业加入GMC优质制造商联盟。中国（上海）国际贸易中心平台作为合作载体，有效地帮助符合项目申请条件的中小企业加入该项合作计划。平台不仅从宏观角度帮助企业了解最新的经贸信息、数据，更从微观处帮助中小贸易企业寻求合作，寻求商机。年内中心完成平台运营环境的迁移工作，为平台二期建设提供了坚实的保障。

三、信息资源向公众开放试点工作有序推进

作为一个加快整合内部资源，实现政

中心向"世界贸易网点联盟"介绍平台功能

府服务水平提升的契机,"政府信息资源向公众开放试点工作"得到了市商务委领导的高度重视。按照"党组统一领导,对口部门主抓,业务部门支撑、直属单位全力配合"的原则,依托中国(上海)国际贸易中心平台,中心负责具体落实政府信息资源公开,做好信息资源目录和有关数据的加工发布。

自中心全面开展政府信息资源公开工作至今,创造了"两个第一":即第一个在门户网站上向公众提供信息资源服务的试点单位;开放的信息产品(数据应用)点击使用量在9家试点单位中排名第一。

2012年,对应市商务委现有60项行政审批事项,以及市商务委各类商务服务信息、行业报告、统计快报等非结构化信息,完成首批35项数据服务的结构梳理、应用分析及编目工作。

四、国际合作迈上新台阶

由中心负责的"世界贸易网点联盟门户网站"及"Global Market 在线电子商务服务平台"在2012年完成项目建设工作,开始为全球87个国家107个网点提供贸易交易服务。在首届京交会期间,"世界贸易网点联盟门户网站"及"Global Market 在线电子商务服务平台"作为京交会分销板块的重要组成部分,向参加京交会的来宾展示了如何全面提升、促进全球贸易交易服务。年内,中心同时开展"世界贸易网点联盟服务贸易协作与交流平台"的建设工作。该平台以世界贸易网点成员间信息交流与协作为基础,逐步建成开放、合作、共享、共赢的服务贸易信息交流与协作平台。

在北京11月21—23日召开的世界贸易网点联盟第十三届年会期间,中心与世界贸易网点联盟、中国对外贸易经济合作企业协会签署了三方在中国开展国际贸易职业资质的战略合作协议,确定自协议签署起未来的三年中,将由中国对外贸易经济合作企业协会的职业认证中心和WTPF全球国际贸易职业资质认证中心负责在中国开展全球国际贸易职业资质认证的工作及具体操作事项,并将WTPF全球国际贸易职业资质认证中心设在上海。

五、信息化项目建设取得新成果

以促进贸易便利化和提供专业服务为重点,加快各类平台的建设开发工作,中心发挥自身技术优势,在市商务委指导和相关行业协会协助下,2012 年开发建设了一系列信息化项目。

上海市“走出去”信息服务平台是全国省区市中启动的第一个独立系统的“走出去”网络服务平台。它对各类对外经济合作主体提供对外投资、对外承包工程、国际人力资源合作、对外援助等方面的权威、及时、集约、有效的公共信息,包括重点国别地区的社会环境、市场机遇、法律制度、风险防范等信息。其立足上海,服务全国,实施政务公开,提供网上办事,彰显企业实力,实现广泛链接,帮助架线搭桥,呈现全方位、全天候、立体化、功能化以及一定的权威性和为国内外各界“走出去”服务的社会性等特点。该平台是上海市政府重视和支持“走出去”的事业,进一步提升上海公共信息服务能级,凸显现代国际经济技术合作政务服务水平的重要成果。

上海市对外劳务合作服务平台由商务部备案,上海市政府重点督办,市商务委员会批准的全市唯一一个对外劳务合作服务平台。该平台的建立是贯彻落实我国对外劳务合作管理体制改革、推进实施“走出去”战略的又一重要举措。它将有利于强化上海市对外劳务合作的管理与服务模式;有利于增强行业向心力与凝聚力,促进上海对外劳务合作行业资源优势的整合;有利于推动全国范围内对外劳务合作行业的联网合作,促进资源共享,形成优势互补;有利于提高上海对外劳务合作发展水平、促进对外劳务合作经营进一步规范化、法制化。建设这一服务平台对推进上海对外劳务合作市场转型具有积极的意义。

上海市早餐示范工程是 2012 年市政府实事项目,是一项改善人居质量,促进社会和谐,推动经济发展,真正为百姓造福的工程。早餐工程网站集合了工程进度建设、早餐新闻、早餐网点多项实用栏目,为推动早餐市场健康发展做贡献。

产业转移促进平台是上海市政府和商务部合作项目“产业转移促进中心(上海基地)”的专业网站。该网站立足上海、服务中国、面向世界,发布投资信息、招商信息,竭诚为投资者、开发区、中介机构搭建一个信息权威、全面,服务深入、有效的平台。

为加强再生资源的回收管理,节约资源,保护环境,维护公共秩序设立了再生资源公共信息服务平台,实现再生资源权威信息公布、再生资源行业监管、接受公众对再生资源经营活动的监督等功能。

六、中心研究工作服务于上海四个中心建设

中心依托信息资源和信息技术、业务人才等方面的优势,以推进上海国际贸易中心建设为核心,以促进电子商务、国际贸易等行业发展为主题,积极开展课题研究。2012 年中心开展《电子商务与诚信体系的健全研究》、《电子商务与提高贸易便利化对策研究》、《电子商务在流通领域发展的趋势研究及上海发展策略》、《贸易标准化与企业信息化建设》、《上海网上国际贸易中心建设研究》等 8 个重点课题研究工作,并完成课题研究报告。中心根据课题研究的成果在“虹桥贸易论坛”中作了有关《协同建立电子商务信用体系》的主题发言,展示了在电子商务方面的研究成果。

七、提供见习岗位　为社会培养人才

上海市电子商务促进中心(联合国贸易网络上海中心)见习基地从由劳动社会保障局列为正式挂牌见习单位以来,经过近 10 年运转,截至 2012 年底,共吸纳见习生 440 人次。见习基地运作规范,有完备的规章制度。

中心承办“虹桥贸易论坛”

基地设有网络管理、编辑、程序员、电子商务统计等见习岗位，所设岗位都配有专职带教老师，并适时根据带教能力、业务发展调整见习岗位，真正为学员提供了一个积累社会阅历和工作经验的平台。学员在见习期能学有所得，通过见习，积累了一定的工作经验，提高了就职能力。学员见习结束后，就职率较高。基地曾获市优秀见习基地的荣誉称号。

2012 年，中心还与上海理工大学签订协议，在中心建立“上海市专业学位研究生实践基地”，利用中心综合性强的特点，为实习学生提供对外贸易、电子通关、政府管理、电子商务研究、规划、技术开发、信息数据整合、商务拓展等多种实习岗位和实践机会。

八、积极参与各项重大活动

2012 年 11 月 30 日，中心作为承办单位之一，承办由上海市商务委员会、国家商务部驻上海特派员办事处、上海市政协经济委员会、长宁区人民政府和解放日报共同主办的以“聚焦电子商务模式创新、示范和引领”为主题的“虹桥贸易论坛”。论坛通过剖析知名电子商务企业的发展模式，探索上海电子商务如何在发展中规范。

6 月，中心作为参展商参加由上海市商务委员会主办，上海跨国采购中心有限公司承办的“2012 中国(上海)国际网络购物大会”。

5 月底中心参加了由商务部和北京市人民政府共同主办的首届“中国(北京)国际服务贸易交易会”，以及由世界贸易网点联盟、北京市商务委及朝阳区政府共同主办的“第二届世界贸易便利化论坛”。

中心还积极筹备“2013 上海电商经理人高峰论坛”，以及与上海理工大学合作在 2013 年举办“第二届上海市大学生电子商务大赛”的各项工作。

展望未来，上海市电子商务促进中心将继续围绕上海建设国际贸易中心的发展目标，结合上海市电子商务发展的热点领域，按照“立足上海、辐射周边、服务全国、影响世界”的战略定位，积极推动上海电子商务发展，提升上海市的国际竞争力。

上海市电子商务促进中心
（联合国贸易网络上海中心）

第二编

企　　业

集团企业·著名企业

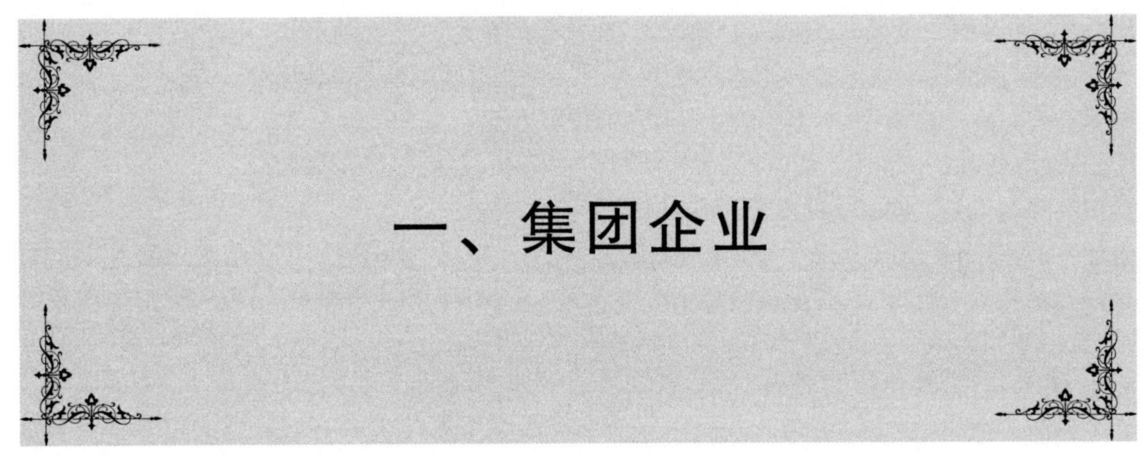

一、集团企业

百联集团有限公司

一、概述

百联集团有限公司于2003年4月24日成立，为国有独资公司，注册资金10亿元。经营范围为国内贸易、生产资料、现代物流、商业房地产开发等，拥有超商、综合百货、生产资料贸易三大核心业务和物流配送、商业房产、电子商务三大培育业务；拥有友谊股份、物贸股份、联华超市和第一医药等4家上

百联大厦

市公司；拥有遍布全国25个省市5000余家营业网点，涵盖商贸流通领域现有的各种业态，如百货、标准超市、大卖场、便利店、购物中心、品牌折扣店、专业专卖店、大宗生产资料贸易和物流等。拥有一批享誉国内的知名企业，如第一百货商店、永安百货、东方商厦、第一八佰伴等百货商店；百联南方、西郊、中环、又一城等购物中心；百联奥特莱斯品牌折扣店、联华超市、华联超市，第一医药等一批知名企业。集团在职员工6万余人，从业员工16万余人，是国内最大的商贸流通集团。

2012年，百联集团深入贯彻落实科学发展观，坚持创新驱动、转型发展，紧紧围绕"积极谋划布局、加快创新转型、深化清理整合、加强精细管理、促进共建共享"的经济工作要求，基本完成年初确定的各项工作目标，集团总体保持持续平稳发展态势。

最新排名情况显示：集团列中国企业500强第三十六位，服务业第十五位，商业零售业第一位；上海企业百强第三位；列全球零售250强第五十九位，比上年上升七位，继续保持中国内地入围企业第一位。

联华基地直采农产品受欢迎

二、主要业绩

（一）集团销售指标超额完成年度目标

面对2012年经营工作的困难局面，集团和相关企业负责人深入一线调查研究，认真分析市场形势，广泛动员干部职工，树信心、想办法、拿措施、抓落实，实现了集团主要经济指标保持两位数增长，全年实现销售规模2469亿元，实现营业收入1590亿元，超额完成年初确定的任务目标。百货方面积极承办上海购物节开幕式，营造市场热点和商机，全年举办7次大规模主题营销活动，第一八佰伴跨年营销同比增长30%；物资贸易通过提高实物量销售，拉动营业收入的增长，其中黑色金属实物量销售比上年增长324.9%；超商方面针对市场低迷的情况，推出250种"惠生活"民生商品，让利于消费者，拉动客流和销售回升。

（二）泛长三角三年计划目标基本实现

新建项目：武汉奥特莱斯1月份开业，销售情况和市场反响良好。物贸明迈特项目3月起投入运营，营收和利润均取得出色业绩。新开世博源购物中心一期、东郊购物中心、徐汇商业广场以及9家大卖场，均取得良好销售业绩，增强了集团的市场影响力。民星路钢材物流加工配送基地全面建成投产，提高了对客户的服务能力。在建项目：无锡奥特莱斯项目在优化和调整中顺利推进，增设了景观和服务功能。江桥城市物流配送项目被国家商务部列为现代服务业综合试点项目，通过专家评审获得专项扶持资金。崇明、川沙、杨浦等项目都按照计划在加快建设。储备项目：集团和相关企业加大重点发展区域的开发和布局力度，积极落实储备项目和前期筹备工作。

（三）集团强店战略和创新工作不断深化

2012年，集团及相关企业积极推进创新和转型工作，深化实施强店战略，企业运营效益和能力得到提高。

1. 经营能力进一步提升。仅浙江区域农超对接基地就增至200多个,全年实现销售20多亿元,约占农产品总销售的60%;生产资料业务着力转变增长方式,逐步提高物流配送、加工服务、汽车维修等服务性收入,全年服务性收入比上年增长11.2%;百红商贸大力引进薇姿、理肤泉等药妆新品牌,开拓新渠道,全年实现增收近亿元。

2. 业务创新进一步深化。积极探索社区商业,初步研究确立项目开发和运营模式;推动物流与电商、物资贸易等相关业态的合作,积极拓展城市配送业务,成功引进中青旅、中国邮政等优质客户。

3. 门店转型进一步推进。友谊股份加快推进核心业态提升和中小门店转型,全年三大主力业态调整经营面积约7万平方米,提高了门店竞争力;一百淮海店经营实现成功转型,经营团队和职工整体转移到东郊购物中心,取得较好示范效应和经营效益;新路达大厦转型徐汇商业广场,企业效益和形象均有显著提升。

光明食品(集团)有限公司

一、概述

光明食品(集团)有限公司是一家以食品产业链为核心的综合性食品产业集团。2012年,集团紧紧围绕“发展、转型、管控、协同”工作主基调,全面实施集团第二个三年(2010~2012年)发展战略规划,聚焦核心主业,加快收购兼并,持续推进转型,深化产业协同,促进了优势企业集群发展,经济规模和效益同步增长。全年实现营业总收入906亿元,比上年增长17.84%;主营业务收入890亿元,比上年增长18%;利润总额36.15亿元,与上年持平;归属于母公司的净利润16.8亿元,比上年增长20.8%。年末,集团有员工6.8万人,从业人员10.04万人;总资产1257亿元,净资产402亿元。在2012年中国企业500强中,光明食品集团排列第八十七位。

二、经营举措

(一)围绕战略目标,聚焦核心主业

光明食品集团围绕实现三年战略目标,聚焦和发展核心主业,不断提升整体实力。“6+1”核心业务销售收入777亿元,比上年增长25%,占集团营业总收入的86%,比上年上升5个百分点。

1. 乳业。坚持“聚焦乳业、领先新鲜、做强常温、突破奶粉”战略,“培尔贝瑞”奶粉、“如实”酸奶等新产品成功上市。

集团党委书记、董事长王宗南在“2012中国食品产业发展论坛”发表演讲

集团总裁曹树民在金兴酒业优质白酒基地奠基仪式上致辞

2. 糖业。发挥全国市场布局的网络优势,继续保持行业领先地位。

3. 酒业。加快推进黄酒、白酒、葡萄酒多酒种战略,黄酒实施产品结构升级,白酒实现金兴井藏、青花系列新品上市,葡萄酒代理加快市场导入和品牌培育。

4. 综合食品制造业。上海梅林股份公司实施资产重组,开发新品15个,糖果、罐头业务外省市销售增长20%以上。

5. 品牌代理业。南浦食品公司扩大自主品牌销售,捷强连锁公司加大网购等新兴通路渠道的业务拓展。

6. 连锁零售业。农工商超市推出网上商城、96896热线电话和实体门店"三位一体"的电商经营新模式。第一食品公司南京东路旗舰店完成改造并开业。

7. 现代农业。粮食和奶牛饲料销售提前一年实现百万吨目标,蔬菜、生猪、种源销售均大幅度超额完成年度计划。

(二) 实施对外并购,增强发展后劲

光明食品集团加强投资管理和对外并购,增强企业发展后劲。全年实际启动投资项目97项,完成4项国内外重大并购。以67.46亿元收购英国第二大早餐麦片生产商维多麦(Weetabix)公司60%股权,投资3.78亿元收购江苏省食品集团有限公司肉制品业务60%股权,投资1.2亿元收购安徽槐祥工贸有限公司48%股权,投资1470万欧元收购法国波尔多地区著名葡萄酒经销商DIVA波尔多公司70%股权。

(三) 加强资本运作,深化企业改制

加强资本运作,为产业发展创造良好条件。光明乳业股份有限公司通过非公开发行股票1.7亿股,募集资金14.2亿元,投资马桥光明乳业工业园区项目。推进企业改制和有所不为企业(非主业、壳体企业)清理退出工作,全年企业改制4户,退出38户。

(四) 持续深化转型,提升竞争能力

光明食品集团持续深化以品牌、科技、网络、资源"四位一体"商业模式转型,探索产业链的单要素向全产业链转型,推动集团整体转型和改革创新。集团以多种形式抓好品牌建设。从9月27日至11月22日,举办2012光明食品节,增强了集团品牌的社会影响力。集团以统一参展形式参加新春农副产品大联展、中华老字号展、中国国际农交会等展会,提升了产品品牌的知名度和美誉度。推进科技创新,全年组织实施各类技术开发项目227项,其中食品与农业类项目占86.3%。光明米业有限责任公司跃进基地获得2012年度上海市水稻高产创建优秀示范方一等奖。

(五)推进内部协同,发挥整体合力

光明食品集团推进包装、物流、米业、生猪四大产业内部协同工作。食品包装业务内部协同单位达到27家;集团内已有4家企业与海博股份开展了物流业务的内部协同;上海农场、川东农场与光明米业公司协同米业经营销售,做大做响光明米业品牌;上海农场、川东农场生猪供应给爱森肉食品公司,协同做强做大爱森品牌。推进与百联集团、锦江国际的战略合作和业务对接,加强内外部通路的协同合作。

(六)构建内控体系,促进健康发展

光明食品集团1月份开展以"强化制度穿透力,提升管控有效性"为主题的加强管理警示教育月活动,突出检查制度执行,完善制度和防控体系。4月份开展以"强化制度规范执行,提升应急管理能力"为主题的食品安全警示月活动,加强集团系统食品安全管理。初步建成"光明食品质量安全网"和"光明食品集团食品质量安全追溯与监管平台",光明米业、爱森猪肉、星辉蔬菜等企业生产的大米、猪肉、蔬菜实现产品全程可追溯管理。

(七)推进绩效管理,加强队伍建设

光明食品集团与18家子公司全部签订绩效考核协议书,契约化绩效管理制度实现了全覆盖。集团充实调整子公司领导班子以及集团总部高级经理以上人员共123人,占集团党委所管干部的54.9%。调整后19家下属单位班子成员平均年龄为46.8岁,下降2.3岁;拥有大学以上程度的154人,占比68.8%,提高7.4个百分点;拥有中高级职称的156人,占比69.6%,提高8个百分点。集团举办中青年人才班、精英班及其他各类业务培训35班次,2800人次参加培训。

(八)改善民生工作,保持和谐稳定

光明食品集团加大签订和履行集体合同、工资集体协商的力度,推动企业职工工资正常增长。推进市郊农场旧住房综合改造,市郊农场一期1584套易地重建房已全部竣工,二期1266套易地重建房已开工建设。做好帮困送温暖工作,集团系统共发放慰问款物1823万元,比上年增加21.5%。

2012年3月集团监事会主席崔志仁慰问海博出租汽车驾驶员

三、经营实绩

(一) 集团系统经济发展总体良好

如表:

项 目 名 称	单位	数值	比上年(±%)
实现营业总收入	亿元	906.00	17.84
其中:主营业务收入	亿元	889.00	18.19
利润总额	亿元	36.15	0.04
归属于母公司的净利润	亿元	16.79	20.80

(二) 农业生产及销售平稳较快发展

如表:

项 目 名 称	单位	数值	比上年(±%)
农业总产值	亿元	40.70	17.00
粮食与经济作物的产值比	—	1.53:1	—
种植业和养殖业的产值比	—	1:1.46	—
粮食总产量	万吨	31.49	1.93
蔬菜播种面积	公顷	4420.00	-6.20
造林面积	公顷	835.00	-1.26
生猪饲养量	万头	86.00	21.40
生猪出栏	万头	48.00	11.90
肉鸭上市	万羽	117.00	13.60
奶牛存栏数	万头	5.39	7.49
生奶总产量	万吨	24.07	6.73
成乳牛平均单产	公斤	8881.00	2.93
淡水品总产	吨	35823.00	7.40

(三) 食品加工业和产品出口有较大发展

如表:

项 目 名 称	单位	数值	比上年(±%)
工业总产值	亿元	219.7	4.23
工业销售产值	亿元	214.0	3.15
产品销售率	%	97.4	—
出口拨交额	亿元	8.8	0.04
大米加工	吨	100326.0	22.08
白砂糖	吨	759303.0	15.71

（续表）

项 目 名 称	单位	数值	比上年(±%)
蜂 蜜	吨	12223.0	9.47
糖 果	吨	19054.0	-13.42
乳制品	吨	920528.0	19.79
罐 头	吨	53160.0	0.46
味 精	吨	17539.0	8.36
黄 酒	千升	87808.0	-4.97
软饮料	吨	464755.0	-9.43
冷冻饮品	吨	20660.0	14.01

（四）商贸连锁业持续发展

如表：

项 目 名 称	单位	数值	比上年(±%)
农工商超市	家	490	—
好德便利店	家	884	—
五缘折扣店	家	465	—
可的便利店	家	895	—
农工商超市集团销售收入	亿元	157.9	-4.20
光明便利店	家	176	—
销售收入	亿元	4.3	-10.40
海博出租车辆	辆	9930	3.20
营业收入	亿元	8.9	30.88
房地产开发施工面积	万平方米	254.9	—
销售面积	万平方米	40.5	—
销售额	亿元	31.3	—

四、发展趋向

（一）总体思路

2013 年，集团按照“发展、转型、管控、协同”的工作主基调，着力转变经济发展方式，提高经济增长质量和效益，促进经济持续健康发展，保障和改善民生，为实现新三年战略目标奠定良好基础。

（二）主要任务和措施

聚焦主业，进一步做强做大核心业务；深化商业模式转型，进一步提升企业核心竞争力；以实现融资为重点，进一步推进资本运作；抓好“投资”和“并购”，进一步提升发展后劲；加强人力资源建设，进一步增强人才支撑力；加强和改善内部管理，进一步构建内控体系；加强企业文化建设，进一步推进大协同、大合作；重视改善民生，进一步构建和谐企业。

上海水产(集团)总公司

一、概况

上海水产(集团)总公司是由上海市国资委全资控股,开发利用国际渔业资源,以远洋渔业生产及水产品精深加工为主营业务的国有跨国经营集团公司。下属有30多家全资、控股和参股企业,总资产36.44亿元,年综合销售额74亿元。集团拥有80余艘在太平洋、印度洋和大西洋海域生产的大型远洋拖网加工船、金枪鱼围网船、金枪鱼延绳钓船、大型鱿钓船和过洋作业渔轮。在海外10多个国家或地区投资建立合资合作企业或代表处,形成了外向型经济格局。获得上海市政府颁发的"走出去"贡献奖和"走出去"企业领头羊光荣称号,是上海市跨国经营20强企业之一。2005年已通过ISO9001:2000质量管理体系认证。集团正以国家海洋战略为指导,提高企业核心竞争力,努力打造国际先进的远洋渔业集团。

2012年是水产集团实施"十二五"规划的重要一年,也是水产集团新三年行动计划实施的第一年。面对远洋渔业资源环境约束趋紧,行业竞争加剧,企业成本攀升,风险因素增多,以及企业发展转型压力不断加大的严峻形势,水产集团以深入学习科学发展观为契机,以国资注资为动力,把强主业、增效益、化风险放在更加重要的位置,带领广大干部职工迎难而上,积极作为,加快推进"产业外扩,产品回国"战略,实现了集团经济效益的回升向好。

上海水产(集团)总公司2013年工作会议

水产集团超低温金枪鱼转载场景

二、生产经营

2012年,水产集团生产经营取得以下四个方面成果:

(一)积极应对环境制约实现远洋渔业产量效益年度预期

大型金枪鱼围网船队再创历史新高,全年实现捕捞产量56071吨,比上年增加7682吨,增幅15.87%;大型拖网船队多元开发渔场初显成效,全年实现捕捞加工34717吨,比上年增加5535吨,增幅18.97%。金优公司公海大型鱿钓船队渔场转移取得突破,船舶单产首次国内领先;大型超低温和冷海水金枪鱼延绳钓船队降本增效力挽颓势,斐济冷海水船队5-9月份产量同比上升70.3%,创下航次单船销售产值的新纪录;全年金优公司实现考核利润1500万元。蒂尔公司加大增强掌握渔场变化的针对性、灵活性,毛里塔尼亚、摩洛哥两大船队实现捕捞产量5647吨,比上年增加1616吨,增长40.09%,实现利润3647万元。

(二)国资注资推进核心项目取得重要进展

国资注资引领船舶更新建造快速推进。全年引进、建造新船8艘,完成续建船只2艘,开工1艘,总投资41691万元。国资注资助推远洋渔业产业链进一步延伸。与锦江集团合资组建水产品销售平台公司取得突破,下半年,上海水锦洋食品有限公司成功组建并正式运营,是对水产集团“产业外扩,产品回国”发展战略的有效贯彻;三方合资的基里巴斯渔业有限公司也在基里巴斯首都正式开业,获该国30张捕捞许可证书。水产集团谋划长远,努力抓住国家发展海洋经济和上海加快临港地区开发建设的重大机遇,积极参与芦潮港国家一级渔港陆域功能开发和产业布局,对建设集水产品加工、冷藏、物流基地于一体的上海冷港项目进行了前期可行性研究、立项准备和初步商务洽谈。

(三)产品回国试水市场彰显活力

产品回国步伐明显加快。2012年水产集团远洋渔业共回国产品2.77万吨,比上年增长10%,占渔捞生产总量10.79万吨的25.7%。产品开发力度不断加大。三家远洋企业充分利用自身的原料优势,开发、遴选和定型了一批以国内市场为主,兼顾国外市场的新、特产品,努力适应零售、派送以及团购

国内首次自主研发制造、被国家科技部纳入“863”高科技公关计划的水产集团金汇8号船

的多重需要。龙门水产品营销中心优化资源整合,实现1500万龙门牌水产品销售,比上年增长50%,同时较好地完成了来自台湾的第一批1800吨魟目鱼的销售任务。水锦洋食品有限公司利用多媒体造势、蓄势市场,御海珍品和御海珍宝两大系列共20款中高档海鲜礼盒已经成型,销售上与城超、锦海等公司开展合作,产品进入“东方cj电视购物”平台,“400”免费服务与订购电话及网站也已经开通,为提高配送和服务质量,还通过黑猫宅急送进行冷链配送,2012年销售海鲜礼盒3000套。集团参展第七届上海渔博会成果斐然。由“展”到“销”的准确定位,跨出了产品回国直接接轨市场的重要一步,本届渔博会共推出“龙门”、“水锦洋”两大品牌六大类70余种产品,除远洋自捕产品外,特意引进了斐济东星斑、西班牙绯红大虾、南极犬牙鱼等高档进口单冻品供市民选购。在展会现场还安排了金枪鱼刺身拼盘、寿司、鱼排、章鱼、鱿鱼制品以及魟目鱼丸等一系列试味活动,引起市民争相选购,展位人头攒动,场面火爆,沪上多家新闻媒体纷纷前往现场采访报道。三天展会期间,水产集团共实现现场销售73万余元,参展的两个品牌荣获“最受消费者欢迎产品”奖。此外,水产集团还四面出击,积极参与2012年第十三届中国国际食品和饮料展、福州海峡渔业博览会、上海国际水产精品展、大连国际渔业博览会以及上海农展会等会展,让国内外同行与百姓进一步认识和了解上海远洋渔业的发展以及产品回国的丰富内涵,更多地唤起社会各界对水产集团的关注和期待。

(四)陆域经营业务运行质量和效益进一步提高

在远洋渔业生产经营稳步发展的同时,水产集团陆域各生产经营单位以国资审计整改为契机,进一步加强管理,着眼效益,着力提升决策水平和执行效率,着力化解经营性风险。龙门水产品营销中心加大市场拓展力度,实现营销模式的新突破;军工路投资公司和东方水产品国际市场,狠抓自主经营,通过内部挖掘潜力,提高经营效益;信融投资公司积极配合集团做好主辅分离、股权托管、资产运作处置等工作,盘活资产存量;水产物资站克服合同到期等相关经营行为限制的不利影响,积极招租;船员服务公司在招工困难的形

水产集团参展2012年第七届上海国际渔业博览会

势下，努力创新并形成新船员多元用工模式，全年招录船员453名，组织开办了一期职务船员培训班，46名船员参训，出证率达到100%，并配合实施船员职业技能等级鉴定，各项费用均在控制范围内；华利船舶公司调整充实领导班子以来，清理资产，整顿队伍，统一思想，认真实施HL-18/19两艘船交船后的管理工作，聘请专项法律顾问，加快推进HL-20/21船的设备处置，并以积极姿态投入新建1700吨金枪鱼围网船的建造准备工作；海洋渔业公司、劳动服务公司、水产养殖公司、海灵养殖等单位积极围绕集团年初指标和工作任务，强管理、抓落实，较好地实现了各单位职工保障、企业维稳和经济工作目标；科技管理学校在谋求自身发展，实现与市场接轨，有针对性地为集团培养一线实用型技术人才等方面作出了努力。

一年来，水产集团以实施重大项目为抓手，着力规范资产管理和资金管理行为，修订并通过了集团投资管理办法、固定资产管理办法和重大资产处置管理规定等制度，在项目发展论证、投资环境改善以及国有资金的合理流动机制等方面进行了积极的探索和实践。在确保集团资金链不断不乱，正常有效运作的前提下，一方面合理调度资金，加强资金管理，挖掘内部潜力，提高存量资金收益；另一方面实现了融资业务创新，拓宽融资渠道，在降低财务费用方面取得实质性效果。经过努力，远洋渔业发行4.5亿元短期融资券获得批准并发行成功。各有关部门积极争取和落实国家扶持政策，完成包括农业部燃油补助、商务部“走出去”专项补贴、财政部大型建造项目专项贷款资金贴息和市物价局电费补贴等申请核批工作。集团还注重科技创新和科研项目管理工作，起草下发水产集团贯彻国资委增强国有企业技术创新能力的意见的实施方案，制定《上海水产集团科研项目管理办法（暂行）》，申报完成“市科技创新行动计划”《大洋性渔业信息决策服务关键技术研究与示范》项目。完善境外机构和人员安全管理体系，集中编制《境外中资企业机构和人员安全管理制度》，填补了各远洋渔业公司驻外机构在安全管理上的空白。制定水产集团商务诚信建设试点工作实施方案，加强集团集约采购管理与协调。为进一步强化法律风险防范，在认真总结近年来经济合同管理过程中的经验教训后,集团修订并实施新的合同管理办法,对管理范围、条款、规范操作等做了进一步的细化和优化,将法律审核论证真正引入到企业经营活动之中。经过一年来的不懈努力和深入推进,水产集团财务风险预警机制得到贯彻,资本结构优化和费用控制取得实效,资产管理、监督、评估机制不断规范,人才培养力度明显加强,安全管理目标层层落实,日常基础管理逐步完善,企业和谐稳定成果得以巩固扩大,集团整体管理水平和效率得到了有效提升,有力地促进了全年各项经济工作任务的完成。

三、发展趋向

2013 年水产集团经济工作的总体要求是:深入学习和全面贯彻党的十八大和中央经济工作会议精神,继续解放思想,凝聚共识,以全面实施水产集团“十二五”规划和“新三年(2012 年—2014 年)行动计划”为契机,以市国资委对水产集团的注资为动力,加快推进远洋渔业持续发展和产业链建设,努力提高产量和资源份额,全面提升主营业务增长的质量与效益,力争完成和超额完成全年各项经济指标与工作任务。

(一) 以提高产量扩大份额为目标,认真抓好远洋渔业生产经营,拓展水产集团发展新空间。

(二) 以国资注资到位为动力,加大科技创新引领船舶装备更新换代与产业链建设。

(三) 以提高市场占有率为抓手,进一步扩大“产品回国”战略实施成果。

(四) 以贯彻落实审计整改为突破口,全面提高经济运行质量和效益。

(五) 以聚焦重点抓突破为切入点,推进主辅分离和扭亏增盈工作再落实。

东方国际(集团)有限公司

董事长
吕勇明

一、概述

2012年,面对外需不足、内需不旺、贸易保护严重、要素成本高企、传统竞争优势弱化的严峻外部环境,东方国际(集团)有限公司(以下简称“集团”)按照“稳出口、扩进口、促内销,调结构、抓转型、推改革”的既定工作方针,迎难而上,奋力拼搏,确保了全年经济运行总体稳定有序,主要经济指标达到预算目标,创新转型取得一定成效,各项管理工作得到进一步加强。

集团总部办公楼

2012年,集团实现主营业务收入189.75亿元,利润总额4.16亿元,归属于母公司的净利润2.55亿元。截至2012年底,集团总资产121.53亿元,归属于母公司的所有者权益52.85亿元,净资产收益率5.02%。

二、业务发展主要举措

(一)积极应对外部挑战,加大稳增长促发展的政策支持力度

针对外贸、物流主业遇到的严峻形势,集团加大对业务运行情况的跟踪分析,及时掌握业务经营中的变化和形势发展情况,研究推出一揽子支持业务发展的中长期、综合性政策,2012年集团鼓励转方式调结构促发展的资金支持预算达1200万元。

一系列业务扶持政策措施的出台,有力地促进了业务稳定增长和发展方式转变,为稳定集团主业规模作出了贡献。

(二)全力稳出口、扩进口达到一定效果

集团进一步加大出口外销力度,稳定传统市场,开拓新兴市场,挖掘潜力市场,扩大出口成交。各公司积极参加广交会、华交会、外贸精品博览会、网销会、南京消费品博览会、越南展、约旦展等国内外展会,加强内外营销。同时,集团要求有关公司在加强风险防控的前提下,稳妥扩大大宗原材料进口业务量,开拓消费品进口业务。针对贸易环境日渐严峻和贸易案例渐增的情况,集团加强与贸易监管部门的沟通联系,在已与海关签订共建合作伙伴关系谅解备忘录以及与签订全面合作框架协议

集团与上海出入境检验检疫局建立战略合作关系

的基础上,又签订战略合作备忘录,使各公司享有更方便、快捷、高效的贸易便利条件,保证了货物更顺畅地进出口通关。

稳出口方面,集团加大力度开拓新兴市场,全年实现新市场出口增量 7124 万美元。扩进口方面,服装、牛奶食品等快速消费品进口业务取得突破,电解铜自营进口铌铁矿进口、银制品进口等均取得较好成效。

(三) 集团促进内贸业务取得新业绩

集团在外贸日益困难的形势下,积极实施内外贸并举,主动对接国内市场需求,多渠道、多方式开拓内贸市场,将拓展新兴内贸业务作为落实集团"十二五"创新转型发展战略的重大举措。集团出台扶持内销业务的激励政策,鼓励公司积极探索网上销售和实体门店相结合的内贸经营模式,内外贸一体化发展取得实质性成果。目前,集团各公司主要通过自主品牌内销、国内贸易、代理国外品牌的国内经销等方式扩大内贸业务,集团合并报表年内销收入已达 10 亿元以上。2012 年,自主品牌产品内销实现了新的突破。

(四) 集团物流业务转型发展取得新成果

2012 年,物流业务转型、资源整合初现成效。苏州博世项目、昆山通力电梯项目和联合利华合肥项目等综合物流业务顺利运行,尝试展会物流业务,开拓进口分拨海关监管的延伸服务、增值服务,积极开发堆场业务新项目。物流空运板块以降低成本、提高资源运作效率、集中打造专业平台和服务品牌为前提的整合基本实现。集团继续推进物贸联动,努力发展物贸一体化新业务。

(五) 集团主业投资并购迈出新步伐

集团积极探索海外品牌、营销网络的投资并购机会,重点推进对 Masa Maso 服装电商品牌的并购。收购 Masa Maso,有助于打开集团在电商领域的通路,拓展面向全国的服装零售渠道,打造线下实体经营与线上电商销售相结合的复合营销模式,加快从外贸型企业到内外贸联动型企业的转变。

外贸荣恒公司作为国内著名的内衣成品出口商,在业内主动率先"走出去"抢占成本低点,与德国、孟加拉国三方合资,在孟加拉国首都达卡兴建内衣生产基地,预计该厂建成后,出口将达 2500 万美元。该项目是以品牌、客户、技术、资金、供销网络为手段,提升在国内和国外组织采购原料、分环节、分地区加工生产的能力，增强国际化经营能力的一种有益尝试，也为集团其它专业外贸公司类似业务发展起到先行示范作用。

三、对外货物贸易

2012年，集团进出口总额367405万美元，比上年下降6.91%。

（一）出口贸易

2012年，集团全年出口257400万美元，比上年下降6.80%。

1. 主要出口商品。集团第一大支柱产品纺织服装出口下降10.46%，出口额170845万美元，占出口总额的66.37%。轻工产品主要出口品种为寝具、手提包、提箱、办公家具、鞋子、纸袋、塑料制品、厨房家具、卧室家具、钉子等。机电产品主要出口品种为燃油泵、液体泵零件、建筑机器的零件、处理器、发电机组、排液泵、电缆、存储器、高压清洗机、装载机等。

2012年主要出口商品情况表

商品类别	2012年		2011年		比上年（±%）
	金额（万美元）	占比（%）	金额（万美元）	占比（%）	
合　计	257400	100.00	276182	100.00	-6.80
化工品	13343	5.18	13443	4.87	-0.74
纺织原料及制品	170845	66.37	190800	69.08	-10.46
贱金属制品	9043	3.51	9799	3.55	-7.71
机电、音像设备	25302	9.83	21899	7.93	15.54
杂项制品	14587	5.67	16385	5.93	-10.98

2. 主要出口市场。集团主要出口地区中，日本、中东、东盟、韩国、中国香港五个地区实现增长。其中对中东出口16155万美元，比上年增长17.22%；对东盟出口14438万美元，比上年增长23.53%。

（二）进口贸易

2012年，集团进口总额110005万美元（不含转口贸易），比上年下降7.17%。

1. 进口商品。集团全年主要进口商品为彩超诊断仪、无缝锅炉管、粒子加速器零件、X射线应用设备、放电灯管、金属卤化物灯、卤钨灯、铁矿砂、钢铁热轧条、监护仪等。

2012年主要进口商品情况表

商品类别	2012年		2011年		比上年（±%）
	金额（万美元）	占比（%）	金额（万美元）	占比（%）	
合　计	110005	100.00	118506	100.00	-7.17
矿产品	5671	5.16	3848	3.25	47.37
化工品	6131	5.57	7615	6.43	-19.49
塑料及制品	5590	5.08	8342	7.04	-32.98
纺织原料及制品	13844	12.58	13378	11.29	3.48
贱金属及其制品	13764	12.51	21156	17.85	-34.94
机电、音像设备	31075	28.25	36328	30.66	-14.46
光学、医疗仪器	23812	21.65	17236	14.54	38.15

2. 进口来源地。如表：

2012 年进口商品来源地情况表

国别（地区）	2012 年		2011 年		比上年（±%）
	金额（万美元）	占比（%）	金额（万美元）	占比（%）	
合　计	110005	100.00	118506	100.00	-7.17
亚　洲	54358	49.41	57795	48.77	-5.95
非　洲	339	0.31	291	0.25	16.24
欧　洲	35815	32.56	42159	35.58	-15.05
拉丁美洲	2232	2.03	3668	3.10	-39.16
北美洲	12833	11.67	12468	10.52	2.93
大洋洲	4426	4.02	2123	1.79	108.42

四、国际服务贸易

（一）货代物流业务

2012 年，集团全年海运进出口箱量为 61.18 万 TEU，比上年下降 3.35%，其中海运进口同比增长 2.07%。集团空运进出口货量 11.30 万吨，比上年下降 34.5%。

（二）旅游、会展业务

2012 年，集团旅游营业额为 54444 万元，比上年增长 34.92%。其中接待国内游客为 38457 人天数，接待国外游客为 50290 人天数。执行国外展 95 个，营业额为 9077 万元，比上年下降 2.31%。商务、会展、外企服务等营业额为 283 万元，比上年下降 26.11%。

五、2013 年发展趋向

2013 年，国际经济形势依然错综复杂，充满变数；国内随着一系列扩内需、稳外需政

东方国际集团与中国出口信用保险公司上海分公司签订《全面合作框架协议》

策措施逐步落实到位并发挥成效，经济运行总体平稳，但制约外贸稳定回升的阻力依然存在，世界经济低增长、高风险态势不会明显改观。

（一）总体工作要求

2013 年，集团将深入贯彻落实党的十八大精神和市十次党代会精神，坚持科学发展，着力创新转型，进一步健全供应链管理和贸易服务总集成商功能，加大战略整合力度，加大资本运作力度，加大资产处置力度，加大激励约束力度；用好政策，用好资金，用好资源，用好人才，实现稳中有进和有质量、有效益的可持续发展。

2013 年集团工作方针是：稳出口、扩进口、促内销，清资产、推投资、优管控。

（二）主要工作打算

2013 年，集团根据总体工作要求及工作方针，着力推进十一个方面重点工作：保持出口业务稳定增长；稳妥扩大进口业务；大力促进内贸业务发展；积极拓展现代服务新业务；推进落实重点项目，强化主业投资；加强资产板块管理，盘活存量资产；推进整体上市，有序调整非主业；加强战略规划、信息化、安全生产等工作；完善激励、考核机制，优化人力资源；加强财务预算、内控和资金管理；加强法律和审计工作。

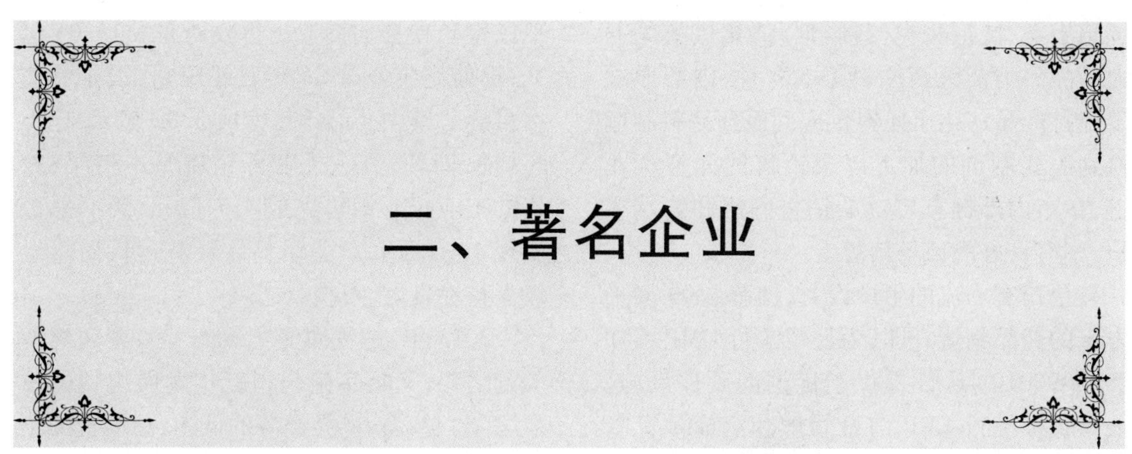

二、著名企业

（一）内 贸 企 业

上海医药工业有限公司

上海医药工业有限公司前身为1956年8月成立的行政性上海医药工业公司。1992年7月，经批准组建为上海医药工业（集团）公司。1997年11月按照《公司法》规定和现代企业制度的要求，转制为国有独资上海医药工业有限公司。

公司转制以来，坚持以诚信立足市场、以品牌谋求发展、以质量赢得客户的经营准则，遵循目标集聚基础上的差异化竞争战略，制造和销售安全、有效的药品，提供优质、可靠的服务，使公司的发展迈上持续稳定发展的轨道，成为科、工、贸一体化的药品专业生产、经营公司。2012年公司商业销售总额达15亿元（无税），工业销售收入5亿元。公司经营总部连续四届蝉联上海市文明单位，荣获上海医药行业诚信企业称号。

上海医药工业公司办公楼

公司拥有7家工业制造企业。商业销售设有市内制剂分销部、市内制剂推广部、市外制剂销售部、医药原料销售部、化工原料销售部、进出口贸易部6个经营部门。公司常年生产经营中枢神经类、心血管类、呼吸道类、抗感染类、抗组胺类、造影剂、消化道类等七大药品门类及医药原料近550种，内部形成了主打产品从化工原料供应到医药原料制造再到医药制剂的加工以及销售的完整产业链，在市内外拥有广泛的销售网络和终端客户，享有良好的市场信誉。

公司有一流的生产设备，拥有3300多平方米的药品物流仓库，为公司实行GMP、GSP及IS09001的认证提供了优越的硬件设施。公司积极推行ERP信息管理和全面预算管理，并有占职工人数30%以上的、相互配套的专业技术、管理人员队伍，具有一定的企业管理、科研开发能力。

2012年，公司在遭遇基药招标不利、“毒胶囊”事件冲击和原材料提价等众多不利因素的环境下，广大干部、职工齐心协力、自我加压、努力拼搏，坚定不移地落实年初提出的“五个抓”（抓市场、抓企业、抓管理、抓科研、抓民生），使公司商业销售收入完成15.01亿元，提前完成公司“三年发展规则”设定的速度目标。其中药品销售完成3.82亿元，比上年增长21%，其它类业务销售基本持平；投资的工业企业销售完成4.7亿元；利润总额实现4276万元。公司整体经济运行质量继续保持在良好、可控状态。

2013年，是贯彻落实党的十八大精神的关键之年，又是实施公司三年发展规划的重要之年。然而，世界经济的低迷、总需求的不足和产能过剩，生产经营成本上升和创新能力不足，企业发展面临很大的困难和压力，要有足够的认识和估计。公司要进一步解放思想、开拓创新，善于把不利因素转化为有利因素，发扬知难而进、遇难而上的团结协作精神，排除各种干扰，把智慧和力量凝聚到做好各项工作上来。

上海新世界股份有限公司

一、概述

上海新世界股份有限公司位于中华商业第一街南京路上，前身是建于1914年的新世界游乐场。1988年公司抓住良机，成为南京路上第一家股份制企业；1992年在上海商业领域率先成为上市公司，一步步从一个区属小企业成长为当今全国百货商业单体零售十强企业。改制24年来，企业在观念、价值、营销、品牌、诚信、服务等方面始终坚持改革创新发展，先后荣获“全国文明单位”、“全国质量奖”、“全国诚信单位”等两百多项国家级和市级荣誉称号。

公司下属有上海新世界城有限公司、上海新世界丽笙大酒店有限公司、上海蔡同德药业有限公司等10多家全资或控股子公司。公司投资兴建的新世界城以“大众的高端”为定位，总建筑面积21万平方米，集购物、娱乐、休闲、餐饮、旅游、文化、酒店、商务等多功能于一体。除了云集众多海内外著名品牌以外，新世界还根据市场需求重点突出娱乐和餐饮功能，引进一批“国内领先，世界一流”的著名文化娱乐项目，并坚持“有节用节、无节造节、小节做大、大节特做”的原则，开展一系列有新世界特色的商旅文联动营销，吸引了众多新老顾客的光临。

新世界城

二、经济工作

2012年公司经济发展总体良好。如表：

项目名称	单位	数值	比上年(±%)
营业收入	亿元	35.48	10.09
净利润	亿元	2.37	10.83

主要工作：

（一）营销活动文化领先，圆满完成销售指标

公司营销活动销售、文化两手抓，呈现频率高、力度大、内涵深的特点，数次富含新世界特色的节庆营销，保证了全年指标的完成。同时，以“文化营销”开创新格局，令消费者在享受购物优惠的同时，领略精彩纷呈的文化盛宴。

（二）品牌调整有序推进，坚定深化战略实施

在外部市场整体不景气，各行业零售指标都出现下滑的不利形势下，公司坚持进行大范围品牌结构调整。全年各楼面商场均引进一批国内外知名品牌，品牌调整的联动效应得到进一步体现。

（三）感恩服务全面启动，继续深化服务内涵

公司正式对外亮出“感恩服务”理念，从2012年5月起开展全面的服务测评。总服务台荣获第二十一届“百花杯”优质服务竞赛的服务品牌行业星级称号，还向社会公众作出了“新世界诚信自律二十不”的承诺。

（四）各项管理齐头并进，努力追求卓越发展

根据精细化管理的要求，公司实施突出重点、兼顾日常的管理方法：开展多次劳动竞赛，对收银员解款制度进行改革，对收银系统进行软硬件全方位优化，进行ISO管理体系内审、改版以及管理评审，从而提升了内部管理水平。

（五）文明建设协调促进，不断追求和谐氛围

2012年，公司落实十件实事，组织为企业献计献策活动，开展文明建设活动，冠名并协助组织新世界杯黄浦区第一届市民运动会，组织文艺汇演等，提升企业文化氛围，挖掘员工潜力，增强了企业的向心力和凝聚力。

商场内顾客熙熙攘攘

三、发展趋向

2013年新世界发展要以“科学发展观”为指导，以“打造精品时尚新世界”为目标，以“发展都市连锁”为重点，以“保增长、促发展”为主题，抓牢新世界城发展，拓展商业、药业、酒店业，追求创新发展、强化全面管理，促进三个文明建设健康发展。

（一）品牌营销再领风骚

要围绕“创新”取得大的突破，具体做到：

1. 节庆促销有新创意。大胆创新、敢于突破，做到次次有主题、年年不一样。坚持文化营销和创新联动，努力提升节日的经济附加值。

2. 品牌营销有新亮点。加快品牌调整和引进速度，挖掘自身优势，整合商旅文资源，通过旅游增加消费增长极，通过文化提升商业附加值。

3. 广告导购有新渠道。无线网络覆盖全城，传递全面促销信息，尝试服务台及各楼商场设制二维码扫描点，定制新世界LOGO创意礼品。东南圆弧角的广告阵地要尽快开发，让新世界广告导购创意更新。

4. 会员服务有新功能。大力强化VIP会员系统，及时统计、分析会员信息，帮助营销活动制定决策，逆向验证各类广告的投资回报率。要加大消费卡营销力度，加强与银行信用卡合作。

5. 网上购物有新突破。勇于创新，大胆跨出网购步伐，线上线下同联动，实体虚拟齐发展，创新走出一条“店商＋店示＋电商”的复合之路。

（二）重点管理再上台阶

服务诚信管理更多满意：诚信“20不”必须兑现承诺、长效执行，感恩服务的理念要继续深化，预检企业内部日常的质量管理，维护好诚信体系的健康运营，在全市诚信活动中争当先进。

1. 安全管理更加规范。要对安全管理可能出现的问题进行预判，做好预防控制措施。确保环境安全、信息安全、资金及贵重物品安全、工程安全、消防安全等。

2. 环境细节管理更为深入。要进一步整体提升管理能级和窗口形象，在服务现场等“软”环境、灯光柜台等“硬”环境、温度空气等“内”环境、广告形象等“外”环境上，抓细节、重管理、破难点、树形象，做到不留死角、不留盲区。

3. 减支降耗管理更好落实。要努力减少支出、降低能耗，做到严守预算关卡，严守费用关卡，严守能耗关卡，严守工程关卡，严守成本关卡。

4. 子公司管理更重实效。蔡同德要做响品牌，丽笙大酒店要做精管理，其他子公司要在确保稳定的基础上健康发展。

（三）文明建设再谱新篇

要结合文明楼、文明部、文明柜的创建活动，进一步加大文明建设的力度，并通过学习、宣传、践行企业的核心价值观，用公司的使命、愿景和企业精神凝聚人、激励人、感动人，共同打造美丽、智慧、和谐新世界。

上海华信石油集团有限公司

董事长　孙　晔

一、概述

上海华信石油集团有限公司(下称集团)是遵照中华人民共和国企业法,按照现代企业制度成立的股份制企业集团。在国内拥有8家一级子公司,3家合资公司,9家二级公司;在美国、英国、新加坡和中国香港等国家及地区设立海外子公司。员工总数3000余人。

集团以大宗商品贸易为牵引,带动自身业务链,逐步建立集资源开采开发、原油贸易、大型能源储备、海上供油、石油炼化、加油站及能源物流等业务于一体、上下游产业相连贯,覆盖全领域的商贸产业体系。

集团拥有燃料油进口、成品油出口、煤炭经营、海上供油等多项能源、化工品经营资质。主要从事能源、化工产品的国内外贸易,承担大型能源产业项目的投资建设与运营管理。集团以混合芳烃、燃料油、PX等产品为主营,与国内外重要能源企业建立了长期稳定的合作关系,在华南、华东、华北、东北等沿海、沿江地区拥有近200万立方一次性石油化工产品储备能力,已经形成覆盖国内外重要能源区域的网络布局。

集团2012年完成销售收入303.58亿元,投资建设1200万立方米海南洋浦石油储备基地和新疆大型煤化工项目,在加拿大、澳大利亚、东南亚等国家和地区拥有多处能源、矿产资源。

集团与上海交通大学、厦门大学、中国石油大学、海南海洋安全与合作研究院等国内著名科研院所合作,开展能源技术研究与创新,取得多项研究成果。

集团遵循由力而起,由善而终的为商之道,集天地之力,集众人之力,以小善成就人人,以大善成就华信、成就国家,实现企业做民族产业,以实业报国的宗旨。企业文化以天合、地合、人合、己合为核心理念:天合——把握天机　顺势而为;地合——海纳百川　博学包容;人合——平等相待　正直友善;己合——勇敢担当　勇于奉献。

上海华信石油集团的发展目标是:拓展海外能源资源,参与全球贸易体系,拥有能源贸易领域的话语权;参与中国经济转型进程,在国家能源安全领域实现技术和业绩的全面突破,努力达到企业发展与中国现代化建设同步与融合。

二、业务

(一)收购A股上市公司事宜稳步推进

2012年,集团稳步推进收购A股上市公司的708项目。股权收购完成后,集团成为A股上市公司的控股股东,并将积极响应政府号召，专注于打造产业价值链，深化战略转型，优化资源布局。

（二）稳妥推进海南洋浦石油储备基地项目

该项目总规模1200万立方米，计划总投资约105亿元，规划建设总用地3300亩，并建设自有港口码头。该项目全部建成投用后，将形成总库容量1200万立方米的油库区，预计油品年周转量约1.728亿吨，码头吞吐量约3.456亿吨。

目前，海南洋浦石油储备基地项目已完成基础设计、场地回填平整施工及临时供电施工等4项招投标；并已完成地质勘察、基础设计、地质灾害、地基处理试验、场地平整回填等14项合同评审；地基处理试验已顺利完成，对地基处理试验、土方回填及场地平整、土方回填工程费用结算正在进行审核；已组织石化领域专家召开基础设计概算审查会、基础设计沟通会等3次专家评审会。近期将进行监理招标和EPC合同谈判及签订工作。项目EPC总承包招标工作已完成。

（三）签订投资千亿元煤化工项目

为响应中央产业援疆号召，促进兵团经济发展，经兵团有关领导和相关部门推介、有关专家认真考察论证后，集团在农七师辖区利用白杨河矿区煤炭资源和该师管理的水资源，合作投资建设煤化工项目。2012年5月30日，在北京钓鱼台国宾馆，新疆兵团农七师与集团签订总投资1000亿元的煤化工项目战略合作协议。并拟在农七师五五工业园区共同建设年产180万吨煤制烯烃、400万吨煤制油及配套项目，总投资约1000亿元。

该项目是兵团目前最大的投资项目，分三期滚动建设，一期项目明年实施，计划投资250亿元至300亿元，规划产能为年产60万吨煤制烯烃、200万吨煤制油，为兵团经济发展作出积极贡献。

三、荣誉

（一）在2012中国服务业企业500强中位列169名

2012年9月1－2日，由中国企业联合会、中国企业家协会主办，吉林省政府承办的“2012中国企业500强发布暨中国大企业高峰会”在吉林省长春市举行。集团在2012中

上海华信石油集团有限公司荣获2012年最具影响力企业

上海华信石油集团有限公司荣列"2012 上海民营企业 100 强"企业行列

国服务业企业 500 强排名榜上位列 169 名，总经理孙晔受邀并出席本届峰会。

（二）荣获 2012 年上海百强企业

由上海市企业联合会、上海市企业家协会、上海市经济团体联合会联合主办的"2012 上海百强企业发布会"于 2012 年 8 月 30 日召开。集团凭借骄人业绩荣获"2012 上海企业 100 强（位列 46 名）"、"2012 上海民营企业 100 强（位列 7 名）"、"2012 上海服务业企业 50 强（位列 22 名）"和"2012 上海民营服务企业 50 强（位列 4 名）"称号。

受主办方邀请，集团原副总经理熊凤生为企业代表与全国政协常委、市经团联会长蒋以任、市国资委副主任吕勇明、市经信委副主任刘键、市政府副秘书长肖贵玉等领导在主席台就座。

四、责任

（一）与徐汇区人武部签订双拥共建协议

军爱民、民拥军，军民团结一家人。2012 年 5 月 16 日，集团与中国人民解放军上海市徐汇区人民武装部举行了双拥共建签字仪式。仪式上，总经理孙晔向徐汇区人武部领导介绍上海华信石油集团组织机构、主营业务和企业文化，阐述了集团"产业报国、实业报国"的崇高使命，并详细介绍近几年来企业开展关爱烈士遗属、因公牺牲军人遗属和病故军人遗属的活动情况。徐汇区人民武装部部长罗承农大校提出以"目标牵引、优势互补、活动经常、创新发展"为基本途径，积极帮助中国华信、上海华信与政府部门协调沟通，更好地开展军民共建活动。

（二）连续两年荣获"年度十大慈善企业"称号

2012 年 4 月 27 日，2012 善行天下·第九届中国慈善排行榜发布典礼在北京水立方举行，集团荣获"年度十大慈善企业"称号，集团总经理孙晔出席此次盛会。在获奖感言中，孙晔阐述了中国华信"由力而起，由善而终"的慈善理念，从"小善"到"大善"，将企业的发展与民族产业和国家的利益融为一体，再次表明了中国华信"产业报国，实业报国"的决心和信念。

2013 年 4 月 27 日下午，"善行天下·慈善大典暨 2013 第十届中国慈善排行榜典礼"

2012、2013 年度上海华信石油集团荣获“年度十大慈善企业”称号

在北京水立方隆重举行，本次榜单上榜慈善家列 311 位，捐赠总额约 70.99 亿元；上榜慈善企业有 627 家，捐赠总额近 95 亿元，榜单捐赠总额超过 165 亿元。集团继 2012 年荣获“中国十大慈善企业”之后再度荣膺此项殊荣。

（二）外贸企业

上海丝绸集团股份有限公司

董事长
徐伟民

一、概述

2012年是公司机遇与挑战并存，风险和困难较多的一年。外贸形势仍然面临三座大山，一是世界经济增速持续下降，外部需求严重不足；二是国内要素成本持续上升，传统竞争优势不断弱化；三是贸易摩擦持续加剧，经营风险不断上升。外贸业务面临较大压力，出口规模受到一定影响。但是，内需市场的拓展使公司内销业务发展迅猛，公司自主品牌LILY延续上年快速发展的强劲势头，取得规模效益大幅增长，使公司业务格局更为合理，内外贸联动效应更加明显。

为了应对2012年的新情况、新变化，公司紧密围绕加快转变贸易发展方式这条主线，按照“创新、转型、效益”六字方针，通过持续创新、积极转型、提升效益，以实现稳中求进，巩固发展了公司“十二五”的良好开局。2012年，公司主营业务收入421988万元，比上年减少3.70%，实现利润总额13747万元，比上年增长1.13%。归属于母公司净利润10168万元，比上年增长2.43%。公司整体效益仍实现稳中有进，并在转变贸易发展方式上取得新进展、新突破和新成效。

2012年秋季广交会LILY品牌展示厅

二、对外贸易

(一) 出口贸易

2012年,公司出口规模达到53727万美元,比上年减少2844万美元,降幅5.03%。出口的产品主要有棉、麻、丝、毛、化纤等各类梭织、针织服装,以及丝绸、人棉、家纺等各类纺织品。主要销往北美、欧盟和日本等80多个国家和地区。

2012年出口贸易方式情况表

贸易方式	出口额(万美元)		占比(%)		比上年(±%)
	2012年	2011年	2012年	2011年	
合　计	53727	56571	100.00	100.00	-5.03
一般贸易	42147	43486	78.45	76.87	-3.08
来料加工	3871	4510	7.20	7.97	-14.16
进料加工	7709	8575	14.35	15.16	-10.10

2012年主要出口商品情况表

商品名称	出口额(万美元)		占比(%)		比上年(±%)
	2012年	2011年	2012年	2011年	
合　计	53727	56571	100.00	100.00	-5.03
服装服饰	41027	41853	76.36	73.98	-1.97
纺织品	10062	10924	18.73	19.31	-7.89
其　他	2638	3794	4.91	6.71	-30.47

2012年出口商品主要输往地情况表

国别(地区)	出口额(万美元)	占比(%)	比上年(±%)
合　计	53727	100.00	-5.03
北　美	17614	32.78	-14.50
欧　盟	14793	27.53	1.52
日　本	7052	13.13	12.44
中　东	5254	9.76	-12.64
大洋州	2925	5.44	5.10
中南美	2047	3.81	0.16
东　盟	1023	1.90	46.10
非　洲	891	1.66	-5.91
俄罗斯	638	1.19	-37.04
中国香港、澳门、台湾	569	1.06	-8.62
其　他	934	1.74	-8.16

（二）进口贸易

2012年，公司进口规模达到3974万美元，比上年减少4.08%。公司进口商品主要有服装面料、辅料、塑料制品等。进口商品主要来自中国台湾、日本、韩国等数十个国家和地区，比上年略有下降。

（三）货源基地

2012年，公司向供应商采购金额达到35.73亿元，比上年增加2.7%。合格供应商超过3000家，除了国内庞大的供应商网络，公司还继续大力拓展海外采购渠道，在越南、柬埔寨等国家进行海外采购，延伸供应链。

2012年，公司在上海、山东、安徽等地的自有生产基地努力克服成本升高，招工困难等问题，根据实际情况和自身特点，不断调整，大力发展，逐步建立起以中高档时装、休闲外套等为核心产品的专业生产和技术优势。同时，进一步扩大生产规模，大力提高生产效率，不断提升自有生产基地对公司业务发展的实业支撑和生产保障作用。

三、品牌建设

2012年是公司LILY品牌快速成长的一年，品牌优势更加凸显。2012年，LILY实现销售收入38157万元，比上年增加13442万元，增幅54.39%；实现净利润2838万元，比上年增加1358万元，增幅91.76%。实绩证明，经过13年的培育和发展，LILY品牌已经成长为公司可持续发展的重要驱动力，日益强大的品牌效应对提升公司整体实力正作出越来越大的贡献。

为了加快品牌的进一步发展，LILY品牌建设在2012年开展了大量卓有成效的工作：

（一）不断完善营销网络

2012年底，LILY全国范围内的零售店铺达到488家，其中直营店铺90家，代理商店铺398家。净出货额千万级以上的代理商达到10家。同时，通过不断加强门店运营管理水平，LILY单店业绩也得到大幅提升，相比2011年同期，直营店的平均单店业绩提升幅度达到25%。同时，LILY海外市场的拓展也有积极进展，截至年底，已在泰国、中东、印尼、俄罗斯、乌克兰、拉脱维亚等近10个国家和地区开设了40多家专卖店铺，

（二）全方位提升品牌定位

提炼品牌的定位和提升品牌的知名度是LILY品牌2012年工作的重点，通过提炼LILY的品牌故事、品牌风格、品牌精神，并将这些转化为呈现给最终用户的产品、店铺和服务，以不断提升品牌的知名度、美誉度及忠诚度，同时也为2013年品牌的再次飞跃作好铺垫。

（三）不断完善企划功能

在原有商品企划的基础上，新增了更关注市场和运营的信息企划作为商品企划的先导，使得商品企划更为精准，同时加强商品企划后端的生产企划，使得生产，设计和企划衔接配合得更严密。

（四）设计定位更加明晰

不断梳理设计风格，产品以统一、稳定的形象呈现给顾客，使设计定位更加明晰。同时，通过改进服装的版型和技术工艺，以更精准、精致的剪裁和做工来呈现设计。

（五）积极推进供应链建设

规范供应商筛选、管理和优化流程，加强与开发能力强的供应商合作，以应对未来对款量快速增长的需求。同时，努力开发更外围的供应商，降低成本，增强产品的竞争性。

四、发展趋向

2013年是全面深入贯彻落实十八大精神的开局之年，是实施公司“十二五”规划承前启后的关键一年。2013年外贸环境更趋复杂和严峻，估计中国外贸仍将延续低位运行走势。外需市场短期内很难复苏，开展出

口业务难度有增无减。同时，内需市场前景广阔，潜力巨大，这又为公司开展品牌运营等内销业务提供良机。面对2013年的新形势、新挑战，公司将深入贯彻落实科学发展观，紧密围绕加快转变贸易发展方式这条主线，继续把握稳中求进的工作总基调，按照“转型、质量、效益”六字方针，加快转型升级。通过加快转型，挖掘潜力，激发活力，释放动力，建立起以技术、品牌、质量和服务为核心的竞争新优势，确保公司稳中有进的发展态势。

上海市外高桥国际贸易营运中心有限公司

公司总经理
蒋琪民

一、概述

上海市外高桥国际贸易营运中心有限公司是为适应上海市四个中心建设的战略布局和外高桥保税区打造国际贸易示范区的战略任务，由外高桥集团系统内从事进出口贸易、国际物流和企业服务的20多家企业于2009年11月整合而成。

公司经营范围涵盖进出口贸易代理、保税区内外仓储物流、运输配送、区内商品展示交易、加工、市场管理、保税区卡口查验服务、各类商务咨询服务等，并负责国际酒类、化妆品钟表、汽车、工程机械、机床、医疗器械、医药分销等专业贸易平台的日常运营。公司现有专业服务团队1800余人，各类保税、非保仓库资源30多万平方米，与联想、帝斯曼、丰田、强生等世界500强企业保持良好的业务合作关系。公司所辖三大综合市场6000余家会员企业市场交易额年均超7亿元，公司年进出口总额位居全市贸易企业前三甲。

作为外高桥国际贸易示范区乃至上海自由贸易试验区建设的主要探索和实践者之一，公司积极发挥政府与园区企业的桥梁和纽带作用，致力于通过功能开拓与推动政策创新，不断提升保税区的国际贸易便利化和

2013年5月，中共上海市委领导来公司调研

服务专业化水平，为国内外贸易主体创造与国际惯例接轨的投资运营环境。预归类、分类通关、成品分拨、预商检、空运服务中心、药品柔性通关、机床和医疗器械设备进口招标便利等贸易便利化功能政策的落地和先行先试，国家级酒类和化妆品检测实验室、上海市级医疗器械检测中心和食品、药品检测实验室等公共检测服务资源地集聚，极大地提升企业运作效率、降低贸易成本，增强保税区及园区客户的核心竞争力。

二、经营工作成效

2012 年，公司实现净利润 2.16 亿元，比上年增长 8.7%。全年新增市场会员 206 家，培育营运中心/地区总部 11 家，实现市场交易额 7130.98 亿元。

（一）提升贸易便利化水平

酒类、化妆品、食品等多种检测服务资源入驻为客户提供一线服务；“上海外高桥国际进口商品网”测试完成即将上线，成为保税区管委会指定网站；高档消费品平台筹建稳步推进；总运单形式的空运直通式运作成熟，分运单即将突破。

同时，积极配合保税区管委会功能开发工作，如国际贸易结算中心第三批试点工作，培育亚太营运商计划等；特别是在融资租赁平台的工作方面，共实现 57 个融资租赁项目落户，投资总额 7.7 亿元。

（二）贸易物流咨询服务

营销管理服务。通过健全内部管理制度、扩大外部影响力等办法，推进营销工作进一步开展，做好各项服务工作。如组织制订并实施多项管理、激励制度；召开政策形势和业务说明会，以及专业平台的功能、政策推介会；物业招租、市场会员引进、进出口仓储物流业务招商以及分拨项目推进等均完成预期目标。

进出口贸易服务。业务管理不断加强，出口业务风险控制管理、化学危险品及两用物项产品的进口管理、大金额申报的预警机制等都得到进一步强化。业务创新持续突破，成功为各类著名企业设计新的营运模式，推动了多家企业的亚太分拨中心落户外高桥。业务配套方面，不断优化报关报检操作流程，建立报关联络员制度，并完善报关供应商管理办法；做好社会化商品预归类工作，为分拨业务的开展做好基础工作，同时为客户提供诸如解决急、难个性化问题，撰写产品税则报告，量身定制“打包”咨询项目等高端服务。

综合市场服务。三大综合市场全面纳入条线统一管理。全年，重点客户关注力度进一步加大，除有序开展重点客户集中活动外，三大综合市场共走访会员 1074 户 1313 次，其中 VIP 会员 690 户 869 次，重点会员 243 户 291 次，重要客户的情况、问题和需求得到及时掌握和呼应。贸易便利化调研大规模展开，共发放问卷 3681 份，回收 2311 份，其中 940 家重点会员（交易额及税收占 90% 以上）回收 915 份，作为保税区建区以来规模最大、专业性最强的一次调研，既深度了解、分析区内会员的贸易便利化需求，使政府的功能开拓和政策创新更为有的放矢。政企联动取得新进展，三大综合市场所属会员对口的外高桥税务二所及一所（大厅所）部分职能入驻，大大提高会员进区办理涉税涉票业务的便利度，进一步加强了综合市场和税务的融合度。

咨询服务。2012 年，在物业租赁业务稳步推进的同时，咨询业务触角进一步延伸，业务成功覆盖到洋山保税港区和浦东机场综合保税区。业务渠道进一步拓展，业务盈利能力进一步增强，充分依托公司在贸易物流、金融财务等方面的综合优势，大力开展高端咨询业务，如上海市鼓励类产业认定咨询服务、贸易模式调研分析等服务。同时，努力做好综保区融资租赁服务平台各项工作，完成相关政策调研、资料制作、海内外宣传推广、项目跟踪与落户、融资租赁展示厅的筹建和日常运营、外汇政策培训等，为综保区大力发展融资租赁业做好基础工作。

仓储物流服务。成功引进第一家抵押融资仓库项目；引进空箱堆场计算机操作系统，实现空箱堆场操作的封闭式管理，减少了业务操作环节和人员配置需求，有效提高现场作业的安全性、准确性；对存放于同一监管仓库内不同客户的货物统筹运输安排，使车辆运能效益达到最大化；同时严格执行各类相关安全生产操作规程和处置预案，加强从业人员安全教育培训，强化现场安全检查力度，全年实现重大安全生产责任事故零发生。

（三）专业服务平台建设

为更好地服务国际贸易产业，针对客户特点提供具有行业特征的个性化专业服务，公司以进口占比高、保税需求大、贸易环节瓶颈多的产品和行业为主要对象，研究运作模式，完善配套服务，建立酒类、机床、化妆品、钟表、医疗器械、工程机械等专业贸易服务平台。这些平台的建立，在为政府监管提供抓手的同时，为整合行业共性问题，突破发展瓶颈带来便利，从而促进行业发展、加快贸易集聚。

在各个方面的支持、努力下，专业平台建设取得良好效果，相关行业市场份额均有了大幅提高。相关数据表明，目前保税区的医疗器械、红酒、手表、化妆品进口规模占到上海市同类商品的50% －60%。就全国而言，这些商品也占有相当比重，其中进口红酒占全国的39.8%，进口洋酒占全国的70.3%；进口医药品占全国的26.4%。可以说，保税区已经成为这些商品重要的集散中心。

红酒平台。在相关职能部门的领导下建设酒类防伪追溯系统；设立公共分拨仓库，开发“公共分拨”创新功能；探索新型融资模式，为客户融资提供方便；同时积极拓展贸易渠道，成功设立吉林分中心，建立美国纽约州葡萄酒直销中心，推进意大利酒类展示交易中心建设。此外，还成功举办2012上海国际葡萄酒品评赛，并通过APP应用、微博等新手段，促进更多企业参与，扩大影响。

医疗器械平台。继续推进进口药品柔性通关试点，配套开发的电子台帐系统于3月开始运行，极大地便利了试点工作的开展；保税区医疗器械电子报检项目正式启动，系统开发进度顺利，预计2013年一季度即可上线试运行；医疗器械第三方物流资质预计明年初取得，将为平台进入专业物流服务领域开辟新的业务类型打下基础。

机床平台。进一步发展以机床展示、贸易代理、展品物流、零部件分拨为核心的服务模式：进口机床零部件分拨服务全面开展，通过参加多地大型机床展，完善展品临时进出区操作模式；研究和尝试开展机床融资租赁服务，操作流程初步确立，已与多家融资租赁公司展开合作协商；成功建立基于互联网技术的实时高清视频系统，实现展厅远程监控功能；完成了3.5万平米机床产业园区的整体功能设计、开工建设。

汽车平台和工程机械平台。新建并优化进口小批量汽车业务流程，打造进口汽车报关报检便利化通道；新增国产汽车上牌和沪C牌照两项业务，实现办证业务流程一体化。顺利开展沃尔沃品牌挖掘机综合物流配套服务以及伟轮、永恒力等客户的旧设备进出口代理项目。

钟表平台。中国钟表商业企业管理委员会协会秘书处的现场办公，为实现进口钟表行业供应商、销售商在平台集聚，平台向上海进口钟表集散地和商业平台升格转型创造了一个关键条件；积极开发进口手表总代理业务，成功取得瑞士萨克莱斯表品牌商中国大陆10年总代理资格、瑞士艾卓表中国大陆上海区域分销权资格、意大利弗赛钜表中国大陆零售门店开发销售权资格。与此同时，积极开拓进口钟代理业务，目前已有客户试点成功。

化妆品平台。积极争取化妆品检验快速出证绿色通道，使化妆品进口代理业务操作流程更加顺畅；积极参与“上海外高桥国际进口商品网”化妆品市场专业网站和网上产品销售平台建设，为进口商品网建立实体销售及网上网下的联动打下基础。

此外，洋山国际贸易营运中心自年中申领工商执照正式开展经营以来，在健全各项管理制度、统一员工队伍思想的同时，克服困难完成3亿元招商引资任务，并通过因地制宜提供一体化的全程物流解决方案，成功引进进口石材分拨中心等9个项目。“进军洋山、站稳脚跟、拓展业务”的年度目标已基本实现。

三、发展趋势

（一）以服务联动促进业务板块协同发展，以升格转型实现专业平台发展新跨越

在整合的新形势下，联动已成为进一步发挥公司整体优势，协同、快速发展各方业务的关键。接下去，公司将积极推进公司内部各板块的联动，公司与政府、与集团系统内其它板块的联动，以及与综保区外其它经济区域的联动，努力开创公司经营工作持续发展的新局面。

（二）以智能化引领管理水平的提升跨越

新的一年，公司将启动以管理智能化引领管理精细化、制度化建设工作，提升管理效率，降低管理成本，增强执行力，为经营提供更加高效、安全的服务保障。

（三）以矩阵式管理推进四方面工作顺利开展

围绕“联动、转型、管理”三大工作主题，公司要在大客户的招商、稳商，金融衍生品业务的拓展，进口商品直销中心建设以及企业内部管理等四个方面重点导入矩阵式管理，成立四个专项工作小组，加强公司班子成员、条线与模块之间的有效联动，确保各项工作的有效推进。

东方国际集团上海市对外贸易有限公司

一、概述

2012 年是对外经贸企业经受严峻市场考验的一年。面对金融危机后缓慢复苏的全球经济和持续低迷的外需市场，上海外贸公司上下一心，积极应对严峻市场挑战带来的冲击，努力按照年初确定的“稳增长、调结构、谋发展、强管控、抓落实、惠民生”18 字工作方针，为完成全面预算任务，千方百计稳定主营业务，全力以赴提升经济效益，坚定不移推进转型发展，取得了明显成效。据海关统计：截至 2012 年底，上海外贸公司进出口总额为 9.19 亿美元。其中出口 4.59 亿美元，进口 4.60 亿美元。

2011 年上海外贸公司在经营中的主要举措是：

（一）积极稳妥地开展大宗商品进口业务

2012 年，公司共报关进口 26590 万美元的大宗商品，涉及钢材、化工、塑料、电解铜、矿产品、化纤和农林产品，占公司全年进口总额的 57.82%。

（二）转型发展继续深化，市场影响力逐步扩大

公司在稳定传统业务的同时鼓励下层企业开拓转型，出现了许多新的进出口业务，也涌现出许多新的贸易模式。如商都公司成功实现 SKF 轴承经销的转型工作，正式成为国外知名品牌在中国的区域代理，并正式纳入公司的主营业务范畴；公司在代理进口设备

东方国际集团副总裁、公司党委书记、总经理周峻在工作会议上讲话

的同时,根据不同行业、不同项目的电厂进口业务,提供延伸销售,提高业务的附加值。2012年公司联合工厂通过投标获得全国新造电厂中的三分之二给水泵设备的进口。

(三)千方百计"走出去",努力培育新增长点

公司在集团内率先"走出去",在国外设立内衣生产基地,通过在国外开设内衣厂,向欧洲客户继续提供产品,同时带动中国原材料出口;公司联合国际知名企业共同参与国内重大项目的投标业务;公司出口英国的药品,经过近4年的市场开拓,为我国成药出口欧盟开创了先例。

(四)切实推进风险控制和管理提升,确保业务安全稳健运行

公司通过不断推进和强化业务管理、资产管理、财务管理、绩效考核等各项基础管理工作,重点推进以业务发展、防范经营风险和财务风险为目标,进一步加强各项内部基础管理,不断提高公司基础管理水平。2012年公司加大业绩考核中的管理要素比重,充分调动广大员工的工作热情和创新精神,进一步提升公司整体管理水平。

(五)加强干部队伍建设和人才培养,进一步提升发展的软实力

着力加强干部队伍建设和人才队伍建设,培养年轻后备干部,为转型发展做好人才储备是公司的一项重要工作。实施了干部虚职晋升制和干部轮岗挂职学习措施。

二、对外贸易

(一)出口贸易

2012年,公司出口4.59亿美元。出口商品主要是化工品、纺织原料及纺织制品、机电设备、金属产品等。据海关统计,按照2012年公司出口的海关21类HS商品分析,公司的出口商品有五大类超3000万美元。

2012年主要出口商品情况表

商品名称	出口额(万美元)		占比(%)		比上年(±%)
	2012年	2011年	2012年	2011年	
化学工业及其相关工业的	12462	12170	27.12	25.73	2.39
纺织原料及纺织制品	8946	9871	19.47	20.87	-9.38
机电、音像设备及其零配件	6656	5589	14.49	11.82	19.08
贱金属及其制品	5117	6394	11.14	13.52	-19.98
杂项制品	3834	5229	8.34	11.05	-26.67

2012年出口商品主要输往地情况表

国别(地区)	出口额(万美元)	占比(%)	国别(地区)	出口额(万美元)	占比(%)
日本	13563	29.52	东盟	3031	6.60
欧盟	7555	16.44	非洲	2316	5.04
美国	7403	16.11	拉丁美洲	2011	4.38

(二)进口贸易

2012年,外贸公司进口4.60亿美元。进口商品主要是金属产品、机电音像设备及其零配件、矿产品、化工品、塑料(橡胶)及其制品、木浆等。据海关统计,按照2012年公司进口的海关21类HS商品分析,公司的进口商品有六大类超4000万美元。

公司常务副总经理朱继东(左二)深入第112届广交会公司摊位调研

2012年主要进口商品情况表

商品名称	进口额(万美元)		占比(%)		比上年(±%)
	2012年	2011年	2012年	2011年	
贱金属及其制品	11795	18767	25.65	32.79	-37.15
机电、音像设备及其零配件	7904	9935	17.19	17.36	-20.44
矿产品	5669	2735	12.33	4.78	107.26
化学工业及其相关工业的	4831	6280	10.51	10.97	-23.07
光学、医疗等仪器;钟	4066	4482	8.84	7.83	-9.28
塑料及其制品;橡胶及其	4039	5536	8.78	9.67	-27.03

2012年进口商品主要来源地情况表

国别(地区)	进口额(万美元)	占比(%)	国别(地区)	进口额(万美元)	占比(%)
日　本	14543	31.62	澳大利亚、新西兰	3401	7.40
欧　盟	11251	24.47	东　盟	3009	6.54
美　国	4343	9.44			

三、发展趋向

2013年,公司将继续坚持“稳增长,促转型,求质量,增效益,惠民生,创和谐”的十八字工作方针,深入学习贯彻落实党的十八大精神,以科学发展观为指引,突出“稳中求进”的总基调,牢牢把握以转型发展为主线,以提高业务发展质量和效益为核心,以对业务和组织结构进行调整为重点,把握好业务发展与风险管控的关系，规范业务经营，加强基础管理，高度重视人才培养，完善与公司可持续发展相适应的业务与管理的制度措施，进一步推进公司业务平稳健康发展。

2013 年，主要抓好以下三项工作：

(一)经营管理。一是进一步增强主营业务的盈利能力和行业影响力，力争通过内涵式增长方式实现效益的增长，增加新的利润增长点，确保效益逐年提升、效益增长与规模的增长同步发展；二是稳定主营业务、发展传统业务，必须强化创新驱动和转型发展，不断调整和优化主营业务的市场结构、客户结构、产品结构和资源配置结构，积极推动贸易业务。(二)体制改革。要逐步调整公司内部的管理体系和组织架构，进一步深化激励机制，为公司的转型发展创造条件。要以专业化经营为主要原则，对部分部门进行调整，同时要继续完善和推行业务发展的激励机制。(三)基础管理。一是规范业务经营，加强基础管理，切实防范风险，进一步健全内控制度；二是加快人才培养的力度，进一步优化人才结构，不断提高人员能力和素质，培养一批经营管理人才和专业技术人才。

东方国际集团上海利泰进出口有限公司

总经理
蒋明明

一、概述

2012年由于欧债危机反复,国际经济形势动荡不安,出口市场需求大幅萎缩,客户订单向低成本国家转移。公司业务发展面临巨大的考验。对此,公司积极调整经营策略应对困境,以变革求发展。

(一)加强业务开拓,努力保持业务平稳

公司加强产品创新和服务升级,努力做深做宽老客户的业务。开展出口信保业务,参加广交会、华交会、南非纺织服装展等国内外相关展会以寻找新兴市场、新客户。在稳定自营业务的同时,在风险可控的前提下,继续积极创新代理业务服务方式,多渠道开发代理业务。

(二)推进贸易发展方式转型,培育新的业务增长点

公司继续推进由外贸传统企业向商贸流通型企业转型。梳理进口业务流程,寻找机会和市场,尝试开展自营进口业务。制订内贸业务拓展计划,加大对品牌和内贸工作的投入和支持。进一步完善设计中心设备与功能,对公司"雪花"商标标识和外包装进行更富有时代气息的再设计,加强与自有工厂合作,推出数十款夏季、秋冬季产品。进一步加强网上销售平台建设,网店增至4家。参加

2012年秋季第112届广交会上公司"利泰"和"雪花"品牌摊位

国内各种内贸展销会,宣传和销售“雪花”品牌商品,公司还继续开发境外客户品牌加工内销业务。

(三) 加强制度建设与资源配置,完善经营管理

公司按照中国证监会有关上市公司的内控指引要求加强内控工作,编写内控工作指导文件;修订《承揽合同》并配套出台实施办法;进一步细化公司采购业务管理,加强采购风险控制;调整业务合同专用章管理办法,统一管理业务专用章;调整预付款风险评审小组成员,加强预付款事前审批;加强统计数据收集整理工作;成立有职工代表参加的民主监督检查小组;制定《生产安全事故综合应急预案》;继续开发 ERP 系统。公司还进一步精简优化了职能部门人员,健全完善各岗位职责。

从总体上看,在不利外部形势影响下,公司全年出口和销售收入同比上年均有一定降幅,但仍保持了一定的规模。2012 年,公司进出口贸易总额 3.41 亿美元,比上年减少 18.03%。

二、对外贸易

(一) 出口贸易

2012 年,公司出口总额 33128 万美元,比上年减少 17.77%。其中纺织类商品为公司主营业务,占出口总额的 81.53%,非纺织类商品占出口总额的 18.47%。

2012 年主要商品出口情况表

商品名称	出口额(万美元)		占比(%)		比上年(±%)
	2012 年	2011 年	2012 年	2011 年	
年出口总额	33128	40286	100.00	100.00	-17.77
针织及钩编服装	19918	23081	60.12	57.29	-13.70
非针织及非钩编服装	3853	7627	11.63	18.93	-49.48
机电设备	1519	1806	4.59	4.48	-15.89
化学纤维短纤	1049	1362	3.17	3.38	-22.98
鞋　　帽	950	1782	2.87	4.42	-46.69
化学纤维长丝	883	977	2.67	2.43	-9.62
棉　　花	673	760	2.03	1.89	-11.45
其他纺织制品	634	509	1.91	1.26	24.56
金属制品	463	295	1.40	0.73	56.95
其　　他	3186	2087	9.62	5.18	52.66

2012 年公司出口商品主要销往欧盟、美国、日本等 112 个国家或地区,比上年减少 13 个。

2012 年出口商品主要输往地情况表

国别(地区)	出口额(万美元)	占比(%)	比上年(±%)
年出口总额	33128	100.00	-17.77
欧　盟	10446	31.53	-30.85
美　国	7766	23.44	-12.39
日　本	4369	13.19	-14.72

（续表）

国别(地区)	出口额(万美元)	占比(%)	比上年(±%)
大洋洲	2624	7.92	26.82
加拿大	1265	3.82	2.51
俄罗斯	1147	3.46	-17.72
波　兰	957	2.89	-8.60
东　盟	932	2.81	10.17
拉丁美洲	807	2.44	28.91
非　洲	671	2.03	-53.34
中　东	440	1.33	-19.12
其　他	1704	5.14	-14.59

2012年公司出口贸易方式以一般贸易为主，占出口总额的95.76%；来料和进料加工贸易为辅，占总额的4.24%。

（二）进口贸易

2012年，公司进口总额为981万美元，比上年减少24.36%。进口商品结构与上年相仿，主要为纺织原料及纺织制品、机电设备、光学照相医疗设备、皮革制品等。

2012年主要进口商品情况表

商品名称	进口额(万美元)	占比(%)	比上年(±%)
年进口总额	981	100.00	-24.36
纺织原料及纺织制品	720	73.39	4.35
机电设备	139	14.17	-72.53
光学照相医疗设备	86	8.77	45.76
革、毛皮制品	10	1.02	233.33
其　他	26	2.65	-33.33

2012年公司进口商品主要来自欧盟、日本、韩国、拉丁美洲等39个国家或地区，比上年减少3个。

2012年进口商品主要来源地情况表

国别(地区)	进口额(万美元)	占比(%)	比上年(±%)
年进口总额	981	100.00	-24.36
欧　盟	332	33.84	49.55
日　本	147	14.98	-20.54
韩　国	65	6.63	-14.47
拉丁美洲	57	5.81	-68.33
东　盟	14	1.43	-53.33
美　国	11	1.12	-93.45
其　他	355	36.19	-18.58

（三）货源基地和国内营销

2012 年，公司出口商品收购总额为 19.78 亿元，比上年减少 13.36%。公司下属 3 家工厂优化经营结构和资源配置，完善运作流程和管理机制，克服生产成本上升、招工难等困难，加大业务外包，完成产值 8600 万元，为公司的提供出口货源和开展内贸业务发挥了积极作用。针对长三角地区因成本上升，招工困难导致的纺织服装企业开工不足，成本不断提高的状况，公司积极开发安徽、江西、湖北等中部地区的供应商，取得了一定效果。公司还成立供应商开发管理小组，推动公司内部供应商信息共享。鉴于国内成本的不断上升，公司还启动境外办厂可行性研究工作。

公司自有品牌内贸全年线上线下共计实现销售收入 30 万元，比上年增长 66.7%。公司继续以外销带动内销，通过境外客户品牌加工内销方式实现销售收入 2870 万元，比上年增长约 43.5%。

东方国际集团上海市纺织品进出口有限公司

总经理
龚培德

一、概述

2012 年，公司面对 2011 年出口贸易大幅增长后出现的市场需求下降，欧美市场持续低迷，传统市场受到大量冲击，国内纺织行业供货不足，人民币汇率继续升值，劳动力成本激增引起的原老客户订单大量转移等诸多不利因素叠加冲击的严峻形势，充分调动和发挥企业管理平台和 6 家子公司的积极性，采取以努力培育和增强企业核心竞争力为宗旨，以遏制出口规模大幅下滑为目标，以转变发展方式为抓手，以控制经营风险为重点的四大举措，从而使公司在国内外贸易环境剧烈动荡的极其不利的条件下，避免了出口工作大起大落，取得了基本符合预期的经营业绩。公司全年实现出口创汇（海关统计数）达到 28466 万美元，完成预算的 102%。

公司之所以保持经营业绩的平稳发展，主要是认真做好了以下几个方面的工作：一是公司领导层详细分析 2011 年所取得成绩的原因，清醒的认识到外贸形势严峻性，对国际市场形势做到了提前预判，适度降低心里预期，明确并制订符合公司实际情况的经营目标，释放了各层次经营者的压力。二是拓宽出口渠道建设和调整市场开拓方向。针对

公司总经理龚培德陪同集团领导视察第二十三届华交会

欧洲市场持续低迷的状况，公司充分利用参加广交会、华交会及数个国内外有影响力的专业展会，加强与客户沟通和交流，及时把握市场信息，调整市场开拓的主攻方向，即：重点开拓亚洲市场，并有针对性地加强对北美及大洋洲市场的推销力度。三是公司依靠“自营出效益、代理求规模”的经营策略，把握“促成交、控库存、抓应收”的工作重点，坚持“效益为本、规模并举”的总体方针，妥善处理好三大关系：自营和代理的关系、风险和收益的关系、规模和效益的关系。

二、对外贸易

（一）出口贸易

2012 年，公司出口总额 28466 万美元，比上年下降 26.37%；出口收汇 28771 万美元，比上年下降 25%。

主要出口商品有化纤布、服装、全棉布和非纺织类商品四大类。

2012 年主要出口商品情况表

商品名称	出口额(万美元)		占比(%)		比上年(±%)
	2012 年	2011 年	2012 年	2011 年	
年出口总额	28466	38662	100.00	100.00	-26.37
化纤布	10057	16749	35.33	43.32	-39.95
服　装	8062	10052	28.32	26.00	-19.80
全棉布	4405	4004	15.47	10.36	10.01
非纺织类	3778	4195	13.27	10.85	-9.94

出口商品销往 125 个国家和地区，比上年减少 11 个。出口贸易的主要方式为自营出口、代理出口和来进料加工复出口等。

2012 年出口商品主要输往地情况表

国别(地区)	出口额(万美元)	占比(%)	比上年(±%)
年出口总额	28466	100.00	-26.37
美　国	5423	19.05	20.35
欧　洲	3860	13.56	-42.54
日　本	1946	6.84	-1.42
澳大利亚	1833	6.44	2.80

（二）进口贸易

2012 年，公司进口总额 489 万美元，比上年下降 2.98%。进口商品主要有纺织品、棉花、磨具。进口商品来自 10 个国家和地区，比上年增加 1 个。

2012 年主要进口商品情况表

商品名称	进口额(万美元)	占比(%)	比上年(±%)
年进口总额	489	100.00	-2.98
纺织品	202	41.31	16.09
棉　花	120	24.54	100.00
磨　具	117	23.93	12.50

（三）货源基地

2012 年，公司出口商品货源累计收购 192525 万元，比上年下降 27%。其中上海市收购 63744 万元，比上年下降 23%，占收购总额 33%；向其它省市收购 128781 万元，比上年下降 29%，占收购总额 67%。

三、企业建设

（一）经营管理

2012 年公司根据市场的动态，适当调整经营策略，经营管理实现四大突破：一是商品结构取得突破。及早预估到前一年传统 T/C 布出口的高增长造成的国际市场库存饱和而带来的不利影响，将面料的出口重点放在全棉、化纤布等品种上，同时针对欧美市场消费力有所下降的势头，逐步研发一些高档面料的替代品种。二是贸易方式转型试点取得突破。面对外需不振、订单不足的客观现实，公司以上海蓝蓝中国蓝印花布馆的工程改造为契机，打造出融海派文化与传统手工艺相结合的具有中国风格、上海特色的高、精、尖精品工程。三是工贸联合经营方式取得突破。公司紧密依托绍兴海神印染制衣厂的技术、生产优势，专门聘请印染工程师在生产各个环节加以严格把关，以质量和服务赢得客户订单，开创了贸易公司和海神厂紧密合作的新局面。四是管理水平提升取得突破。按照上市公司要求，对公司内控制度进行了重新的梳理及标准化格式编写，优化了管理制度；充分发挥管理平台的调控作用，统一运筹各子公司之间的资金往来，优化了资产状况。

（二）体制改革

为了适应复杂多变的国际市场，根据企业发展情况，公司的体制在近几年已有了很大改革，继前几年将主营业务划入上市公司管理体制后，2012 年公司进一步改进岗位工资并结合绩效考核制度，实行新的“职工工资收入分配实施办法”，职工收入严格与企业经营业绩挂钩，与职工工作实绩挂钩，进一步健全公司所属各单位统一的职工工资收入分配办法和绩效考核办法，由此充分发挥了

公司银河商标

全体职工的集体智慧、创造力和工作积极性。

（三）客户管理

2012 年，公司积极做好客户的筛选培育工作，把客户选择与企业的长远发展方向结合起来，选择一批诚信度高，贸易风险小，有稳定订单，成长性好，并能与公司品牌发展规划相匹配的客户作为重点培育对象。加大与目标市场有话语权的客户的合作力度，为客户把好生产关、质量关，形成互惠互利的双赢局面。公司今后将进一步加大对各经营单位主要客户、大客户的保护力度，制定相关的政策保证客户和经营单位的利益。

（四）品牌建设

2012 年，公司把品牌建设工作作为培育和提高企业核心竞争力的重点工作，着力抓了四件事：一是重新研究并制定《商标管理办法》，对公司商标实施授权经营。二是认真做好商标的宣传推广工作。通过努力，公司银河牌商标第二次被评为“上海名牌”，第六次被评为“上海市著名商标”，第四次被评为“上海市出口名牌”称号。三是公司大力推进银河牌棉涤纶布出口的品质升级。依照《公司品牌建设三年规划》的要求，企业全面启动将金边银河牌棉涤纶商标用于 110X76 以上规格棉涤纶布的批量出口，在银河牌棉涤纶商品出口附加值的提高方面迈出了关键性的一步。四是公司深入开展企业商标打假维权工作。充分利用出国小组出访机会，走访当地纺织品市场，明察暗访侵权信息，同时保持与各口岸海关的紧密联系，内外联动，掌握第一手侵权资料提供给海关实施积极主动的布控，提高了公司维权的效率和力度。

东方国际集团上海家纺有限公司

总经理
答朝宗

一、概述

2012 年，欧债危机继续发酵，世界经济复苏缓慢，国际市场需求低迷，国内经济下行，企业综合成本普遍上升，人民币汇率不断攀升，对外出口增幅出现回落，出口企业面临严峻的考验。面对困难和挑战，全体家纺员工坚持“树信心、谋发展、重规模、严管理”，想方设法克服各种困难、破解各种难题，取得较好成绩。

（一）抓住机会，结识新客户，拓展新业务

2012 年，家纺公司通过相关审核，晋升为海关 AA 类监管等级单位。这在困难的外贸形势下，这无疑对公司出口是一大利好。公司在出口业务上开动脑筋迎接挑战，保存量，求增量，主动出击，继续鼓励并组织有发展潜力的业务人员，通过参与广交会、华交会、法兰克福家纺展等专业性展览会，结识新客户、拓展新业务，取得一定成效。在法兰克福家纺展上，参展人员精心准备样品，选择适合欧洲人口味的、竞争对手相对少的品种参展，吸引了很多客户驻足、询价。

（二）因势利导，化不利为有利，转变经营方式

针对客户订单呈现出金额小、交期短的

家纺金桥店

特点，业务部门积极转变经营方式，顺势而为，加大推销力度，取得较好成效。业务部门始终保持与客户的及时沟通，强化系列产品开发力度，逐步形成与家纺产品配套的系列组合，尽管单个品种的销售有所下降，但是总体的订单量有所回升。

（三）正确把握风险防范与成交出口的关系

市场越是疲软，客户的资信也越差。在这种形势下，公司一手抓风险防范，一手抓成交出口，争取做到以规模促效益。公司鼓励业务员对放账业务投保出口信用保险，来控制风险，对自营业务投保出口信用保险继续免保险费，并要求对新客户必须进行资信调查。在业务开展中，公司反复强调风险与规模的平衡，要求业务部既不要掉以轻心，又不要轻易放弃业务。风险控制除了需要提高风险意识之外，建立必要的风险管控制度。随着公司出口信用保险的覆盖面越来越广，不仅自营出口业务需要投保出口信用保险，而且委托方对代理出口业务要求投保出口信用保险的需要也越来越多。为了明确各部门以及委托方在投保出口信用保险中各自的职责，以及出口保险业务的具体操作流程，方便业务员按照相关规定操作，公司组织相关人员，根据中国出口信用保险公司的相关规定，起草实施《出口信用保险管理办法》。

（四）主动转型，发展内销

在内销方面，公司主动加压，不断调整和增加内销品种，扩大品牌影响。公司多次专题研究内销发展，还利用外贸精品展等机会，推广公司品牌。公司两家“DEBED 333”品牌专卖店，以及百联E城网和KOOL网的“333”麻雀家纺专卖店运作正常。

2012年，公司实现销售收入49633.33万元，比上年减少10.2%；进出口贸易总额23529万美元，比上年减少15.1%。

二、对外贸易

（一）出口贸易

（1）2011年公司出口22575万美元，比上年减少15.2%。

（2）2012年出口商品结构及金额，与上年相比的变化如下表。

2012年主要出口商品情况表

商品名称	出口额(万美元)		占比(%)		比上年(±%)
	2012年	2011年	2012年	2011年	
年出口总额	22575	26633	100.00	100.00	-15.24
服　装	5960	7554	26.40	28.36	-21.1
床上用品	4570	4932	20.24	18.52	-7.34
餐桌用品	1701	2567	7.53	9.64	-33.74
窗　帘	98	280	0.43	1.05	-65.00
线　带	240	250	1.06	0.94	-4.00

（3）2012年，公司出口商品销往90多个国家和地区。美国、日本和欧盟仍是公司主要出口目的国。

（4）2012年公司出口贸易的主要方式为一般贸易，来料加工和进料加工也有一定比例。

（二）进口贸易

（1）2012年公司进口总额为954万美元，比去年减少12.4%。

东方国际集团董事长吕勇明、副总裁钟伟民等领导视察家纺华交会展位

2012 年出口商品主要输往地情况表

国别(地区)	出口额(万美元)	占比(%)	比上年(±%)
年出口总额	22575	100.00	-15.24
美　国	7786	34.49	-17.22
欧　盟	3929	17.40	-1.36
日　本	5077	22.49	-16.88
大洋州	2390	10.59	-17.95
中南美	804	3.56	-25.21
非　洲	238	1.05	-60.60

(2) 2012 年进口商品类别及各类商品占进口总额的比例如下表。

2012 年主要进口商品情况表

商品名称	进口额(万美元)	占比(%)	比上年(±%)
年进口总额	954	100.00	-12.40
纺织原料及纺织制品	544.75	58.89	-15.29
运输设备	137.87	14.90	-18.39
化学制品	22.06	2.38	-38.67
杂　项	183.24	19.81	13.19

(3) 2011 年进口商品主要来自日本、韩国、东南亚等国家和地区,约占进口 80% 左右。

(三) 货源基地

2012年公司出口商品收购额为162312万元。其中市内收购 63992 万元;市外收购金额 98320 万元。

上海市对外服务有限公司

一、概述

上海市对外服务有限公司隶属于上海东浩国际服务贸易(集团)有限公司(以下简称“上海外服”),成立于1984年8月。上海外服主营业务向在华外商代表机构、跨国公司、合资公司、国有和民营企业提供人力资源综合服务解决方案。服务范围包括人力资源咨询、招聘、培训、人事外包、全程薪酬管理、员工健康管理、弹性福利服务、出入境签证服务、商务投资咨询等。

上海外服28年来始终专注于中国人力资源服务的专业领域,恪守“专业、严谨、创新、和谐”的企业精神,建立以客户需求为导向的服务体系、先进的服务模式、领先的技术平台、遍布全国的服务网络、完善的质量管理流程以及专业的服务团队,获得客户的广泛认可,奠定了在中国人力资源行业的领先地位。

上海外服作为一家全国性人力资源服务企业,以上海为总部,在北京、广州、大连、西安、杭州等17个重点城市设立了独资或合资公司,服务网络覆盖全国320多个城市。截至2012年底,全国服务客户数超过25000家,服务雇员首次突破百万,达到105万人,服务规模继续位居国内市场首位。其中在华投资的全球500强企业中已有85%选择上海外服作为人力资源服务合作伙伴。

上海市对外服务有限公司服务大厅

二、主要工作

2012年是金融危机以来最为艰难的一年。上海外服根据市委市府"创新驱动、转型发展"的要求,积极面对政策和市场环境变化以及自身转型发展的双重考验,坚定不移地推进公司"产业化、信息化、品牌化"建设和"外服中国"战略。在全体干部和员工共同努力下,公司不仅圆满完成全年各项目标任务,经营业绩再创新高,更是在开拓全国重点区域市场、创新服务产品和服务模式、提升人力资源综合服务解决方案能力等方面获得了突破。

公司党委还深入开展"创先争优"、劳动竞赛等活动,使"专业、严谨、创新、和谐"的企业精神在全体员工的日常工作中得到全面贯彻,为公司战略落地和业务发展提供有力的保障。2012年,公司位居上海市纳税百强排行榜第二十七位,并蝉联国资委系统"红旗党组织"等荣誉称号。成功推荐外企党支部书记盛莉光荣当选为十八大代表,为外服外企党建工作增添了新亮点。公司两个文明建设齐头并进,取得了丰硕成果。

(一) 建设全国一体化的人力资源服务体系

按照"外服中国"战略目标,上海外服加快建立与全国性人力资源服务相适应的组织架构,优化总部管理机构,完善市场、运营、管理等专业机构的设置,使各项运作更趋专业化、规范化和精简高效。

公司积极整合资源、完善体系、创新产品、开拓渠道、建设团队,开展全国营销一体化建设,全面提升全国市场开拓和营销能力,进一步巩固和扩大了公司在全国人力资源行业领先的市场地位。

在全国管控建设方面,进一步完善以财务管理为核心的管控体系,完善资金管理、预算管理、内控管理和全成本核算,实现更加稳健、系统的全面精细化管理。持续跟踪和优化全国服务供应链管理体系,进一步提升了全国服务内容、服务标准、服务质量一体化水平。

(二) 提高领先的人力资源综合解决方案能力

上海外服以客户需求为导向,推进产品创新和优化。在充分调研、对照国际企业标准、内外部专家共同研讨的基础上,提高行业领先的人力资源综合解决方案能力,实现公司服务产品由单一传统服务向综合性、专业化人力资源服务解决方案的转型。

在BPO外包市场领域,加强以金融行业客户需求为导向的服务设计和能力建设。通过多家金融机构后台外包项目,进一步奠定驻场服务能力,并实现从驻场模式到离场模式的突破。

在服务运营模式方面,公司通过流程重组、架构优化、技术创新,打造专业化、标准化、信息化的集约化运营平台,进一步提升了人力资源专业服务的规模效应和标准化服务的集约化水平。

(三) 实现技术平台和客户体验全面升级

上海外服持续加大信息化投入,推进信息化建设。以客户平台体验和专业人力资源服务信息化需求为出发点,全面落实以"速创、速应、速信"系统为核心的人力资源服务系统功能和技术的持续升级,提升各类专业服务效率和服务质量。

在客户服务方面,加快技术创新。进一步完善以网络、移动通信技术为平台的服务体系,提升服务水平,实现了包括服务预约、服务跟踪、服务查询等多项功能。完成APP手机客户端一期项目并正式上线,全面提升服务友好性与便捷性。初步实现生产端、供应链和客户端三线并举的综合技术解决方案。

在信息安全性方面,公司依据国际标准,系统梳理信息管理流程和风险防范管理体系,通过了ISO9000质量管理体系和ISO27000信息安全体系年度复审,确保服务管理的信息安全性和持续性。

（四）塑造有社会责任感的企业氛围和品牌形象

为成为中国领先的人力资源服务企业，上海外服以建设优秀企业文化为目标，强化专业团队和企业文化建设，培育企业和全体员工的社会责任感，树立国际化、专业化的人力资源服务企业品牌。

围绕建设具有国际化视野、专业胜任力人才队伍的目标，公司通过科学调研、统筹安排、系统实施和落实干部和员工职业发展计划、全员培训计划、年轻干部区域挂职成长计划，并持续完善以市场为导向的绩效薪酬体系，密切个人薪酬与绩效的关联度，全面搭建企业人才可持续发展平台。

公司以支持和引领中国人力资源服务行业创新发展和提升行业服务能力已任，积极推进人力资源服务业的产、学、研合作，成功举办“中国人力资源服务产业发展论坛暨《中国人力资源服务业白皮书 2011》发布会”，与劳动报社合作举办“第二届世界 500 强企业劳动论坛”，与全球卓越职场研究所等国际权威机构开展合作，搭建品牌传播与业务拓展的高端平台，提升了外服品牌的知名度和影响力。

三、发展趋势

2013 年是实施“十二五”规划承前启后的关键一年。上海外服将在集团领导下，深刻学习和领会中共十八大会议精神，围绕“十二五”规划的总体要求，推进企业创新转型，注重速度、效益和质量的协调发展。要在视野上更加立足全国，在举措上更加体现突破，在产品上更加强调创新，在速度上继续保持两位数的增长。继续深化整合营销，做大做强全国市场；推进创新转型，提升核心竞争能力；深化科技应用，打造人力资源科技优势；提升服务管理，增强企业竞争优势；加强队伍建设，构建企业动力机制；加强品牌文化建设，打造外服“软实力”。以创新改革的智慧和勇气，实现在专业领域的引领和可持续发展，在推动企业战略转型中赢得主动，赢得优势，赢得未来。

上海市食品进出口有限公司

总经理
金国忠

一、概述

2012年，公司以科学发展观统领大局，坚持“改革为动力、创新为基础、利润为中心、人才为根本”的工作方针，积极落实2012年经济工作主题：以“转型、创新”为工作重点，坚持以食品进出口业务为主业的发展方向，加强内控管理制度，提高运行质量，达到发展新水平。公司坚持多元化经营，开源节流，通过各方面的努力，较好地完成了全年各项经济指标。2012年公司完成进出口总额20436.84万美元，比上年增长0.3%。其中出口12737.39万美元，比上年减少10.9%；进口7699.45万美元，比上年增长24.10%；完成营业收入16.65亿元，比上年增长28.49%。

（一）加强各类管理制度，防范经营风险

2012年公司修订以加强内控管理为中心内容的进、出口业务制度规范，从制度上规范公司经济运行的风险防范，加强信息化建设力度。通过信息技术，实现内部信息的强制流通，以降低信息不对称带来的风险和造成的负面影响，开发以ERP管理为基础的业

公司总经理金国忠陪同上海梅林正广和股份有限公司党委书记、总裁应国强视察第111届中国进出口商品交易会公司摊位并试吃公司产品

务管控体系，一定程度上减少了虚假信息流通的可能性。公司加强员工职业道德教育，本着以诚信为本、节约为先、严谨敬业的企业文化，约束降低员工不负责任、浪费、舞弊的情况发生，遏制道德风险。

(二) 坚持进出口并举，不断开拓新商品

公司有近60年的外贸经历和数千家国外有贸易往来的客户，代理数百家国内生产商的产品出口。公司在食品的进口业务上，在华东地区也是首屈一指。作为光明食品集团有限公司和新梅林股份有限公司的外贸平台有着得天独厚的优势。2012年，面对欧债危机的持续发酵、人民币不断升值、拳头产品的业务流失等不利因素，公司根据自身的经营状况、品牌发展、通路资源，制定以“转型、创新”为工作重点，坚持以食品进出口业务为主业发展方向，积极开拓进口食品内销业务。通过一年的探索发展，已取得了一定的成绩。

(三) 加强各类商标管理，提升品牌形象

公司现有包含双喜牌酒类、珍宝牌龙虾片、长城牌麦芽糖等55个国内商标，56个境外商标，分布在中国香港、中国澳门、法国、美国等24个国家和地区。其中，“SF”牌商标被评为“2010－2011年度上海出口名牌商标”。公司通过商标授权许可、海关知识产权备案等法律途径积极维护自身品牌商品。公司一方面继续做好商标的申请续展工作，另一方面通过与公司法律顾问、商标代理公司的沟通协作完善对公司的品牌管理工作，杜绝非法使用公司商标从事非公司商品进出口业务的发生。

二、对外贸易

(一) 出口贸易

公司2012年完成出口12737.39万美元，比上年减少1558.19万美元，同比下降10.9%。减少的原因主要是因为欧盟、美国的反倾销贸易保护措施导致的非食品类商品的出口量减少，但木材、文体用品的出口量有所增加。

2012年主要商品出口情况表

商品名称	出口额(万美元)		占比(%)	
	2012年	2011年	2012年	2011年
年出口总额	12737.39	14295.58	100.00	100.00
家　具	2429.85	3921.05	19.08	27.43
服　装	1976.36	2409.57	15.52	16.86
活　鳗	1213.94	498.74	9.53	3.49
日用五金	824.70	882.41	6.47	6.17
纺织、丝绸	791.92	1161.6	6.22	8.13
文体用品	654.09	581.03	5.14	4.06
家电设备	618.49	1213.74	4.86	8.49
箱包及鞋帽	497.31	469.44	3.90	3.28
木　材	469.81	332.21	3.69	2.32
罐　头	421.30	346.04	3.31	2.42

2012 年公司出口商品销往 100 个国家和地区，比上年增加 3 个。

2012 年出口商品主要输往地情况表

国别（地区）	出口额（万美元）	占比（%）
美　国	3490.77	27.41
日　本	2139.57	16.80
澳大利亚	932.62	7.32
英　国	681.70	5.35
中国台湾	482.29	3.79
德　国	374.29	2.94
巴　西	363.59	2.85
法　国	344.27	2.70
以色列	323.39	2.54
西班牙	295.78	2.32
加拿大	277.15	2.18
俄罗斯	267.91	2.10
阿根廷	197.65	1.55
中国香港	188.48	1.48

（二）进口贸易

在出口贸易形势严峻的当下，公司近几年通过不断扩大进口贸易，做大做强进口商品来拓展新的经济增长点，2012 年成绩尤为喜人，进口总额创近 5 年来的新高，进口总额已达到近 7700 万美元，比上年增长 24.10%。

公司总经理金国忠与韩国东远公司签订合作意向书

2012 年主要进口商品情况表

商品名称	进口额(万美元)	占比(%)
副食品(冻家禽、冻猪肉等)	2372.39	30.81
食品制成品(酒、橄榄油、奶制品、巧克力等)	1838.58	23.88
木材	1634.16	21.22
聚乙烯	1458.83	18.95
五金矿产品(氢氧化铝、烙铁制品、铜材等)	92.33	1.20
其他商品	303.16	3.94

2012 年,进口商品来自 34 个国家和地区,与上年持平。

2012 年进口商品主要来源地情况表

国别(地区)	进口额(万美元)	占比(%)
美国	1122.41	14.58
法国	934.66	12.14
智利	827.17	10.74
加拿大	667.61	8.67
新西兰	636.67	8.27

三、发展趋向

2013 年,公司打算积极发展海外客户定牌产品,一方面与国外知名商标企业合作,在出口产品中用国外商标定牌生产,扩大公司出口商品的基本面,扩大影响,增加出口额,扩大盈利;另一方面积极寻找国外著名食品品牌商品做国内独家进口代理商,以扩大进口,创造更多的效益,通过 3—5 年时间,引进 1—2 个食品系列商品,形成以进、销一体的销售链。在经营模式、合作方式、盈利分配上走出一条自成体系的,使公司原有的以出口商品为主的经营模式转型为以代理创规模,自营创效益,出口创规模,进口创效益的经营模式。

（三）外资企业

上海大众汽车有限公司

一、概述

上海大众汽车有限公司成立于1985年3月。是中国最大的轿车合资企业之一，中德双方投资比例各为50%。上海大众总部位于上海安亭国际汽车城，目前已形成上海安亭、南京和仪征三大生产基地，包括五个整车生产厂、一个发动机厂和一个技术开发中心。2012年，上海大众浙江（宁波）项目、新疆项目相继签约动工，均预计于2014年建成投产。

上海大众致力于提供适应中国顾客需求并符合国际标准的汽车，以安全、优质、节能、环保的产品和卓越的服务，提高消费者的生活品质。上海大众本着回报社会、造福社会的理念，广泛地参与社会公共事务，科学、教育、文化、卫生及各种社会公益事业。基于大众、斯柯达两大品牌，公司拥有十大系列产品，覆盖A0级、A级、B级、SUV等不同细分市场。2012年6月28日，上海大众第800万辆轿车下线，刷新国内轿车行业的纪录。

上海大众拥有功能完善、具备国际领先水平的技术开发中心及国内第一家为轿车的开发试验而建造的专业试验场。随着Lavida朗逸和New Passat全新帕萨特等车型的推出，上海大众的自主开发水平正逐步显现，相关开发工作正逐步纳入大众汽车集团全球开发体系。

二、品牌战略

上海大众主要有两个品牌：

一是上海大众汽车的大众品牌。产品包括Santana、Passat、Polo、Touran、Lavida和Tiguan等系列。从企业诞生生产第一辆桑塔纳以来，上海大众不仅引入各个时期技术最先进、质量最优秀、最有口皆碑的大众品牌车型，而且根据中国道路特点与中国消费者的需求，对相关车型进行了本土化设计与调整。随着本土开发创新能力的增强，上海大众的产品也赢得了中国消费者的青睐。随着不断深挖掘市场需求，优化产品组合，上海大众市场销量屡创新高。2012年，上海大众成功推出数款新车型。全新朗逸、Polo GTI和全新桑塔纳等新车的上市，不仅实现产品谱系的升级换代，更完成了对各个细分市场的全面覆盖。新产品一经问世，便以一流品质和高性能配置在同级别细分市场中崭露头角。上海大众2012年累计销售突破128万辆，再度刷新历史记录。

二是上海大众的斯柯达品牌。2005年上海大众启动多品牌战略，大众汽车集团旗下具有良好成长性的百年斯柯达品牌正式落户上海大众。2006年，上海大众斯柯达品牌正式启动，并于2007年推出首款战略车型。目前，上海大众的斯柯达品牌已经完成了由Superb昊锐、Octavia明锐和Fabia晶锐三大

车系组成的产品构架，实现了对国内 B 级、A 级以及 A0 级车市的全面覆盖。

三、服务网点设置

经过多年的发展和完善，上海大众汽车旗下的大众品牌销售服务网点达到了 841（包括所有一二级网点和在建单位）家，全国的地级市网络覆盖率超过 80%，在国内市场形成了分布最广、布点最密的轿车营销与售后服务网络。2005 年，上海大众的大众品牌推出了国内第一个将营销与售后服务进行业务整合的服务品牌——“Techcare 大众关爱”，包含营销、售后服务、汽车金融、二手车置换、附件和车主俱乐部六大模块的内容，提供售前、售中以及售后的全程服务。

四、产能布局

除了新车型的相继推出，上海大众在完善产能布局方面也结出累累硕果。2012 年 5 月，上海大众首次进入西部地区，签约乌鲁木齐工厂项目。该项目的签约，不仅填补了新疆自治区乘用车制造领域的空白，更将上海大众庞大生产体系的触角延伸到我国中西部地区。与此同时，上海大众的长三角布局也在紧锣密鼓的进行之中。7 月，有着“分钟工厂”美誉的仪征工厂建成投产，每年可为上海大众贡献 30 万辆高品质产品。另一个 30 万也在酝酿之中——上海大众设在宁波杭州湾新区的新工厂于 2012 年初签约奠基，该项目 2014 年有望投产，同样将贡献 30 万的年产量。至此，上海大众的长三角战略布局已初具规模，将与上海安亭、南京工厂及仪征工厂实现积极高效的联动机制。2013 年 4 月 18 日，迎来第 900 万辆轿车下线，从 0 到 900 万，反映了上海大众追求卓越、永争第一的精神，靠着这种精神、这股劲头，突破 1000 万辆大关也指日可待。

新港商业集团

总经理　叶国坚

一、概况

香港新港商业集团成立于1998年。在公司成立初期，新港为国内众多商业项目提供专业而全面的策划招商和管理顾问工作，代表的项目包括：深圳中信城市广场、广州世贸新天地、深圳书城中心城等国内知名的购物中心。新港的高层精英们，均拥有丰富的商业项目操作经验，在中国的商业市场获得广泛认同。

从2004年开始新港商业集团开始专注于商业项目的投资、经营和管理，现投资管理的商业项目分布在全国各地，主要有北京、上海、深圳、无锡、镇江、温岭等城市。

已开业项目有："上海新港南京大楼"、"上海新港时尚天地"、"镇江新港潮流广场"、"无锡新港阳光广场"、"无锡新港清名桥街区""镇江新港城际潮流干线"。新港在经营的项目，营业面积超过30万平方米。同时，新港目前拥有众多正在筹备和洽谈中的商业项目，预计在未来2－3年内新港商业集团所拥有的投资管理商业项目营业面积将超过100万平方米，分布在全国各主要城市。此前还运营过南京金陵饭店、上海中央商场、大连富丽华大酒店、广州花园酒店名牌商场、广州宜安广场、深圳第五大厦名牌商场等项目。

筹备项目有：位于浙江温岭新港锦屏新天地和位于深圳市的福田新港城，即将于2014年先后开业。

二、业务范围

（一）项目承租

新港将具有较大发展空间的商业项目进行整体租赁并进行经营管理，通过准确的功能定位和规划，为项目提供良好的完善的整体方案。目前新港所拥有的此类型租赁的商用物业项目包括：上海新港南京大楼、上海新港时尚天地、无锡新港清名桥街区和镇江新港城际潮流广场等，物业整体租赁经营方式目前已成为新港最主要的核心业务。

（二）经营管理

在过去的10余年期间，新港专注于商业项目的管理工作，并培养一批优秀的商业

上海新港时尚天地

经营管理人才，为企业发展奠定了良好的基础。新港利用自身优越的商业经营管理经验，通过与政府部门或开发商进行经营管理合作，在前期提供完善的规划方案，并且以输出管理的方式，参与商业项目的经营管理。

三、运营项目

（一）上海·新港时尚天地

本项目地处上海市人民广场繁华区域的黄陂北路251－256号。商业面积1500平方

上海新港南京大楼

江苏无锡新港清明桥街区

米。开业时间2010年。引进品牌有Constellation 3/Jeans salon/art gallery等。

（二）上海·南京大楼

本项目位于上海市黄浦区南京东路233号，地理位置绝佳。项目面积18000平方米。开业时间2012年10月1日。引进品牌有Forever21中国首家旗舰店、SONY概念店、星巴克、雲上云云南餐厅等。

（三）江苏无锡·新港清名桥街区

本项目坐落在江苏无锡市南长街永乐路，这是一条以无锡清名桥为中心、古运河为轴的无锡南长街历史文化街区。

商业面积80000平方米。开业时间2011年。引进品牌有星巴克、哈根达斯、满记甜品、猫的天空之城等。

（四）江苏镇江·新港潮流广场

本项目位于江苏镇江市城际高铁交通枢纽内。占地270亩，项目面积80000平方米。其中作为客运枢纽商业城项目面积约10590平方米，将打造成为镇江市具有代表性的时尚流行和特色美食的商业中心。开业时间2011年。引进品牌有Adidas、NIKE、Converse、美津浓、李宁、世纪联华超市、大娘水饺、欢乐魔方等。

四、管理项目

（一）独家策划招商代理项目

1. 扬州时代广场。位于江苏扬州市文昌中路98号。商业面积68800平方米。开业时间2000年。广场开创江苏“一站式”全生活服务先河。已形成拥有220家国内外知名的品牌专卖店、300多家时尚流行店的大型现代化购物中心引进品牌有Ochirly、Fairwhale、La Chapelle、Broadcast、JNBY、Veromoda、Youngor、Goldion等。

2. 广州世贸新天地。地处广州市环市东路371号。商业面积60000平方米。开业时间2001年。商场位于广州首席消费商圈——环市东高档消费商圈的核心位置，是一个集购物、休闲、餐饮于一体的都市型时尚购物中心。引进品牌有星巴克、Nine West、VASTO、Swatch、Moiselle、EQ:IQ、Episode、Jessica、Morgan、Ochirly等。

（二）全程策划顾问及独家招商代理项目

1. 深圳中信城市广场（原中信城市广

江苏镇江新港潮流广场

场)。位于深圳市深南中路1093号。商业面积100000平方米。开业时间2003年。作为深圳市乃至华南区国际化高档购物中心的代表——中信城市广场,由购物中心、中信大厦和星光广场三部分组成。整体建筑外观犹如一艘扬帆起航的旗舰,岿然屹立。引进品牌有Seibu、Jusco、LV、Cartier、MaxMara、BALLY、Fendi、Starbuck'sHUGO BOSS、ERMENEGILDO ZEGNA、新南国影院、豫园上海饭庄、逸和轩酒家等。

2. 深圳书城中心城。位于深圳市中心区(CBD)。商业面积82000平方米。开业时间2006年。深圳书城中心城是当时世界单点经营面积最大的书城,由日本黑川纪章建筑设计事务所设计。中心城整合了品味餐饮、休闲娱乐、创意产品和文化精品等项目,旨在为消费者提供一站式、多元化的文化消费选择与体验。引进品牌有星巴克、紫苑茶馆、可颂坊、仙踪林、必胜客、英孚

3. 上海文定家居创意广场。位于上海文定路204号。商业面积22000平方米。开业时间2007年。广场定位于高端家居的展示、创意设计和销售咨询等服务,旨在汇聚世界尖端的家居品牌,并专门开辟了世界名品家居设计展示区。引进品牌有MOROSO、ROLF BENZ、HC28、NATUZZI、RATIONAL、SIMMONS、美克美家、GIADA CASA等。

捷豹路虎汽车贸易(上海)有限公司

一、概况

捷豹路虎是一家拥有两个顶级品牌的英国汽车制造商。捷豹路虎汽车于2002年正式进入中国销售,并在2003年成立中国办事处。2010年7月,捷豹路虎国家销售公司——捷豹路虎汽车贸易(上海)有限公司在华成立,注册资金为1000万美元。公司在上海注册并设立总部及办公室,下设销售、市场、网络发展、人事、财务等部门。

2011年4月,公司在北京设立区域办公室,主要负责政府事务、公关和认证及法规等职能。近期还积极筹备在广州新建区域办公室,进一步加强南区和西区经销网络的覆盖面。目前,捷豹路虎已经在中国拥有超过250名员工,其中85%以上为本土员工。

公司主要从事捷豹、路虎品牌汽车的进口贸易及相关的市场营销、技术支持、培训服务等配套业务。至2013年2月,捷豹路虎在华签约授权经销商数目已达163家,几近覆盖中国全部区域市场。其中,113家已投入运营。捷豹路虎在上海和北京设立两家国际水准的培训中心,每年有超过万名经销商员工在培训中心接受专业培训。位于广州的第三家培训中心也在积极筹建当中。坐落于苏州、北京、广州和重庆的5个先进的零备件配送中心以及天津、上海、广州的3个港口,组

捷豹全球设计总监严凯伦、捷豹路虎全球首席执行官施韦德博士、
路虎全球设计总监兼首席创意官芮哲勋与捷豹路虎中国总裁高博合影(从左至右)

成高效灵活的运输网络,极大地提高了服务效率。此外,北京、广州和浙江湖州的3个首屈一指的路虎体验中心,为中国消费者全面、深入的感受捷豹路虎品牌内涵和产品性能提供了绝佳机会。2013年捷豹路虎还将在西部新增一家路虎体验中心。未来,捷豹路虎计划在中国共建立7家路虎体验中心,将优质的服务及品牌体验延伸到全国。

在过去的两年间,捷豹路虎在中国已售出逾10万辆捷豹和路虎汽车。2011年销售额为326亿元,在上海地区实现的工商税收21亿元,全国各港口进口税收总计150亿元。2012年销售额为484亿元,在上海地区实现的工商税收36亿元,全国进口税收总计207亿元。公司已位列上海市税收第九名,以及上海市贸易型外商投资企业利税第一名及上海市外商独资企业利税第一名。这样的迅猛发展得益于过去几年内上海市政府、浦东新区政府以及上海综合保税区管委会等相关部委给予公司的大力支持,特别是浦东新区提供的各项优惠的配套政策和优良投资经营环境,以及综合保税区在公司发展关键时期所给予的营运中心政策的支持和培育。

二、在华战略

捷豹路虎一贯十分重视中国市场。中国汽车市场是全球增长最快的市场之一。从2013年4月起,捷豹路虎将在中国运营管理方面划分东、南、西、北四个区域团队,区域团队预计在未来12个月内投入运营。公司正在考虑在华扩大投资,计划在优化公司架构的基础上,将业务发展延伸到汽车相关产业链的其他方面,包括设立大中华区的地区总部、成立汽车金融公司、汽车零配件销售公司等。上海市作为中国最大的国际现代化都市,浦东新区作为中国经济发展的前沿阵地,以其远优于其他城市的各项设施,以及各项先行先试的优惠政策,一直是公司的首选注册地点。然而,随着公司的快速发展,公司的各项发展计划,还可能碰到很多的困难和挑战,希望得到上海市政府和浦东新区政府的进一步支持。具体包括:进一步的财政补贴政策,对于成立汽车金融公司审批的支持,对于建设办公大楼(计划在浦东前滩地区)的支持,企业社会责任的合作机会,以及对人才队伍建设的支持(包括给予高级管理人员生活便利方面的措施)。

此外,捷豹路虎与奇瑞汽车的合资项目,已正式完成国家的相关审批手续,并于2012年11月18日在江苏省常熟经济技术开发区举行合资项目奠基仪式。合资公司总投资额为109亿元,合资双方股比为50∶50。除了整车生产基地外,合资公司还将建设联合研发中心、发动机生产基地,同时还将销售自产的捷豹、路虎产品以及推出全新的、为中国市场量身定制的合资自主品牌。项目预计在2014年建成投产,该合资公司计划初期产能将达到130000辆。奇瑞汽车股份有限公司董事长、总经理尹同跃与捷豹路虎全球首席执行官施韦德博士(Dr. Ralf Speth)还共同对外宣布合资企业的名称——“奇瑞捷豹路虎汽车有限公司”。同时共同发表声明:“我们很高兴见证这一里程碑,感谢各级政府和业界对合作项目的技术内容和发展潜力的肯定。现在,我们将并肩携手,充分发挥双方的优势,为中国消费者提供更高品质、更加符合消费者需求的豪华汽车产品”。双方均承诺未来将通过研发中心加大对产品创新和先进科技方面的投资。

三、企业文化及经营理念

自进入中国以来,捷豹路虎就扮演着中英双边贸易的重要角色,积极致力于为中国消费者提供最顶级的产品、最专业的品牌体验和最豪华的客户服务。如轻量化高刚性全铝车身架构,能最大限度提升操控性、灵活性、安全性与燃油经济性,并降低二氧化碳排放量。拥有强劲动力性能的柴油机,不但能实现更高的功率输出，还大大提升发动机效率和燃油经济性。全地形反馈适应系统，可以智能分析当前的驾驶状况，驾驶者可根据地形路况选择最为恰当的车辆设置和行驶模式，从而享受便捷安全的驾乘体验。

捷豹路虎是英国汽车产业“绿色技术”及创新技术的最大投资者，并致力于在整车设计、产品创新、采购及供应链、生产制造到销售等各个环节中，减少对环境的危害。路虎的首款插电式柴油—电力混合动力试制车Range_e，也于2011年在广州车展首次亮相，并有望从2014年开始在中国引入混合动力和插电式混合动力车型。自2009年10月起，捷豹路虎在中国展开二氧化碳减排补偿计划，公司对于在中国卖出的路虎新车的首个72000公里所排放的二氧化碳，通过节能减排环保项目进行排放补偿。到目前为止，在全球范围内的60个节能减排环保项目，有23个落地中国。这23个项目共计投入8000万元，为地球成功减少成千上万吨的二氧化碳排放。

捷豹路虎倡导以人道主义关怀回报社会。2010年，路虎与IFRC（红十字会与红新月会国际联合会）合作推出以“帮助全球弱势群体”为主题的3年全球行动计划。该计划通过中国红十字会，在远东地区为超过39000名艾滋病毒感染者及患者提供了有效的医疗帮助。在教育领域，捷豹路虎启动在中国的首个校企合作“卓越培训项目”，旨在为中国汽车产业可持续发展培养高技能人才，并支持中国职业教育发展。2012年3月，捷豹路虎赞助由上海瑞可碧橄榄球俱乐部发起、上海市黄浦区教育局大力支持的“运动小健将”（Sport for All）项目，为上海市黄浦区100名小学生开展体育活动提供经费、场地以及培训，为小学生的健康成长贡献出一份力量。近期，捷豹路虎还在与上海浦东新区企业社会责任办公室积极合作，准备对上海浦东新区乐耆社工服务社的老年人生命教育项目和上海久牵志愿者服务社的西双版纳龙林小学捐助方案进行支持和赞助。

在积极践行自身企业社会责任的同时，捷豹路虎也鼓励和支持其经销商伙伴投身公益领域。2011年，捷豹路虎中国经销商力天集团资助150万元为150名中国唇腭裂儿童提供免费医疗。2012年，路虎在其“发现之旅”中为路虎全球人道主义项目合作伙伴——IFRC筹集100万英镑，用于资助乌干达水源净化工程，而筹款的25%就来自于捷豹路虎中国经销商伙伴的大力支持。

四、路虎全新一代揽胜运动版

2013年3月26日，世界顶级豪华品牌路虎在美国纽约街头带来了全球顶级高端运动型SUV——全新一代揽胜运动版的全球首秀。它是迄今为止速度最快、反应最灵敏的路虎车型。曼哈顿高耸的天际线成为此次全新一代揽胜运动版全球首秀的完美背景，也象征着揽胜运动版在美国市场全球领先的销量，以及其在纽约所受到的无与伦比的欢迎。而今，路虎全新一代揽胜运动版又于2013年4月20日在2013（第十五届）上海国际车展闪耀登场，以世界顶级SUV至臻动感之选的雄心壮志，在亚洲首次向消费者揭开面纱。

全新一代揽胜运动版秉承了全新一代揽胜备受赞誉的设计思路，兼具路虎旗下车型有史以来最为动感的公路性能及业界领先的全地形能力。集各项先进技术于一身的全新一代揽胜运动版拥有更加自信、硬朗的外观，更加豪华的内饰设计，以及更为灵活的“5+2”可选座椅配置。

凭借路虎突破性的轻量化悬挂设计和创新的动态底盘技术，全新一代揽胜运动版所采用的业界领先的全新全铝车身结构将车体重量减轻达420公斤。这为车辆带来更动感的性能表现，不仅为驾驶增添独特的运动乐趣，而且实现了动态的人车一体的驾控体验以及卓越的舒适性。同时，其二氧化碳排放

全新一代揽胜运动版亮相2013上海车展

量也降至194克/公里。

路虎全球品牌总监易文俊(John Edwards)表示:"全新一代揽胜运动版在设计和制造等各方面均堪称完美。其在忠实传承路虎核心性能表现,拥有卓越全地形能力的同时,也是路虎旗下公路性能最强的车型之一。全新一代揽胜运动版以运动驾驶为设计思路,将驾乘体验,操控和灵敏性提升至一个全新的水平,带来真正舒适、运动的体验,并兼具无与伦比的奢华设计、强大性能和多功能性。"

全新一代揽胜运动版将于2013年第三季度开始发售,并最终销往全球169个市场。大部分市场将向客户提供四种可选配置(S、SE、HSE和Autobiography),以及全新的HSE和Autobiography动感版本。同时,大量的可选颜色、装饰和细节选项,将为客户打造一辆独具个人风格的订制SUV。

（四）外 经 企 业

上海建工集团股份有限公司

总经理
徐　征

上海建工集团股份有限公司（简称上海建工）2012 年综合营业额和新签合同额均超过了 1200 亿元，在全球 225 家最大承包商排名中名列第十六位。并获得中国进出口银行“全国首批‘两优’贷款项目最佳执行企业”称号；上海建工外经控股参加中国对外承包工程商会企业社会责任绩效评价获评“进取型企业”。

一、对外工程承包

2012 年，上海建工境外共有 24 个在建项目，分布在亚(11)、非(5)、美(4)、欧(1)、大洋(3)五大洲共 15 个国家和地区，全年对外工程承包完成营业额 68639 万美元，新签合同额 77571 万美元。

（一）境外工程实施总体进展良好

柬埔寨 214 号公路项目于 2012 年 4 月开工，该项目合同金额 7.4 亿元，全长 143 公

萨摩亚政府综合办公楼项目荣获“国家优质工程奖”

里，是上海建工在境外承建的距离最长、合同额最大的公路项目。

秘鲁胡安扎水电站一、二号水轮机组配水环管水压试验成功，当地国家电视台、《南美建筑》杂志作了现场专访。这是秘鲁第一次全套引进中国设备、第一次由中国公司在当地以 EPC 模式实施的项目。

几内亚体育场获得境外工程“鲁班奖”；萨摩亚政府综合办公楼项目荣获“国家优质工程奖”，这两次奖是上海建工首获境外工程国优奖。

（二）区域市场建设持续推进

厄立特里亚和柬埔寨作为上海建工境外两大重点区域市场，签约额总计 36.5 亿，占全年境外总签约额半壁江山。其中，在厄特金矿项目的带动下，电站项目、机械设备采购二期项目相继签约，3 个涉农工厂也于下半年顺利开工。

继 2011 年成功承接比利时天堂公园六期项目和德国图林根州白湖公园项目后，2012 年上海建工园林集团又成功承接比利时天堂公园七期工程，继续依托中国古典园林建筑的金牌名片“走出去”。在台湾地区也有 9 个园林设计与施工项目正在实施。

（三）项目类型结构不断优化

2012 年，上海建工在境外新签合同项目类型包括：援外项目、“双优”项目、国际承包项目、设计咨询项目等。结构进一步优化，形成以“双优”项目和国际承包项目为主体，援外项目和设计咨询项目为补充的格局。

2012 年对外工程承包主要市场情况表

国别（地区）		新签合同额		完成营业额	
		金额（万美元）	占比（%）	金额（万美元）	占比（%）
合计		68639	100.0	77571	100.0
亚洲	柬埔寨	24310	35.4	17817	23.0
	中国澳门	11414	16.6	11414	14.7
	新加坡	5420	7.9	6644	8.6
	尼泊尔	4725	6.9	—	—
非洲	加纳	—	—	834	1.1
	几内亚	1168	1.7	167	0.2
	马拉维	470	0.7	140	0.2
	塞拉利昂	—	—	144	0.2
	赞比亚	—	—	3908	5.0
欧洲	俄罗斯	5409	7.9	5409	7.0
北美洲	多米尼克	—	—	1951	2.5
	特立尼达和多巴哥	—	—	3285	4.2
	美国	6780	9.9	2393	3.1
南美洲	圭亚那	5092	7.4	876	1.1
大洋洲	萨摩亚	3851	5.6	22589	29.1

二、对外投资

作为以资本经营带动主业经营的重要尝试,上海建工在厄立特里亚金矿项目于2012年初达成初步协议以来,9月4日完成了股权收购的正式交割。目前,运营金矿的合资公司已组建完成,建设资金的融资工作进入审批阶段。

三、对外劳务合作

2012年,上海建工共外派劳务人员1583人,年末在外人员2817人。外派人员主要分布在16个国家和地区。

2012年外派劳务人员情况表

国别(地区)		外派劳务人员		年末在外人员	
		人数	占比(%)	人数	占比(%)
合计		1583	100.0	2817	100.0
1	柬埔寨	998	63.0	1104	39.2
2	中国香港	—	—	9	0.3
3	中国澳门	—	—	71	2.5
4	新加坡	—	—	12	0.4
5	加蓬	—	—	23	0.8
6	几内亚	18	1.1	20	0.7
7	马拉维	—	—	60	2.1
8	塞拉利昂	—	—	4	0.2
9	苏丹	—	—	2	0.1
10	赞比亚	138	8.7	338	12.0
11	俄罗斯	—	—	468	16.6
12	安提瓜和巴布达	—	—	1	—
13	多米尼克	72	4.6	129	4.6
14	特立尼达和多巴哥	—	—	175	6.2
15	圭亚那	122	7.7	122	4.4
16	萨摩亚	235	14.9	279	9.9

四、进出口贸易

在国内工程机械市场整体低迷的环境下,上海建工所属华建公司调整经营模式,2012年出口业务比上年增长146%。从原先整车零星出口朝“上装出口和当地组装”转变,将自身技术和品牌优势,与当地企业的市场渠道和售后服务紧密结合,在东南亚国家开辟出一条持续发展的新路。

中国建材国际工程集团有限公司

董事长兼总经理　彭　寿

中国建材国际工程集团有限公司(简称"CTIEC")作为具有50多年历史和雄厚技术实力的科技型企业,是上海市和安徽省高新技术企业,是香港上市中国建材股份(HK3323)的工程技术平台。

深厚的文化底蕴和与时俱进的技术创新相结合,使CTIEC凝练了玻璃、水泥等建材领域的工程设计与工程总承包、建筑工程、机电装备加工制造、新材料研发生产、环保与节能工程等具有较强国际竞争实力的核心业务专长。

在大力开拓传统玻璃、水泥工程技术市场的同时,CTIEC从行业的科学发展和可持续发展出发,通过自主创新,大力推进建材工业节能减排、结构调整和产业升级,从依靠传统浮法技术向新能源、新材料、新装备等领域拓展,拥有完全自主产权的太阳能光伏玻璃等新玻璃技术打破了国外公司的技术垄断,为我国太阳能产业的快速健康发展提供了重要保障。

2012年,是CTIEC迈上新台阶、实现新突破、完成新跨越的关键一年,是和谐、发展、团结的一年。一年来,公司坚定理想信念,坚持科学发展,奋力推进集成化、工程化、产业化、国际化,实现"收入指标、科技成果、工程和产业发展"三大突破,实现了"十二五"良好开局。

2012年,CTIEC按照国资委"保增长"和强化管理提升的总体思路,努力克服经济下行的不利影响,顶住前所未有的经营压力,坚定全年目标不松懈,扎实有效开展工作,玻璃、水泥、成套装备制造、新能源等业务板块均取得了良好的业绩,新兴产业上下游产业链构建完成,联合重组的协同效益凸显,科技创新成果数量质量明显提高,管理提升和内控体系建设初显成效,党建和文化软实力不断增强,实现了收入、利润的双增长,已成为全国勘察设计行业3项排名都在前10名左右的唯一企业,为未来可持续发展奠定了坚实基础。

2012年,中国建材国际工程集团有限公司和蚌埠工业设计研究院合并业务收入再次突破100亿元大关,利润总额超10亿元。公司获全国"讲理想、比贡献"活动先进集体、

乌兹别克斯坦 2500t/d 水泥生产线

国家重点高新技术企业、上海市创新企业、上海市优秀高新技术企业、安徽省最佳品牌企业、安徽省企业最佳雇主、安徽省示范型国际科技合作基地等荣誉，名列"2012 中国建材自主创新优秀贡献企业"榜首，名列全国工程项目管理企业第七名、全国勘察设计企业第九名、全国工程总承包企业第十一名，成为全国勘察设计行业 3 项排名都在前 10 名左右的唯一企业。

公司连续多年跻身全国工程总承包企业和项目管理企业 50 强、全国勘察设计企业 50 强、上海市"走出去"十佳先进企业。公司被中华全国总工会授予"全国五一劳动奖状"，被国务院国资委和人事部评为"中央企业先进集体"，公司党委被国务院国资委党委评为"优秀基层党组织"，公司领导班子被中央组织部和国务院国资委党委授予"创建'四好'领导班子先进集体"称号。

拥有 50 多年浓厚历史沉淀的凯盛品牌是 CTIEC 在建材技术领域实现"中国制造"到"中国创造"跨越的支撑。在"诚信，创新！为客户创造价值"理念的引领下，CTIEC 将以质量创品牌，以品牌创效益，以双赢、多赢、共赢创市场，做中国建材技术的集大成者，做世界一流的全套工程方案提供商，让中国技术在世界舞台展示魅力，缔造"百亿集团、百年老店"，铸就"百年辉煌"。

上海对外劳务经贸合作有限公司

总经理
王耀华

一、概述

公司于1988年11月注册成立，1999年4月经国家外经贸部批准改制设立有限责任公司，注册资本1100万元，是一家专门从事国际经济技术合作的国内合资企业。公司主营业务为向境外派遣各类劳务人员（含海员）。

多年来，公司贯彻实施“打造核心竞争力，推动主业稳定持续发展”的经营策略，坚持“强化质量管理，提升经营效能；培育核心市场，优化产品结构”的经营方针，想方设法开发一些市场秩序稳定、技术含量和服务收入高的外派劳务合作项目，取得了良好的成效。

截至2012年底，公司已累计向60多个国家和地区派遣各类劳务人员2.9万余人（次）。历年来，公司外派劳务数量始终排在上海市同行业前列。公司为中国对外承包工程商会理事单位，中日研修生协力机构理事单位，中国外派海员协调机构成员单位，上海国际经济技术合作协会副会长单位，上海市对外劳务（研修）合作经营诚信等级A级企业，中国对外承包工程商会企业信用评价AAA级信用企业，中日研修生、技能实习生合作优秀派遣机构。

空中乘务员在出国教育培训中

在多年的对外经济技术合作工作中，公司历经探索取舍，形成具有自身特色的核心竞争力和较强的抗风险能力，培养锻炼出一支敬业合力的业务团队，积累了市场开拓、人力招聘、业务培训和境外管理等一系列行之有效的经验，建立并不断完善质量管理体系和与之相适应的一系列规章制度。

二、对外劳务合作

2012 年，受全球金融危机、欧洲主权债务危机及日本地震海啸延续影响，公司外派劳务业务遭遇前所未有的严峻挑战。面对竞争激烈的艰难市场环境，公司始终坚持贯彻实施“走出去”战略，变压力为动力，注重架构整合，严防系统性风险，力争业务稳定和健康发展，通过沉着应对、奋斗拼搏，确保了各项业务的基本稳定，全年派出劳务人员 1094 人（次），年末在外劳务人数达 1742 人。

（一）从严掌控，确保空乘品牌

把握客户满意度，从“高标准、严掌控”入手，精心组织、精心安排招聘和培训，尽最大可能争取提高空乘人员应聘待遇，并推行人性化管理，受到航空公司和外派空乘人员的好评。公司累计向境外多家航空公司派出空乘和机务人员逾千人次。截至 2012 年底，在外国航空公司履行合同的空乘人员 253 名，比上年增长 31.8%，保持外派空乘业务的上升态势。

（二）抓住机遇，拓展邮轮海乘外派

根据国家政策调整和市场发展方向，公司及时调整海员外派工作策略，以邮轮海乘外派作为海员外派的工作重点。随着我国人民生活水平的稳步提高，国人乘坐世界豪华邮轮旅游的人数逐年增多，豪华邮轮公司对中国籍邮轮海乘的需求上升明显。公司及时抓住机遇，积极与外方邮轮公司协商沟通，加强与外省市职业培训学校的合作，认真做好招聘、培训、办证等工作，规范操作程序，坚持“想客户所想，急客户所急”的服务宗旨，为客户提供优质服务，赢得外方客户和外派海乘的信赖，在日益激烈的邮轮海乘外派市场中争取到更多的市场份额。公司该项业务在受到国际金融危机的冲击下仍取得了稳定的业绩，2012 年度在外海员 702 名，比上年略降 3.2%。

（三）拓展区域，日本研修业务稳中求进

随着日本政府对外籍技能实习生政策不断出台新规，如何做到既维护技能实习生权益又谋求公司外派业务适应性发展成为主要考量。为了谋求派遣技能实习生业务的健康持续发展，公司通过不间断跟踪考察和比较选择，对有制度性缺陷的日方组合及企业，采取了郑重交涉甚至停止派遣的措施。在做好清理、整顿工作的同时，巩固传统业务、积极发展其他区域的新客户。2012 年度在外技能实习生达 274 名。

（四）化解难点，澳门劳务稳定发展

遵从政府发布输澳劳务管理体制改革规定，公司严格贯彻上级有关输澳劳务的管理政策和澳门地区有关劳资关系的法律法规，认真贯彻落实“中资（澳门）职介所协会”关于《完善内地在澳劳务管理网络工作指引》的通知精神，实施标准化管理，并在强化服务意识、切实维护在澳劳务人员合法权益上下功夫。经过几年的磨合、调整，使公司港澳部与澳门职介所之间，职介所与雇主之间，雇主与劳务人员之间逐步沟通顺畅，操作上也进入规范程序。诸如雇主欠薪交涉、住宿安全检查、工作意外伤害和医疗保险一一予以落到实处，促进了澳门劳务市场的和谐与稳定。2012 年度在澳劳务人员达 513 名。

（五）紧贴需求，劳务培训工作严格有序

在培训课题安排和内容设置上紧贴实际需求，确立保质量、重服务的宗旨，做好培训和学员生活的后勤保障工作，为学员安心学习创造更多便利条件，也为劳务人员派出后尽快适应新的环境打好基础。2012 年劳务培训继续保持 100% 合格率。

三、发展趋向

2013年市场形势不容乐观，公司将坚持“强化质量管理，提升经营效能；培育核心市场，优化产品结构”的经营方针，努力将外派劳务人员向高素质、高技术、高收入方向提升，形成有质量、有特色、有竞争力的外派劳务优势项目，不断提升公司核心竞争力，推动主业持续向更高层次健康发展。同时，《对外劳务合作管理条例》的实施，对企业经营提出了更高的要求，公司将认真贯彻落实《条例》的各项规定，正确处理规范与发展的关系，坚持企业与劳务人员权利义务的平衡，坚持业务拓展与内涵提高相结合，促进公司外派劳务业务持续健康发展。

（五）服贸与展览企业

东方国际物流(集团)有限公司

总经理
边　杰

一、概述

2012年，公司依照年初制定的工作方针"稳增长、促转型、谋发展"，围绕物流集团新一轮战略规划，面对复杂严峻的经济形势，克服国际贸易市场需求疲软、进出口贸易量持续下降等不利因素，齐心协力，克服困难，基本完成了全年工作目标。

财务统计数据显示，2012年主营业务收入达到28.68亿元，比上年下降12%。

二、货物运输

2012年，海运进出口箱量611754标准箱，比上年下降3.35%。其中，出口569585标准箱，比上年下降3.73%；进口42169标准箱，比上年上升2.07%。控股企业海运进出口箱量496488标准箱，比上年下降4.39%，其中出口456586标准箱，比上年下降4.92%；进口

2012年9月在上海国际展览中心，冷藏冷冻食品指定物流供应商总经理边杰(左三)正在现场视察

39902 标准箱,比上年上升 2.03%。

全年完成空运进出口货物 113004.05 吨,比上年下降 34.50%,其中出口 46999.05 吨,比上年下降 42.81%;进口 66005.00 吨,比上年下降 26.94%。

船代业务代理进出口集装箱 119911 标准箱,比上年下降 5.07%,其中出口 52540 标准箱,比上年下降 14.86%;进口 67371 标准箱,比上年增加 11.72%;代理散杂货 35177 吨,比上年下降 64.32%;代理船舶 264.44 万净吨,比上年下降 26.62%;代理船舶 132 艘次,比上年下降 35.29%。

全年实现进口分拨业务 14717 标准箱,比上年下降 3.96%。

2012 年运输方式及运输量情况表

运输方式	运输量(万吨)				集装箱吞吐量(万标准箱)			
	进口	比上年(±%)	出口	比上年(±%)	进口	比上年(±%)	出口	比上年(±%)
海　运	—	—	—	—	4.21	2.07	56.96	-3.73
空　运	6.6	-26.94	4.7	-42.81	—	—	—	—

三、加快创新转型

(一) 加大营销力度

通过建立健全营销机制不断发展新客户,同时深度挖掘老客户的延伸业务。

(二) 扩展增值服务

努力开拓进口分拨海关监管的延伸服务,积极参与吴淞检验检疫局“法检”业务的改革试点,进一步完善检验检疫仓库的设施改造。长江西路展品监管业务有所发展,在 2012 年第三季度,又承接新的展品监管业务,收入有较大的增长。

(三) 开展物贸联动

与东方国际集团所属外贸公司联手,发挥各自优势,共同拓展业务,引进外贸公司奢侈品的进口业务和户外用品的出口业务,包括 DDP、门到门等物流业务。同时将客户引荐给外贸公司,由外贸公司负责贸易业务,达到互利共赢的效果。

(四) 开发综合物流项目

先前开发的苏州博世项目、昆山通力电梯项目、联合利华合肥等综合物流项目顺利运行,西北物流园区可行性分析工作也已完成,并积极投标有关项目,在控制风险的情况下使规模与营收有所增加。

(五) 尝试展会物流业务

开发一批国内国际会展物流业务,如《2012 第三届上海国际冷冻冷藏食品博览会》、《中国(上海)国际车用空调及冷藏技术博览会》、《上海国际渔业博览会》、《2012 东盟中国中小企业建材及家居用品(越南)博览会》、《CAS 上海改装车展》等。

(六) 开拓宁波物流业务

在宁波设立网点,完善操作平台的搭建工作,建立进出口操作流程,为今后的业务开拓打下一定基础。同时,初步建立一支相对有竞争力的队伍。

(七) 转变船代业务经营模式

加大长江内陆点的内陆运输代理业务的发展力度,把工作中心逐渐转向内陆点,力求转变业务经营模式。

四、推动资源整合

公司空运板块整合工作历时一年多时间,通过深入细致的工作,经历了各种干扰和挑战,经受了文化与背景的考验,以提高资源的运作效率为前提的整合已基本实现。主要表现在:集中资源打造专业平台和服务品牌;避免各自为政,减少资源浪费;空运板块两家公司的有效融合;基地资源及出口平台的一体化运作;满足客户的需求并得到客户的认可;大幅度降低成本,调整客户结构,减少风险;为未来发展释放出较大的发展空间等等。

五、夯实基础管理

一是ISO质量管理体系换证审核工作。顺利通过ISO质量体系换证审核,并做好日常的质量管理工作。二是按照上市公司管理要求,组织集团本部各部门及各全资控股子公司积极推进内控规范实施工作。三是加强内部审计及风险防范工作。开展对所属公司领导干部任期内经济责任审计;完善工程建设项目审计,强化工程管理,降低工程投资成本;积极做好"营改增"工作,充分利用"营改增"带来的完善增值税链条,尽早克服对部分物流企业短期内税负阶段性增长等弊端;积极筹措调配资金,配合"拓市场,保预算"工作,控制理财产品风险,做好应收账款的催收工作,继续落实集团财务预警指标系统工作。四是积极创新人才选拔模式,搭建集团人事交流信息平台。关键岗位竞聘上岗,择优聘用。

六、品牌项目建设

2012年,公司在由国际商报、中国国际货运代理协会主办的2011年度货代百强评比中获中国国际货运代理百强第十六名、中国国际货运代理空运第十八名、中国国际货运代理海运第十三名、中国国际货运代理仓储第十一名;被上海市名牌推荐委员会推荐为2012年度上海名牌,被中国物流与采购联合会评选为"2011中国物流管理创新型企业"和"2012中国物流杰出企业";在由长三角地区物流发展联席会议和长三角地区现代物流合作联盟发起的评比活动中,获得长三角地区物流行业2010年—2011年"守行规,讲诚信"先进物流企业称号;获评2012年度"上海国际物流(货代)行业重点企业";2013年3月顺利通过5A级物流企业复核工作。这些荣誉表明物流集团在行业中的地位和影响力,也鞭策着公司不断创新,不断向前发展。

上海市国际展览有限公司(SIEC)

总裁
顾春霆

一、概述

上海市国际展览有限公司(SIEC)成立于1984年。是中国国际贸易促进委员会上海市分会的直属企业,是上海成立最早的国有专业从事国际展览的公司,也是上海首家成为全球展览业协会(UFI)正式会员。公司至今共举办各类展览近580个,展览总面积730多万平方米。模具、汽车、染料展是国内较早获得UFI认证的展览项目,婚纱展为同类展会全球规模之最。2012年公司成功举办展览项目9个,展览总面积达35万平方米,较2010年增长50%;吸引5300余家中外展商参展,较2010年增长64%,观众总人数27万人,比2010年增长25%。全年共完成大型国际性会议2个,会议代表2000人。继续保持企业经济效益平稳较快增长,实现企业核心竞争力的进一步提升。

二、主要业务

(一)中国·上海国际婚纱摄影器材展览会暨国际儿童摄影、主题摄影、相册相框展览会

2012春、秋两季中国上海国际婚纱展,

2012中国上海国际婚纱摄影器材展览会暨国际儿童摄影、主题摄影、相册相框展览会盛况

平稳完成由浦西迁馆至浦东，首次启用上海世博展览馆全部 5 个展厅。展出总规模达 16.8 万平方米，比上年增长 18%，继续位列世界规模第一。该展共吸引中外展商 1200 余家，专业观众超过 26 万人次，实现规模、效益、参展企业、观众数量均创历届新高。

（二）中国国际染料工业暨有机颜料、纺织化学品展览会（UFI 认证展览项目）

第十二届中国国际染料展首次移师上海世博展览馆，展览面积达 30000 平方米，继续保持全球染化行业规模之最。共吸引来自 14 个国家和地区的 550 家中外企业参展，共有来自 14 个国家和地区的专业观众 13659 人（29304 人次）到场参观洽谈。为加快行业调整升级，关注企业升级转型，全力推进企业节能减排、提高科技水平降低资源消耗，展会重点开拓环保型助剂和印花设备两大板块，最新推出的一批无毒害、无污染的“绿色织物”得到业界高度评价。

（三）中国国际模具技术和设备展览会（UFI 认证展览项目）

与中国模具工业协会联合主办的第十四届中国国际模具技术和设备展览会展览面积超过 7 万平方米，来自 15 个国家和地区的 1500 余家展商参展，来自 42 个国家和地区的海外观众和来自 32 个省、市、自治区的国内观众前来观展，观众总人数超过 8 万人次，继续保持行业领先地位。据统计，本届共展出大中型先进设备 715 台/套；设备、模具及其他展品价值超过 4 亿元。展会现场留购 2.16 亿元，总成交额 6.8 亿元。作为模具及其制造设备和装备的大型专业展览会，该展已成为全面展示国内外模具制造新技术和检阅我国模具工业进步和发展的重要舞台。

（四）2012 中国上海国际汽车零部件、制造设备及售后服务展览会

全新升级的本届展会以“展示国外先进技术、助推国内自主品牌”为宗旨，以“满足国内外配套、售前、售后市场最新需求”为目标，积极构架有效的出口桥梁，搭建“引进—消化—吸收—再创新”的平台，实现华丽转型自主打造一个为中国汽车零部件全产业链服务且具有国际影响力的大型汽车零部件综合展览会。展会展览面积 7 万平方米，共吸引来自 11 个国家和地区的 1500 家中外企业参展，共计 21603 名专业观众到场参观洽谈，

2012 中国上海国际汽车零部件、制造设备及售后服务展览会现场

展品涵盖从制造汽车零部件前端的汽车装备、材料、工具，汽车零部件本身，以及汽车相关测量、检测、诊断设备，汽车维修、保养设备和养护用品，到汽车相关后市场经营服务和产品等的全面展示。

（五）2012 上海国际海上风电及风电产业链大会暨展览会

上海国际海上风电及风电产业链大会暨展览会从海上主流整机、海上安装运输、海上运营维护和海上并网储能四个视角剖析国内外风电行业发展现状、问题及解决方案，为国内海上风电行业健康发展提供交流合作平台。该展吸引全球风电巨头积极参与，国际化程度再上台阶。展览面积 12000 平方米，共有 18 个国家和地区的 205 家参展，12088 人次观众到场参观。大会共分全体会议 4 场、专题会议 10 场，演讲嘉宾 90 人，其中国际演讲嘉宾占总人数 45%，会议听众 670 人，其中国际听众占总人数 25%，参与报道媒体 145 家。

（六）中国国际物联网大会暨展览会

为期 2 天的第三届中国国际物联网大会暨展览会以“智能交通（车联网）、物品溯源及防伪、智慧城市中的物联网”三大核心为主题展会并举，物以网联，展览面积近 6000 平方米，包括上海野村综研牵头的日本展团、IBM 公司、NXP 公司、上海移动、上海联通、上海电信、上海电科、工信部国家农业物联网中心、上汽集团、安吉星、福特汽车、四维图新、博康智能、上海聚星、阿尔德巴兰等 12 个国家和地区的众多知名企业汇聚一堂，共吸引来自 18 个国家和地区 1498 人次的参会代表及 4200 名专业观众参与互动，感受中国，聆听世界。此外，展会得到了媒体的极大关注，共有 185 家知名媒体参与报道。

（七）中国（上海）国际摄影器材和数码影像展览会

作为亚太及中国地区最具规模和影响的摄影和影像行业展览会之一，第十四届中国（上海）国际摄影器材和数码影像展览会全新亮相上海世博展览馆。该展集中展示专业影像，打造精彩视觉盛宴，吸引了佳能、富士、曼富图、适马、爱普生、乐凯、百诺、金贝、聚福德、品色、富达时、永诺等来自日本、韩国、英国、马来西亚、中国香港、新加坡、中国及中国台湾 8 个国家和地区的 185 家知名企业参

2012 中国国际物联网大会暨展览会现场

展，共计48000名观众前来参观。现场更有佳能畅享拍摄体验区、星光器材城推出的尼康相机体验及试拍活动、兴华拓展展示如徕卡相机等众多国外知名品牌的产品体验专区，全力打造业界品牌集中曝光及市场拓展的交流平台，同时也成为广大摄影爱好者及发烧友体验互动的最佳场所。

（八）2012年土耳其国际染料展

经中国国际贸易促进委员会、土耳其商品和交易联盟（TOBB）批准，由中国染料工业协会、中国印染行业协会和中国贸促会上海分会共同主办的2012亚洲国际染料工业暨有机颜料、纺织化学品展览会于2012年10月11－14日在土耳其伊斯坦布尔中心举办。本届展会得到了国际染颜料界的高度关注和积极参与，来自德国、土耳其、印度、中国以及中国台湾的60余家国内外染颜料知名企业积极参展，展品涵盖各类生态、环保染料、有机颜料、印染助剂等。本届展会总展出面积达2.5万平方米，与土耳其化工展同期同馆。展会期间还组织召开土耳其贸易、投资政策报告会，邀请土耳其政府官员和经济界人士详解土耳其贸易、投资的相关法律法规、优惠政策和注意事项，并组织展商参观土耳其皮革、纺织印染厂等配套活动。该海外展取得圆满成功。

（九）积极推进创新驱动转型升级，硕果累累

2012年，公司依托贸促会的品牌优势，在上海建设国际贸易中心进程中，以创新带动转型升级，做大做强国际展览，行业地位与国际影响力进一步提升，继续保持上海会展行业领先地位。同年，公司成为中国国际商会常务理事单位，中国国际商会会展委员会副主席单位，上海市国际服务贸易行业协会会展服务专业委员会副主任单位，以及上海市会展行业协会会议机构专业委员会副主任单位。公司荣获上海市“二星级诚信企业”称号，海外染料展项目荣获“2011年度全国会展业金五星奖”，汽车展、模具展、纺机展等项目被浦东新区评为“十一五”期间突出贡献展览项目。

三、展望

2013年，国展公司将迎接成立30周年。公司将继续坚持“创新驱动、转型发展”。积极探索、构建符合国展公司自身需要的发展战略、企业愿景、企业文化，形成与之相配套的体制和机制，继续提升各品牌项目的优势，加大新项目研发力度，推进公司项目的持续创新，再度提升公司核心竞争力和行业影响力。

2013年在沪国际展览安排表

日　期	展览会名称	地　点	网　站
1月15—18日 15—18 January	第二十三届中国·上海国际婚纱摄影器材展览会暨国际儿童摄影、主题摄影、相册相框展览会（春季）	上海世博展览馆	www. chinaweddingexpo. com. cn
4月17—19日 17—19 April	第十三届中国国际染料工业暨有机颜料、纺织化学品展览会	上海世博展览馆	www. chinainterdye. com
4月21—29日 21—19 April	第十五届上海国际汽车工业展览会	上海新国际博览中心	www. autoshanghai. org
5月6—9日 6—9 May	第二十三届中国国际自行车展览会	上海新国际博览中心	www. chinacycle. com. cn
	2013中国国际电动车及零配件展览会		

(续表)

日 期	展览会名称	地 点	网 站
6月4—5日 4—5 June	第四届中国国际物联网大会暨展览会	上海国际展览中心 上海扬子江万丽大酒店	www. iotconference. com www. iotexpo. com
6月10—13日 10—13 June	第十六届上海国际纺织工业展览会	上海新国际博览中心	www. shanghaitex. cn
6月18—21日 18—21 June	中国国际模具、制造应用设备及相关工业展览会	上海新国际博览中心	www. dmcexpo. com
6月19—21日 19—21 June	2013上海国际海上风电及风电产业链大会暨展览会	上海新国际博览中心 香格里拉上海嘉里大酒店	www. offshorewindchina. com
7月4—7日 4—7 July	第二十四届中国·上海国际婚纱摄影器材展览会暨国际儿童摄影、主题摄影、相册相框展览会(秋季)	上海世博展览馆	www. chinaweddingexpo. com. cn
	第十五届中国(上海)国际摄影器材和数码影像展览会		www. interphoto. com. cn
11月20—22日 20—22 November	第二十六届中国国际表面处理展览会	上海新国际博览中心	www. sfchina. net
	第十八届中国国际涂料展览会		www. chinacoat. net

以上计划仅供参考,信息截止到2013年3月,如有变动恕不另行通知。

上海新国际博览中心(SNIEC)

一、概述

上海新国际博览中心(SNIEC)由上海陆家展览发展有限公司与德国汉诺威展览公司、德国杜塞尔多夫展览公司、德国慕尼黑展览有限公司共同投资建设,是中国第一个合资建造和运营的国际展览中心项目。历经12期扩建,SNIEC于2012年2月15日全面落成,共拥有17个单层无柱式展厅,室内展览面积20万平方米,室外展览面积10万平方米。自2001年11月2日正式投入运营,SNIEC的运营取得了快速稳定的增长,每年举办80余场知名展览会,吸引近400万名海内外观众和8万余名国内外展商。作为重大国际展会的平台,SNIEC不仅加强了国内和国际经济贸易往来,同时有效地带动本地区交通、旅游、商业、港口、餐饮、娱乐等相关产业的发展,为城市经济带来了活力和效益,被视为世界最成功的展览中心之一,中外展览企业创造性合作的典范,它为推动上海建设成为世界一流的国际会展中心城市,做出了重要贡献。

SNIEC主要产品及服务范围:建设、经营上海新国际博览中心;利用本公司展览场馆主办、合作主办和承办境内外来展;推广展览所需活动;提供与本展览中心所举办展览相关的广告设计、制作,利用自有媒体发布广

2012年中国国际工程机械、建材机械、工程车辆及设备博览会

告;出租展览馆、会议室、办公室及为进场参展商提供展览设备租赁服务;经营商务中心、餐饮、附设商品部等相关配套设施及提供展览咨询等相关服务。

立足服务,持续创新。SNIEC 认为在今天这个持续变化的市场竞争环境中,创新与合作是驱动其不断前行的两个重要成功因素,从而能够不断培植新的竞争力,提升客户服务价值。同时,SNIEC 坚信"顾客的满意和认同是企业长期赢得市场,创造价值的关键"。为了确保"以顾客为中心"经营思想的有效实施,SNIEC 一直十分注重聆听参展商、观众和主办者的声音,坚持周期性的客户满意度市场调查工作,从中不断改善和优化其服务质量。随着展览设施全面扩建告一段落,企业今后发展将以品牌与服务为核心,以进一步强化和提升软实力,致力于为顾客提供最好的价值服务。

二、展览业务

2012 年 SNIEC 展览业务继续保持着稳定的发展态势。展览场地合同销售面积达 541 万平方米,共承接了 94 个展览会,吸引约 103600 名海内外展商和 3725312 名海内外观众。其中 5 万平方米以上的大型展览会约占 1/3。具有重要影响的展览包括:华东商品交易会建筑材料及贸易博览会、中国国际家具展览会、中国国际工业博览会、五金焊接博览会、中国国际自行车展、中国国际家用纺织品及辅料博览会等展会、中国国际工程机械、建材机械、工程车辆及设备博览会。展览题材涉及的行业分布广泛,包括汽车、纺织、建材、家具、电子、食品饮料、包装机械、生物制药、轨道交通、美容珠宝、机械工程、印刷、酒店等众多领域。

2002—2012 年业务发展情况一览表

年份	展会数量(场)	销售面积(平方米)	展商数量(人)	观众数量(人)
2002	43	887000	17746	1503769
2003	45	1010000	22328	1640540
2004	66	1930000	35965	2358359
2005	67	2330000	46787	2546787
2006	72	2840000	52012	2668824
2007	78	3200000	58478	3086343
2008	80	3860500	67607	2666188
2009	78	3599540	61753	2838170
2010	80	3930000	69993	3096531
2011	94	4800000	81700	4046800
2012	94	5410000	103600	3725312

东浩集团上海外经贸商务展览有限公司

总经理
孙建安

一、概述

上海外经贸商务展览有限公司是上海东浩国际服务贸易(集团)有限公司旗下的专业展览公司。公司连续多年承办华交会、广交会等多个大型政府展,近年来,更是紧跟社会发展,以"创新驱动、转型发展"为目标,大力开发自办展项目,并取得实质性的突破。2012 年完成展览项目 21 个,其中,政府展 9 个,来华展 3 个,出国展 9 个。展览面积达 30.14 万平方米,比上年增长 5.98%。下属进出口公司完成进出口额约 6800 万(美元),运输公司完成海运箱量约 7421 个。

二、紧抓传统项目,不断巩固与创新

(一) 第 22 届中国华东进出口商品交易会(华交会)

2012 年在世界经济错综复杂、持续低迷和中日关系比较紧张的严峻形势下,本届展会在各省市主办方的支持下,在全体员工努力下,规模创历届之最,面积增加 1.15 万平方米,比上年增长 11.11%;境外客商到会人数创历史新高,达 21124 人,比上年增长 5.07%;展会成交额达 31.22 亿美元,比上年

第一届上海国际宠物犬博览会现场

增长9.98%，达历届最高。境外馆今年也有新突破，面积增幅42.55%。共有12个国家或地区150余家企业参展。除此之外，公司对大会的各项配套服务再次获得大会办和各省市参展代表的一致肯定。

（二）中国进出口商品交易会（广交会）

公司首次与上海市商务委签订服务协议，对公司服务规范提出了更高的要求。商务委领导也对公司的工作提出新要求。通过与各方协调沟通具体落实各项工作，最终顺利完成广交会各项工作内容，赢得上海代表团领导与参展企业一致好评。在会务工作上，进一步提高了服务质量，在做好上海交易团各项会务工作的同时，更注重服务好参展代表，为他们提供更多的增值服务。

（三）中华老字号展

作为公司第二次承办的展览，展会重点是在传统中求创新求突破。本届博览会展览面积6528平方米，与上一届持平，但展位数增加到307个；参展企业比上届新增26家，达207家；观众达5.9万人次；现场销售额816万元，比上届增长25.9%。新增的境外名品展区，展出奥地利水晶饰品、土耳其土特坚果、韩国泥浆面膜等，为中华老字号逐步扩大海外市场提升了知名度。

三、自办展项目获得突破

（一）上海国际宠物犬博览会

作为公司自办展首展项目，宠物犬博览会一炮打响，达到了“聚人气、打品牌”预期目标。首届展会规模1.2万平方米，除了有来自日本百余条纯种活体犬亮相，更有身价数千万的珍稀白色藏獒展示。现场呈现8大展区、7大活动，其中包括首次在上海举办的CKU全犬种国际级比赛以及“星宠秀”上海总决赛等。本届展会观众和社会的关注度，体现了宠物犬市场的发展潜力。三天观众达3万多人次，另有20多家媒体进行采访报道，为下届犬博会打下良好基础。

（二）国际时尚车及文化博览会

公司项目团队在不到70个工作日里，完成了1.25万平米的招展工作，展出百余辆顶级豪车及国内外改装特色车，劳斯莱斯、宾利、法拉利、玛莎拉蒂、保时捷、兰博基尼等国际顶级品牌悉数到场。来自美国、日本、韩国代表当今世界顶级水平的改装车，展出净面积达6400平方米。SEMA、AUTOSALON作为国际顶级改装车展主办方第一次携改装车到中国参展。约78家国内外媒体近100名记者参与报道展会情况，该展会的举办为今后组织该类展会积累了许多宝贵的经验。

四、出展项目坚持专业化市场化运作

（一）华交会法国展

本届展会抵住欧洲经济低迷压力，最终完成组团展位76只，好于预期。累计成交316.36万欧元，比上年上升100多万欧元。2012年是公司第三次参加法国展，公司依旧坚持融入成熟展会专业展区，积累办展经验，通过展会了解市场，通过实践获得商机。

（二）土耳其伊斯兰教展

212年公司凭借连续三届承办圣经展的出色表现，一举竞标获得土耳其伊斯兰教展的承办权。这是公司首次与国家宗教局直接签约的展会，实现了公司在文化展方面的又一次突破。在展览现场，公司的工作得到国家宗教局、伊斯兰教协会等各方面领导的高度评价，并赠予公司锦旗以示感谢。

（三）印尼展

印尼展虽已经举办了十一届，但本次印尼展却是商展公司本部第一次全盘接手操办。经过4个多月的努力，在保持展会原有规模的前提下，提高了展会的实际效果。共有40余家企业70个展位参展，现场及意向成交近1600万美元，在项目团队的努力下，实现首展平稳过渡并有所创新。

五、优质服务做好“短平快”项目

（一）台湾名品博览会

台湾名品博览会2012年首次巡展上海，公司受市商务委委托主要承办合作备忘录签署仪式、大会广告宣传和开幕式活动。公司根据承办政府项目的经验，主动向主办方提出多项合理化建议，与台北世贸中心也始终保持良好的沟通与合作关系，最终公司的工作得到主办方的充分肯定。

（二）京交会

公司主要负责上海组团参展京交会的全部硬件设计、布置及维护工作。凭借专业办展经验，在公司策划下“上海主题日”成为本届京交会的一大亮点，得到各方一致好评。

（三）外贸精品展

本届精品展展览面积为7700平方米，共88只展位，238家企业参展。4天观众达37000人次，办展的定位凸现了“B to C与B to B相结合，精品展示与现场销售相结合，商品展销与项目合作相结合，网上预约与网下洽谈相结合”。展会购销两旺，达到预期目标，人气方面超出预想。该项目将成为公司一个长期项目，在规模、内容及范围上都有一定发展空间。

六、发展趋向

2013年对于商展公司来说是创新转型发展，市场项目开拓进入关键阶段的一年，也必将是接受严峻考验的一年。党的十八大精神为公司指明了方向，创新思维、科学发展是公司发展的硬道理。在新的一年里，公司将全力以赴，抓住发展过程中不断出现的机遇，以取得更大的成绩。

东浩集团上海现代国际展览有限公司

总经理　张定国

上海现代国际展览有限公司是上海东浩国际服务贸易(集团)有限公司旗下的专业展览公司,全国首家通过 ISO9000 国际质量体系认证的展览主办企业,上海市会展行业协会副会长单位。拥有上海市会展行业第一批主(承)办机构一级资质、展示工程企业一级资质,并于 2004 年加入国际展览业协会(UFI)成为其正式会员。

公司的主营业务分为展览主办和展览展示两大板块。每年在上海主办 10 多个专业展览会,为各级政府部门、社会组织主办的展览展示活动提供专业策划、设计和制作"一站式"服务。

一、展览主办

2012 年公司自办展展会规模达到 31.62 万平米,位列沪上展览主承办企业自办展 10 万平米以上且单个展会 1 万平以上企业榜的第三位,国企第一位。全年共完成展览项目 10 个。其中广印展、建筑节能室内装饰展、照明技术设备展等已形成一定品牌知名度的展会在 2012 年均获成功,展出规模创历史新高。

2012 年广印展面积达到 18 万平米,涵盖新国际博览中心 15 个场馆和 1 个搭建的室外场馆。展览期间共吸引来自 20 多个国家和地区的近 1700 家展商参展,专业观众超过 12 万人次。展览面积较上年增长 20%。

建筑节能室内装饰展的面积首次达到 50000 平米,增幅 100%。加入集成住宅及轻钢遮阳和建筑给排水的展示内容,以专区形式展出,吸引大批专业观众到场,数量增幅显著。进一步巩固该展会作为上海乃至长三角地区规模最大的绿色节能建筑领域专业类展会的地位。

照明技术设备展不仅在展出规模和专业观众数量上继续保持稳步增长,并且展出内容专业化国际化程度提高显著,在业界进一步确立了行业领先的地位。年内,照明技术设备展顺利通过国际展览业协会(UFI)的审核,成为公司第三个经 UFI 认证的品牌展会项目。其他传统项目,比如生物技术仪器设备博览会、汽车材料及装配技术展览会等均顺利举办,达到了预期的目标。

2012 年,在全球经济形势仍不景气的情况下,公司未雨绸缪,经过充分调研,决心进军 B2C 展览市场。

十一黄金周期间,在世博展览馆举办

"国庆车展"和"假日儿童节——儿童启智展览会"。其中,国庆车展做到25000平米,儿童启智展做到9000平米,吸引逾100000名观众到场,数家主流媒体竞相报道,展会取得圆满成功。尤其是儿童启智展首届举办即取得成功,旨在将展会打造成为假日全家休闲购物教育娱乐的一种新选择。

12月又一个B2C展览新项目——首届绿色家装与材料博览会顺利开幕。该博览会旨在消费者中建立起一个短期集中的具有广泛性的建材装饰消费平台。举办规模达到12000平米,邀请到业内近百家建材、家装企业参展,在年末的家装市场再掀热潮。

二、展览展示策划、设计、工程搭建

上海中华艺术宫展览工程项目是公司继服务上海世博会后承接的又一重大政府展示项目,也是全年两项重点工作之一。

中华艺术宫由原上海世博会中国馆改建而成,定位是特大型美术博物馆,总建筑面积达到16.7万平方米,展厅面积6.4万平方米,是中国乃至亚洲最大美术馆之一。

作为中国馆改建中华艺术宫项目的展览工程总包方,现代国际负责项目实施的商务流程、内外协调、展品运输、深化设计、材料定制、现场施工等工作。工程阶段解决了许多意想不到的难点,克服"时间紧、任务重、规格高、条件苦"的困难,确保国庆节如期开馆。7天长假共接待观众逾10万人次,得到社会各界的高度认可和广泛好评,中共上海市委宣传部和上海市文化广播影视管理局联合发来感谢信予以表彰。这也是公司继参与服务上海世博会及后续展览项目外,完成的另一个具有政治意义、文化意义和社会责任的展示项目。

2012年,公司还承接并圆满完成韩国丽水世博会BIE馆"EXPO x EXPOS"系列巡展的总体展示项目。公司克服操作周期短,异地展览手续繁琐等困难,完成国际运输协调、展示搭建、电力安装、设备调试、展品就位、户外环境装饰等一系列工作,确保展馆在世博会期间的正常展出。

此外,继续做好世博会纪念展的后续运营维护工作;承接上海市检察院陈列厅以及闸北区检察院陈列室的展览设计工程项目;完成市发改委在青岛举办的循环经济展上海企业展区设计布展;圆满完成公司自办展的环境设计和主场搭建工作。

三、2012年获得的主要荣誉

荣获"2011年中国会展业十大展览工程企业"、上海市会展业"2011年度最佳企业"、"四星级诚信企业"等称号。在发布的《2011中国规模以上展览机构调研分析报告》、《2011中国专业展览会百强组展商》两份报告中,公司主办的上海国际广告印刷包装纸业展览会跻身国内368个规模以上(30000平米)主展项目的前30名,成为沪上规模最大的5强展会之一。现代国际位列2011年度中国专业展览会组展商百强榜前30位。

上海现代国际展览有限公司是一家致力于打造具有综合竞争实力和拥有自主品牌的展览企业,成立至今获奖无数,受到主管部门和业内同行的高度赞誉。连续7届14年荣获"上海市文明单位"称号、荣获"上海市名牌(服务类)"称号以及上海市总工会颁发的"五一劳动奖状",成为沪上业内唯一一家获得过以上这些殊荣的展览企业。

2013年,现代国际将以党的十八大精神为指导,按照总体目标要求,以发展主营业务为重点,全力推动企业的"十二五"发展规划落实,努力实现保持双超的工作目标,开好局,把好方向,争取开创现代国际业务争先,企业稳步发展的新局面。

上海国际广告展览有限公司

总经理
潘建军

一、概述

上海国际广告展览有限公司成立于1994年，由东方国际集团所属上海国际服务贸易集团与米奥兰特国际集团共同投资组建。经营范围包括组织出国展览、海外自主办展、国内自主办展、传媒与咨询服务和广告设计与运作等业务。公司受国家商务部和上海市政府委托，成功承办过两届沙特中国商品展等大型出国展会。公司是中国会展经济研究会副会长单位，UFI会员单位，是上海国际商会、上海国际贸易中心协会、上海市展览协会、浙江省会展行业协会会员。公司曾多次获"中国最佳出国展览服务单位"、"上海最佳出国展览服务单位"等荣誉。

2012年，公司为配合上海市商务委员会推动外贸出口工作，加大组织市内外企业赶赴国外参加各类商品贸易展览的工作力度，共组织34个行业的3000多家企业，组成200多个团组，赴28个国家参展，展位数达到4000个，出访人数超过6000人。同时，公司还主办多个海外、境内自主办展，海外自主办展主要包括"中国(约旦)商品展"、"Homlife中国家居品牌(全球系列)博览会"(波兰、迪拜站)等；境内自主办展有"第四届上海国际减灾与安全博览会"、"上海国际精品艺术展"。

二、第九届中国(约旦)商品展

由上海市商务委员会、上海市经济和信息化委员会、上海市国有资产监督管理委员会、上海市科学技术委员会和上海市教育委员会联合主办，邀请中国中小企业发展促进中心和安徽省，江西省，吉林省，河南省，甘肃省，湖北省，广西壮族自治区，宁波市，杭州市，青岛市，厦门市，温州，嘉兴市等省市共同主办，上海国际广告展览有限公司承办的第九届中国(约旦)商品展，先后于2012年9月9－12日成功举办第一期展览，9月17－20日举办第二期展览。

本届中国(约旦)商品展一期展览面积10000平米，设置建材及工程机械、五金及灯具、家具及户外用品、家电及电子消费品、纺织及皮革、礼品玩具赠品及家居用品、海外工程承包、安全防范及警用装备、实验及医疗设备9个展区。共有参展企业260家，现场登记专业观众12496名，累计成交总额5613万美元。二期展览面积达10000平米，设置工业及机械设备、广告印刷包装、电力新能源及环保水处理、食品及设备、汽车摩托车及配件、高新技术产品6个展区。共有参展企业232家、现场登记专业观众14712名，累计成交总额8973.8万美元。高新技术、新能源成为二期展会亮点，同期还举办中国(约旦)新能源会议以及中国企业新技术、新产品发布会。

商品展一期买家来自约旦、伊拉克、黎巴嫩、沙特阿拉伯、叙利亚、巴勒斯坦和埃及等37个国家和地区。与上届相比，买家数量增长,区域扩大,辐射力增强。

展会现场,建材、纺织、电子消费品成交踊跃,现场成交额 1122 万美元,意向成交额 4488 万美元。其中建材及工程机械设备展区现场成交额 216.09 万美元,比上届增长 23%;纺织及皮革展区现场成交额 531 万美元,比上届增长 25%;家电及电子消费品展区现场成交额 249.6 万美元;首次设置的安全防范及警用装备展区,现场成交额达 15.6 万美元。

三、第四届上海国际减灾与安全博览会暨第二届中国(上海)国际减灾与安全产业峰会

在联合国人道主义事务协调办公室、中国商务部、中国地震局、中国国家海洋局和四川省、浙江省、山西省、江西省、青海省、甘肃省等有关部门支持下,由上海市商务委员会、四川省都江堰市政府主办,民政部国家减灾中心联合主办的"2012 第四届上海国际减灾与安全博览会暨第四届中国(上海)国际减灾与安全产业峰会"(以下简称:第四届上海国际减灾展)于 10 月 10－12 日在上海成功举办。

本届展会展览面积 12000 平方米,室内外总展位数 480 个,分别较上年增加 20% 和 10%。展会按照专业设置细分出 11 个展区。展商有来自美国、德国、加拿大、韩国、新加坡等国内外近 200 家企业,比上年增长 7%。其中境外(含外商投资企业)39 家、103 个展位,分别占 20%、21%;上海市外资企业 89 家、264 个展位,分别占 45%、55%;上海市企业 68 家、113 个展位,分别占 35%、26%。

本届展会共登记到会观众 5981 人,其中海外观众 385 人(来自 47 个国家和地区),占总人数的 7%,门禁系统统计刷卡记录进场 7367 人次。

本届展会各参展单位共达成交易 5604 万元,与上届展会持平。其中现场成交 2032 万元,比上届展会高出 15%;意向成交 3572 万元,比上届展会略有下降。

第四届上海国际减灾展举办了多个会议论坛。包括:1. 上海·都江堰国际减灾与安全论坛,2. 第二届上海国际航空应急救援大会,3. 上海市水利学会防汛抗旱专业委员会

2012 年上海国际减灾与安全博览会于 10 月 10 日在上海世博展览馆开幕

会议,4. 上海市城市发展公共安全与灾害论坛,5. 军民融合 - 应急装备与产品研讨会,6. 国际危机管理协会亚太区年会,7. 通讯在减灾领域的应用研讨,8. 上海市高校校园安全会议研讨会。

本届展会主要有如下特点:

1. 联合主办、支持、协助、特别参与协办、海外协办单位阵营继续扩大,新增了10多个政府部门和经济技术单位,进一步加大各方支持力度,凸现"国际平台 · 全球合作"特色。

2. 展会规模扩大,展区设置更加专业、细化。本届上海国际减灾展跳出前两届重点针对地震灾害为主的范畴,定位成大减灾和大安全。在对展会的受众群体重新进行定位的基础上,把保障设备与技术、救援物资、防火技术与设备、应急通讯、搜救技术与装备、应急医疗和信息安全作为本届展会的招展重点,取得成功。来自美国、德国、加拿大、韩国、新加坡等国内外近200家企业参展,比上年增长7%。在展览规模成倍增长的同时,展会展出减灾与安全的新技术、新成果、新产品得到各方的一致称赞。

3. 开展减灾产品"进家庭,进社区,进超市,进教育""四进入"活动。通过数年以来对灾情的了解和关注,发现减灾产品不仅仅是政府需要采购,提高广大市民的防灾的能力更是势在必行。为了方便广大市民更好的掌握防灾自救能力,让他们在超市可以买到、在社区可以配备各类民用减灾产品;宣传在日常教育中不断普及安全意识;组织展商在展会现场向市民售卖应急包、手摇式发电设备、破窗器等人民群众日常生活中可以用到的减灾小产品,并进行相关的对接活动,与沪上包括沃尔玛在内的几大超市负责人进行对接。

4. 开展现场公益活动,促进公益性事业。为了发扬公益精神,搭建公益平台,展会组委会特意在展会现场,开展了3场大型公益性活动。

四、第三届中东(迪拜)中国家居产业博览会

作为"HOMELIFE 家居展"的中东站,以及我国在中东著名的会展聚集地迪拜自主独

2012 年 12 月 4—6 日在阿联酋迪拜举行的"迪拜 homelife 家居展"

立举办的首个国别专业主题展会，“第三届中东（迪拜）中国家居品牌博览会”（以下简称“迪拜 HOMELIFE 展”）于2012年12月4－6日在阿联酋迪拜世界贸易中心隆重举行。本届展会由上海市商务委员会、上海市经济和信息化委员会牵头主办，江西、山西、宁波、杭州、青岛等省市联合主办，河南省、河北省、广州、南通、绍兴、苏州、嘉兴、金华、镇江、无锡、泰州等省市贸促会协办。在多方协力下，经3年的精心培育，迪拜 HOMELIFE 展已成长为我国在海外自主办展规模最大的展会之一。

本届展会参展企业数、展位数、人员数、展品种类均较上届翻了一倍多。展览面积15000平方米，使用全球最大最先进的展馆之一的迪拜世界贸易中心3个展馆，参展企业316家，参展人员800余名，展位600个，展品15000余种。展会根据中东市场需求量最大的适销产品类别，设置十大展区：纺织服装展区、家居用品展区、家具展区、家电展区、灯具展区、厨卫展区、室内装修装饰展区、体育健身用品展区、园林休闲用品展区、家育展区。

据 Worldwide BPA 认证组织专业统计，展会吸引了来自阿联酋、印度、沙特、卡塔尔、埃及、肯尼亚、伊朗、科威特、约旦、伊拉克，以及美国、英国、法国、俄罗斯等约62个国家的客商6135人到会洽谈采购，较上届增长31%。展会现场成交额1750万美元，意向成交额7530万美元，累计成交9280万美元。

展会不论是前期宣传还是现场展示，都着力突出“品牌”、“品质”的主题，摆脱了一贯以来中国产品给人的廉价、低质量的印象。

塑造中国家居出口区域品牌、助推地区实现经济转型、产业升级是展会的办展宗旨之一。通过组委会三年的努力，本届展会在区域品牌合作推广上取得了质和量的双重突破。展会在原有国内发达产业集群区域品牌宁波家电、上海家纺家具、杭州家纺、苏州家纺等以更大规模抱团参展的基础上，又新添国内知名家纺服装出口基地南通和绍兴展团亮相展会。这是两大基地的商务主管部门首次大规模组团在中东市场推广尝试，引导企业开拓新兴市场。

本届展会上 Worldwide BPA 第三方展会认证再次派专业人士在现场进行数据核查，访问买家。BPA 认证的入驻，代表着主办方将展会培育成真正具有国际化竞争力的主流品牌展会的决心。

五、上海国际精品艺术展览会

在文化部中外文化交流中心、中国上海国际艺术节中心的大力支持下，在上海古玩经营协会、上海宝玉石行业协会和中国上海国际艺术节之友俱乐部等单位的大力协助下，作为“中国上海国际艺术节”的重要组成部分的“首届上海国际精品艺术展览会”（以下简称：上海精品艺术展）于11月11日下午在上海展览中心圆满落幕。此届展会为期9天，为国内藏家及艺术爱好者提供了一场视觉盛宴。

上海精品艺术展的策展定位是打造与“法国古董双年展”、“布鲁塞尔古董与美术展”、“马斯特里赫特欧洲艺术与古董博览会”等世界七大精品艺术展齐名的中国第八个国际精品艺术展。

本届上海精品艺术展总展出面积3500平方，共有24家来自法国、比利时、意大利、美国等海内外知名艺术品国际经销商携500多件大师级艺术品参展。本次展会共有参观观众3873人。其中国内观众3160人、海外观众713人。

在本届展会9天的展期中，展品总价值数百亿元，总计意向成交额达10亿元左右。古董座钟及手表、欧洲18世纪的油画、皇室玩物，以及路易15的水晶灯和烛台成为本次展会成交最火爆的展品；价格较高的珠宝，达成意向较多，但现场直接付款购买者较少；100万以下的艺术品成交速度最快。

本届上海精品艺术展主要有以下几大特点：

1. 所有参展作品均为稀世名家名作。如参展的毕加索作品《母与子》是这位现代艺术大师难得的柔情作品，创作于1965年，此次来沪是第一次在中国展出。比利时一家画廊带来一对18世纪的对枪，其制作者是凡尔赛宫的工匠，当时是皇家贵族之间赠送的礼物。

2. 参展的展商都是在全球艺术界享誉盛名的顶级艺术品国际经销商。比如来自巴黎的马萨卡画廊，来自美国的图卢兹画廊，来自中国香港的艺术门画廊和马凌画廊等，其中更有一批经销售商是几代传承的艺术品世家。

3. 保真的销售方式。本次展会所有展品均以保真的模式销售，保证每一件展出的艺术品均为真品，让每一位收藏家都能在理性的交易环境下，购得自己心仪的艺术品。

4. 海外参展商占比高。本次展会的海外参展商和海外艺术品达到总展商和展品的80%，是目前上海乃至国内艺术类展会中国际化程度最高的展览会。

此外，展馆布置精美、社会名流云集展会现场和精致的服务匹配精品的展会等，也是本届展会的几大特色。

上海博华国际展览有限公司

一、概述

上海博华国际展览有限公司是总部位于伦敦的上市公司UBM集团在中国的中外合作企业,由上海华展国际展览有限公司和博闻亚洲有限公司联合组建而成。开创至今21年来,上海博华始终坚持以"BE THE BEST－追求卓越"为价值观和己任,通过公司高素质、国际化的专业团队,协同全球相关政府部门、行业协会组织及传媒机构等合作伙伴,推出了一系列受到展商与观众认可及好评的国际性展会及专题会议。上海博华目前每年主办酒店设计装饰、游艇休闲、食品、制药原料、家具及原辅材料4大板块34个主题系列展服务于家具、建筑、酒店、清洁、游艇、休闲,制药、食品原料以及照明等十几个行业,总展出面积达66万平方米,并拥有6个B2B网站和4本专业刊物。据上海市会展行业协会发布的权威数据显示,上海博华在2012年办展总规模10万平方米以上的企业排名中位居第一。

上海博华举办"世界家具大会"、"世界睡眠产业大会"、"百瑞斯塔世界咖啡师大赛"、"世界调酒师大赛"等各类精彩活动、赛事总计230余场,拥有家具在线,酒店用品在线,清洁产品在线,木工制造在线,制药在线和游艇在线等六大专业B2B网站,注册买家突破10万人,供应商超过6000家,每月询盘数量达到2000个。"展网联合"模式已逐步进入成熟期,到2015年B2B营业额的预计要超过2000万元。

HDD展会现场披萨花抛秀

HDD 展会现场实况

上海博华通过出版行业刊物、架设行业、B2B 网站，把传统展览会的形式延伸到了媒体出版以及互联网在线服务等领域来构建行业平台，并结合公司呼叫中心数据库营销服务，活动管理新兴业务进行整合资源以更好的为客户进行全方位的服务，上海博华国际展览有限公司已经成为一家综合行业解决方案供应商。

上海博华在国内的上海、北京、广州和成都设有办事机构。

二、发展与展望

随着国际、国内市场的不断变化，2015 年虹桥新馆的建成，博华现有四大主题板块的相对饱和，2015 年新的展览竞争格局等不确定因素，时代带给公司的是机遇和挑战并存的局面。

为了业务发展的需要，博华将在现有会展版块的基础上通过创新、引进，收购与兼并一些新项目，为公司及项目未来的发展奠定坚实基础。与此同时，博华还计划组建一个开发部，专门研究公司第五大产业群的全新展会，以风险投资的模式来打破公司现有的四大展的格局。

2012 年博华公司举办展会面积已突破了 66 万平方米，预计将在 2013 年达到 75 – 80 万平方米的总规模。

三、企业社会责任 CSR

博华公司所取得的成功业绩，离不开公司员工的努力与付出，离不开社会大环境的协作与支持，公司应该承担对员工、对社会与环境的企业社会责任，回报社会，已经在进行中的 CSR 有：

（一）保护环境的责任

1. 倡导“绿色展会”的理念，使用环保与可回收的展会搭建材料，尽可能使展会材料能够重复使用、循环使用；2. 进行办公节能计划，提倡员工节约用水、用电等，规定空调使用月份与温度限制，减少纸张打印，鼓励使用二手纸打印。

（二）对员工的责任

1. 定期或不定期地对员工进行培训，做到人尽其才，才尽其用；2. 为员工提供职业发展的平台与空间；3. 营造安全良好的工作环境。

（三）对社会的责任

1. 为在校大学生提供实习见习的工作

岗位；2. 与大学建立校企合作，建立教学实训实习基地，使大学生教学相长，学以致用；3. 为大学生、贫困生提供奖学金，鼓励品学兼优的学生。

2013年展览会一览表

April 1 - 3, 2013 上海新国际博览中心 SNIEC　www.hddshow.com　B2B网站: www.dandd.com.cn（四月 酒店用品、建筑装饰、设计、食品、饮料、照明、清洁 Hotel, Shop, Building, Ceramics, Design, Deco, Lighting, Hotel Furniture Finefood, Coffee & Tea）

第二十一届中国国际建筑装饰展览会	Expo Build China 2013（www.expobuild.com）
第十四届中国国际建筑陶瓷卫浴科技精品展览会	Ceramics, Tile & Sanitary Ware China 2013（www.ceramics-china.cn）
W3国际精品设计展	Expo Deco 2013
2013世界节能环保与生态建筑中国展	Ecobuild China 2013（www.ecobuildchina.com）
2013中国(上海)国际建筑涂料展览会	Expo Coat China 2013
2013中国(上海)国际酒店与建筑照明展览会	Expo Light 2013（www.expolight.cn）
2013上海国际商场设计、装饰与用品博览会	Expo Shop 2013（www.exposhop.com.cn）
上海酒店设计与工程展览会	Shanghai Hospitality Design & Engineering Expo（www.hdeexpo.com）

April 1 - 3, 2013 上海新国际博览中心 SNIEC　www.hotelex.cn　B2B网站: www.hotelexchina.com

第二十二届上海国际酒店用品博览会	HOTELEX Shanghai 2013
2013上海高端食品与饮料展览会	Expo Finefood 2013（www.expofinefood.com）
2013中国国际酒店家具展览会	Hotel Furniture China 2013
2013第十届上海国际葡萄酒与烈酒展览会	Winexpo 2013

April 1 - 3, 2013 世博展览馆 SWEECC　www.chinacleanexpo.com　B2B网站: www.clean-china.com

第十四届中国清洁博览会	China Clean Expo 2013

HDD Hotelex · Design & Deco www.hddshow.com

April 11 - 14, 2013 上海世博展览馆 SWEECC　www.boatshowchina.com（四月 游艇、时尚生活 Lifestyle）

第十八届中国国际船艇技术设备展览会 暨2013中国(上海)国际游艇展	18th China (Shanghai) Int'l Boat Show 2013
2013中国(上海)尚品生活展	Expo Life Style 2013（www.expolifestyle.com）
2013中国(上海)休闲产业展	Expo Leisure 2013（www.expoleisure.com/）

June 25 - 27, 2013 上海新国际博览中心 SNIEC　B2B网站: www.cphi.cn(内贸网)　www.cphi-online.com(外贸网)（六月 制药、食品原料 Ingredients）

第十三届世界制药原料中国展	CPhI China 2013（www.cphi-china.cn　www.cphi-china.com）
2013世界制药机械、包装设备与材料中国展	P-MEC China 2013（www.p-mec.cn　www.pmec-china.com）
2013世界合同定制服务中国展	ICSE China 2013（www.cphi-china.cn）
2013世界生化、分析仪器与实验室装备中国展	LABWorld China 2013（www.cphi-china.cn）
第十五届亚洲食品配料中国展	Fi Asia-China 2013（www.fia-china.com）
第十五届健康原料天然原料中国展	Hi / Ni China 2013（www.fia-china.com）
2013天然及营养保健品中国展	NPC 2013（www.npcexpo.com）

Sept. 11 - 15, 2013 上海新国际博览中心 SNIEC　www.furniture-china.cn　B2B网站: www.furnitureinchina.com（九月 家具 Furniture）

第十九届中国国际家具展览会	Furniture China 2013
第十九届中国国际办公家具展览会	Office Furniture China 2013
2013中国国际家居饰品展览会	Home Furnishing China 2013
2013中国国际橱柜展览会	Kitchen & Cabinet China 2013
2013中国国际设计师作品展示交易会	China International Design Trading Expo 2013

Sept. 11 - 14, 2013 上海世博展览馆 SWEECC　www.fmcchina.com.cn（九月 家具生产设备与材料 FMC）

第十九届中国国际家具展览会生产设备及原辅材料展览会	Furniture Manufacturing & Supply China 2013
2013中国国际家具配件及材料精品展览会	FMC Premium 2013

Dec. 3-5 2013 上海国际展览中心 INTEX（十一月 葡萄酒 Wine）

2013上海国际葡萄酒与烈酒展览会	Winexpo 2013

上海协升展览有限公司

上海协升展览有限公司承办的中国国际自行车展览会(简称“中国展”或“CHINA CYCLE”),自1990年创办以来,经过23年的努力和不断探索、创新,现已成为世界三大自行车品牌展之一。它是全球最具规模、产品覆盖面最广、专业活动最丰富、能代表国内外行业发展水平的专业化国际性展览会,被全球行业领导者视为两轮车行业的首选商贸平台。

“中国展”已成为全球自行车业界贸易、交流、资讯的最佳平台。“第二十三届中国国际自行车展览会”与同期举办的“中国国际电动车及零配件展览会”、“中国国际户外用品(骑行装备)展览会”及“2013中国国际摩托车零部件交易会”三展共同构建一个集展览、交易、设计、资讯、文化、竞赛为一体的全球性多功能综合平台。

2013年5月6—9日,第二十三届中国国际自行车展览会在上海新国际博览中心隆重举行。以“立足两轮文化,共筑骑行风尚”为主题的“2013中国展”,汇聚来自意大利、瑞士、荷兰、法国、德国、英国、美国、葡萄牙、西班牙、匈牙利、奥地利、瑞典、土耳其、日本、韩国、印度、泰国、巴基斯坦、马来西亚、新加坡、南非、中国、中国香港和中国台湾等24个国家和地区的知名企业,其中境外展商达108家,国内自行车整车展商近220家,电动车、摩托车及相关产品展商130家,骑行装备展商134家,自行车零配件展商680多家。随着中国中高端自行车市场的极速扩张,国外自行车品牌在国内抢占市场份额,由此本

第二十三届中国国际自行车展览会一角

届海外企业的参展数与上届同比增长18%，新开办的骑行用品展的参展企业数与去年设专馆类比增长20%，双双再创历史新高。

一、创新技术引领自行车市场趋势

随着科学技术的飞速发展，两轮车的生产及研发技术有着日新月异的变化。企业纷纷采用顶尖科技、创新技术为人们带去非凡的骑行享受。“2013中国展”为这些领跑技术提供展示的平台，并在展会现场大放异彩。

中国作为公认的“自行车王国”正向产业王国迈进，中国自行车产业在国际上始终保持着产量的领先优势。近几年，不少国际知名品牌纷至沓来，展示自行车行业先进的生产技术和领先的科技含量，并与国内外参展商和贸易商开展良性互动，促进和带动国内的自行车行业持续发展。

自2011年推出锂电池电动自行车至今，电动自行车这款极具创意的革命性交通工具，以时尚、轻盈、简约的车身设计，高效、安全、环保的锂离子大容量电池，满足了体积小，重量轻，续航久等多种骑行的需求。“2013中国展”中，电动车企业纷纷慕名而来，竭尽所能的将锂电车和锂电池之优点向观众展示。

二、国际属性不断增强彰显综合实力

“2013中国展”的境外参展企业再次刷新历史记录，更多的自行车领军品牌慕名而来，从“中国展”起步，开启中国市场的大门。

值得一提的是，“2013中国展”在不断刷新展览规模等历史数据的同时，进一步增强其国际属性。本届展会更是吸引了来自南非SwiftCarbon、新加坡CREATE BIKES、瑞典PRONORDIC和土耳其TOSKANO四个全新国别的展商前来参展，“中国展”在提升品牌魅力和海外影响力的同时，也凸显“中国展”作为全球自行车业界最具凝聚力、影响力和知名度的展览会。

三、由“馆”变“展”万众瞩目，打造展会聚焦点

与“第二十三届中国国际自行车展览

第二十三届中国国际自行车展览会上的产品展示

第二十三届中国国际自行车展览会上的产品展示

会”同期举办的“2013 中国国际户外用品(骑行装备)展览会”(简称:“2013 户外骑行装备展”),因其迎合市场需求而成为“中国展”的又一夺人眼球的亮点,从而吸引 YAKIMA、Küat、拓步、跨速、捷酷、佳瑞达、达恩、圆茂、锐竞、路歌等众多国内外知名户外用品、骑行装备企业争相报名参展。倾力全新亮相“2013 户外骑行装备展”成为国内外优秀户外骑行装备品牌进驻中国中高端运动自行车市场的绝佳平台,因此大大提升了“2013 中国展”的整合性和权威性。

“创新示范展”作为今年“2013 中国展”的一台“重头戏”,是“中国展”23 年来一个重大突破,显示中国自行车行业力求变革与创新的决心。“创新示范展”的展示内容主要由四个部分组成,包括:创新产品评选、超设计展区、骑行文化和特色产业区。以“展示企业产品、演绎时尚潮流、秀出品牌文化”为主旨的创新示范展,全方位展现中国自行车产业最前沿动态以及国内外最新行业领域的成就,从而探寻出中国自行车未来发展趋势。

四、“六大活动”亮点纷呈,活力与潮流轮番登场

展会期间,丰富多彩的现场活动将自行车与摄影、时尚、活力、创新相结合,使骑行文化融入生活,共同筑造精彩纷呈的“2013 中国展”。

1. “CHINA CYCLE 2013 创新产品评选”为新设计、新技术、新材料、新工艺提供角逐和展示的舞台,所有获奖产品在 2013“中国展”的“创新示范展”中逐一展出,通过评选实现文化驱动,鼓励科技创新。

2. “2013 中国国际极限运动单车大师赛”汇聚 10 个国家及地区的 80 名实力超群的中外运动员,惊险刺激的比赛,热闹无比的气氛,吸引着数万名观众驻足观看,成为最具人气的活动之一。

3. “第三届美利达杯——骑行,演绎生

中国国际极限运动单车大师赛的精彩表现

活新时尚自行车摄影大赛”于2013年4月1日全新启航,为“骑摄达人”们提供专业展示平台,通过镜头聚焦两轮车今非昔比的巨大变化和低碳生活的全新理念。

4.“凯路仕——2013 CHINA CYCLE 时尚秀”在展会现场通过4天14场活力四射的动感表演,集中展示骑行服、头盔、折叠车、整车等主打产品,为观众带来极富感染力的视觉盛宴。

5.“TTGO——世界品牌自行车试骑活动”为更多爱车一族与品牌自行车零距离接触搭建骑行平台,汇集 BIANCHI、BH、CATEYE、LOOK、ORBEA、SPECIALIZED、TTGO、捷弟巴客、捷安特、美利达、凯路仕、行升等知名世界品牌,让试骑者亲身体验,直观享受!

6.“最佳企业展台评选”通过专业的评审委员对展台实物现场打分,不断鼓励企业采用绿色、环保和安全的方式进行展台设计和搭建,共同营造一个和谐、时尚、创新和安全的展览氛围。

2013年的“中国展”,“展台精品”聚集了国内外领先科技和创新材料,“展中活动”融汇着骑行文化、环保出行的经验共享,“摩托车采洽会”打造商贸洽谈与理想配对,“和谐展会”促进贸易合作与产业共荣。

实现“展贸共同发展”之路任重而道远,“中国展”将继续求索,取势谋远,厚积薄发。

第三编

开 发 区

保税区·开发区·工业区
园区重大项目介绍

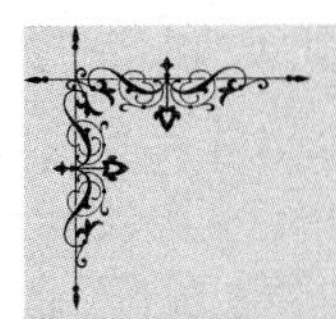
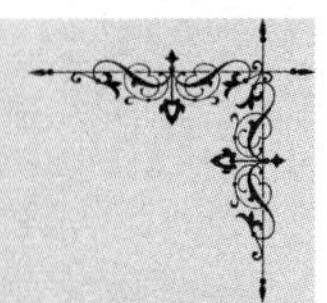

一、保税区、开发区、工业区

上海金桥经济技术开发区

管委会主任
朱嘉骏

一、概述

2012年是实施“十二五”规划的承上启下之年，也是金桥出口加工区更名为“上海金桥经济技术开发区”第一年。金桥开发区按照“创新驱动、转型发展”的工作要求，紧密结合“二次开发、创新转型”的发展构想，在各个园区开发主体的共同努力下，经济社会发展迈入新起点，取得新进展。

（一）开发区主体各项指标

2012年，金桥开发区经济运行遭遇到前所未有的挑战和考验。一方面，受全球经济放缓特别是欧债危机的影响，欧美一些国家放缓对中国大陆的投资，并相继出台相关鼓励政策吸引本国在外投资企业回流。另一方面，在招引高端制造业项目和维持既有项目产出上面临着双重挑战和考验，出现“增量项目带动有限、存量项目产能萎缩”的困难局面，各项经济指标“有升有降”，与年初预期基本一致，显现出“总量不变、结构优化”的特点，具体表现为“工业生产持续下滑，经济运行压力增大；营业收入迅猛增长，经济总量保持不变；财政收入形势严峻，税收贡献小幅减少；内外投资规模增加，招商引资势头良好。”

1. 实现工业总产值1998亿元，比上年下降16.1%。其中，金桥园区完成工业产值1883亿元，比上年下降15.9%；南汇园区完成工业产值115亿元，比上年增长1.46%。

2. 完成税收收入367.66亿元，完成率94.4%。其中，金桥园区完成税收收入338.87亿元；南汇园区完成税收收入6.31亿元；金桥经济中心完成税收收入22.48亿元。

3. 完成地方财政收入29.51亿元，完成率88.3%。其中，金桥园区完成地方财政收入17.53亿元，比上年下降7.7%；南汇园区完成地方财政收入1.54亿元，比上年下降19.02%；金桥经济中心完成地方财政收入10.44亿元，比上年增长4.7%。

4. 完成内资注册资本73.08亿元，比上年增长45.1%。其中,金桥园区完成内资注册资本23.95亿元,比上年增长39.55%;南汇园区完成内资注册资本17.86亿元,比上年增长288.26%;金桥经济中心完成内资注册资本31.28亿元,比上年增长9.33%。

5. 吸引合同外资5.58亿美元,比上年增长31.59%。其中,金桥园区吸引合同外资4.43亿美元,比上年增长45.5%;南汇园区吸引合同外资7000万美元,比上年下降12.1%;金桥经济中心吸引合同外资4500万美元,比上年增长12.36%。

6. 实现实到外资5.02亿美元,完成率172.5%。其中,金桥园区实到外资3.53亿美元,比上年增长71.52%;南汇园区实到外资5596万美元,比上年增长19.06%;金桥经济中心实到外资9265万美元。

7. 完成固定资产投资90亿元,完成率100%。其中,金桥园区完成固定资产投资75亿元,比上年增长19.33%;南汇园区完成固定资产投资15亿元,比上年增长16.85%。

(二)空港工业园区各项指标

空港工业区全年完成规模以上工业总产值211.01亿元。其中,川沙经济园区完成68.99亿元,祝桥空港工业园区完成106.92亿元,老港化工工业区完成35.1亿元;吸引合同外资8358.67万美元。其中,川沙经济园区完成1430.67万美元,祝桥空港工业园区完成6713万美元,老港化工工业区完成215万美元;实到外资4617.08亿美元。其中川沙经济园区完成1127.68万美元,祝桥空港工业园完成3228.8万美元,老港化工工业区完成260.6万美元;完成内资注册资本11.02亿美元。其中,川沙经济园区完成4.44亿元,祝桥空港工业园区完成3.58亿元,老港化工工业区完成3亿元;完成税收收入14.89亿元。其中,川沙经济园区完成6.73亿元,祝桥空港工业园区完成5.66亿元,老港化工工业区完成2.5亿元;完成固定资产投资9.24亿元。其中,川沙经济园区完成3.85亿元,祝桥空港工业园区完成4.29亿元,老港化工工业区完成1.1亿元。

二、招商引资

(一)大力发展战略性新兴产业,全力推动园区转型升级

金桥开发区以引进战略性新兴产业项目为抓手,将战略招商作为金桥产业提升和结构调整的重中之重,重点吸引符合金桥产业发展方向、有利金桥主导产业发展、促进金桥产业链不断完善的战略性高价值项目,不断抢占发展先机。坚持内外资引进和增资并举、扩大企业投资和延伸产业链并重,不断提高战略招商质量和水平。金桥管委会着重走访了经市商务委认定的18家跨国公司地区总部,并配合市发改委、商务委等部门的总部调研、座谈会等形式,了解跨国总部的需求,推介总部政策,增强跨国公司地区总部集聚

上海金桥经济技术开发区全景图

金桥、创新发展的信心。落实浦东新区服务中央企业战略发布会金桥签约项目的准备工作，本次战略发布会金桥4个中央企业协议投资超过百亿元。同时，积极洽谈新增跨国公司地区总部、区域性总部及国内大企业总部项目。重点推进上海贝尔增资、默克液晶材料、波士顿科学、沃尔沃总部、艺康(中国)业务整合等重点项目。

(二) 积极探索“园中园”招商模式，加快建立招商战略合作机制

针对开发区规划内土地面临空间资源制约等实际，充分利用开发区园中园、老工业厂房专业化改造等空间资源拓宽招商形式。通过与华虹创新园、腾飞总部园、万国企业中心、金领之都等园区的合作，完善招商战略合作机制，探索创新合作方式，进一步提升金桥发展以总部、研发、创新为导向的高端生产性服务业发展水平、提升高新技术产业和高技术服务业的发展水平。加快形成鼓励园中园投资管理方提高招商能级的激励机制，确保园中园入驻项目符合园区产业导向，并最大限度提升金桥开发区的经济规模、质量和产业结构，促进金桥产业链不断完善。

(三) 进一步完善战略招商服务体系，营造具有竞争力的投资环境

围绕战略招商、优化产业结构、转变发展方式等重点，通过制定与外资优势产业发展和企业运营密切相连的扶持引导政策弥补政策弱势，促进外资项目有效集聚落户。从外资企业经营流程特点出发，制定个性化服务管理机制，帮助外资企业减少发展运营过程中的摩擦力。用优质服务赢得企业认可并增强企业与开发区之间合作相融程度。

秉承“服务经济、服务企业、服务项目”的理念，全面推进落实工商、税务、质检等部门开展驻地审批服务，建立健全“一门式”的审批和服务机制。进一步优化实施并联审批，缩短审批用时。不断提高审批效率和质量。健全项目引进沟通协调和跟踪服务制度，妥善处理项目建设矛盾，确保重点项目“早落地、早开工、早产出”，为招商引资和开发区转型营造更好的投资环境。

2012年利用外资情况表

利用外资方式	批准外资企业			合同外资		实到外资	
	项目数(个)	总投资额(万美元)	比上年(±%)	外资金额(万美元)	比上年(±%)	外资金额(万美元)	比上年(±%)
合　计	35	83227	17.1	48827	34.18	40073	45.01
外商直接投资	35	83227	17.1	48827	34.18	—	—
其中:合　资	9	13721	-70.6	8387	-1.93	—	—
合　作	—	—	—	—	—	—	—
独　资	26	69506	34.4	40440	41.67	—	—

说明：表内数据(不含南汇工业园区)

2012年外商投资行业(或产业)分布情况表

行业(或产业)	项目数		投资总额		合同外资		实到外资	
	个数	占比(%)	金额(万美元)	占比(%)	金额(万美元)	占比(%)	金额(万美元)	占比(%)
合　计	35	100.00	83327	100.00	48827.0	100.00	40073	100.00
生产型项目	2	5.71	48936	58.73	6533.6	13.38	—	—
非生产型项目	33	94.29	34391	41.27	42293.4	86.62	—	—

说明：表内数据(不含南汇工业园区)

2012 年外商投资主要来源地情况表

国别(地区)	项目数(个)	投资金额(万美元)
日　本	7	2681.01
美　国	6	25224.40
德　国	5	17724.11
中国香港	4	24558.83
韩　国	2	68.00
瑞　士	2	15.79
中国台湾	2	210.03
瑞　典	1	3514.11
新加坡	2	56.03
西班牙	1	65.03
爱尔兰	1	9000.00
意大利	1	29.65
印　度	1	80.00

历年累计外商投资情况表(不含南汇工业园区)

性　质	企业数(个)	总投资额(万美元)	总合同额(万美元)
合　计	809	1953850.0	849180.0
合资企业	154	430984.4	168987.2
合作企业	23	1357893.6	83524.8
独资企业	632	164972.0	596668.0

三、对外贸易

2012 年,金桥出口加工区外贸进出口出现下降态势。据海关统计,加工区全年完成进出口总额 93.55 亿美元,比上年下降 27.2%。

全年外贸出口完成 425570 万美元,比上年下降 16.7%。其中一般贸易 147034 万美元,比上年下降 14.4%,占 34.6%;进料加工完成 260077 万美元,比上年下降 17.2%,占 61.1%;来料加工完成 17376 万美元,比上年下降 26.9%,占 4.1%。

外贸进口完成 509940 万美元,比上年下降 34.0%。其中一般贸易完成 406015 万美元,比上年下降 33.3%,占 79.9%;进料加工完成 70794 万美元,比上年下降 38.1%,占 13.9%;来料加工完成 8954 万美元,比上年下降 19.0%,占总量 1.8%。

出口商品中,机电产品占全区出口的主导地位。全年机电产品出口 385270 万美元,占全区出口总额的 90.5%,比上年下降 17.9%。其中,机械设备完成 192504 万美元,占全区出口总额的 45.2%,比上年下降 4.1%;电器及电子产品完成 143657 万美元,占全区出口总额的 33.8%,比上年下降 37.4%。

2012 年主要出口商品情况表

商品类别	出口额(万美元)	占比(%)	比上年(±%)
机械设备	192504	45.2	-4.1
电器及电子产品	143657	33.8	-37.4
仪器仪表	29104	6.8	-7.5
运输工具	16809	3.9	238.6

2012 年,金桥出口加工区出口企业中居前10 位的出口大户(占出口总量超过6成),仅有3 家企业较上年增长,其他企业均有不同程度下降。增长的3 家企业是理光数码、通用汽车、日立家用电器,分别比上年增长21.2%、148.6%和13.2%。

2012 年出口额排名前10 位企业情况表

序号	企业名称	出口额(万美元)	比上年(±%)
1	上海夏普电器有限公司	61463	-7.80
2	上海贝尔股份有限公司	48610	-41.77
3	上海理光数码设备有限公司	43038	21.20
4	上海通用汽车有限公司	20725	148.61
5	欧姆龙(上海)有限公司	19605	-5.90
6	上海惠普有限公司	19331	-10.40
7	上海日立家用电器有限公司	19242	13.22
8	克丽丝汀．迪奥(上海)香水化妆品有限公司	14772	-23.04
9	上海京瓷电子有限公司	12693	-22.28
10	泰克科技(中国)有限公司	11752	-8.31

2012 年,加工区出口商品主要输往地中,拉丁美洲比上年增长85.3%,其中输往哥伦比亚的商品金额比上年增长1547%。但出口至其他各大洲总额都有不同程度下降,亚洲比上年下降12.8%,北美洲下降16.1%,其中出口至美国的商品金额下降15.8%;欧洲、非洲和大洋洲的降幅也分别达到36.1%、42.9%和23.2%。

四、区域开发与建设

(一)加强规划研究和编制,促进区域协调发展

建立开发区管委会和上海市城市规划设计研究院的战略合作机制,组织开展开发区空间战略规划研究,在此基础上有序推进产业、公共中心、交通等各专题研究,为金桥转型升级提供有力的技术支撑。组织开展金桥汽车备用Ⅳ城市设计国际方案征集,引入优秀规划理念,加强规划指导,并以此进一步提升金桥开发区的战略地位。根据“优二进三”的发展战略,结合金桥开发区20 年来的发展历程,围绕土地“二次开发”,积极开展产业结构调整中涉及规划、土地等瓶颈问题的研究,为金桥的可持续发展挖潜资源。积极推进南汇工业园区大治河以南区域概念规划编制工作,根据市局要求对规划方案作进一步修改、完善,争取尽快纳入规划报批程序。围绕重大项目,配合新区规土局积极做好金桥出口加工区金桥汽车备用地Ⅳ、金桥

地铁停车场上盖的规划编制、报批工作。围绕“美丽的金桥我的家”的主题，积极推进金桥开发区公共空间景观风貌概念规划的研究编制等工作。

（二）深化国家生态示范园区建设，推进园区可持续发展

按照年初明确的2012年生态园区建设的工作目标和具体项目，巩固国家生态工业示范园区品牌创建成果，加强生态创建工作长效机制研究，形成生态发展新思路，促进开发区可持续发展。以低碳发展实践区试点工作为契机，将产业低碳示范作为深化园区生态化建设和生态文明建设的一项重点工程。不断完善金桥国家生态工业示范园区建设的特色项目，扩大项目的覆盖面、加强项目的有效性、提高项目的影响力。进一步完善生态信息服务、再生资源公共服务、环境监测实验室等公共平台建设，促进企业之间废物交换、产业共生和废弃物的资源化利用。

2012年5月，金桥的“国家环境保护废弃电器电子产品回收信息化与处置工程技术中心”项目，获国家环保部的批复。11月，金桥建设国家生态工业示范园区的案例，从全国200多个备选案例中脱颖而出，入选中组部科学发展20个最新案例之一，是国家级开发区中唯一入选的单位。

上海综合保税区

一、概述

2012年,上海综合保税区紧紧围绕“5+2+2”重点工作,以“功能创新、联动发展”为主线,深化先行先试,强化招商引资,加快产业升级,打造总部经济,发挥“区区联动、产城联动”综合效应,努力克服国内外经济波动影响,促使区域经济整体保持较快增长态势。据统计,2012年上海综合保税区投资企业完成经营总收入达到12849.72亿元,比上年增长12.8%。其中以国际贸易、航运物流、技术服务等为主体的第三产业完成经营收入12071.07亿元,比上年增长14.1%,所占比重从上年的93.1%提高至93.9%;以先进制造业为主体的第二产业完成经营收入778.65亿元,占6.1%。这些投资企业共实现利润总额464.53亿元,比上年增长12.9%,吸纳从业人员26.90万人,比上年增长8.8%。

2012年主要经济指标完成情况表

指　　标	单位	2012年	2011年	比上年(±%)
经营总收入	亿元	12849.72	11388.84	12.8
商品销售额	亿元	10998.09	9728.58	13.0
物流企业经营收入	亿元	4041.39	3857.06	4.8
其中:物流业务营业收入	亿元	816.86	691.95	18.1
航运及航运服务收入	亿元	849.16	708.93	19.8
工业总产值	亿元	727.78	727.59	2.4
进出口总额	亿美元	1130.52	987.05	14.5
其中:进口额	亿美元	867.10	753.35	15.1
出口额	亿美元	263.42	233.70	12.7
税务部门税收	亿元	428.96	383.80	11.8
海关部门税收	亿元	998.28	920.44	8.5
利润总额	亿元	464.53	411.46	12.9
期末企业从业人员	万人	26.90	24.73	8.8
新增注册企业	家	788	515	53.0
其中:外资企业	家	164	150	9.3
合同利用外资	亿美元	16.16	8.42	92.0

（续表）

指　　标	单位	2012 年	2011 年	比上年（±%）
内资企业注册资本	亿元	56.26	103.20	-45.5
港区集装箱吞吐量	万标箱	2951.30	2880.70	2.5
其中：外高桥港	万标箱	1536.30	1570.80	-2.2
洋山港	万标箱	1415.00	1309.90	8.0
浦东国际机场货邮吞吐量	万吨	295.00	310.90	-4.4
口岸外贸进出口货值	亿美元	9376.60	9394.60	-0.2
其中：外高桥港口岸	亿美元	3607.90	3737.80	-3.5
洋山港口岸	亿美元	2719.60	2681.40	1.4
浦东机场	亿美元	3049.10	2975.40	2.5

二、开发建设

2012 年，上海综合保税区积极推进市政设施建设、综合配套建设和生态环境建设，根据各个区域分别处于不同发展阶段的实际情况，分别推进园区开发建设的投资步伐，促进了固定资产投资额的完成。全年上海综合保税区共完成固定资产投资额 48.40 亿元，比上年增长 60.5%。

其中，浦东机场综合保税区继续加快园区道路、河道、市政管线、监管设施、信息系统等配套设施建设步伐；顺利完成施新路围场河桥接坡开通工程，优化区域交通路线；浦东机场口岸通关服务中心（一期）已正式启动，总建筑面积达到 9.34 万平方米，并为二期项目建设作前期准备；A5、A6 保税仓库均已竣工投入使用。全年浦东机场综合保税区完成固定资产投资额 19.99 亿元（其中租赁产业设备购置费 14.35 亿元，“园区开发建设项目”合计投资额 5.64 亿元），累计完成固定资产投资额 43 亿元。

洋山保税港区二期扩区 6.02 平方公里已获国务院批准，扩区封关实施方案已基本确定。陆域范围内完成“七通一平”，区域内 18 条市政道路已全部建成，全长约 30 公里。给水、雨水、污水、电力、燃气和通信管线等市政配套管线已落实，可基本满足陆域范围各地块的市政配套需求。区内已建成各类房屋建筑面积 92 万平方米，其中仓库面积 80 万平方米，商务楼宇面积 12 万平方米。2012 年洋山保税港区正式开通启用二号卡口，小洋山岛上的滚装码头基本建成，怡亚通供应链基地和临港通用堆场等建设项目加快推进，完成固定资产投资额 3.32 亿元，累计已完成固定资产投资额 233 亿元（包括深水港建设）。

外高桥保税区园区，经过 20 多年的开发建设，基本成熟。给水、雨水、污水、电力、燃气和通信管线等市政基础设施配套比较完善；园区道路长度 67 公里；公共绿地面积 0.35 平方公里；已建成各类房屋建筑面积 857 万平方米。2012 年外高桥保税区着力推进投资企业进行生产设备的更新改造，加快微电子园区等拓展园区建设进程，包括多个厂房、仓库以及中国金融大厦等在内的近 20 个工程项目顺利竣工，共完成固定资产投资额 25.09 亿元，累计已完成固定资产投资额 463 亿元。

根据浦东新区政府《关于推动上海综合保税区产城联动发展的实施意见》，自 2012 年 7 月起，将浦东新区森兰区域内与经济发展相关的招商引资、行政审批和相关管理职能交由上海综合保税区管理委员会行使。森兰区域是上海综合保税区促进资源整合、加快产城联动,进一步提升国际贸易和航运功能的重要平台。该区域规划面积6.01平方公里,四至范围是:东至杨高北路,南至赵家沟、西至张杨北路(沿五洲大道南侧局部地块延伸至浦东北路),北至航津路。年内,森兰区域动迁工作进入清盘阶段,区域内的绿化移植工作基本完工,建成绿化基地(带)10处共计27万平方米;高压线入地工程全面完工,已协调市电力公司完成张杨路沿线3.5万伏、11万伏、22万伏高压线的入地工作以及高压铁塔的入地工作;公共配套项目全面铺展,市政交通体系不断完善,纵贯区域南北的次干道兰谷路已经竣工完成,高南河段基本完工。全年"森兰开发项目"完成固定资产投资额8.41亿元,累计已完成固定资产投资额54.30亿元。

三、招商引资

招商引资、稳商育商工作始终是上海综合保税区中心工作之一,也是区域经济转型升级的重要手段。年内,上海综合保税区加快聚集战略性主导产业,推进国际型招商、功能性招商、特色产业项目招商,充分发挥各招商主体、机构的招商积极性和主观能动性,招商引资企业数量和吸引投资额双双呈现大幅增长的态势。据统计,2012年上海综合保税区新增注册企业788家,比上年增长53.0%;利用投资总额44.02亿美元,比上年增长41.2%。

2012年招商引资情况表

指　　标	单位	2012年	2011年	比上年(±%)	历年累计
吸引投资总额	亿美元	44.02	31.17	41.2	310.25
其中:增资额	亿美元	27.12	23.15	17.1	—
其中:外资企业	亿美元	35.09	15.99	119.4	217.16
其中:合同外资	亿美元	16.16	8.42	92.0	115.65
其中:内资企业注册资本	亿元	56.26	103.19	-45.5	670.55
其中:贸易类	亿美元	23.02	11.17	106.0	111.93
物流类	亿美元	13.88	5.49	153.0	75.04
加工类	亿美元	1.46	0.71	106.0	53.44
其他类	亿美元	5.67	13.80	-58.9	69.83
新增注册企业	家	788	515	53.0	12268
其中:外资企业	家	164	150	9.3	8378
内资企业	家	624	365	71.0	3890
其中:贸易类	家	325	236	37.7	8462
物流类	家	292	181	61.3	2292
加工类	家	8	13	-38.5	834
其他类	家	163	85	91.8	680

2012年,保税区招商引资的主要特点:

(一) 增资扩容占主要比重

综保区大力优化投资环境,不断提升贸易便利化水平,加快推动跨国公司转型升级,促使增资扩容成为综保区吸引投资额的主体。2012年上海综合保税区增资企业达到420家,比上年增长29.6%,实现增资额27.12亿美元,比上年增长17.1%。其中合同外资增资10.32亿美元,比上年增长67.2%,占综保区合同外资63.9%。

(二) 内资企业数量多、增长快

随着区域间对外资企业招商竞争的加剧以及洋山、机场对于功能性项目招商的特点,使得内资企业继续占综保区招商引资的主要比重。2012年上海综合保税区新增内资企业624家,比上年增长71.0%,净增259家,占综保区新增企业绝对额79.2%、增量94.9%;吸引内资企业注册资本56.26亿元,占综保区吸引投资总额20.3%。有9家新批和增资内资企业注册资本超过亿元。虽然外资企业数量不多,但吸引投资额普遍较高,全年新增外资企业164家,比上年增长9.3%。吸引外商投资额在外高桥外资增资带动下,呈现倍增态势,完成35.09亿美元,比上年增长119.4%,占综保区吸引投资总额79.7%。其中合同外资16.16亿美元,比上年增长92.0%,占外商投资额46.0%。

(三) 贸易类企业数量多,物流类企业增速快

上海综合保税区是上海建设贸易中心和航运中心的重要载体,各个区域战略性主导产业逐步形成,对贸易类企业(主要在外高桥)和物流类企业(主要在洋山和机场)吸引力不断增强。2012年新增贸易类企业325家,比上年增长37.7%,吸引投资额23.02亿美元,比上年增长106.0%,分别占综保区新增企业数量41.2%、投资额52.3%;物流类企业快速增长,达到292家,比上年增长61.3%,吸引投资额13.88亿美元,比上年增长153.0%,分别占综保区企业数量37.1%、投资额31.5%;以租赁类、管理类、服务类为主的其他类企业增加迅速,达到163家,比上年增长91.8%,吸引投资额5.67亿美元,分别占综保区企业数量20.7%、投资额12.9%;加工类企业8家,吸引投资额1.46亿美元。

截至2012年底,上海综合保税区所辖区域累计批准投资企业已达12268家;吸引投资总额超过300亿美元,达到310.25亿美元,其中合同利用外资115.65亿美元。从企业性质上分析:外资企业8378家,占企业总数68.3%,利用外商投资额达到217.16亿美元,占投资总额70.0%,其中合同利用外资115.65亿美元,实际利用外资5.40亿美元;内资企业3890家,占企业总数31.7%,吸引内资企业注册资本670.55亿元,占投资总额30.0%。从行业类型上分析:贸易类企业8462家,吸引投资额111.93亿美元,分别占企业总数69.0%、投资额36.1%;物流类企业2292家,吸引投资额75.04亿美元,分别占企业总数18.7%、投资额24.2%;加工类企业834家,吸引投资额53.44亿美元,分别占企业总数6.8%、投资额17.2%;其他类企业680家,吸引投资额69.83亿美元,分别占企业总数5.5%、投资额22.5%。从外资重点企业上分析:投资额超过1000万美元的外资大企业累计达到337个,占外资企业总数4.0%,利用投资额109亿美元,占外商投资额50%。2012年度《财富》500强421家外资跨国公司中,已有102家在保税区投资228个企业,注册资本累计达16.26亿美元;已有31家企业被上海市认定为跨国公司地区总部。

四、国际贸易

国际贸易是上海综合保税区经济发展的核心功能,也是上海综合保税区促进上海国际贸易中心建设的战略支撑。一年来,综保区加快“国家进口贸易促进创新示范区”和

"国家对外文化贸易基地"的建设进程,加快功能创新、先行先试,不断提升贸易便利化水平,促进了高能级贸易主体的集聚和外贸进出口结构的优化,推动综保区进出口规模持续扩大。据上海海关统计,2012 年上海综合保税区投资企业完成进出口总额 1130.52 亿美元,比上年增长 14.5%,占全市进出口总额 25.8%,所占比重比上年提高 3.3 个百分点,净增 143.47 亿美元,在全市外贸进出口整体出现下滑的严峻形势下保持较快增长。

2012 年,保税区对外贸易有如下特点:

(一) 进出口双双呈现较快增长

由于产业功能定位和市场的选择,保税区进口贸易规模始终领先于出口贸易。2012 年上海综合保税区完成进口额 867.10 亿美元,占综保区进出口总额 76.7%,比上年增长 15.1%,增幅比全市高 14.1 个百分点,占全市进口额 37.6%,所占比重比上年提高 4.5 个百分点,净增 113.75 亿美元,为确保全市进口额实现增长发挥了关键作用。2012 年上海综合保税区完成出口额 263.42 亿美元,占综保区进出口总额 23.3%,比上年增长 12.7%,占全市出口额 12.7%,所占比重比上年提高 1.6 个百分点。上海综合保税区形成的进出口贸易逆差达到 604.68 亿美元,比上年净增 84 亿美元,是 2012 年上海市进出口贸易保持逆差(逆差额 231 亿美元)的关键因素。

2012 年进出口贸易情况表

指　　标	单位	2012 年	2011 年	比上年(±%)	占比(%)
综合保税区进出口额	亿美元	1130.52	987.05	14.5	100.00
其中:进口额	亿美元	867.10	753.35	15.1	76.7
出口额	亿美元	263.42	233.70	12.7	23.3
其中:外高桥	亿美元	1018.47	922.25	10.4	90.1
其中:物　流	亿美元	73.03	65.75	11.1	6.5
洋　山	亿美元	93.15	58.86	58.3	8.2
机　场	亿美元	18.89	5.94	217.8	1.7
其中:空运方式	亿美元	547.42	468.03	17.0	48.4
海运方式	亿美元	560.61	500.37	12.0	49.6
其中:一般贸易	亿美元	171.77	153.06	12.2	15.2
加工贸易	亿美元	67.82	62.54	8.4	6.0
物流货物	亿美元	885.83	767.28	15.5	78.4

(二) 保税区物流货物进出口规模大、增长快

2012 年,上海综合保税区积极推动功能创新和产业升级,在促进经济发展的同时也优化了外贸进出口的结构。随着贸易便利化水平的提升和亚太分拨中心的培育,促使众多跨国公司将物流进出口基地设置到综保区来,带动保税物流业务的快速发展。全年上海综合保税区物流货物进出口额达到 885.83 亿美元,比上年增长 15.5%,占上海综合保税区进出口总额的比重从上年 77.7%提升至 78.4%。随着国内消费市场的发展和专业化贸易服务平台的完善,手表、酒类、医药等消费类商品进出口业务较快发展,促使一般贸易进出口额保持两位数增幅,完成 171.77 亿美元,比上年增长 12.2%,占上海综合保税区进出口总额 15.2%。随着加工产业结构调整的推进和加工企业发展的转型,加工贸易进出口额所占比重继续回落,完成67.82亿美元,比上年增长8.4%,占上海综合保税区进出口总额的比重从上年的6.3%下滑至6.0%。此外,2012年上海综合保税区物流货物进出口额占上海市保税物流业务的比重达到80%,占全国保税物流业务的比重达到21%。

(三)与传统市场贸易规模大,与新兴市场贸易增速快

2012年上海综合保税区投资企业与195个国家和地区发生贸易往来,在与发达经济体、传统贸易伙伴的国际贸易规模保持较高水平的同时,更加重视与亚、非、拉等区域的新兴贸易伙伴的国际贸易业务发展。2012年上海综合保税区与东盟进出口额规模大,完成250.26亿美元,比上年增长23.3%;与欧盟进出口额206.56亿美元,比上年增长19.0%;与日本进出口额135.88亿美元;与美国进出口额97.25亿美元,比上年增长11.6%。这四大贸易伙伴合计进出口额占综保区61.0%。与拉丁美洲和大洋洲进出口额增速快,分别完成83.66亿美元和23.59亿美元,比上年增长34.9%和31.0%,合计进出口额占综保区9.5%。此外,保税区与马来西亚、韩国、德国、中国台湾、中国香港、英国的进出口额均已超过40亿美元;与越南、哥斯达黎加进出口额超过10亿美元,而且呈现倍增态势。

(四)进出口企业数量持续攀升,重点进出口大户逐年增多

由于保税区不断提升贸易便利化水平,推动跨国公司加快业务功能整合进程,促使直接从事进出口业务活动的企业数量持续攀升,超亿元大户逐年增多。2012年保税区内直接开展进出口业务的投资企业达到3450家,比上年增长2.2%,净增73家。其中开展进口业务的企业有3142家,比上年增长0.8%,净增25家;开展出口业务的企业有2349家,比上年增长6.0%,净增133家。在这些进出口企业中:进出口额超过1亿美元的达到156家,比上年净增7家,合计进出口额868.89亿美元,占综保区进出口总额76.9%;进出口额超过10亿美元的企业有17家,比上年净增4家,合计进出口额481.73亿美元,占综保区进出口总额42.6%。其中丹沙物流(上海)有限公司147.57亿美元,比上年增长1倍,不仅进、出口额均排名综保区企业之首,而且已经跃居上海市进口企业排名第一位。此外,世天威物流(上海外高桥保税物流园区)有限公司、全球物流(上海)有限公司和捷豹路虎汽车贸易(上海)有限公司也位列上海市进口企业前十强,并且入围全国进口企业百强行列。

(五)机电产品继续稳居主导地位,金属铜等资源类产品快速增长

机电产品由于其价值较高、市场交易活跃,在保税区进出口商品结构中一直占据主导地位。2012年机电产品进出口额达到696.01亿美元,比上年增长10.6%,占综保区进出口总额61.6%;高新技术产品进出口额达到508.42亿美元,比上年增长16.2%,占综保区进出口总额45.0%。此外,期货保税交割等功能的创新突破,促进了以铜为主的金属材料类大宗商品进出口额的快速增长,全年贱金属及其制品进出口额达到164.94亿美元,比上年增长33.3%,其中金属铜制品进出口额123.61亿美元,比上年增长55.6%,净增44.18亿美元,占综保区进出口绝对额11%、增量31%。进口商品结构中:电子产品280.97亿美元,比上年增长22.3%,占32.4%;机电设备130.29亿美元,占15.0%;贱金属及其制品进口额135.96亿美元,比上年增长33.0%,占15.7%,其中主要是金属铜进口额107.27亿美元,比上年增长54.4%,占全国同类产品进口额28%;化工制品和光学医疗仪器进口额也均超过50亿美元,两者合计进口额139.27亿美元,比上年增长12.6%,占16.1%。出口商品结构中:电子产品84.36亿美元,比上年增长23.8%,占32.0%;机电设备60.25亿美元,比上年增长16.7%,占22.9%;贱金属及其制品出口额28.98亿美元,比上年增长35.1%,占11.0%。其中主要是金属铜出口额16.34亿美元,比上年增长64.4%;光学医疗仪器和化工制品类出口额均超过20亿美元,两者合计出口额45.24亿美元,占17.2%。

(六) 海运方式进出口额高于空运方式

洋山港和外高桥港航运口岸功能深化拓展,为机械设备、化工原料、金属矿产等大宗商品的大进大出提供良好的条件,众多投资企业纷纷采用海运方式开展进出口业务,促使海运方式进出口额保持较大规模。2012年上海综合保税区海运方式完成进出口额560.61亿美元,比上年增长12.0%,占综保区进出口额49.6%,在金额上继续高于空运方式。同时,电子产品、精密仪器、高端消费品和食品药品等具有价值量高、体积小、时效性强特征的商品仍然主要采用空运方式来完成进出口业务,2012年综保区空运方式进出口额完成547.42亿美元,比上年增长17.0%,占综保区进出口额48.4%,所占比重比上年提高1.0个百分点。

五、产业经济

贸易业是保税区经济发展的支柱产业,也是经济总量和税收贡献的主要来源。目前,上海综合保税区的贸易业发展主要集中在外高桥保税区,洋山保税港区逐步集聚大宗商品产业,机场综合保税区也有少量贸易企业开展注册经营。2012年上海综合保税区贸易企业依托国内消费市场的发展和龙头企业的拉动,完成商品销售额突破万亿元大关,达到10998.09亿元,比上年增长13.0%。2012年,产业经济呈现的主要特点是:

(一) 重点贸易企业规模效应和集聚作用显著

上海综合保税区众多贸易企业充分发挥自身品牌优势,进一步扩大营销规模,不仅重点企业数量不断增加,而且规模效应和集聚作用十分显著。据统计,2012年综保区销售额超过100亿元的贸易企业达到10家,合计销售额3234.59亿元,比上年增长33.3%,占综保区商品销售总额29.4%;销售额超过10亿元的贸易企业达到176家,比上年净增13家,合计销售额7735.25亿元,比上年增长15.8%,占综保区商品销售总额70.3%。

(二) 对国内市场的销售比重进一步提高

在国内经济持续快速发展和居民生活水平不断提高的背景下,综保区贸易企业抓住我国扩大内需战略下的市场机遇,积极迎合国内市场对国外优质商品和中高档消费品的需求,通过保税区“桥梁”作用,扩大对汽车、手表、电脑、高档服装和化妆品等进口商品的内销力度,进一步提升对国内市场的销售份额。据统计,2012年综保区贸易企业完成国内商品销售额8932.09亿元,比上年增长14.2%,增幅超过综保区平均水平1.2个百分点,占综保区商品销售总额81.2%,所占比重比上年提高0.8个百分点。国际著名品牌如苹果的Iphone、捷豹路虎的汽车、瑞士的名牌手表以及部分高档葡萄酒、化妆品等商品都是通过保税区销售到全国各地。贸易企业完成对外商品销售额2066.00亿元,比上年增长8.4%,占保税区商品销售额18.8%。

(三) 外资贸易企业经营规模大

随着跨国公司加大对国内市场开拓力度,外资贸易企业销售规模持续扩大。据统计,2012年综保区外资贸易企业完成商品销售额10178亿元,比上年增长10.8%,占综保区商品销售总额92.5%。内资贸易企业在洋山大宗商品交易商的带动下,增势显著,完成商品销售额820.09亿元,比上年增长50.3%,占综保区商品销售总额7.5%。

(四) 资源类商品保持较大规模,消费类商品增长势头好

保税区贸易业涉及9个行业大类、42个

行业小类，其中属于原材料类商品行业的销售额约占2/3，属于消费类商品行业的销售额约占1/3。前四大贸易行业的销售额已占保税区95.2%，比上年提高1.5个百分点。在重点行业大类中：机械设备、五金交电及电子产品行业5889.44亿元，比上年增长11.2%，占综保区53.5%；矿产品、建材及化工产品行业2976.44亿元，比上年增长12.8%，占综保区27.1%；纺织、服装及日用品行业842.59亿元，比上年增长33.6%，占综保区7.7%；医药及医疗器材行业754.21亿元，比上年增长36.9%，占综保区6.9%。此外，食品、饮料行业和文化、体育用品器材行业规模也均超过100亿元。

（五）物流业具有竞争优势

2012年综保区努力创新物流业务模式，不断提升物流运作效率，加快亚太分拨中心培育进程，促使产业间联动、区域间联动水平进一步提高，特别是洋山保税港区和机场综保区物流业务规模迅速扩大，克服周边区域分流物流业务以及国际物流持续低迷的不利影响，推动物流企业经营收入实现小幅增长。2012年上海综合保税区完成物流企业经营收入（含分拨企业分拨货值）4041.39亿元，比上年增长4.8%。

（六）分拨业务经营规模大，物流业务营业收入增长快

虽然外高桥通过自营型保税仓库开展分拨业务的分拨企业发展趋势出现分化，但部分分拨企业不断整合物流、贸易业务，努力做大做强，由于此类企业的经营收入中包含了分拨货值，因此收入规模仍保持较高水平。2012年综保区分拨企业完成经营收入3224.53亿元，比上年增长2.2%，占综保区物流企业经营收入79.8%。为众多贸易、加工企业提供物流配套服务的仓储、运输、货代业务保持快速增长的态势，完成物流业务营业收入816.86亿元，比上年增长18.1%。

（七）加工制造业仍是重要组成部分

虽然由于产业功能定位和商务成本的制约，上海综合保税区在发展加工制造业方面优势不明显，但加工制造业仍然是综保区经济结构中的重要组成部分。综保区加工制造业的发展主要集中在外高桥保税区，洋山保税港区、机场综保区均无成规模的加工企业投入正式运营。2012年，保税区加工制造业积极应对挑战，努力优化产品结构、提升产业能级，并加快产业转型升级的步伐，促使工业经济保持稳步发展。全年综保区192家投产企业共完成工业总产值727.78亿元，比上年增长2.4%。

1. *重点行业发展趋势出现分化*。保税区加工制造业共涉及22个工业大类、45个中类、87个小类，形成以电子信息、汽车零部件、通用设备、工程塑料为主体的多元化产业格局。2012年，保税区工业行业中有9个行业实现增长，占40.9%。其中计算机及电子通信设备制造业产值484.45亿元，比上年增长2.7%，占66.6%；汽车零部件制造业产值50.57亿元，比上年增长22.9%；橡胶塑料制品业产值18.99亿元，比上年增长7.6%。在下降的13个行业中，通用设备制造业、化学制品制造业和专用设备制造业受到国内市场需求萎缩影响较大，分别完成产值49.39亿元、42.45亿元和28.67亿元，比上年减少5.3%、8.8%和18.3%。

2. *重点企业拉动工业产值的增长*。随着产业结构调整的深入，加工企业的发展分化更趋明显，以联想为代表的重点企业是拉动保税区产值增长的主要方面。2012年保税区产值超亿元的工业企业达到72家，合计完成工业产值691亿元，比上年增长5.0%，占保税区工业总产值95.0%。

3. *高技术产业占工业经济主体地位*。在国家鼓励优先发展的十大高新技术产业化重点领域中，保税区信息技术、新材料、高端设备制造等产业集群发展领先。由于这些产业具备智力性、创新性、战略性和资源能耗少等优势，对推进保税区产业结构调整、提高劳动生产率、增加区域经济效益，具有重要的推动作用。2012 年保税区高新技术产业产值 504.2 亿元,比上年增长 5.1%,占保税区工业总产值 69.3%。其中,日东光学为苹果产品供应液晶显示器,完成产值 32 亿元,比上年增长 31.4%;安靠封装测试为苹果产品供应芯片,完成产值 19 亿元,比上年增长 42.8%;统宝光电为宝马汽车供应汽车仪表显示器,完成产值 15 亿元,比上年增长 35.2%。

六、功能配套

保税区的跨国公司营运中心依托政策优势,加快对国内业务的统筹力度,在不断扩大经营规模的同时也逐步提升自身在跨国公司集团内部的地位,从而获得订单销售、资金结算、供应链集成等更多的经营管理职能,并出现业务范围由中国区向亚太其他地区拓展的趋势,成为保税区开放型经济发展的引领力量。特别是随着"三港三区"联动发展的深入,保税区营运中心类型进一步丰富,涵盖贸易、物流、加工、航运、国际采购、融资租赁、服务贸易等 7 大类,并形成多元化、综合性的总部经济体系,吸引越来越多的跨国公司加快发展成为营运中心。截至 2012 年底,经保税区管委会认定的跨国公司营运中心达到 198 家,其中 2012 年新认定 29 家。这 198 家营运中心中:贸易型 143 家,占 72.2%;物流型 20 家,占 10.1%;加工型 17 家,占 8.6%;服务贸易型 17 家,占 8.6%;融资租赁型 1 家,占 0.5%。此外,保税区已有 31 家跨国公司被上海市认定为区域性地区总部。

跨国公司营运中心充分利用保税区政策功能优势,积极推进在华业务的统筹整合,并在集约化管理和规模经济效应的促进下,展现出显著的发展效益和经济贡献。据统计,2012 年 198 家跨国公司营运中心企业完成经营收入 5899.67 亿元,比上年增长 1.8%,占上海综合保税区投资企业经营总收入 46.2%;实现利润总额 259.37 亿元,比上年增长 0.2%,占上海综合保税区企业利润总额 47.0%,其中实现盈利的企业占 90%;缴纳税务部门税收 200.30 亿元,比上年增长 11.6%,占上海综合保税区税务部门税收 46.7%。此外,营运中心的进出口额和从业人数也分别占到上海综合保税区总量的 31% 和 29%。保税区的营运中心以 3.3% 的企业数量,创造了保税区 47% 的经济总量,是保税区经济可持续发展的中流砥柱。

2012 年管委会对营运中心发展历程进行了回顾评估,结果显示有超过 7 成的营运中心发展成效比较理想。从贡献度(销售规模)、成长性(年均增幅超过 15%)、稳定性(业务持续增长)三个方面进行考量,在 198 家营运中心中:发展成效显著的 AAA 级企业有 59 家,占 30%;发展成效较好的 AA 级企业有 83 家,占 42%;发展成效一般的 A 级企业有 32 家,占 16%;发展成效较差的 B 级企业有 24 家,占 12%。调查显示:有 55% 的营运中心已经进行过业务整合,这也是营运中心发展成效比较理想的主要原因;有 40% 的营运中心在行业发展和市场拓展的促进下,也取得了良好的发展成效。

随着保税区国际贸易基地建设的加快,外高桥保税市场在推动保税区经济发展、扩大进出口贸易、搭建专业化贸易平台和提高企业服务质量等多方面做出了积极的努力和扎实的工作,充分发挥了政府与企业之间的沟通桥梁作用。截至 2012 年底,加入保税市场成为会员单位的投资企业累计达到 6344 家,其中有 237 家是 2012 年新加入的会员单位,占 3.7%。据统计,2012 年保税市场合计完成各类商品交易额 1191.30 亿美元,比上年增长 3.4%,净增 39.14 亿美元。保税区三大综合市场充分发挥对企业服务的综合优势,帮助会员单位扩大进口内销业务规模,为推动保税市场交易额的持续增长奠定良好基础,使年交易额继续保持主导地位。据统计,2012 年三大综合市场合计完成各类商品交易额 1113.27 亿美元,比上年增长 3.8%,占保税市场交易总额93.5%，继续保持主导地位。

保税区各专业功能性市场继续发挥各自专业领域特色和优势，积极推动特色进口商品的展示、仓储、分拨、贸易等综合服务，进一步提升贸易便利化水平，促使交易额仍保持较大规模。据统计，2012年各功能性市场完成各类商品交易额78.03亿美元，比上年减少1.4%，占保税市场交易总额6.5%。其中医药和文化市场交易额显著增长，分别完成11.88亿美元和1.05亿美元，比上年增长52.8%和90.2%；钟表市场和危化市场交易额绝对量较大，分别完成47.45亿美元和13.72亿美元。此外，汽车市场发挥自身服务品牌优势，业务规模也保持较大规模，全年完成二手车交易量2.97万辆。

外高桥保税区加快推进专业要素市场建设，以十大专业贸易平台（包括：汽车展示贸易平台、钟表展示贸易平台、医药分销贸易平台、酒类展示贸易平台、机床展示贸易平台、医疗器械展示交易中心、工程机械进出口贸易中心、化妆品展示贸易平台、健康产品贸易平台、文化展示贸易平台）为抓手，在服务功能提升、政策探索突破、贸易规模扩大和运营效益增强上取得了积极进展。

保税区围绕"三港三区"联动，以水水中转、国际中转、区港一体化为突破点，深化拓展航运物流功能，加快推进上海国际航运中心综合试验区建设，不断提升国际航运和外贸口岸的枢纽功能。2012年洋山港和外高桥港合计完成集装箱吞吐量2951.3万标箱，比上年增长2.5%，占上海港集装箱吞吐量90.7%（上海港集装箱吞吐量3252.9万标箱，比上年增长2.5%），助推上海港连续第三年确保全球第一大集装箱港口地位。

随着综保区国际贸易基地建设的进一步完善，三大外贸口岸货物通道功能不断优化，在上海外贸口岸业务中的比重又有新提升。据统计，2012年外高桥港、洋山港和浦东机场三大外贸口岸合计完成外贸进出口货值9376.54亿美元，占上海口岸外贸进出口货值88.6%，所占比重比上年提高0.4个百分点。其中口岸外贸出口货值5648.46亿美元，比上年增长0.4%，占60.2%；口岸外贸进口货值3728.08亿美元，占39.8%。三大外贸口岸中：外高桥港口岸外贸进出口货值绝对额较大，完成3607.9亿美元，占38.5%；浦东机场口岸和洋山港口岸稳中有升，分别完成3049.1亿美元和2719.6亿美元，比上年增长2.5%和1.4%，分别占32.5%和29.0%。

七、发展效益

上海综合保税区投资企业具有较大的业务规模和较强的市场竞争力，经济效益和产出效率均处于领先水平，促使各类税收收入保持良好增长，为国家和地方财力增长做出了重要贡献。据统计，2012年上海综合保税区完成税务部门税收428.96亿元，比上年增长11.8%，占浦东新区税收20.7%。其中，增值税增长速度较快。在重点贸易企业能级提升、营销规模持续扩大以及"营改增"政策共同推动下，增值税呈现较快增长，全年完成173.05亿元，比上年增长18.6%，增速快于平均水平6.8个百分点，占综保区税收40.3%，所占比重比上年提高2.3个百分点。

在企业经营效益持续攀升、汇算清缴补税大幅增长以及所得税率调增的共同作用下，企业所得税保持两位数增幅，全年完成169.81亿元，比上年增长10.3%，占综保区税收39.6%。

在从业人员和劳动报酬双双较快增长的推动下，个人所得税持续上升，全年完成50.22亿元，比上年增长11.0%，占综保区税收11.7%。以上三大税种合计占综保区税务部门税收91.6%，占据综保区税收的绝对比重。

重点税收大户数量多，亿元大户税收占据"半壁江山"，规模效应显著是综保区税收收入保持良好增长的主要因素。2012 年上海综合保税区税收超亿元的企业达到 71 家，合计完成税收 217. 49 亿元，占上海综合保税区税收 50. 7%；税收超过 1000 万元的企业数量达到 590 家，合计完成税收 364. 86 亿元，占综保区税收 85. 1%。

贸易业税收绝对额占据主体地位，全年完成 305. 31 亿元，比上年增长 17. 1%，增幅超过综保区平均水平 5. 3 个百分点，占综保区税收 71. 2%，所占比重比上年提高 3. 3 个百分点。

此外，洋山仓储运输业税收增长快，弥补了外高桥下降的缺口，全年完成 60. 84 亿元，比上年增长 0. 8%，占综保区税收 14. 2%。制造业税收出现下降，全年完成 46. 83 亿元，比上年减少 12. 0%，占综保区税收 10. 9%。其他服务类企业税收增长快，全年完成 15. 97 亿元，比上年增长 66. 5%，占综保区税收 3. 7%，所占比重比上年提高 1. 2 个百分点。

2012 年税务部门税收情况表

指　　标	2012 年	2011 年	比上年(±%)	占比(%)
税务部门税收收入	428. 96	383. 80	11. 8	100. 0
其中:外高桥	401. 85	326. 70	10. 8	93. 7
洋　山	26. 06	20. 47	27. 3	6. 1
机　场	1. 05	0. 65	61. 6	0. 2
其中:贸易业	305. 31	260. 64	17. 1	71. 2
仓储运输业	60. 84	60. 36	0. 8	14. 2
制造业	46. 83	53. 21	-12. 0	10. 9
其　他	15. 97	9. 59	66. 5	3. 7
其中:增值税	173. 05	145. 93	18. 6	40. 3
企业所得税	169. 81	153. 94	10. 3	39. 6
个人所得税	50. 22	45. 24	11. 0	11. 7

同时，上海综合保税区国际贸易业务的持续增长，尤其是进口商品内销规模的不断扩大，促使综保区各区域驻区海关部门征收的税收保持稳步上升。据统计，2012 年上海综合保税区各驻区海关部门征收的各类关税及进口环节代征税合计达到 998. 28 亿元，比上年增长 8. 5%，占上海关区海关部门税收 26. 9%。

上海闵行经济技术开发区

一、概述

2012年，上海闵行经济技术开发区完成销售收入508.17亿元，比上年增长4.44%；实现利润46.45亿元，比上年增长7.08%；实缴税金49.94亿元，比上年增长31.32%；关税12.03亿元，比上年增长10.35%；人均劳动生产率达135.2万元，每平方公里工业用地销售收入211.74亿元（按实际使用中工业用地2.40平方公里计算），总体保持平稳较快发展。闵行开发区已逐步形成以轨道交通、电站设备为代表的机电产业为主，以血制品、常用药品为代表的医药医疗产业和以食品、饮料为代表的轻工产业为辅的产业格局。世界500强企业投资项目占闵行开发区企业总数36.6%。截至年底，闵行开发区累计引进项目174个，投资总额超过37.07亿美元，平均单项投资超过2130万美元。累计销售收入5361.57亿元，企业利润558.15亿元，上缴税收468.45亿元。

2010—2011年主要经济指标情况表

指　标　名　称	2012年	2011年	比上年（±%）
销售收入（亿元）	508.17	486.56	4.44
企业利润（亿元）	46.45	43.37	7.08
上缴税收（亿元）	49.94	38.03	31.32
产值能耗（吨标煤/元）	531.00	564.00	-5.85
产值水耗（立方米/万元）	1.072	1.083	-1.02

闵行开发区全景

二、招商引资与项目储备

2012年，闵行开发区继续以招商引资为工作重点，闵行园区通过面向“区内”和“区外”企业并举、厂房和土地并重、延伸产业链的招商策略，竭力盘活旧厂房资源和闲置土地，使区内优势制造企业和生产型服务业不断壮大和发展。全年重点跟踪投资项目近80个，亨斯迈新材料亚太研发中心项目正式动工兴建，圣戈班研发中心二期、恒瑞医药研发中心二期等项目也陆续开工，另外还对其他项目进行了重点跟踪和洽谈。

在土地储备方面，闵行园区按层次分步骤对现有可回收场地和厂房进行储备，以备优势企业扩张和重点引进企业之需，目前园区土地重复利用率已超过42%。首次成功探索带产业项目工业出让土地招拍挂，三菱电梯在2012年12月4日成功摘牌园区22A－01A地块并签署土地出让合同，首次实现了闵行园区真正意义上的市场土地出让。开发区努力提升土地资源高利用率，为开发区产业结构优化、调整创造良好条件。通过采取提高建筑密度、容积率、回购再租、股权变更等多种“稳商、留商”措施，运用经济、法律和行政手段汰劣扶优，使诸多核心企业、企业集群及研发机构、销售中心、结算中心、维修车间、仓储物流等生产型服务业不断扩建和扩张，产业结构进一步优化和升级，产业链进一步完善，园区正向综合园区转型。

三、节能降耗减排和环保

2012年，闵行开发区完成16个建设项目的环境影响评价及审批，落实污染预防和治理措施，提出对废弃物进行减量化、资源化、无害化处理的要求，环保总投资额为2299万元，比上年增加16%，完善了开发区企业排污总量控制和核准制度。深入推进创建国家生态工业示范园区工作，创建国家生态工业园区的92项基本条件已全部达标，26项指标中达标的已有24项，为2013年通过国家、地方验收打下基础。全年新增5家企业签订清洁生产合同，到年底有42家企业完成清洁生产审核，占开发区生产性企业的60%，从源头上控制和减少污染物排放，为绿色生产奠定基础。通过宣传节能奖励政策，持续推进开发区节能技改项目，督促有关企业燃煤锅炉实施脱硫改造和以清洁能源替代的改造。开发区产值能耗和水耗比2011年分别下降5.85%和1.02%。

四、综合管理和服务

2012年，闵行开发区按照属地化管理原则，逐步理顺园区管理体制和运行机制，切实做好区域管理、社会稳定和企业服务、党建工建各项工作。在江川街道党工委、社区总工会领导下，结合开发区实际，认真抓好外资企业党工组织建设，不断扩大园区党建工建的组织覆盖、工作覆盖，目前开发区非公企业党组织覆盖率和工会组建率均超过90%，并积极推进创先争优活动，有力推动了和谐园区、文明园区建设。积极推进园区平安建设，以强化企业安全生产主体责任为重点，加强责任落实和隐患治理，组织专题宣讲、教育实践活动和集中培训，配合安监局加强监管和服务指导，全年实现安全生产、防火安全零死亡。

以客户至上和“四只手”的服务理念以及“一条龙”保姆式的服务意识，竭诚为园区企业、产业发展服务，创造安全稳定的生产经营环境。服务范围覆盖到前期选址调查、工商注册、税务登记、查阅提供历史档案资料、项目审批、厂房建设相关手续报批、产证办理；后期运营过程中的厂房和天然气、供电、供水、排污、道路等配套设施纳入申请和应急报修处理，环境、消防、卫生、劳动、工商、税务、海关、商检、出入境投诉协调、邻里关系处理和方案解决等领域，通过“硬件不足软件补”逐步完善园区投资环境，留住和稳住优势企业在园区的发展壮大。全年共为区内45个项目提供90多项企业项目服务内容。

上海漕河泾新兴技术开发区

党委书记、董事长
刘家平

2012年，漕河泾开发区深入贯彻落实科学发展观，紧紧围绕上海市"创新驱动、转型发展"的总要求，进一步推动二、三产融合发展，切实推进自主创新，不断优化投资环境，着力提升管理和服务水平，经济运行总体平稳有序，为稳步实现"十二五"规划目标奠定了坚实基础。

一、综合实力和品牌影响力获得新提升

2012年，开发区努力克服国际市场需求疲软、制造业外移、企业营运成本高及资金紧张等困难，继续"转方式、调结构"，推动三产增长速度持续快于二产，对经济发展的支撑作用日益显著。2012年，开发区除工业增加值、进出口总额略有下降外，其他主要经济指标继续保持平稳增长。全年销售收入2469.3亿元，比上年增长11.3%。其中第三产业收入1330.3亿元，比上年增长33%，占总销售收入比例首次超过50%，接近54%；地区生产总值(GDP)810亿元，比上年增长13%(其中第三产业增加值505.5亿元，比上年增长30.2%)；税收总额86.3亿元，比上年增长18.3%。

在深化转型发展和保持总量增长的同时，开发区品牌效应进一步凸显。年内，获批

上海漕河泾新兴技术开发区区景——现代服务业集聚区

"国家生态工业示范园区"、"国家知识产权服务业集聚发展试验区"、首批"上海市知识产权示范园区"、首批"上海市知名品牌创建示范区",通过"上海品牌园区"复评,浦江高科技园也获批"上海市海外高层次人才创新创业基地"。在商务部国家级经开区投资环境综合评价体系中,漕河泾开发区总指数位列第八,其中科技创新指数位列第一;同时在全市开发区综合评价中,综合发展指数排名中型园区第一。新与国内5家园区签订友好合作协议,至2012年底,开发区在国内外的友好园区达到49家。与普陀区政府签署战略合作协议,共建漕河泾桃浦科技智慧城。开发区总公司荣获"上海市质量金奖"、"上海市质量管理奖"。新漕河泾国际商务中心、开发区总公司办公楼等3个项目获"白玉兰"奖,其中总部办公楼还获得美国绿色建筑LEED金奖认证。

二、大招商"联动打造新亮点

开发区继续实施"大招商"方针,统筹本部和各分园区整合资源,实行产业链分工招商,发挥联动效应,在引进国内外著名企业集团"一部三中心"(地区总部、研发设计中心、运营结算中心、管理服务中心)项目,提升项目质量、注册属地化以及推动各分园区互相推介项目等方面打造新的亮点。

全年,开发区新引进项目293个,其中外资项目50个;新增注册资本达到45.5亿元,其中外资4.48亿美元。新引进项目中,本部园区引进项目注册资本达到37.4亿,区域新签出租面积17.3万平方米,企业注册率接近100%;新引进全球第二大制药公司默沙东、美国普莱克斯和GE能源电子3家世界500强;全球行业龙头企业15家,如邦纳电子(光电传感器全球行业第一)、尔听美(听力检测仪器全球行业第一)、威伯科(汽车传动系统全球行业第一)、全耐塑料(汽车内饰材料全球行业第一)、ARM(IC设计全球行业第一)、阿普拉(塑料包装全球行业第一)等,其中地区总部8家,占上海同期的五分之一;默沙东还是年内上海最大的租赁项目。

开发区本部在全年没有新楼宇推出的情况下,一方面通过"腾笼换鸟"腾出约4万平方米房源,新引进56家企业;另一方面,实行代理招商,推动"借笼引凤",星联科技园、虹华大厦、聚鑫园三项目合计出租率61.2%,共引进14家企业,其中2家为跨国公司地区总部,为区区合作、发展区域经济增添新亮点。

通过"大招商"平台,各园区间互相推介项目初显成效,共推介项目142个,比上年增长97.2%,其中4个项目已完成签约。

三、自主创新工作取得新成绩

以建设国际孵化中心为契机,进一步完善创新创业服务体系,推动原创型企业发展,在提升区域自主创新能力方面取得新成绩。一是通过举办企业沙龙、创业训练营、创新创业校友汇等系列活动,以及推进高新技术企业复审和认定工作,深入推进企业联络辅导工作。二是举办专利、商标等知识产权申请培训,联合徐汇区举办"知识产权宣传周"活动,筹建区知识产权保护协会,成功获批"国家知识产权服务业集聚发展试验区"。三是发挥创新驿站作用,完善技术转移项目数据库,延伸科技价值链,促进技术和产业项目对接。四是帮助企业申报各类资金支持,区内90余家(次)企业获得政府资助超过1.5亿元,22家企业申报2011年加速创新计划,创业苗圃8个项目获市专项扶持、9个项目获天使投资。此外还申报落实大张江专项资金,其中2012年获批资金9923万元。五是创新孵化服务手段,探索服务入股新模式,其中开发区科技创业中心与3家企业达成持股孵化意向。六是扩大科技型中小企业融资平台贷款规模,增至1.8亿元,全年向44家(次)企业发放贷款1.47亿元,帮助中小企

"共同孵化的未来之路"国际研讨会

业渡过融资难关。

随着创新创业环境不断优化,原创性经济得到发展。区内上市内资企业达到34家;新认定高新技术企业24家,总数增至265家,占全市的6.9%;技术先进型服务企业23家,占全市的8%;服务外包企业10家;高新技术成果转化项目34项;新申请专利1693件,其中发明专利911件,占专利总数的53.8%,发明专利授权328件;新增软件著作权登记749件,集成电路布图设计专有权65项,注册商标382个。

国际园区创建方面,重点在孵化器的国际合作方面作了探索,与新西兰冰屋孵化器、中国台湾5所大学签订共同孵化合作协议,成立"共同孵化"基地;主办"共同孵化的未来之路"国际研讨会。

在上海市孵化器考评中,开发区科技创业中心获综合组第一名,浦江双创园获优秀等级。开发区浦江双创园被认定为国家级科技企业孵化器。目前,开发区孵化联盟8家成员单位共有孵化面积43.9万平方米,累计孵化企业1136家,在孵企业400余家。

四、软环境建设呈现新气象

开发区坚持以客户需求为导向,进一步创新服务模式,提升服务功能,打造服务品牌,完善具有开发区特色的"大服务"体系,推动开发区软环境建设呈现新气象。

在企业服务方面,上线"对客服务协同响应系统",开通园区服务微博,宣传园区和企业品牌形象;升级区内商业支付"一卡通"系统,安置集付通"园区信息服务一体机",为员工在区内消费提供便利。在商业配套服务方面,与统一、湘鄂情、麦当劳、乐倍怡等品牌服务商结成战略伙伴关系。

国家海外高层次人才创新创业基地建设加快步伐。开发区新增6人入选国家"千人计划",总人数增至19名;12人入选上海市"千人计划",27人入选上海市、区领军人才。积极为区内企业提供招聘、人事代理、人才培训等服务,包括为区内1593家(次)企业提供招聘服务、成功录用8909人,为近250家企业、近万人提供人事代理服务,举办各类培训班148期、参训学员9261人次。

五、建成国家生态工业示范园区

2012 年,开发区“三大园区”建设得到持续推进。生态园区方面,获批“国家生态工业示范园区”,26 项考核指标全面达标,其中 12 个指标优化提升率大于 20%;率先开展综合碳审计和 VOC 预警监测、减排示范,完成园区水、声环境质量检测且全部达标,推进 12 家企业通过清洁生产认证;开发区还荣获“上海市节水型工业园区”称号,有力推进了开发区以“高端产业、低碳发展”为主旨的生态文明建设。智慧园区方面,与三大运营商紧密合作,与移动上海公司签订 WLAN 室内覆盖协议,对区内多处楼宇(厂区)实施无线信号覆盖或扩容,使区内免费无线公共热点区域达到 39 处。

上海化学工业区

一、概述

2012年是深入推进“十二五”规划实施的关键一年。上海化工区管委会全面贯彻党的十八大、中央经济工作会议和上海市第十次党代会精神，按照市领导“提升上海化学工业区能级、水平和规模”的要求，紧紧围绕“创新驱动，转型发展”的工作主题，聚焦炼化一体化项目，坚持招商引资不动摇、安全环保不松懈，践行责任关怀理念，加强党的建设，保持了园区经济平稳健康发展和社会和谐稳定。2012年，化工区实现销售收入959.52亿元，比上年增长1.3%；实现工业总产值929.48亿元，比上年增长6.7%；招商引资22.5亿美元，比上年增长86.7%；完成固定资产投资41.3亿元，比上年下降29%；上缴税金49.2亿元，比上年增长22.4%。截至2012年底，累计批准项目总投资203.45亿美元，完成固定资产投资1014.9亿元。

截至2012年底，上海化工区引进了包括德国拜耳、巴斯夫、赢创德固赛，英国石油公司、璐彩特，美国亨斯迈、普莱克斯、3M公司，法国苏伊士集团、法液空，日本三井化学、三菱瓦斯化学，荷兰孚宝公司等跨国公司和中石化、上海石化、高桥石化、华谊集团等国内大型化工骨干企业在区内投资建厂。目前，共有企业153家（其中，化工区规划区域注册企业53家，金山分区企业59家，奉贤分区企业41家）。

赢创异佛尔酮及异佛尔酮二胺工厂奠基仪式

2012 年主要指标完成情况表

指标名称	单位	2012 年	2011 年	比上年(±%)
销售收入	亿元	959.52	947.00	1.3
工业总产值	亿元	929.48	870.90	6.7
实到外资	亿美元	3.27	1.57	107.5
(区内企业)进出口总值	亿美元	25.67	25.60	0.3

二、区域开发与建设

(一)创新驱动、转型发展,在推动园区产业能级提升上有新突破

面对经济下行压力,管委会自我加压、不断进取,推动园区经济稳中有进。一是有效提升园区发展水平。管委会按照市委、市政府要求,抓招商引资、抓项目落地、抓项目开工,以化工新材料产业为主攻方向,着力引进技术含量高、市场前景好的项目,促进园区产业发展水平进一步提升。3 月,上海化工区被国务院批准升级为国家级经济技术开发区;10 月,被国家发改委表彰为"全国循环经济工作先进单位";11 月,上海化工区创建"国家生态工业示范园区"通过国家环保部、商务部、科技部三部委验收。新华社上海分社、解放日报等主流媒体报道上海化工区加强产业能级提升的做法及园区建设发展成果,为园区树立良好的形象。上海化工区的品牌影响力、带动力日益增强。二是狠抓招商引资不动摇。根据年初招商目标,以推进化工区开发建设 15 周年活动一揽子近 670 亿元签约项目为重点,强化项目审批服务,做好项目的前期政策咨询和解答,并会同项目单位、发展公司、咨询单位推进项目能评报告和申请报告的上报进度。全年完成审批项目 37 个,其中,超过 1 亿美元的项目有 7 个。上海中石化三井弹性体有限公司揭牌成立,计划在化工区内投资 20 亿元,投建全球规模最大的乙烯丙烯二烯烃共聚物项目。赢创工业集团在化工区投资 15.09 亿元建设异佛尔酮工厂,采用自有技术,填补国内空白。拜耳公司总投资额达 8.79 亿美元的聚碳酸酯项目、MDI 扩产项目和聚碳酸酯掺混料项目,西萨化工 1.69 亿美元的增资项目,孚宝公司投资 1.32 亿美元的二期储罐等项目先后获批。二是有力推进重大项目落地。积极做好炼化一体化项目对接工作,管委会、发展公司分别成立化工区炼化一体化项目工作组,并与高桥石化建立定期沟通机制,及时沟通项目最新进展情况,合力克服难题。协调配合、积极推进 1 公里控制范围及 F8 地块动迁工作。6 月,管委会与奉贤区政府签订 F8 地块居民动迁框架协议;破解亨斯迈等公司的 24 万吨 MDI 扩建项目审批遇到的瓶颈难题,争取国家发改委理解和支持该项目分拆方案,项目审批取得重大突破;帮助协调英威达己二胺项目审批程序和鼓励类确认问题,促进项目落地。

(二)多措并举,狠抓落实,在增强园区本质安全度上有新举措

坚持"安全第一、预防为主、综合治理"的方针,积极推动"安全发展年"各项工作的贯彻落实,园区安全生产总体可控。一是强化安全生产基层基础。深入推进安全发展年活动。制定并印发《上海化学工业区深入推进"安全发展年"活动 2012—2013 年行动方案》。编发《上海化工区深入推进"安全发展年"活动》系列专题报道,反映园区各单位加强安全生产的做法和经验。制定《上海化学工业区安全管理(2013 年—2015 年)三年行

动计划》，探索建立具有石化行业特色、开发区特征和安全运行特点的安全管理新模式。以“关爱生命、拒绝违章”为主题开展系列活动，先后组织开展安全生产宣传手册和书籍“进企业、进班组、进岗位”活动，举办安全生产培训、法律法规系列专题讲座，开展“安全就在我身边”征文评比活动，强化安全意识、提高安全素质、提升安全技能。二是开展“打非治违”专项行动。按照国务院《关于集中开展安全生产领域“打非治违”专项行动的通知》要求和全国安全生产电视电话会议精神，制定《上海化学工业区集中开展“打非治违”专项行动实施方案》，将生产安全、消防安全和施工安全三个方面作为重点内容，严厉打击非法违法生产经营建设行为，治理纠正违规违章现象，及时发现和整改安全隐患，确保园区安全运营。安委会各成员单位组织专项检查共918次，联合检查17次，抽查9次，排查出安全隐患121项，均已落实整改。6月和9月，国务院安委会第九督导调研组和第十一督察组先后到化工区检查，对园区“打非治违”专项行动的落实情况和工作措施给予充分肯定。开展“打非治违”专项行动“回头看”活动，进一步巩固和深化“打非治违”专项行动的工作成效。三是构建园区安全生产管理长效机制。加强与市安监局、市交港局、市质监局的沟通交流，就加强园区职业卫生安全监管、危险化学品运输安全和特种设备安全形成共识，先后与市安监局联合出台《关于加强上海化学工业区职业卫生监督管理工作的若干意见》，与市交港局形成加强园区危险化学品运输安全的《会议纪要》，与市质监局就加强园区特种设备安全管理工作达成一致意见。制定《上海化学工业区重大危险源安全管理规定》、《上海化学工业区作业场所职业卫生健康安全管理规定》，汇总整理《上海化学工业区安全生产管理制度汇编》(2012年版)。全面推进园区危险化学品企业安全生产标准化达标评审工作，22家企业取得安全生产标准化证书。

（三）加强监管、优化管理，在循环经济和生态园区建设上有新成效

完善园区环境管理体制，加大环境保护力度，有效提升园区循环经济和生态化建设水平。一是循环经济和生态园区建设取得新成效。华胜三期项目——化工区第三套烧碱电解装置一次开车成功并连续满负荷安全运行，不仅实现向拜耳、巴斯夫等企业的MDI、TDI、PC装置输出原料氯和烧碱，同时还循环利用下游企业副产的氯化氢，利用上游乙烯原料，生产二氯乙烷，实现了“一份氯气，三次循环”，园区循环经济发展能级迈上新台阶。11月22—23日，上海化工区创建“国家生态工业示范园区”通过国家发改委、环保部、科技部三部委验收，是全国首家获得国家三部委批准建设的化工专业类工业园区。国家生态工业示范园区验收组充分肯定上海化工区的生态工业示范园创建工作，认为化工区生态工业体系初步建立，节能减排成效显著，取得经济和环境效益的双重回报。二是环境管理模式进一步优化。进一步加强环境保护力度，管委会会同市环保局、金山区环保局、奉贤区环保局就化工区环境管理体制进行专门研究，并和市环保局联合发文《关于加强上海化学工业区环境管理工作的通知》，明确化工区的环境管理模式、化工区内的市区两级环保部门的管理分工。市环保局委托管委会开展环保审批相关事项，明确化工区在项目受理、审批、“环保三同时”执行情况等方面的职责，并在化工区内设立行政许可受理点，为园区企业的行政审批提供便利。编制《上海化学工业区环境保护和建设(2013年—2015年)三年行动计划》，进一步深化环保“一体化”管理理念，提升园区环境信息化和公众参与水平，构建园区环境保护长效机制。三是环境执法监管能力切实提升。为进一步加强园区环境安全和环境管理工作，加大环境监管力度，提升监管效能，5月31日揭牌成立环境监察支队，负责对辖区内企业的污染物排放情况实施环境监察，参

上海化学工业区创建国家生态工业示范园区验收会

与环保办牵头组织的环境应急等其它环保监督管理工作，同时与金山和奉贤两区环境监察支队构建联动执法机制，放大对化工区内污染源的监管效果，切实保障园区的有序运行和环境安全。化工区环境监测站正式运行，除可监测气象参数、常规大气环境质量因子外，还可监测挥发性有机物和无机有毒有害气体等园区特征污染物，监测数据向市环境监测中心和化工区应急响应中心实施同步实时传输，确保园区环境安全24小时受控。

（四）强化服务、促进和谐，在营造良好投资环境上有新作为

应对宏观经济形势变化，加强与区内企业的联系，提升服务力度，切实帮助企业解决实际困难。一是强化企业生产运营服务。提高经济运行监测预警能力，建立联系人制度，密切跟踪重点企业的装置运行情况，及时完成经济运行监测周报。召开企业经济运营形势分析会，了解企业在面对经济下滑的对策及需求，深入调研，及时了解、积极协调企业生产经营中的困难和问题。组织开展相关财税政策宣传培训和优惠政策申请初核等工作，为企业落实补贴资金1358万元，帮助赛科公司申报专利新产品研发资助补贴。做好申请发展资金政策延续的前期工作，确保园区开发建设资金需要。在市财政局的大力支持下，本年度8亿元专项发展资金足额、及时拨付到位。落实园区节能减排和电力设施建设专项资金1亿元。二是优化园区投资配套环境。漕泾东航道支线航道于12月18日正式通航，有助于降低企业海运成本，满足园区经济发展需要，得到上级的肯定；开展责任关怀课题调研，举办责任关怀专题讲座，召开化工区危险化学品企业责任关怀研讨会，践行责任关怀理念；积极开展档案业务指导，做好项目档案验收和档案利用工作，荣获五年一度的“上海市档案工作先进集体”荣誉称号；召开三区联席会议，确定并推进一体化管理工作新增的土地规划调整、炼化一体化项目、区域道路交通系统完善、社会稳定以及冯桥村征地补偿等5项工作，定期与两区沟通情况，扎实推进各项工作的开展。三是提高行政办事效率。提高项目审批效率，优化、简化审批流程，在项目开展环评审批的同时，先期完成项目的节能评估和项目评审，加快项目核准进度。对欧诺法公司二期项目、赢创德固赛乙氟尔酮项目等开辟审批许可的绿色通道，加强各审批环节的衔接，确保项目按时取得开工建设的许可手续；依据节能法规、标准，采取适合化工区特点的模式，对区内项目节能评估进行节能审查工作，在加强固定资产投资项目节能管理的同时简便节能审批；实行网上审批和网上服务，自觉接受社会监督，促进项目审批的公开、透明。加强国资管理机制建设，修订《国资管理办法》，开展国有资产实物清查、贴标工作，加强对国有资产的管理。加强机关制度建设，完善公务接待、出国人员管理、车辆管理等制度，按审计规范严格落实各项规定。

三、利用外资

2012 年，化工区获批准外商投资项目 29 个，均为生产型项目。涉及投资 20.63 亿美元，合同外资 5.54 亿美元。

2012 年，上海化工区外商直接投资来自德国、美国、英国、西班牙、日本等5个国家和地区。

四、对外贸易

2012 年，化工区企业出口货物总值 10.7 亿美元，比上年增长 10.3%。

2012 年利用外资情况表

利用外资方式	批准外商投资项目		实到外资
	项目数(个)	总投资额(亿美元)	金额(万美元)
合　计	29	20.63	32661.1
外商直接投资	29	20.63	32661.1
其中:合　资	29	20.63	32661.1
独　资	—	—	—

2012 年外商投资主要来源地情况表

国别(地区)	项目数(个)	投资金额(万美元)
美　国	1	5000
德　国	22	147300
日　本	1	30000
英　国	4	7000
西班牙	1	17000

2012 年出口额排名前 7 位企业情况表

企　业　名　称	出口额(万美元)	占比(%)	比上年(±%)
拜耳材料科技(中国)有限公司	64686.3	60.67	14.8
赢创德固赛特种化学(上海)有限公司	18781.8	17.62	7.30
上海巴斯夫聚氨酯有限公司	7465.8	7.00	71.90
上海亨斯迈聚氨酯有限公司	5854.1	5.49	-1.50
巴斯夫化工有限公司	3710.0	3.48	-2.90
舒驰容器(上海)有限公司	3351.0	3.14	-8.02
沙堤(上海)热熔胶有限公司	1023.0	0.96	-17.10

上海市松江工业区

党委书记、管委会主任　胡永表

一、概述

松江工业区(含出口加工区)是松江区乃至上海市主要的先进制造业基地,分工业区一期、东部新区、西部科技园区、国家级出口加工区等四大区域。

2012年,工业区共完成工业总产值2232亿元,比上年下降16.4%;完成工业增加值221.2亿元,比上年增加6.2%;完成工业销售收入2215亿元,比上年下降17.0%;完成工业利润总额41.7亿元,比上年下降22.2%;完成出口创汇326.9亿美元,比上年下降16.8%;完成固定资产投资37.7亿元,比上年下降2.2%;完成税收43.6亿元,比上年增加11.7%。

2012年主要经济指标完成情况表

指标名称	单位	2012年	2011年	比上年(±%)
工业总产值	万元	22318541	26715697	-16.4
工业增加值	万元	2212120	2083181	6.2
工业销售收入	万元	22149394	26691999	-17.0
出口创汇	万美元	3269025	3929315	-16.8
工业利润总额	万元	416588	535583	-22.2
税收	万元	435746	390050	11.7
固定资产投资	万元	376775	385158	-2.2

二、利用外资

2012年,松江工业区招商优势继续凸显,共引进外商总投资7.9亿美元,合同利用外资4.9亿美元。新批项目21个,总投资2.5亿美元,比上年增长32.0%;合同利用外资1.5亿美元,比上年增长82.7%。增资项目33个,总投资5.4亿美元,比上年下降52.9%;合同利用外资3.4亿美元,比上年下降16.8%。引进内资项目78个,注册资本9.4亿元。

2012年利用外资情况表

利用外资方式	项目数(个)	批准外资企业		合同外资	
		总投资额(万美元)	比上年(±%)	外资金额(万美元)	比上年(±%)
新批准	21	25475	32.0	14733	82.7
其中:合资	7	796	-36.3	162	-59.5

（续表）

利用外资方式	项目数(个)	批准外资企业		合同外资	
		总投资额(万美元)	比上年(±%)	外资金额(万美元)	比上年(±%)
合　作	1	1500	—	600	—
独　资	13	23179	28.5	13971	82.3
增　资	33	53914	-52.9	33785	-16.8
其中:合　资	1	50	—	50	-72.8
合　作	—	—	—	—	—
独　资	32	53864	-53.0	33735	-16.5
实到外资	—	—	—	43935	96.1

2012年新批外资项目情况表

序号	企业名称	来源地	总投资额(万美元)	合同外资(万美元)
1	恩梯恩(中国)投资有限公司	日　本	17600	23600.0
2	大贵电子科技(上海)有限公司	萨摩亚	9980	3500.0
3	新宾(上海)企业管理服务有限公司	中国香港	3640	1500.0
4	上海纸杯有限公司	中国香港	1500	600.0
5	上海爱雅食品有限公司	日　本	620	310.0
6	哈柏司工业传动设备(上海)有限公司	中国香港	385	270.0
7	雅妈吉(上海)食品贸易有限公司	日　本	267	187.5
8	华育(上海)畜牧科技有限公司	中国香港	227	40.0
9	野田惠比寿钻石刀具(上海)有限公司	日　本	168	60.0
10	上海进和塑料制品有限公司	日　本	158	111.0
11	上海弘巨机械有限公司	日　本	136	16.0
12	上海德耐尔压缩机械有限公司	维尔京群岛	111	4.0
13	可似家商贸(上海)有限公司	日　本	81	17.0
14	上海庸助贸易有限公司	日　本	45	16.0
15	上海鸿弋自动化设备有限公司	中国香港	28	20.0
16	上海异亮世明净化科技有限公司	日　本	28	9.0
17	上海笛尚纺织品有限公司	日　本	28	20.0
18	德克尔马豪吉特迈机床贸易(上海)有限公司	奥地利	21	15.0
19	率加机械设备(上海)有限公司	中国香港	21	15.0
20	上海冈匠精密五金制品有限公司	日　本	20	14.0
21	上海美岛国际贸易有限公司	日　本	11	8.0

2012 年外资增资项目情况表

序号	企 业 名 称	来源地	总投资额(万美元)	合同外资(万美元)
1	上海恩梯恩精密机电有限公司	日 本	17122	6720
2	上海日亚电子化学有限公司	日 本	5000	2000
3	小川香料(上海)有限公司	日 本	4490	2045
4	国民淀粉工业(上海)有限公司	英 国	4400	1200
5	思考电机(上海)有限公司	日 本	3700	1250
6	上海凸版有限公司	日 本	2400	960
7	爱美达(上海)热能系统有限公司	巴巴多斯	1250	500
8	巨圆纸业(上海)有限公司	维尔京群岛	940	470
9	华尔卡密封件制品(上海)有限公司	日 本	618	310
10	泰格包装(上海)有限公司	美 国	600	302
11	美细耐斯(上海)有限公司	韩 国	600	300
12	亚力克(上海)能源设备租赁有限公司	英 国	500	250
13	霓达光电(上海)有限公司	日 本	486	243
14	上海东洋油墨制造有限公司	日 本	480	240
15	亚罗弗橡塑科技(上海)有限公司	泰 国	420	210
16	爱乐星丽化妆品制造(上海)有限公司	日 本	413	165
17	上海协承昌化工有限公司	中国台湾	186	130
18	艾格赛尔喷涂设备(上海)有限公司	法 国	186	131
19	兼广机械部件(上海)有限公司	日 本	150	105
20	亚科排水科技(上海)有限公司	德 国	123	62
21	明广(上海)科技有限公司	萨 摩 亚	72	50
22	祯祥化学工业(上海)有限公司	维尔京群岛	64	45
23	上海金桥精亿高科技有限公司	澳大利亚	50	50
24	萨那电子(上海)有限公司	日 本	42	30
25	虹川机电(上海)有限公司	日 本	22	15
26	上海易杰生精密机械部件制造有限公司	丹 麦	0	2
27	大工科技(上海)有限公司	中国香港	0	400

21 个新批项目中,生产型项目 14 个,投资额 1.3 亿美元,占投资总额的 23.4%。非生产型项目 7 个,投资额 1.2 亿美元,占投资总额的 76.6%。

2012 年新引进外商投资生产型和非生产型(或产业)分布情况表

行业(或产业)	项目数		投资总额(万美元)		注册资本(万美元)		实到外资(万美元)	
	个数	占比(%)	金额	占比(%)	金额	占比(%)	金额	占比(%)
合　计	21	100.0	25475	100.0	15146	100.0	9600	100.0
生产型项目	14	66.7	13410	23.4	5333	35.2	—	—
非生产型项目	7	33.3	12065	76.6	9813	64.8	9600	100.0

截至 2012 年,松江工业区共引进外商投资项目 460 个,总投资额 110.4 亿美元,注册资本 50.8 亿美元。其中,中外合资项目 55 个、中外合作项目 11 个、外商独资项目 394 个。共引进实体型内资企业 233 家,注册资本 60.3 亿元。

历年累计外商投资情况表

性　质	项目数(个)	总投资额(万美元)	注册资本(万美元)
合　计	460	1103978	508427
合资企业	55	99757	53972
合作企业	11	15662	7323
独资企业	394	988559	447132

三、区域开发与建设

(一) 全力推动项目建设

以区政府产业项目审改为契机,松江工业区制定了工业区产业项目报批报建操作办法,对落户产业项目土地报批、项目报建实施免费代办,明确责任部门,实施全程无缝衔接,创新制度,改善机制,加强服务,全力推进项目建设。其中重点推进龙域实业、佘山环球企业中心、中国纺织服装品牌等产业项目的建设。2012 年,共有 11 个项目 1795.47 亩土地摘牌。领鲜食品等 13 个项目开工建设,3 个项目竣工。

(二) 加快转型发展步伐

松江工业区升级为国家级经济技术开发区的申报工作已进入国家部委征询意见阶段。加工区功能拓展基础设施全面投入使用,转型升级为综合保税区进展顺利;控股合作项目佘山环球企业中心、中国纺织服装品牌创业园—时尚谷建设有序推进;时尚谷内设时尚信息服务等专业服务平台被评为上海市中小企业公共服务机构。企业核心竞争力不断增强,全年共创建区级技术中心 3 家,成功申报"产学研创新项目"4 个,成功申报市、区节能技术改项目 13 个,成功申报区两化融合专项资金补贴 9 项。

(三) 稳步推进动迁安置

稳步推进动迁安置,全年完成农户动迁 47 户,工业区有效开发区域内 7452 户农户,已完成动迁 7249 户,剩余 203 户。启动并基本完成晨星茜蒲苑动迁房主体建设。社会职能移交逐步深化。晨星一期、二期小产证发放工作已全面展开;愉光新村动迁房历史遗留产证问题逐步解决。东部新泾村、新兴村撤村撤队工作全面完成,至此,松江工业区圆满完成有效开发区域内 14 个村、180 个生产队的撤村撤队工作。

(四) 有序推进园区建设

基本完成工业区东部新区控制性详细规划编制和工业区一期 2.56 平方公里重点区域产业结构调整及布局优化规划的前期准备

工作。稳步推进园区路桥水电体系建设。持续优化园区生态环境,生态功能区—昆秀湖初具形态;园区绿化美化不断完善,环境整治力度稳步加大,园区形象不断提升。全年,完成规划区域内近7.6万平方米非建设用地的绿化种植;拆除违法建筑面积7330平方米,完成全年拆违指标的103.2%。

(五)提升管理服务水平

工业区内社会稳定基础不断夯实,“两个实有”扎实推进。签订安全生产目标责任书510家,食品安全责任书123家,组织4744名从业者参加各类安全生产宣传培训。采取集中检查、联合检查、专项检查等方式对515家单位进行安全生产及食品药品监督检查。积极服务外来务工人员。面向企业员工开展计划生育、职业病防治、健康自我管理、群众自救互助、禁毒宣传等培训工作。全年,完成献血指标1857份,调处劳动争议48起,组织农民工培训757人,救护培训1757人,帮助11批次221名外来建筑工人成功追回拖欠工资149.21万元。

(六)党群组织工作活跃

以“强组织、增活力,创先争优迎十八大”为主题,开展基层组织建设年活动,继续推进创先争优活动,推进“两新”党支部标准化建设;强化宣传思想、精神文明、文化建设。顺利举办工业区20周年庆典活动。全年,新发展“两新”党组织4家、团组织30家、组建工会25家;106家党支部参与并完成了基层党组织分类定级工作;组织10家单位申报市、区两级文明单位,2家企业参加第二批上海市企业文化建设示范基地评审。顺利召开工业区工会第三次代表大会。

上海市莘庄工业区

党工委书记、
管委会主任、
董事长　王备军

一、概述

2012 年，莘庄工业区按照区委、区政府“全面调结构，深度城市化”的总体要求，深入开展“三个转型、三大建设”，各项工作成效显现，出色完成了各项目标任务。

二、推进“三个转型”，抓好园区开发

引资促转型发展方面，一是老企业存量

2012 年主要经济指标完成情况表

指标名称	单位	2012 年	比上年(±%)
财政总收入	亿元	74.7	22.8
增加值	亿元	223.9	6.9
工业总产值	亿元	712.4	4.6

土地利用开发成效显著。在不新供土地的前提下，佛吉亚总部、营销、研发中心，苏威总部、研发中心，大金研发中心，GE 科孚德营销、研发中心，赢创研发中心，申沃研发中心(均为 500 强企业)等相继落地并开工建设。二是“两头(研发、营销)”在园区的企业明显增多。除上述企业外，华硕营销中心、山特维克营销中心、日本电装营销中心、波士胶营销、研发中心、法液空研发中心(均为 500 强

上海市莘庄工业区党工委书记王备军(左二)在索尔维中国开放日活动启动仪式上

企业）等一批企业落地并开工建设或进入运营阶段。2012年，“两头”在园区的企业在外资招商中合同利用外资占比达到43%。

除了上述总部、中心类企业实现开工建设外，一批先进制造业企业完成供地并进入开工建设准备阶段。如华电&GE航改机项目、福伊特驱动项目、贺德克工业流体项目等，为提升产业能级打下扎实基础。另外，上海闵行国际物流中心有限公司扩园拟选用中航光电子公司闲置土地合作开发，正在积极筹划之中。

园区东西两翼开发的生产性服务业集聚区正式开工建设。光华路工程华西湖绿地项目、光中路延长段（华宁路—华西路）和华西路延长段（光华路—颛兴路）都已开工建设。完成会所设计和市政二阶段（五条城市支路）的立项、规划及土地报批手续。沪闵路沿线改造，已着手规划调整，委托戴德梁行作战略策划。申北路8号重建完成图纸设计和公示。

深化服务方面，工业区举办“企业家沙龙”系列主题活动及各类培训会、讲座，为落户企业之间及企业与职能部门之间的交流搭建顺畅的沟通平台。建立市创业中心系统科技金融服务站，延伸孵化服务链，帮助企业做大做强。整合大物业，为园区企业提供更优质的服务。

三、利用外资和对外贸易

2012年，工业区秉承“引领绿色智造，实现产城融合”的园区使命，面对国际环境复杂多变、国内经济增速有所放缓的严峻形势，精诚团结，迎难而上，抓住发展东西两翼的战略机遇，圆满完成全年招商引资目标任务。

2012年实现引进合同外资1.88亿美元，到位资金1.31亿美元。其中，新办或追加总投资1000万美元以上项目8个；新增500强投资项目5个；新增地区总部2家；研发中心4家。新引进外资批租项目的平均投资密度（注册资本）为51.22万美元/亩。

招商引资的主要特点：

一是在引进大项目和龙头项目上取得新突破。全年新批的41个外资项目中，总投资1000万美元以上项目有8个，如佛吉亚总部及研发中心（7000万美元）、华电通用项目（1亿美元）、博乐特殊钢项目（2200万美元）、福伊特驱动增资项目（3300万美元）、法液空项目（2500万美元）。这些项目行业地位高、单体项目投资大、附加值高。项目个数仅占总数的20%，但它们对投资总额的贡献率高达84%。尤其是华电通用项目的入驻，为工业区的产业集群又增添了新引擎。

二是加大生产性服务业的招商力度效果明显。全年共引进生产性服务业项目15个，占新批项目数的65%；质量也有新的突破，其中跨国公司地区总部2家，研发中心4家，商贸企业7家，咨询企业5家。这些服务业项目均为量大、质优，可持续发展力强。

三是租赁项目数量同比下降明显。受限于工业区内目前无新建的单层或双层适用于制造项目的标准厂房，再加上旧厂房基本处于满租状态，新的优质外资制造类项目落户以及工业区内老企业的扩展均相当困难。

2012年，园区工业企业共实现出口222.1亿元，占工业总产值的31.2%，比上年下降1.2%。

2012年出口额排名前10位企业情况表

序号	企 业 名 称	出口金额（万元）	比上年（±%）
1	上海电气电站设备有限公司	295461	-11.9
2	奥特斯（中国）有限公司	243188	4.2

（续表）

序号	企 业 名 称	出口金额（万元）	比上年（±%）
3	上海安费诺永亿通讯电子有限公司	236700	6.8
4	上海中航光电子有限公司	108200	-26.3
5	东芝机械（上海）有限公司	92588	17.5
6	莱尔德电子材料（上海）有限公司	90171	48.3
7	大金空调（上海）有限公司	81619	25.1
8	芯发威达电子（上海）有限公司	68505	-23.4
9	电气硝子玻璃（上海）有限公司	65254	-33.1
10	上海实达精密不锈钢有限公司	56867	-10.1

截至2012年底，园区共利用外商投资总额72.84亿美元，合同外资32.93亿美元，落户的外资企业404家。主要是欧美企业和日本企业（占80%左右），其中世界500强投资的企业47家，投资额1000万美元以上企业上百家，研发企业53家（含内设研发部门的企业），占落户企业数的16%左右。

四、区域社区建设

城市建设不断加强。完成老产业区域及申北路居住区约12平方公里范围的道路、绿化、景观改造规划设计，和东、西区衔接，统一风格连成一片。政府购买服务的两家市容管理服务公司，以“分片管理、竞争合作”的模式相互竞争、相互推动，服务管理质量不断提高，市容绿化管理有成效。园区成立专门巡查小组，对公共绿地进行定期检查，并加强对绿化养护单位日常工作的管理和指导，进一步健全了对养护单位的考核。

垃圾分类减量启动试点工作。成立莘庄工业区生活垃圾分类减量工作领导小组，拟

上海市莘庄工业区党工委副书记、公司总经理陈建平（右）在格瑞纳挤出技术（上海）有限公司10周年庆典活动上

定《莘庄工业区推动垃圾分类、促进源头减量实施方案》，计划三年内在工业区现有23个居民小区和2个农贸市场中全面实行垃圾分类减量工作。2012年9月，正式启动申莘一村、锦绣人家、名仕世家、南郊别墅、天恒名城、绿久苑6个试点小区垃圾分类减量试运行工作，完成7%的垃圾减量。

"城中村"拔点工作积极推进。完成居民户动迁签约拔点5个基地，合计15户。配合西区开发建设，动迁4个基地，企业23家。动迁工作的有效推进，确保园区项目建设的顺利进展。

园区文化建设项目积极开展。通过全球征集形式，确定园区全新形象标志，提炼园区核心价值体系，编制园区《文化纲领》，发布国内首家园区级《社会责任报告》，创作园区之歌《超越期待》，极大鼓舞园区文化的深度传播发展。成立上海市作家协会创作基地暨春申文学社，组织一批优秀的学者、作家走进园区，以多种形式普及文学知识，宣传人生价值。开展社会和公益文化项目义拍活动，共计募集资金598万元，总计资助项目12个。

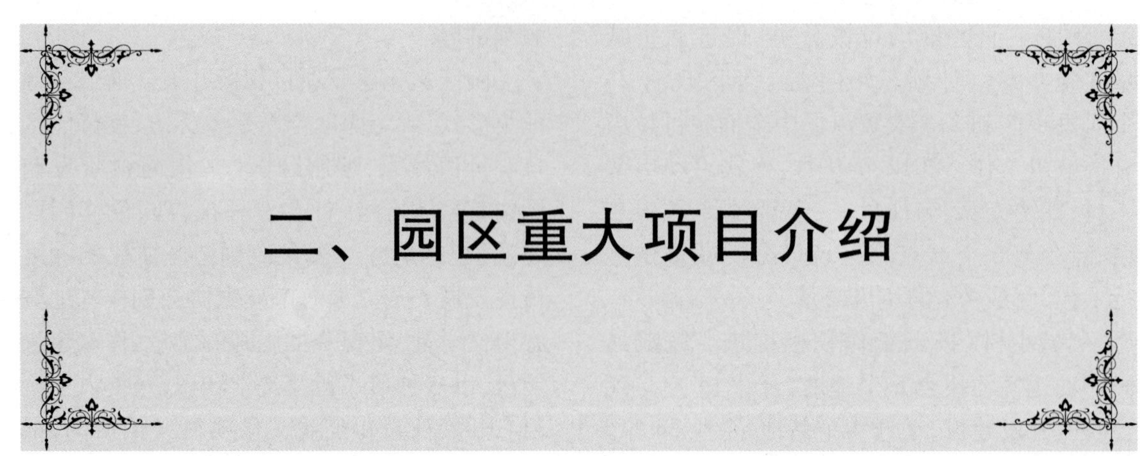

二、园区重大项目介绍

华电 &GE 航改项目

2011 年 1 月，时任国家主席胡锦涛访美期间，中国华电集团公司与美国通用电气（GE）公司合作推动中国分布式能源发展的战略合作协议在美签订，引进 GE 技术在中国生产航改型燃气轮机。双方经协商达成共识，在莘庄工业区内投资建设航改型燃气轮机生产工厂，逐步实现系统集成国产化，全力推动中国分布式能源发展。

中国华电集团公司下属企业——华电分布式能源工程技术有限公司与通用电气（中国）有限公司在莘庄工业区合资设立航改型燃气轮机生产企业，注册资本 3400 万美元，总投资 1 亿美元，其中华电占比 51%，GE 占比 49%。该项目达产后，年营业收入将达到 100 亿元，年缴纳税收总额 5 亿元。

该项目选址地块在园区生产性服务业集聚区内华电三联供项目用地以东、六磊塘以南、华西路以西、颛兴路以北的 192 亩土地。

上海贝尔股份有限公司

上海贝尔股份有限公司是中国高科技领域内第一家外商投资股份制公司，也是阿尔卡特朗讯的中国旗舰公司。公司拥有技术先进、制造能力达到世界一流水平的生产制造平台，公司销售服务网络遍及全国和海外 50 多个国家。

上海贝尔股份有限公司外景

2012 年上海贝尔中外双方股东（国务院国资委及阿尔卡特朗讯集团）按现有股权结构，向上海贝尔共增资 20 亿元。增资项目将进一步扩大上海贝尔浦东产业园区升级建设，在继续拓展海外市场的基础上，创新海外经营发展模式，实施对海外优质高科技业务的兼并收购；全面提升上海贝尔的国际资源驾驭力、产业链控制力和技术主导力；有效带动经济的发展，特别是对当地企业出口竞争力（如国际市场份额增加、出口多样化、科技升级）、地方企业价值的增加及联动效应的形成，及其融入全球价值链方面具有一定的贡献。

沃尔沃建筑设备投资（中国）有限公司

2012 年，沃尔沃集团迎来在华发展的 20 周年。值此 20 周年庆的契机，沃尔沃建筑设备与上海市浦东新区签署建立投资性地区总部的备忘录，设立沃尔沃建筑设备投资（中国）有限公司，为沃尔沃建筑设备全球直属的地区总部（涵盖中国和蒙古国）。继2002年沃尔沃建筑设备在金桥出口加工区投资沃尔沃建筑设备（中国）有限公司之后，又加大投资力度，成立地区总部，旨在优化沃尔沃建筑设备在中国的投资架构，汇集其制造、销售、研发和采购的力量，形成合力效应，稳固并提高市场地位，更好满足用户全方位需求；为建筑设备业务在中国的持续、快速发展营造更佳的内外部环境。预计在2013年进一步增资亿元以上和推动以上海为基地的投资整合计划。沃尔沃建筑设备有意成为在上海发展总部经济和高端制造业的典范之一。

亨斯迈新亚太区研发中心

位于上海闵行经济技术开发区的亨斯迈新亚太区研发中心于2012年2月16日正式破土动工。

亨斯迈集团为新的亚太区研发中心投资4000万美元，预计在2013年中竣工。该研发中心建成后将与2008年9月启用的现有研发中心一同组成亨斯迈创新技术园区，共享先进的厂房、实验室和办公室，汇集近400位技术专家。建成后的新亚太区研发中心将与位于德克萨斯州伍德兰兹、比利时布鲁塞尔的研发中心及其他规模较小的技术中心一起构成完整覆盖全球的亨斯迈研发网络。

亨斯迈研发中心完工效果图

上海中石化三井弹性体有限公司

上海中石化三井弹性体有限公司于2012年6月28日揭牌成立，将在上海化工区投建全球规模最大的乙烯丙烯二烯烃共聚物项目。该公司由中石化集团与日本三井化学株式会社各持50%股份合资设立，注册资本约6.3亿元。主要业务为生产及销售三元乙丙橡胶产品，计划在化工区内投资20亿元建设一套年产7.5万吨的乙烯丙烯二烯烃共聚物（EPT）生产装置，预计2014年一季度投入商业运行。据了解，乙烯丙烯二烯烃共聚物耐气候性、耐臭氧性、耐热性、耐寒性等较佳，被广泛用于汽车零部件、电线电缆及其他工业产品。近年来，此类产品的市场需求大幅增长，其中，三元乙丙橡胶在2011年的消费量为23.74万吨，进口量达22.3万吨。

异氟尔酮项目

2012年6月19日，赢创工业集团在上海化工区举行异氟尔酮项目奠基仪式。该项目总投资15.09亿元，主要产品是异氟尔酮和异氟尔酮二胺，生产规模分别是3万吨/年和2万吨/年，建于化工区D3－8地块，用地面积61255平方米，计划2013年底机械竣工。项目采用赢创德固赛公司目前在德国和美国使用的自有技术，填补国内空白。产品被广泛用于涂料、农作物保护、风力涡轮机组合叶片等领域。目前，赢创德固赛占据着这一产品市场最大的生产能力及市场份额，预计亚洲市场增幅约为每年7—9%，且中国将逐渐成为最大的消费市场。项目的建设可以缓解国内市场的供需矛盾，降低该产品的进口量。

特殊护理有机化学品项目

2012 年 3 月 20 日，赢创德固赛（中国）投资有限公司在上海化工区举行特殊护理有机化学品项目奠基仪式。项目总投资 4.8 亿元，生产规模为 8 万吨/年，主要产品有两性表面活性剂（甜菜碱）、护肤品（酯）和清洁剂（特殊表面活性剂）等，产品被广泛用于家庭护理、清理清洗、化妆品等领域。项目属于国家鼓励发展产业，采用赢创德固赛的先进工艺技术，生产使用清洁能源，实现废物资源综合利用，充分体现清洁生产和循环经济的理念。项目建成后有利于带动国内相关行业生产技术的发展，有利于改善我国特殊护理有机化学品的生产结构。项目计划 2012 年一季度开工建设，2013 年建成投产。随着该项目的落成，赢创也将进一步提升本地化技术服务和市场营销能力。

上海商务年鉴支持单位

祝贺《上海商务年鉴》创刊五周年

上海恒源祥家用纺织品有限公司
永安百货有限公司
上海蔡同德药业有限公司
上海友谊南方商城有限公司
上海奥特莱斯品牌直销广场有限公司
大泽铜业有限公司
日一新国际货运代理(上海)有限公司
上海商业储运有限公司
黑崎播磨(上海)企业管理有限公司
上海钢联电子商务股份有限公司
中国储备粮管理总公司上海分公司
上海西门子医疗器械有限公司
上海市商业学校
上海乐农超市有限公司
无印良品(上海)商业有限公司
和通汽车投资有限公司
上海企德货展设备有限公司
上海凯宝药业股份有限公司
上海奉浦生产性服务业功能区有限公司

上海又一城购物中心有限公司
上海重矿连铸技术工程有限公司
上海桃丰商贸有限公司
上海易贸投资集团有限公司
上海凤凰进出口有限公司
中德莎(上海)贸易有限公司
延锋百利得(上海)汽车安全系统有限公司
上海理想信息产业(集团)有限公司
延锋伟世通汽车模具有限公司
震旦(中国)有限公司
上海钢之源电子交易中心有限公司
上海良友(集团)有限公司
长兴(中国)投资有限公司
上海领鲜物流有限公司
上海青浦出口加工区开发有限公司
上海嘉定百联东方商厦有限公司
上海延锋江森座椅有限公司
上海钢铁金融产业园发展有限公司
上海海通国际汽车码头有限公司

排名不分先后

上海商务年鉴支持单位

祝贺《上海商务年鉴》创刊五周年

鼎捷软件股份有限公司
上海云峰(集团)有限公司
上海一冷开利空调设备有限公司
丸佐(上海)贸易有限公司
上海纵游网络技术有限公司
上海宝山工业园区管理委员会
远东国际租赁有限公司
上海捷强烟草糖酒(集团)连锁有限公司
生工生物工程(上海)股份有限公司
胜科(中国)投资有限公司
上海江杨农产品批发市场经营管理有限公司
上海百联东郊购物中心有限公司
上海有色金属电子商务有限公司
纽伦堡会展服务(上海)有限公司
上海物资贸易股份有限公司
上海东浩外服国际物流有限公司
上海物资贸易股份有限公司黑色金属分公司
上海太阳能科技有限公司
杉德银卡通信息服务有限公司

上海汽车商用车有限公司
上海月星环球家饰博览中心有限公司
上海康骏投资管理有限公司
盈丰(上海)房地产发展有限公司
上海宝鸟服饰有限公司
伯利休斯(上海)工程技术有限公司
上海交大电梯与控制设备有限公司
上海老凤祥钻石加工中心有限公司
上海建发酒业有限公司
村田汽车塑料零部件(上海)有限公司
凯誉管理咨询(中国)有限公司
上海冠龙阀门机械有限公司
博世(中国)投资有限公司
杜塞尔多夫展览(上海)有限公司
上海煜鹏通讯电子有限公司
上海市金茂律师事务所
北京市大成律师事务所上海分所
上海M50文化创意产业发展有限公司
上海外联发商务咨询有限公司

排名不分先后

上海商务年鉴支持单位

SHANGHAI COMMERCE YEARBOOK SUPPORTERS

上海北蔡资产管理有限公司
四川快益点电器服务连锁有限公司
上海余天成药业连锁有限公司
上海和辰信息技术有限公司
上海维鲨实业有限公司
特富麦克(上海)不中断供电系统磁性器件有限公司
巴斯夫(中国)有限公司
先锋电子(中国)投资有限公司
东工物产贸易有限公司
上海联合光盘有限公司
福伊特企业管理(上海)有限公司
养乐多(中国)投资有限公司
高沃信息技术(上海)有限公司
美题隆精密光学(上海)有限公司
欧莱雅(中国)有限公司
增厦信息技术服务(上海)有限公司
宁波奥克斯家电销售有限公司
上海津恩矿业有限公司
上海团结普瑞玛激光设备有限公司

上海申铁信息工程有限公司
上海青浦工业园区发展(集团)有限公司
中国邮政储蓄银行上海分行
上海曦视科技有限公司
上海时代航运有限公司
上海华敏储运有限公司
上海南汇老港化工工业区经济发展有限公司
瑞翁(上海)管理有限公司
上海金山第二工业区投资有限公司
上海林内有限公司
上海汽车信息产业投资有限公司
思亲肤化妆品贸易(上海)有限公司
上海市城市建设投资开发总公司
吴羽(中国)投资有限公司
华荣科技股份有限公司
统一超商(上海)便利有限公司
上海红酒交易中心有限公司
上海科莱博隐形眼镜有限公司
上海新境界食品贸易有限公司

排名不分先后

上海商务年鉴支持单位

祝贺《上海商务年鉴》创刊五周年

上海跨国采购发展集团会展有限公司
上海锦元文化发展有限公司
上海九华商业(集团)有限公司
上海鸿翔百货有限公司
福斯特惠勒能源管理(上海)有限公司
沃尔沃建筑设备(中国)有限公司
上海惠晟物流有限公司
华润(上海)有限公司
上海机场(集团)有限公司虹桥机场公司
上海永和大王餐饮有限公司
德高广告(上海)有限公司
上海华盛建设集团贸易有限公司
上海钢铁交易中心有限公司
上海建融投资有限公司
法国巴黎银行(中国)有限公司
上海金山惠民村镇银行有限责任公司
合发(上海)网络技术有限公司
印孚瑟斯技术(中国)有限公司
上海旭通广告有限公司

理光图像技术(上海)有限公司
上海豫园(集团)有限公司
必能信超声(上海)有限公司
上海雅马哈建设摩托车销售有限公司
上海兰生国泰进出口有限公司
上海信辉服饰有限公司
上海新华联大厦有限公司
百鸿国际机械(上海)有限公司
上海浦东商业股份有限公司
上海中石化三井化工有限公司
先尼科化工(上海)有限公司
上海齐鼎餐饮发展有限公司
萨帕铝热传输(上海)有限公司
葵和精密电子(上海)有限公司
霍尼韦尔航空电子(上海)有限公司
上海永菱房产发展有限公司
国基电子(上海)有限公司
上海皿鎏软件有限公司
友誉财务管理咨询(上海)有限公司

排名不分先后

上海商务年鉴支持单位

SHANGHAI COMMERCE YEARBOOK SUPPORTERS

阿姆斯壮(中国)投资有限公司
上海捷强烟草糖酒(集团)有限公司
馨月汇母婴专护服务(上海)有限公司
上海索迪斯管理有限公司
亚玛芬体育用品贸易(上海)有限公司
上海东浩会展经营有限公司
上海虹口商业(集团)有限公司
上海统超物流有限公司
上海临港奉贤经济发展有限公司
三井化学(上海)有限公司
上海新华传媒电子商务有限公司
集荟商业管理(上海)有限公司
上海外高桥造船有限公司
上海外高桥物流中心有限公司
上海伟立投资有限公司
上海日立电器有限公司
上海宝山科技控股有限公司
柯惠医疗器械国际贸易(上海)有限公司
上海市通力律师事务所
上海亚龙烟草机械有限公司
上海嘉创企业(集团)有限公司
上海中安商业发展有限公司
璐彩特国际(中国)化工有限公司
上海化学工业区进出口有限公司
上海游龙橡胶制品有限公司
延锋彼欧汽车外饰系统有限公司
上海金开融资担保有限公司
八一〇所
嘉里大通物流有限公司
法拉利玛莎拉蒂汽车国际贸易(上海)有限公司
上海现代物流投资发展有限公司
上海市方达律师事务所
三菱电机(上海)机电电梯有限公司
银联商务有限公司
上海桂林实业有限公司
上海酩悦轩尼诗国际贸易有限公司

排名不分先后

Excellent 优秀

上海华信石油集团有限公司（封二）
上海大众汽车有限公司（封三）
上海东浩国际服务贸易（集团）有限公司
捷豹路虎汽车贸易（上海）有限公司
交通银行上海市分行国际业务部
中国民生银行上海分行
施华洛世奇（上海）贸易有限公司
上海汇力得电子商务有限公司
利澜服饰制品（上海）有限公司
上海鼎信投资（集团）有限公司
欧特克软件（中国）有限公司上海分公司
挪信能源技术（上海）有限公司
中通快递股份有限公司
上海圆通速递有限公司
恩智浦半导体（上海）有限公司
招商银行上海分行
中国银行上海分行
中国建设银行股份有限公司上海市分行
马来西亚马来亚银行有限公司上海分行
中银消费金融有限公司
中银通支付商务有限公司
中国投资担保有限公司
中国银联股份有限公司
上海徐汇对外贸易有限公司
毕马威华振会计师事务所（特殊普通合作）上海分所
普华永道会计师事务所
上海东方电视购物有限公司
上海东方娱乐传媒集团有限公司
上海友谊集团股份有限公司
上海新世界（集团）有限公司
上海安吉星信息服务有限公司
上海众人网络安全技术有限公司
上海开元企业经营管理有限公司
华联超市股份有限公司
福斯润滑油（中国）有限公司
上海密特印制有限公司
上海等势线计算机科技有限公司
上海对外贸易学院工商管理学院
上海银欣高新技术发展股份有限公司
上海迪美广场有限公司
上海百联南桥购物中心有限公司
上海爱梦敦置业有限公司（金桥国际）
上海正欧实业有限公司
统一企业（中国）投资有限公司
威可楷（中国）投资有限公司（YKK）
佳能（中国）有限公司上海分公司

排名不分先后

企业风采

Enterprises Style

上海梅龙镇广场有限公司
上海豫园旅游商城股份有限公司
神钢投资有限公司
上海华谊(集团)公司
上海银星汽车维修有限公司
希思黎(上海)化妆品商贸有限公司
和运国际租赁有限公司
上海老凤祥银楼有限公司
上海牧冠生物科技有限公司
上海市普陀区国有资产经营有限公司
上海赵巷商业商务投资发展有限公司
上海爱森肉食品有限公司
上海美设国际货运有限公司
大同(上海)有限公司
上海枫泾总部经济发展有限公司
三星(中国)投资有限公司上海分公司
托克贸易(上海)有限公司
上海万达广场商业管理有限公司
上海港汇房地产开发有限公司
英迈(中国)投资有限公司
德勤华永会计师事务所有限公司
上海市崇明工业园区管理委员会
延锋伟世通汽车饰件系统有限公司
上海黄色小鸭贸易有限公司
程熙贸易(上海)有限公司
上海宝山区顾村工业公司
上海富盛经济开发区管理委员会
如新(中国)日用保健品有限公司
芬美意香料(中国)有限公司
上海梅林正广和股份有限公司
百丽鞋业(上海)有限公司
上海圆迈贸易有限公司(京东商城)
上海新金山工业投资发展有限公司
上海精益电器厂有限公司
上海市机械设备成套(集团)有限公司
上海新世界淮海物业发展有限公司第一分公司
上海丰云餐饮有限公司
上海回力鞋业有限公司
上海证大置业有限公司
复盛实业(上海)有限公司
上海加冷松芝汽车空调股份有限公司
上海电气集团股份有限公司
同济汽车设计研究院有限公司
惠生工程(中国)有限公司
上海恒邦房地产开发有限公司
上海海晟融资租赁有限公司

排名不分先后

Excellent 优秀

上海思华科技股份有限公司
上海世纪联华超市发展有限公司
上海金环球国际贸易有限公司
佛吉亚(中国)投资有限公司
上海太船国际贸易有限公司
上海南桥新城建设发展有限公司
能率(中国)投资有限公司
上海市奉贤区光明杨王村农工商合作社
庞贝捷管理(上海)有限公司
保乐力加(中国)贸易有限公司
兄弟(中国)商业有限公司
安吉租赁有限公司
香港太古地产有限公司上海代表处
逸氏贸易(上海)有限公司
金佰利(中国)有限公司
昆山中信花桥产业园有限公司
上海嘉定出口加工区发展有限公司
上海同盛投资(集团)有限公司
不莱梅贝克史必驰(上海)自动化系统有限公司
上海品兴医疗设备有限公司
佳士得拍卖(上海)有限公司
上海南华换热器制造有限公司
东方钢铁电子商务有限公司
溯洄上海设计咨询有限公司

可口可乐企业管理(上海)有限公司
上海闽龙实业有限公司
上海达华药业有限公司
上海亿通国际股份有限公司
上海特易信息科技有限公司
山高刀具(上海)有限公司
中信泰富特钢经贸有限公司
上海普利特化工新材料有限公司
小南国(集团)有限公司
百联集团置业有限公司
上海海烟物流发展有限公司
中钢集团上海有限公司
上海东浩工艺品股份有限公司
东方航空食品投资有限公司
上海张江高新技术开发区青浦园区(集团)有限公司
中机国能电力工程有限公司
上海斯迪尔电子交易市场经营管理有限公司
上海云峰集团汽车工业发展有限公司
伊藤忠货运代理(上海)有限公司
上海爱知锻造有限公司
上海百联西郊购物中心有限公司
利星行之星企业管理咨询(上海)有限公司
通用汽车(中国)投资有限公司
上海太同弹簧有限公司

排名不分先后

企业风采

Enterprises Style

上海味好美食品有限公司
大连沛华国际货运物流有限公司上海分公司
上海忆霖食品有限公司
上海嘉亭荟房地产发展有限公司
达能依云食品营销(上海)有限公司
上海泰捷通讯技术有限公司
上海爱发投资管理有限公司
上海世达尔现代农机有限公司
紘华电子科技(上海)有限公司
延锋伟世通汽车电子有限公司
欧尚(中国)投资有限公司
上海鸿泰房地产有限公司
上海特缆电工科技有限公司
上海赛飞航空线缆制造有限公司
上海漕河泾新兴技术开发区海宁分区经济发展有限公司
上海数龙计算机科技有限公司
上海坚明办公用品有限公司
日东电工(上海松江)有限公司
上海海利生物技术股份有限公司
上海上标汽车紧固件有限公司
上海红坊物业发展有限公司
上海凯士比泵有限公司
上海古林国际印务有限公司
远纺工业(上海)有限公司

安东尼技术玻璃(上海)有限公司
上海浦东发展银行上海分行
上海恒成置业有限公司
上海西郊服务业集聚区经济发展有限公司
上海交运(集团)公司
上海大祥化学工业有限公司
上海试四赫维化工有限公司
宝瑞莱(上海)营养品有限公司
联太担保(上海)有限公司
上海聚益信息技术有限公司
周生生(中国)商业有限公司上海分公司
酩悦轩尼诗帝亚吉欧洋酒(上海)有限公司
上海海湾国家森林公园有限公司
上海云洲古玩艺术市场经营管理有限公司
台湾银行股份有限公司上海分行
上海中锋商业保理有限公司
上海富田空调设备销售服务有限公司
上海商展办展览有限公司
上海飞士工贸实业总公司(上海宝山经济发展区)
上海益民食品一厂有限公司
上海软中信息技术有限公司
上海亚东盛进出口有限公司
上海凯虹电子有限公司
上海纪兴房地产有限公司

排名不分先后

上海东浩国际服务贸易(集团)有限公司

SHANGHAI EASTBEST INTERNATIONAL (GROUP) CO.,LTD

上海东浩国际服务贸易（集团）有限公司（简称东浩集
民政府批准，由市国有资产监督和管理委员会出资组
国有服务业企业集团，注册资本为22亿元人民币。东浩集
海世博会筹办工作，负责建造了中国2010年世博会世博中
两大永久性场馆和中国馆的前期建设，负责世博中心、主题
会期间的运营管理及世博会后主题馆的后续利用，在展览展
力资源、贸易物流等方面也为上海世博会提供了大量服务。

在发展主营业务上，东浩集团坚持立足上海城市功能定位，整合集团内外资源，建立了多元化、多板块、灵活多样的市场化运作模式，致力于打造以完整产业链为标志、全国布局合理的人力资源服务和国际化、专业化、市场化、品牌化的会展、传播、贸易服务，主营业务突出，业务规模和经济效益兼备，是上海市加快发展现代服务业重要的企业集团。2012年东浩集团完成营业收入684亿元，实现净利润5亿元。集团在中国企业联合会公布的2012中国企业500强中排名第189位，在中国服务业企业500强中排名第66位；在上海市企联、市企业家协会、市经团联联合发布的2012上海百强企业名单上，集团名列第20位，上海服务业50强的第10位；在2012年上海市纳税百强榜中排名第7位。

是经上海市人
监管的大型
极投入上
主题馆
世博
人
2011中国国际工业博览会
China International Industry Fair 2011
开幕式
OPENING CEREMONY
中国企业500强中排名第189位
中国服务业企业500强中排名第66位
上海企业100强中排名第20位
上海服务业50强排名第10位
上海市纳税100强排名第7位
东浩集团

RANGE ROVER

LAND ROVER
ABOVE AND BEYOND

以综合化的
助

中国民生银行上海分行小微企业城市

中国民生银行上海分行小微企业城市商业合作社，是由民生银行牵头，协同广大小微工商企业、关心支持小微工商企业发展的有关人士及支持、服务小微工商企业的政府相关职能部门等自愿组成的服务性组织。具备完整的工商登记、合法经营、信用良好的企业或个体工商户，均可申请成为合作社会员。

自2012年3月1日第一家合作社“长宁区小微企业城市商业合作社”成立至2013年4月30日，上海地区已有313家合作社陆续建立起来，会员总数已达到12581人。通过该平台，民生银行给予小微企业授信额度近60亿元，目前提款余额近20亿元。由于该平台一定程度上解决了小微企业信息不对称的问题，民生银行对小微企业大胆投放“无抵押、无担保”信用授信，并对会员提供专属评审通道，提供优惠利率，充分体现了该平台对小微企业的金融扶持。

通过一年多时间的实践，合作社充分发挥服务平台优势，搭建沟通桥梁，创新融资渠道，积极为小微企业提供全方位的金融服务和非金融服务。其中在非金融服务方面也亮点频出:有的以培训、讲座的形式解决企业在经营中遇到的法务、税务、人力资源、财务等各种问题；有的以品茶、赏玉、踏青等形式构建会员交流互动平台；有的以特卖会、冷餐会、电子销售平台等形式拓宽会员销售渠道，实现撮合交易……

2012年6月7日，上海市委常委、副市长屠光绍带领市金融办、经信委、发改委、财政局、地税局、工商局及工商联等相关负责人到民生银行上海古北支行就长宁区小微企业城市商业合作社开展调研，并指示“经济的发展，既需要顶层设计，更需要来自基层的创新。民生银行是真正关注‘民生’的银行，民生银行开动脑筋探索小微企业城市商业合作社是在目前经济环境下真正‘行得通、能见效’的金融服务模式”。

2012年7月4日，现任中央政治局常委、时任上海市委书记俞正声莅临民生银行上海分行古北支行调研考察，并指示“合作社为小微企业融资开辟了一条好路子，它把政府平台优势、行业对企业的信息掌握优势和银行的金融产品优势有机的整合起来，形成了一套风险能防控、效率能保证的高效金融服务模式”。

现任中共中央政治局常委，时任上海市委书记俞正声正在听取我行汇报

屠副市长在时任长宁区委副书记、区长李耀新（右二），以及上海分行党委书记、行长王建平（左一）的陪同下参观了古北支行和民生银行 —— 长宁区小微企业城市商业合作社下属虹桥分社、北新泾分社设在古北支行的秘书处。

上海纽斯达科技有限公司

2013年1月，中国民生银行与纽斯达公司达成战略合作关系，从各个层面展开全方位的合作。公司地址位于上海人民广场地区，威海路48号中国民生银行大厦3楼，办公面积300余平方米。公司拥有一支30余人的专业运维团队，同时基于民生银行庞大的客户经理群体、营业网点渠道，向广大客户提供优质的服务。

办公环境

上海纽斯达科技有限公司（下称：纽斯达公司）成立于2006年11月，是专业从事支付清算业务的非金融机构，注册资本3000万元，在上海地区发行纽斯达消费卡。

纽斯达公司目前以智能卡服务作为在科技服务领域的业务突破口，以电子智能消费卡的发行与销售作为载体，为企事业单位提供会务、活动、公关、福利等方面的策划和服务。

纽斯达消费卡拥有众多特约商户，除涵盖传统消费卡已普及的大型百货商场、超市、餐饮、健身、医疗、娱乐休闲等行业商户外，还将加盟范围延伸到网上支付领域，涵盖航空、票务、网络游戏、消费品、旅游等类型的网上商户，具有支付方式多样、资金安全、结算可靠等优势。

2013年4月，纽斯达第三代消费卡纽斯达商银通卡正式发行。纽斯达新卡可以在上海市内超过6000家特约商户处使用，类型覆盖大型百货、餐饮酒店、卖场超市、休闲娱乐、健身美容、连锁品牌、药店药房等多种行业，能满足持卡人购物、餐饮、休闲、娱乐、网上购物、公共事业费缴费、手机充值等多项消费需求。

WWW.SWAROVSKI.COM
SWAROVSKI
SWISS
MADE
© 2012 SWAROVSKI AG

SWAROVSKI
SWAROVSKI

关于汇力得园区 闵行.莘庄.汇力得

在国家关于电子商务政策的指引下，在上海市及闵行区政府的相关部门的支持和帮助下，汇力得电子商务产业园应运而生。

作为莘庄工业区新一轮的发展基地，汇力得产业园依托闵行区并兼具莘庄工业区优势资源，是一个电子商务产业为主导，集办公、研发、孵化、培训、会务接待、产品展示为一体的5A级园区，并争创闵行国家电子商务公共服务示范基地，且以此作为闵行区产业结构调整和经济发展方式转变的重要突破口，成为提升地区综合实力的重要引擎。

园区通过招标，委托同济室内设计工程有限公司，对整个园区50000平方米进行高标准的总体规划设计。秉承人与自然和谐共生的发展理念，莘庄工业区汇力得电子商务产业园将环境建设也作为开发建设的重要组成部分，努力为园区企业打造一个与自然亲密接触的高效工作环境。

地理位置

交通便捷，地理优势显著

园区位于闵行区新兴CBD规划范围内，北临虹桥综合交通枢纽，东接上海南站，与上海航天城研发基地仅一墙之隔，周边地区已建成大型商业广场、亚洲十大豪宅别墅区、上海两大高校大学城等重点规划项目，是上海未来发展的明日之星。

园区交通便捷，相隔千米内拥有两条主干道（沪闵公路、中春路）与莘庄立交桥、中外环及沪闵高架路直接相连，两条轨道交通（地铁5号线、规划中地铁22号线），紧邻S4沪金高速以及即将建成的连接虹桥交通枢纽至闵行CBD中心的闵嘉高速，公共交通747路、闵行区间公交均可方便到达园区，同时园区配备高品质园区巴士，于上下班时间定时发车往返附近轨交站点。

经营的核心理念

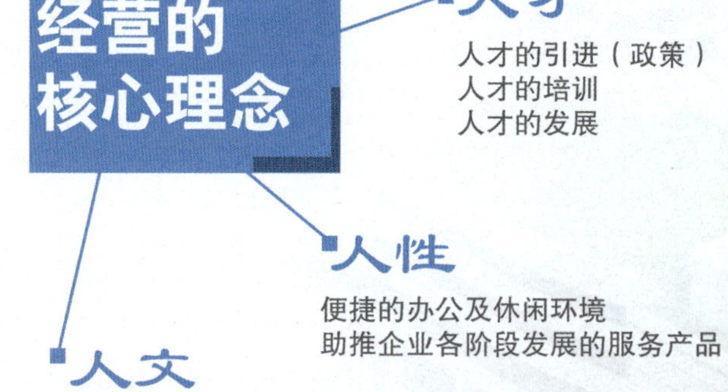

人才

人才的引进（政策）
人才的培训
人才的发展

人性

便捷的办公及休闲环境
助推企业各阶段发展的服务产品

人文

舒适的生活环境
共同成长的人文理念
生态园的生活理念

政策优势

汇力得隶属上海大张江板块，享受多种优惠政策

税收优惠 园区为入驻企业提供一条龙服务，包括财政扶持、税务扶持、项目申报扶持、融资扶持等。入驻企业享受莘庄工业园区所有优惠政策。

人才引进 园区为入驻企业的高管及高精尖人才申请闵行莘庄的人才引进待遇，在购房补贴、个人所得税的返还、子女教育安排等多方面进行落实。

特别服务 “上海汇力得创业投资基金”依托上海闵行电子商务产业园，围绕电子商务产业发展布局，旨在支持科技型和创新型企业推动企业自主创新，迅速做大做强。创投基金通过创业投资，帮助创新型企业改善资本结构，优化公司治理结构，提升产品及企业核心竞争力，推进符合条件的企业直接上市融资，培育形成资本市场上的“电子商务板块”。

www.weleadec.com

生活环境优势

人文关怀工作取悦生活

生态、绿色的生活环境

园区隶属莘庄工业园核心板块，于2001年11月获得ISO14001环境管理体系的认证，2002年11月通过ISO9001质量管理体系认证，2003年11月获得OHSAS18001职业健康安全体系认证,成为全国率先通过“质量、环境与健康安全”三认证的工业园区。目前，正在开展创建国家生态工业示范园区工作。

成熟商圈 完善的生活配套

吃：地处莘庄工业区腹地，商业中心，国际级商场，一站式购物一应俱全。

住：阳光公寓、鑫都小区、别墅区，满足企业员工不同的住宿需求。

医疗：复旦大学附属上海第五人民医院、复旦大学附属儿科医院、瑞金医院，权威、专业、方便。

教育：地处上海的教育强区闵行区，聚有多所示范性中小学校和知名大学。

娱乐：运动、娱乐多种休闲场所。

办公环境优势

人性化功能配套解决企业大后台难题

人性化的办公设施配套

- 五A级智能化写字楼，营造舒适的办公环境。1.8米宽的公共过道，集中式中央空调，独立的水、电、空调控制系统和计费系统。（内部照片）
- 公共会务中心、公共商务中心等，减少企业运营成本，快速启动公司运营。
- 云计算及云服务中心，批量的数据处理，安全、稳定、快速。
- 电信、网通、移动等信息平台，客户可根据自己的需求选择。

人性化的生活设施配套

- 园区配有班车、餐厅、停车场、银行、便利超市、会所、咖啡厅等，方便工作与生活。

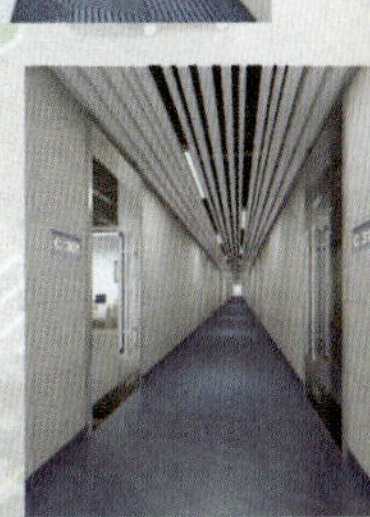

上海汇力得电子商务产业园

上海市闵行区新源路1356弄1-7号

电话：021-34130165　　传真：34130163

邮箱：weleadec@163.com　　手机：18217698889

汇力得官网：www.weleadec.com

利澜服饰制品（上海）有限公司

公司全体员工感谢社会各界同仁长期以来对利澜的关心和支持。
公司怀着感恩之心，在“锐意进取”的企业精神鼓舞下，定将使美丽更加精彩。

花颜系列
竹纤维玫瑰花披肩

利澜服饰制品（上海）有限公司是
资质等级评定AAA级，2010年被评为
国针织行业质量放心消费联盟单位。经
肩、围巾、帽子、手套、袜子、儿童用

公司位于上海外环线（A20）沪太
顾村公园边上，交通十分便捷。公司
还拥有国际先进的针织设备，可满足客

通过公司全体员工几十年的辛苦努
经营上奠定了一定的基础，在海内外客
立了良好的业务往来。

毛毯系列—休闲款

2010年利
园的零售商家
关于利澜产品
颁发的“产品创

公司响应
现公司旗下已

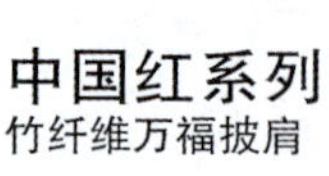
中国红系列
竹纤维万福披肩

青花瓷系列
竹纤维碎花披肩和竹纤维

2012年8月“上海外贸企业出口精品展销会”，公司的产品受到了上海市各级政府领导的关注，展位上始终人头攒动，广大市民争先抢购，爱不释手。

利澜的产品可以激发人们内心对美的欲望和追求，围上利澜的披肩和围巾，人们会得到一种快乐，美丽，幸福的感觉，利澜是缔造美丽的使者。

“编织您的世界、享受您的梦想”

人事精品及高档产品的研发、制造及营销的企业，并通过ISO9000:2008质量体系认证。达到企业信用三优企业、全国质量诚信品质单位、诚信品牌联盟单位、万家诚信联盟证书、价格协会荣誉证书、全30余年的积累和发展，在款式设计、产品质量、企业管理等各方面享有较高的声誉。生产的服装、披床上用品及各类服饰品，赢得了海内外客户的青睐。主营产品：各类冬夏披肩，围巾。

口处，地处上海北大门的交通要道，毗邻轨道交通7号线几百米，位于上海市郊亚洲最大生态公园——工300余名，其中包括技术研发人员、业务贸易人员、专职检验人员、管理人员，营销人员等。公司各种产品的需求。

各级政府政策的扶持，还有各界同仁的关心支持，使企业在生产和赢得较高声誉，建立了稳定的贸易关系，并与国内一些知名企业建

加世博盛会，获取特许生产商、零售商和世博轴店的资格。在世博列前茅，获片区平效荣誉奖。更可贵的是，公司至今没有收到一条诉或者退货请求。并在这次盛会中，公司研发的产品，获得世博局牌”。

召，外贸精品企业向内贸转型，积极改革创新，开设商场专柜。澜”、“約哥”、“享祥乐”、“LILA”、HUHAI”等品牌，欢迎各界客商前来团购，热线电话：4006-333-180，021-66730074。

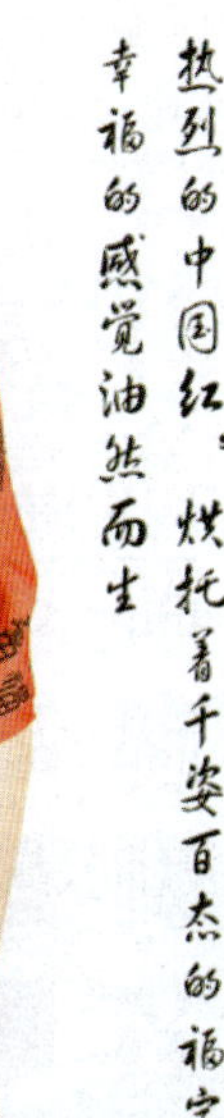

鼎信集团
DECENT

上海鼎信投资（集团）有限公司是青山控股集团有限公司的投资主体，是2007年为适应新形势下企业发展战略需要，由青山集团企业群重组而生，注册资本7亿元人民币。公司主营不锈钢产业，已形成了从上游原料开发、海运物流、冶炼，至下游不锈钢制品加工、国际贸易等完整的不锈钢生产供应链，以及与之配套的生产服务体系，以执着、专注、专业和毅力，奠定了我们在不锈钢产业的领先地位。

得益于整个团队的锐意进取和辛勤耕耘，近来公司主营业发展迅猛。2010年已完成了从原料到终端不锈钢产品完整产业链的布局；2011年底已具备年产230万吨不锈钢的生产能力，实现销售收入320亿元人民币；2009年至今，公司作为青山集团推行国际化经营的主力方阵，积极引进外资布局印尼镍铁市场，所辖矿区内丰富的镍铁资源将为公司未来的快速发展锦上添花!

公司历来注重人才的培养和员工的价值实现，尊重知识并鼓励创新。秉承青山集团“筑万仞青山，炼百年不锈”的理念，我们以实现人、生态和不锈钢的和谐为目标，深怀感恩之心，真诚期待能与您携手，共同致力于社会进步和人类幸福!

欧特克公司简介

欧特克有限公司是专业和个人领域三维设计、工程及娱乐软件的领导者，其产品和解决方案被广泛应用于制造业、工程建设行业、数字艺术和传媒娱乐业。自 1982 年 AutoCAD 正式推向市场以来，欧特克已针对全球最广泛的应用领域，研发出最先进和完善的系列软件产品和解决方案。这些软件、移动应用程序、云服务以及社区帮助各行业用户进行设计、可视化、仿真分析并交流创意。例如，荣膺过去十八年奥斯卡最佳视觉特效奖的全部获奖影片，均采用了欧特克的软件产品和解决方案。

愿景 —— 帮助人们想象、设计和创造一个更美好的世界

目标 —— 成为一家负责任的卓越公司

- 全球 6,600 多位员工
- 80 多种产品
- 1,000 多万正版用户
- 1,900 个经销商合作伙伴
- 3,400 个开发合作伙伴
- 1,900 家授权培训中心

新 LOGO 的含义

新品牌标识充分地体现了欧特克的产品通过改变形状改变了这个世界，是在向帮助客户进行构思、设计和制造的欧特克产品致敬。

品牌标识上的三种颜色代表了欧特克的三大用户群：消费者、专业人员和学生。三种颜色在图案上形成和谐的整体效果，体现了欧特克不同于竞争对手的独特品质。

ACRD 介绍

2008 年 1 月 8 日，欧特克全球最大的研发机构——欧特克中国研究院（ACRD）在上海正式成立。欧特克中国研究院拥有 1300 名研发工程师，是目前跨国企业在中国建立的规模最大的软件研发机构之一。欧特克中国研究院不仅能够对中国本土客户进行更贴近的支持和产品本地化研发工作，更承担欧特克全球产品开发和领先技术的研究工作，真正做到了立足中国，放眼全球。

公司成绩

过去

在计算机被《时代》杂志评选为"年度人物"的同一年，欧特克及其 16 位员工推出了 AutoCAD® 软件。设计业由此而改变！
1982 年，欧特克将技术创新与"设计可以显著改变我们的世界和生活方式"之理念相结合。今天，昔日重要的二维创新已经收获了丰硕的果实。

现在

从二维设计到三维建模、从数字化样机到建筑信息模型、从获奥斯卡奖的视觉特效制作到基于模型的地图绘制，欧特克可提供设计领域中最为广泛、最为强大的产品组合，轻松应对设计流程各个阶段的挑战。 荣膺过去十八年奥斯卡最佳视觉特效奖的全部获奖影片，均采用了欧特克的软件产品和解决方案。

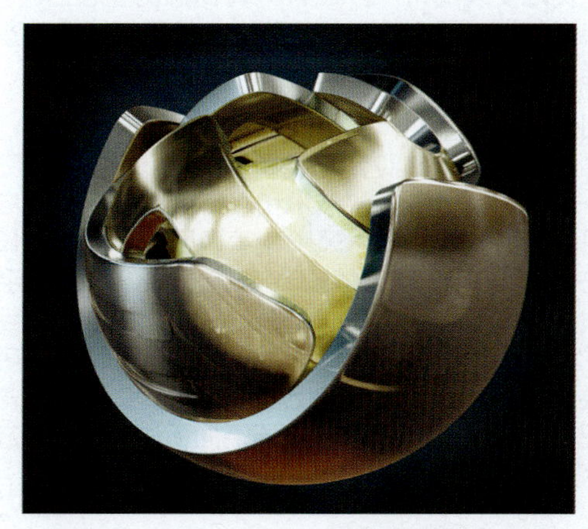

最近发展趋势

云计算和移动技术的广泛使用使设计的方式和设计者人群的构成都发生了巨大的变化。为帮助客户适应并利用这种变化，欧特克在几年前就开始进行业务大调整，从而成为了将设计工作从桌面迁移到云平台和移动平台的行业先锋。

云技术的发展

- 在过去的两年中，欧特克推出了基于云计算的软件，为专业设计者提供了强大的新工具。通过这些软件，用户们能够相互交流，共同探索怎样设计出更好的产品、建筑、道路、桥梁以及更引人入胜的艺术作品和电影，从而提高大众的生活质量。自从我们在 2011 年 9 月推出云产品后，超过 1500 万的欧特克专业用户访问了这些产品。
- 欧特克还投资于众多新市场，例如个人制造和数字艺术市场。在这些领域，每个月都有数以百万计的新用户利用欧特克的设计应用程序和产品来挥洒自己的创造力和想象力，设计和制作他们想要的各种事物。
- 如今，全世界有 1200 多万专业人士以及 1 亿消费者和制造者都在使用欧特克的软件、云服务和移动应用程序。

下一阶段的发展计划

- 我们正努力扩大用户群并投入资源开发个人制造和数字艺术等新市场，每个月都吸引数百万的消费者成为欧特克设计应用和产品的用户。他们利用这些软件挥洒自己的创造力和想象力，设计和制作他们想要的各种物品。
- 业务转型将为我们带来更多的机会，其中最令人激动的是它将为我们开启新的市场，云产品的推出将更有助于我们打入新市场。我们不断地探索留住现有客户以及为新客户创造附加值的新模式。同时，我们还积极寻求在巴西、印度、墨西哥、土耳其和俄罗斯等新兴市场扩展业务。

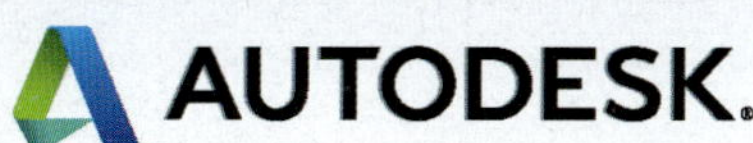

挪宝新能源集

孙国平

1964年出生于江苏张家港市，挪宝新能源集团创始人，现任挪宝新能源集团董事长兼首席执行官。

睿智稳健

追求卓越

在国家大力提倡“节能减排”的今天，地热能源的开发利用已成为改变对生物能源的严重依赖、减少温室气体排放量、解决全球气候变化问题的重要途径。挪宝新能源集团是一家立足于浅层地热能源开发运用，集研发、咨询、设计、生产、销售、安装及能源服务于一体的综合节能服务提供商。凭借其在新能源领域强大的研发实力和创新的合同能源管理模式，集团现已成为中国市场上地源热泵清洁能源领域开展合同能源管理规模最大的节能服务公司。

挪宝新能源集团为各类商用及民用客户，各类新、老建筑提供完全适合中国国情，集制冷、采暖、供生活热水及其他功能于一体的高效节能绿色环保的地源热泵中央空调系统。其核心技术--地源热泵技术，是利用浅层地热能，以土壤作为冬季热源和夏季冷源，并通过地源热泵机组向建筑物提供热量和冷量，并同时制备生活热水的新型中央空调技术。挪宝地源热泵适用于公共建筑: 博物馆，展览馆、学校，医院等；商业建筑: 高级酒店、办公楼、商场，大型超市和大型卖场等；民用建筑:　各类别墅，公寓，高档住宅小区等。集团自主研发的地源热泵智能模块化并联技术和无缝切换技术处于世界领先水平，把综合节能效率从普通地源热泵技术的30% - 40% 提高达到60%-70%，碳排放量显著减少，更具有占地面积小，可“化整为零”灵活安装的特点。在老建筑节能改造施工期间，挪宝设备系统安装可不必先行拆除原系统，使得改造中的建筑能继续营业不受丝毫影响，在改造施工完成后实现新老系统瞬时便利的切换。

挪宝新能源集团通过专业化的　“合同能源管理”模式为新、老用户提供节能改造项目，可为众多用能客户提供节能项目实施时的资金、设备、技术、管理等一系列专业、系统的技术和服务，帮助用能客户全部承担或者部分分担项目的经济成本、技术风险和管理风险等，通过长期的能源管理合作，与用户达到长期双赢。截止2013年6月30日，挪宝新能源集团地源热泵“合同能源管理”项目逾30多个，如上海地区项目有东郊宾馆、东湖宾馆、龙柏饭店、新苑宾馆、闵行饭店、金沙江大酒店等，其他省市项目有江西共青开放开发区、昆明上海东盟大厦、昆山港龙喜临门建材市场等，累计已安装和施工中的总合同建筑面积达300万平方米，另有5000万平方米的待建工程将于5-8年内完工。

韩正书记视察地源热泵项目现场

挪宝的技术优势和服务品牌在国内外得到了广泛的认可。国际著名咨机构罗兰贝格于2011年3月出具了中国地源热泵行业调查报告，报告按年完工安装面积排列出中国地源热泵行业前十强，挪宝新能源集团是其唯一一家采用合同能源管理商业模式并具备全产业链覆盖能力的节能服公司。在美国GreenTech 网站评选出的2011年度全球清洁能源技术0强中，挪宝是亚洲唯一一家以地源热泵技术跻身该名单的中国企业。010年11月4日挪宝新能源集团被正式认定为通过中国国家发改委和财部备案的上海市节能服务机构，并获得上海市合同能源管理指导委员会发的第一批上海市节能服务机构备案证书。

挪宝新能源集团董事长兼首席执行官孙国平先生，出生于江苏省张家市。1996年，他移居丹麦生活，期间，他对新能源产生了浓厚的兴，尤其是当地已在成熟运用的地源热泵技术。此后，他花数年时间开始心钻研国外先进的地源热泵技术及地源热泵设备原理，走访了欧洲知名源热泵公司，并与他们建立了合作关系。2003年孙国平先生回国后，府对环境保护和节约能源方面给予的高度重视使他深受鼓舞，他将所掌的欧洲地源热泵技术与中国的地质、环境等实际情况相结合并研究开发独特的应用技术，创立了挪宝新能源集团公司，大力实施低碳节能环保挪宝品牌地源热泵中央空调系统的合同能源管理，迅速扩大国内市场份，其核心竞争力和研发、管理水平使挪宝集团很快走在全国同行前列。

2009年12月8日，孙国平先生被创业邦评选为2009年中国杰出创业物。2010年11月，孙国平荣获“影响中国•第11届中国时代十大新闻物”荣誉称号。

挪宝新能源集团十分重视“人才强企”战略，孙国平先生深知企以才，业以才兴，打造一流的企业，必须拥有一流人才。在他的主导下，公建立了有效的人才激励机制，凝聚了一大批有理想、有抱负的管理人才科技人才。孙国平先生把国家和政府大力提倡的降低建筑能耗、实现低经济的历史重任视为己任。为了更好地担当这一历史重担，他高度重视队建设，并带领这支团队在创业道路上奋力前行。在节能减排的历史进中，孙国平先生领导的挪宝新能源集团将一如既往地承担起降低建筑能、实现低碳经济的社会责任，为我国节能减排事业持续向前发展发挥重的领军作用。

昆明市委书记项目视察

江西省委书记苏荣参观挪宝江西工厂

孙总带领国外客户参观项目施工现场

客户机房

诚信、创新、发展、和谐
迅速、方便、安全、准确

目前，中通拥有员工8万多人，服务网点5000余个，分拨中心59个，运输、派送车辆18000多辆。公司的服务项目有国内快递、国际快递、物流配送与仓储等，提供“门到门”服务和限时（当天件、次晨达、次日达等）服务。同时，开展了电子商务配送、代收货款、签单返回、到付、代取件、区域时效件等增值业务。

一直以来，中通积极开展并参与各项公益活动，捐钱捐物，奉献爱心。在2013年四川雅安地震中，中通捐资200万，并开辟全国免费运送救援物资的“绿色通道”，集全网的力量帮助灾区重建。中通还积极开展“春风行动”、“环中微益”、“圆梦1+1”等爱心助学活动，在公司内部设立网络互助基金，帮助困难职工。

为了响应国家号召，贯彻落实国家邮政局各项政策，中通将紧抓“十二五”期间的发展契机，扎实推进品牌文化建设，规范提升、转型发展，全面实施人才化、信息化、国际化、集团化等发展战略，争取早日实现“飞机上天、企业上市”的宏伟目标，为振兴中国民族快递业贡献应有的力量。

全心全意为
每一位客户谋利益
感恩与回报社会

SUCCESS

中国银行
BANK OF CHINA

中银通支付商务有限公司（简称“中银通公司”）成立于2009年9月，注册地为上海。

中银通公司是由中国银行与中国银联在中国人民银行（简称“央行”）指导下通过机构投资方式共同成立的合资企业，参考借鉴中国香港八达通业务模式及海外预付卡发行管理先进理念，先行先试探索以金融标准支付卡为载体实现跨行业跨地区小额便民支付与一卡通用，致力于打造金融标准支付卡发行平台与跨行业支付应用平台，推动金融标准支付卡成为市场发展主流。根据中银通成立时制定的发展规划，在央行的指导与支持下，中银通正积极推进国内主要商业银行及相关行业机构通过增资方式共同参与金融标准支付业务。

战略定位

中银通公司顺应市场变化趋势，推进业务创新，未来发展方向定位是：

依托中国银联全球交易支付与清算网络，提供支持线上与线下支付的、多币种、多介质的金融标准小额电子支付产品，并开展小额电子支付类产品的研发和创新。

通过业务合作、股权投资等方式进入公共交通、电信通讯、公用事业等行业领域，打破行业支付壁垒，打造基于金融标准的跨行业小额电子支付应用平台，逐步实现金融标准支付卡在小额便民支付领域的普及。

2009年9月17日，时任上海市市长韩正先生与中国银行行长李礼辉先生为中银通公司揭牌

业务优势

背景——人民银行指导下，各银行共同参与，资源整合效应凸显。

业务资质——境内唯一的中国银联特种卡片发行成员机构-国内唯一的金融标准支付卡发行企业。

技术标准

——采用银行卡业务技术规范与央行PBOC2.0金融标准，安全性高。

——芯片卡产品预留多应用区域，可实现公交、社保、医疗等民生服务的功能嵌入，扩展性强。

业务网络

——依托银联网络，实现商业小额支付领域全面覆盖。

——借助股东银行网络，为客户提供便捷的服务通道

项目成果——已通过与铁道部、合肥通卡公司、银视通、手机支付等主体的跨行业项目合作，积累了大量成熟的项目实施经验。

主要业务模式

符合PBOC2.0标准的金融芯片卡产品是我司银通支付产品体系的核心组成部分，是我司实现跨行业小额便民支付与一卡通用的基础。根据我司前期的实践经验，按照业务模式的不同我司将金融标准芯片卡业务分为了便民支付、手机支付与跨行业支付三个方向。

上海徐汇对外贸易有限公司

Shanghai Xuhui Foreign Trade Ltd.

上海徐汇对外贸易有限公司成立于1992年，历经20余年的风雨，已发展成为一家专业从事外贸进出口业务的综合性的外贸公司，是上海进出口商会的理事单位。

在全球经济疲软、外贸形势十分严峻的情况下，2012年公司实现进出口总额近1亿美元。公司自营和代理的进出口商品有轻工产品、化工原料及产品、机电产品、服装、五金、文教用品、体育用品、日用百货、玩具、化妆品、食品、食用农产品等多种商品。公司与美国、日本、欧盟、俄罗斯、韩国、中国香港等20多个国家与地区的客户，建立了良好的贸易合作关系。

上海徐汇对外贸易有限公司多年从事外贸经营，形成一支敬业的专业队伍。公司本着“诚实守信、注重效率、互惠互利”的宗旨，与众多的客户和工厂建立了良好的合作伙伴关系，为及时组织各类商品货源提供了保证。公司依托中国进出口商品交易会及中国华东进出口商品交易会，不断拓展客户渠道，借助公司网站的宣传，进一步加强与国内外客户的交流和合作。公司依托徐家汇商圈的平台，在开拓商贸结合、发展进口代理、品牌代理方面具有较大的优势。

上海徐汇对外贸易有限公司

网址：www.xhft.com.cn
地址：上海市徐汇区中山南二路1001号-2
电话：021-64865699
传真：021-64388769

cutting through complexity

1992年，毕马威在中国内地成为首家获准合资开业的国际会计师事务所；2012年8月1日，毕马威华振成为第一家从中外合作形式成功转制为本土化特殊普通合伙形式的会计师事务所。早在1945年毕马威成立于香港，在香港提供专业服务逾60年。率先打入中国市场的先机以及对质量的不懈追求，使毕马威积累丰富的行业经验，国内外多家知名企业长期聘请毕马威提供专业服务，也反映了毕马威的领导地位。

目前，毕马威中国在北京、沈阳、青岛、上海、南京、成都、杭州、福州、厦门、广州、深圳、香港特别行政区和澳门特别行政区共设有13家机构(包括毕马威企业咨询(中国)有限公司)，专业人员约9000名。毕马威秉承“诚信为本、独特创见、热诚服务”的理念为客户提供优质服务，同时凭借丰富的全球执业经验，并融合多年在中国市场的实践智慧，协助客户应对商业挑战。

毕马威中国

kpmg.com/cn

www.pwccn.com

普华永道零售及消费品行业服务团队
竭诚为您实现理想

pwc

普华永道

“普华永道中国零售及消费品行业专家团队将全力以赴，配合国家开拓内需的政策，继续为推动中国流通业的发展作出贡献。”

— 余叶嘉莉

普华永道致力于提供切合各行业所需要的审计、税务及咨询服务，以提升客户的价值。普华永道零售及消费品行业服务团队由来自全球50多个国家的专业人员和地区行业领袖组成。我们的中国专家团队致力于协助零售及消费品企业进行上市、购并及融资活动，同时帮助企业解决多渠道零售、信息安全及技术、风险管理、运营及供应链管理、财务内控、公司治理、税务筹划等业务相关问题，以提升管理效率及企业绩效。

联系人:
余叶嘉莉
中国及亚太区
零售及消费品行业主管合伙人
+852 2289 1386
carrie.yu@hk.pwc.com

感受快乐 成就梦想

上海东方娱乐传媒集团有限公司

上海东方娱乐传媒集团有限公司于2011年4月1日正式运营，是上海东方传媒集团有限公司（SMG，原上海文广新闻传媒集团）旗下全资子公司。东方娱乐是娱乐内容制作、时尚内容制作、影视内容制作和购买，广告经营、版权经营、驻场演出、音乐产业、数据营销、艺人经纪以及其他娱乐延伸业务的总体运营平台。

东方娱乐实施“以内容和服务为核心，推进市场区域扩张和产业链延伸”的发展战略，力争逐渐成长为全球华语市场最优秀的娱乐内容提供商、发行商和服务运营商之一。

目前，东方娱乐旗下拥有东方卫视中心、影视剧中心、艺术人文中心、大型活动中心、新娱乐、星尚传媒、尚世影业、东方之星、亚洲联创、时空之旅、声动亚洲、欢聚一堂等多个运营部门和公司。东方娱乐正依照“企业化、产业化、品牌化、国际化”的战略路径，努力培育核心竞争优势，加速整合娱乐传媒形态，为用户开发更丰富的娱乐体验，发展成为具有国际影响力的骨干文化企业。

上海友谊集团股份有限公司

Shanghai Friendship Group Incorporated Company

FRIENDSHIP

上海友谊集团股份有限公司（简称“友谊股份”）是百联集团有限公司辖下的核心企业，由原上海友谊集团股份有限公司于2011年吸收合并上海百联集团股份有限公司组建而成。

友谊股份是国内规模最大的大型综合性商业股份制上市公司，拥有总商业建筑面积超过500万平方米，销售规模超过1000亿元，经营网点遍布全国20多个省市超过5000家，以百货商店、连锁超市、购物中心、奥特莱斯、专业商店为核心业务，相对控股香港上市的联华超市股份有限公司、绝对控股好美家装潢建材有限公司，形成零售主业清晰的多业态发展格局，致力于成为提升大众生活品质的卓越零售集团。

友谊股份(综合百货)是上海友谊集团股份有限公司(600827)的核心业务板块之一，主营友谊股份旗下百货商店、购物中心、奥特莱斯三大零售业态，发展以“百联”为统一商号的购物中心连锁店、以“百联”为统一商号的奥特莱斯广场连锁店、以“东方商厦”为统一商号的百货连锁店。

SHOPSTORE

SHOPPING

OUTLETS

友谊股份(综合百货)以连锁化经营为发展模式，实行集约化、专业化、职能化的总部集约管理，形成了招商采购集约平台、财务管理集约平台、信息支持集约平台、人力资源集约平台，具有大规模、快速度拓展扩张的优势。

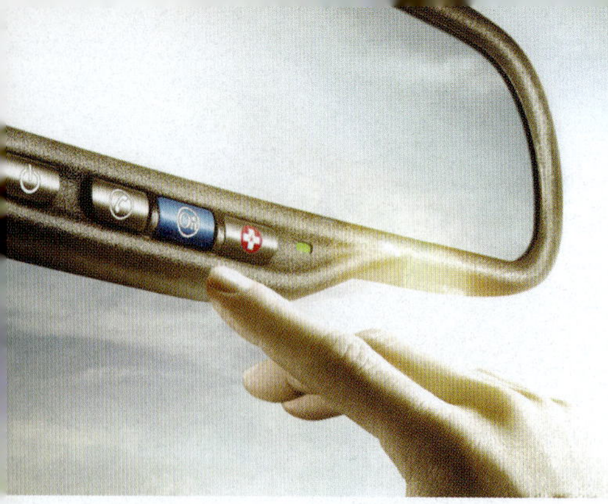

上海众人网络安全技术有限公司

上海众人网络安全技术有限公司（以下简称“众人科技”）坐落于上海浦东新区张江高科技园区国家信息安全基地，于2007年9月成立，注册资金6000万元。主要从事拥有完全自主知识产权的iKEY身份认证系统及系列产品的研发、生产和销售，并已通过ISO9001质量管理体系和ISO27001信息安全管理体系认证。

众人科技是中国领先的专业身份认证安全技术服务商。所开发的iKEY身份认证产品分别获得由国家密码管理局颁发的国内首张动态口令产品及挑战应答产品型号证书，同时众人科技研发的可应用于动态口令产品和挑战应答产品的超低功耗专用安全芯片，也获得国内首张产品型号证书。众人科技拥有从密码专用安全芯片、终端产品到后台系统的全产业链自主知识产权，已申报国家发明专利20多项。同时是国内首家拥有全自动柔性KEY生产线、卡式冷压封装生产线，保障了产品质量和供货量。众人科技的产品系列齐全，可满足不同行业客户的各层次需求，其金融服务身份认证方案、电信系统安全方案、云安全综合方案等，在相关行业领域均有广泛应用，拥有丰富的身份认证技术安全服务经验和优良的服务业绩。

众人科技是国家密码管理局“动态口令认证系统规范课题组”组长单位，同时参与制定工信部动态口令产品行业标准、央行身份认证技术标准以及银联身份认证技术标准。众人科技于2011年被工业和信息化部从百家企业中遴选为首批11家基于安全可控软硬件产品云计算解决方案供应商之一。众人科技与上海市信息安全行业协会共同建立和运营“众安认证服务平台”，并参与国家863基地的信息安全产品测试平台项目的建设。

众人科技是国家发改委直属中国中小企业协会副会长单位、工信部直属中国软件行业协会网游信息安全工作委员会主任单位、中国信息协会理事单位、中国互联网协会会员单位、上海市计算机行业协会副会长单位、上海市信息安全行业协会副会长单位、上海市信息服务业行业协会常务理事单位和上海市信息网络安全管理协会理事单位。

上海联华超级市场发展有限公司

上海联华超级市场发展有限公司（简称联华标超）系联华超市股份有限公司（0980.HK）全资控股、专司标超业态的专业公司。2010年7月由上海联华超市发展有限公司、华联超市股份有限公司和联华超市加盟管理总部重组而成，公司总部设在上海市隆昌路609号。

“联华“和”华联“都是我国连锁零售领域著名的品牌企业，重组后的联华标超依托联华股份强有力的支撑体系，不断致力于业务技能的提升，培育了一支勇于创新、诚实守信的经营管理队伍；以直营、合资和特许加盟并举的发展方式，积极推行“联华超市”和“华联超市”双品牌发展的营运模式；通过集合各方面的创新要素，以超级生活馆、社区超市、生鲜超市的市场定位，加快业务模式、经营模式和管理模式的转型。同时，经营能力的提高、运营系统的优化，不断推动着联华标超的业务增长，赢得了社会大众的广泛赞誉。

联华标超将秉承“尊重顾客、忠于企业、团队协作、追求卓越”的价值观， 恪守全心全意为顾客服务，与社区建立良好和谐关系的服务理念，为社会、为员工创造价值。

德国福斯油品集团于1931年在德国创立，现在已成长为世界最大的独立润滑油供应商。福斯创新的润滑油产品和工业相关的特种润滑油获得国际广泛认可，目前已在40多个国家设立了生产厂。

福斯润滑油（中国）有限公司自1988年来一直向众多行业提供高品质的润滑油产品。福斯在中国有2个生产厂，20个销售办事处和10个仓库，覆盖了中国的所有主要经济区域，保证了优异的客户服务。从地下矿井到汽车、设备、航空航天等复杂的机械制造，福斯都有产品能满足客户特定的需求。福斯通过不断地研发新产品来满足不断发展的现代工业的新要求，福斯的客户也因此提高了生产效率、降低了生产成本和改进了工人工作安全和环境。

Founded in Germany in 1931, the FUCHS Group has grown to become the largest independent manufacturer of specialty lubricants in the world. Recognized internationally for its innovative lubricants and industry related specialty products, FUCHS has a global reach with manufacturing facilities in over 40 countries.

FUCHS LUBRICANTS (CHINA) LTD. provides high quality lubricants to a wide range of industry in China since 1988. FUCHS' superior customer service is supported by two manufacturing facilities, 20 Sales Offices and 10 warehouses covering all major economic regions in China. From underground mines to makers of complex metal components including automotive, appliance and aerospace manufacturers, FUCHS has products that meet the specialized needs of our customers. By constantly developing new products to meet the ever changing demands of modern industries, FUCHS' customers improved their productivity, reduced operating cost, and improved worker safety and environment.

德国福斯润滑油

全球润滑专家

德国福斯油品集团 福斯中国
GERMAN FUCHS GROUP FUCHS CHINA
http://www.fuchs.com.cn

福斯润滑油（中国）有限公司
上海市嘉定区南翔镇高科技园区嘉绣路888号 PC:201802
营口福斯油品有限公司
辽宁省营口市西市区清华路北17号 PC:115003

上海对外贸易学院MBA项目

反思的胸怀　　战略的思维
决策的勇气

上海对外贸易学院是国务院学位办第九批批准的MBA培养院校之一，提供学历和学位教育。MBA项目依托学校在国际商务管理领域的历史底蕴和办学优势，秉承“以学生成才为本”的办学理念，旨在培养高素质的工商管理人才。其使命是：培养具有“反思的胸怀、战略的思维、决策的勇气”的高素质新商界精英。为此，其愿景在于：打造国际商务管理新精英的摇篮。

MBA目前设置四个专业方向：国际营销管理、国际商务与跨文化管理、创业与创新管理、金融投资与资本运营。学习年限为2.5年。上课地点位于虹桥商务区的核心地段——上海对外贸易学院古北校区。

项目特色与优势

1. 50余年从事国际商务管理领域高等教育的悠久历史和传统优势；
2. 注重培养具有全球视野，实践能力强的跨文化商务管理人才；
3. 强大、敬业的师资队伍；
4. 强调软技能、实践能力、跨文化商务沟通与管理能力的培养；
5. 互动式的小班化授课方式；
6. 广泛的国际交流和免学费的国际交换生学习机会；
7. 全方位的职业发展培训与指导；
8. 强调“素质、能力、知识”协调发展；
9. 丰厚的奖学金计划；
10. 优越的地理位置。

美国游学-CNN参访

2011级新生开学典礼

阳光杯足球比赛

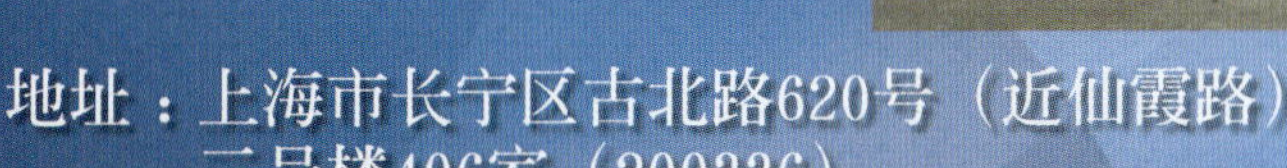

地址：上海市长宁区古北路620号（近仙霞路）
三号楼406室（200336）
电话：(021) 52067665，52067670　传真：(021) 52067670转4
邮箱：mba@shift.edu.cn

节能减排、集成创新

WWW.YINXINHT.COM

上海银欣高新技术发展股份有限公司创立于1995年8月。公司以“创造中国人的科技”为经营宗旨，以“节能减排、集成创新”为经营目标，崇尚“仁、义、礼、智、信”的经营管理理念，倡导构建绿色节能环保智能建筑，是一家专业为客户提供完整建筑智能化弱电系统工程及智能化节能减排改造服务的国内优秀高端系统集成商。

公司为国家高新技术企业，具备“建筑智能化工程专业承包壹级”、“工程设计甲级”、“计算机信息系统集成叁级”和“壹级上海市公共安全防范工程设计施工单位”等各项资质。公司也是上海市第一批及国家第二批节能服务机构备案单位之一。公司多年来致力于自主研发和科技创新，现拥有30多项专利、软件著作权登记证书、软件产品登记证书、高新技术成果转化项目等科技成果，并广泛应用于智能建筑与节能服务行业和各项工程项目中。

公司成立至今，已先后在金融、政府、电讯、教育、体育、卫生、政法、房地产等领域完成了数百个计算机信息系统、建筑智能化系统和应用管理软件项目，成为能为客户同时提供全面IT、IB、各类应用管理软件解决方案优秀系统集成商。近年来，随着公司在各大银行、证券公司、保险公司等客户群体智能化工程项目的不断实施和积累，以及公司作为唯一一家受国家建设部邀请的系统集成商，参与《金融行业智能化电气规范》的编写，公司已在国内逐步树立了金融智能建筑专业服务商的行业地位。公司立志成为国内建筑智能化系统和完整节能减排技术服务的行业龙头企业之一，将不断为此而努力！

仁 義 禮 智 信

上海银欣高新技术发展股份有限公司

地址：上海市静安区南京西路580号南证大厦33楼　邮编：200041
电话：021-52340077　传真：021-62677155

地下流行港湾

年轻时尚潮人基地

上海迪美广场有限公司是上海市民防办所属的直属企业，是民防办在上海市中心地段的一处大型平战结合的设施。上海迪美广场有限公司现为上海城建地空开发总公司下属企业，注册资金一亿一千两百万元，建筑面积为 2.5 万平方米。

上海的购物去处不胜枚举，买高档服装可以去淮海路，添置电脑设备则在徐家汇，购买金银首饰得去老城隍庙……。

而适合青年男女追求独特购买习惯的一站式购物中心却屈指可数。而以青年男女为消费目标，以新奇特为购物理念的主题综合型购物中心使这个问题迎刃而解。这个坐落在市中心的大型购物中心，集购物、饮食和娱乐为一体。特色商铺、餐饮和娱乐设施尽在眼前，迪美购物中心荟萃了各具风情的服装店、小商品、中西美食，这里又极具特色的大型游戏电玩，其 DIY 饰品与黄金珠宝可媲美香港的弥敦道，而时尚摄影、运动吧、超市和各种娱乐设施更是令人驻足。购物、餐饮和休闲尽在一念之间，专业的管理，完美的建筑和各具风格的品牌，这些都将主题综合型消费环境造就成极具特色的购物和娱乐中心。

2006 年上海迪美广场有限公司获得英国认证机构 BSI 颁发的 ISO9001：:2000 国际质量标准认证；2008 年上海市工商总局在迪美广场设立了“消费者维权示范联络点”成为维权的示范窗口；2011 年在连续获得 2 次黄浦区文明单位基础上获得上海市文明单位荣誉。

百联南桥购物中心

BAILIAN NANQIAO SHOPPING CENTER

购物

休闲

百联南桥二期外景

餐饮

百联南桥购物中心一期外景

餐饮

第一食品商店

娱乐

百联南桥购物中心一楼

休闲

百联南桥购物中心四楼童装

娱乐

购物

第五届休闲购物美食节开幕

餐饮

第二届幼儿讲故事比赛

百联南桥购物中心位于上海市奉贤区百齐路588号，总建筑面积达11.06万平方米，坐拥主题百货东方商厦（奉贤店）、世纪联华超市、第一食品商店、海上国际影城、好乐迪量贩式KTV以及顺风大酒店等各色餐饮。目前已成为上海郊区面积最大，功能较齐，集购物、休闲、餐饮、娱乐于一体的一站式购物中心。

百联南桥购物中心通过近5年努力，销售规模不断壮大，企业利润连年增长，上缴税款同步上升，人均利税屡创新高。主题百货东方商厦（奉贤店）2011年单店销售位列上海百货行业协会第十六位，位列郊区百货单店第一。它已成为奉贤消费者休闲购物首选之地，并以其出色的经营业绩和领先的管理水平获得2011年“奉贤区商业城市之星领军企业”荣誉称号，同年还荣获上海百货行业第二十届“百花杯”优质服务竞赛活动“先进企业”称号；目前已正式通过国家一级安全达标企业的评审，正申报上海市文明单位。

ENTERTAINMENT

EDUCATION

SUPERMARKET

金桥国际商业广场

新春艺展

光音圣诞

黑胶进行时

天使爱美绿

【金桥国际商业广场】为一综合性、多功能的商办房地产开发项目。项目开发商为上海爱梦敦置业有限公司，为港澳台法人独资企业。

该广场地处浦东金桥地区，张杨路以北，金桥路以西，枣庄路以东，博山路以南，基地西临黄山新区A块（张杨路3611弄）。整个项目由11栋2－4楼之商场及1栋13层甲级涉外写字楼构成，以零售、餐饮、娱乐、超市、教育、服务、办公为主要业态。项目占地面积约60,000平方米，总建筑面积约为180,000平方米，其中商场面积约100,000平方米，地下两层车库面积约64,000平方米，办公楼面积约16,000平方米。

金桥国际商业广场自2009年12月中正式开业以来，已陆续有170多家租户正式营业，包括大型购物中心－易买得超市，娱乐休闲场所－高点台球、保龄球馆，量贩KTV等,儿童游乐及教育－卡通尼、动感天地、迪斯尼英文等，各式时尚餐饮－小南国、天虹海鲜、望湘园、釜山料理、西贝莜面村、豆捞坊、伊秀寿司、迈泰等，吸引了周边20公里范围内大量居民、高科技园区、出口加工区、保税区的顾客。金桥国际商业广场以其独特的设计风格，带顾客进入一个花园式的广场，令顾客在购物、休闲的同时感受到舒适，惬意，时尚的氛围。

作为金桥国际商业广场的营运及管理方，每逢佳节均会推出各类活动，包括新春艺展、光音圣诞、新年倒计时、世界音乐周、天使爱美绿、阿拉奥运会、黑胶进行时等等丰富多彩的主题活动，吸引了不同年龄层次，不同消费层次、各类艺术、音乐、环保爱好者的前来参与及体验。

2011年10月，金桥国际商业广场营运方又推出了金卡会员中心，该中心为广场金卡消费顾客提供专属休闲、茶点、上网及丰富多彩的会员主题活动，以及更为贴心的高级会员服务。

SERVICE

SHOPPING

BUSSINESS

统一企业于1967年在中国台湾台南成立，由最初的食品制造本业开始，生产及销售面粉、油脂及方便面等产品，一路发展至今。包括四个次集团：制造次集团，流通次集团，投资次集团，贸易次集团。涵盖如贸易、证券、休闲、零售百货等包括了多项民生相关的消费品及服务产业，已成为一个多元化、国际化经营的综合生活产业集团。事业版图已扩充至祖国大陆、越南、印度尼西亚、菲律宾以及泰国等地。

1992年开始，统一企业集团在祖国大陆投资兴业。1998年，统一企业（中国）投资有限公司在上海成立，统筹管理在大陆各投资企业的资源与运营，主要生产和销售方便面、饮料、矿泉水、乳品等产品。从“统一100，满意100”，“统一鲜橙多，多C多漂亮”，“统一冰红茶，年轻无极限”，到“一口顺滑，遇见所有好心情”，以及“这酸爽不敢相信”，大陆统一企业创立了统一冰红茶，统一绿茶，统一鲜橙多，统一100，及来一桶，阿萨姆奶茶，老坛酸菜等许多饮料和方便面知名品牌，时刻给消费者带来新的美味体验。“统一牌”果汁饮料还获得中国名牌称号。

“统一100，满意100”

“统一鲜橙多，多C多漂亮”

“统一冰红茶，年轻无极限”

“一口顺滑，遇见所有好心情”

“这酸爽不敢相信”

保障食品安全是企业的生存之本，更是企业肩负的社会责任。不论是原物料还是产品，大陆统一企业持续推动食品安全的有效管理，并成立了通过中国合格评定国家认可委员会(CNAS)认可的食品安全检测中心。公司内部一直坚持定期对所有原材料进行严格质检，并不断加强对产业链上下游的控制，确保产品质量安全。

统一企业在经营事业的同时，也善尽社会公民的责任，参与祖国大陆的社会公益活动。2008年第二十九届奥林匹克运动会在北京隆重举行，统一企业积极参与奥运，成为奥运有史以来唯一的方便面赞助商。统一还捐助奥运希望工程、希望小学和积极捐赠救助汶川地震、青海玉树地震、甘肃舟曲泥石流等。

统一企业一直秉持公司"三好一公道"的经营理念，致力于提供品质安全，以及深受消费者喜爱的产品。统一企业，以成为全球最大的食品公司之一作为21世纪的战略目标，掌握时代脉搏，全心尽力演奏出一首永为大家喜爱的食品交响乐，传播健康与快乐，与消费者携手共创更美好的生活。

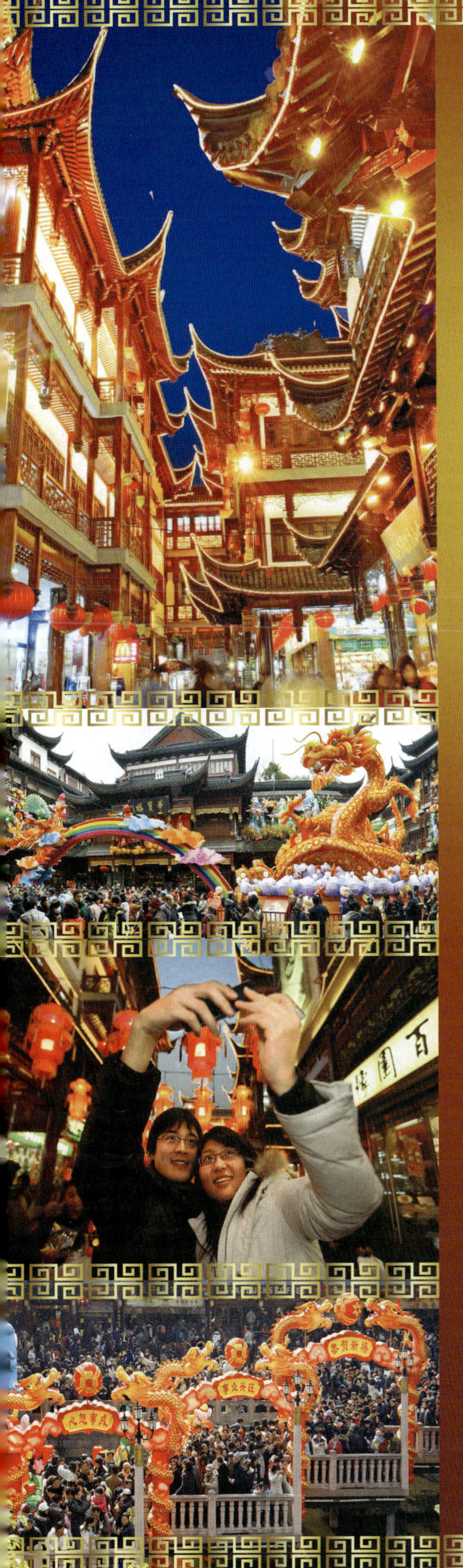

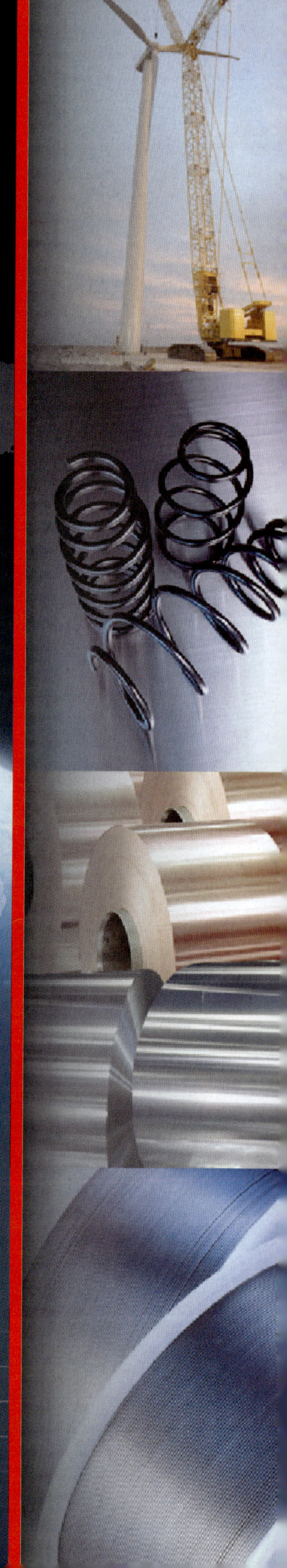

公司质量方针
质量是企业的核心，安全是企业的生命。

公司质量目标
车辆修理出厂合格率达到100%，
客户满意度达到95%以上。

上海银星汽车维修有限公司
AUTOMOBILE SERVICE

董事长兼总经理：邹元放

公司前称上海浦江汽车运输有限公司汽车修理厂，始建于1996年7月，于2006年1月更名为上海银星汽车维修有限公司。位于奉贤区区政府所在地南桥镇南亭公路1301号，处于沪杭公路、南亭公路、亭大高速公路出入口交汇处，地理位置十分优越。公司是奉贤区唯一具有一类资质的汽车修理企业，是一个有相当实力和规模的专业汽车修理企业。公司以汽车修理（含危险品车辆）为主体，另设有停车场、车友俱乐部经营业务。

公司始终追求开拓市场，扩大发展，实施一流管理的汽车修理业务，创建一流企业的经营宗旨，切实搞好车辆的修理。公司是上海市奉贤区危险品车辆定点维修单位；是宇通客车、金龙客车、玉柴发动机的特约维修单位；又是中保公司奉贤支公司、中华联合奉贤支公司、太平洋奉贤支公司、都邦保险奉贤支公司事故定损、理赔、维修一条龙服务单位。

公司拥有一个懂管理，善经营，勇于开拓市场的高素质领导班子，拥有一批有事业心和责任感强的管理人员，更拥有一支敬业爱岗、服务优质、业务熟练的员工队伍。公司在车辆修理中狠抓服务质量和安全管理，以优质、高效、规范服务于社会。历年来公司被行业管理部门均评为汽车修理先进单位。几年来，公司投入大量的人力、财力、物力发展汽车修理服务事业。公司的固定资产投资达2000万元以上。占地面积50余亩，建筑面积达4800余平方米，绿化面积占厂区的30%，使公司真正成为终年常青、四季花香的花园式厂区。

公司现有牵引车1辆，四轮定位仪1台，举升机12台，大客车喷漆房，四合一检测仪，并拥有钣金台、水磨台、烘漆房、镗缸机等设施。其设备总资产高达500万元以上，年收入高达1000万元。公司现拥有高级经济师、高级政工师、工程师、助理工程师、会计师、助理会计师等技术人员12人，并拥有机修、钣金、油漆、电工等高级工11人，中级工14人。公司内部管理严格，职责岗位明确，操作规范有序。公司于2009年5月通过ISO9001-2008质量管理体系新版本的确认工作；汽车修理2010-2012年被上海市交通运输和港口管理局诚信考核中评为3A企业；停车场管理2011-2012年被上海市交通运输和港口管理局诚信考核中评为3A企业；今年公司中标成为上海市2012、2013年度公务用车维修定点单位。

上海市奉贤区南桥镇南亭公路1301号
T:021-57425001 F:021-57425130

公司与上海奉贤联运有限公司、上海奉贤交通液化气有限公司、上海浦江汽车运输有限公司、上海远方气瓶检验有限公司、上海凤舞汽车运输有限公司、上海远方旅行社有限公司之间相互依托，互相支持，形成具有一定实力的经济联合体，为振兴奉贤经济发展创建和谐社会而努力奋斗。

公司坚持以科学发展观适应市场竞争，以此适应车辆修理业务的发展。按照现代化企业制度框架建立新型的企业模式。加强内部管理，致力于管理科学化、服务规范化，不断发展创新。公司质量方针：质量是企业的核心，安全是企业的生命。公司质量目标：车辆修理出厂合格率达到100%，客户满意度达到95%以上。公司紧紧依靠全体员工共同努力，开拓创新，把企业做优、做强、做大，以安全优质，温馨服务打造“银星”品牌，为创建和谐社会作出应有的贡献。

ECOLOGICAL COMPOUND

全能乳液

来自法国希思黎的殿堂级保养经典

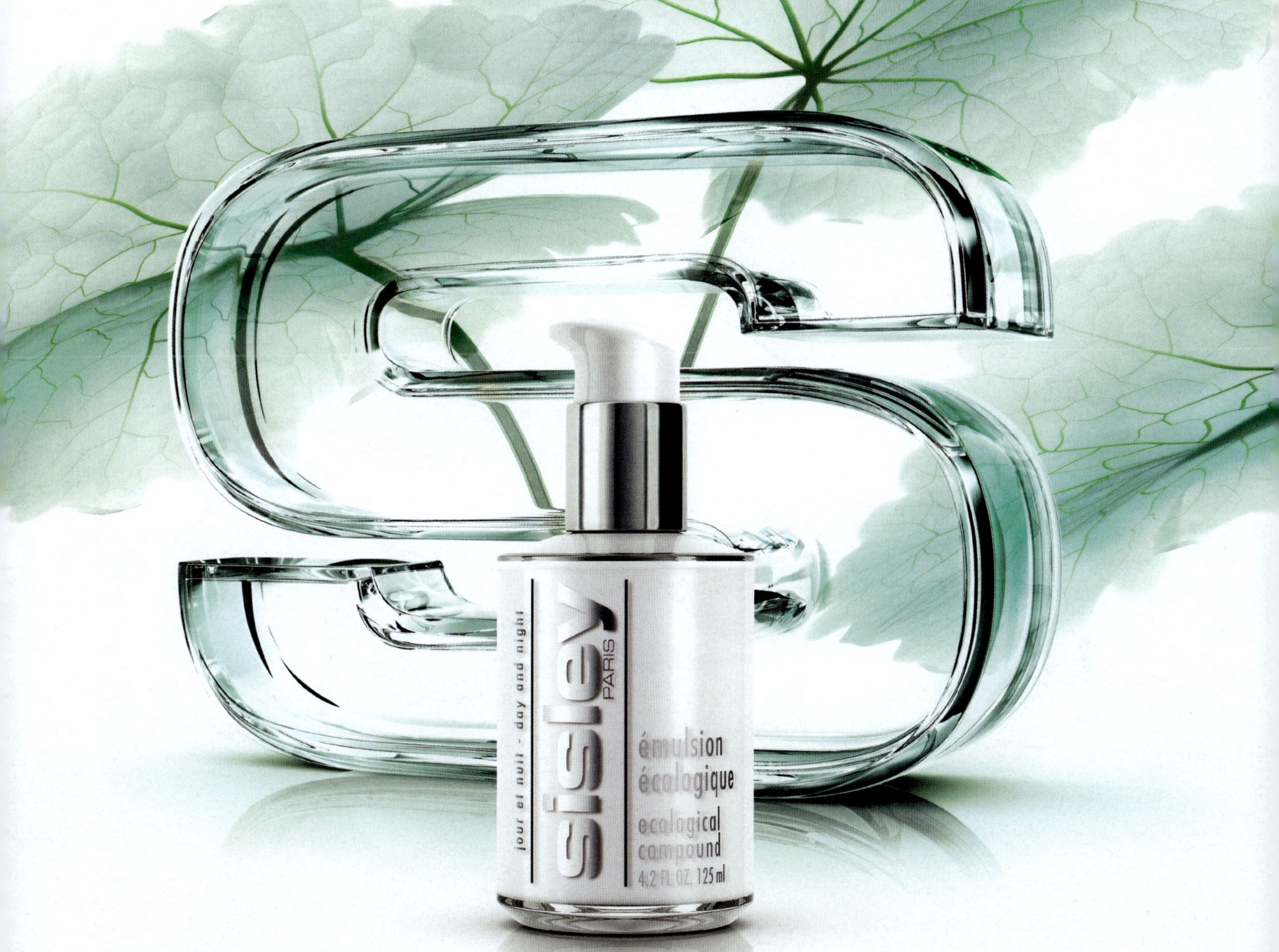

法国希思黎，凭借领先的植物美容学理念，以植物萃取精华与植物精油为主要成分，不断创新研发推出安全、自然、有效的高端美容产品。经典之作 — 全能乳液，至臻美肌的保养秘密，具四大保养功效：

润 - 帮助肌肤周密完备地补充缺乏的养分，重现透亮水嫩的元气肌。
修 - 深入肌肤底层，进行美肌修护程序，重现宛若新生婴儿般的肤质。
活 - 犹如肌肤的活力源，呈现自然好气色，拥有活颜美肌。
护 - 保护肌肤不受外界环境造成的刺激影响，犹如脸部的防护罩，给肌肤缜密完善的防护。

细致、柔滑易吸收的水漾精华乳质地，汇集了珍贵的人参精华、积雪草、蛇麻草、迷迭香等多重配方植物精华，奢华地为肌肤注入活力源，成就你的至臻活力美肌。

国妆备进字 J20123575

sisley
PARIS

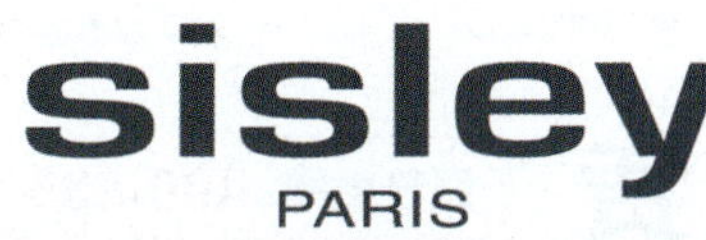

精彩网上购物：www.sisley.com.cn
法国希思黎至臻坊社区：www.sisley-beauty.com.cn

老鳳祥
老鳳祥
® SINCE1848
百年老凤祥
经典新时尚
老凤祥形象代言人 赵雅芝
上海老鳳祥有限公司
www.laofengxiang.com

国际水准　海派风格　生态效益

长风生态商务区
上海普陀

上海首批重点推进的**现代服务业集聚区**之一

上海首批**服务业综合改革试点**区域之一

长风生态商务区东起长风公园，南临苏州河，北以金沙江路为界，西至真北路中环线。实际可规划开发的土地面积2.2平方公里，开发总量290余万平方米。其中，办公楼和商业娱乐设施200万平方米；酒店式公寓、高尚住宅70余万平方米；社区中心、学校、幼儿园、医院、体育馆等公建配套设施20余万平方米。地块沿河岸线长2.7公里，整体绿化率超过50%。

商务区围绕“商贸会展、金融服务、文化旅游、高新科技”四大产业板块，全力打造跨国采购中心基地、“长风金融港”、长风景畔影视主题娱乐中心和“一园十馆”为引领的苏州河文化长廊、现代汽车服务业集聚区、生态智能科技应用五大平台，凸现“生态、文化、智慧”三大特色。

商务区2012年总税收突破20亿元，在2010年园区总税收近5亿元。2011年10亿元的基础上再次实现翻番。园区新引进企业95家，注册资本金14.9亿元，外资901.5万美元，园区户管企业累计数达264家。已有艺康（纳尔科）、施耐德电气、IFF、维氏钢刀、中国国电等一批国内外知名企业入驻。园区税收亿元楼已达5幢。“长风金融港”累计入驻企业84家，募资总额108.6亿元，累计对外投资35.8亿元，已逐步成为普陀区金融服务中心。

从传统老工业基地到国际化现代服务业集聚区，长风，已成为上海现代服务业新高地，苏州河生态景观长廊的新景观，是上海转型发展的成功典范。

长风金融港　上海跨国采购中心　园区团拜会　长风生态商务区鸟瞰全景图　长风1号绿地　上海化工研究院研发大楼

赵巷商业商务区建设于2003年11月正式启动，2005年被市政府确定为首批启动的9个现代服务业集聚区之一，2012年1月，被市政府批准为首批10个现代服务业综合改革试点区域。

赵巷商业商务区凭借便利的交通、超前的规划控制、合理的空间布局、优质的经营理念，成功吸引了一大批长三角地区甚至全国中高端消费者。已成为“休闲、旅游、购物”的绝佳去处，先发效应凸显，和市区商业形成互补，近几年区域商业价值不断提升，并引领区域服务经济飞速发展。

赵巷商业商务区总规划用地面积为334.43公顷，现已有建成运营项目3个：上海奥特莱斯品牌直销广场、吉盛伟邦国际家具村、珠江创展--米格天地。在建项目1个：珠江创展--虹桥财富公馆。年内拟建项目1个：元祖梦世界。2012年赵巷商业商务区共实现销售额29.54亿元，上缴税金1.42亿元。

到“十二五”期末，赵巷商业商务区促进服务业发展的体制机制基本形成，服务业规模明显扩大，现代商贸、高端商务、生产性服务业等重点产业功能不断提升，建设成为空间布局合理、功能配套完善、交通组织科学、建筑形态新颖、生态环境协调，充分体现以人为本，具有较强服务产业集群功能的区域。到2015年，赵巷商业商务区实现地区生产总值40亿元，确保完成完成销售额70亿元，实现税收5亿元；力争完成销售额100亿元，实现税收6亿元。

赵巷商业商务区

休闲　旅游　购物

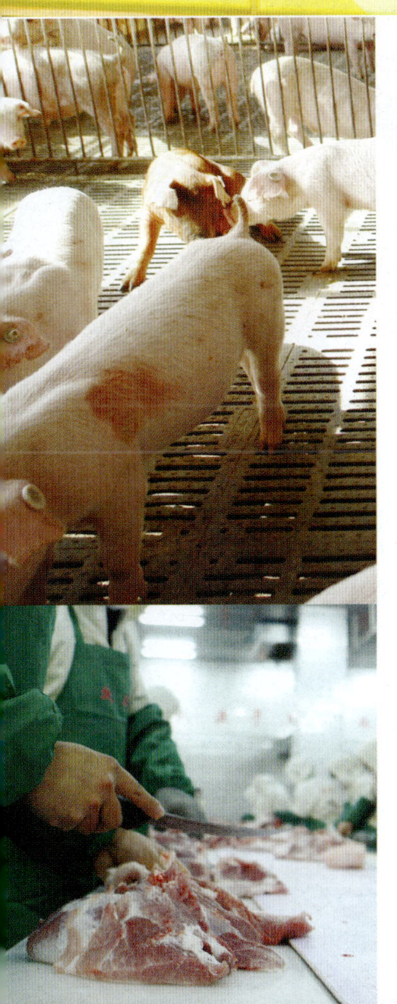

上海爱森肉食品有限公司是在市场的需求、市民的呼唤和政府的关注下，于2001年9月创建的，主要产品为“爱森”牌冷却猪肉和种猪。

公司首开先河，在上海市率先按照种、养、加、销一体化组织生产，从种猪繁育、生猪饲养、屠宰加工、储运销售入手，经过10年的探索、完善，形成标准化生产、全程化控制、信息化追溯、产业化经营的商业模式，成功构筑起安全猪肉生产经营和质量监管体系，以较为成熟的商业模式确保最终产品——“爱森”冷却猪肉的安全、卫生、优质、美味。

公司为农业部全国百家农垦无公害农产品示范基地、全国农产品加工示范企业、农业产业化上海市重点龙头企业。“爱森”牌猪肉通过农业部无公害农产品认证、家乐福全球质量体系认证、通过ISO9001和ISO22000体系认证，获得中国名牌农产品、上海市著名商标、上海市名牌产品及上海市名优食品等称号。“爱森”冷却肉是2008年北京奥运会上海赛区和2010年上海世博会指定猪肉产品，并承担了2011年7月在上海举办的世界游泳锦标赛猪肉食品供应的任务。

运作模式

在运作中体现“六个统一、六大保证体系”：统一供种，优良的种猪品质体系；统一供料，科学的饲养配方体系；统一饲养，标准的生猪饲养体系；统一防疫，严格的卫生防疫体系；统一屠宰，安全的产品加工体系；统一销售，广阔的市场营销体系。

勤奋创造财富、成就体现价值
信誉为本、服务取胜、志在必得、市场在我

葛善根先生是上海美设国际货运有限公司董事长、总经理，上海市虹口区工商联执行委员。2004年葛善根先生在上海注册成立了美设国际货运有限公司，公司成立伊始，他就立志为中国物流行业的发展贡献自己绵薄之力，把美设国际打造成中国的德迅，一家根植于中国大地、面向世界的百年企业，经过短短数年的发展，美设人在葛善根先生和他的管理团队带领下，公司业务取得了飞速的发展，今天的美设已经成为中国货运代理行业知名企业。

葛善根先生一贯倡导以人为本，在企业的发展中溶入了"家"文化这一理念的传承，以保护组织与员工的集体利益为行为准绳，以培养、帮助下属获得事业成就为己任。在致力于提高员工与企业的可持续发展能力的同时，共求企业生存发展，提供员工长期就业和福利保障，提升企业的员工凝聚力和社会良好声誉，为社会发展尽了绵薄之力。

美设国际货运有限公司是一家提供综合性物流服务的行业领先企业。我们为来自所有领域和地区的合作伙伴服务，在整个供应链中，把客户具有价值的机遇和严峻的挑战转变成客户真正的竞争优势。

美设在追求卓越中辛勤耕耘，美设专注于海运，空运，陆路运输，危险品运输与合同物流。在全球我们拥有1,500位杰出的员工和专家，服务到达20,000多个城市，覆盖120多个国家。全年拼箱货量超过100万方。我们精挑细选的1,200多家优质代理伙伴，使我们的服务网络不断延伸，满足并超越客户的需求和期望。在美设，我们的愿景是：在自己专业的领域中不断创新与贡献，为人类创造简单而又多元化的生活。

美设致力于培养货运行业的高素质实用专业人才，每一个美设人都秉承着"服务员工、服务客户、服务社会"的理念。在公司发展的前提下，逐步实现员工福利最大化；凭借专业、敬业、高效的团队，向客户提供迅捷可靠的一站式服务，服务做到'有求必应、有问必答、日事日毕、热情周到'，促成客户、员工与公司的共同发展与三赢。

美设的每一个领导者必将恪尽职守，无愧领导者称谓，带领团队，携手同仁，并肩奋战，提升"美设"企业品牌，共求企业生存发展，提供员工长期就业和福利保障，提高员工工作满意度和事业成就感，提升企业的员工凝聚力和社会良好声誉，为社会发展尽绵薄之力。

美设必将为推动中国国际运输及物流事业的发展不遗余力，为促进社会经济发展、改善人民生活尽义务，努力将我们所做的事做得更好，为中国国际货运代理事业发展做出积极贡献。

美设获得荣誉、排名

2006被航运交易所评为资质信誉优良企业
2007中国物流诚信品牌建设示范企业
2009全国优秀报关企业
2012上海市报关协会会员单位
2012上海市国际货运航运协会会长单位
2012中国国际货运杰出贡献企业
2012被海关评为A类企业
2012中国国际货代物流百强企业第68名

大同(上海)有限公司

Tatung (Shanghai) Co., Ltd.

大同公司创立于1918年，为台湾首批上市企业之一，集团总部位于台北，是为全球性综合大厂。近一世纪的淬链，大同公司始终秉持正.诚.勤.俭之创业精神为最高经营原则。

大同(上海)有限公司于1998年成立，是1918年创立的大同台湾总公司的全资子公司。位于上海市松江区，注册资本2200万美元，总投资2950万美元，拥有780名员工，公司占地185000平方米。

大同（上海）有限公司主营三相交流电动机和发电机，大同马达使用尖端效率设计，符合各地高效率要求并可根据客户需求弹性变更设计。根据中国国家标准GB18613，大同提供一级能效马达与二级能效马达；根据国际电工法规IEC 60034-2-1 的测试规定，大同提供高效率马达(IE2)与超高效率马达(IE3)；根据澳洲MEPS2006 年版标准，大同提供MEPS 超高效率马达；根据IEEE 112，B 种测试方法，大同提供NEMA标准的超高效率马达。

大同马达符合NEMA,UL,CSA,CE等世界各地安规要求以及美国商业部NIST机构的NVLAP马达实验室认证资格。

大同上海就近服务内地广大需求，除了台湾地区、大陆与北美市场之外，在亚洲、澳洲、欧洲、非洲的各个角落，大同公司亦针对各地不同的需求，提供高质量的产品与完善的服务。

展望未来，大同公司将时时刻刻鞭策自己，结合较低人力成本及先进生产技术，以迅速交货，竞争价格，优良品质及快优技术支援服务客户，致力于长期的马达事业发展。

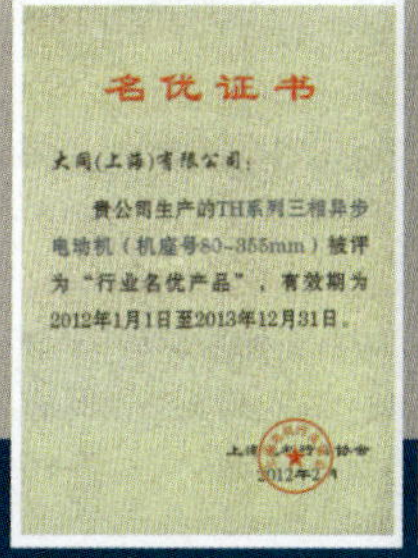

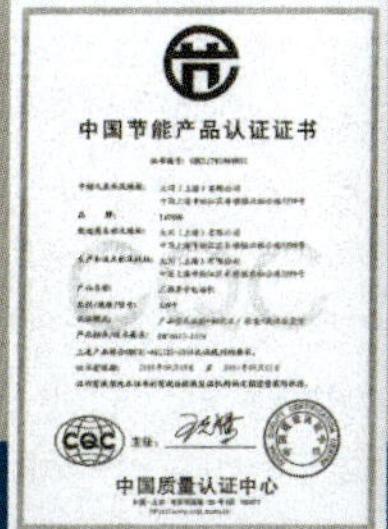

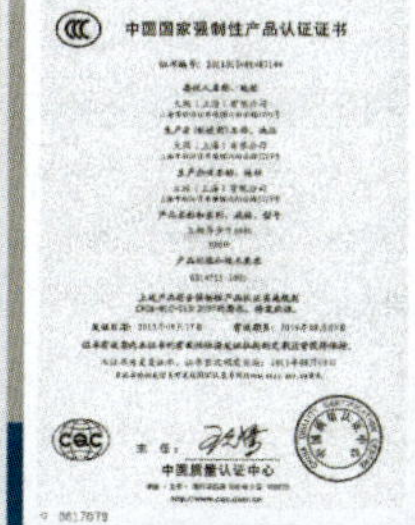

枫泾国际商务区 金山区

枫泾镇具有**1500**多年的历史，**文化底蕴深厚**，是上海市**第一个**中国历史文化名镇，**新沪上八景之一**。

金山区枫泾国际商务区位于上海市金山区，是上海市十二五期间25家现代服务业集聚区之一。由临港集团和枫泾镇联合打造，规划面积4.7平方公里，规划建设约500万平方米企业总部、配套住宅、公共设施及配套商业，力争成为上海西南门户和国际门户的联结点。

枫泾是上海西南地区的交通枢纽，是中国东南亚海地区以及安徽等南部地区进入上海的桥头堡，地理条件优越。枫泾国内生产总值、税收长期以来稳居金山区第一，在上海郊区各镇名列前茅。

金山区1158城镇规划体系明确：重点建设枫泾特色镇，在金山率先发展现代服务业。枫泾国际商务区将以发展“一部三中心”（企业总部、研发设计中心、营运结算中心、技术服务中心）为主要内容，集聚国内外的优秀企业和优势资源，促进金山区产业结构转型和提升，打造金山区经济转型发展的示范基地，成为辐射长三角及附件沿海重要城市对接上海的区域性商务枢纽。

枫泾国际商务区首期开发地块已完成储备，即将挂牌，已有包括广和服务外包集团、泽阳科技、胜者集团等国内知名准上市公司签约入驻。其中劲霸男装、同瑞服饰、意尔康鞋业、贝拉维拉女装等著名企业创税收逾4.5亿元。

SAMSUNG

TRAFIGURA

TRAFIGURA

SHANGHAI WANDA PLAZA

五角场万达广场

万达集团 2006 年在上海起航，四座扛鼎之作屹立在上海杨浦区、浦东新区、嘉定区、宝山区，随之万达广场将在松江新城、金山新城绽放。2006 年五角场万达广场开业，不断创造客流、销售佳绩，日均客流已达 17 万人次，年销售突破 31 亿元。周浦万达广场、江桥万达广场、宝山万达广场的相继开业，携手将万达广场打造成上海建筑规模大、品牌业态全的商业地产航母。

五角场万达广场内景

五角场万达广场

五角场万达广场坐落于上海市级商业中心五角场商圈的核心，占地面积 6.012 公顷，总建筑面积 33.43 万㎡。广场立体划分为三层：地上三幢甲级写字楼及地面商业步行街、B1 城中城商业步行街以及 B2 大型停车场。

集百货、超市、文化、娱乐、餐饮、食品、银行等业态为一体的五角场万达广场，旨在为消费者提供一站式的便捷购物享受和舒适的消费体验。广州蕉叶、翠华餐厅、CK、GUESS、M&S、Folli Follie 等国内外知名品牌强势入驻，不断的品牌升级、品质提升，使五角场万达广场已然成为时尚地标。

周浦万达广场

周浦万达广场

周浦万达广场位于浦东新区周浦镇核心商圈，建筑面积约 32 万平方米，由购物中心、餐饮酒吧街、写字楼、酒店式公寓构成。其中商业面积近 13 万平方米，是一座集餐饮、娱乐、休闲、购物于一体的大型商业广场。

万达百货、乐购超市、万达影城、永乐生活电器、一兆韦德、大歌星量贩 KTV、大玩家、石浦大酒店、培正逗点、C&A、UNIQLO、SEPHORA、星巴克等众多国内外知名品牌入驻，满足了全方位一站式的消费需求，顾客在周浦万达广场购物畅游，体验高品质的时尚生活，享受消费的乐趣。

WANDA PLAZA

江桥万达广场

江桥万达广场位于西上海北虹桥商务区，13 号线金运路站直达。广场总建筑面积 55 万㎡，其中商业面积 26 万㎡；精装 SOHO 13 万㎡；住宅 16 万㎡。广场汇集了百货、超市、影城、KTV、儿童娱乐、特色美食、时尚服饰等多重业态。室内步行街囊括了 ZARA、UNIQLO、M&S 等百余家国内外知名时尚品牌。

江桥万达广场致力于打造健康、环保的时尚文化聚集地，2013 年江桥万达广场荣获"上海购物中心十大地标奖"，同时也是西上海拥有绿色建筑一星称号的绿色环保型购物中心。

江桥万达广场

宝山场万达广场

宝山万达广场，位于上海北部，拥有 30.10 万平方米总建筑面积，其中涵盖 17 万平方米购物中心、10 万平方米写字楼和 SOHO 建筑面积。毗邻地铁一号线共康路站，距人民广场和五角场仅 15 分钟，距中环线仅 10 分钟。广场定位区域家庭型消费，打造适合家庭的一站式购物环境，提供一体化娱乐生活。在 8 大主力店和 4 大次主品牌，以及 Tommy、Lacoste、Folli Follie 等国际二线品牌强势入驻的基础上，配合万达独有的精细化服务管理，宝山万达广场正在成为北上海商业新典范。

周浦万达广场内景

松江万达广场

松江场万达广场

松江万达广场坐落于上海松江新城，毗邻松江大学城站，项目北起卖新－花辰公路，南抵申嘉湖高速公路，西至郊环线，东接闵行，紧邻松江大学城及松江区政府。松江万达广场建筑面积约 32 万平方米，万达广场购物中心的设计理念将颠覆松江区以沿街商铺为主的传统商业格局，塑造松江商业地产新典范。

松江万达广场将在 2014 年 5 月 30 日盛大开业，届时，她将成为松江新的商业地标，傲立拥有百万消费客群的松江新城中心，汇集吃喝玩乐购的丰富业态和品类，融合多种生活元素，全面升级松江商业消费层次，完善松江城市功能，开启松江崭新商业时代。

宝山万达广场

SHANGHAI

港汇恒隆广场

国际化购物中心
双塔写字楼
涉外服务式公寓

港汇恒隆广场（Grand Gateway66）由香港恒隆集团主要投资及管理，总面积40余万平方米，总投资55亿元。是由国际化购物中心、甲级双塔型写字楼、高档涉外酒店式公寓共同组合的大型综合性商业地产。坐落于华山路、虹桥路侧交界处，由地铁一号、九号和即将开通的十一号三条轨交线环拥，俯瞰上海徐家汇商业中心。

港汇恒隆广场购物中心正门处2500平方米的外广场，设有39级大台阶和6层阶梯灯光喷水池组。商场内采用直径达45.6米、支座标高35米的中庭巨大玻璃采光穹顶，和中庭两翼跨越整个商场的玻璃采光顶。商场内94部升降梯和手扶梯及近千个地下停车位为消费者购物提供了方便。商场共有地上六层和地下一层的七个营业层面，分为7万余平方米的营业面积和6万平方米的公共区域，设置了15000平方米的港汇新翼、5000平方米的港汇五楼美食广场、露天美食内街、Ole’精品超市、电影院、数码世界等多个主题性区域，专营店品类涵盖了男女服饰、包袋、鞋履、餐饮、化妆品、手表、珠宝、儿童乐园、书店等百余项品类。从2010年开始，Chloé、ESCADE、DUNHILL、Burberry、Loewe等多个国际顶级一线品牌先后入驻一楼。2012年，GUCCI、Bottega Veneta、Tiffany & Co.、Jimmy Choo、Chaumet等品牌陆续入驻。2013年，将会进一步升级，引入20多个国际化品牌。

港汇中心双塔写字楼，高225米、共51层，总建筑面积达13.4万平方米，每座塔楼分别设置16部电梯，内部装修完全依照国际A级办公楼装修标准，拥有最先进的设施和优越的办公条件。

港汇恒隆广场服务式公寓，包括港汇花园一座（RT1）、二座（RT2）及港汇服务式公寓（SA）三栋建筑，总建筑面积达8.5万平方米，拥有635套单元可供出租、配备有高级私家会所及其屋顶游泳池、网球场、花园，为住户提供高品质的居住环境及专业服务，是上海最具规模的外籍人士服务式公寓。

港汇恒隆广场以气势雄伟的外观、不断推陈出新的创意与优质的服务保证，已成为上海市21世纪的一个地标性建筑！

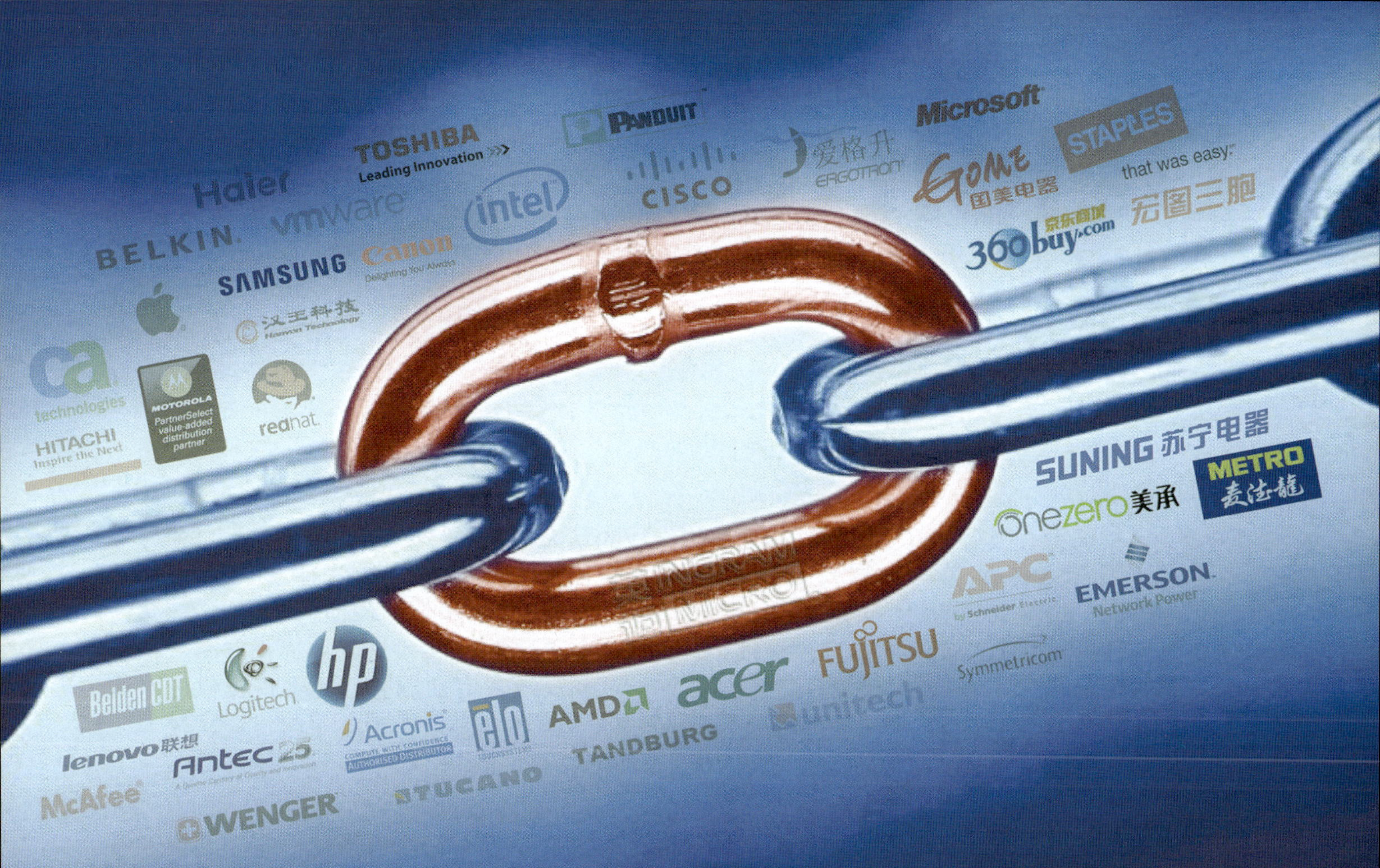

Deloitte.
德勤

德勤全球

Deloitte泛指德勤有限公司（一家根据英国法律组成的私人担保有限公司，以下简称“德勤”），以及其一家或多家成员所。每一个成员所均为具有独立法律地位的法律实体。请参阅www.deloitte.com/cn/about 中有关德勤有限公司及其成员所法律结构的详细描述。

德勤为各行各业的上市及非上市客户提供审计、税务、企业管理咨询及财务咨询服务。德勤成员所网络遍及全球逾150个国家，凭借其世界一流和高质量专业服务，为客户提供应对最复杂业务挑战所需的深入见解。德勤拥有约200,000名专业人士致力于追求卓越，树立典范。

德勤大中华

作为其中一所具领导地位的专业服务事务所，德勤在大中华设有21个办事处分布于北京、香港、上海、台北、重庆、大连、广州、杭州、哈尔滨、新竹、济南、高雄、澳门、南京、深圳、苏州、台中、台南、天津、武汉和厦门。德勤大中华拥有近13500名员工，按照当地适用法规以协作方式服务客户。

德勤中国

在中国大陆、香港和澳门，德勤通过德勤·关黄陈方会计师行和其关联机构包括德勤华永会计师事务所（特殊普通合伙），以及它们下属机构和关联机构提供服务。德勤·关黄陈方会计师行为德勤有限公司的成员所。

早在1917年，德勤就再上海成立办事处。现在的德勤以全球网络为支持，为国内企业、跨国公司以及高成长的企业提供全面的审计、税务、企业管理咨询和财务咨询服务。

德勤在中国拥有丰富的经验，并一直为中国会计准则、税制以及本土专业会计师的发展作出重大的贡献。在香港，我们为大约三分之一在香港联合交易所上市的公司提供服务。

www.deloitte.com/cn/about

崇明工业园区

崇明工业园区于1996年2月经上海市人民政府批准成立，是崇明岛上首家综合性市级工业园区。园区规划总面积10平方公里，地理位置优越，周边交通便利，先后荣获“上海市高科技产业基地”和“上海市科技园区”称号，连续四届被评为“上海市文明单位”，并率先通过“ISO质量管理与环境管理”两项认证。园内现有落户企业46家，注册企业5000余家，已成为岛上经济发展的重要增长点，也是岛上重要的工业集聚地之一。

近年来，在崇明县委、县政府的正确领导下，园区深入践行科学发展观，紧扣《崇明生态岛建设纲要》，围绕“十二五”发展规划，按照“创新驱动、转型发展”的总体要求，加大招商引资力度，积极推进形态开发，不断完善服务功能，努力优化和调整现有产业结构，倾力打造绿色生态工业园区。

随着崇明国家级生态岛建设的不断推进，园区将继续依托现有的区位优势和产业基础，不断调整发展战略，拓展招商领域，以更优惠的扶持政策、更全面的配套服务，积极吸引国内外新技术、新项目落户园区，为全面推动区域经济社会快速发展而努力奋斗。

创新驱动　转型发展

招商热线：
021-69625816/55383584
园区地址：上海市崇明县城桥镇西门路799号
市区办事处地址：上海市杨浦区吉浦路88号

高科技产业基地

科技园区

文明单位

“ISO质量管理与环境管理”双认证

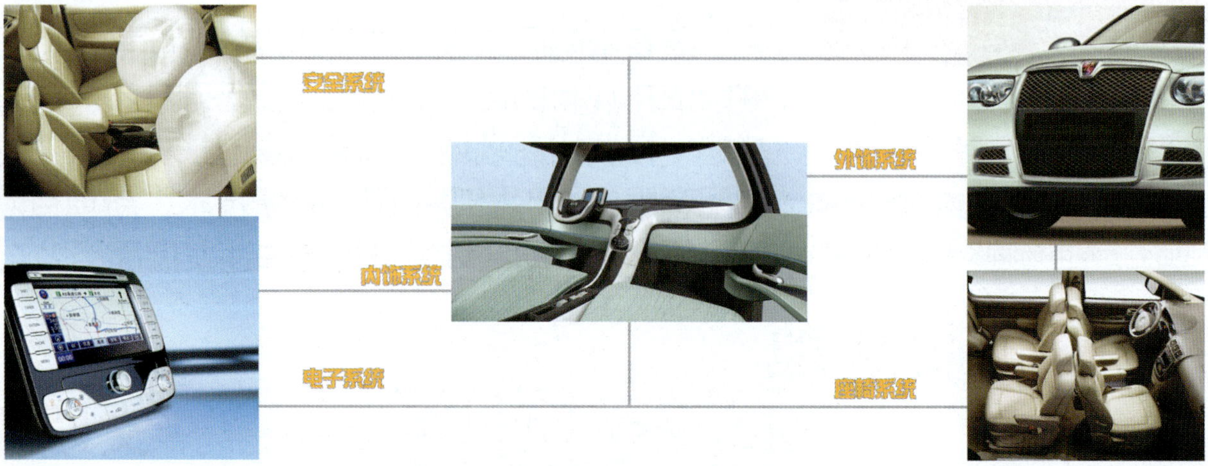

第四编

专　　栏

企业与企业家·出口名牌
国内外有影响的展览会·特色商业街
专题营销·“老字号”与知名企业

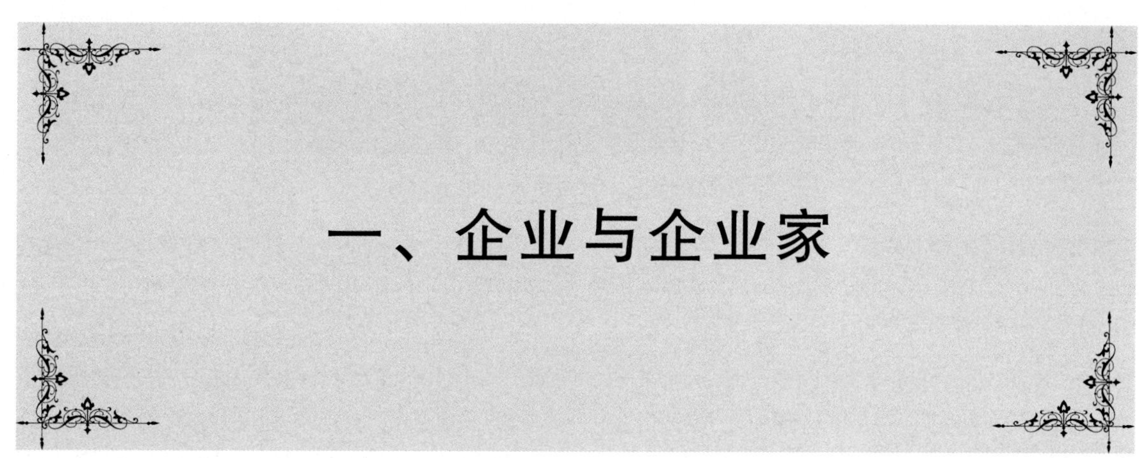

一、企业与企业家

每个企业在发展壮大中都有许多成功和挫折的经验，每个企业家也都有自己的艰苦奋斗史，为此，2013版《上海商务年鉴》新辟“企业与企业家”这个栏目，将陆续刊文介绍为上海经济发展作出贡献的知名企业和自强创新的优秀企业家。文章可以写企业，也可以介绍企业家，或者二者结合起来写。我们希望读者能通过字里行间，了解这些企业和企业家创业的甜酸苦辣，学习他们的成功经验，吸取他们的挫折教训，共同为创建党的十八大描绘的全面建成小康社会、加快推进社会主义现代化的宏伟蓝图而努力。

以客户为中心发展消费金融

——浦发银行信用卡中心

浦发银行信用卡中心总经理　冯　菁

“你能享更多”，这是浦发银行信用卡中心秉承的品牌理念。浦发银行信用卡中心致力于信用卡专业化管理和运作，陆续发行普卡、金卡、白金卡系列、WOW系列卡、麦兜卡、加速积分卡、财星卡等产品。同时根据市场需求，先后与航空业、酒店业、百货业、通讯业等行业翘楚合作推出众多联名卡产品，形成较为完整的卡产品系列。浦发银行信用卡中心成立于2004年1月，是国内较早获得金融许可证的信用卡中心之一。

国家“十二五”规划明确了经济结构调整发展方向，构建扩大内需长效机制，促进经济增长向依靠消费、投资、出口协调拉动转变。信用卡作为消费金融领域重要的组成部分之一，将对拉动内需、刺激消费起到关键作用。浦

你能享更多——浦发银行信用卡理念

发银行信用卡中心积极推行消费金融产品创新，在业内率先推出多项创新信用卡消费金融产品，包括国内首个信用卡个人小额信贷业务——电话现金分期业务，以及不限商品及商户的“自由分期付”产品等。目前已形成自由分期、账单分期、小额信贷、商场分期、网上商城分期、邮购分期等多元化消费金融产品体系。通过大力推动消费金融业务，不仅有效提升持卡人的用卡率及忠诚度，为持卡人日常生活提供金融便利，同时凭借信用卡丰富的支付模式，银行专业化的管理运作，合理引导并扩大了消费，带动了周边上下游产业的联动发展，形成良性循环，对做大内需市场具有实际意义。

浦发银行信用卡中心始终坚持“以客户为中心”的经营理念，不断创新优化产品。2012 年，为促进便民消费，提升信用卡支付媒介的安全性能，推出了标准 IC 信用卡。该卡具有磁条、接触式芯片和非接触式芯片三合一卡片、电子现金小额支付功能，提高了支付的安全性，也为百姓日常消费带来更多的便利。他们还将移动金融应用在信用卡申办环节，推出全新的“即申即购”服务，让客户真正感受信用卡从申办到购物的无缝式快速服务体验。此外，还推出了失卡保障服务，覆盖时间最高达挂失前 72 小时，为客户的安全消费保驾护航。

2012 年，浦发银行信用卡中心与中国移动通信合作，推出“中移动浦发联名卡”，该产品是国内首张集“电子现金小额支付功能”、“信用卡消费功能”、“借记卡理财功能”三合一的全新金融产品，也是首款在全国范围内实现手机近场支付的联名卡。该卡上市以来发卡量已突破 50 万张，并获得《亚洲银行家》颁发的“中国最佳零售支付产品”奖。信用卡中心还积极拓展新型互联网支付渠道，与多家第三方支付平台合作，陆续开通各种快捷支付功能，免去客户登录网银的不便。

此外，浦发银行信用卡中心不断推进信用卡公益模式创新，参与中国扶贫基金会发起的“爱心包裹”全民公益项目，推出“爱心包裹”慈善积分计划，搭建爱心公益平台，汇集持卡人公益热情，帮助贫困山区孩子实现梦想，获得了广大持卡人的热情参与，品牌形象也获得进一步提升。

随着客户规模不断增长，浦发银行的信用卡服务渠道及工作也更为精细化。浦发银行信用卡中心积极推动社会化服务媒体平台的建设工作，已形成 24 小时全天候立体化服务渠道；浦发信用卡客服官方微博可以第一时间解决客户的服务需求；便捷的上下行短信服务能随时查询到账单、欠款及积分；客服信箱、电

中国移动·浦发银行战略合作产品发布会

浦发银行信用卡"爱心包裹"积分兑换项目

子传真等其他服务也提供了便利的服务体验；智能手机客户端能让持卡人随时定位优惠商户，随时随地掌管账户、进行投资理财等。浦发银行信用卡中心分别获得了中国银行业协会颁发的"人才培养与发展奖"以及中国电子商会颁发的"2012 中国最佳呼叫中心运营奖"等殊荣。

展望未来，浦发银行信用卡中心将以大力发展消费金融，打造移动金融，完善服务体系为发展重点，坚定不移地以五年规划为目标，在扩大业务规模、增加经营效益的同时，提供更多便民金融产品及服务，为国家经济结构转型做出积极贡献。

履中国承诺　谋中国战略

总经理　黄柏兴

随着中国医疗改革的推进、人口老龄化以及人们对于健康的日益重视，体外诊断这一朝阳产业在中国拥有广阔的发展前景。而作为体外诊断领域的国际"领跑者"，罗氏诊断自 2000 年进入中国体外诊断市场以来，实现了令人瞩目的跨越式发展，2010 年罗氏诊断产品（中国）投资有限公司（"罗氏诊断产品（上海）有限公司"）在中国的业绩已经是 2000 年的 20 倍。2012 年，罗氏诊断在中国取得累计销售额已达 44 亿元，一跃成为罗氏诊断全球排名第二的国家（除健康医护部），仅次于美国。与此同时，作为优秀的"企业公民"，2012 年公司纳税额超过 3.9 亿元，已连续 6 年从外高桥保税区 7000 余家企业中脱颖而出，入选“外高桥保税区经济贡献百强企业”。

罗氏诊断大中华区总经理黄柏兴表示：“中国是罗氏诊断全球最重要的战略发展地区之一，我将和罗氏诊断中国全体员工一起致力于将最先进、最新的诊断技术带到中国，并为未来政府医疗改革进程中的每一步提供支持，履行我们对中国健康事业发展的长期承诺。”

硕果累累的战略

走进罗氏诊断黄总经理的办公室，就会看到高悬在他办公桌后的四个大字“厚德载物”。黄总经理指出：“在市场和管理这么多年后，我始终牢记学医的初衷，是为患者谋福利，是为社会贡献价值，任何商业的目标都不能超越这一理想。”

作为罗氏诊断中国的掌门人，黄总经理是以中国的市场需求为出发点，以患者获益为原则，向罗氏总部提出因地制宜的发展战略。罗氏诊断根据中国市场的特殊需求，以最快的速度把国际领先的、具有医学价值的检测项目引进国内，例如应用于乙肝、丙肝、艾滋病血液筛查的核酸检测（NAT）技术，应用于孕妇的孕早期唐氏综合征筛查，应用于心衰的生物标志物检测，监测房颤患者用药剂量的检测，应用于骨质疏松治疗的骨标志物检测和用于乳腺癌患者的组织诊断检测等，使中国百姓获益。

对于未来的发展，黄总经理充满信心。2012 年，罗氏诊断在中国增加就业岗位 345 个，未来三年中，罗氏诊断的中国员工总数还将以每年 20% 的速度递增。为了更好地从人性化的角度为客户服务，公司在 2013 年设立“客户关爱中心”项目，整合技术支持、产品维修、保养、产品培训、24 小时服务热线、用户网站等功能，旨在通过便捷联络，终端对终端的问责，优良的服务态度以及差异化的服务，提高客户体验满意度。

沉甸甸的承诺

黄总经理本人不仅是一位卓越的企业管理者，同时还是受聘于上海交通大学医学院等 5 所高校的客座教授，并荣获上海市政府颁发的“2011 年度白玉兰纪念奖”。2003 年设立的罗氏诊断奖学金已覆盖了首都医科大学、上海交通大学医学院、复旦大学、广州医学院、大连医科大学、南开大学临床医学院、四川大学华西临床医学院、浙江大学医学部、南京大学等 15 所高等院校。

黄总经理在百忙之中还积极投身于中国的慈善公益事业，通过各种方式回报社会，实践对中国发展的长期承诺，无论是罗氏儿童义走，还是志愿者服务等社会公益活动中都能看到他的身影。2008 年四川汶川地震后，黄总经理号召员工募集了近 15 万元捐助灾区。2009 年，设立在安徽阜阳南塘小学的首个罗氏诊断中国图书馆开馆，为孩子们创建一个良好的学习环境，改善当地的教育情况。2011 年，罗氏诊断中国向上海市儿童健康基金会捐款 3 万元，用于儿童健康公益慈善事业。2012 年 3 月，北京北辛安小学“阳光一小时健身”项目启动，帮助孩子实现“每天一小时体育锻炼”的愿望。2012 年 9 月，帮助广州垂裕小学建立新的图书室，为更多的孩子们提供更好的学习环境。2013 年 4 月四川雅安地震后，黄总经理再次发起自愿捐款活动，共筹得 32 万余元，以帮助灾区同胞重建家园。同时，还将在四川雅安的许桥小学建立新的罗氏文化中心，并计划于 9 月投入使用。

继 2011 年和 2012 年荣获由国际权威机构 CRF 颁发的“中国杰出雇主”的荣誉称号之后，罗氏诊断中国再次获此殊荣，成为“2013 年中国杰出雇主”。对于公司而言，连续 3 年荣膺此意义非凡的奖项，不但标志着罗氏诊断中国的人力资源战略实施取得了成功，人力资源管理和政策达到了世界领先水平，同时也认可了公司为打造“最佳工作场所”而做出的不懈努力。

黄总经理表示：“罗氏诊断一直以致力于健康事业的创新，提高人类健康和生活质量为己任。今后，我们将继续发挥企业的竞争力及企业文化的优势，以中国患者的需求为出发点，进一步为中国的医疗健康事业和人们生活质量的提高而不懈努力。”

无限连动 尽在其中

——TE Connectivity

TE Connectivity 高级副总裁兼中国区总裁 王武小珍

TE Connectivity（简称“TE”，原名泰科电子。纽约证券交易所上市代码：TEL）是全球连接领域领军企业，年销售额达 130 亿美元。公司设计和制造的产品在汽车、电力、工业、宽带通信、消费类电子、医疗、以及航空航天与国防等世界领先行业发挥核心作用。长期以来，TE 始终坚持对创新和卓越工程技术的不懈追求，为客户提供解决方案，满足其对提高能源效率、实现不间断通信和不断增强生产力的需求。通过全球 50 多个国家近 90000 名员工的共同努力，TE让我们日常生活所依赖的每个连接时时完美运作。

TE 于 1989 年进入中国。目前拥有约 30000 名员工和 2000 多名工程师，在 11 个城市建立 17 家工厂，在北京、上海建立两家工程中心，并在中国各地拥有多家研发基地和实验室。在“Go China 前进中国”的战略指导下，中国已经成为 TE 全球最为重要的市场之一，一直积极参与和推动中国经济和社会的发展变革。为了支持中国从制造基地转型为“智”造基地。TE 于 2011 年在上海建立了中国总部，进一步深化人才、采购、设计生产和客户本地化，成功打造一支稳定的本地化领导和技术团队，以期凭借 TE 丰富的全球资源和深入的本地化进程，为客户提供创新解决方案，与中国共同成长。

TE 在中国以交通解决方案、消费类电子解决方案、网络解决方案和工业解决方案四个事业部为基础运营：

交通解决方案部　下设汽车事业部、工业和商业运输事业部、新能源汽车移动解决方案业务部和应用工具部。TE 为全球最大的 30 家汽车制造商提供量身度造的产品和一站式服务,TE 的创新交通解决方案已经完美地融入到现代汽车的各个方面。2011 年,汽车事业部在上海设立亚太区总部,并在苏州建立两家工厂,开发、设计和制造汽车电子设备系统、专用中央控制盒、线束及相关汽车零部件等产品,积极打造从电力基础设施到电动车内电子的全产业链的绿色优势。

消费类电子解决方案部　涵盖消费电子、家电、电路保护和继电器 4 个事业部,其中消费类电子、家电、电路保护三个事业部的全球总部位于上海。作为消费类电子行业领先者,TE 拥有丰富的产品组合,可满足市场上功能最强、最复杂的消费类电子对数据传输和静电放电防护的要求。TE 不断致力于下一代消费类电子的开发,TE 的超薄解决方案可使消费类电子设备实现更多连接、更易互动、更高效能、更便携的功能。

网络解决方案部　共有电信网络部、企业网络部以及数据通信部 3 个事业部,其中电信网络部和数据通信部亚太区总部位于上海。网络解决方案部专注于光纤连接器、高性能网络综合布线产品、通讯数据连接器等产品的设计和制造。TE 支持中国构建"智慧城市",引领智能连接行业的发展。

TE 是网络解决方案的领先者,从芯片到掌心,从网络访问到数据中心,从海底光缆到智能电网通信,从办公网络到布线管理,TE 安全、稳定、高速的连接解决方案搭建起信息端到端的无缝迁移。TE 始终致力于宽带、无线、光纤等下一代网络和通讯技术的研发,打造未来通信设施的智能互联。

工业解决方案部　目前设有 4 个部门,包括航空航天防卫与船舶、电力、工业以及医疗事业部,为客户提供全方位的新型产业解决方案。TE 工业解决方案以最尖端的专业技术,为人类的未来生活提供最便捷的环境与最坚实的基础。中国是 TE 工业解决方案事业部最重要的市场之一,从电网的连接和保护,到工业自动化与控制、智能楼宇、智能交通和清洁能源产业的提升;从满足航天航空以及海事最苛刻的应用需求,到推动医疗器械市场发展,TE 工业解决方案正在为中国工业化进程提供有力的支持。

TE,在追求卓越业绩的同时,始终奉行"诚信、负责任、团队合作、创新"的核心价值观,以最高标准的个人和企业诚信来相互要求,创造持续改进的企业文化,鼓励合作与创新。

2012 年,TE 入选道琼斯可持续发展指数榜单。TE 在中国积极参与慈善事业,更积极为员工打造投身于志愿者活动的平台。TE 中国从 2010 年起连续三年发起"一米高度看世博"、"一米高度看上海"等系列活动,为所在社区的残障人士和老年人捐赠轮椅,实现他们的便利出行愿望。在未来,TE 中国将继续履行社会责任的承诺,用志愿者精神将企业和员工与所在社区真正"连接"在一起。

作为全球连接行业的领导者,TE 的目标是引领市场未来趋势和客户需求,在技术潮流到来之前帮助客户做好准备,为客户提供最先进的整体技术解决方案。TE 用更智能、更迅速、更便捷、更精密的技术,赋予这个世界更多的可能。

无限连动,尽在 TE Connectivity。

以振兴民族再生金属资源产业为己任

董事局主席兼行政总裁　秦志威

中国金属再生资源(控股)有限公司是以废钢加工配送为主业,兼营废有色金属、铁矿石、钢坯、生铁、煤炭等冶金原料贸易以及港口物流、汽车拆解、信息研究、电子商务等业务,集科、工、贸为一体的再生资源大型跨国集团公司。是亚洲第一家再生金属资源上市公司。公司2012年销售收入521.4亿港元,跻身2012年中国企业500强,排名221位;中国服务企业500强,排名73位。

公司董事局主席兼行政总裁秦志威长期从事钢铁化工、码头及航运业务,在再生金属及钢铁行业方面,更拥有15年之多的丰富经验。公司2009年在香港上市后,他开始致力于国内发展,提出要树立"以振兴民族再生资源为己任,引领金属再生产业链发展"的理念,以规模化经营、系统化管理、机械化加工、网络化销售的经营模式,促进我国再生资源可持续发展。

实行规模化经营

我国再生资源仍处于起步阶段,行业集中度低,技术和管理处于初级阶段;缺乏完善的回收、加工、配送体系,难以保证产品的质量和数量;设备技术水平和环保意识差,容易造成二次污染。加之产业链不健全,缺乏行业规范等。造成再生资源回收率低,每年约有500万吨的废钢铁、20余万吨的废有色金属没有回收。再生资源行业利润较薄,缺乏大企业的加入和引导,对技术装备的投入远远落后于欧美发达国家,不能满足金属再生资源行业的发展需求。公司创新经营模式,实行规模化经营,建立区域回收、加工、处理、配送一体化的网络,形成规模化经营效益。先后在广东广州、中山、天津、江苏江阴、浙江宁波、湖北武汉、内蒙包头以及港澳地区等7省市(含上海、天津)11个地区建立废钢加工配送基地和废钢专用码头,总投资7亿美元,占地面积125万平方米,总设计产能为1000万吨。并与全国多家钢铁企业和废钢供应商建立长期的战略合作关系。

建立系统化管理

现代化的加工配送基地,必须实行一流的管理。在组织架构上,将集团公司分为运营、财务、融资、企管、行政、风控6大管理系统,12个管理部门,建立系统的管理职能和部门管理职责。并按现有区域网络划分为5大区域,即华东、华南、华北、华中以及港澳地区,发挥区域的管理功能。在制度和流程的建设上,按照经营业务和性质,建立管理制度和审批流程,形成管理进系统、执行走流程、办事按制度、鉴别看标准的系统管理体系。

运用先进加工技术

用先进的加工理念,引进最先进的废钢破碎生产线和环保检测设施,进行无害化加工处理。回收的废钢必须进行危险源放射性检测,以确保没有放射性污染源;回收的废钢必须经过落地分选,将炮弹、危险化学物品、密封容器、塑料、油污废钢分选出来,以确保钢厂的冶炼安全和人身安全;废钢原料必须检查合格后,才能进入废钢破碎生产线进行破碎加工,以确保加工的废钢为合格精品炉料。该废钢破碎生产线具有自动分选有色金属、塑料和垃圾以及除尘功能,加工效率和废钢纯净度高,消除了二次污染,对提高行业加工能力和废钢质量以及促进产业发展有着极好的作用。

构建与完善营销网络

网络化营销快速、便捷、成本低,是当今的潮流。首先是利用地域优势、仓储和码头优势、资源储备优势、信息研究优势以及上市的融资平台和资金优势,设立废钢超市,开通电子商务平台。开展网络销售、竞拍销售、团体销售;提供仓储、融资、信息、物流、售后服务,创造条件吸引废钢客户积极参与,降低交易成本,增加效益。其次是利用集团的优势,形成集团的整体效应。利用各区域完善的采购销售网络,市场共同开拓,资源共同拥有,利益共同享有,风险共同承担。通过市场的运营机制,完善定价机制,引领市场价格指数。建立资源信息优势互补的利益共同体。

新鲜·便宜·舒适·便利

——大润发综合连锁超市经营理念

“大润发”源自中国台湾的会员制大型连锁综合超市。主要经营生鲜食品、各类副食品、日用杂品、家用纺织、文化体育用品和五金家电等,商品达三万多种。依靠开发自有商品、源头采购等降低商品售价的方法,成功在大陆拓展超市业务。“大润发”以最直接、最生活化的方式为消费者服务,网罗优秀的经营管理人才,运用现代化营运系统,快速在国内展店。

"大润发"综合连锁超市外景

作为大润发综合连锁超市的投资母体—康成投资(中国)有限公司(英文名称:CONCORD INVESTMENT(CHINA)CO.,LTD.简称"康成投资"),是上海市外商投资企业协会副会长级会员单位。"康成投资"是2005年3月4日经国家商务部批准成立的外商投资性公司,2009年12月21日经上海市商务委员会认定为"跨国公司地区总部"。目前公司注册资本为22949.0567万美元。

"大润发"的经营理念:

新鲜

质量是产品好坏的标准,新鲜是好质量的保证;大润发独特的经营策略是:

·一律采用高品质的优良食品

·蔬果每日产地直达

·水产每日由渔港新鲜送达

·冷藏肉品,每日新鲜处理

·熟食和烘焙采用大师傅制度,持续不断地研发新口味、新商品,提供您更美味、更多元化的美食产品

·烘焙与熟食均为每天新鲜制作当天生产、当天销售

便宜

·每日针对日常所需商品(敏感性商品)进行价格市调,坚持提供低于一般市价的好价格

·实行严格的管理体制,根据营业额、库存、费用及运转情况在坚持上述条款的原则下进行机动的调整管理

中国地广物博,大润发团队强化采购优势,推动源头采购制度——直接到商品最源头的制造者、种植者采购,省去中间商、经销商的环节及差价,让商品"便宜再便宜"。为确保货源的稳定和品质,肉品、蔬果、米等生鲜大宗商品,尽可能地直接与农民、渔民契作、契养。透过制度化的"包山、包海、包场和包养"采购策略和"低进低出"策略,想尽办法替顾客找到最便宜的货源。

舒适

·免费停车场:每家店备有大型停车场,免费提供消费顾客车辆停放。让顾客好停、好走、好方便

·试衣、修改服务:卖场提供免费试衣修改裤长,一小时可完成修改

·托运安装服务:卖场提供大型商品托运及安装服务,费用低廉

·代客生鲜处理:卖场免费提供诸多生鲜处理

“大润发”超市内顾客在选购商品

·干净舒适的休息休憩区,让顾客在轻松愉快的气氛下,大啖食品

·卖场均设有 ATM,方便顾客随时所需

便利

·全年无休:营业时间从早上 7 点至晚上 10 点,全年无休服务

·服务台咨询服务:免费申请会员卡,广播寻人,电话卡销售,大型行李寄放,婴儿车、轮椅出借及咨询服务等

·自动价格查询机:卖场各区域设有自动价格查询机,为顾客购物带来方便

截至 2013 年 4 月 16 日,在国内已有 222 家大润发大型综合超市,门店遍布我国华东、华北、东北、华中、华南五大区域,员工总数超过 10 万人,每天为 200 多万顾客提供服务。2012 年营业收入超过 632 亿元,已连续 4 年在

“大润发”开业 2 周年庆祝活动

中国外资商业连锁企业排名第一。

2010年外资零售业营业额位居全国第一,平均单店营业额全国第一。2011年上海市外商投资先进企业"双优"、"双百强"企业之"创利税前20名非生产型企业"。2011年外资零售业营业额位居全国第一,平均单店营业额全国第一。2009年至今,供应商满意度调查报告,大润发均排名第一,并连续7年被评为上海市非生产型优秀企业。

"大润发"愿与越来越多的合作伙伴携手前行,共创"多赢"佳绩!

服务现代装备制造业　支持中小企业发展

——上海电气租赁有限公司服务宗旨

上海电气租赁有限公司成立于2005年8月18日,注册资本5亿元。2006年4月经商务部和国家税务总局批准为专业从事融资租赁业务的内资试点企业。公司是上海电气(集团)总公司独资组建从事融资租赁业务的专业公司,也是国内首批成立的厂商背景的融资租赁公司。成立以来,已与遍布全国超过1300多家企业开展了融资租赁业务,累计新增设备额近80亿元,是装备制造行业产融结合的典型企业。

公司全资股东上海电气集团是中国装备制造业最大的企业集团之一,自上世纪90年代以来,销售收入始终位居全国装备制造业第一位。目前,上海电气集团已形成新能源、高效清洁能源、工业装备和现代服务业四大核心板块,其中高效清洁能源、新能源装备是上海电气集团的核心业务。

在上海电气集团雄厚的装备制造实力和金融板块资源的强力支持下,上海电气租赁有限公司沿着产融结合的发展道路,深入探索具有中国特色的厂商租赁业务发展模式。现已在电站设备、技术改造、风电设备、印刷机械、纺织机械、工程机械、机床等行业建立起专业化的经营平台,形成全面的信息网络与服务网络,充分发挥产融结合、厂商租赁模式的战略优势,为提升国有装备制造产品的市场综合竞争力,推动国有装备制造产业的发展提供了有力的支持,并在此基础上进行更为广泛和深入的尝试,取得了多项行业首创成果。

在电站设备、技术改造、风电设备等能源业务领域,公司依靠商业模式创新,积极探索创新经济形式下的融资租赁模式,先后签订了国内风力发电机制造企业首单厂商租赁业务——新疆地区首台660兆瓦机组的设备融资租赁项目;风电领域产融结合的首个示范性项目——安徽天长高邮湖风电场风力发电机组设备融资租赁项目等,以行动支持国家新能源产业发展,积极承担着企业社会责任。

上海电气租赁有限公司秉持"服务现代装备制造业、支持中小企业发展"的宗旨,以灵活创新的融资方式、快捷的审批流程、稳健的财务管理和完善的风险控制,全力支持企业技术改造和固定资产投资项目,积极推动装备制造业产品销售,为设备制造企业的终端客户,特别是中小企业客户的设备融资提供大力支持。成立以来,累计支持中小企业融资额超过50亿元。

上海电气租赁有限公司始终坚持国家振兴装备制造业的产业导向，坚持产融结合、厂商租赁的发展道路，依托上海电气集团的雄厚装备制造背景，通过积极的创新实践，走出了一条具有中国特色的厂商租赁道路，推动国内装备制造产业新发展，支持装备制造企业提升一体化服务能力，协助强化国内装备制造产品国际竞争力，在促进上海电气集团商业模式创新、推动产业发展方面做出了贡献。

公司成立以来，租赁业务的资产规模取得快速增长，盈利能力稳步攀升，资产质量保持优良，在租赁行业树立了优质的品牌形象，并先后荣获中国融资租赁行业“服务国产装备贡献奖”、“服务中小企业贡献奖”、“经营业绩奖”、“支持中小企业贡献奖”等重要奖项。

未来，上海电气租赁有限公司将以成为中国领先的厂商租赁公司为目标，不断创新探索产融结合新举措，把厂商租赁道路走出特色，走向世界。

专业招商　优质服务

——上海市嘉定工业区经济发展有限公司

上海嘉定工业区经济发展有限公司成立于1995年，注册地位于上海市级工业园区——嘉定工业区叶城路925号，是上海嘉定工业区开发（集团）有限公司旗下全资国有企业。

公司自成立以来，一直致力于打造职业化的专业招商、服务机构，为中外客商提供良好的产业招商及财政扶持政策，营造科学、持续、和谐发展的投资环境，奉献优质高效的工商、税务等办证办照、协调服务体系。经过近

20年的发展，已逐步壮大成为嘉定区税收总量第一、服务优质、知名度较高的经济园区。

在公司历任领导的带领下，不断开拓招商领域、勇于创新招商方式，依靠全体员工的不懈努力，赢得众多投资者的信任，集聚了9600余户中外企业的落户，行业集聚汽车零部件研发、制造、销售，电子商务、文化创意、信息软件等。2012年，公司完成税收总量22.3亿元，成为嘉定区第一个税收突破20亿元的经济小区。截至2013年4月，公司已累计实现税收13.6亿元，同比增长55.6%。公司按照嘉定工业区党工委、管委会、集团公司的总体部署与要求，潜心钻研新兴产业领域的招商，努力转变招商方式，大力推动电子商务、文化创意等新兴转型产业在园区的发展，引进京东华东总部、国美在线中国总部、新蛋中国、聚美优品、际恒品牌、安瑞信杰、盟博中国、宝迪广告等一批知名电子商务和文化信息创意产业企业。正是由于产业的集聚效应，2012年嘉定工业区被评为第一批国家级电子商务示范基地和国际级广告示范园区。上汽变速器、小糸车灯、麦格纳斯太尔、埃贝赫汽车排气系统等一大批汽车及部件研发、制造企业相继入驻。同年，公司顺利引进了沃尔沃汽车中国销售中心、依维柯商用车中国总经销等著名品牌整车销售企业，形成了以汽车及其零部件制造、整车销售为中心的汽车产业群。

公司已连续6年荣获嘉定区经济小区特别贡献奖；公司招商部已连续7年荣获“嘉定区先进集体”称号，荣获“2011—2012年度嘉定区青年文明号”称号。办证服务部已连续5年获评“上海市巾帼文明岗”称号。

公司一贯秉持“需求服务”的理念，凭借良好的政策、更好的服务，为企业创造良好的发展空间。公司在北京、上海、广州等地均设有办事处，方便企业办事，协调解决企业需求。

公司衷心感谢社会各界的关心与厚爱，共同铸就公司辉煌的明天。

现代服务业集聚区

——上海南桥中小企业总部商务区

位于上海杭州湾北岸地区综合性服务型核心新城——南桥新城核心区域内的上海南桥中小企业总部商务区，是上海市首批20个现代服务业集聚区之一。2007年2月，奉贤区成立由区长直接挂帅的商务区推进领导小组，并下设办公室。2008年，区政府为加快推进商务区发展，商务区推进办与新城办合署办公。

商务区的开发，主要分三个阶段。第一个阶段：从2007年到2010年，是提升规划、完善配套阶段，重点集聚人气和增强社会关注度；第二个阶段：从2011年到2014年，是完善功能，丰富业态和总部经济成长阶段，重点提升商务功能和培育总部基地；第三个阶

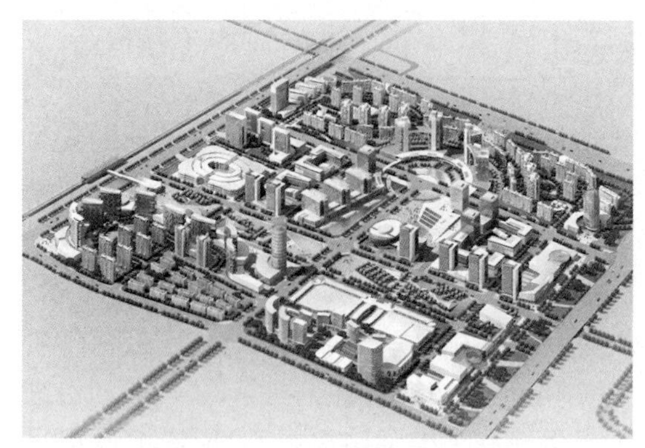

上海南桥中小企业总部商务区效果图

段：从2015年到2018年，是提升功能，引领示范，成为企业总部落户发展的孵化器和助推器阶段，重点以提升总部基地品牌和增强现代服务业实力。

目前，商务区一期用地已经全面完成招商，并已初具形态。重点项目为分别由南方集团、绿地集团和银基发展等开发建设的南方国际商业广场、绿地望海新都和银河丽湾项目。商务区二期用地内，重点建设中企联合大厦项目和卓越世纪中心项目，二期后期用地主要是推进以“小切块”为特征的总部项目集聚。大厦项目建筑高度达180米，集商务办公、会务会展、高端商业等多项功能于一体，建成后将成为商务区以及南桥新城的地标建筑。卓越世纪中心项目由国内CBD标杆企业深圳卓越置业开发建设。商务区三期用地预计将在2014年推向市场。为进一步提升商务区建设标准，商务区正委托新加坡CPG集团深化商务区城市设计，并开展对地下空间开发利用的专项研究。

2013年，商务区工作重点是推进总部企业项目落地，并在商务楼宇招商方面朝着增强产业集聚度方向进行转变。商务区将进一步完善招商引资的政策，提升服务软环境，加快中小企业总部在商务区形成集聚。

宁失千金　不失一信

——记上海中都银业(集团)投资控股有限公司及掌门人徐岳华

中都银业投资(集团)控股有限公司董事长徐岳华

中国白银市场自1999年12月28日正式开放。上海中都贵金属有限公司敲下华通铂银市场的第一槌，拿下白银竞拍的第一单，从此揭开了中都银业在白银市场的华丽篇章。

中都银业成立于2000年，属第一批国家指定白银上市交易会员单位之一。主要从事白银冶炼、提纯、加工、销售、回收等业务。随着电子商务时代的发展，公司迅速发展成一个集工业、贸易、投资、金融服务、电子交易等为一体的，年交易和销售额达上千亿的贵金属集团公司，更成为白银等稀贵金属流通、投资咨询及管理服务的行业领先者。同时，中都银业也是上海市普陀区白银协会的创办会员之一、天津贵金属交易所综合类会员单位、平安交易所经济类会员单位、泛亚有色金属交易所批发商会员单位。

公司始终坚持“宁失千金，不失一信”的企业理念及“诚信敬业，不断创新”的企业精神，树立了良好的商业信誉。10多年来为无数的厂矿企业、社会团体、金融企业和个人白银终端用户提供优质的产品和成功的赢利方案，同时也为公司赢得了良好的声誉，于

中都银业投资(集团)控股有限公司办公室场景

2013 年被评选为上海市"普陀区文明单位"。

目前公司在上海(14 家)、北京、深圳、青岛、杭州、台州、宁波、温州、常熟、南京、苏州、无锡、佛山、宜兴、天长、郑州、福州、武汉、包头、荆州、镇江、西安、大理、昆明、马鞍山、绍兴、仙居、邵阳等地设有 40 多家营业网点。

公司的掌门人徐岳华,现任中都银业集团董事长、上海市普陀区白银协会会长、中国人民政治协商会议上海市普陀区第十三届政协委员、上海市普陀区工商联副会长,同时还兼任中都贵金属、上海中都信息、天津中都银业等多家公司的法人。

徐岳华从事白银现货生产、销售 20 多年,拥有一套独特的公司经营理念及管理模式,将以现货交易为主业的中都贵金属打造成一个紧跟世界经济潮流,横跨工矿、贸易、金融服务、电子交易、基金、股权私募等多元化的现代化集团公司。在徐岳华的领导下,2012 年底中都银业发起专注于国内高端人士投资理财的"中都财富俱乐部",发行"白银一号基金"、"白银二号基金"、"白银三号基金",并于 2013 年初正式进军公募基金领域,推出发行"国联安—中都股指期货趋势分级 1 号资产管理计划"基金。自 2000 年以来,徐岳华管理下的资产增值近 30 倍。

在公司发展日益壮大的同时,徐岳华积极建言行业发展,在 2012 年上海市政协会议上提出"助力普陀区打造白银产业虚拟经济圈"的提案,引起区商务委员会的重视。此外,徐岳华还不忘回馈社会,于 2011 年牵头参与普陀区光彩事业促进会、捐助浙江省临海市敬老院,2013 年与老劳模开展结对活动并送上慰问金。

静安区的一颗明珠

——静安嘉里中心

静安嘉里中心是上海静安区的首个大型综合项目,位于南京西路和常德路交汇处的中心地段。距离虹桥机场20分钟的驾车路程,距离上海火车站只需驾车10分钟,占距极为优越的地理位置,能满足节奏快速的现代生活。项目与众多公共交通无缝连接,直接位上海地铁二号线及七号线出口。

静安嘉里中心处于静安区核心位置。东面有恒隆广场、梅龙镇广场,西面有历史建筑静安寺和静安公园,正对面为上海展览中心。嘉里中心结合该地段的传统历史,融合现代创新、进步和个性表现的精神,为大都会上海注入新鲜活力,更成为展示上海繁华发展与远大志向的绝佳舞台。

静安嘉里中心大型综合项目总建筑面积达450000平方米,包括86000平方米商场面积,152000平方米甲级写字楼,73000(508个房间)平方米的静安香格里拉大酒店,18000平方米(133套)服务式公寓,136000平方米地下建筑面积以及1340个停车位。

静安嘉里中心由上海吉祥房地产公司开发,该公司是嘉里建设以及香格里拉(亚洲)

静安嘉里中心外景效果图

的合资公司。项目由国际著名的KPF(Kohn Pederson Fox)建筑师事务所设计,写字楼按照甲级标准设计,由国际顾问和工程师团队带领。这包括安全绿色型建筑过程和维护标准,以及美国绿色建筑委员会颁发的金级证书。

上海吉祥房地产有限公司是一家外资企业。投资方为香港嘉里集团旗下之嘉里建设有限公司和香格里拉(亚洲)有限公司,分别持有该公司51%和49%权益。嘉里建設有限公司是香港最大的地产投资发展公司之一,在香港上市。在中港两地及海外均拥有多个大型地产项目,包括顶级豪宅、写字楼及商厦,并经营物流、仓库及大型基建项目。香格里拉(亚洲)有限公司在香港上市。旗下总部设在香港的香格里拉酒店集团是全球知名酒店管理公司。拥有和管理香格里拉、嘉里和盛贸饭店三个品牌,共计71家饭店,客房量超过30000间。主要分布在加拿大、中国大陆、印度、马来西亚、蒙古共和国、菲律宾、卡塔尔、俄罗斯、斯里兰卡、土耳其和英国。

静安嘉里中心将于2013年7月开业。开业后的静安嘉里中心的商场将建立于静安区的高端时尚品牌基础之上,同时鼓励新类型的设计师时尚品牌。这些品牌以创造力和包容性为核心,帮助消费者创造适合自己的时尚风格,而不流于俗套。时尚服饰占42%,餐饮美食占28%,个人护理/家居生活占15%,精品超市占8%,娱乐休闲占7%。

静安嘉里中心的写字楼为现代商业环境需求提供灵活多变的选择。除了位于南京西路商圈的绝佳位置,以及与上海公共交通网络的便捷连接,能提供多种便利,嘉里中心强调高效灵活的理念,玻璃材料赋予透明清晰的环境,而低辐射玻璃幕墙可节省能耗。三座写字楼提供灵活的办公室分割,从1325平方米到3414平方米多种面积的选择。

静安香格里拉大酒店位于静安嘉里中心3座的30层到59层,提供508个房间和套间。静安嘉里中心把消费者融入充满生机、时尚和活力的生活节奏中。香格里拉大酒店屡获殊荣的好客之道与静安嘉里中心的多种物业形态无缝结合,提供完善全面的设施,供品味独到的顾客专享使用。

此外,静安嘉里中心的服务式公寓地处临近时尚出发点的中心位置,为成功单身人士以及家庭提供舒适温馨的住所及设施。其物业由专业高效的物业管理公司之一嘉里建设管理。

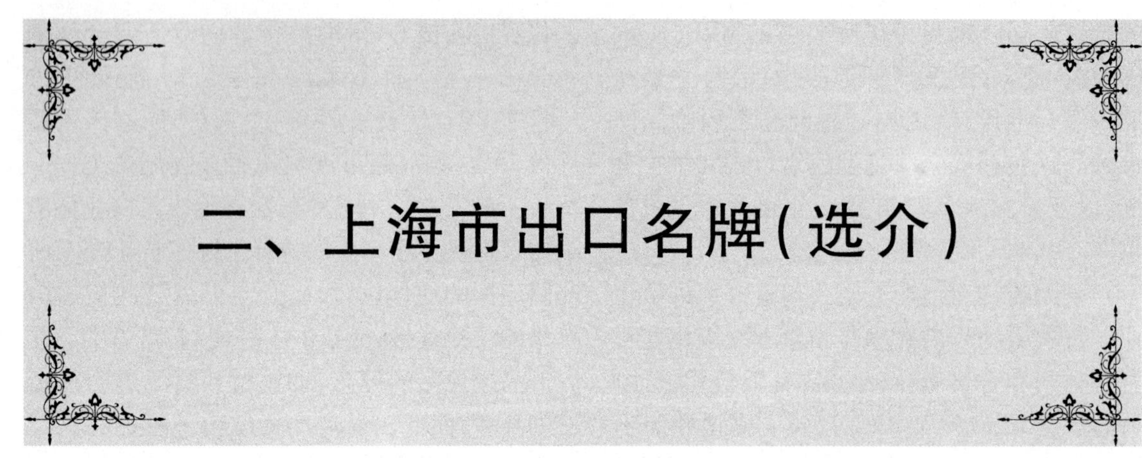

二、上海市出口名牌(选介)

为了培育和发展上海自主出口品牌,增强外贸企业国际竞争力,促进上海外贸转型升级,经上海进出口商会于2012年下半年开展2010—2011年度“上海市出口名牌”和“上海市出口品牌”认定工作初审,并由上海市商务委员会、上海海关、上海出入境检验检疫局、上海市财政局、上海市地方税务局、国家外汇管理局上海分局、上海市质量技术监督局、上海市知识产权局、上海市工商行政管理局等相关部门负责人和专家组成的上海出口名牌审核小组审定,上海86个品牌(74家企业)被认定为2010—2011年度“上海市出口名牌”;上海35个品牌(35家企业)被认定为“上海市出口品牌”。现将部分出口名牌介绍如下,以后陆续刊登。

技术与艺术结晶

——天嘉爱

天嘉爱®

上海服装集团进出口有限公司主营业务为服装纺织品国际贸易,年出口额2亿美元,1994年列入中国进出口额最大的500家公司排行榜,是中国服装出口企业排名前100名企业,连续多年被上海市人民政府授予“文明单位”称号和“出口贡献奖”。公司自营和代理各类商品的进出口,具备接单、生产、报关、出运、产品质量监控的一系列综合功能,对外贸易的网络扩展到五大洲60多个国家和地区。近几年的贸易品种已从各类服装鞋帽的出口贸易扩展到服装配件、工艺品及部分机械产品的出口,与国际上许多著名公司建立良好的合作关系,赢得了普遍的赞誉。

公司始终把品牌建设纳入可持续发展的健康轨道,稳步推进产品品牌的培育和良性发展,积极扶持自主品牌的出口,取得了显著成效。

天嘉爱(T&A)——寓意为技术与艺术

的结晶,自 1993 年诞生以来,依托集团的规模优势、外贸优势、设计优势、科技优势和人才优势,显示了良好的发展潜力,实现 3500 万美元出口。天嘉爱(T&A)已在日本、欧盟注册,并通过 ISO9001 质量体系认证,CE 产品认证等“通行证”来强化品牌。为了加快品牌建设,公司不断加大研发创新能力,成立了专门的研发部门。目前已经获得发明专利 1 个,实用新型专利 15 个,上海市科技进步奖二等奖 1 项,创新研发先行,使公司品牌战略的实施高标准高起点,为公司的可持续发展增添了强大的后劲。

百年龙虎　基业长青

——“龙虎”、“天坛”

20 世纪初叶,西风东渐,近代工业文明的浪潮澎湃上海。1911 年 7 月,实业家黄楚九在沪开设龙虎公司,4 年后企业更名中华制药公司,以独立的工业建制和营运模式,一改国药手工业传统生产方式,成为中国第一家民族制药工业企业。

100 年来,公司以持久的创新意识、浓烈的品牌战略、深度的品类聚焦,书写了中国医药发展史上多项第一的记录。

从上世纪 80 年代起,中华药业便将全力世界的新风吹向大洋彼岸, 各种不同肤色的人群开始见识到“龙虎”、“天坛”的国药经典。1987 年,“天坛”清凉油荣获德国莱比锡国际博览会金奖,江泽民同志题写了“发展医药工业、增加出口创汇”以示勉励。“龙虎”、“天坛”产品登陆国际医药主流市场后,荣获“东方魔药”的美誉,畅销全球 80 多个国家和地区,成为同期全国出口量最大的药物制剂。

进入新世纪的中华药业,以前瞻性的眼光、创新求实的内在品质、洞悉未来市场的脉动趋势,不断推出龙虎舒醒精华露、龙虎清凉霜、龙虎金露花露水等创新产品,开启了企业新一轮发展。

“惟有民族的才是世界的”。中华药业的品牌和产品,是中国民族制药的瑰宝。置身企业发展的新百年,中华药业站位于技术发展和市场需求变化的前沿,立志成为引领功能性清凉产品发展的急先锋,成为行业和市场发展的领头羊。

畅 销 海 外

——牡丹油墨

上海牡丹油墨有限公司是一家拥有100年历史的专业油墨生产企业。自2002年取得自营进出口权以来,不断拓展海外市场,出口量逐年递增,目前年出口额稳定保持在200万美元左右。经过多年的经营积累,产品已远销世界超过40个国家,凭借稳定的质量和良好的性价比深受海外市场用户的欢迎。

目前,“牡丹油墨”的出口市场主要分布在东南亚、南亚、中亚、北非、西非,北中美及加勒比地区。在这些市场上,“牡丹油墨”已经占据了主导地位,不仅领先于国内众多的油墨生产厂商,还击败许多国际知名大公司的产品,占据了这些地区市场的主导地位。

除了产品的直接出口以外,牡丹牌油墨商标在10多个国家注册,不仅有力保护产品的合法权益,还进一步扩大产品的知名度,提升了牡丹牌在众多竞争者中的地位。

为扩大出口规模和提升产品认知度,近年来公司还不断走出国门,去目标市场参加各类专业性展会。其中包括世界最大的印刷包装业展会——在德国杜塞尔多夫举办的4年一届的DRUPA,在巴西圣保罗举办的南美最大印刷包装展——POLIGRAFIA,埃及最大印刷展TECHNOPRINT等诸多国际知名展会,通过与参观者和同行们的交流,不仅扩展了出口规模,而且掌握行业发展的趋势动态,了解油墨制造业发展的最新科技,从而提高企业和产品的竞争力。

民族企业　民族品牌

——“冠生园”、“大白兔”、“梅林”

上海梅林正广和股份有限公司(以下简称公司)是于1997年6月成立的上市公司。2011年,公司总资产424980万元,实现营业收入573410万元,实现净利润14978万元。截至2012年9月,公司拥有40余家下属公司,分布在境内外,从业人员有11614人。

目前,公司旗下拥有“冠生园”、“大白兔”两个中国驰名商标和“梅林”、“佛手”、

“华佗”、“正广和”、“SF”、“爱森”、“96858”、“苏食”等一批著名商标。公司依托光明食品集团强大的综合食品竞争优势,通过内外资源的优化配置,构建从资源控制、食品加工和通路建设全产业链公司组织架构,实现向食品制造与食品分销为双主业的二次转型。公司将继续传承百年“民族企业,民族品牌”的精神,弘扬“民以食为天,我以民为先”的优良传统,创新“好原料、好产品、好味道、好品牌”服务制胜的模式,为消费者提供安全、健康、美味的食品,不断创新发展,树立诚信和绩优的上市公司公众形象,将新梅林打造成为国内一流、国际上有影响力的综合食品制造和服务的提供商。

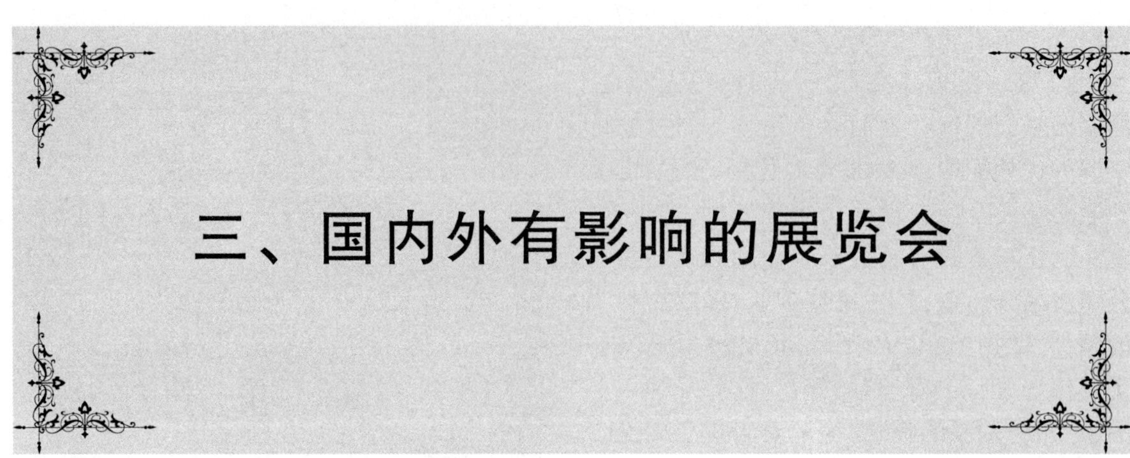

三、国内外有影响的展览会

中国华东进出口商品交易会

由上海市、江苏省、浙江省、安徽省、福建省、江西省、山东省、南京市、宁波市等9省市联合主办的第二十二届中国华东进出口商品交易会，于2012年3月1日至3月5日在上海新国际博览中心举行。

本届华交会是在美国经济低迷，欧债危机加剧，世界经济错综复杂和国内原材料价格波动，劳动力成本上升，低碳和环境壁垒压力、融资成本增加等严峻形势下举办的。但经过主办省市和全体参展企业的共同努力，按照科学发展和转型升级的要求，上下一心，攻坚克难，开拓创新，努力办好外贸“新春第一展”，使本届华交会取得了圆满成功。

本届华交会到会客商有所增加，达到21124人，增加1019人，比上届增长5.07%。到会境外客商来自128个国家和地区。其中，亚非到会客商增幅最大，亚洲到会客商8796人，增长47.51%；非洲到会客商242人，增长64.63%；日本客商比上届继续增加，为本届华交会客商最多来源地，达到9294人，比上届增长8.55%，占华交会到会客商总数的44%。

欧美客商明显减少，北美洲到会客商599人，下降65.52%；欧洲到会客商1799人，下降39.73%。

本届华交会出口总成交31.22亿美元，比上届增长9.98%。其中，纺织服装成交15.58亿美元，增长3.79%；轻工工艺成交13.64亿美元，增长14.34%。商品成交价格普遍高于上届水平。从成交地区来看，亚洲成交17.29亿美元，增长14.98%；非洲成交5369万美元，下降17.36%。从国别来看日本成交额仍列第一；美国、英国、德国成交同比分别下降20.49%、14.76%、1.10%。

本届华交会成交格局发生变化。民营企业成交比上届继续上升，达17.53亿美元，增长34.06%，占成交总额的56.13%；国有企业成交45997万美元，比上届下降34.59%，占成交总额的14.73%。

为了实现贸易平衡，缩小贸易顺差，本届华交会继续设置境外企业展区，共有134家境外企业参展。境外展区以“现代、时尚、品味、原创”为主题，不但增强了华交会的双向功能，而且凸显华交会展品的新颖和潮流。

境外参展企业成交较好，促进了进出口贸易平衡。

本届华交会有如下几个特点：

一是转变外贸发展方式，提升展览水平。以转变发展方式为主线，坚持提高国际化程度，提升专业化水平，提振自主创新能力，全力打造国际知名展会品牌。本届华交会展览规模进一步扩大，由上届的10.35万平方米扩大到11.5万平方米，新增570个展位，总数达5880个。展览格局进一步优化，设立服装、家纺、日用消费品和装饰礼品四大专业展区。

二是首办创新奖评选，提升展品魅力。为突出华交会创新发展的主题，提升华交会整体水平和品牌效应，本届华交会开展创新奖评选活动。设立展示创新、营销创新、产品创新三个奖项，共有64家企业分别获奖。

三是举行展示活动，提升精品形象。本届华交会仍然举办“华交会出口精品展示”活动，以展现华东地区企业转型发展的成果。精品展示活动为企业提升品牌形象搭建舞台，也为华交会增添亮色。

四是优化布展设计，提升整体档次。本届华交会在布展上呈现出新设计、新风格、新气象、新面貌。各省、市参展企业集中布展，在色调统一、风格统一、标识统一、背景统一的前提下，不少参展企业还把本地文化作为标识，增加了地方特色和文化内涵，更加突出了企业形象和品牌形象。

五是推进内外销并举，提升应变能力。在外需不振，国际市场低迷和国内各类成本压力增大的形势下，本届华交会出现“内外市场并举”的新趋势，许多外贸企业在扩大出口的同时，眼睛向内，实现“两条腿走路”，在内销市场中寻求更大空间。

六是实施品牌战略，实行“智造”转型。本届华交会参展企业大力实施品牌战略，优化产业结构，着力转型升级。许多企业开始由贴牌生产向自主创新转型，由加工向设计转型，从“制造”向“智造”转型。1. 打响自主品牌。安徽省全面展示86个“出口名牌”，其中“鸿润”“铃兰”“登克尔”等均获得不错的成交业绩。2. 开发新品。青岛泰和信贸易聘请欧洲、日本专业人士设计研发产品，市场行情好，价格明显提高。3. 选择适销对路产品，开拓新兴市场。宁波广博集团的文教类产品，虽然是小商品，但体现了大市场，华交会期间出口成交近1000万美元。4. 建设国际营销网络。部分优势企业积极参与建设境外生产基地、研发中心，建立自主营销渠道，收购国际品牌。

据统计，本届华交会共有获得商务部重点培育和支持的中国名牌出口商品60多个，获得省市名牌和驰名商标的品牌企业、品牌商品近700个，参展商品中新产品、新款式和采用新技术、新工艺的商品有2万多个。这些产品成交活跃，且价格高，利润好。实践证明，办法总比困难多，特色产品、适销对路产品、差异化产品总能立于不败之地。

中国国际工业博览会

由国家发展和改革委员会、工业和信息化部、商务部、科学技术部、教育部、中国科学院、中国工程院、中国国际贸易促进委员会和上海市人民政府共同主办的第十四届中国国际工业博览会(以下简称"工博会")于2012年11月6—10日在上海新国际博览中心举行。本届工博会呈现的主要特点:

一、展会质量提升,客商满意度评价为近三年最高

本届工博会努力克服经济下行和非经济因素的不利影响,在继续保持一定的办展规模同时,进一步提升展示质量和服务质量,吸引专业观众10.29万人,比上届增长1.7%。据不完全统计,共实现贸易成交额3.05亿元、200万欧元,贸易意向签约额2.95亿元、400万欧元。据专业机构向1292名参展商、1712名专业观众的问卷调查显示,参展商和专业观众对本届工博会满意度评价分别达到85.69分和90.59分,均比上届略有提高,其中参展商的满意度评价为近三年最高。

二、招展覆盖面和国际化进一步突出

本届工博会以"创新转型与战略性新兴产业"为主题,设置工业自动化、新能源及电力电工、新能源汽车、信息与通信技术应用、数控机床与金属加工、环保技术与设备、科技创新等7个专业展,展览面积14万平方米。共有1648家参展商参展,展位6565个,展位数比上届增长5.5%。上海本地占27.8%;上海以外地区占41.1%,来自28个省市和5个计划单列市;境外企业占31.1%(比上届提高0.6个百分点),来自美国、德国等23个国家和地区。其中工博会科技创新展区,科技部重点围绕国家科技创新布局中的重大专项和科技支撑计划,精心组织全国前沿技术研究和科技创新产业化项目参展,全面展现科技服务经济转型、服务民生改善和服务创新驱动的支撑引领作用。教育部有63所高校(包括4所境外高校)参展本届工博会高校展区。在656项参展项目中,获得国家科技三大奖和省部级科技一等奖以上的重大技术突破成果项目有51项。中国科学院以"集成创新、高端制造"为主题,重点聚焦工业智能、先进材料、高端医疗、能源环保等四大领域,展示中科院在创新驱动产业发展方面取得的成果;以"智慧和低碳城市"为主题,重点聚焦物联网、能源利用、资源综合利用,展示中国科学院整体实力和水平。

三、评奖含金量进一步体现

本届工博会在评奖和开幕式形式上进行创新,全面对标汉诺威工博会。一是首次设立创新金奖和评奖推荐环节,扩大了优秀展品的宣传力度。二是首次实现网络化评奖,优化专家评奖流程。三是首次组建实物评审专家团,突出评奖专家的权威性和专业性。四是精心筹划颁奖典礼,邀请两院院士、获得白玉兰纪念奖的外籍人士、青少年创新发明获奖者等作为颁奖嘉宾,并首次邀请驻沪外国领事参加颁奖典礼,首次通过中国网络电视IPTV进行直播,借此努力提升评奖工作的影响力。本届工博会共收到171家展商的199项展品申请评奖,其中上海地区、兄弟省市和境外分别占申报总数的45.5%、40.9%和13.6%。最终,38项展品获得各大奖项。其中,3000米水深半潜式钻井平台"海洋石油981"等4项展品荣获金奖;百万千瓦级核电堆内构件和控制棒驱动机构等9项国内外工业领域高精尖展品获得银奖;第三代非能动百万千瓦核电稳压器及大锻件等14项展品获得铜奖;E50纯电动轿车获得创新金奖,

戊型肝炎疫苗等10项获得创新奖。这些获奖展品较高程度上代表了当今国内外先进装备制造业企业的创新能力和水平，尤其反映出中国相关战略性新兴产业获得的最新进展。

四、论坛质量进一步提高

本届工博会共安排60项论坛活动（发展论坛3项、科技论坛22项、行业与企业论坛35项），其中11月7日举行的“中国工业机器人高峰论坛”是目前国内工业机器人和智能自动化产业、教育与研究领域的一次高水平、高层次的顶级峰会论坛。

五、安保接待水平进一步提高

安全保卫工作考虑到本届工博会恰逢十八大召开以及其他非经济因素，除策划好现场安全保卫、交通疏导车辆停放等现场工作方案之外，特别制订突发事件处置总体预案，妥善处理相关事件。工博会期间，共安检19.8万人次、12.81万只箱包，收缴违禁和危险物品122件，未发生一起盗窃等治安事件，治安状况为历届最佳，得到了参展商的肯定。

中国（上海）国际跨国采购大会

2012中国（上海）国际跨国采购大会于9月12—13日在上海成功举办。本届大会顺应全球经济发展的趋势与中国经济稳定增长的目标，以其独特的“逆向模式”定位继续为中外企业搭建高效率、低成本、零距离对接的平台，帮助中国企业寻找“危中之机”，对扩大中国制造在跨国采购网络中的份额起到重要的推动作用。

本届大会规模20000平方米，设6个专业采购专区：国际采购商专区、BME欧洲采购商专区、联合国及国际机构采购专区、日本制造业采购专区 、供应链服务商专区与国内外优质供应商产品展示专区。共有来自23个国家或地区的480家采购商设展，比上届增长超过20%；参会国内外供应商更是超出预期，共有6000多家供应商参会。参展跨采大会的国内外企业数比上年略有上升，但因欧美等国经济形势“阴云不散”，影响本年度跨国企业在华采购力度。据大会组委会不完全统计，本年度参展企业在华采购合计达到220亿美元，比上年略有下滑。

2012中国（上海）国际跨国采购大会洽谈现场

在欧债危机持续、美国经济呈现下滑趋势、全球经济不景气的大背景下，逆势而行，本届跨采大会亮点凸显：

一是，跨采大会采取减免优质采购商客户参展费用和积极开发新的客户特别是国外中小企业客户的措施，继续保持了参展采购商规模的增长。

二是，利用跨采平台功能促进上海国际邮轮产业发展，本届大会宝山区商务委联合跨采中心打造国际邮轮物资采购专区”，吸引了皇家加勒比等近20家世界知名的邮轮公司和邮轮物质供应公司设展，为中国供应商提供了进入全球邮轮物资采购体系的机会。

三是，拓展联合国采购，提升中国制造。通过与联合国采购机构7年的合作以及提供服务，联合国机构已经非常认可跨采大会所提供的供应商。在本届大会上，联合国儿基会等机构在现场面对面对大会供应商进行认证，省去了以往需要在网上注册及认证的较长时间，从而缩短采购的过程，大大有益于参会的中国供应商。

四是，积极支持新疆经济的发展。大会，专场举办“新疆喀什地区及四县名特优农副产品商品推介暨品尝会”，积极支持沪喀两地企业开展商贸对接。喀什交易代表团与沪上大型采购商共签订20个项目，合约总金额达3.7亿元。

五是，从提高会前配对成效方面入手，重点优化网上采购配对系统，更加完善网上配对功能。这样不仅可以满足采供双方在会前和会中的实时配对和信息交换，同时在会后也能继续为采购双方提供服务，真正实现采供双方365天24小时的采购配对服务。

六是，打造永不落幕的采购盛会。跨采集团主题展位将以跨国采购产业链的整体概念重磅推出，涵盖了包括货物贸易、服务贸易、技术贸易、电子商务等在内的重要服务功能，旨在为全球采购商与供应商打造永不落幕的跨国采购盛会。

在本届跨采大会开幕前一天，由国家商务部，上海市人民政府共同主办的“第十一届中国（上海）国际跨国采购论坛”于9月11日举行。跨采大会与跨采论坛的同期举办，为中国企业进入全球跨国采购系统、扩大中国制造在跨国采购网络中的份额起到了重要的推动作用。

本届跨国采购论坛以“打造全球跨国采购企业乐园——中国（上海）跨国采购园区”为主题，通过深度对话和专业交流，为刚刚破茧而出的跨国采购园区的建设和运营提供意见和建议，帮助上海更好地抓住全球跨国采购发展的机遇，力争成为现代化国际采购交易中心，为“四个中心”特别是国际贸易中心建设和现代服务业发展发挥积极作用。

上海进口商品博览会

作为2012上海购物节的一项重要活动，由上海市商务委员会、上海市经济和信息化委员会主办，上海商展办展览有限公司和上海中小企业对外交流中心承办的2012上海进口商品博览会于8月23—26日在上海展览中心举行。来自欧洲奢侈品品牌的钢琴、东南亚各国的特色风味食品以及民俗工艺品等，均在博览会上集中亮相。

上海进口商品博览会外景

本届博览会展出面积6600平方米，设国

际标准展位300个，参展企业200多家，展位数和企业数均比上年增长。参展企业来自日本、韩国、马来西亚、斯里兰卡、缅甸、尼泊尔、澳大利亚、德国等国家和地区，展出包括家居用品、时尚生活用品、珠宝饰品，以及各类食品、咖啡饮料、葡萄酒等千余种进口商品。

上海进口商品博览会旨在鼓励更多的进口商品进入国内市场的消费品展会。展会以“引进国际品牌，引领国内消费”为宗旨，为各国商品进入中国市场搭建一个高效快速的商务平台，让国内商家和上海市民不出国门就能采购到各国的商品。本届展会给观摩者带来全新的感受，每天前300名观众可免费领取天然宝石一粒。

中国国际家具展览会

创始于1993年的中国国际家具展览会，经过19年历练发展已经成为业内享有盛名的国际性家具盛宴。中国国际家具展览会每年9月在中国上海新国际博览中心拉开帷幕，涵盖家具业内各大领域的展品。自1995至2012年，中国国际家具展览会每年都保持着一定规模增长速度。中国国际家具展览会与美国高点家具展、意大利米兰家具展比肩跻身世界三大家具展，是名副其实的家具行业晴雨表与风向标。

第18届中国国际家具展览会在上海新国际博览会举行，吸引了众多参观者。

2012年9月，中国上海因第十八届中国国际家具展览会的召开成为全球家具行业瞩目的焦点。在上海新国际博览中心召开的第十八届中国国际家具展览会、上海世博展览馆举行的第十八届中国国际原辅材料及生产设备展览会和2012中国国际设计师作品展示交易会以及吉盛伟邦国际家具村承办的第十八届全国家具展览会三地总展出面积达750000平方米，参展企业达3000家，展示规模比上届增长25%，企业数增加15%以上。展期首次由4天延长至5天，尽管面临国内外经济形势的诸多不利因素，但是观众人数仍然达到71980人次，其中海外买家19693人次，来自140个国家和地区。海外展团和参展的有22个国家和地区的170家参展企业，海外参展总面积达33600平方米，比上届增长25%。

中国国际家具展览会旨在打造全球范围内性价比最高的超级家具采购平台。2012年，展会新增了软体家具、欧式古典及仿古家具、户外藤制家具、餐桌椅、现代家具、儿童家具和家居饰品系列。每年以推陈出新、引领潮流的最新国内外原创设计为观众呈现完美的家具全景之旅。

为推动家具行业升级转型，展会精心打造“设计之风”，专辟W5设计馆，面积比上年扩大一倍，展品以中外设计品牌和富有设计感的精品高端家具为主。

上海国际广告印刷包装纸业展览会

2012年7月11日上午,上海国际广告印刷包装纸业展览会(以下简称'广印展')在上海新国际博览中心隆重开幕,迎来了20周年的展庆。广印展在全国368个规模(3万平方米)以上主展项目中名列前30位,是上海规模最大的五强展会之一。

在为期4天的展会中,共吸引参展企业1952家,展出面积达到18万平方米,包括15个室内展馆和1个室外展馆。展出内容涵盖数字喷墨印刷技术设备及材料,打印机及耗材,数字标牌,标识,展览展示,POP及商用设施,新媒体技术设备,LED照明,LED显示屏,塑膜加工技术设备,印刷包装产品,印刷包装机械及耗材等领域。其中不乏世界顶尖知名品牌,众多国际展商在现场展示其最新技术成果,多款全球首发最新机型和材料惊艳全场,展会亮点新意不断。展会观众达到12.9万余人次,其中国内观众10.1万余人次,国外观众2.85万人次,均为历史最高水平。

2012年广印展开辟了"UV平板应用产品展示区"。UV平板机作为数字喷墨印刷技术的新突破,为建筑装饰、纺织印染、玻璃和纸包装等行业带来革命性的变化。展会吸引到业内如HP、EFI－VUTEK、OCE、AGFA、MIMAKKI、SEPIAX、飞阳联合、泰威等国内外领军企业参加,所展示的产品成为众人瞩目的焦点。

第20届上海国际广告印刷包装纸业展览会吸引众多观众

展会期间成功举办了"数字城市与户外广告趋势论坛"活动。200多位国内外嘉宾与会交流,集中探索高新科技在户外传播与智慧城市中的新功能与新应用。

2012中国(上海)国际半导体照明应用技术论坛作为广印展下设照明技术设备展的主要活动之一,于广印展举办同期开幕。与会的国内外著名企业精英、专家学者,共同探讨了半导体照明产业发展遇到的问题及未来的发展方向,就半导体照明前沿技术进行深入透彻的分析。

作为广印展的固定活动,深受业界瞩目的"2012年度CSA中国广告设备器材价值榜"(简称'价值榜')在广印展开幕当天举行了隆重的颁奖典礼。

"价值榜"旨在通过专业、权威的方式评选出2012年度最优秀、最适合中国市场的广告设备器材供应商,让标杆企业及人物能发挥更多的行业引导作用,带领中国广告设备从制造大国走向制造强国。

广印展主办方之一的中国上海广告设备器材供应商协会(CSA)目前会员企业数超过800家,其中大多数会员都是上海广印展的参展商。协会在每年的广印展现场特设展位,为展商提供热情周到的服务,还邀请到台湾、韩国、日本等地的广告标识协会等海外展团莅临展会交流合作。

中国上海国际汽车零部件制造设备及售后服务展览会

由上海和北京两大国际车展主要主承办单位全新打造的“2012 中国上海国际汽车零部件、制造设备及售后服务展览会(China Auto Parts and Service Show 2012)”(以下简称:APS2012 上海汽配展)于 2012 年 6 月 12—15 日在上海新国际博览中心全新开幕。展览会规模近 70000 平方米,共计来自国内外近 1500 家厂商鼎力参展,来自国内外售前市场整车、整机、总成方面和售后市场汽车流通、维修、保养、改装、汽配及用品等领域共计 21603 名专业观众到场参观洽谈。

APS2012 上海汽配展以“展示国外先进技术、助推国内自主品牌”为宗旨,以“满足国内外配套、售前、售后市场最新需求”为目标,积极构架有效的出口桥梁,搭建“引进—消化—吸收—再创新”的平台。主办方充分利用上海作为中国贸易中心和世界重要贸易口岸的特殊地位,自主打造一个为中国汽车零部件全产业链服务且具有国际影响力的大型汽车零部件综合展览会,展品涵盖从制造汽车零部件前端的汽车装备、材料、工具,汽车零部件本身,以及汽车相关测量、检测、诊断设备,汽车维修、保养设备和养护用品,到汽车相关后市场经营服务和产品等全面展示,以丰富展会的内涵,扩大展会的影响力,将有助于全方位的贸易、交流、整合和合作。

2012 年中国上海国际汽车零部件、
制造设备及售后服务展览会现场

展会期间,长城、华晨、长安、吉利、江淮等一批整车公司携其优质配套零部件闪亮登场高新技术展示区,博世、德尔福、电装、博格华纳、邓禄普、优科豪马、米其林、韩泰、普利司通、采埃孚、佛吉亚、华域汽车、京西重工、伟世通、捷太格特、爱信、盖茨、莱尼、康奈可、爱尔铃克铃尔、快美特、哈曼、阿尔派、日立汽车、法士特、人本集团、河北凌云、隆中控股、昌辉、汇润、骆氏、瑞立集团、全兴精工、万安集团、丹纳赫等国内外业界著名企业悉数到场,自 2011 上海车展之后再度打造年度盛会。

此外,展会期间活动丰富多样,包括由中国汽车工程学会召开的 2012 汽车变速器先进制造技术国际研讨会,由盖世汽车网组织的 2012 汽车零部件及售后服务展专场采购配对会,由中华汽配网组织的中华汽配网专场采购对接会,由环球汽配资源网举办的国际汽车售后市场分析报告会以及供求配对洽谈会,由乐百供(Lbgoo)举办的乐百供上海采购配对会,由慧聪网组织的 2012 中国汽车用品发展论坛以及 2012 汽车用品赢在终端培训,由汽车配件商讯组织的欧美日韩车系配件供求交流会,由汉高股份有限公司组织的汉高技术讲座——高性能液体垫片与自泳漆技术,由上海汽车配件用品流通行业协会轮胎分会组织的上海汽车配件用品流通行业协会轮胎分会技术交流会,由上海金属切削协会举办的现代汽车发展方向论坛等,都在展会现场为展商和观众搭建技术交流及贸易配对的专业平台。

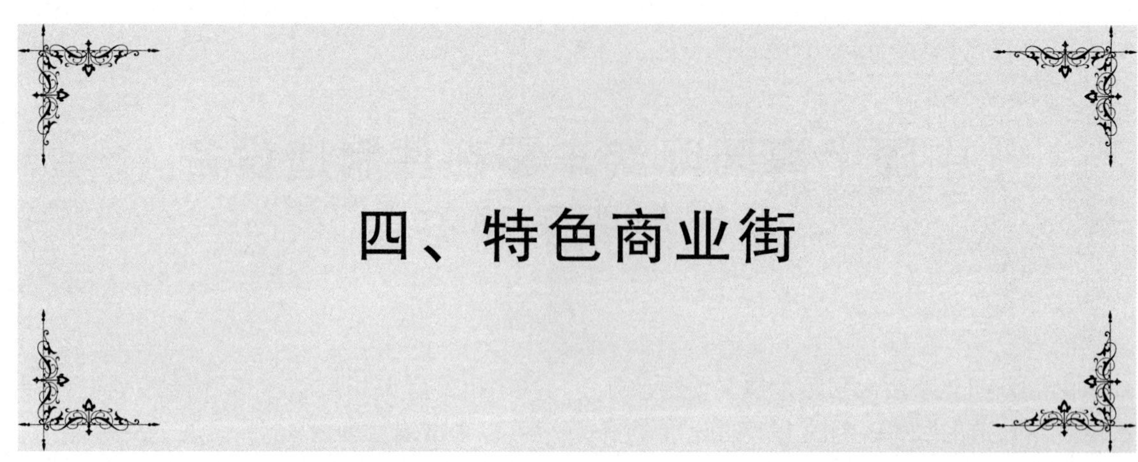

四、特色商业街

特色商业街是在城市商业变迁发展中形成的新亮点，它具有消费功能集聚、经营定位鲜明、专业特色突出等特点。上海特色商业街的建设和推进已经走过了10余年历程，自2007年以来，市商务部门开展市级特色商业街区的推荐命名工作，截至2012年底共命名50条。

现介绍部分特色商业街，以后再继续选登。

滨江大道休闲餐饮街(浦东新区)

滨江大道与浦西外滩隔江相望，东起浦东南路，沿浦江东岸，向南至拾步街，全长2.5公里左右。它是集观光、防洪、绿化、交通及商业服务设施为一体，聚集了防汛墙体、游艇码头、江边大道、彩灯喷泉、亲水平台等景点，被誉为浦东的新外滩。滨江大道具有上海特色的文化底蕴，是一条具有人文特色商业休闲街。站在滨江大道可以尽览浦江两岸风光：浦西外滩26幢风格迥异的建筑是上海二、三十年代历史的见证，而浦东的东方明珠、金茂大厦等现代化建筑则是上海90年代对外开放的见证。两岸矗立的三对建筑格外引人瞩目，分别是浦西外滩的中国银行大楼、汇丰银行大楼、海关大楼和浦东一侧的中银大厦、汇丰大厦、中国海关大楼。它们分别代表了上海过去的辉煌和今天改革开放取得的瞩目成绩。

滨江大道又是一条休闲餐饮街。南滨江段有“星巴克”咖啡、“宝莱纳”餐饮、“哈根达斯”冰淇淋、“许留山”甜品、“冰赞”饮品等，北滨江段有“仙踪林”休闲餐饮、“风雅”寿司料理、“依授桌”特薄匹萨和西班牙风情酒吧餐厅，这些特色的店铺，充分体现了滨江大道的服务性和娱乐性。

老上海裁缝街(浦东新区)

老上海裁缝街位于世纪大道2002号亚太盛汇广场,毗邻地铁二号线科技馆站和上海科技馆下沉式广场。开业于2007年4月,总面积为5180平方米,拥有商户数115家,以传统手工定制服装为特色,主要经营高档西服、旗袍、礼服、唐装、衬衫、婚纱、布艺等。该商业街内集聚了全市范围优秀的成衣定制店铺,按照顾客的需求来设计服装,为顾客提供量身定做服务。在沪上外籍消费者、涉外旅游群体以及周边地区消费者中建立了良好的口碑,逐步形成具有海派人文特色的商业旅游品牌。

新天地休闲娱乐街区(黄浦区)

上海新天地由香港瑞安集团开发,坐落在市中心淮海中路南侧、黄陂南路和马当路之间,比邻黄陂南路地铁站和南北、东西高架路的交汇点。当漫步新天地,仿佛时光倒流,重回老上海。那青砖步行道,那红青相间的清水砖墙,那厚重的乌漆大门以及那雕着巴洛克风格卷涡状山花的门楣,使得游者仿佛置身于20世纪二三十年代的上海。然而,一步跨进每个建筑内部,则又是非常现代和时尚。一大会址就在新天地的旁边。这个"上海最时尚的地方",是上海至今为止露天性做得最好的酒吧区,成为中外游客和本地居民夜生活的经典选择去处。

豫园老街(黄浦区)

豫园老街是典型的仿明清古典建筑,位于豫园商城北端,南连江南名园“豫园”,北与福佑路小商品市场相衔,全长百余米,经营面积合计约430平方米,集聚了近40家富有中国民族风情的特色商铺,涵盖居家用品、工艺礼品、喜庆用品和传统特色商品四大板块。其中既有历史悠久的中华老字号王大隆刀剪、丽云阁扇子,也有全国独一无二的筷子专业店、手杖店等。

老街的“精致”来源于独一无二的历史文化。共包含45只招牌、18对抱柱联,整条街的抱柱联包含劝人为善、恪守祖训、勤奋上进等方面的内容,充分表现了商业文化、民族文化、历史文化和庙宇文化。联与联相接,匾与匾呼应,文采风流,蔚为壮观,自然成景,交织起一个生意盎然的商业文化空间。

老码头餐饮酒吧街(黄浦区)

“老码头”地处浦西十六铺地区黄浦江畔,中山南路505号。原址是上海油脂厂,一期占地25000平方米,共有大小22幢建筑,建筑面积25000平方米。二期(在建)建筑面积为24000平方米。“老码头”分四个部分:北区的精品酒店、仓库秀场区;中部广场区的餐饮、酒吧;南区的创意设计、展示和零售区,以及外马路沿江的老仓库区域。

“老码头”是对有历史价值老厂房、仓库实施保护性开发的典范,通过改造引入休闲、时尚业态企业，将外滩的时尚元素和城市形象功能向南延伸拓展，与隔江相望的小陆家嘴遥相呼应。老码头作为国家级外滩金融延伸带的配套，是黄浦南外滩时尚新品发布的平台，滨江特色餐饮、酒吧休闲街区的平台，都市旅游纪念品展示设计的平台，是上海的时尚新地标！

吴江路休闲街（静安区）

吴江路东起石门一路，西至茂名北路，全长 300 米，以休闲餐饮为特色。总商户 120 家，经营面积 15000 平方米。由多家国际知名设计公司规划，营造休闲时尚氛围。业态以餐饮和服饰为主，吸引大批知名品牌企业入驻，塑造成集交际、餐饮、购物、休闲功能为一体的国际化特色休闲街。

衡山路休闲街（徐汇区）

衡山路作为上海第一条休闲街，“老洋房”建筑集中，历史文化底蕴浓厚。现有商家170多家，其中酒吧近100家，营业面积 35000 平米，在全市休闲街中名列前茅。其中欧登保龄馆是上海最早最大的保龄球馆，红蕃啤酒火锅城，是上海首家火锅店，引领了上海的火锅热。

10 余年来衡山路已接待来自世界各国的休闲者 90 余万人，衡山路休闲街实际上成为一条国际化的休闲街。今日衡山路仍然梧桐掩映，以浓浓的老上海的格调气质吸引着各方宾客，作为徐家汇时尚消费的延续，白领和外国友人的休闲聚集地选择之一，经典依旧。

多伦路文化名人街(虹口区)

多伦路位于虹口区中部,南傍四川北路商业街,北邻鲁迅公园,背靠轻轨3号线,全长550米,呈L走向。多伦路于1943年10月1日由当时的上海国民政府以今内蒙古自治区多伦县命名。多伦路及周边地区人文荟萃,鲁迅、郭沫若、叶圣陶等文学巨匠及丁玲、柔石等左联作家的文学活动,铸成了多伦路成为近代中国文化史上浓墨重彩的一笔。

除了名人故居遗址外,多伦路上还有许多小型私人收藏博物馆。包括筷子博物馆、目前亚洲最大的一家古钱币展览馆、南京钟博物馆、文风奇石藏馆等,而给这些店铺的牌匾题名的几乎都是文化名人。

1999年10月22日,多伦路正式开街,定位是"名人故居、海上旧里、文博街市、休闲社区",形成了文博、古玩特色的商业街。左联遗址纪念馆、老电影咖啡馆和多伦现代美术馆是多伦路三张耀眼的名片。而沿街近百家收藏馆、字画店、玉器斋、奇石轩中展示着传统与现代交融,多伦路文化名人街目前经营面积总量约为6200平方米,总商户数约为116家,其中特色商户总数约为70家。

上海老外街(闵行区)

上海老外街位于虹梅路3338弄,西起虹梅路,东至虹许路,全街长约480米,占地面积约7500平方米。旧址是上海虹桥机场徐虹支线的101专线停靠站。2001年,在原铁路路基上动工建造,2002年4月19日起老外街正式对外营业。在开街10年的时间里,共接待海内外游客600多万人次。老外街是一条以幽雅安静的氛围为背景,以现代欧美风格为特色，融合国际多元文化的特色商业街，是展示各国餐饮美食文化及风俗民情的窗口。

老外街首创把十几个国度的风味餐馆浓缩到一条街上。自开街以来，老外街的业态在发展中不断完善，其中中餐主要有上海菜、皖南菜、新疆菜、西北菜和潮汕菜等菜系的餐厅6家，国外餐饮主要有日本、泰国、印度、伊朗、墨西哥、美国、加拿大、比利时、德国、意大利、法国、西班牙、荷兰等13个国家的主题餐厅与酒吧23家。目前外籍人士开设的餐厅及外籍人士所占消费人群比例均达到70%以上。在这里，你可以品尝不同国家的正宗风味美食，老外街已经成为名副其实的“美食联合国”。

七宝老街（闵行区）

七宝老街位于闵行区七宝镇，主要街道垂直于蒲汇塘，由蒲汇塘分为南、北大街，长约360米，占地约86亩。老街所在区域为古七宝镇，有史可据已逾千年，初见于后汉，形成于北宋，因棉纺织业的发展鼎盛于明清，为上海西南重镇。数千年来，七宝老街逐渐形成了以南北大街为中轴线的非字形格局，蒲汇塘则贯穿东西，主要商业街与主河道成十字形。

老街分为南北两大街，步入老街，从其布局、建筑到人文内涵都会让人感到进入了一个新而又古朴的文化氛围之中。南大街以特色小吃为主，北大街以旅游工艺品、古玩、字画为主，老街已经形成在历史风貌街区内，经营传统餐饮、小吃为主的观光、娱乐、休闲、购物区域。其商业经营的特色是在古意今韵的江南古镇格局与建筑中突现出以本帮菜、农家风味菜、羊肉方糕、南北风味小吃等土特产所组成的七宝老街传统餐饮文化。特色店铺有七宝老饭店、天香楼、老街食坊等。成为集“休闲、旅游、购物”为一体的繁华街市。

朱家角镇北大街（青浦区）

朱家角镇位于淀山湖畔，是中国历史文化名镇。古镇九条老街依水旁河，千余栋民

宅临河而建,其中著名的北大街,又称"一线街",是上海市郊保存最完整的明清建筑一条街,东起放生桥,西至城隍庙桥,全长400米,总商户160家,经营面积6000平方米,以明清老街上粽子店、餐饮小吃、工艺品为特色。百年老店"涵大隆酱园"、百年饭店"茂苏馆"兴盛不衰,沪郊最大"古镇老茶馆"座无虚席。

南翔老街(嘉定区)

南翔老街位于千年古镇南翔镇,由镇中心的共和街和人民街相连而成,全长440米,总营业面积达6200多平方米。老街的建设总体上按照西部、东部和中部三个片区进行划分。西部以千年古刹留云禅寺(又称云翔寺)为主体,重点展示中国风格的各类手工艺。按照中国书画、刺绣、陶艺、铁艺、珠宝加工、蜡染、织布等内容进行合理布局,在展示手工艺品的同时通过现场生产、表演的形式让更多的人领略中国传统手工艺的精髓。东部按照展示风格的不同区分为欧洲街、亚洲街、非洲街、美洲街,主要展示世界各国的手工艺风情,例如奥地利的水晶玻璃、捷克的车工玻璃、意大利的皮件、瑞士的钟表等,通过国外传统工艺的现场表演和影像资料的介绍,使参观者在旅游、购物的同时,更好地了解世界各地民俗风情。中部以园林宾馆和饮食街为主,展示各国传统美食小吃,既有效衔接的东西两个区域不同的风格,又充分考虑了旅游者的实际需求。

中山二路服装服饰街(松江区)

松江区中山二路位于松江老城区的中心,东与谷阳北路相通,西连人民北路。周边有龙潭小区、凤凰小区、黑鱼弄小区、樟馨家园、人乐小区和松石苑等居民区,购物方便,

各类配套设施齐全，道路两侧绿树成荫，环境极佳。中山二路中段（人民路－新桥街，约长500公尺）于1998年底实施改造，2001年5月竣工。总投资2.5亿元，新建商业门店74间，商品住宅1000余套，总建筑面积113000平方米。改造后的中山二路，经过业态的调整，现在主干道两侧集聚58家服装服饰店，各类品牌服装、专卖店等种类齐全、规格众多，经营和管理规范，市场秩序良好，商户服务规范，文明经商，诚实守信，无假冒伪劣商品，在松江地区具有较高的知名度，并有逐步向周边辐射之势。2009年被评为上海市特色商业街。

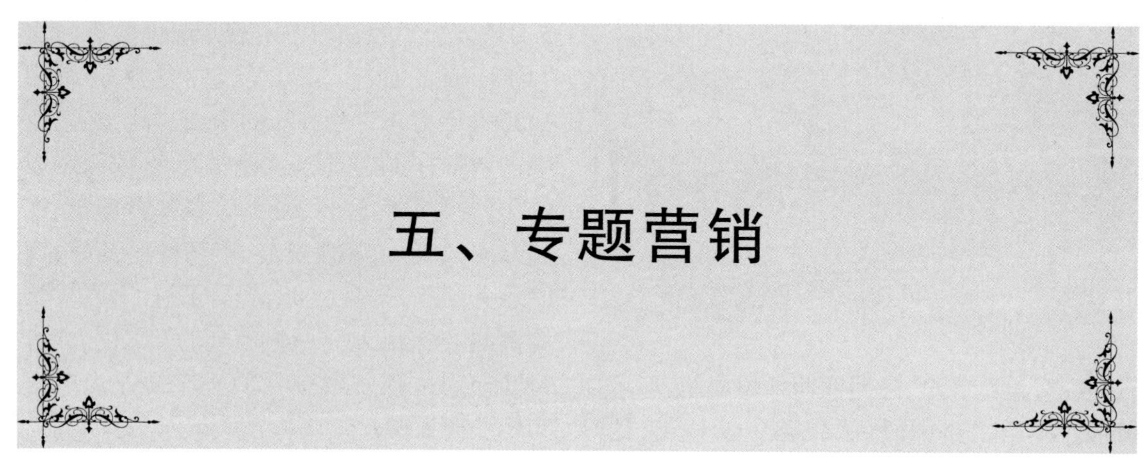

五、专题营销

光明食品节

9月27日—11月22日，光明食品集团在上海举办2012光明食品节。以“创享光明新味来”为主题，组织开展了食品包装创意设计大赛、食品产业发展论坛、光明食品系列品牌周、法国波尔多红葡萄酒品鉴、消费者现场参观大米蔬菜生猪生产基地等系列活动。

2012光明食品节开幕式起动仪式

历时近2个月的2012光明食品节，突破以往办节模式，突出创新。通过举办首届“光明食品杯”中国之星食品包装创意设计大赛、中国食品产业论坛等活动，提升食品行业创新能力。光明食品集团在第一食品商店开展的旅游食品、光明乳业、梅林股份、光明米业、上海茶叶、金枫酒业等6大系列品牌周活动，光明米业的新大米、梅林罐头新品、大白兔糖果等新品被抢购一空；现场品尝光明新米寿司、爱森红烧肉、茶艺表演、黄酒品鉴、包装人互动等体验式活动，受到消费者欢迎。

在光明食品节期间，推出光明丰收节，近2万名市民驱车前往光明米业崇明基地参观体验；首届光明蔬菜节，有2.3万余名消费者到都市菜园参观互动；先后组织400人次消费者，到光明集团旗下的米业、蔬菜、爱森肉食品、石库门黄酒等生产基地和奶牛博物馆参观。

上海汽车文化节

4月15日—5月5日,2012年上海汽车文化节在嘉定举办。本届汽车文化节为期21天,共有8家单位参与和指导活动项目的举办。通过开幕式、汽车赛事、旅游休闲、商务推介和文化艺术共五大板块13项活动,充分演绎了“欢乐激情·驶向未来”的节庆主题,成为市民游客观摩汽车赛事、参与互动项目、体验汽车时尚的欢乐平台。

4月13－14日,2012上海汽车文化节“看F1、游嘉定”汽车文化主题体验之旅活动在上海国际赛车场举行。本次活动是汽车文化节的配套项目之一,游客通过赏玩嘉定景点、观看F1赛事,感受嘉定深厚的文化底蕴和动感F1的疾速时尚。活动的举办进一步扩大市民游客的参与度、提升嘉定旅游的知名度、树立嘉定城市的品牌形象,让车迷和汽车文化爱好者在嘉定体验欢乐激情和休闲时尚。活动吸引了汽车爱好者、商务团队、媒体记者等共2850人参加。

由陆航科技公司和北大青鸟音乐集团共同举办的首届上海青鸟音乐节于4月13、14日在汽车会展中心举办,崔健、汪峰、山人乐队和HAYA乐队等知名艺人和演出团体亮相汽车城,两天的音乐节吸引观众近2万人次,成为汽车文化节和F1赛事期间的一大文化旅游亮点。

引进《旅游时报》长三角摄影总汇参与2012上海汽车文化节,通过网络参赛方式,开展“动感穿越千年”汽车文化主题摄影比赛,吸引百余名摄影专家和爱好者来嘉定摄影采风,用镜头记录汽车嘉定、古韵嘉定和田园嘉定。历时1个月共收到215名参赛者的2054幅参赛作品,2万余人次点击浏览了嘉定经济和社会发展的丰硕成果。

本届上海汽车文化节圆满结束,并达得预期目的,成果硕硕。

上海时装周

2012上海时装周秋冬作品发布以“灵感汇聚上海,梦想超越未来”为主题,于4月11—17日精彩上演。作为上海时装周战略合作伙伴和定点发布基地,上海新天地与新天地

2012 上海时装周发布场馆

时尚购物中心在上海新天地·太平湖公园首次搭建沪上第一个水上专业秀场，举办近20场中外品牌发布会，完美演绎最新时尚潮流趋势。在新天地时尚购物中心B1中庭设置"时装周设计师品牌限定馆"，通过展销结合方式，实现原创设计与市场的零距离接轨。

2013上海时装周春夏作品发布于10月18—24日举行。上海潮流时尚地标——新天地太平湖公园搭建起一大一小两个T台，首创水上"双子星"秀场，共举办37场作品发布会，这也是上海时装周自2003年举办以来规模最大的一次作品发布活动。吉承、华娟、王庆峰、李鸿雁、廖晓玲、詹文舒、张雷等中国本土设计师一一登场，为大家演绎个人品牌的最新作品，成为时装周中最大的闪光点。

上 海 酒 节

作为2012上海购物节的重头戏，以"酒品世界，美好人生"为主题的"2012第八届上海酒节"于9月19日在虹口区盛大开幕。本届开幕式融汇历届酒节的经验，突破传统固有的举办模式，国际元素、科技元素为本届上海酒节的开幕式带来中西文化与虹口都市风采为一体的新格调。

开幕式上，市委常委、副市长艾宝俊，国家商务部内贸专家委员会主任黄海，市人大常委会副主任胡延照，市政府副秘书长肖贵玉，国家商务部市场运行和消费促进司副司长路政闽等领导出席。国家商务部副司长路政闽与市政府副秘书长肖贵玉共同为上海国际酒类现代商贸服务功能区揭牌，标志着功能区这一国家商务部与上海市人民政府的合作项目正式在虹口落实落地。

随后，虹口区内的重点企业、功能区酒品贸易服务平台的重要组成部分——上海国际酒业交易中心与法国五大名庄之一的奥比昂酒庄、世界上最古老的波特酒酒庄葡萄牙科

普克酒庄签订了Chateau Haut - Brion 2011、Kopke Colheita 1967 Porto酒品发行协议。强强联手的合作不仅加强了上海国际酒业交易中心的行业影响力，拓展了服务领域，也大大增强了功能区通过与国内外知名酒庄、酒企的沟通互动。

本届酒节得到了海内外众多酒商酒企的热烈响应，通过"上海酒节"这一酒类商贸平台，全方位的展示酒商酒企的品牌形象与文化底蕴。除了重量级的领导和贵宾外，开幕式上，由参展酒商组成的来宾队伍也是一大亮点，特别是贵州茅台集团、保乐力加（中

国)有限公司、泸州老窖股份有限公司、五粮液集团、上海卡斯特酒业有限公司、法国奥比昂一级酒庄、葡萄牙国宝级波特酒庄等国内外知名酒厂、酒庄负责人均莅临现场,对“上海酒节”这一为酒商酒企服务的平台表示了大力支持和感谢。

纵观本届开幕式现场,拿着酒杯的人体雕塑,唱着高亢澎湃的《祝酒歌》,以虹口和上海标志性建筑为形状的历届酒节回顾展板,会场背后精心布置的品酒区和调酒师表演,各处的设计都极具创意和信息,并饱含着“酒”的元素,让人流连忘返。

奉贤菜花节

奉贤菜花节于 2013 年 3 月 29 日在奉贤区庄行拉开帷幕。菜花节为期两周,共接待游客 45 万人次,拉动各类消费 2000 多万元。

菜花节以多样的形式、独特的视野,多方位、全角度的展现整个奉贤春天的美景。期间,金色花海、魅力乡村、原味乡村、全区联动等四大主题活动让人们更直观、更深刻的领略奉贤人民的热情好客与民风习俗。

菜花节开幕式在庄行镇主舞台上演,游客既可以在田间迷宫内悠闲穿行,又可以把田头公园当作摄影的绝佳场景。互动体验也是整个菜花节的重头戏。游客们或坐在田园茶吧里,沏一壶热腾腾的茶水,点一份纯正的农家点心,或亲手采摘新鲜果蔬,或户外垂钓,体验农活乐趣。花米农庄乡村戏台和金色观光大道不定时有民间艺术团队演出,人们还可以在现场看阿婆经布、织布,现场参观体验庄行土布贴画等手工制品。今年首次亮相的民俗风情,以庄行历史、民俗、文化为展示内容,兼具互动体验,让游客驻足参观、体验、休息。方糕、粽子、青团、烧饼等富有庄行特色的农家点心,在一群巧手阿婆的精心制作下新鲜出炉。

与此同时,海湾国家森林公园有踏青骑游、草坪野餐、文化欣赏、森林骑马、水上森林畅游、与百鸟同乐、品茶论道、品味农家菜、森林烧烤、森林卡丁等活动;都市菜园、申亚瑞地怡园、玉穗绿苑各自推出新奇蔬果欣赏、农家菜品尝、体验采摘乐趣、草坪欢乐野餐、真人 CS、野外拓展训练、采挖野菜、风筝放飞等活动;万佛阁、二严寺、东海观音寺、包畹蓉京剧服饰馆、古华园等则主打各具特色的文化旅游产品。

崇明森林旅游节

2012年9月20日，由上海市旅游局、崇明县人民政府共同主办的2012上海崇明森林旅游节在东平国家森林公园开幕。本届崇明森林旅游节开幕式首次与第十五届崇明文化艺术节开幕式合并举办，通过大型原创舞台情景诗画剧“风瀛洲”，充分展示崇明本土文化魅力和生态休闲旅游内涵。整台演出由《序》、《造之梦》、《拓之魂》、《浩之歌》、《谐之美》、《尾声》等六个篇章构成，剧情再现崇明人民风雨迁徙、围海造田、男耕女织、抗击倭寇、迎新嫁娶等景像，以及新时期的生态文明，全方位展示崇明1300多年的历史文化与生态岛的和谐之美。

本届崇明森林旅游节推出文旅融合、生态美食、休闲运动、激情狂欢四大版块，包括第四届“畅游中国·创意旅游”峰尚大典、瀛洲新八景评选、崇明旅游纪念品评选、“南江风韵杯”崇明县灶花艺术节、2012中国上海绿华蟋蟀团体争霸赛、上海(崇明)芦穄节、上海(崇明)明珠湖鱼鲜节、2012崇明森林烧烤露营嘉年华、2012崇明特色菜肴大奖赛、2012上海崇明柑桔节、2012前卫金秋生态文化旅游节暨崇明米酒节、2012(首届)横沙岛自行车骑游大会、第二届崇明海岛篝火音乐节、2012牛棚港艺术涂牛节等25项主题活动。

2012上海崇明森林旅游节
暨第十五届崇明文化艺术节起动仪式

本届森林旅游节10月30日闭幕，为期40天。活动期间共接待游客80万人次，实现旅游直接收入8800万元。同比分别增长16.28%和17.1%。

松江购物节

2012年4月，松江区消费促进月活动举办，推出了“购物秀”和“健康饮食、实惠消费”等主题活动。据统计，活动期间开元地中海商业广场实现营业额4900万元，比上年增长39%；市百一店实现营业额1133万元，比上年增长40.05%。7月12日晚，2012松江第四届青岛啤酒节在上海大学生体育中心南侧广场开幕。活动历时11天，参与市民共

计4万多人次,每天喝掉近3—4吨啤酒。9月17日晚,2012年松江购物节活动在开元地中海商业广场拉开帷幕。活动分四大篇章30项主题活动,内容涵盖购物、美食、休闲、娱乐等方面,参与商业企业、行业协会达到30多家,门店数200多家。据统计,活动期间24家参与企业共实现销售收入5.49亿元,同比增长8.50%。松江区商旅委连续第四年荣获上海购物节"银联杯"营销大赛最佳组织奖。

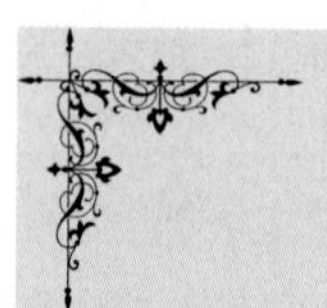

六、“老字号”与知名企业

上海恒源祥家用纺织品有限公司

上海恒源祥家用纺织品有限公司是中华老字号恒源祥集团的四大产业之一。成立以来，公司始终坚持为消费者构建舒适、自然、温暖、有趣的感官睡眠新体验，并以搭建全球首个聚焦于研究感官体验和舒适睡眠的资源平台为契机，发展成拥有天然纤维制品、改良性纤维制品、自主知识产权三大类产品，及相关延伸产品的综合居室用品企业。

截至2011年，千余家恒源祥家纺零售终端遍布全国绝大部分省、市、自治区。多次荣获中国家纺行业十大影响力品牌、中国家纺行业十大文化品牌、2009年羊毛被中国市场同类商品市场信誉度综合评价第一位、全国大型零售企业十大创新贡献品牌、全国大型零售企业十大最佳美誉度品牌等殊荣，拥有广泛知名度以及深厚的群众基础。

永安百货有限公司

永安百货有限公司是百联集团的下属企业。公司创建于1918年，历经上海永安公司、上海第十百货商店、上海华联商厦，2005年翻牌为永安百货有限公司。

永安百货坐落被誉为“中华商业第一街”的上海南京路。六个营业楼面，是以“经典百货”为经营理念，以经营个性化、品牌化、特色化的中高档服饰类商品为主的经典百货商店。经多年努力，公司成为市级零售商店中唯一连续十二届获“上海市文明单位”称号，连续10年获得上海市和全国“物价、计量、质量、服务”四个“信得过”荣誉的单位。

永安百货以典雅的建筑、高雅的环境、优雅的服务，全力打造具有深厚历史底蕴与独特文化，集购物、餐饮、休闲于一体的经典百货。公司定位于中高档特色化品牌经营与综合性功能开发，拥有钟表、服装、化妆品与黄金珠宝等特色商品大类。并在一楼引进星巴克咖啡，四楼、五楼引进永安鲜墙房餐饮。

上海蔡同德药业有限公司

上海蔡同德药业有限公司（以下简称公司）集生产、供应、销售、医疗“四位”于一体，经营各类中药材、中成药、西药、参茸滋补品、营养保健品、医疗器械等5000余种。公司旗下有蔡同德堂药号、群力草药店、蔡同德药品连锁有限公司、蔡同德药业有限公司批发部、蔡同德保健品经营部、蔡同德堂中药制药厂和吴江上海蔡同德堂中药饮片有限公司等名优企业，并拥有全国独一无二的“蔡同德堂”和具有自主知识产权的“群力”两大著名品牌。长期以来秉承“诚信经商，优质服务"的理念,依法开展各项经营管理活动,全面加强药品质量管理,确保人民群众用药安全有效。

上海蔡同德堂药号坐落在繁华的南京路上,创始于清光绪八年(1882 年)。是首批中华老字号企业之一,荣获全国名牌商业企业和上海市著名商标等称号。主营名贵参茸、冬虫夏草、补膏补酒、道地药材、精制饮片、丸散膏丹、中西成药和医疗器械以及各类保健品化妆品。商店开设"蔡同德堂中医门诊部",聘请上海具备主任级以上职称的中医师签约服务。

上海群力草药店地处金陵东路 396 号,是一家以诊疗癌症、疑难杂症为特色的中华老字号企业,享有"沪上草药第一家"的美誉。经销中草药 1000 余种、中成药 700 余种。商店首创"中草药配方组合化",获 1998 年上海市标准化科技成果二等奖。曾荣获三大服务品牌:"全国商业职业明星"、"上海市商业先进集体"和"上海市巾帼文明岗"。

上海蔡同德堂中药制药厂坐落普陀区真南路 896 号。药厂拥有的先进生产设备,在上海药厂中处于领先地位。产品中已有片剂、颗粒剂、糖浆剂、胶囊剂等四个剂型生产加工项目通过了 GMP 认证,拥有"蔡"字丹参片等传统特色产品 20 余种,产品质量均达到药典标准,部分产品质量指标超过市场同类产品。

吴江蔡同德中药饮片有限公司生产经营品种达到 1200 余种中药饮片,基本覆盖常规的中药临床用药,并与国内多家药品生产企业、经营企业及医疗单位建立业务关系。

上海蔡同德药品连锁有限公司建立于 2003 年 4 月,目前属下共 12 家药品零售商店。其中包括童涵春堂国药号(北号)、胡庆余堂国药号等百年老店。连锁公司实施"统一标识品牌、统一质量服务、统一进货配置、统一商品价格、统一格局包装、统一计划核算"的经营特色,以中药饮片、参茸、中成药、保健品及西药等为重点,经营品种齐全,还汇集国内名、特、优、新中药品种上万种。

上海友谊南方商城有限公司

上海友谊南方商城(百联南方购物中心)位于闵行区沪闵路,是一家集购物、餐饮、休闲、娱乐为一体的大型综合性商业零售企业。

老楼(购物中心)建筑面积 8 万余平米。地上 5 层经营业态除了包括友谊百货(大众百货商店)、家乐福超市以外,还有以集约化、规模化、个性化方式经营的餐饮城、娱乐城、家电城、电脑城、童品城、眼镜城、黄金珠宝城、化妆品城、滋补品城、手表城,以及社区服务一条街和咖啡西点冰饮一条街等"十城两街"。

新楼(友谊商城)建筑面积近 7 万平米。其中 1—5 层为经营中高档百货的南方友谊商城,6—9 层为苏浙汇、好乐迪、世纪友谊影城以及 Office 等高档餐饮、娱乐、办公场所,地下 2 层为停车场。

百联奥特莱斯广场

百联奥特莱斯广场(上海·青浦)是以销售国际、国内著名品牌折扣商品为主,集购物、休闲和旅游为一体,体现国际化、现代化、时尚化的大型购物广场,坚持"真品、真价、真情"的经营理念,秉着"品牌是经营之魂,折扣是经营之道,服务是经营之本"的文化理念,吸引着广大消费者慕名而来。

广场内按经营功能分为 3 大区块,拥有 300 余家商铺,400 多个品牌。主要经营国际一、二线服饰品牌、国际知名运动休闲品牌以及国内著名品牌的折扣商品。

通过不断努力,广场内国际品牌汇聚度之高已跻身同行前列,公司各项经营指标名列上海零售百货行业前茅。先后荣获"全国五一劳动奖状"、"上海市精神文明单位"、"上海市模范集体""、上海商业优质服务先进集体"等多项荣誉证书。

大泽铜业有限公司

大泽铜业有限公司于2006年湖北省大冶市注册设立。公司主营业务是销售黑色金属、有色金属、有色金属深加工、矿产品及货物进出口等业务。一直为湖北省和大冶市重合同守信用企业。2009年11月迁入上海。

大泽公司产品行销国内20多个省市及欧美等国家,已经形成了长期稳定、十分成熟的商业营运模式。经过多年的国际贸易业务拓展,公司与美国杰德金属公司、荷兰托克公司、必和必拓公司、海洋伙伴英国公司、格兰瑞集团等跨国大公司建立了良好的业务合作关系。

立足上海,面向世界。大泽公司入户上海浦东,目标是充分发挥公司在国内国际现有的资源和市场优势,依托和对接上海国际化大都市的平台,进一步拓展公司的发展空间,做大做强,为打造一个高知名度、高美誉度的国际化大泽夯实基础。公司业务现有相当部分长期单合同达到10年之久,这些业务为公司的可持续发展提供了活力。

日一新国际货运代理(上海)有限公司

日一新国际货运代理(上海)有限公司,是日本日立集团旗下日立物流公司的子公司日新运输株式会社于2006年11月在中国设立的首批外资独资物流公司。日一新是集海空运一体的国际货运代理、报关、报检、仓储以及综合物流加工和贸易代理为一体的现代国际物流公司。特别中日航线的一贯多式联运、服装整理等流通加工业务和保税物流业务是公司的推介项目。结合母公司的优势,公司的服务网点遍布日本各大港口及宁波、南通、深圳、香港、青岛、大连、天津、北京等中国各大沿海城市。

公司具有商务部批准的一级货运代理企业资格证书;是交通部批准的无船承运人:MOC－NV02169;获2009国家质量管理体系认证:GB/T19001－2008—ISO9001:2008。是上海市国际货运代理行业协会常务理事单位。

上海商业储运有限公司

上海商业储运有限公司始建于1952年。是中国最大流通产业集团百联集团旗下第三方物流服务企业。拥有分(子)公司等分支经营机构8家。2010年公司主营业务收入达到1.4亿元。

商储公司以专业化、规模化的第三方物流企业形象跻身于行业前列。所属23个物流运作基地分布在上海各区,基地内配有完备的库房、货架、装卸设备、运输车辆等,能应对复杂的物流运作要求。经营仓储面积在30万平米以上,运输配送范围覆盖长三角地区及全国主要城市。

完善的服务网络、高标准资源设施、专业化信息系统、先进服务理念和优秀服务团队,铸造了科学高效的内部管理与客户服务体系。2006年度被国家物流企业综合评估委员会评为4A级物流企业,2008年曾获"中国四星级仓库"称号,曾连获12届上海市"文明单位"的称号。

黑崎播磨(上海)企业管理有限公司

黑崎播磨(上海)企业管理有限公司是日本黑崎播磨株式会社中国地区总部。黑崎播磨株式会社是世界著名的耐火材料制造与销售企业，为扩展中国市场，从1995年至今，已在中国投资设立13家企业。黑崎播磨（上海）企业管理有限公司作为黑崎播磨集团在中国唯一的营销窗口与管理中心，凭借黑崎播磨集团强大的产品研发能力与雄厚的技术实力，以实现最高境界的顾客价值为目标，为中国客户提供高质量的耐火材料产品与专业的技术服务。

上海钢联电子商务股份有限公司

上海钢联电子商务股份有限公司（SZ300226）是我国领先的大宗商品行业商业信息、数据研究及电子商务服务提供商。

公司作为独立的、第三方的市场观察者、数据采集者，依托遍布全国的信息采集网络，面向市场直接采集一手的信息，建立起完善的信息采集体系。公司提供钢铁、有色金属、矿石、煤炭、石油以及化工等工业原材料类大宗商品的基准交易报价、产能产线数据、消费需求数据、社会库存数据等资讯，以客观、公正、及时享誉业界。所发布的价格行情已成为行业内企业决策参考、上下游价格结算参考的重要依据。

在基准报价基础上，公司编制的各类商品价格指数，被国内外的商品交易所、银行、证券基金、投行、相关媒体、相关研究机构广泛使用。公司与全球最大衍生品交易所芝加哥商品交易所集团（CME Group）的合作诞生了全球首个以中国钢铁价格指数为交割基准价的期货合约。

中储粮（上海）米业有限责任公司

中储粮（上海）米业有限责任公司是中国储备粮管理总公司投资建设的大型现代化大米加工企业，规划年产大米36万吨，年产米糠4万吨，统糠7万吨。目前，一期年产18万吨现代化大米加工生产线已建成并竣工投产。并拥有铁路专用线、万吨级货轮码头和稻谷专用立筒仓，优良的物流条件，为公司全天候自动化作业提供保证。

上海米业公司拥有一流的大米加工生产体系，并依托中储粮系统庞大的粮源供给体系，拥有东三省和苏北地区高品质粳稻直供原粮基地、糙米加工生产基地，及以市场为导向的“订单农业”，为生产出品质稳定、安全可靠的大米提供强有力的支撑。

上海米业公司将以“维护农民利益、维护粮食市场稳定、维护国家粮食安全”为企业宗旨，努力成为维护成品粮市场稳定的重要力量。

上海西门子医疗器械有限公司

上海西门子医疗器械有限公司（SSME）成立于1992年。是西门子医疗业务领域在亚太地区最大的研发和制造中心。公司致力于计算机断层扫描诊断设备（CT）、X光诊断设备和相关医疗零部件的研发生产，以及相关客户服务。是上海市最大的医疗器械研发制造企业之一，连续两次被上海市政府授予“高新技术企业”称号。

公司位于上海国际医学园区，占地面积10万平方米，总投资3亿多元。近年来，公司不断加大研发力量的投入，相继为中国及全球医疗用户研发并推出单排、双排、16排到最新的64排（128层）螺旋CT，以及数字X射线成像系统、数字胃肠机、数字血管机、骨科C臂等多种X光影像设备。

上海市商业学校

上海市商业学校创办于1960年，是首批国家级重点中专、国家中等职业教育改革发展建设示范校、上海市会计中高职贯通学校、上海市文明单位。学校坚持以创建现代化、国际化的品牌职业学校为目标,坚持以学生为本,倡导为学生提供完美教学、管理、服务的理念,坚持"诚信、沟通、合作、双赢"的校园文化。

学校名师荟萃,中高级职称教师占专职教师总数的90.48%。现拥有2名国家级学科专家、1名中国职业院校教学名师、3名上海市职教名师,以及10多名市级学科带头人,还拥有相当数量的双师型教师和双语教师。学校紧追时代的需求设置专业,开设3个重点专业:会计、商务英语、美容美发与形象设计。还采用灵活多样的办学模式,瞄准国际职业教育的前沿,设立3个中外合作专业。学校致力于创新科研,积极推动课程改革,努力打造品牌学校、品牌专业、品牌教师、品牌学生。

上海乐农超市有限公司

上海乐农超市有限公司成立于2008年8月。属南汇供销合作总社全资企业,是商务部"万村千乡市场工程"、中华全国供销合作总社"新网工程"承办企业。曾获全国供销合作社系统先进集体、上海市场诚信经营五星级单位、浦东新区文明单位等荣誉。

公司以提升网络覆盖率、商品配送率、管理服务能力、品牌美誉度为目标,努力践行为农为民服务宗旨,兼顾社会效益与经济效益。配送中心经营糖酒、茶叶、调味品、小百货等1000多种商品,承担系统内外500多家商业网点日用品的批发配送业务,并不断向社区商业、社会网点延伸。公司连锁网点达235家,覆盖浦东南片90%以上的行政村,居上海市郊供销系统前列。网络年销售额逾2亿元,为保障村居民安全、放心、便利、实惠消费做出积极贡献。

无印良品(上海)商业有限公司

"无印良品(MUJI)"创始于日本,其本意是"没有商标与优质"。1980年,世界经济陷入低迷,日本也遭遇严重能源危机。当时消费市场要求商品品质好,且价格从优,于是"无品牌"概念在日本诞生。当年,木内正夫创办"无印良品"公司,向市场推出了第一批无品牌产品。口号是"物有所值"。1983年,无印良品在东京青山开设第一家旗舰店。由于大受消费者的肯定,几年内在日本就有了上百家专卖店。1991年,无印良品在伦敦开设第一家海外专卖店,此后陆续进入法国、瑞典、意大利、挪威、爱尔兰等国家,2005年7月,其上海专卖店正式开业。

无印良品的最大特点之一是极简。产品没有商标,省去不必要的设计,去除一切不必要加工和颜色,简单到只剩下素材和功能本身。大多数产品的主色调都是白色、米色、蓝色或黑色。

在商品开发中,无印良品对设计、原材料、价格都制定了严格的规定。例如服装无论当年的流行色多么受欢迎,也决不超出设计原则去开发商品。无印良品以平实的价格将还原商品价值的真实意义,并在似有若无的设计中,将产品升华至文化层面。无印良品的产品种类已达到6000种左右,国际著名的财经杂志《福布斯》,曾经将它评为全球最佳中型企业。

和通汽车投资有限公司(和泰集团)

和泰集团在台湾以代理销售日本丰田汽车TOYOTA小轿车及日本日野汽车HINO大型客货车起家;自2002年起,市占率连续多年均蝉联台湾车市第一名,J. D. POWER顾客满意度调查也一直名列前茅。和泰集团以"顾客第一"为主要经营理念,关联企业包括汽车制造、二手车事业、汽车租赁、分期及汽车用品等,是满足顾客用车需求的全方位汽车集团。

和泰集团大陆事业布局,以高标准软硬件的作业与高素质人才的结合,从事整车销售与维修服务的一汽丰田(上海和裕店)、广汽丰田(上海和展店)、雷克萨斯(上海和凌店)、丰田叉车4S(上海和乾店),以上海为主要发源地,放射状网络发展紧密连结天津、北京、重庆、唐山、枣庄、临沂、晋中、泰州与南昌等城市。专职汽车与机器设备租赁服务的和运国际租赁与专职汽车用品开发及安装的凯美士则以上海、广州及其它外围城市为主。

上海企德货展设备有限公司

上海企德货展设备有限公司成立于2005年。拥有2.6万平方米、设备75台套、员工130人的生产基地,是一家集产品研发、生产、销售、店铺装饰服务于一体的大中型商业道具生产制造及服务企业。其产品有各类商场货架、精品展示柜、专业展架(香水架、铁架、手表架、眼镜架)收银台、陈列柜台、展台(化妆台,酒台)、特价台及配套设备。为客户提供品牌商品空间及道具设计、装潢、安装、服务的完整价值链服务。

公司合作伙伴包括法国欧莱雅、欧舒丹、老佛爷、芝华士、瑞士雷蒙威等国内外高端品牌,产品销往中国香港、日本和欧洲市场。

上海凯宝药业股份有限公司

上海凯宝药业股份有限公司成立于2000年,是一家主要从事中成药生产的现代化制药企业。属国家现代中药高科技产业化示范项目基地,为上海市高新技术企业、上海市生物医药重点企业。是国内首家通过新版GMP(2010版)认证的中药注射剂企业。

上海凯宝秉承"诚信做药、良药救人"的理念,公司历经8年开发的具有自主知识产权的中药制剂痰热清注射液,以其先进的工艺技术、确切的疗效、优异的质量、极高的安全性,在近些年"非典、"人禽流感"、"甲型H1N1流感"、"手足口病"等重大疫情中,均被国家卫生部和中医药管理局列为临床用药指南,被国家发改委列为"流感防治中成药储备用药"。此药被评为呼吸系统疾病类中药十强第一名,成为国家战略储备药品,形成了产品强大的核心竞争力。公司已拥有8项国家发明专利,已经受理的发明专利8项。

公司还拥有其他中西医产品20个,包括治疗高血压的专利产品缓控释制剂卡托普利缓释片、治疗糖尿病的国家一类新药盐酸吡格列酮片、治疗哮喘的特效药多索茶碱胶囊等。

在2011年中药行业年度峰会上,公司被评为中药工业企业主营业务收入百强第四十四名,中药成长型企业十强第七名;公司位列上海市2011年私营企业和非国有控股企业纳税排名五十九位,上海奉贤区纳税排名第四位。

上海奉浦生产性服务业功能区有限公司

上海奉浦生产性服务业功能区(原名:上海丽洲生产性服务业功能区)成立于2009年6月。是上海市经济和信息化委员会认定的上海首批19家生产性服务业功能区之一。获批时面积为7公顷。2010年5月正式成立上海奉浦生产性服务业功能区有限公司。为更好地体现上海市"创新驱动、转型发展"的总体要求,2011年6月,上海市工业综合开发区为加大生产性服务业(2.5产业)建设规模,参股并控股奉浦生产性服务业功能区有限公司,确立未来2.5产业新的发展方向。开发区将以奉浦功能区的项目示范引领区内制造企业转型并创建新的产业模式,并规划在奉浦大道以北、大叶公路以南的环城东路两侧组织生产性服务业企业的集聚。在市有关部门对沿线企业闲置土地进行重新规划后实施开发,同时,对企业旧厂房进行改造,努力使功能区成为奉贤区新型服务业标兵。

上海又一城购物中心有限公司

又一城购物中心于2007年4月26日正式营业。又一城是上海五角场地区的标志性建筑,总建筑面积127281平方米,坐拥地面9层与地下3层。是集购物、餐饮、文化、娱乐、健身、美容等服务功能于一体的大型购物中心。又一城购物中心以追求高质量生活品质、具有国际化消费理念和较高消费能力的职场人士和时尚群体为目标消费群。以高雅、时尚经营为特色,荟萃了2000余种国际国内的知名品牌、经营进口食品的新世纪食品城以及远近闻名的特色餐饮,使广大消费者近悦远来。精心打造的主题百货——扬族百货——则以年轻时尚一族为服务对象,致力追求经营服务上的差异化、精细化。

又一城正日渐成为上海市东北部地区消费者购物休闲的重要场所,成为五角场城市副中心商圈最具影响力的企业之一。

SHM 上海重矿连铸技术工程有限公司

上海重矿连铸技术工程有限公司,原为上海重型矿山机械公司工程部,于2002年12月转制成为民营企业。公司主要从事板坯、方坯、矩形坯、圆坯连铸机设备及自动控制系统的设计及开发,机电一体化产品的设计、制造、生产、销售、安装、调试服务等业务。是集科、工、贸于一体的高新技术企业。公司云集10多位国内知名的冶金工艺、机械及控制系统的专家,共获得5项国家发明专利,15项实用新型专利。研制开发的整套连铸机设备已达453台,共计1730流。

公司业绩涵盖宝钢、河北钢铁、包钢、南钢等集团和石家庄、西宁特钢、东北特钢、福建三钢、宣化、日照、新疆八一、济源、浙江青山特钢等300余家钢铁企业,与他们建立良好的协作关系,带动钢材、电子等相关行业的高速发展。已向美国、哥伦比亚、萨尔瓦多、尼日利亚、格鲁吉亚、泰国和印度尼西亚等国的钢铁公司提供了10余套全套的连铸设备及系统,随着上海重矿连铸的品牌在各大洲的打响,越来越多的国际项目涌入公司,国际市场前景十分广阔。

公司生产的高效方、矩坯连铸机和合金钢不锈钢方、矩、扁、圆坯连铸机一直处于国内同行的领先地位,销售量在全国占有30%以上的份额。销往欧美等国的成套连铸机也被用户认为和达涅利、康卡斯特等世界知名连铸供货商在同一个技术水平。

上海桃丰商贸有限公司

上海桃丰商贸有限公司成立于1998年。经营范围为烟酒、鞭炮等日用杂货。

公司76名员工,均系上海纺织轴承厂整建制过来的产业工人。公司初建时,在人员结构和经济条件非常困难的情况下,用文明单位的标准来严格要求员工,经过不懈的努力,改变了队伍的散漫、服务态度差的面貌。连续八届荣获普陀区文明单位称号和上海市文明班组、上海市音像制品行业协会优秀单位、上海市日用杂货公司先进单位等称号。此外,还三届区爱国卫生先进单位、普陀区诚信服务单位、普陀区优秀职工之家、上海市中小优秀联盟单位、连续五届物价计量信得过单位、上海市助老特色基地"孤老贴心人"、"马氏杯"先进班组等多项荣誉。

易贸集团

易贸集团源于易贸资讯,于1999年在上海成立。在前10年的发展中,企业致力于为大宗商品行业提供专业的信息、咨询、广告及会展服务，并成为国内大宗品行业服务领域的领军者。秉承“创新驱动”的企业发展理念，易贸在2011年完成重大战略及业务调整，成为以大宗商品O2O交易服务平台为核心基础的电子商务领先企业，业务范围包括资讯、商务活动、经纪、物流、金融及电子商务，并形成大宗商品线上线下交易全服务。

2011年，易贸集团发展成为拥有上海易贸投资集团有限公司、上海东虹桥电子商务发展有限公司、上海易通电子商务有限公司、上海易贸商务发展有限公司等10余家子公司的集团企业，拥有员工逾千人，在北京、广州、烟台、中国香港及新加坡设有分支机构。

作为大宗商品交易服务专家，易贸独创大宗商品线上线下交易服务，并将开创性地建立起一个便捷、透明、互信、共赢的大宗商品商业“生态系统”，从而实现“让交易更容易”的远大使命。

上海凤凰进出口有限公司

上海凤凰进出口有限公司是上海凤凰自行车有限公司的全资子公司，是独家外销凤凰牌自行车及零配件的工业自营外贸公司。

凤凰牌自行车商标是中国首批十大驰名商标之一。已在世界上104个国家注册凤凰牌商标。上海凤凰全球营销。凤凰牌自行车已有40多年的外销史，在30多个国家建立了代理经销网络，拥有近100位海外市场区域代理商；国内市场终端销售网络1800家，区域代理商500位。连续多年销量国内外领先，产品遍布世界各地，年销售总额突破20亿元。凤凰牌自行车以SPB货号为代表的凤凰牌系列自行车在东南亚、中近东、东西非及中南美享有“以车代步首选凤凰”的盛誉。公司年均出口创汇6000万美元，年均出口销往地在50个以上。在国内同行中一直保持着规模效益的领先地位。

上海凤凰拥有百年自行车制造经验，以高品质赢得广阔市场，家喻户晓，备受推崇，为中国的自行车行业发展做出了卓越贡献。

tesa 中德莎（上海）贸易有限公司

德莎（tesa）是全球自粘产品和解决方案的卓越领导者。德莎是为工业、贸易及民用产品领域提供自粘解决方案的全球领先胶带生产商。德莎在涂胶技术及粘合材料及新产品的开发领域拥有超过125年的丰富经验，拥有7000余种胶带产品，在众多的应用领域已成为全球市场的领导者，例如：消费电子行业，汽车行业，造纸及印刷行业，通用工业及特殊工业行业以及防伪安全领域。作为欧洲最知名的胶带品牌之一，根据国际调查的结果，德莎品牌认知度在德国达到98%，在奥地利、瑞士、葡萄牙超过90%。tesafilm® 一词还被收入了权威的杜登德语词典。

德莎在全球拥有50多家子公司和8个生产基地，在全球范围已建设并提供高效便捷的客户服务网络，可同时为100多个国家提供胶带产品及解决方案。1995年德莎进入中国大陆，1999年设立独资企业，并迅速占领国内的各个主要市场，已在北京、广州、武汉、厦门、中国香港、中国台湾、长春、重庆、天津、深圳等地均设立分公司及办事处。

延锋百利得（上海）汽车安全系统有限公司

延锋百利得（上海）汽车安全系统有限公司由延锋伟世通汽车饰件系统有限公司同美国百利得安全系统公司共同投资成立。主要从事汽车被动安全系统的设计、开发、测试、制造和销售，产品包括安全气囊模块、安全带、方向盘以及汽车安全系统集成。其技术中心为美国百利得公司全球三大研发中心之一，工程开发业务涵盖亚太地区。

延锋百利得公司已通过德国莱茵公司 TS16949:2000 以及 ISO14001 的体系评审以及 ISO14001 环保体系认证和 OHSAS18001 的职业安全健康体系认证,技术中心实验室已获 ISO17025 的认证,具备优异的新产品研发和制造能力。公司技术中心获上海市市级认定技术中心的称号。2011 年,通过"高新技术企业"的复审;2012 年,通过上海市科技小巨人竣工验收及上海市市级技术中心复审。

公司业务涵盖上海通用、上海大众、一汽大众、上海汽车、奇瑞汽车、吉利汽车、长城汽车、神龙汽车、北京现代、北京奔驰、长安铃木、长安福特、郑州日产等国内各大主要的主机厂,产品出口欧美日等国。公司销售销从成立当年的 3000 万元,已经增长到 2012 年的 15.7 亿元。

中国电信上海理想信息产业(集团)有限公司

公司成立于 1999 年,属于中国电信全资子公司。注册资本 7000 万元,是上海市投资规模较大的信息技术企业之一。业务包括信息系统集成、应用软件开发、软硬件产品研制、增值业务运营、IT 外包服务等五大类。产品和服务覆盖全国并延伸海外。可提供 IT 外包服务和网络监控运维管理一站式安全解决方案,拥有"智慧城市"专业领域产品研发积累和项目交付与平台运营经验。

公司连续 6 年被评为"国家规划布局内重点软件企业",连续 7 年获得"上海市明星软件企业(经营型、成长型)"称号,被评为"2012 年上海市创新型企业"、"2010 年上海市计算机行业最具发展潜力科技型企业"。2011 年入围首批上海市计算机行业企业诚信达标单位,是上海软件度量基准体系创建核心会员、首批 2006 年上海市科技小巨人企业,具备较多重要资质。

延锋伟世通汽车模具有限公司

延锋伟世通汽车模具有限公司(以下简称"延锋伟世通模具"),由延锋伟世通汽车饰件系统有限公司、美国伟世通国际控股有限公司和上汽集团(华域汽车系统股份有限公司)三方于 2006 年 12 月共同投资成立。

延锋伟世通模具专注于汽车饰件模、检具的开发制造,具备完整的大型汽车饰件产品(包括仪表板、门内板、保险杠等)的多类模、检具(包括注塑模、发泡模、热压成型模)设计、制造、技术服务和整包项目管理的集成能力,在国内大型汽车模具行业处于领先地位。在保持优势的同时,公司仍坚持创新和技术突破,以满足持续提升的客户和市场需求。

震旦集团震旦(中国)有限公司

震旦集团于 1965 年在台湾创立。创业之初以代理打卡钟及中文打字机销售起家,逐步发展,目前事业版图涵盖通信、办公家具、办公自动化设备系统及消费性电子商品。

"震旦"是黎明曙光之意,象征光明与希望,代表朝气与活力。震旦集团以打造美好办公环境为目标,营销通路遍布两岸逾 1500 个直、经销据点,提供顾客全方位服务。在大陆,震旦自有品牌深耕 OA、办公家具、电子商品产业多年,以专业、快速、亲切的服务理念,创造业界领先的地位。上海震旦办公自动化销售有限公司(简称 OA)以上海为中心,营销网络遍及全国各地,专业的售前、售中、售后服务体系,充足的耗材和零件储备,公司得以贴近顾客、就近服务,让顾客真正享有震旦"专业、快速、亲切"的服务。震旦办公家具作为震旦集团的核心事业之一,2006 年荣获中国驰名商标称号,2011 年获得高新技术企业认证。是国内唯一一家拥有钢、木、椅厂的办公家具品牌,服务范围遍及全国,能在第一时间满足客户的办公所需。

上海钢之源电子交易中心有限公司

上海钢之源电子交易中心有限公司成立于2008年7月。由清华大学钢铁研究生班同学共同出资组建而成。2010年底引进战略投资者并增资至10168万元,是国内注册资金实力最雄厚的钢材电子商务平台之一。

钢之源自成立以来,始终秉承"让钢铁生意更好做"的使命,勇于创新,积极拓展,努力打造钢铁产业链的优秀服务平台,为各方参与者提供交易、交收、融资、加工、配送等全方位的综合服务。目前在全国各地拥有50余家交收仓库,实现"现货市场网络化"。在资源配置方面,钢之源积极研发市场调节机制下的业务运营模式,首创"地区升贴水"业务,大幅减少物流环节,升级了钢贸流通模式。

上海良友(集团)有限公司

2012年,上海良友(集团)有限公司保持平稳健康较快发展,在保障上海粮食安全和市场供应稳定中发挥了重要作用。全年实现主营业务收入170亿元,实现利润总额1.07亿元,完成贸易量360万吨,完成吞吐量403万吨,产业结构转型呈现良好发展态势。集团和外高桥物流园区分别荣获"中国十佳粮油集团"及"中国十佳粮食物流(产业)园区"称号。

年内,集团率先在上海开设粮油平价店,经营商品400多种,其中集团产品170多种,深受市民欢迎和媒体好评,成为集团又一新型发展业态。集团加工企业累计销售主要粮油产品101万吨,其中乐惠品牌大米全年销售首次突破20万吨,荣膺"长三角名优食品"。同时,集团积极推进重大项目,年内正式启动外高桥二期16万吨筒仓建设和黑龙江虎林年产6000吨米糠油项目;完成浦江粮库3000吨级码头改建工程,使作业效率从原来10万吨/年提升至30万吨/年。

长兴(中国)投资有限公司

长兴化学工业股份有限公司于1964年成立于台湾高雄市。是一家注重于技术研发及客户服务的国际性企业。主要从事合成树脂、电子化学材料、特殊化学品等产品的研发、生产、行销及服务。销售网路遍及亚、欧、美洲,产品销往61个国家和地区。

伴随公司国际化的战略规划及产品多元化发展,1995年长兴于中国大陆设立首家子公司。至今在中国大陆已有17家子公司,遍布上海、昆山、苏州、常熟、广州、珠海、营口、天津、成都等多个城市。

2011年为整合大陆地区业务,于上海新设长兴(中国)投资有限公司,具备投资、管理、研发三大功能,作为长兴在大陆地区统筹与资源整合的平台。

上海领鲜物流有限公司

上海领鲜物流有限公司成立于2003年。是一家具有雄厚实力的新型第三方物流企业。其管理母体为光明乳业股份有限公司下属的物流事业部。

公司领导人长期负责公司物流营运团队管理工作,深谙冷链体系及物流服务体系建设,具有极为丰富的冷链物流运作及实战经验。截至2012年底,领鲜物流已在上海为中心的华东地区建立起强大的现代化冷链物流体系,拥有配送中心19座,常温、冷藏和冷冻库面积3万多平米,拥有冷藏车辆近250辆,合作承运商冷藏车辆250余辆。依托良好的物流基础设施、优秀的运营管理人员、高效的运作效率和丰富的食品物流经验,领鲜物流携手上下游合作伙伴,致力为社会提供高品质、多温度带的食品物流服务。

上海青浦出口加工区

上海青浦出口加工区于2003年3月10日经国务院批准设立,属于国家海关监管特殊区域,位于上海市级开发区——青浦工业园区内。2010年6月,青浦区委、区政府为加快上海青浦出口加工区发展,在原出口加工区3平方公里规划面积的基础上,向东南扩大13平方公里,东至通波塘、南至318国道、西至油墩港及绕城高速、北至章泾江及S26,总规划面积16平方公里。新规划区域分为功能区和产业区。功能区规划面积3平方公里,为海关特殊监管区域,主要为出口型加工制造以及保税物流、检测、维修等业务拓展为主的高科技含量、高附加值的企业提供投资服务。产业区规划面积13平方公里,主要为现有落户企业和未来主导产业企业提供投资服务。

百联东方商厦(嘉定店)

东方商厦(嘉定店)开业于2008年1月18日。是由上海友谊集团股份有限公司全额投资的百货零售企业。商厦设有5个楼面,主要经营日用百货。商厦通过营造特色、塑造鲜明形象,努力使东方商厦(嘉定店)成为嘉定地区"商场环境最好,服务水平最佳,商品档次最高,知名品牌最多、安全程度最好"的百货零售企业。

2011年,嘉定店进行商厦外墙的重新设计与改造,广场停车场的重新布局,合理规划停车位、更新停车收费系统等,进一步满足顾客购物需求。2012年实施商厦总服务台改造,进一步完善服务台的整体功能,不断提升公司整体形象。

为了实现可持续发展目标,嘉定店在管理上瞄准国际国内先进水平,先后取得ISO9001质量管理体系认证、国家一级安全达标企业认证,以及荣获"达标百货店"、"四星级优质经营示范单位"称号,并不断提高和完善,实现企业管理的稳步提升。

上海延锋江森座椅有限公司

延锋江森为中国主要汽车制造商服务,是中国汽车座椅行业的领军企业。公司分布在全国的1.4万余名员工为客户不断打造涵盖整椅、金属骨架及机械装置、发泡、面套和头枕在内的创新座椅系统,同时还提供灵活、经济高效的顶饰解决方案。公司在全国拥有超过35个分支机构,以便随时贴近客户。公司采用先进运作系统和管理体系,追求精益化,始终秉承"质量为核心、创新为原动力"的理念,并持续超越客户不断增长的期望。

上海钢铁金融产业园

上海钢铁金融产业园位于上海市宝山区。其范围:东至双庆路、南至双城路、西至同济路、北至海江路。是上海市重点推进的生产性服务业功能区。

园区紧邻宝钢集团，距离吴淞口国际邮轮码头3公里，距离虹桥机场30分钟车程，浦东国际机场45分钟车程，轨道交通三号线贯穿园区，地理位置独特，交通干线交错，空港衔接无限，为园区内注册企业的快速发展提供了有利的中心区位优势。

整个功能区是集商业、商务办公、星级酒店为一体的欧式风格的高端中央商务区。总占总地面积为300亩，其中146亩为景观绿化。总建筑面积为23.5万平方米。其中，南块为办公区，由4幢新古典主义别墅式办公楼和4幢22层的公寓式办公楼和1幢120米5A甲级写字楼组成，已于2008年4月全部竣工交付使用；北块为酒店商务区，由一座五星级酒店和一个精品商厦组成。

上海海通国际汽车码头有限公司

海通国际是一家以口岸汽车物流供应链为依托的公共物流服务商，目前已建成的整车物流和零部件物流两大服务平台，服务产品涵盖15大类，能提供"个性化"、"一体化"、"菜单式"的物流服务。

整车物流平台拥有5个滚装专用泊位，总面积为28万平方米的3个立体停车库和2.6万平方米的3个增值服务中心。具有供应链管理、码头装卸、整车商检、加装改装、售前检查、整车仓储、整车分拨、整车运输、进出口代理和信息服务等服务能力，能为到港车辆提供一体化全方位服务。

零部件物流平台拥有占地11万平方米的口岸汽车零部件物流中心，并在烟台、沈阳、深圳等地设立8个业务网点，服务能力已具有供应链策划、口岸零部件集拼、零部件多式连运、进出口代理和信息服务，可提供零部件供应链一体化解决方案。

公司为两大平台度身打造的全程可视化信息系统，可全程跟踪物流信息、实时掌握货物状态，更可以根据客户需求，提供各类定制数据服务。

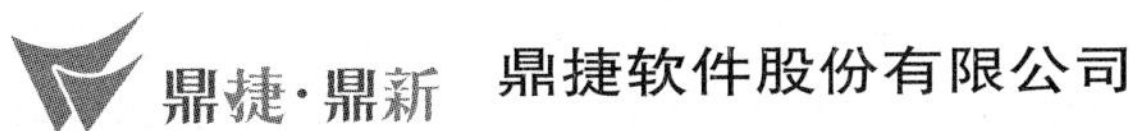

鼎捷软件股份有限公司

鼎捷软件股份有限公司(DigiwinSoft)是亚太区值得信赖的ERP企业管理软件与服务供应商。是海峡两岸成立较早、用户众多、团队专业、属于中国人的ERP公司，拥有自主的知识产权和创新能力。1982年公司在台北成立鼎新电脑，1997年开始在国内提供ERP的专业服务。鼎捷软件完全整合两岸资源，自诞生之日起就致力于实现"让ERP在中国普遍成功"的理想，为国内外众多企业成功地提供了包括ERP在内的专业企业管理软件产品与服务。

鼎捷软件产品开发经历MIS、MRP、MRPⅡ、ERP、E－ERP的完整历程；经营模式从产品型、服务型进入知识型；服务模式进入服务产品化、服务网络化、服务知识化。目前，仅在亚太地区就有超过30000家企业正在运用鼎捷软件的管理软件产品，其中包括财富500强的企业也正在通过鼎捷的管理方案而持续获益。

上海云峰(集团)有限公司

云峰集团是世界500强企业——绿地控股集团旗下最大的综合性企业集团。自1998年创立以来，通过产业经营与资本运营并举发展，已形成以能源产业为主业，房地产、现代物流、汽车服务等多元发展的产业布局，云峰集团被认定为"上海市著名商标"。公司立足上海，面向长三角，辐射全国，业务覆盖上海、北京、广州、南京、长沙、厦门、郑州、贵州、呼和浩特、成都、西安、武汉、连云港、黄山、常州、临汾、丹东等20余个城市，2012年实现营业收入656亿元。

云峰集团正全力发展能源产业,快速成长为全国性以煤炭、石油、化工、燃气为产品的综合性能源领域的新锐力量,拥有煤炭资源储量超过6亿吨,年开采能力约700万吨,煤炭物流中转能力超过2000万吨,石油年仓储和销售量超300万吨,化工贸易年销售超100万吨,燃气在安徽、江苏、河南、广东逐步布点。

上海一冷开利空调设备有限公司

上海一冷开利空调设备有限公司,是美国开利公司在中国的专业空调生产厂商,上海市外商投资先进技术企业。作为世界级工厂,一冷开利拥有多条世界领先的机组和压缩机生产线,可以生产全系列机组,产品涵盖商用、家用中央空调主机及空气端产品。

一冷开利以高科技、重环保、重节能为导向,依托全球开利强大的研发平台,自主创新能力不断加强。开利将推出一系列新产品,包括双级压缩离心式冷水机组(19XR－E),变频螺杆式冷水机组(30XW－V)和风冷模块热泵机组(30RQ065)等;同时公司也不断改进和拓展现有产品,重点是能效和应用,不断提升竞争优势。一冷开利在积极开拓中国市场的同时,对东南亚、印度、中东以及南美市场的销售也不断提高,其产品核心部件更远销欧美。

丸佐(上海)贸易有限公司

丸佐上海贸易有限公司由日本丸佐株式会社出资,于2006年2月成立。主要从事面料、纱、成衣及其辅料和装饰用品的进出口等业务。

公司具有“从一根纱到成衣”的企划和销售的优势。特别在T/R化纤布料上的开发,与日本总公司共同合作,已在时尚男/女裤方面上发挥优势能力,以每年约100万米的数量销售到日本及东南亚各国以及中国内地。

公司将在与现有客户更紧密地合作强化日本市场基础上加强对中国大陆的内销,以及扩展欧美市场。通过不断的努力,公司与各企业一定会在纤维和衣料市场上实现领先地位。

上海纵游网络技术有限公司

上海纵游网络技术有限公司(DeNA)致力于智能手机游戏平台Mobage梦宝谷的构筑和运营。公司总部位于上海,并在北京、深圳、福州、大连等地设有办事处或分支机构。中文版Mobage梦宝谷自2011年7月发布以来,已为超过1500万的中国智能手机用户提供近百款高品质手机游戏。作为世界领先的网络服务公司,DeNA主要经营移动社交游戏平台Mobage梦宝谷,该平台目前为包括日本当地玩家以及中国、韩国和其他国家地区的玩家提供第一、第三方游戏。

目前DeNA在全球范围内拥有超过2000名员工,并在跨越11个国家和地区的16个城市设有办公室或者研发工作室。在截至2012年3月的财政年度中,公司的年度销售额超过18亿美元。

宝山工业园区

宝山工业园区是市级工业园区,规划面积20.54平方公里。是适应上海市产业总体布局调整而建立的新型的二、三产业融合发展的现代综合园区。园区位于宝山北部,东临长江,南接“一城九镇”之一的北欧新镇金罗店，西临嘉定科技城。

历经10年开发，基本建成园区内主要道路、管网、天然气、电力、绿化、水系等市政配套设施，形成较为成熟的基础设施及配套功能。累计开工建设近百个落地项目，总投资200多亿元，形成电子电器产业、新材料产业、先进装备产业、食品饮料产业、商贸服务产业和文化产业基地。

宝山工业园区是宝山产业发展的重要基地，也是上海战略产业发展的重要组成部分，园区的发展目标是创新驱动打造北上海高新技术产业基地，转型发展建设产城融合现代化综合园区。

远东宏信有限公司

远东宏信有限公司是中国领先的金融综合服务机构，致力通过融资租赁以及其他增值服务，为客户提供度身订制的一站式金融服务解决方案。成立近20年来，公司已由一家单一金融服务机构逐步发展成为立足中国、放眼全球、致力于推动国民经济及社会可持续发展的产业综合运营服务机构。

远东宏信在医疗、印刷、航运、建设、工业装备、教育、纺织、电子信息等多个基础领域开展金融、贸易、咨询、投资等一体化产业运营服务，创造性地将产业资本和金融资本融为一体，形成具有自身特色的以资源组织能力和资源增值能力相互匹配、协调发展为特征的企业运作优势。

公司总部设在香港，在上海设业务运营中心，并在北京、沈阳、济南、郑州、武汉、成都、重庆、长沙、深圳、西安、哈尔滨、厦门等多个中心城市设立办事机构，形成辐射全国的客户服务网络。在海内外远东宏信设立租赁、贸易、医用工程、船舶租赁等多个专业化的经营平台。

上海捷强烟草糖酒(集团)连锁有限公司

上海捷强烟草糖酒(集团)连锁有限公司成立于1996年。捷强连锁依托上海烟糖、上海烟草两大集团在烟酒领域的优势大力拓展零售市场，逐步成为沪上具有一定规模的超市连锁企业和知名烟酒零售品牌。

2006年，捷强连锁确立以“捷强 Joymax”为品牌命名，深度拓展烟酒专业领域的经营战略。2007年初，首家捷强超市转型为捷强 Joymax 烟酒专卖店，截至2012年底专卖店已超过200家。经营的烟酒品种超过3000种，经营品类涵盖了白酒、黄酒、葡萄酒、啤酒及各式进口酒等，来自百余个国内外知名烟酒品牌和知名酒庄。品种齐全，应有尽有。

在经营过程中，捷强连锁从服务入手，以“分享拥有更多”作为品牌口号，通过全程体验培养消费忠诚度，着力将捷强 Joymax 打造成为消费者购买烟酒的首选品牌。并通过品类齐全烟酒商品、点石兼顾的精准营销、免费送货上门、个性化的会员活动，构建消费者、捷强、供应商三位一体的烟酒供应链，力求实现“中国最专业的烟酒终端服务商”的战略目标。

生工生物工程(上海)股份有限公司

生工生物工程(上海)股份有限公司成立于2003年。公司致力于为国内外客户提供高品质的生命科学研究相关产品及专业化服务。公司总部位于上海，在中国拥有3家分公司和40

个办事处,并在美国和加拿大拥有子公司,积极开拓海内外市场。公司于 2003 年通过摩迪审核,质量管理体系符合 ISO9001:2008 标准。

生工生物拥有生命科学产品及技术服务两大优势业务。其中,产品超过 10000 种,涵盖生化试剂、分子生物学试剂盒、PCR 相关产品、抗体、蛋白组学产品、细胞生物学产品、实验室耗材和小型仪器等;实验技术服务约 30 项,包括 DNA 合成、DNA 测序、全基因合成、高通量测序、蛋白表达纯化、多肽合成、抗体制备、菌种鉴定、SNP/STR 和基因特异性位点甲基化等。其中 DNA 合成和测序自生工成立以来一直在中国占有重要的市场地位。

"关注生命科学,关注未来",生工生物坚定不移地与中国生命科学研究事业共发展。公司成立至今,共获得政府部门、行业协会及媒体各种奖项约 30 多项,公司将力争为科研用户提供最为专业化的产品与服务,全力帮助客户在各自领域不断取得新的突破和更大的成绩。

胜科(中国)投资有限公司

胜科工业是顶尖的能源、水务与海事工程集团,业务遍布 6 大洲,全球雇员超过 9000 名。胜科拥有超过 5800 兆瓦的供电能力以及超过 700 万立方米/天的水务处理能力,具有世界领先地位,可为工业和市政客户提供可靠的能源和水务解决方案。胜科集团在海事和岸外工程方面具有世界领先地位,并拥有丰富的综合性城镇发展经验。

在中国,胜科已有 22 项公用事业业务覆盖全国 11 个省,具有 147 万立方米/天的水处理能力,为 271 万人口提供供水服务。胜科在"再生水"领域也有超强实力。胜科在江苏省张家港保税港区拥有的一个 20000 立方米/天的工业再生水处理厂,是新加坡和中国政府共同确定的高浓度污水处理和工业水循环利用的示范项目,为超过 100 家跨国企业和中国企业客户提供服务。在公用事业方面,胜科还为能源密集型产业群如化工和石化工业园区等提供包括公用管廊服务和工业用水供应等多元化公用事业的服务。

此外,胜科在中国还拥有可再生能源资产,包括位于内蒙古和河北的 4 个风电项目以及位于山西的一座燃煤发电厂。

上海江杨农产品批发市场

上海江杨农产品批发市场,是目前上海同行业经营中占地规模最大的农产品批发市场。自 2005 年 8 月 18 日开业以来,始终坚持"高效流通为农民、安全诚信为市民"的企业宗旨,主动担当社会责任,为保障上海市的农产品供应、食品安全和市场价格基本稳定发挥了积极的作用。

江杨市场已于 2006 年通过"ISO9001:2000 质量管理体系"和"国家级绿色市场"的认证。

经过 7 年的努力,江杨市场的农产品经营总量不断提升,市场的精品蔬菜和肉类批发规模得到了进一步扩展,市场占有率和知名度进一步提高。江杨市场现已成为集蔬菜、果品、粮油、调味品、肉类、冻品等综合性农产品交易以及拥有万吨低温冷库、5000 吨高温冷库等各类配套和商务为一体的大型批发市场。

上海百联东郊购物中心有限公司

百联东郊购物中心位于浦东沪南路北蔡商圈,是一家集购物、休闲、餐饮、教育、娱乐、超市和社区服务于一体、购物环境舒适的综合性商业企业。购物中心于 2012 年 11 月 7 日开业,是友谊股份公司旗下的第十三家购物中心。

针对北蔡商圈内缺乏餐饮网点的问题,餐饮服务业是百联东郊购物中心用心打造的亮点之一。味千拉面、星巴克、肯德基、和记、茶记、避风塘等餐饮品牌和蒙自源、鲜芋仙等各地风味小吃进驻其中。

中心的百货大类有：周大福、老庙黄金、老凤祥、亚一；欧珀莱、欧莱雅、玉兰油；卡帝乐、Only、JACK&JONES、VeroModa；鄂尔多斯、皮皮狗、春竹等中高档品牌的进驻。中心拥有广场和四楼屋顶停车场，共有车位400个左右。

中心全体员工将以满足周边日益增强的消费需求作为自己的发展目标，并以一流的管理、一流的服务、一流的商品，为广大消费者提供全方位的一站式服务。

上海有色金属现货交易中心 Shanghai Metal Exchange

上海有色金属电子商务有限公司

上海有色金属电子商务有限公司，是为配合和融入上海国际贸易中心建设，按照市政府2009年52号文件精神，由上海有色金属行业协会发起，联合中国北方工业公司（央企）、中浪（集团）有限公司等国内多家知名企业共同投资组建的、上海第一家运用互联网技术，将电子交易模式引入有色金属现货交易的公共电子商务平台，致力于打造中国专业的有色金属现货电子交易市场。

目前公司在网上有色金属现货交易方面作了大量的探索，已创建运行即期交易、现货超市交易和协商交易等多种交易模式，交易品种逐步扩大，交易额也逐月上升。网上交易最主要的特征是现货交易，实物交割，形成与上海期货市场的期现互动，错位发展，服务实体经济，服务社会发展。

NÜRNBERG MESSE CHINA

纽伦堡会展服务（上海）有限公司

纽伦堡展览集团是当今欧洲发展最为迅速的展览公司。纽伦堡的展览中心为世界20大展览中心之一。集团在纽伦堡及世界各地举办的国内及国际性质的展览与会议多达120个。集团在巴西、中国、北美及意大利分别设立子公司，谋求在新兴市场的增长点。每年有将近30000名展商（其中36%为国际展商），975000名专业观众（其中21%为国际观众）以及405000普通观众参与纽伦堡展览集团的自有展会、合作展会以及嘉宾展会。

纽伦堡会展服务（上海）有限公司成立于2006年10月。公司业务分两大板块：策划主办国内承接展会；组织赴海外出访和赴海外参加经济展览。国内展目前的项目包括中国国际有机食品博览会 BioFach China、国际粉体工业/散装技术展览会暨会议 IPB。2012年，公司成功协助中国汽车工程学会，在FISITA2012世界汽车工程大会期间组织展览会，展会于2012年11月在北京中国国家会议中心举行。2013年公司还将协助中国机械工程学会在中国广州举办2013亚太地区压铸工业展览会。出国展主要是为中国企业赴海外参加德国、巴西、北美、印度等地的纽伦堡国际博览集团旗下项目，开展国际间经济技术交流，提供国际展览、外贸信息咨询、签证咨询等服务。

上海物资贸易股份有限公司

上海物资贸易股份有限公司的前身为上海物资贸易中心，原隶属于上海物资（集团）总公司。2005年6月进行股权重置改革，更名为上海物资贸易股份有限公司，从事生产资料经营业务，现为百联集团有限公司（下称"百联集团"）控股企业。

物贸股份现有全资、控股、参股企业38家，其中由公司控股并直接管理的企业6家，参股的直接管理企业1家，直接管理的全资分公司2家。

公司经营范围基本涵盖生产资料流通业务，主要有金属、燃料、汽车及配件、化轻原料、机电设备、木材及木制品加工、进出口业务和建筑材料，以及仓储、信息咨询、技术服务等。

生产资料业务作为百联集团的三大核心业务之一，数年来在经营规模、主营业务收入方面都保持较快发展。2011 年度公司对百联集团的贡献率中，经营规模为 50% 以上，主营业务收入达 58% 以上；经营规模、主营收入名列全国省市物资集团前三位，被中国物流与采购联合会授予“改革开放 30 年生产资料流通杰出企业”和“中国生产资料流通创新企业”，并获“全国生产资料 3A 级信用企业”及“中国入世十周年最具成长性企业”等称号。

上海东浩外服国际物流有限公司

上海东浩外服国际物流有限公司系上海东浩国际服务贸易(集团)有限公司麾下专业从事空运、海运、非贸进出口货物的国际运输代理、报关商检、国内空运代理、仓储配送、陆上监管运输、展品物流等业务的综合性物流企业。

公司在三门路、浦东国际机场和宝山杨行物流园区分别拥有约 8000 平方米仓库的非贸海关监管中心、约 3000 平方米的空运海关监管仓库和约 16000 平方米综合物流仓库。在无锡、苏州、宁波等城市分别设立分支机构，并通过互为代理方式在东南亚、日本、欧美等国家和地区建立海外代理网络。同时与全球知名的航空、航海承运企业结成战略联盟。为中外客户提供门到门的全程服务。

公司的下属投资企业包括：上海外服报关有限公司、上海东浩物流供应链管理有限公司、中日合资上海外服服饰检整有限公司、中日合资上海东芝外服货运代理有限公司。

上海物资贸易股份有限公司黑色金属分公司

上海物资贸易股份有限公司黑色金属分公司是百联集团上海物资贸易股份有限公司下属专业从事黑色金属材料贸易的企业。其前身是通过剥离原上海市金属材料总公司的优质资产，于 2001 年 11 月转制重组而成立的国有控股企业——上海乾通金属材料有限公司。2008 年 11 月，根据上海物资贸易股份有限公司整合工作要求，乾通金属公司整建制转为上海物资贸易股份有限公司黑色金属分公司。

公司主要从事黑色金属材料，包括钢板、钢管、螺纹钢、线材、优特钢、不锈钢、型钢、钢坯等经营贸易及加工、物流仓储业务。是鞍钢、首钢等国内主要钢铁生产企业的代理经销商。先后为上海及周边地区的重大工程、商品房开发、机械制造业与钢结构的生产企业等提供物流配送门到门的一门式服务，受到中外用户的一致好评。

公司经营管理基础扎实、制度完善、流程清晰、监控严密。于 2002 年通过 ISO—9001 全面质量管理认证，分别被上海市工商行政管理局及上海市税务局评为“守合同重信用”AAA 类和“财务信用”A 类企业，自 2003 年起，连续四届荣获上海市文明单位称号。

上海太阳能科技有限公司

上海太阳能科技有限公司是由上海航天汽车机电股份有限公司、上海申能新能源投资有限公司、上海空间电源研究所合资成立的股份公司，正式注册成立于 2000 年元月。公司拥有优秀的管理团队及专业化技术人才队伍，是中国最早从事光伏相关业务的企业之一。

公司主要从事国内外独立和大型并网光伏电站、BIPV 独立光伏系统工程及相关系统产品的设计研制、开发、销售、施工和服务。具有代表性的工程有：国内最大光电建筑一体化项目——上海虹桥交通枢纽；上海世博中心馆光伏并网电站；大型荒漠电站——嘉峪关100MW光伏电站等。

杉德银卡通信息服务有限公司

杉德是一家成立在上海、服务于全国的金融服务企业。其成员包括：杉德金卡、杉德银卡通、杉德巍康、斯玛特、杉德电商、杉德支付网络、久彰等。经过多年的辛勤耕耘，公司已建立从POS研发、生产、销售、投放服务、增值服务到预付卡发行的完整产业链，有效的掌控行业上下游资源，为企业大规模发展奠定坚实的基础。

久彰是杉德旗下专业从事电子商务的企业，成立于2012年8月。致力于为用户打造贴近日常生活的内容平台，凭借杉德的预付卡和POS网络优势，整合O2O的商业模式，推出“生活杉德”平台（www. sandlife. com. cn）。它从持卡人的生活需求出发，结合预付卡的优势和功能，通过全方位的电子商务专业服务优化资源，平衡商业需求，为客户带来便捷、实惠、高效、全方位的便利生活服务，为打造一个无线、智能、可持续创新的智慧城市添砖加瓦。

上海汽车商用车有限公司

上海汽车商用车有限公司（简称“上汽商用车”）是中国最大、全球十大汽车企业——上海汽车集团股份有限公司的全资子公司。公司成立于2011年3月21日，坐落于上海市杨浦区军工路2500号，注册资金19.93亿元，现有员工1400余人。公司有下属无锡、仪征两大生产基地。产品包括上汽大通V80和伊思坦纳两大平台，型谱覆盖轻型客车、厢式货车、卡车、多功能商用车及特种改装车等轻型商用车领域。

上汽商用车立足全球视野，拥有百年历史的“上汽MAXUS大通”和“LDV”品牌，业务覆盖中国、南非、澳大利亚、马来西亚、新加坡等13个国家和地区。公司坚持“技术、信赖、进取”的品牌核心价值，致力于成为具有国际竞争力的商用车公司，实现员工与企业的可持续发展，为消费者提供高起点、高品质、高水准的商用车产品及服务，为用户创造更多的价值。

上海月星环球家饰博览中心有限公司

上海月星环球家饰博览中心有限公司（简称上海“环球港”），作为月星集团从家居产业向大型城市商业综合体转型的首部力作，以总建筑面积达48万平方米的超级体量，颠覆大型商业综合体的传统概念。首次全面提出“商业、旅游、文化”三大中心功能，在提升商品丰富度的同时，更强调对高质量商业与文化内涵的追求。

“环球港”有着丰富的业态组合，集豪华五星酒店、5A级高档写字楼、人性化酒店公寓于一身，引进诸多世界顶级品牌、大型餐饮、健身中心、精品超市、豪华影院、大型溜冰场、儿童娱乐中心、商务会所，是跨行业、全方位的国际巨型Shopping Mall，一站式满足消费者购物休闲娱乐的需求。同时，月星集团以上海“环球港”为蓝本，在常州、徐州、沈阳、喀什等全国主要城市，打造出一大批超大型城市综合体项目。

上海康骏投资管理公司

上海康骏投资管理公司成立于2004年5月，是一家专业从事中医养生的服务性连锁企业。康骏目前拥有直营连锁店70余家,遍布上海、南京、北京、成都,郑州等城市。于2009年成立下属品牌公司上海聚三湘管理连锁公司,主要经营高档正宗湘菜。

康骏品牌,运用现代企业管理模式,坚持以技术为第一,以服务为发展,以健康为使命的经营理念,营造家庭般温暖的人性化工作环境。

康骏本着"客户是我们永远的亲人"、"一切以客户的健康为根本"的理念,"让人们都来享受健康生活"。严肃自由的企业文化凝聚出品牌的服务性格和责任价值,受到客户的欢迎。

盈丰(上海)房地产发展有限公司

盈丰(上海)房地产发展有限公司的大中里综合发展项目,由香港兴业国际集团及太古地产有限公司共同开发。地处上海市静安区南京西路核心区域,与在建地铁13号线无缝连通,并连接地铁2号线及在建12号线,令大中里项目可直达上海所有主要交通据点。

大中里项目是静安区大力建设现代服务业集聚区的一个重点项目,旨在打造上海最富魅力的社交地标,糅合商务、休闲、娱乐和文化功能于一身。项目规划总建设面积约48.9万平方米,包括两幢超高层甲级办公楼、三家豪华酒店、一个汇聚高档名牌及著名餐厅的高级购物商场。大中里项目将成为当地人士及游客购物、消闲和感受城市脉搏的首选地点。

BONO 报喜鸟集团上海宝鸟服饰有限公司

上海宝鸟服饰有限公司成立于2000年,是浙江报喜鸟服饰股份有限公司的子公司。公司拥有10条世界一流西服、衬衫全自动生产流水线,年产80多万套男女高档西服及100万件精品衬衫,拥有2500多名高素质的生产、管理人员,是一家集设计、生产、营销、服务于一体的大型专业化高档服饰企业。

高端商务装品牌"BONO",已为全国金融、电力、烟草、能源、通信、保险、交通等大型系统及企业事业单位提供高档置装服务,赢得广泛赞誉。

"BONO职业西装,企业形象定制专家"。未来,公司将继续秉持"打造中国高端商务装品牌,创建世界一流服饰企业"为目标,致力于成为国际一流服装企业而恒久努力。

伯利休斯(上海)工程技术有限公司

伯利休斯(上海)工程技术有限公司是伯利休斯德哥公司在华全资子公司,隶属于德国蒂森克虏伯集团。伯利休斯集团是全球领先的生产水泥及基础工业设备的工程公司之一,伯利休斯(上海)的主要产品,内销为立式磨、煤磨、高压辊磨机、选粉机、燃烧部件;外销为冷却机、磨机部件和钢结构。伯利休斯(上海)工厂有能力生产所有伯利休斯产品的主要零部件,并且达到与伯利休斯德国同等的质量水平。公司引入大型精密数控机床和伯利休斯德哥150年的成熟的生产设计和质量控制管理经验。公司的生产计划管理和生产准备工作直接复制伯利休斯德国工厂,并运用与德国中心服务器上相同的管理软件。伯利休斯(上海)员工在德国接受培训并得到德国同事的全力支持。从生产一始,伯利休斯质量控制程序将会被严格执行。公司的首要目标是:德国质量,伯利休斯(上海)制造。

伯利休斯(上海)工程技术有限公司将秉承集团的经营理念和企业精神,以上海宝山为基地,面向全国及海外市场,创造更美好的企业未来。

上海交大电梯与控制设备有限公司

上海交大电梯与控制设备有限公司是上海交通大学控股的中外合资企业，成立于 1993 年。公司长期与国家认定的交大电梯检测中心、交大自动控制学院等单位的紧密合作，发挥其技术和人才优势，研究和开发电梯微机控制系统、调速系统和电梯远程控制系统等科技产品，并从事电梯的维护保养、改造、大修、安装及机械停车设备维修等业务。具有电梯维修 A 级资质，电梯安装、改造 B 级资质，起重机械式停车设备维修 B 级资质。公司拥有先进的在线测试仪等专业仪器、仪表，承接各类电脑板、电路板的维修。公司对电梯的改造项目可免安全技术评估，是市技监局行业质检放心单位。

公司与交大合作，先后完成上海市劳动和社会保障局职业培训中心电梯、自动扶梯和现代电子电工 3 个培训考核鉴定室的系统设计和集成，为上海市培训、考核电梯和电子电工等工种的高级工及技师做出贡献。

公司致力于全面质量管理，不断完善质量体系、长期贯彻执行“全过程和全员”质量管理的理念，以多元化、高技术为经营理念不断开拓经营空间。

上海老凤祥钻石加工中心有限公司

上海老凤祥钻石加工中心有限公司是由上海老凤祥有限公司、上海工艺美术有限公司公司、若干自然人等多元投资组建的都市型企业。公司拥有首饰钻石加工生产的强大技术力量和销售网络，拥有深厚的钻石加工基础和一批几十年从事钻石加工业的优秀技术人才，是中国钻石加工最具权威的企业之一。

公司生产的主要产品是：老凤祥牌、上钻牌首饰钻石、钻饰、工业用钻及各种黄铂金饰品。其中老凤祥牌黄金饰品被授予“中国名牌”，上钻牌钻饰被授予国家金杯奖及轻工部优秀出口产品奖，企业为国家高新技术企业。

公司的发展宗旨是：“创造高品质的钻石饰品，努力成为中国乃至亚洲地区最大的钻石加工中心。”为此，公司建立“首饰钻琢磨工”培训基地，大力培养钻石加工鉴定人才。在进一步改革发展过程中，公司经济效益每年以两位数增长，2012 年实现销售收入 5.58 亿，比上年增长 35.8%；实现利润 3760 万元，比上年增长 24.6%。

上海建发酒业有限公司

建发酒业是中国上市公司百强——建发股份有限公司旗下专业的优质酒类供应链服务商，拥有强大的资源后盾和 10 多年的酒类经营管理经验，并依托建发集团中国 500 强背景，迅速成长为中国酒业的领军企业。

建发酒业运营包括五粮液在内的来自世界 10 多个主要酒类出产国的近 60 个知名品牌。进口葡萄酒均为全球各个国家最主流的品牌。建发酒业进口的产品拥有全套授权和通关文件，确保每一支酒都是合法、安全、正统的产品。

建发酒业已经在全国各主要城市设立业务机构，营销网络覆盖除港澳台之外的全国所有省份。建发酒业与 3000 多家专业酒类经销商构建战略合作关系，并组建数千人的专业团队提供服务支持。

村田汽车塑料零部件(上海)有限公司

村田汽车塑料零部件(上海)有限公司,成立于2002年4月。是日本村田工业株式会社的上海子公司,专业生产并销售汽车蓄电池塑料部件。母公司是世界多家著名电池生产商的指定提供厂家。上海公司拥有国内先进的生产线、注塑机和设备,有高水平的技术专家,严格的质量管理体系,主要生产汽车蓄电池塑料零部件,产品多达百余种。主要有各种型号的液口栓、继手、接续罩等;各种型号的电瓶盖、排气栓、极柱、浮标等。产品销售世界各地。

村田汽车秉承日本MURATA工业株式会社先进的技术以及百余年制造经验,精益求精,在秉持诚信经营的理念同时,严格执行国家规定的各项税收政策及社会保险,善尽企业义务的同时,始终不忘报答客户回馈社会。以高质量产品和优质服务在社会上树立起良好的企业形象,受到了社会各界与广大客户的普遍以来的赞扬。

凯誉管理咨询(中国)有限公司

凯誉是亚洲领先独立运营的企业服务公司。专业服务包括企业会计、公司秘书、支薪管理、基金管理、信托与财富管理咨询等。

凯誉在亚洲有北京、上海、成都、广州、深圳、天津、香港、雅加达、新加坡、悉尼、台北、河内、胡志明市等13间办事处,拥有超过450名的高素质专业顾问。团队力量强大,不管多大的项目都可以应付自如;即使再小的项目,也会尽心尽责地帮助到每一个客户。这是凯誉能够在当今激烈的竞争环境中脱颖而出的原因。

越来越多的全球企业成为凯誉的合作伙伴,协助他们迈向成功是企业的使命,也是企业的成就。您会发现凯誉服务在令您高枕无忧的同时,也将为您的业务带来不同效果。

上海冠龙阀门机械有限公司

上海冠龙阀门机械有限公司成立于1991年。母公司是我国台湾知名阀门生产商——明冠造机企业股份有限公司。上海冠龙阀门机械有限公司建厂以来获诸多证书及荣誉,如:ISO9001、ISO14001、上海著名商标、建设部产品推荐证书、德国莱茵公司CE产品安全认证,十多项专利证书等等。公司产品以技术先进、密封性能可靠、操作轻快、维护简单便利、使用寿命长著称,获设计院及有关用户的好评。

公司在全国拥有40家办事处,产品被广泛应用在长江三峡工程、秦山核电站、首都机场、黄河小浪底工程、上海东方明珠广播电视塔、上海市政府大厦、浦东国际机场、胜利油田、金山石化、宝钢集团等国家重大工程和标志性建筑上。优良的产品质量和完善的售前、售后服务使公司受到用户的广泛赞誉,并将继续以一流的产品、一流的服务开拓更大的生存空间。

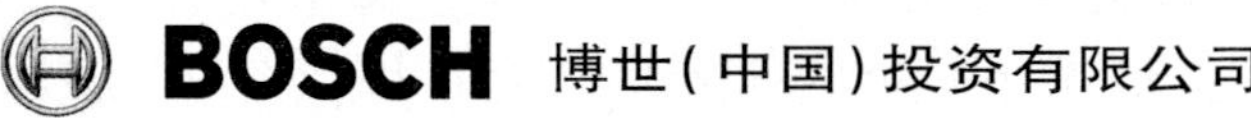

博世(中国)投资有限公司

博世集团于1909年在中国开设第一家贸易办事处,1926年在上海创建首家汽车售后服务车间。时至今日,集团的汽车技术、工业技术、消费品、能源与建筑技术四大业务部门均已落户中国。博世在中国目前经营着58家公司,拥有3.4万名员工,并在上海设有博世(中国)投资有限公司。2012年博世在华合并销售额达417亿元。

博世在中国市场的稳健发展势头得益于公司将战略发展方向与中国宏观经济目标紧密结合在一起。2012 年，中共十八大提出到 2020 年实现国内生产总值和城乡居民收入翻番的目标，努力让人民过上更好的生活。博世正是以“科技成就生活之美”的理念为依托，通过为中国市场打造的产品和服务来提高人民的生活质量，为中国经济转型期的社会稳定和谐与可持续发展做出贡献。

杜塞尔多夫展览(上海)有限公司

杜塞尔多夫展览(上海)有限公司，是世界五大展览主办者之一的杜塞尔多夫展览集团公司在上海投资成立的外商独资子公司。拥有完善成熟的营销和服务网络，致力于将世界第一的专业展览带到中国，接连成功打造一系列中国乃至亚洲第一的展览品牌。公司旨在借助过去成功的经验，进一步扩大展览业务的范围和开拓多元化的合作关系，加大展会推动行业，带动经济的影响力，为中国的改革开放作出贡献。

公司业务范围包括：组织在中国的国际展会；与国内的合作者联合组织德国杜塞尔多夫展览集团公司在中国举办的各种展会；经杜塞尔多夫展览(中国)有限公司授权，代理德国杜塞尔多夫展览集团各公司的招商，以及策划营销活动及提供展览咨询服务。

公司在国内商业伙伴有：国家食品药品监督管理局中国医药国际交流中心、国家安全生产监督管理局、中国国际贸易促进委员会北京分会、中国国际贸易促进委员会东莞市支会、中国有色金属工业协会、中国国际贸易促进委员会冶金行业分会、中国人民解放军总后勤部卫生部、中国国际贸易中心股份有限公司、中国惠通(集团)总公司、中国印刷技术协会、中国印刷科学技术研究所、科印传媒、上海电缆研究所、中国对外贸易广州展览公司、北京华港展览有限公司。

上海煜鹏通讯电子有限公司

上海煜鹏通讯电子有限公司是一家现代化的通讯电子产品制造商。公司成立于 2010 年，矢志于开拓市场、打造品牌。工厂面积 3416 平方米，每年生产超过 7000 万件的通讯设备零部件。经营范围包括开发、设计、生产塑料件，移动通讯产品的转轴、接头，各类应用于无线通讯领域的元器件和模具；销售自产产品，并提供相关的技术咨询和售后服务。公司获得 ISO9001、ISO14001、IS16949，上海市高新技术企业和清洁生产等认证。公司期待与您携手合作，共创辉煌。

上海市金茂律师事务所

上海市金茂律师事务所创设于 1988 年。是一家专业提供综合性法律服务并在国内外具有相当知名度的合伙律师事务所，是中国最早从事外商投资和涉外法律事务及最早被批准从事证券法律业务的律师事务所之一。有执业律师五十余名。

二十多年来，金茂所一直秉承“严谨敬业、自律诚信”的执业原则，逐渐形成了以证券及公司上市、银行和项目融资、基础设施和房地产、国际投资和贸易以及收购、兼并等公司法律事务、海上运输和物流、民商事和海事争议解决等专业法律领域为其专业特长并积累有丰富经验的综合性律师事务所。

金茂所多次被国际知名的法律杂志《亚太法律 500 强亚洲商事律师事务所指南》、《亚洲领先律师事务所指南》、《环球律师界国际著名律师》等评选为中国排名最高的律师事务所之

一、亚太地区500强律师事务所；历年来数次获得国家司法部、中华全国律师协会和上海市司法局授予的全国先进律师事务所、全国优秀律师事务所、上海市市级机关文明单位、司法局先进集体等荣誉称号，同时在上海乃至全国的律师业界综合排名中连续多年名列前茅。

北京市大成律师事务所上海分所

北京市大成律师事务所上海分所成立于2001年，坐落在黄浦江畔的陆家嘴金融贸易区内。拥有员工超过360人，其中执业律师263人，超过70%的律师拥有国内外知名法律院校的硕士及以上学位。作为一家管理规范的大型综合性律师事务所，北京市大成律师事务所上海分所的执业律师人数在上海市同行业中名列前茅。近年来，由于业绩突出，被评为“上海市文明单位”、“上海市司法行政系统先进集体”等。

敬业、专业的上海“大成”人，秉承“大成”“志存高远、海纳百川、跬步千里、共铸大成”的理念和“规模化、规范化、专业化、品牌化、国际化”的目标，立足上海，辐射长三角，服务于来自全世界的客户，勤奋耕耘，开拓进取，取得了骄人的业绩，已成为上海律师界一支重要的生力军。

M50 艺术产业园

M50是以艺术、创意、生活为核心价值的文化创意品牌。M50莫干山路创意园是M50品牌园区的旗舰园区，是上海最早的创意产业集聚区之一，也是目前上海最具规模和影响力的创意产业园区之一。曾先后获得“上海市首批创意产业集聚区”、“上海十大优秀创意产业集聚区”、“全国工业旅游示范点”、“上海首批文化产业园区”、“国家AAA级旅游景点”、“上海市名牌区域”、“上海市著名商标”等称号。园区引进包括英国、法国、意大利等在内的约20个国家和地区的约140个艺术家工作室以及画廊、各类设计机构，涵盖艺术、设计、创意、文化各领域。

2008年M50确定“艺术、创意、生活”的品牌核心价值；2009年由“创意园区”转型“创意产业”。M50品牌旗下拥有两大类产品：时尚文化园区系列产品，M50服务平台和品牌衍生业务。M50服务平台和品牌衍生业务是M50品牌建设未来发展的的核心板块。这类产品是M50品牌为入驻客户提供的增值服务，也是构筑园区产业生态环境的有效手段。

上海外联发商务咨询有限公司

上海外联发商务咨询有限公司主要从事园区招商引资与企业咨询服务工作，招商地域覆盖上海外高桥保税区内7平方公里土地及洋山保税港区。公司拥有外商投资领域近20年的专业经验，服务中外客户有2000余家。

自上海综合保税区管理委员会成立以来，公司围绕“创新驱动、转型发展”目标，突破瓶颈制约，提升园区功能，成功引进一批从事高附加值产业的跨国公司进驻园区，推动园区实现转型发展。

2011年，公司在国际贸易结算中心、亚太物流分拨中心以及服务外包中心方面推动实现功能创新，推进松下、索尼等20家企业获批开展结算中心业务，推进魏德米勒等6家企业配合亚太物流中心的试点工作，并成功引进万国数据、美国药典等高端技术类服务外包企业。2011年公司共新引进外资项目102个，引进合同外资5.44亿美元。

上海北蔡资产管理有限公司

2002 年 12 月，由上海六里企业发展总公司、上海北蔡实业总公司、上海北蔡工业有限公司、上海北蔡工业园区投资管理有限公司合并组建，由北蔡镇政府全额投资的上海北蔡资产投资经营管理中心创立。2005 年 6 月，更名为上海北蔡资产管理有限公司。

公司最高权力机构为北蔡镇农村集体资产管理委员会。主营业务涵盖：资产经营管理、投资管理、自有资产租赁和项目开发等。主要职能：受北蔡镇农村集体资产管理委员会委托，负责对镇集体资产的管理，使集体资产能达到保值增值。

公司坚持以科学发展观为指导思想，紧紧围绕又好又快发展经济的核心理念，以促进发展、完善管理为两个基本点，不断推进产业结构调整，能过盘活存量等手段，夯实集体经济增长的基础，实现了资产做强、总量做大、风险降低的目标。截至 2011 年底，公司总资产达 14.98 亿元，净资产达 9.29 亿元。

四川快益点电器服务连锁有限公司上海分公司

四川快益点电器服务连锁有限公司是一家面向全国，主要从事家用电器产品技术服务的专业公司。是四川长虹电器股份有限公司的子公司。快益点上海分公司作为快益点公司的重要分支机构，一直秉承“一直以用户为中心”的服务理念，逐步推动家用电器产品的技术服务向社会化、产业化方向发展。公司主要经营范围：家用电器（彩电、空调、洗衣机、小家电）及其附件的维修、维护、保养、安装调试；家用电器产品的销售、租赁、回收；延保产品的销售和服务保障；售后服务人员的培训等。

快益点上海分公司成立 5 年来，服务区域已涵盖上海市、福建省、浙江省的所有城乡区域，拥有 6 个省级自建中心，600 多家服务网点，能够为各类家电消费者提供畅通无忧的售后服务保障。

上海余天成药业连锁有限公司

“余天成”始建于 1782 年（清乾隆四十七年），是上海地区现存最早的中华老字号药房。历经多年的传承与发展，始终坚持品牌化经营路线，现已成为一家集药品批发、零售、中药饮片加工与销售为一体的现代化医药流通企业，经营品种达 7000 余种。其中，余天成自主品牌的人参、燕窝、虫草、哈蟆油及精制饮片系列近百种产品，深受市场欢迎。公司旗下 98 家连锁门店率先实行“药品连锁经营服务标准”，成为全国医药零售行业中首家实行标准化服务的企业，为“提高服务品质、维护顾客健康”提供了多重保障。2012 年公司实现销售 8.4 亿元，位列中国医药流通综合实力百强企业。老字号旗舰店“余天成堂药号”名列 2011 ~ 2012 年度全国药店单店排行榜第七位。

公司秉持“外塑形象，内聚人心，倾情民生，和谐发展”的核心价值观，坚持“质量第一、用户至上”的质量方针，先后荣获商务部“中华老字号”、上海市著名商标、上海市名牌、上海市“文明单位”、上海市首批守法经营示范企业、区重点骨干企业等光荣称号。

HostCHN 和辰信息

上海和辰信息技术有限公司

和辰信息于 2007 年成立于上海。业务遍布全国主要商务城市，是国内领先的云计算服务及解决方案提供商。凭借在多个行业信息化领域积累的丰富经验,以及基于微软平台的研发和技术能力和本土化和定制化的全新产品线,和辰信息从成立之初,就成为全球最大的软件公司微软(Microsoft)在华云计算领域的战略合作伙伴,并与惠普 HP、思科 Cisco、思杰 Citrix、NetAPP 等国际云计算厂商平台建立广泛合作和伙伴关系。

在企业信息化领域,和辰信息为不同规模和不同类型的企业提供从"公有云"、"私有云"到"混合云"的多种业务交付模式,提供一揽子的企业信息化云服务解决方案,包括电信级的运维服务及面向企业信息化发展的全方位 IT 外包服务。

和辰信息倡导绿色、环保的 IT 经济,引领企业移动互联网办公趋势,致力于为各类企业客户提供全生命周期的企业信息化咨询和顾问服务,以一流的技术和服务水准,提升客户的 IT 投资回报,使客户切实体验"云"的价值。

上海维鲨实业有限公司

上海维鲨实业有限公司成立于 2005 年 9 月。是一家主要从事货物和技术的进出口的外贸公司。拥有亚洲最大针布公司光山白鲨针布有限公司的国外总营销权,依托国内生产供应商,稳健将产品推向全球。公司积极进行海外市场开拓,每年参加各国展会,进行产品的推广和宣传。迄今已在南亚、东南亚、中东、美洲等地区建立起公司的营销网络。公司产品在国际市场的大门具有良好口碑,有一定的知名度。

维鲨公司依托国内强大的生产供应商,拥有中国最大的金属针布制造基地和专业制造高品质弹性针布、盖板针布的制造工厂。其生产车间生产的主导产品有金属针布、盖板针布、固定盖板、整体锡林、分流辊等。广泛应用于棉纺、毛纺、麻纺。化纤、羊绒及棉花加工等纺织领域。高质量的产品和良好的服务,使维鲨公司获得客户一致好评。

特富麦克(上海)不中断供电系统磁性器件有限公司

意大利特富麦克集团是欧洲最大的电力电子、铁道牵引、航海和能源领域磁性器件专业生产厂商之一。所生产的产品包括各种干式、油冷、水冷、树脂浇铸等种类的变压器、电抗器、互感器等磁性器件。公司对市场的一贯关注。长期积累的技术优势和经验使特富麦克在欧洲成为众多知名企业如 MGE,Emerson,ABB,Bombardier,Alstom,Siemens 等的合作伙伴。

特富麦克(上海)不中断供电系统磁性器件有限公司是特富麦克集团的第七家子公司,于 2001 年 9 月在上海浦东成立。公司专业从事变压器(500VA - 1000VA)、电抗器的生产,以满足中国及亚洲市场对高技术产品的需求。

巴斯夫(中国)有限公司

巴斯夫是全球领先的化工公司。企业宗旨:"创造化学新作用——追求可持续发展的未来"。公司的产品涵盖化学品、塑料、特性产品、作物保护产品以及原油和天然气。巴斯夫将经济上的成功、社会责任和环境保护相结合,通过科学与创新,巴斯夫帮助各行各业的客户满足当前及未来社会的需求。公司的产品和系统解决方案为保护资源、保障营养以及提高生活质量作出贡献。巴斯夫 2012 年全球销售额约 721 亿欧元。截至 2012 年底巴斯夫拥有员工约 11 万名。

先锋电子(中国)投资有限公司

先锋电子(中国)投资有限公司是2001年4月由日本先锋株式会社出资成立的中国地区统括公司。负责包括台湾、香港、韩国在内的东亚地区的统括业务及先锋相关产品的销售业务和研发业务。先锋是全球影音娱乐及光盘技术的先驱,运用先进科技投入家用影音、车用影音以及商业用市场,展现对消费者的热情与娱乐事业的重视。

公司本着“与更多人分享感动”的企业精神,不断推出高性能产品,成为全球娱乐领域的领航先锋。中国地区销售的产品包括:家用影音产品、车用影音产品、车载导航产品及商用影视系统。先锋IT外围事业部不仅有效地整合了DVD产业的各项资源优势,扶植全球DVD市场,并以DVD技术、制造、与专业团队的优势,提供全球DVD-R/RW产品OEM市场、零售市场、及光头等三大营运范畴。先锋的有机显示技术和智能导航系统在车用系统中的应用也已为驾车者提供了另一番时尚便捷、自由舒适娱乐天地。

东工物产贸易有限公司

外商独资企业东工物产贸易有限公司,其前身为日商东工物产株式会社上海代表处,始建于1981年,在沪具有30多年的历史。自2007年起,东工公司陆续在北京、大连、南京、重庆、广州等地设立子公司。

东工物产贸易有限公司主要从事化学原料、塑料橡胶、焊接材料、汽车零件、纤维、衣料品、服装等各类商品的中国国内贸易,日本及东南亚各国的进出口贸易,并提供相应的咨询、中介服务。近年来,公司在持续发展原有经营范围的同时,也不断开拓新的领域。

东工物产贸易有限公司一直秉承“客户至上、信誉至上”的宗旨,不断创新,致力于为广大客户提供优质的产品,优良的服务。

上海联合光盘有限公司

中日合资上海联合光盘有限公司(UOD)成立于1991年10月。中方是中国唱片上海公司,日方是Memory-Tech株式会社(MTC)和株式会社第一兴商。公司获上海市先进技术企业称号,是微软中国零售产品和OEM产品的光盘供应商,获SafeDisc加密技术的认证授权和Philips CD和DVD专利授权认证,通过ISO9001:2008和ISO14001:2004体系认证,获DVD复制控制协会(CCA)的认证,并获CSS加密技术的许可认证,获RipGuard加密技术的认证授权,获日本PIONEER集团公司的EHS管理体系认证,获上海市高新技术企业称号。

公司先后引进荷兰ODME、德国SINGULUS、日本SUMITOMO、日本ORIGIN等世界上最先进的母盘生产线和光盘复制生产线。公司完全遵守国际唱片工业协会IFPI等组织的有关知识产权版权的保护规定,一贯信誉良好。产品分别在2008年和2011年荣获中国新闻出版总署第一届、第二届中国出版政府奖(印刷复制)奖,获上海国际音响GrandPrix大奖评委会授予的“最佳唱片技术拓展奖”荣誉称号,获广东省音乐家协会授予的“年度最佳光盘制作企业”称号。公司在高音质CD等高端光盘AQCD、HQCD的研发和产业化方面投入不断,在市场上享有盛誉。

福伊特企业管理(上海)有限公司

福伊特集团创建于1867年。现有42000多名员工,遍布全球50多个国家。年销售额达

57 亿欧元，是欧洲最大的家族企业之一。公司总部位于德国海德海姆市，共拥有四大事业部，分别是福伊特水电、福伊特工业技术服务、福伊特造纸与福伊特驱动。福伊特为能源、石油与天然气、造纸、原材料以及运输与公共交通等领域树立行业标准。

100 多年来福伊特一直致力于为中国的经济增长和可持续发展做出贡献，中国是公司目前亚洲市场的拓展核心。福伊特在中国拥有 20 多家分支机构和 4000 名员工，2011 年公司在中国的销售额达 10 亿欧元。

养乐多(中国)投资有限公司

养乐多(中国)投资有限公司是世界知名活性乳酸菌乳饮品制造和销售商——日本株式会社 Yakult 于 2005 年 4 月在中国上海成立的一家统筹大陆地区生产销售业务的总公司。

养乐多(中国)投资有限公司在大陆市场的产品为养乐多活性乳酸菌乳饮品(广州地区的商品名称为益力多，与养乐多为同一产品)。每瓶 100ml 的养乐多里至少含有 100 亿个以上对人体有益的活性乳酸菌。其所倡导的"益生菌健康法"就是让肠内栖息的有益菌发挥巨大作用，从而达到健身防病的方法。自问世 70 多年以来，养乐多每天在 30 多个国家和地区销量达到 2500 万瓶。

目前，养乐多在中国大陆拥有上海、天津、广州三个生产基地。销售网络覆盖北京、天津、青岛、济南、上海、南京、杭州、武汉、沈阳、福州、广州等多个地区，其中在北京、上海、广州还设有家庭配送业务。

高沃信息技术(上海)有限公司

高沃信息技术(上海)有限公司是标准普尔 500 强之一的美国 Discover Financial Services 在中国的全资子公司。高沃信息通过以数据为依托的决策分析来支持母公司在美国的全面运营，涵盖领域包括风险管理，市场营销，客户关系和公司服务。经过 5 年努力，上海公司现已成为全公司决策分析方面的核心力量。

公司自 2008 年 5 月成立以来，稳步发展，现有员工 150 多人，其中 90% 以上是毕业于国内外知名院校的硕士和博士，专业涉及数学、统计、计算机、金融及工程等。公司为每个员工量身定做职业发展规划，并致力于打造中国最好的决策分析中心及培养金融分析领域的优秀领军人才。

高沃信息的母公司是美国银行业、支付网络的知名品牌企业。公司 PULSE 支付网络，提供 ATM 和借记卡服务，公司的 Diners Club 品牌在全球超过 185 个国家发卡。公司旗下管理总资产超过 500 亿美元。公司还提供个人商业贷款，学生贷款，网上储蓄，定期储蓄。

MATERION

美题隆精密光学(上海)有限公司

美题隆精密光学(上海)有限公司成立于 2001 年 9 月 21 日，位于上海市外高桥保税区富特东三路 76 号 33 号楼。2011 年 9 月被万腾荣 Materion 集团收购，成为其旗下全资子公司。集团上市公司总部在美国，始建于 1931 年。并在美国，欧洲，新加坡，日本，韩国，中国台湾地区多处设有工厂和销售办事处，全球的员工人数超过 3000 人。

上海子公司的注册资本为 1200 万美元。主营业务包含保税区内生产、加工、组装各类光学元器件，如色轮，光随，滤光片，光学级晶圆封装。业务遍布世界各地发达国家，应用于众多行业领域，比如投影显示，娱乐照明，精密仪器，汽车行业。并提供相关产品的技术咨询及售后服务。

公司始终专注于镀膜产业,并占据行业领先地位。公司始终秉承提供高品质产品和服务的传统,不断超越自我,成为客户制化光学元器件及解决方案的第一合作伙伴。

欧莱雅
L'ORÉAL

欧莱雅(中国)有限公司

欧莱雅集团创立于1909年,总部设在法国巴黎。是《财富》全球500强之一和《财富》"全球50家最受赞赏公司"之一,也是世界上最大的化妆品公司。业务活动遍及全球130多个国家和地区。欧莱雅集团拥有巴黎欧莱雅、美宝莲纽约、卡尼尔、兰蔻、赫莲娜、碧欧泉、植村秀、欧莱雅沙龙专属、卡诗、美奇丝、薇姿、理肤泉、修丽可、YSL、阿玛尼化妆品和拉夫劳伦化妆品等27个国际知名品牌,代表了多样化的品牌文化渊源。其产品极为丰富多彩,包括护肤、防晒、护发、染发、彩妆、香水、卫浴、药房专销化妆品和皮肤科疾病辅疗护肤品等。

欧莱雅集团把高品质的产品带到世界的每一个角落,并以创新和激情引领美的时尚。100多年来,欧莱雅的使命是一贯和持续的,那就是创造美、传播美和引领美,并因此被誉为"美的联合国"和"美的使者"。

欧莱雅始终积极支持和参与当地的文化、教育、环保、艺术、科研和公益等活动,实践做一个优秀企业公民的郑重承诺。欧莱雅积极赞助上海世博会发起和支持"中国青年女科学家奖"、"欧莱雅西部助学金"、"绿色环保行动"及"全球美发师抗击艾滋病"等各种公益慈善项目和活动,得到社会各界的广泛认可。欧莱雅屡次荣获"中华慈善奖"、"中国最佳企业公民"、"跨国公司最佳企业公众形象奖"及达沃斯"最具品牌影响力企业"称号。

增厦信息技术服务(上海)有限公司

增厦信息技术服务(上海)有限公司是印度Zensar Technologies在中国的全资子公司,是一家专注于软件和IT服务外包的跨国公司。

Zensar拥有8000多名员工,业务遍布美国、英国、波兰、荷兰、中东、南非、新加坡、澳大利亚、中国和日本等24个国家和地区,为600多家跨国公司提供从IT开发到业务流程外包,从业务咨询到IT实施的端到端服务。公司提供的服务,涵盖企业ERP、企业应用程序开发、电子商务平台、IT维护及业务流程外包等。

Zensar为全球服务外包100强企业,总部位于印度的浦那,并在孟买股票交易所上市。其服务横跨零售业、制造业、高科技、银行保险、能源、公用事业、游戏、政府、教育和医疗等行业。Zensar在IT和BPO领域提供完整的解决方案,在不同技术平台和行业领域,通过其全球交付中心,为客户提供全天候的服务。

AUX
奥克斯空调

宁波奥克斯空调有限公司

宁波奥克斯空调有限公司隶属奥克斯集团有限公司。自1994年成立以来,历经19年专业制冷历程,现已成长为中国空调行业的领导品牌,中国企业500强。公司拥有奥克斯姜山国际产业园、奥克斯南昌工业园、天津武清工业园三大产业基地,空调年产突破1000万套,销售额超100亿元,有员工10000余人。

宁波奥克斯空调有限公司拥有1个企业工程技术中心,3个技术研究所,1个国家级博士后工作站,有强大的空调技术研发能力和改造能力。奥克斯空调"通过国家节能产品认证及澳洲能耗认证,通过国家3C强制认证,通过ISO9001:2008版质量管理体系认证审核,获"出口免检"、"中国名牌"、"国家免验产品"、"中国驰名商标"、"节能产品"等称号。

奥克斯在国内拥有60余个营销中心(办事处),9000余个销售点,8000多个安装售后服务站,连锁售后服务人员6.5万余人。空调不仅热销国内市场,而且远销意大利、阿根廷等100多个国家和地区。

上海津恩矿业有限公司

上海津恩矿业有限公司创立于2005年,注册在上海张江高科技园区,坐落在浦东陆家嘴区域的张杨路上。公司实施"走出去"战略,积极开拓国际市场,在资源丰富的非洲地区进行工程承包、矿业开发和贸易往来,是一家集国际贸易、资源勘查、采掘冶炼、工程施工于一体的综合性企业。

公司落地非洲,积极参与中国"找矿突破战略行动",利用在津巴布韦多年来对当地法律、商业运作、文化的了解以及建立起来的人脉资源,利用经营各种业务形成的资金,利用津巴布韦良好的成矿条件和巨大的找矿潜力,申请获取优质矿权后开展风险勘查。在获得有经济开发价值的矿产资源后,引入国内适合的矿业企业和投资机构,通过转让权益,推进境外矿业开发。公司正在探索中国民营企业在非洲经营矿产勘查的路径,力图打造中国的海外初级勘查公司。

上海团结普瑞玛激光设备有限公司

上海团结普瑞玛激光设备有限公司(简称"团结普瑞玛")是中意合资企业,外方为世界级激光设备制造商意大利普瑞玛工业公司(其三维加工设备世界销量第一,平面切割机世界第三)。公司是目前中国最大的大功率激光切割与焊接设备制造商,是国内该行业中产品品种最全、技术最优、规模最大的高科技股份制企业之一,曾长时间占据国内大功率激光设备市场50%以上的份额。

团结普瑞玛现为高新技术企业,建有上海市认定的企业技术中心,通过ISO9001质量体系认证及CE认证(英国NQA公司),是国内同行业中最早制订大功率激光切割机企业标准、焊接机企业标准的产业化公司。

团结普瑞玛年产大功率激光设备近300台套,历年已累计投放市场2000多台套。已连续10年高居行业销售量第一,发货量第一,验收量第一。

上海申铁信息工程有限公司

上海申铁信息工程有限公司是上海铁路局下属一家具有铁路信息行业背景,以IT技术服务为主,专注于弱电工程及信息集成建设的专业性高新技术企业,专业于铁路运输信息技术的开发和应用。公司具有上海市安全生产资质、建设部建筑智能化工程设计施工一体化资质,通过ISO9001质量管理体系认证,并获"上海市高新技术企业"和"上海市小巨人(培育)企业"称号。

公司的铁路行业业务覆盖整个上海路局,参与TMIS、ATIS、OMIS、FMOS、客票等大型信息系统的集成建设和产品保修维护服务;完成路局电调楼、上海铁路博物馆、原上海分局调度楼、龙门宾馆改造等建筑弱电工程以及上海南站、沿海铁路建设、沪宁城际项目等客运站弱电及智能化集成工程等建设项目;成功开发的新型客运站智能化集成平台系统,获上海市科技进步三等奖,2008年又获上海市高新技术成果转化项目;公司与同济大学合作研发"RFID在铁路集装箱运输管理系统中的应用"项目,已在国家科技部立项并获支持。

上海青浦工业园区发展(集团)有限公司

上海青浦工业园区成立于1995年11月25日,是市政府重点扶持发展的市级工业开发区。地处上海通往江苏、浙江两省的交汇点,也是长三角"之"字型经济圈的交接处。独特的区位环境和优越的自然环境,造就了既适宜世界先进制造业的承接,又是注重生态环境建设的绿色工业园区。园区内主导产业格局已经形成,产业集群效应明显。形成了以德国海德堡印刷设备、美国当纳利印刷、香港中华印务为主导的印刷传媒产业;以日本发那科机器人、德国库卡、美国斯伦贝谢油田设备为代表的精密机械产业;以腾讯云计算中心、日本NEC光电、住友微电子、美国伯乐电子为代表的电子信息产业;以日本三菱重工、高田汽配、德国采埃孚为代表的汽车零部件产业;以美国英威达、法国博舍为代表的纺织新材料产业。同时,以日立电梯为代表的装备产业也悄然兴起。

2010—2011年园区先后获得"上海品牌园区"、"上海企业总部试点基地"、"上海淀山湖生产性服务业功能区"及"上海市文化产业园区"等称号。

中国邮政储蓄银行上海分行

中国邮政储蓄银行上海分行于2008年1月18日正式成立。成立以来,分行始终坚持"立足城乡社区、积极支农支小、服务社会大众"的定位,不断完善金融服务功能,积极投身地方发展,为城乡居民提供便捷的基础金融服务。在找准自身定位以后,分行将以更开放的思维,继续推进经营战略、管理体制、品牌建设等各方面的改革转型工作,努力开创邮储银行发展的新局面。

分行成立以来,始终将"发展"作为"雷打不动的第一要务",不断丰富业务产品、持续加速市场拓展、深化经营管理转型、健全风险管理体系和一系列措施。截至目前,分行遍布城乡的营业网点达466个;总资产达1300亿元;各项存款达1300亿元;各项贷款余额200亿元;业务收入和利润逐年大幅增长;贷款不良率为0.19%,资产质量始终处于同业先进水平。

秉承"普惠金融"服务理念,分行积极履行企业责任。"邮政储蓄365天天天为您代发养老金"口号深入人心,努力实现社保、单位、离退休人员"三满意"目标,分行代发养老金业务市场占有率达35%。分行全力支持中小微企业的发展,累计为5000户中小企业客户提供信贷支持110亿元。还将继续为中小企业金融服务深入到郊区县及区、村级园区,为企业提供方便高效的金融服务。

上海曦视科技有限公司

上海曦视科技有限公司致力于将传感器、计算机视觉、云计算等先进技术应用于工业及民用领域,根据客户具体需求定制解决方案,其中工业产品覆盖汽车零部件检测机、金属板材检测、瓶身检测机、棉花异纤分拣机等。

公司关注客户实际需求,通过对技术的创新运用来实现企业价值。同时倾力建设一支高素质的人才队伍,通过公司的解决方案助力制造业客户提升产品生产质量水平,丰富人们的生活多样性和娱乐性。在此过程中成就员工,实现企业的社会价值。

上海时代航运有限公司

上海时代航运有限公司是中国海运(集团)总公司下属中海发展股份有限公司与中国华

能集团公司下属华能国际电力股份有限公司各出资50%组建的航运公司，成立于2001年2月。主要从事国际、国内沿海及长江中下游货物运输，货运和船舶代理以及国际、国内煤炭贸易。

公司注册资本12亿元，自有船舶41艘共228万载重吨。其中两艘国内最大的3.5万吨级的自卸散货船，能确保华能沿海丹东、大连、营口、威海、南京、南通、太仓、长兴、上海石洞口、玉环、福州、汕头、海口等电厂发电用煤运输。

公司依靠股东双方雄厚的人、财、物、管理的资源优势，为华能沿海电厂生产用煤提供安全、优质、经济、高效的运输保障，并在此基础上，进一步拓展潜在的电煤和货运市场空间，立足航运主业，实施海运和国内外贸易紧密结合的经营战略，积极开拓和发展国际、国内运贸结合的煤炭物流产业。

公司将以良好的信誉、优质的服务、先进的管理，为国内外广大客户提供服务、进行合作，互惠互利，携手共进。

上海华敏储运有限公司

上海华敏储运有限公司是专业从事国内长、短途货物运输，涵盖大件货物运输及水运、国内空运、货物仓储、物流配送、货物分拣、包装和捆扎加工的物流服务型企业。公司成立于2001年9月，旗下拥有一家全资子公司上海华杰物流有限公司。公司总部地处普陀区金鼎路380号，主要场站基地坐落于上海东北角宝钱公路与沪太公路交汇处。公司拥有一批精通设备进出口报关、包装、吊装、掏箱、起重、盘路就位、配载的专业人员。公司依托上海和长三角地区及其它国内市场，业务范围辐射整个华东地区以及全国六大地区。企业理念是：团结、奋进、创新、和谐；企业服务宗旨是：诚信为本，服务第一。以高标准、高要求，用心为客户服务。公司于2004年7月获得ISO9001－2000质量体系认证，2005年10月又获得EHS质量体系认证。

老港工业区

老港是中国第一枚火箭升空的地方。老港工业区是1995年经原南汇县人民政府批准的区级工业区，占地面积4平方公里。2006年经国家批准升级为上海市级工业区"浦东空港工业区"的重要板块之一。2010年1月，又划入金桥出口加工区实施联动发展。2013年2月，纳入张江高新区金桥园，充分享受大张江政策。

随着国际航运、国际贸易两个中心建设的发展，地处两港之间的老港区位优势日益凸显：距洋山深水港12公里，距浦东机场8公里，距中国商飞总装基地仅2公里，与临港新城产业园隔河相望；园区周边两港大道、G1501和S32高速、沪通铁路、轻轨16号线等组成了极为便捷的交通体系。园区完善的基础设施，独特的地理位置，全程"保姆式"服务，将使老港工业区既能充分利用现有的各类资源，又能依托大金桥平台的联动发展，积极培育节能环保、大飞机项目配套产业，相信在园区上下的共同努力和社会各界的关心下，老港工业区的未来更美好。

ZEON 瑞翁（上海）管理有限公司（zeon）

日本zeon自1950年创立以来，在日本的石油化学工业界达到了惊人的跃进，并首次将合成橡胶国产化。zeon的合成橡胶，世界特殊合成橡胶领域中也属最高水平。其中从粗汽油中分解出C4馏分丁二烯抽出技术，已向海外19个国家技术出口。并且C5馏分多方面综合利用在世界上也备受关注。由 C5 馏分产出的高功能树脂“ZEONEX”“ZEONOR”，正建立起被数码相机、手机等的光学镜片、液晶电视和智能手机等作为代表材料而无法动摇的位置。

zeon 在高功能化学领域，信息电子材料领域，保护环境的蚀刻气体和高性能冲洗剂，显示器用的新开发材料，与产业综合研究所的 CNT 的实用化研究开发等，新的功能性材料正在不断的诞生，2020 年新的中期经营计划最近开始了。在中国的事业展开也以合成橡胶、高功能树脂为中心。

上海精细化工产业园区（上海金山第二工业区）

上海精细化工产业园区位于上海市西南部，杭州湾沿岸，长三角城市群心脏地带的金山区金山卫镇。2002 年园区规划开发面积 10.78 平方公里，并努力按照国家级大化工配套区的标准实施新一轮开发。

园区产业定位明确，主要集聚用户覆盖率广、附加值高、发展潜力大的精细化工产业。生产各类催化剂、助（溶）剂、食品添加剂、电子化学品、造纸化学品，生物化工等目前尚未形成规模而市场空间广阔的新领域精细化工产品。作为上海市级工业区和上海市唯一指定的精细化工产业园，园区充分利用工业区的优惠政策和产业链招商优势，吸引了上海最有实力的一批科研机构，并引进国内外多家知名企业，已成为发展石油化工中下游产品和精细化工、胡工新材料的新高地。

工业区基础配套设施和物料供应完善。水、气、蒸汽、氢气、排污及工业用环氧乙烷、乙烯等相关基础特料管网均已与上海石化连通。区域内门类齐全的化工前道产品为精细化工发展提供充足的源料，可完全满足各类精细化工企业的落户、生产综合要求。独特的区位、便捷的交通、门类齐全的原料供应，使金山第二工业区成为发展石油化工中下游产品和精细化工、化工新材料的新高地。

上海林内有限公司

林内集团成立于 1920 年，拥有 90 多年的历史，是世界燃气具生产企业中最强大的集团公司之一。在世界 17 个国家和地区设有 29 家生产或销售子公司，消费者遍布全球多个国家和地区。林内作为全球综合热能器具行业的领导者，不断创造引领消费者需求的产品，为人们带来舒适、便利的现代生活。

1993 年 9 月，上海林内有限公司由林内集团和上海燃气（集团）有限公司共同投资成立，属上海市高新技术企业。公司秉承林内集团 90 多年的技术底蕴，依托集团先进的设备、工艺和研发能力，以生产高端的燃气热水器、燃气灶、采暖炉、吸油烟机等厨卫电器为主，并获得了 JIA 品质保证 A 级工场的评价。上海林内始终坚持“以质量和诚意奉献于客户”的理念，正一步一个脚印地发展成为中国综合热能器具的领导者。

上海汽车信息产业投资有限公司

上海汽车信息产业投资有限公司（SAIS），由上海汽车工业（集团）总公司与上海汽车股份有限公司于 2000 年共同组建，是一家投身汽车工业的信息技术和服务公司。公司致力于向顾客提供发展战略、解决方案及相关服务，帮助他们在竞争对手中脱颖而出，取得成功。

成立 10 年来，公司（SAIS）在专业领域不断探索，寻找合适的自身定位并不断开拓新的业务领域。在公司建设上着力于打造“专业的公司、专业的团队、专业的员工”的“三专”目标。

公司的主要业务部门有PLM部、客户服务部、智能系统集成部。公司下属子公司有永诺信息技术有限公司及安悦四维信息技术有限公司。

思亲肤化妆品贸易(上海)有限公司

来自韩国的SKINFOOD是一个以"美食护肤主义"为理念的研制护肤及彩妆产品的化妆品品牌企业,拥有超过50年化妆品领域的专业经验。

SKINFOOD坚信"在谷物蔬果、天然食物中蕴含着能让肌肤更美丽的能量,对身体有益的食物也同样对肌肤有益"。所有的产品灵感均源于来自奇妙大自然的丰富美食,利用现代科技萃取食物之护肤精华赋予肌肤美丽。

"美食护肤主义"这一全新的品牌理念令SKINFOOD在全球赢得空前关注,除了在韩国本土拥有近500家专卖店外,还已成功进驻美国、中国香港、中国台湾、日本、新加坡、泰国等多个国家和地区。自2008年进入中国市场后,已开设超过200家店铺与专柜,并凭借其独特的品牌理念与优越的产品品质获得广大消费者的喜爱与好评。

上海市城市建设投资开发总公司

上海市城市建设投资开发总公司成立于1992年,拥有2家上市公司、10余家核心企业和2万多名员工,是一家专业从事城市基础设施投资、建设和运营的国有大型投资企业集团。

"十二五"期间,上海城投将深入贯彻落实科学发展观,积极顺应新形势新要求新变化,紧紧围绕上海"四个中心"和社会主义现代化国际化大都市建设的大局,以完善城市基础设施能力、提升服务保障水平为根本目的,以深化改革整合资源、拓展市场提高绩效为主要引擎,以建立社会责任管理体系、注重科技和人才开发为主要手段,积极履行政府投融资主体、重大工程建设主体、城市安全运营主体职责,安全、优质、高效完成投资、建设任务。不断提高城市基础设施服务保障能力和应急能力,不断提高市场业务的盈利能力,努力实践"让都市生活更美好"的愿景,推动公司均衡、持续、健康、主动发展,努力将公司打造成为政府放心、百姓满意、社会认同、竞争有力,管理架构合理、运行机制顺畅、任务完成出色、企业持续发展的大型基础设施投资建设和运营管理集团。

吴羽(中国)投资有限公司

吴羽(中国)投资有限公司是一家以生产特殊化学品和树脂为主的国际化集团公司,一直致力于化学产品的创新与技术开发,运用独创的有机合成技术研发出了多种特殊化学产品和树脂产品。产品涵盖氯气、烧碱等基础化学品、无机化学品、有机化学品、工程塑料、医药、农用化学品以及包括食品包装材料在内的家用产品。

公司自上世纪90年代进入中国市场,2003年在中国建立第一个生产基地——上海吴羽化学有限公司,开始生产碳素纤维成型隔热材料(KRECA·FR),拥有全球70%以上的市场份额,确立了在半导体生产用等的高温炉用隔热材料方面处于市场领先地位。

2004年公司又率先将聚偏二氯乙烯(PVDC)高分子聚合生产技术引进到中国,并与其他两家公司合作成立南通汇羽丰新材料有限公司,可年产1万吨的聚偏二氯乙烯(PVDC)树脂。

在新一轮产业链变革中,中国已成为全球最大的市场,鉴于此公司决定在中国采取重点发展方针。2009年4月成立吴羽(上海)贸易有限公司,2011年9月正式成立吴羽(中国)投资有限公司,并被认定为跨国公司地区总部。此外于2012年在江苏常熟投资设立吴羽(常熟)

氟材料有限公司，年产5000吨聚偏二氟乙烯(PVDF)树脂，预计在2014年正式投产。

吴羽(中国)将致力于贯彻整合吴羽集团在中国的核心产品战略，在"珍惜人和自然环境"的企业理念指导下，集团将继续加强吴羽产品在中国市场与全球市场的互动。

华荣科技股份有限公司

华荣科技股份有限公司是一家专注于防爆电气、照明灯具和船用电器研发、制造、生产、销售、服务为主的工业企业。公司以连续11年6项综合指标行业排名第一的优势，成为中国防爆电气行业名副其实的龙头企业。

华荣股份以"安全、节能、环保"为研发主导方向，以社会责任为己任，所辖500多家国内销售中心和经销商，30多家国外销售分支机构，能及时、高效、系统为客户提供售前、售中、售后服务。华荣上海工业园是世界规模最大、设施最先进的防爆电气生产基地之一。华荣技术中心被评为"上海市企业技术中心"，"华荣"商标被认定为上海市著名商标，BAD系列产品荣获上海市名牌产品，获得"国家标准化良好行为AAAA企业"、"电工行业信用等级AAA级企业"、苏浙皖赣沪地区"质量工作先进单位"、"上海市高新技术企业"、"上海市科技小巨人企业"、"上海市知识产权示范企业"、"上海市创新型企业"、上海出入境检验检疫"一类管理企业"等称号，企业综合实力名列上海市民营企业100强。

统一超商(上海)便利有限公司

7－ELEVEN便利店诞生于1927年的美国，由于最初的营业时间为早7点到晚11点，因此7－ELEVEN这一传奇性的名字就此诞生。7－ELEVEN不是一般的便利店，而是一种全新形态的生活体验店，也是目前全球最大的连锁便利通路、最大的便利连锁店。

作为全世界最大的便利商店品牌，上海7－ELEVEN集合了台湾、北京、日本、美国等全球7－ELEVEN成功发展经验，致力开发最具差异化，且符合本地消费者习惯的商品，并从经营理念到门市服务操作，使顾客感受到7－ELEVEN所创造的国际生活风格。

上海7－ELEVEN为台湾统一超商所经营，自2009年4月30日盛大开幕以来，以专业的国际化经营形态，同步全球信息，让上海消费者与世界流行生活零时差。7－ELEVEN为上海消费者打开大都市的全新便利生活体验之门，为本地消费者带来全新的购物体验。

上海红酒交易中心

上海红酒交易中心成立于2011年4月。是国内唯一一家为财富人士和业内人士提供红酒收藏、消费、投资交易的专业服务机构。中心在酒庄、酒商和客户之间搭建实时、高效、安全的交易平台，是对传统交易模式的重大突破。

上海红酒交易中心与各大商业银行签署战略合作协议，包括中国工商银行、中国银行等，合作为客户提供账户托管服务，保证资金安全。同时在国内外设立专业酒窖，保障红酒的品质和交割便利。

上海红酒交易中心的股东组成中有上海糖业烟酒集团。中心自开业以来，得到中央电视台及各大媒体的广泛关注。2011年度获得十大最佳商业模式奖。

上海科莱博隐形眼镜有限公司

上海科莱博隐形眼镜有限公司于2008年成立。与全球行业领先的生产商广泛合作，专注于将全球领先的隐形眼镜产品和健康的配戴理念带给中国消费者，让消费者享受清晰、舒适、彩色、时尚的佩戴体验。

随着科莱博的不断成长，得到多方肯定，曾获“最佳成长大奖”、“十年飞跃大奖”、“最具时尚引领的彩片品牌”等奖项。

科莱博与多家知名生产商达成战略联盟，生产基地分布在新加坡、韩国、英国等国家和地区。这些厂商在科莱博严格标准要求下生产产品，其中 Color 系列和冰彩日抛系列已经通过美国 FDA 认证，而且使用医用染料，为科莱博产品提供了质量保证。在卓越品质前提下，科莱博引领时尚，不断研发，目前已经有近 200 个花形、花色的彩色隐形眼镜，成为行业当之无愧的时尚引领者。

上海新境界食品贸易有限公司

上海新境界食品贸易有限公司是由上海市糖业烟酒（集团）有限公司出资组建的有限责任公司，成立于 2004 年 7 月 28 日，注册资本 8000 万元。公司坚持诚信经营，注重食品安全，追求完善服务，具备较为完整的冷链配送服务能力。公司主要经营肉类、家禽类、水产类、速冻蔬菜类、速冻点心类、粮油类、奶油及奶制品、包装熟食类、饮料类、酒类、南北货类、调味品类等商品，代理众多全国知名品牌，公司分别是上海特殊渠道“雨润”猪肉、“荷美尔”熟制品和“青岛”生啤的总代理商。公司是百胜集团在中国最早的进口商品配送服务商之一，自 2000 年起就与百胜建立了全方位的业务合作关系。

公司占地总面积为 12050 平方米，建筑总面积为 15875 平方米，拥有“四温带”库房 5000 吨和 3000 平方米的常温库，用于运输的冷冻冷藏制冷车和专用保温箱等设施设备，能有效支撑食品集成供应和低温物流配送服务。

公司旗下有以保健品和红酒等品牌代理为主的上海铭天实业有限公司，以副食品品牌代理为主的上海友谊食品特供有限公司，以低温物流配送服务的上海申鲜物流有限公司。

上海跨国采购会展中心

2013 年新建成的上海跨国采购会展中心，凭借其大型的会议设施和展厅兼备的优势，集会议、展览、餐饮、活动于一体，弥补了沪上大型会议和展览会同时举办的需求。

跨采中心拥有 16000 平米的展厅；9000 平米会议场所包括：视频会议室、大、中型会议室、多功能厅等 23 间会议场所。其中 3000 平米无柱挑高 11 米会议室是目前上海浦西市区最大的无柱会议厅，适宜举办各类大型会议、大型活动和大型宴会。会议厅配备各类先进的视频、音响、网络系统；5000 平米餐厅区，可提供高端宴会、商务套餐、工作简餐、休闲茶饮等多种饮食配套，为宾客提供风格迥异精致完善的餐饮服务。

跨采中心位于上海普陀区苏州河北岸长风生态商务区，是上海市首批重点推进的现代服务业集聚区。毗邻虹桥商务区，周边内环线、中环线，轨道交通 2、13、15 号线环绕的核心地段，方圆两公里内林立 11 家四、五星级酒店和 30 多家商务经济型酒店。

上海锦元文化发展有限公司

上海锦元文化发展有限公司创建于 1998 年。主要经营金属纪念章、金属邮票、金属薄片、筹码及旅游纪念品。公司拥有全套金属纪念品生产的专用设备和专业人才。其中包括 10 多台国外引进的先进雕刻机、彩印机、设计软件等，是国内首屈一指的集设计、制模、压制、彩印、装帧和销售为一体的实体型民营企业。

公司自成立以来，多次承担国家和地方重大政治、经济和文化活动的礼品、纪念品的设计、生产工作，如：香港回归、99昆明世博会、APEC会议等。特别是2008年和2010年，公司先后被认定为北京奥运会和上海世博会贵金属纪念品的特许经营企业，自主创意、设计、销售的《中国名片》、《上海名片》和《玩转上海》等系列产品，获世博会特许产品“创新奖”和“全球华人设计大奖”，受到广大参观者和收藏者的广泛欢迎。

公司研发设计、生产的旅游纪念品已进入上海大剧院、东方明珠、豫园商城、上海科技馆和北京王府井、钓鱼台国宾馆等旅游景点，得到国内外旅游者的好评。

公司产品长期出口美国、印度、新西兰等国家和香港地区，年出口额超过120万美元。2010年，公司与美国阳光造币公司成功合资，建立阳光明特（上海）金属有限公司，现正致力于建成亚洲最大的贵金属坯饼加工基地。

上海九华商业（集团）有限公司

上海九华商业（集团）有限公司系国有独资企业，隶属于长宁区国有资产管理委员会。公司于2004年11月26日成立，拥有商业网点面积22万余平方米，遍布长宁区各主要路段和商业街，员工4000余人，下属1家全资子公司，6家控股子公司，2家参股子公司。

集团公司奉行“团结、务实、开拓、创新”的企业精神，坚持科学的发展观，紧紧围绕长宁商业发展规划，调整经营业态和布局，提升长宁商业整体形象；坚持创新经营机制，引进新的经营理念，实行投资主体多元化，建立国有资产有进有退、能进能退、有序流动的新机制，形成国资、民资、外资共融共进的混合所有制经济发展的新格局；坚持引特引优、引大引强，为实现长宁经济可持续发展作出新贡献。

上海鸿翔百货有限公司

上海鸿翔百货有限公司下属六大品牌企业历史悠久，拥有世代传承的产品技艺和服务，具有鲜明的中华民族传统文化背景和文化底蕴，是蕴涵了丰富人文和厚重历史的“中华老字号”企业。

始创于1917年的上海鸿翔制衣有限公司，荣获1933年芝加哥世博会银奖，享有“女服之王”盛名。上海亨生西服有限公司，始创于1929年，一直延续高档西服制造和专业手工高级定制男士服饰的传统。上海第一西比利亚皮货有限公司创办于1930年，是久负盛名销售高档裘皮、革皮服装的皮货专业公司。上海龙凤中式服装有限公司创建于1936年，是同行业中，唯一一家保持手工缝制技术，前店后工场加工销售模式的企业，以国家级非遗手工旗袍制作八大技艺闻名。始创于1940年的上海新大美华鞋业有限公司，享誉沪上60余载，是上海滩首创的专营女士绣花鞋的“中华老字号”。上海蓝棠—博步皮鞋有限公司始创于1948和1945年，蓝棠女鞋造型轻巧，款式高雅，博步男鞋，体现“阳刚之美”，2011年公司从国外进口激光脚型扫描仪为高端定制提供服务。

公司秉承“传承文本，创新为魂”的文化理念，在创新中传承“中华老字号”的品牌精神文化和品牌物质文化。

FOSTER WHEELER

福斯特惠勒能源管理（上海）有限公司

福斯特惠勒集团公司是国际化的工程设计、电力设备提供商。其产品技术先进、性能可靠。公司有各类专业人才约12000人,通过两大业务集团为客户提供专业、贴心的服务。公司的全球工程建设集团为油气上游开发,LNG与液化气,炼油,化工与石化,电力,采矿冶金,环保,制药,生物技术和保健等行业设计、制造先进的工艺装置。公司的全球电力集团作为世界上燃烧与锅炉技术的领导者,为世界各地的电站和工业用户设计、制造并安装锅炉和辅机,并提供广泛的售后服务。

福斯特惠勒能源管理(上海)有限公司是本集团在中国上海的跨国地区总部,负责管理全球电力集团在亚洲的公司和业务。

沃尔沃建筑设备(中国)有限公司

沃尔沃建筑设备是全球领先的建筑设备制造商,是中国值得信赖的合作伙伴。180年来,沃尔沃建筑设备以其卓越的品质、坚实的安全承诺、创新的技术成就以及不断优化的客户服务理念引领产业变革。沃尔沃建筑设备还将其最先进的环保解决方案全面投入到与中国的合作中,帮助产业和中国实现可持续发展的长远目标。

沃尔沃建筑设备隶属于沃尔沃集团。沃尔沃建筑设备在中国已建有2个生产基地和1个技术研发中心,产品涵盖几乎所有工程机械领域——通用设备、路面机械和小型设备等。遍布中国各个省市自治区(西藏除外)的经销商网络使公司更加有效地把握市场脉搏,满足客户需求。沃尔沃建筑设备在中国拥有超过900名高素质员工,并致力于通过本土人才发展计划实现共同成长。

上海惠晟物流有限公司

2012年,惠尔物流控股、管理者参股成立上海惠晟物流有限公司,以惠尔物流原经营的市内配送业务为基础,进一步发展惠尔在上海以及全国主要城市的城市共同配送业务。

2009年,惠晟物流控股母公司惠尔物流在青浦区建起一座惠尔现代物流生态园,占地183.1亩,建筑面积77800平方米,总投资额为3亿元。

惠晟物流总部位于惠尔现代物流生态园,园区作为大型制造企业中央分发中心、城市物流配送中心、物流上下游企业信息中心,为上海的制造企业提供卖场、超市、便利店等的城市配送。园区已吸引诸多制造企业入驻,现有客户均为国内大型快消品制造企业,现年配送总量约1500万箱,送达终端逾5500家,并有稳步上升的趋势。

为推动传统货运业向现代物流业的转型和发展,促进物流业的发展,2013年,惠晟物流决定打造"快速城市配送集约化供应链管理公共信息平台"。主要为上游快消品制造及经销企业,及下游城市配送企业、车队、司机提供一站式服务。

惠晟物流将利用该平台整合社会上的车辆资源及中小型物流配送企业,推动物流产业的发展的同时,降低城市的交通压力,减少尾气排放,并在仓储、运输、配送等各个环节实现效率提升、节约资源。在人力、仓库、运输成本上升现行阶段,城市配送企业只有合作、共享资源,才能控制成本,持续发展。

华润(上海)有限公司

华润时代广场坐落在上海市浦东新区陆家嘴金融贸易区商业繁华地带,主营业务包括对商场和写字楼的物业经营与管理。

华润时代广场于1997年建成开业,地理位置优越,交通便捷。广场建筑面积98807.02平方米，由裙楼、塔楼和地下车库三部分组成。整幢大厦具有优美的现代欧洲建筑风格以及一流的硬件设施，其中 10 层裙楼通过几年来的经营定位调整，由 GUCCI、MAXMARA、ESCADA、TRUSSARDI 等诸多世界知名品牌的入驻，逐步发展成为上海“标志高贵、引领时尚”的品牌服饰服务中心和餐饮休闲中心；34 层的塔楼是以外资企业和金融机构为主要服务对象的甲级写字楼，一直保持着较高的出租率。

作为一个集购物、休闲、餐饮、娱乐和办公为一体的综合型智能大厦，华润时代广场已成为浦东陆家嘴金融贸易区一道靓丽的风景线。

上海机场（集团）有限公司虹桥国际机场公司

虹桥国际机场位于上海西郊，1921 年建成使用。距市中心 13 公里，主要为国内外航空运输企业及旅客提供地面后勤保障服务。因其独特的地理优势，一直以来受到国内外旅客的青睐。虹桥机场历史上经历了多次改扩建，2010 年扩建工程投用后更加快速发展，软硬件资源达到国内先进，运量规模跻身世界繁忙机场行列，22 家中外航空公司在此运营，航点覆盖国内大部分城市及 5 个国际地区城市。截至 2012 年底，虹桥机场已圆满实现 25 个安全年，2011－2012 年连续 2 年获得全球行业机构“中国最佳地区机场”第一名的殊荣。作为上海对外交通以及虹桥综合交通枢纽的重要组成部分，虹桥机场为上海经济社会发展和现代化国际大都市建设方面发挥了举足轻重的作用。

上海永和大王餐饮有限公司

“永和大王”是以台湾地名永和为名号所创建的正宗台式豆浆油条专家之一。自 1995 年在上海创建第一家餐厅迄今 18 年，已在全国 44 个城市开设超过 300 家餐厅。2004 年亚洲最大连锁餐饮集团之一的快乐蜂全资收购永和大王，从此永和大王正式进入世界级标准运营的连锁快餐模式，并致力将永和大王打造成为中国第一的中式快餐品牌。

连续三年荣获中国品牌力指数“中式快餐第一品牌”的永和大王，最近陆续推出多种台式风味的新品，包括鱼香肉丝饭，宝岛狮子头饭，盐酥鸡，紫菜鱼丸汤，仙草冬瓜茶，柠檬爱玉汁以及三款台式豆花等。同时，永和大王也改进了现有的产品，有强烈台湾印记的大王卤肉饭回归原本台式以盖浇饭呈现的形式；作为招牌产品之一的三杯鸡饭，加强了的九层塔的秘制香味；广受顾客青睐的大王红烧牛肉面及多 C 番茄牛肉面，增加面的分量也改进了汤底而愈加醇香味厚。从全新的产品及菜单设计的风格看来，不难看出，永和大王变得台味十足了。

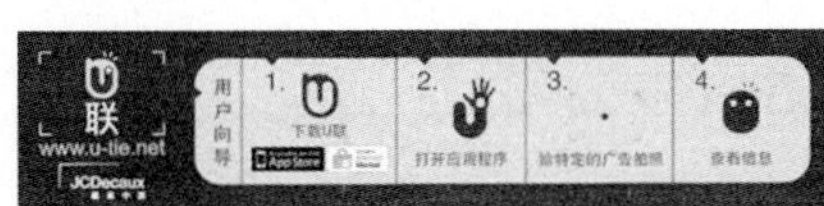

德高广告（上海）有限公司

德高集团创立于 1964 年，是全球排名第一的国际性户外媒体公司，并在巴黎 Euronext 上市。集团业务遍布全球 50 多个国家，主营街道设施、交通媒体和大型广告牌媒体。2012 年收入达 26.23 亿欧元，运营着 1002800 个广告位，拥有 10484 名员工。

德高中国于 2005 年藉着收购本地强势户外媒体公司和取得新合约进入中国市场。目前业务遍及中国（含香港、澳门）的 35 座城市，主要运营交通媒体（地铁媒体、公交媒体和机场媒体）以及街道设施（巴士候车亭和校园媒体），使中国户外媒体异彩纷呈：

中国领先的地铁媒体网络——中国 7 个快速经济发展城市的地铁网络。

中国领先的全国性巴士网络媒体——8 个城市的全国联网。

大中华区排名前列的机场广告媒体——业务主要涵盖 7 大城市：北京、上海、青岛、成都、沈阳、香港、澳门。

高品质的巴士候车亭媒体——100%覆盖宁波巴士候车亭。

主导中国校园媒体网络——31 个城市,288 所大学的大学视窗媒体。

上海华盛建设集团贸易有限公司

上海华盛建设集团贸易有限公司隶属于上海华盛建设(集团)公司。是一家专门从事商业地产运作与管理的企业,目前主要负责上海华盛贸易商场(简称"华盛街")的日常经营与管理工作。上海华盛街是一家大型的综合性地下购物商场,坐落于上海市中心南京路和西藏路交界处,地铁二号线人民广场站上层南京西路 19-169 号,东临西藏中路,南临九江路,西临黄陂北路,北临南京西路,全长 368 米,5 个出入口直接通往南京路,地理位置十分优越,固有十里南京路,半里华盛街之称。

华盛街建筑面积为 24600 平方米,分为南北两区商场,共有三大板块,商铺 400 余间。南区商场建筑面积 18000 平方米,主要经营女士休闲服装、箱包、皮革制品等;北区商场负二层建筑面积 3300 平方米,已形成总长约 220 米婚纱一条街,北区负一层建筑面积 3300 平方米,主要经营时尚饰品、礼品以及各类淘宝小店。本着倡导时尚、互惠互利、完美服务、弘扬商业文化、追求全面发展的精神,创建秩序井然的经营环境的目的,商场设有招商部为各厂商提供良好的展示平台和经营环境,竭诚为各厂商入驻提供优质服务。同时华盛街以追求流行时尚,引领缤纷生活为宗旨,欢迎社会各界人士前来选购。

上海钢铁交易中心

上海钢铁交易中心由宝山区政府和宝钢牵头组建。按照"政府推动、社会参与、企业运营、多元合作"的原则,开展钢材现货电子交易、供应链融资、信息咨询等业务,为钢铁行业上下游企业提供交易、资金、物流、加工、技术、信息等全流程、一站式服务,打造国内领先的钢铁行业 B2B 服务平台。

上海钢铁交易中心以创新的交易模式和服务产品,形成现代化钢铁供应链服务体系,引领钢铁流通变革,提高钢铁服务业水平,提升我国钢铁行业在国际市场上的定价权和话语权。

上海钢铁交易中心的建设将极大地推动行业内平台经济的发展,更好地集聚产业优势、资源优势和区位优势,实现"二三产业联动",以服务业带动制造业转型,实现钢铁流通现代化,进而探索钢铁行业发展和转型升级新路径。

上海建融投资有限公司

上海建融投资有限公司成立于 2007 年 2 月 16 日。注册地是上海市长宁区虹桥路 2272 号虹桥商务大厦 4 楼 E-F 座,注册资本 1600 万元。主要经营实业投资、房产开发、国际贸易和国际金融、商务、投资咨询等。

公司欢迎与更多的投资商和开发商合作开发,将事业做大做好。公司将帮助解决发展商的融资困难,共同开发项目,为社会经济发展多做贡献,为打造一个和谐社会而共同努力。

法国巴黎银行(中国)有限公司

法国巴黎银行是世界上最大的跨国金融机构之一,业务遍及 80 个国家及地区,雇用近 20

万名员工，在国际金融界占有举足轻重的地位。巴黎银行早在1860年就在上海开设首间办事处，开展中国业务；1984年在北京开设办事处，成为首家重返中国大陆的欧洲银行；1992年与中国工商银行合作在上海成立中国第一家合资银行——上海巴黎国际银行；2008年，成立以上海为总部的法国巴黎银行（中国）有限公司，在国内提供企业及投资银行与资产管理等方面的银行、融资及咨询服务。

巴黎银行长期以来都十分积极支持上海的经济发展，尤其是在协助上海开发重大项目和开拓境外资本市场方面，取得了很大的成绩。2011年上海市政府向法国巴黎银行（中国）有限公司结构融资部总经理张有方颁发白玉兰纪念奖，以表彰其对上海经济建设所作出的杰出贡献。

上海金山惠民村镇银行

上海金山惠民村镇银行有限责任公司是经中国银行业监督管理委员会上海监管局批准，由南充市商业银行作为主发起行，在上海金山区政府的大力支持和帮助下，联合5家实力强劲的企业及一名自然人成立的具有独立法人资格的银行业金融机构。注册资本3亿元，注册地位于上海市金山区卫清东路3008—3018号。

上海金山惠民村镇银行坚持“心存善，水润物”的核心价值观，坚持“服务金山，错位竞争”的长期战略，坚守“立足当地，服务市民，支持中小，惠利三农”的市场定位，大力服务金山区三农经济，积极为中小企业、小微企业、个体工商户和城镇居民提供各项金融服务。截至2012年底，银行总资产达16.58亿元，基础性存款余额8.9亿元，各项贷款余额5.97亿元，全年贷款投放19.32亿元，实现净利润918万元。

上海金山惠民村镇银行将充分发挥一级法人具有的审批决策链短、专业化分工明晰、服务优质高效的优势，秉承“情系三农，携手中小，服务金山，成就大家”的经营宗旨，专心服务于金山区本地客户，为金山区经济的发展添砖加瓦。

合发（上海）网络技术有限公司

合发集团是以美籍华人Barry Wan为首的中美房地产界精英人士于2011年在纽约和上海分别成立。合发集团的使命：造福中国房地产经纪人，让中国没有难以租售的房地产。在以MLS为基础的美国成功的房地产营销商业模式基础上，结合中国国情，线上打造中国首家和唯一的MLS体系——房源银行，线下创立全新的房地产经纪人模式——万瑞时代地产，为中国房地产行业面临的挑战不瓶颈提供解决方案。

房源银行是房地产经纪人资源共享、销售协同的工作平台。它是一种营销模式，更是严谨而先进的行业准则和经营管理模式。合发房源银行系统是房地产经纪人和中介门店的一站式全方位解决方案。

万瑞时代地产是完全按照MLS模式打造的新型连锁房地产中介门店。万瑞时代地产的高佣金提成，利润分享，独家代理合作共赢的业务模式，将会实现公司超常规的快速增长，真正实现合发集团的造福房地产经纪人，让中国没有难卖的房产的使命。

印孚瑟斯技术（中国）有限公司

Infosys技术（中国）有限公司是Infosys有限公司的全资子公司，成立于2003年，总部坐落于中国上海。自建立之初，Infosys便立志在中国成立世界级的研发交付中心为客户提供咨询和信息技术服务。Infosys(中国)通过提供业务咨询、技术、工程和外包服务,帮助客户建设未来型企业。

Infosys(中国)汇集了优秀的国际与本土人才,拥有作为企业全球合作伙伴所必备的专业技能、语言支持和覆盖广度。借由母公司首创的全球交付模式(GDM)和丰富的实战经验,为客户提供广泛的服务,涵盖商业及技术咨询、应用开发、系统集成、产品工程、定制软件开发、系统维护、工程再造、独立验证测试、IT 基础设施服务和业务流程外包。与此同时,Infosys(中国)持续专注于垂直行业的领域知识,以充分理解行业自身特点及其独特的信息化需求。

作为世界知名业务咨询、技术、工程和外包服务提供商,Infosys(中国)严格遵循行业最佳标准,于 2007 年成为国内首家获得 CMMI 5 V1.2(软件能力成熟度模型)证书的公司,并获 ISO27001 信息安全管理体系国际认证证书。

上海旭通广告有限公司

上海旭通广告有限公司是日本第三大广告集团 ADK 于 1993 年投资成立的全代理综合广告公司,也是世界著名广告集团 WPP 集团的成员公司之一。20 年来公司扎根于中国本土市场,通过长年积蓄具备独有的市场宣传及品牌塑造等技能。

公司总部位于上海,并在北京、广州、福州、成都、青岛设有分支机构或办事处。公司秉承 ADK 一贯的"全员经营"理念,已形成富有特色和竞争力的服务体系:为客户提供 360 度一站式品牌整合传播方案,全国范围内的电视、报纸、杂志、户外、网络等媒体代理、创意设计制作和发布,大型的会展、公关、促销、展示等策划推广活动。

公司曾荣获上海广告业唯一的全国外商投资双优企业,2004 年起至今已连续 4 届被评为中国一级广告资质企业,历年来公司有不少作品获得中国和上海的广告作品大奖。

理光图像技术(上海)有限公司

理光图像技术(上海)有限公司(简称:"RITS"),是世界 500 强企业——日本株式会社理光下属的日资子公司。总部位于上海漕河泾开发区,现有员工 554 名。

公司内设 4 个技术部门:软件开发中心从事打印机、多功能机的引擎、控制器的开发、文档管理及办公自动化关联的 PC 应用软件的开发;产品开发中心的主要业务为打印机、多功能机结构及电路设计;品质评价中心主要从事打印机、多功能机的软件功能测试;解决方案推进部主要从事面向中国国内市场客户的解决方案的开发。各部门分工合作,使公司成为理光集团在中国最大的集硬件设计、软件开发、评价于一体的技术中心。

公司的主要客户为日本理光。近年来,公司为提高客户满意度,开展一系列的减轻客户负担的活动,赢得了客户的信赖和好评。

公司拥有一批高素质、年轻化的管理队伍,一贯坚持日本理光集团倡导的精神理念,致力于将公司发展成为一流的企业,将员工培养成为一流的员工。RITS 已经成为同行业中产品质量过硬、客户满意度高的优秀企业。

上海豫园(集团)有限公司

上海豫园集团是 2002 年 5 月在原豫园集团和西门集团的基础上重新组建而成的区属国有企业集团,现有下属 16 家子公司和 40 家独立核算企业。集团的经营业态主要涉及准金融服务业、传统商业服务和加工制造业,主要包括:小额贷款、典当、拍卖、外贸、餐饮、宾馆、南北货、服饰和纺织品、紧固件、包装机和灯具制造、古玩工艺品市场以及废金属收购等，拥有"大富贵、老同盛、全泰、宝大祥、协大祥、信大祥、五华"7 个中华老字号品牌，是上海豫园旅游商城股份有限公司的第二大股东，黄浦烟草的第三大股东。

必能信超声(上海)有限公司

必能信是美国艾默生电气集团所属子公司，创立于 1946 年。主要生产各类超声波清洗设备、超声波焊接设备、激光焊接设备和超声波细胞粉碎设备等。公司在全球拥有 70 多个销售网点，并在加拿大、德国、中国、日本、韩国设立研发和生产基地。必能信的塑料焊接和精密清洗工业无论是在设备的设计、开发、生产乃至市场营销方面，都是世界领先的。

1993 年，成立的必能信超声(上海)有限公司，是必能信在亚洲最大的生产和销售配套服务基地，也是国内最大的综合性超声设备生产和技术开发企业。在北京、重庆、长春、武汉、西安等 10 多个城市设立办事处或售后服务点。上海必能信多次被上海市政府评为外商投资先进技术企业和高新技术企业。

上海雅马哈建设摩托车销售有限公司

上海雅马哈建设摩托车销售有限公司成立于 2004 年。旨在整合雅马哈品牌摩托车在中国的市场及品牌资源，实现生产、研发、品牌和网络等综合竞争力的最大发挥，提高雅马哈建设中国事业整体的收益能力；销售雅马哈发动机株式会社在中国投资企业所生产的和委托加工生产的雅马哈产品，并提供相应的售后服务。

公司以上海总部为核心，以华北、华东、华中、华南、华西五大支店为联络点，以经销商为代理，组成面向全国的统一销售体系。

公司主要商品构成：跨式车(含 125cc 150cc 250cc)、踏板车(含 100cc 125cc)、弯梁车(含 110cc)和相关整车配件、机油、摩托车用具(安全头盔、手套、衣服、靴等)。

上海兰生国泰进出口有限公司

上海兰生国泰进出口有限公司由上海畜产浦东进出口有限公司改制而成，由上海兰生(集团)有限公司控股经营。上海畜产(集团)有限公司的原大部分经营业务已转入上海兰生国泰进出口有限公司，年出口金额为 6500 余万美元。上海兰生国泰进出口有限公司主营纺织服装、纺织面料、床上用品、地毯、鬃刷、裘革皮制品、箱包等，及其相关系列商品的进出口贸易；并积极开展委托代理、来料加工、来料装配和进料加工等业务。

公司秉承了兰生集团"团结、开拓、求实、高效"的企业精神，和"质量档次求高、花色品种求新、商业信誉求好、服务态度求优、贸易方式求活"的业务宗旨，积极开拓进取，与世界 80 多个国家和地区和 400 余家客商有贸易往来，奠定了可持续发展的良好基础。

上海信辉服饰有限公司

信辉服饰有限公司为台湾信源企业在上海成立的代表公司。延续 1972 年即成立的信源精神，为全球客户提供功能性运动服和泳装，是亚洲卓越领先的成衣制造业者之一。公司的愿景和使命是"打造世界第一流的运动服装企业"，重视并将公司的核心价值"信实"、"当责"、

"创新"传达给客户、工作伙伴与合作对象。

信辉通过40年以上的经验传承,在成衣业界赢得良好声誉。每年通过位于中国大陆、柬埔寨、孟加拉国,中国台湾等地自有的合法工厂,生产超过2500万件高性能运动服和泳装给Lululemon/Under Armour/Reebok/Nike/Apparel Venture/Dick's Sporting等国际知名品牌商和主导零售商。

信辉服饰引以为荣的是能与事业伙伴维系长期合作关系,并且善尽社会责任和坚持道德理念。坚守生产制造的标准质量和价值,是高性能运动服厂商最信实可靠的选择。

上海新华联大厦有限公司

上海新华联大厦有限公司,由上海百联集团和上海永业企业(集团)合资组建。1996年底,新华联商厦开始营业。2009年1月,翻牌为东方商厦(淮海店)。

新华联总面积近7万平方米。其中,东楼地下一层至五楼主要经营国际一、二线品牌商品,定位"精品+主题"型高档都市百货,经营面积近2万平方米;东楼七楼以上和西楼六楼以上是甲级涉外办公楼。

历年来,新华联获得上海市五一劳动奖状、上海市文明单位、上海市服务诚信先进单位、上海市A类财务会计信用单位、上海市A类纳税信用单位等荣誉称号。

时尚淮海路,典雅在东方。

百鸿国际机械(上海)有限公司

百鸿国际机械(上海)有限公司是百鸿国际集团有限公司在中国大陆投资建设的外商独资企业。企业专门从事泵、阀门、管道件、防腐设备及有关机械设备,产品包括金属、钢衬氟塑料及全塑各类品种。

公司是一个集研发、生产、销售和服务于一体的现代化企业,除上海总部外,在上海和浙江省还拥有5家生产工厂。公司引进国外新技术,自主开发研制的新产品有MBIHS系列氟塑料合金离心泵、IHF系列氟塑料离心泵、FSB系列氟塑料离心泵、ZMD自吸式氟塑料磁力泵、UHB-ZK系列砂浆泵、FYS系列氟塑料合金液下泵、MBFYS全氟塑料液下泵、全自动电气控制柜等百鸿品牌10多个系列,数千个品种的产品。

上海浦东商业股份有限公司

上海浦东商业股份有限公司由上海浦东发展(集团)有限公司和浦东新区供销合作总社共同出资组建。是一家以商业物业经营为主,股权投资管理和商品经营为辅的综合性企业。有净资产(含托管企业)30多亿元,商业物业面积近40万平方米,分布于浦东新区各大集镇和社区。旗下拥有连续六届被评为上海市文明单位的上海浦东新区医药药材有限公司、百年老字号"养和堂"品牌和控股企业上海市浦东商场股份有限公司;有曾获得轻工业部银质奖的"华美"牌壁纸和国家级非物质文化遗产——钱万隆酱油酿造技艺。公司所属有四大板块:商业物业经营板块、零售连锁板块、商办工业板块和投资参股板块。2010年主营业务收入近9亿元,其中物业租赁收入9000多万元,利润4687万元。

上海中石化三井化工有限公司

上海中石化三井化工有限公司是由中国石化和日本三井化学于2006年4月合资组建的

中日合资企业。首期年产12万吨的双酚A生产装置，于2008年12月竣工投产。中国石化是世界500强企业之一，在中国拥有最大的苯酚丙酮生产能力，可为双酚A生产提供可靠的原料保证；三井化学是亚洲最大、世界最主要的双酚A生产企业之一，拥有国际一流生产技术；强强联合，能全力打造具有国际竞争能力的双酚A企业。双酚A是生产环氧树脂和聚碳酸酯等高分子材料的主要原料。下游产品广泛使用于汽车、建筑业、电子电器、运动休闲、医疗、包装等各个行业，同日常生活密不可分。为了进一步做大做强双酚A相关产品，2009年12月，中石化与三井化学达成合意，继续在上海化学工业区合资新建40万吨/年苯酚\丙酮装置及其它项目，从而实现从原料到产品的具有一体化竞争能力的PH\AC\BPA联合装置。公司将以高质量的产品、优质的服务、良好的信誉，竭诚为国内外用户服务。

先尼科化工(上海)有限公司

先尼科化工(上海)有限公司，专业从事高性能有机颜料的研发、生产及销售。总投资1亿元。公司总部位于上海市青浦工业园区。

先尼科公司经过8年多稳步发展，已跨入高性能有机颜料行业国内领先国际先进水平行列，成为世界高性能有机颜料的主要生产供应商之一。公司注册商标“先丽®”、“CINIC®”、“先尼科®”、“Cinilex®”，在国内外市场拥有很高知名度。公司通过了ISO 9001:2008质量管理体系认证和ISO 14001:2004环境管理体系认证。自2007年以来年年荣获“上海市外商投资先进技术企业”荣誉称号。2010年公司被认定为上海市高新技术企业。

上海齐鼎餐饮发展有限公司

上海齐鼎餐饮发展有限公司建立于1998年11月。是一家以“味之都”中式快餐和“鼎中鼎”澳门豆捞休闲火锅为主营的餐饮连锁企业。齐鼎餐饮历经14年的发展，已发展成为近百家门店的规模。

“味之都”是从“齐鼎鸡”演变过来的，经过10多年的发展，“味之都”成为沪上有一定知名度的品牌。“鼎中鼎”澳门豆捞直营店里时尚潮流的装修风格，一人一锅的用餐形式。既美味又安全，深受年轻消费者的喜欢。多年以来，齐鼎公司顾客好评度平均在94%以上，综合好评度97%，顾客投诉率控制在1‰左右。

2010—2011年，公司荣获上海市重合同守信用AAA级单位，连续四届荣获上海市文明单位。“味之都”2008、2010年度连续两届荣获“上海名牌”称号。齐鼎餐饮2010年被评为中国快餐50强和中国快餐百强企业，2011年荣获“全国餐饮业优秀企业”。

萨帕铝热传输(上海)有限公司

萨帕铝热传输(上海)有限公司，由瑞典萨帕集团独资设立。主要生产和销售复合及非复合的铝带、铝板，产品销售遍布整个亚太地区，是全球唯一专门生产汽车热交换器铝材的公司。其母公司萨帕集团从事高增值的铝型材、建筑型材部件与系统以及热交换铝材的开发、制造和销售。集团业务理念建立在与遍布全球客户密切合作的基础上，在30多个国家拥有分支机构。年营业额达251亿瑞典克朗(折合35.5亿美元)。

萨帕铝热传输(上海)有限公司自1999年投产以来，一直不断投资以提升产能和竞争力，从而满足不断发展的市场需求。2008年年产量达8万吨热传输用铝板带，2011年产能扩充到10万吨。公司所有资源将专注于一个目标：使萨帕铝热传输(上海)有限公司成为铝热交换器钎焊商的首选合作伙伴。

葵和精密电子(上海)有限公司

葵和精密电子(上海)有限公司是美国独资专业从事来料加工的半导体封装、测试;委托半导体加工、设计的一家专业企业。产品广泛适用于通信、计算机、家用电器、汽车等领域。

公司于2004年12月在美国开曼群岛注册成立,注册资本3800万美元,坐落于上海市松江出口加工区B区,毗邻机场、港口、铁路、高速公路,交通便利,厂房建筑面积12000平方米,拥有工程、研发、技术人员100多人。

公司客户、业务伙伴遍及全球,主要合作伙伴包括:美元DELL、韩国三星、台湾茂达等。公司拥有行业内最先进的封装、测试设备以及检测工具,致力于半导体和集成电路及相关产品的研发、制造、封装和最终测试。公司以“成为全球最大模拟电路封装测试企业”为愿景,专注于为全球电源管理设计公司提供多样的封装/测试解决方案(芯片减薄、晶圆电镀、晶圆探针测试、散热性能设计、封装、测试及相关工程支援等一条龙服务)。

公司主要封装产品形式:SOP系列,DPAK系列,SC70,SOT23系列,DFN/QFN(PUNCH & SAWING),SDIP系列,WLCSP系列等,现已具备大批量生产能力。

霍尼韦尔航空电子(上海)有限公司

霍尼韦尔航空电子(上海)有限公司,是霍尼韦尔航空集团在上海张江霍尼韦尔中国研发中心成立的全资航空电子维修客户服务中心。是国内第一家专业从事航空机载设备维修和改装的独资OEM厂商。

公司已获中国民航总局核准维修许可项目35大项、514小项,包括显示组件,飞行控制计算机,语音/飞行数据记录器,雷达收发机,TCAS处理器,近地警告计算机等部件,涉及BOEING、CRJ、AIRBUS等机型。公司按照CCAR－145R3部和ISO9001/AS9100标准的要求,建立了全面的质量管理体系。公司视维修质量为生命,向客户提供OEM品质的产品和服务是公司最基本的承诺,公司希望通过不断努力,能为中国航空实现所提出的“安全第一”的核心价值观做出微薄的贡献。

上海永菱房产发展有限公司

上海永菱房产发展有限公司系中国红楼集团有限公司下属企业之一。主营业务为房地产开发经营、投资咨询、物业管理等。目前,上海永菱房产发展有限公司主要从事上海广场(原无限度广场)的日常经营管理工作。

上海广场坐落于繁华的淮海中路,毗邻香港广场、力宝广场等高档购物中心,其圈式建筑风格秉承香港设计师时尚、前卫、玩酷的理念,与邻街的大上海时代广场辉映成趣。上海广场经营面积达4余万平方米,由地面6层经营场所及地下3层停车库构成,商场租户已达80余家,涵盖餐饮、服装、饰品、美容美发、健身娱乐等众多领域,是集购物、娱乐、休闲等综合性项目于一体的时尚型购物中心。

FOXCONN 富士康科技集团 国基电子(上海)有限公司

国基电子(上海)有限公司为中国台湾鸿海精密工业股份有限公司转投之独资企业,隶属于富士康科技集团。为高频宽带网络通讯产品、无线宽频产品、电源产品研发设计生产主要基地。公司主要研发设计、生产调制解调器、无线网卡、卫星导航定位接收设备、卫星机顶盒、3G移动基站、电源转接品、LCD组合供应器、笔记本外壳等高科技配套电子产品,其中无线网卡、调制解调器的市场占有率居世界第一。主要为苹果、戴尔、惠普、索尼、三星、宏碁、法国TMM、瑞士ADB等世界知名企业提供各种高科技配套电子产品。

国基电子(上海)有限公司连年被授予上海市先进技术企业、上海市外商投资先进企业等荣誉称号。

上海皿鎏软件有限公司

上海皿鎏软件有限公司是专业从事游戏软件开发的中外合资企业,位于上海浦东陆家嘴地区。公司主要成员由多名曾在日本著名游戏公司长期进行游戏软件开发的资深人士和国内外资游戏开发公司中的技术核心成员构成,有丰富的与国际知名企业合作开发经验,熟悉国际商业习惯,具备外语(英语、日语)沟通能力,曾经参与完成过多款世界级游戏名作的开发。大多数制作人员具有3年以上的国外游戏软件开发经验,具有与国外游戏软件开发公司同等的技术水平和实战能力。公司承接基于家庭游戏机平台(PS2、XBOX、便携游戏机、PC等)的游戏软件及数字图像(影视片头、三维模型、动画、二维图形)的开发和制作。

友誉财务管理咨询(上海)有限公司(WSP)

友誉财务管理咨询(上海)有限公司 Willsonn Partners 是一家能为企业提供多方面咨询服务的公司。总部设在上海、北京,在广州、深圳、香港、马来西亚分别有分公司和办事处。公司是覆盖世界55个国家、拥有120个成员的环球注册会计师组织(JHI)成员之一,是世界15大会计事务所联盟之一。公司拥有多年在中国累计的相关专业经验以及融合中西方管理的模式,所有这些都能为客户在中国的企业提供所需的服务。公司的经营范围如:中国与海外公司成立及注销服务、会计代理服务、人事业务流程外包及办公支持服务、系统及风险管理服务、税务咨询服务、海外投票首次公开发行咨询及支持服务。

阿姆斯壮(中国)投资有限公司

阿姆斯壮世界工业有限公司创建于1860年,总部位于美国宾夕法尼亚州,初期业务以软木塞切割为主,如今已成为世界性天花吊顶、地材系统以及橱柜方面的生产及市场领导者。2008年阿姆斯壮全球销售额为34亿美元,在9个国家拥有36家工厂(不包括龙骨厂)。

1996年阿姆斯壮与上海建材集团合资兴建上海阿姆斯壮建筑制品有限公司,生产优质矿棉天花板以供应亚洲市场的需求。同年,阿姆斯壮又与美国华新顿公司在上海合资建立龙骨生产厂和上海华新顿—阿姆斯壮金属制品有限公司。2007年阿姆斯壮昆山木地板工厂在中国投资建立,将北美工厂科学的工厂布局规划、一流生产线和严苛的品质监控引入中国,以最优质的木地板呈现给中国乃至整个亚洲的不同客户。阿姆斯壮代表着全球品质、全球信赖。公司将尽一切努力强化产品质量、提高环保性能,保持阿姆斯壮在行业内的领导地位。

上海捷强烟草糖酒(集团)有限公司

上海捷强烟草糖酒(集团)有限公司成立于1996年1月。由上海市糖业烟酒(集团)有限公司和上海烟草(集团)有限公司共同投资组建,注册资本3亿元。公司成立以来,坚持以烟酒专业经营为特色,聚焦发展品牌代理和零售连锁两大核心主业,致力于打造集品牌、网络与服务等资源优势为一体的价值成长型现代商业流通企业。

品牌代理业旗下经销、代理数十个国内外知名食品品牌,建立了覆盖上海市内大卖场、连锁超市、便利店、综合商厦、餐饮酒店等在内的社会终端网络体系。专业连锁已拥有"捷强 Joymax"烟酒专业连锁直营门店近200家,加盟门店50余家,零售网点遍布上海各主要商业街区及机场、铁路等重要窗口。

经过10多年发展,公司主业规模迅速扩张,核心竞争能力不断增强,实现了持续、稳定、健康发展,连续七届获得上海市文明单位称号,初步成为国内食品流通行业具有较强竞争力和影响力的品牌商业企业。

CB-I 馨月汇母婴专护服务(上海)有限公司

馨月汇国际(CAREBAY INTERNATIONAL)成立于2007年8月,是专业从事高端母婴月子专护、婴幼儿健康智能启蒙及其他母婴相关延伸服务的机构。融星级服务与专业护理为一体,获全国首家"母婴专护服务"企业资质,为中国高端母婴专护服务第一品牌。馨月汇拥有国际领先的管理理念和由有丰富临床经验的妇、产、儿、心理、中医、营养、保健、幼教等学科专家及资深护理人员组成的专家团队,以"以人为本、专业呵护、尊崇母爱、服务至上"为企业发展理念,提供健康、护理、母婴专护、营养、产后形体修复等"一对一"贴心照护服务。

馨月汇旗下"馨哈国际早教中心"是国内首家引入"SIHA婴幼儿健康智能启蒙模式"的早教机构,以"医教结合"的国际前沿早教模式为基础,由馨哈与中国保健协会母婴保健研究基地专家组共同研发课程,致力于0—4岁婴幼儿健康智能启蒙。

上海索迪斯管理有限公司

——每日生活质量服务解决方案的全球领军企业

索迪斯集团(SODEXO)于1966年在法国马赛市创建。凭借40年的丰富经验,索迪斯集团已成为全球领先的团体餐饮服务及设施管理服务提供商,名列全球500强企业之一。

索迪斯于1995年进入中国市场。索迪斯在中国业务涉足北京、天津、沈阳、武汉、大连、上海、苏州、无锡、杭州、南京、广州、深圳、东莞、珠海、香港等30多个城市。索迪斯在中国员工近15000人。目前在全国各地的600多个运营点内为客户提供量身定制的后勤支持服务。索迪斯在中国的主要客户包括工商企业和行政部门、学校、医院、养老院和其他。

索迪斯在中国获得的若干奖项:索迪斯被中国烹饪协会评为2010年度"全国社会团餐16强"并位居榜首;入选2010年度"中国服务外包企业最佳实践五十强";入选《2010年中国餐饮百强》;入选国际外包中心(IOC)发布的2010年度《全球外包杰出企业30强》并名列第三。

亚玛芬体育用品贸易(上海)有限公司

AMER SPORTS 亚玛芬体育是全天候全方位的世界顶级体育器材品牌管理集团公司。1950年在芬兰创立,1977年在纳斯达克北欧市场 NASDAQ OMX 上市。丰富的产品线超越了季节变化和运动潮流的涨落,在全球市场中占据了稳定的领导地位。Amer sports 亚玛芬体育的每一个品牌都在专业领域拥有卓越的口碑,并且是众多世界冠军们的品牌首选。

AMER SPORTS 亚玛芬体育在中国直营的主要品牌包括高端户外及冬季运动品牌

Salomon 萨洛蒙、网羽运动第一品牌 Wilson 威尔胜、健身器材品牌 Precor 必确、腕上电脑及计时器品牌 Suunto 颂拓。

亚玛芬体育用品贸易(上海)有限公司为 AMER SPORTS 在中国建立的全资子公司。

上海东浩会展经营有限公司

上海东浩会展经营有限公司是专为上海世博展览馆在世博会期间的运营管理以及世博会后的开发利用而成立的展馆管理公司。主要从事场馆租赁及管理,会议、商务活动、文化娱乐和体育赛事等组织策划,广告设计、制作、代理及发布等相关业务。

世博会期间,公司所经营的上海世博展览馆作为世博会主题馆共接待近 3000 万人次的参观者。公司获得由上海市总工会所颁发的上海市"工人先锋号"、上海市"五一劳动奖状"等荣誉称号。

世博会后,东浩会展公司在世博园区内率先对上海世博展览馆进行市场化运作。如今,上海世博展览馆已转型成为一座专业的国际性展览场馆,并于 2011 年 8 月 15 日正式对外运营。凭借优越的地理位置,精良的硬件设施和广泛的国际知名度,截止到 2012 年底,上海世博展览馆已成功举办各类展会活动 130 余场;同时,公司还在自办展方面不断尝试。

公司坚持"激情、奉献、创新、高效"的企业精神,以"安全、严谨、高效"为原则,不断在高科技的服务手段上下功夫,使展馆的服务变得更加科学化、规范化、智能化,不断提升展馆服务水平;不求最大,但求最好,不求最华,但求最精,争做最有品位的展馆。

上海虹口商业(集团)有限公司

上海虹口商业(集团)有限公司(简称"集团")成立于 2009 年 12 月 23 日,由原上海虹口商业资产经营有限公司和原上海大祥(集团)有限公司联合重组而成,并由区国资委授权集团行使对区合作联社的日常行政管理权。2011 年 6 月 30 日,上海宏大建设发展总公司(含全资子公司)整体无偿划转至集团,作为全资子公司,并由集团行使出资人权利。集团地址:四川北路 1688 号南楼 20 楼。主要经营业务有投资融资、招商服务、餐饮、酒类食品、家用电器、菜市场管理、床上用品批发零售等。

集团坚持"有效发展、细节整合、持续稳定"的工作方针,围绕"资产一体化、管理集中化、运作专业化"的工作原则,各项经济指标如期实现,重大重点项目有序推进,为全面开创商业集团"十二五"发展新局面打下了关键性的坚实基础。

一、全市首创国企回租社会菜场的运营模式。

2011 年 8 月 23 日,三角地公司吉祥菜场正式对外开张营业。改建后的吉祥菜场经营面积达 1700 平方米,整体面貌焕然一新,形成了既有一般菜市场特点,又有大卖场整洁度的中心城区的菜场式样。打破了原有敞开式及沿街卖菜的粗放型运营模式,着重突出安全、便捷、环保和整洁,提升了环境品质,升级了品牌结构,优化了服务能级,跨出标准化菜市场回归公益的第一步。10 月 2 日虹口区区长吴清专程前往三角地吉祥菜场视察工作,区商务委领导和集团领导陪同视察,区领导充分肯定了国企回租社会菜场这一创新之举,同时希望加快国企回租社会菜场的步伐,让菜篮子民生工程真正服务公益。

二、探索副食品销售新模式。

三角地菜市场经营管理有限公司于 2011 年下半年开设"我要我订"三角地网上菜场(www.m5150.com)。三角地网上菜场和三角地实体菜场同步具备数量多、品种全、价格廉等功能。这对于不少白领或从不迈进菜场"80 后"、"新主妇"是一个新的选择,目前"我要我订"

三角地网上菜场已开通了吉祥分场、广中分场和密云分场。凡该分菜场周边 2 公里范围内均享受送货上门服务。市民们可通过网上注册或者电话注册的方式成为三角地网上菜场的会员,来享受鼠标一点,新鲜肉菜送上门的周到服务。相信在不久的将来,辐射范围就可以达到整个虹口区。

上海统超物流有限公司

统一流通次集团(PCSC)是统一企业旗下经营零售、餐饮及流通行业的商业集团。目前在中国大陆、台湾、菲律宾等地共有超过 45 家关系企业,经营国内外许多知名品牌如 Starbucks Coffee、Mister Donut、黑猫宅急便、无印良品等。集团目前全力加速中国大陆的发展,在上海已经成立了 7－11 便利店、星巴克咖啡、酷圣石冰淇淋、午茶风光餐饮、美式唐纳滋甜甜圈专卖店、上海乐豪(Royal Host)餐饮、和食上都(Sato)日本料理、统一保健品、统超物流等事业,在其他区域经营山東統一銀座超市、四川統一優瑪特量贩超市、北京統杰超市、武漢聖娜多堡烘焙店、深圳康是美美妆店。公司秉承着"真诚、创新、共享"的企业文化,尽力满足消费者需求,提供最满意的服务,善尽社会责任,努力成为世界第一流的企业。

上海统超物流有限公司为统一流通次集团旗下所属公司,目前公司主要经营集团内各品牌公司的物流配送服务、统一流通次集团部分品牌公司后勤管理共享服务,为集团内品牌公司提供后勤管理保障服务。目前上海统超物流有限公司提供集团内品牌公司后勤管理共享服务的有:酷圣石(Cold Stone Creamery)、统一超商便利(7－11 便利店)、美仕唐纳滋(Mister Donut)、乐豪(Royal Host)、和食上都(Sato)日本料理。

上海临港奉贤经济发展有限公司

上海临港奉贤经济发展有限公司于 2008 年 9 月正式挂牌成立,注册资本为 8 亿元。主要负责临港奉贤园区的招商引资、土地一级开发和园区功能配套工作。公司的经营目标和理念是:认真落实市委、市府关于开发建设临港产业区的指示精神,发挥"临港产业区建设国家级装备产业发展基地"的先进经验,依托园区的品牌优势和资源优势,坚持科学发展,全面推动临港奉贤园区的开发建设和招商引资工作,努力将临港奉贤园区建设成综合性、枢纽型的装备制造和现代物流产业基地,为上海经济和社会发展做出应有贡献。

三井化学(上海)有限公司

三井化学(上海)有限公司是日本三井化学株式会社下属的一家全资销售公司,同时又是管理三井化学集团在中国境内所有分支机构的总公司,主要负责推进三井化学集团在中国区的业务开发和管理。目前作为三井化学集团在中国的分公司和驻外机构,除了三井化学(上海)有限公司外,集团还在中国地区成立了天寰聚氨酯有限公司(天津、苏州)、佛山三井化学聚氨酯有限公司(广东省佛山市)、张家港保税区三井允拓复合材料有限公司(张家港)、上海中石化三井化工有限公司(上海)、三井化学复合塑料(中山)有限公司(广东省中山市)、普瑞曼聚合物亚洲(香港)、亚太三井化学股份有限公司(台北)等 7 家分公司和三井化学北京事务所。

当今,中国的 GDP 已经超过日本在世界上的排名已经上升到第二位。曾经的"世界的工厂"正在向"世界的市场"飞速发展,人们的生活也变得越来越富裕。在三井化学(上海)有限公司的全体员工,与中国国内的相关企业携手一致,向社会提供与地球环境和谐的产品,为提高人们日常生活的质量作出贡献。同时，通过企业的社会奉献（CSR）活动，盼望能够对中国社会的幸福发展尽一份绵薄之力。

上海新华传媒电子商务有限公司

上海新华传媒电子商务有限公司（简称“新华电商”）成立于2008年，公司地址位于上海市徐汇区漕溪北路331－375号（中金国际广场）A楼701、702室，注册资本1亿元，是一家专注于预付卡发行和受理的企业，公司官方网站www. xinhuacard. com。新华电商是新华传媒（股票代码600825）的全资子公司，是上海市委宣传部掌控的一家拥有70多年历史的国有企业，也是中国出版发行行业第一家上市公司。

新华电商依托新华一城卡为载体，为各大企事业单位提供个性化服务，制作各类员工卡、纪念卡、联名卡等，帮助企事业单位解决员工福利管理方案。同时，新华电商为客户定期提供相关文化资讯，如图书推荐、文化沙龙、书友会等。

一、公司优势。作为预付卡发行和受理企业，新华电商的技术部门与风险管理设置齐全，公司非常重视系统的研发投入，定期组织公司研发人员、技术骨干进行培训、学习，不断提升自身的专业水平。经过两年多的发展，新华电商已经建立起完善的内部管理体系和规范的管理制度，具备了从发卡到售后维护整个过程的控制能力。并拥有高效可靠的交易处理平台和专业的营销和技术服务团队，在上海预付卡服务市场中始终保持自身的文化特色。目前公司特约商户已遍布上海书城、新华书店、教育培训机构、票务影院、网上商城、公共事业缴费等各类泛文化类商户。新华电商年发卡规模约2亿元，网点交易金额过亿元。

二、公司愿景。“新华一城卡”秉承新华书店70多年的光荣历史，依托新华传媒的品牌效应提升“新华一城卡”的知名度，以倡导“泛文化、高品味、服务中高端消费群体”为发展理念；以发展优质商户，企业获取最大效益为发展目标；采取差异竞争、错位经营的发展模式，依托新开发信息技术平台，立足上海，将“新华一城卡”打造成为上海著名文化品牌。新的一年，公司将不辱使命，遵循公司先进的经营理念，以热情的服务、高效的团队、完善的技术扩大“新华一城卡“的市场占有率，创造更精彩的明天。

集荟商业管理（上海）有限公司

集荟商业管理（上海）有限公司的项目位居被誉为“中华商业第一街”的南京东路步行街中央地段，地铁2号线、10号线正上方。南京东路作为中国现代商业的对外展示窗口，人店名店林立，百业兴盛，独具历史特色的建筑、繁荣的海派商业，每天吸引着数以百万计游人和顾客观光购物，成为了游憩性购物天堂，堪称上海的“黄金地段”，成为经营者必争之地，旅游者必到之地。中西方文化相互融合，涵盖古今中外精粹，拥有着海纳百川的博大胸怀。也更加奠定了上海作为国际大都会的地位和传承昔日南京东路在世界上的声誉。

项目是一个以全新概念解码都市消费文化的时尚购物休闲中心。历史上曾在30年代，建筑面积40000平米，整幢大楼采用Art Deco装饰艺术的建筑风格，不仅仅是历史上的商业重点，更属上海市三级保护建筑。现在的项目购物休闲中心位于高楼林立的商场及高档办公楼、高档公寓酒店的中央位置（附近是置地广场、世纪广场、名人购物中心、半岛酒店、海伦宾馆、永安百货、世茂百联等），该繁华地段同时也具独特的地理优势，距离著名的上海外滩步行仅15分钟，是高级白领、海外旅客游历上海的必经之处。

改变观念，改变都市生活，本项目以“自由、互动、活跃、创意和爱”这五个元素来为都市新生代重新定义购物娱乐新形态。整个营业区域分为七层，以“品味生活”为理念，倡导都市健康时尚的生活态度。顾客除了可以在不同主题区购物外，还可以在五楼的小书屋里得到舒适的休闲，来一杯会员特供饮品，翻几页书籍，静静地听一段进入心灵的音乐，将会领略到这种“品味”独特的购物体验。

昔日“十里洋场”的光辉景象正超越时空化身为上海悦荟以更耀眼的形态展现在眼前，让商机与梦想无限延伸。

上海外高桥造船有限公司

上海外高桥造船有限公司是中国船舶工业集团公司旗下上市公司中国船舶工业股份有限公司的全资子公司，至2012年造船规模已连续八年位居同行业全国第一，并跻身世界造船企业三强行列。控股经营上海江南长兴造船有限责任公司，全资拥有上海外高桥造船海洋工程有限公司，加上公司本部共计三大建造基地，年造船能力800万载重吨以上，造船总量已连续八年稳居国内造船企业首位，被誉为“中国第一船厂”。并于2012年成功跻身国内制造业企业250强。

2012年，公司全年完工交船24艘/543.3万载重吨，其中，外高桥造船完工14艘/315.4万载重吨，长兴造船完工10艘/227.9万载重吨，实现工业总产值1400198万元。其中船舶产品产值1317538万元、海洋工程产品产值73503万元、非船产品产值9157万元。同时，公司共承接新船订单22艘/300.72万载重吨。

上海外高桥物流中心有限公司

上海外高桥物流中心有限公司是由上海外高桥(集团)有限公司与上海港务集团物流有限公司合资成立的国有企业，注册资本金4亿元，是上海外高桥保税物流园区开发建设与营运管理主体。园区于2004年4月15日由海关总署等八部委联合验收封关运作，成为我国首家保税物流园区。经过5年多的开发建设，园区已经建成45万平方米仓库，14万平方米集装箱转运区以及卡口和关检等配套设施；引进中外物流企业29家，贸易公司56家，累计引进外资4亿美元；开发面积1.03平方公里，总投资33亿元，2012年进出区货值1014亿美元，海关税收实现100亿元。经过多年来的开发建设，园区已基本实现与港区的规划联动、信息联动、政策联动、业务联动和利益联动，充分体现了保税物流园区对国际现代物流业转移的承接能力和产业的集群效应，开拓了国际采购、国际配送、国际中转和转口贸易的功能，提高了政策应用能力，推进了服务管理创新。

作为园区开发建设、招商引资、营运管理和客户服务的职能承担者，上海外高桥物流中心有限公司将围绕上海两个中心建设的总体要求，发挥先行先试的示范作用，着力于区港联动向区港一体化提升；功能创新、联动发展向长三角辐射；监管系统向长三角通关一体化延伸；保税物流运作向制造业紧密融合。依托两个中心建设，实施对外联动，提高现代物流领域的对外开放水平，力争“十二五”期间，园区实现“四个一”的目标：建成100万m^2仓库和场地，引进100家中外物流企业，年集装箱综合处理能力达到100万TEU，实现年进出区货值1000亿美元，为上海发展现代服务业作出新的贡献。

上海伟立投资有限公司

上海伟立投资有限公司是珠江投资集团旗下从事商业地产项目运营管理的专业商业管理机构。业务主要涉及集团在北京、广州、上海、西安、成都、深圳、天津等地的商业地产项目。

上海伟立投资有限公司现正倾力打造大型国际级奥特莱斯折扣购物中心——米格天地项目。米格天地位于上海市西侧青浦 G50 高速公路赵巷出口，距上海市中心仅约 30 分钟车程，与百联奥特莱斯、吉盛伟邦家具村三足鼎立，形成了长三角区域内独一无二的折扣零售商圈。

米格天地为消费者呈现超过 200 个零售品牌，其中更包含众多首次在中国乃至亚洲开设奥特莱斯旗舰店的国际一线品牌：VERSACE、BALMAIN、Pierre Balmain、Roberto Cavalli、TED BAKER、ANNA SUI、MCM、Fular、Thomas PINK、DKNY 等。米格天地同时拥有一座大型美食广场、多间高级餐厅与咖啡厅、一座九屏电影院、多达 3000 个停车空间。每一位来到米格天地的消费者都能尽情感受远离城市喧嚣的休闲时光，同时享有世界级潮流时尚品牌的超值购物优惠。

上海日立电器有限公司

上海日立电器有限公司创建于 1993 年 1 月。由上海电气旗下的上海海立（集团）股份有限公司投资 75%、日本日立空调·家用电气株式会社投资 25% 合资组建而成。专业设计、生产、销售家用制冷压缩机，累计总投资 57380 万美元，年生产能力 1800 万台（含子公司）。公司位于上海浦东金桥出口加工区，占地 23 万平方米。2008 年又投资建设全资子公司南昌海立电器有限公司，总体规划 600 万台，占地 34 万平方米，2009 年 4 月 18 日正式建成投产。

上海日立是规格品种最为齐全的空调压缩机生产的供应商。目前拥有家用和商用压缩机九大系列，300 多个品种，采用冷媒范围从 R22 到环保 R410A、R417 等，为全球 30 几个国家的 150 家厂商提供产品服务，稳居全球市场份额第二。

上海宝山科技控股有限公司（上海宝山科技园）

上海宝山科技控股有限公司于 2012 年被认定为国家文化产业示范基地，全面管理运营由上海市科委、宝山区政府认定的高新技术产业园区——上海宝山科技园。公司紧密围绕建设"动漫大场、科技大场、文化大场"的总体目标，着力引领以动漫衍生产业为先导的文化产业、移动互联网、生物健康等关联产业，在上海宝山文化科技旅游产业带（七号线）集聚发展。园区被认定为国家文化产业示范基地、上海市文化产业园区、市创意产业示范集聚区、市信息服务产业（综合）基地、市品牌建设园区。

园区投资总额 25.4 亿元，建成载体 15 万平方米，综合配套齐备、公共服务体系完善，现已建成国际研发总部基地、尊木汇（一期）、国家大学科技园等商务载体集群，以及上海动漫产业孵化器、上海动漫人才公共服务平台等文化产业服务平台。引入中国动画学会创意委员会、中国动漫版权保护办公室长三角交易服务中心等高端机构；千橡互动（人人网）、天涯在线、宝信数字等知名企业与 800 余家创新型企业云集于此。2012 年产值达 75 亿元。

COVIDIEN 柯惠医疗器械国际贸易（上海）有限公司

柯惠医疗（Covidien）的前身是泰科医疗（Tyco Healthcare）。作为世界上最早的医疗解决方案提供者之一，它的历史可以追溯到 1867 年成立于美国密苏里州圣路易斯的 G. Mallinckrodt & Company。2007 年，泰科医疗更名为柯惠医疗（Covidien），品牌名称中的"Co"和"Vi"来自拉丁语，意思是共同和生命。

柯惠医疗是一家全球领先的医疗设备用品、诊断显像剂与药品的生产厂商。在医疗器械、医药产品和医疗用品三大领域生产及销售一系列多元化的、处于行业领先地位的产品，并且提供售后服务。2012 年,柯惠医疗全球营业收入达 119 亿美元,在全球 70 个国家和地区拥有 43000 名员工。

2000 年 9 月,柯惠医疗进入中国,总部位于上海。在中国区销售的产品主要包括外科手术器械、能量型产品、呼吸与监护解决方案产品、缝线、生物外科和疝产品、血管治疗与常需用品、神经和外周血管介入产品。2005 年,柯惠医疗建成拥有世界顶尖设备的柯惠临床培训中心(CCI),专注于为医疗专业人士提供专业教育和培训。2006 年,柯惠医疗在上海建立工厂。2012 年,位于上海的柯惠医疗中国研发中心(CTC)正式开业。目前,公司在北京、广州、沈阳、西安、济南、武汉、南京、杭州、成都设立了办事机构。

LLINKS Law Offices

通力律师事务所

上海

地址:上海市银城中路 68 号时代金融中心 19 楼
邮编:200120
电话:(86 21) 3135 8666
传真:(86 21) 3135 8600
网址:www.llinkslaw.com

北京

地址:北京市西城区金融大街 7 号英蓝国际金融中心 9 楼 02 - 03 单元
邮编:100033
电话:(86 10) 6655 5050
传真:(86 10) 6655 5060
邮箱:master@llinkslaw.com

通力律师事务所是一家在公司及并购、银行及金融服务、资本市场以及商事诉讼仲裁领域处于领先地位的中国律师事务所。自 1998 年成立以来,通力就始终走在金融法律及公司法律发展的最前沿,并致力于为客户提供高质量的专业法律服务。通力以其专业上的精湛水准,结合对客户商业需求的充分理解,同时坚持务实且富有建设性的法律问题处理方法,以帮助客户实现其商业目标。多年来,通力一直被《亚洲公司律师指南》、《亚洲法律杂志》、《亚太法律 500 强》、《亚洲领先律师事务所指南》、《钱伯斯全球领先律师事务所名录》、《大中华律师事务所与法律市场双语指南》、《国际金融法律评论 1000》、《PLC 国际领先律师事务所名录》等国际权威法律出版物评为最优秀的中国律师事务所之一。

上海亚龙烟草机械有限公司

企业地址:上海市黄浦区金陵东路 500 号 809 室
电话:021 - 63283019　　传真:021 - 63283110　　邮编:200021

上海嘉创企业(集团)有限公司

企业地址:上海市徐汇区乌鲁木齐南路甲一号公馆
电话:021 - 65870767　　传真:021 - 56715620　　邮编:200031

上海中安商业发展有限公司

企业地址:上海市石门一路 251 弄 6 号
电话:021 - 52289357　　传真:021 - 52289951　　邮编:200041

璐彩特国际(中国)化工有限公司

企业地址:上海市徐汇区天钥桥路30号美罗大厦26楼

电话:021-64268899　　传真:021-64268865　　邮编:200030

上海化学工业区进出口有限公司

企业地址:上海市四川中路33号808室

电话:021-63230229　　传真:021-63231977　　邮编:200002

上海游龙橡胶制品有限公司

企业地址:上海市浦东川沙新春路20号

电话:021-58941315　　传真:021-58940504　　邮编:201205

延锋彼欧汽车外饰系统有限公司

企业地址:上海市嘉定区安亭工业区墨玉路540号

电话:021-39186917　　网址:http://yfpohome. yf. sh. cn

上海金开融资担保有限公司

企业地址:上海市金山区卫清西路777号工行3楼

电话:021-37289098　　传真:021-67961302　　邮编:200540

上海航天动力技术研究所

企业地址:上海市闵行区中春路1777号

电话:021-24181832　　传真:021-34090292　　邮编:201109

嘉里大通物流有限公司上海分公司

企业地址:上海市闸北区天目西路218号嘉里不夜城第一座12楼

电话:021-31330114　　传真:021-31330099　　邮编:200070

法拉利玛莎拉蒂汽车国际贸易(上海)有限公司

企业地址:上海市静安区北京西路708号

电话:021-61710222　　传真:021-61201060　　邮编:200041

上海现代物流投资发展有限公司

企业地址:上海市徐汇区虹漕路448号10楼
电话:021－60909966　传真:021－60909960　邮编:200233

上海市方达律师事务所

企业地址:上海市南京西路1515号嘉里中心20楼
电话:(8621)2208－1166　传真:(8621)5289－5577 5298－5599　邮编:200040

三菱电机(上海)机电电梯有限公司

企业地址:上海市闵行区中春路1211号
电话:021－34093030　传真:021－34093057　邮编:201109

银联商务有限公司

企业地址:上海市浦东新区张衡路1006－1008号
电话:021－61088288　传真:021－61088289　邮编:201203

上海桂林实业有限公司

企业地址:上海市徐汇区虹漕南路杨家桥31号
电话:021－64708500　传真:021－64708356　邮编:200233

第五编

区县商务

浦东新区商务

一、概述

2012年,面对严峻的经济形势,浦东商务系统以加快建设国际贸易中心核心功能区为主线,加快优化产业结构,着力保障社会民生,推进各项商务工作稳步前进,保障全区商务经济平稳健康发展。

(一) 主要经济指标

2012年,浦东新区全年完成国内生产总值5929.91亿元,比上年增长10.1%,占全市总量的29.5%。

区新设外资项目976个;合同利用外资72.86亿美元,比上年增长10.4%,占全市总量约32.6%;实际到位资金48.3亿美元,比上年减少8.8%,占全市总量的31.8%。

区进出口总额2398.9亿美元,比上年增长6.1%,高于全市6.3个百分点,占全市的54.9%。其中,出口939.8亿美元,比上年增长5.7%,高于全市7.1个百分点,占全市的45.4%;进口1459.1亿美元,比上年增长6.4%,高于全市5.4个百分点、全国2.1个百分点,占全市的63.5%

区批发零售业实现商品销售总额14546.7亿元,比上年增长23.8%,较全市增幅高7个百分点;实现社会消费品零售总额1349.7亿元,比上年增长12.1%,较全市增幅高3个百分点,占全市比重超过18%。

(二) 主要工作措施

1. *投资促进方面*:一是推动总部经济向更广更深发展。联合海关、检验检疫、工商、出入境等部门推出"支持浦东总部经济发展14条";为总部企业提供集成服务,在全国首创成立浦东新区总部经济共享服务中心为总部企业提供高质量、多元化、个性化的服务。二是先行先试,推进商业保理在全国率先试点。制订并正式出台《浦东新区开展商业保理试点工作暂行办法》,首批8家企业获批正式试点,10家企业签订投资意向,为贸易中心建设和中小企业贸易融资提供了新的手段。三是加大重大项目协调力度,为企业提供优质便捷服务。全年协调一批投资大、贡献大、功能强的项目,如迪卡侬总部项目、亿康并购项目、美铝重大投资项目、沃尔沃总部设立和再制造项目引进、西门子、苹果销售(贸易)整合方案等。全年召开专题企业座谈会、组织老总沙龙、走访企业、政策宣讲会20余次。

2. *对外贸易方面*:一是贸易便利化工作取得新突破。会同相关部门共同开展旧机电产品入境检测维修业务试点工作。"浦东新区海关网上申报平台"成功覆盖南片地区,实现了《进出口货物收发货人报关注册登记证书》注册、换证业务的网上办事,比原办理时限由7个工作日缩短到4个工作日,企业上门办事次数由3次减少为1次。加工贸易审批周期进一步缩短,原先3个工作日办结的业务批准证减至1个工作日。二是货物贸易政策扶持体系进一步完善。制定《浦东新区促进商贸业发展财政扶持办法》。8月1日,上海海关正式启动通关作业无纸化改革试点,通用汽车、昌硕等企业开始试点,推动通关速度不断提高。深化设计公司为龙头的集成电路产业链保税监管新模式试点,已在首家试点企业展讯公司试点成功，下一步计划扩大试点范围。联合浦东检验检局推出支持金桥开发区转型发展的5项便利化措施。联合南汇检验检疫局推出5项便利化措施。三是贸易平台搭建取得新进展。8月16—20日在上海新国际博览中心举办“浦东国际汽车展览会”，结束了上海双年没有车展的历史，也是双年华东地区最大规模的汽车展会。继续完善浦东跨国采购平台和浦东外贸精品展示平台。举行“2012上海浦东跨国采购大会”，200多家供应商与85家国际采购商进行配对洽谈。在第110届广交会期间展示浦东参展企业的出口精品，帮助企业增加洽谈合作的机会。

3. 商业发展方面：一是商业能级不断提升。积极引进一批有实力、有能力的高能级开发主体，引导其到浦东中部和南部投资发展，战略招商成效初显。陆家嘴金融广场、世纪大都会重大项目扎实推进。二是营销活动精彩实惠。创新“浦东购物节”运作模式，做足做好节日营销文章，拉动销售增长；同时，鼓励和支持平台电商壮大、垂直电商崛起和传统品牌商“触网”，网上零售市场保持较快增长。以1号店为例，2012年零售额超过沃尔玛上海公司所有门店零售额的总和。

二、利用外资

（一）服务业占主要地位

2012年全年浦东新区服务业（第三产业）共吸引合同外资65.5亿美元，占全年吸引合同外资总量的89.9%。主要集中在商业、投资与资产管理、融资租赁、物流、专业咨询和房地产等行业。制造业（第二产业）共吸引合同外资7.35亿美元，占当期总量的10.1%。

（二）企业增资是主要组成部分

2012年全年新区共有733家外资企业增资，新增合同外资47.82亿美元，占当年合同外资总额的65.6%。从金额看，增资金额超过1000万美元的项目有121个，共增加合同外资39.82亿美元，占当年合同外资的54.7%。从行业看，第三产业增资明显，共增加合同外资41.35亿美元，约占新区外资企业增资额的86.5%，主要集中在投资与资产管理、房地产、商业、物流、金融租赁等行业。第二产业共增加合同外资6.47亿美元，约占新区外资企业增资额的13.5%，主要集中在通信交换设备制造、模具制造、电子元器件、实验分析仪器制造、电子计算机整机制造、纺织专用设备制造、汽车零部件及配件制造、集成电路制造、初级形态的塑料及合成树脂制造等行业。

（三）大项目有所提高

外资大项目在数量上和投资规模都有所提高。区全年新批投资总额超过1000万美元以上的大项目117个，占项目数的12%，比上年增长46.3%；合同外资24.61亿美元，占当年合同外资的33.8%，比上年减少7.3%。但投资规模平均投资额超过2100万美元。

（四）总部经济集聚程度继续提高

浦东新区2012年进一步聚焦总部经济发展，出台多项创新举措优化总部经济运营环境，成立总部经济共享服务中心提供集成服务，内外资并举，有力促进新区总部经济深化发展。全年共有获认定的跨国公司地区总部22家，占全市（50家）44%。至此，浦东新区历年累计获认定的跨国公司地区总部达到193家，占全市（共403家）的47.9%。并根据新区总部认定办法认定外资区域性总部2家，“十二五”以来累计认定外资区域性总部4家。

（五）外资来源地

截至2012年12月份，来浦东投资的国家（地区）总数达到117个。对浦东投资前五位国家/地区（以合同外资为依据）依次为：中国香港、维尔京群岛、开曼群岛、日本、美国。

2012 年利用外资情况表

利用外资方式	批准项目数（个）	合同外资（亿美元）	利用外资方式	批准项目数（个）	合同外资（亿美元）
总　计	976	72.86	合　作	6	6.56
合　资	207	4.21	独　资	763	62.09

三、对外贸易

（一）出口商品结构

2012 年，浦东新区机电产品出口 622.6 亿美元，比上年增长 7.4%，占全区 66.2%。其中机械设备出口额最大、增长最快，出口 236.4 亿美元，比上年增长 19.9%，高于全区 14.2 个百分点。全区高新技术产品出口 382 亿美元，比上年增长 12.3%，占全区出口总额 40.6%。其中计算机与通讯技术、生命科学技术产品增长较快，分别增长 21.5%、25.9%；光电技术产品出口有所减少，比上年下降 36.7%。

（二）贸易往来市场

2012 年，浦东对欧盟进出口 526.4 亿美元，比上年增长 7.9%；其中进口 348.5 亿美元，比上年增长 16.1%，高于全区 9.7 个百分点。对美国进出口 324.2 亿美元，比上年增长 10.4%；其中出口 192.9 亿美元，比上年增长 22.3%，高于全区 16.9 个百分点。对日本进出口 275.1 亿美元，比上年下降 2.3%。东盟是浦东最主要的新兴市场，对其进出口额 376.5 亿美元，比上年增长 15.1%；其中七成为进口，进口增速高于全区 11.8 个百分点。其他新兴市场表现不一，对拉丁美洲、澳大利亚增长较好，比上年分别增长 13.4%、39.5%；对韩国、非洲进出口有所下降，比上年降幅分别为 6.1%、11.8%。

（三）境外投资

2012 年，浦东新区全年初审境外投资项目 77 个，总额 5.97 亿美元，投资涉及国家和地区以中国香港、欧美等为主。

2012 年对外贸易往来主要市场情况表

国别（地区）	进出口额（万美元）	占比（%）	比上年（±%）	出口额（万美元）	占比（%）	比上年（±%）	进口额（万美元）	占比（%）	比上年（±%）
欧　盟	5264116	21.94	7.92	1778648	18.93	-5.20	3485468	23.89	16.12
东　盟	3764933	15.69	15.08	1064698	11.33	7.84	2700235	18.51	18.21
美　国	3242354	13.52	10.44	1929155	20.53	22.32	1313199	9.00	-3.36
日　本	2751467	11.47	-2.27	976183	10.39	3.65	1775284	12.17	-5.24
韩　国	1446234	6.03	-6.09	360928	3.84	4.53	1085306	7.44	-9.15
拉丁美洲	1395312	5.82	13.41	469966	5.00	-2.43	925345	6.34	23.61
中国香港	978254	4.08	4.88	926930	9.86	3.56	51324	0.35	36.03
中国台湾	970008	4.04	-2.19	229610	2.44	-9.12	740398	5.07	0.18
澳大利亚	570274	2.38	39.46	267970	2.85	29.94	302304	2.07	49.13
非　洲	459320	1.91	-11.81	247604	2.63	-21.45	211715	1.45	2.97
印　度	434562	1.81	8.55	207384	2.21	20.43	227179	1.56	-0.42

2012 年进口额前 15 类商品情况表

商品名称	进口额(万美元)	占比(%)	比上年(±%)
集成电路	2621233	17.96	24.12
未锻造的铜及铜材	1133934	7.77	39.02
汽车(包括整套散件)	834414	5.72	21.20
自动数据处理设备及其部件	701689	4.81	14.22
医药品	449206	3.08	27.48
计量检测分析自控仪器及器具	348439	2.39	14.58
初级形状的塑料	326910	2.24	-10.37
成品油	300469	2.06	-6.46
飞机	297169	2.04	117.29
通断保护电路装置及零件	267088	1.83	-7.52
医疗仪器及器械	193611	1.33	22.80
钻石	192780	1.32	-23.33
自动数据处理设备的零件	151492	1.04	-26.06
手表	143952	0.99	-4.44
汽车零件	141811	0.97	0.62

四、商业经济

(一) 商业投资保持较快增长

首先,商业房地产投资仍然保持快速增长。全年新区商业营业用房建设投资 84.43 亿元,比上年增长 35.5%。其次,外商投资商业保持较快增长。全年新区新增外商直接投资浦东的批发零售业项目达到 536 个,累计吸收外商投资合同金额 17.71 亿美元,比上年增长 17%。

(二) 商业贡献继续提高

2012 年,浦东商业对全区 GDP 增长贡献进一步提高,成为新区经济发展重要支柱。全年批发零售业完成增加值 910.69 亿元,比上年增长 18.2%,增幅居于各行业首位。商业增加值规模在第三产业中仅次于金融业,对新区经济增长贡献率达到 25.8%,商业增加值占新区和第三产业比重分别达到 15.4%、25.5%,所占比重较 2011 年分别提高 1.5 和 1.2 个百分点。

(三) 商业各业态大多平稳增长

1. 汽车及相关消费保持增长,对社零增长贡献度达到 33.6%。今年以来,汽车消费增幅较上年明显放缓,8 月份首次出现同比下降,9 月小幅回升,全年累计实现零售额 319.3 亿元,比上年增长 8%(上年增幅为 14%),占新区社零比重为 23.7%,对社会零售业增长的贡献度为 16.2%。其中二手车和高端进口车贡献较大,永达路捷和旧车交易市场分别比上年增长 45.5% 和 19.5%。汽柴油等烧类商品全年累计实现零售额 155.5 亿元,比上年增长 19.5%(上一年增幅为 81.3%),占新区社零比重为 11.5%,对社会零售业增长的贡献度为 17.4%。

2. 百货业保持两位数增长,其中日上免税店同比增长 22.8%。新区 12 家百货实现零售额 109.2 亿元,比上年增长 10.2%。具体企业看,传统百货龙头八佰伴由于百货同质化竞争和网络零售分流影响出现同比下

2012 年国金中心秋冬时装发布会暨购物节浦东系列活动开幕式

降,全年实现零售额 37.7 亿元,比上年下降 2.5%,永安珠宝因今年新增 6 家专柜,比上年增幅达到 120%;而日上免税店受出境客流增长拉动实现零售额 37.6 亿元,比上年增长 22.8%,单月零售额从 3 月份开始已超过八佰伴,拉动整个百货板块增长 7 个百分点,对新区社会零售业增长的贡献度为 4.8%。

3. 网络零售持续高增长,1 号店对社会零售业增长贡献度为 8.6%。网络零售仍是 2012 年消费市场最大的亮点,沃尔玛控股后 1 号店发展势头更为迅猛,10 月之后单月零售额都超过 3 亿元,12 月份上升至 4.54 亿元,超越八佰伴和国金成为月度零售冠军,全年累计实现零售额 33.88 亿元,比上年增长 58.3%,对新区社会零售业增长的贡献度为 8.6%。

4. 国金拉动购物中心保持增长。浦东八大购物中心全年实现零售额 112.94 亿元,比上年增长 4.3%。其中国金中心实现零售额 39.53 亿元(总营业收入为 43.67 亿元),比上年增长 8%,下半年基本保持与上年同期持平。增幅最大的是餐饮,同比增长 32.3%。其他购物中心中金桥国际广场、万达广场和 96 广场保持增长,比上年增幅分别为 11.9%,10.6% 和 8.7%。

5. 餐饮业保持增长,快餐消费增长较快。浦东新区全年餐饮业实现零售额 166.78 亿元,比上年增长 9.4%,占新区社会零售业的 12.4%。其中,宾馆餐饮实现零售额 28 亿元,比上年增长 16.4%;快餐消费也增长较快,星巴克和必胜客增幅分别为 49% 和 16%。

6. 连锁超市保持平稳。2012 年,连锁超市消费一直比较平稳,由于受整个经济形势和网络购物分流影响,全年累计实现零售额 135.3 亿元,与上年持平,占新区社零比重的 10%。其中沃尔玛由于新开门店带动,年度同比增幅达到 18%,麦德龙比上年增长 7%,其他超市企业比上年都有小幅下滑。

7. 建材家居、家电等专卖持续下滑。建筑及装潢材料商品全年实现零售额 27.74 亿元,比上年下降 10%。家用电器类商品销售由于家电以旧换新政策上年底退出,节能家电补贴政策尚不显著,消费相对低迷,苏宁、国美、万得城等 7 家家电数码专卖企业全年零售额比上年下降 19%。

黄浦区商务

黄浦区商务委主任
张 杰

一、概述

2012年是“撤二建一”后新黄浦区的开局之年，区商务委围绕上海“四个中心”建设大局和区委、区政府“三个确保”的总体目标，紧扣“一带两街五个功能区”以及产业发展重点，充分发挥商业领先优势，加速放大产业高地效应，不断增强综合配套功能，切实优化民生保障服务，取得了显著工作成效。全年实现社会消费品零售总额684.07亿元，比上年增长6.1%，实现商品销售总额4888.67亿元，比上年增长14.3%，均超过计划增长目标，规模继续保持全市中心城区领先地位。完成商贸流通业税收118.67亿元，占比29.6%。完成合同利用外资12.65亿美元，完成外贸进出口47亿美元。涉外企业完成税收202.29亿元，占比为50.4%。新增经认定的跨国公司地区总部4个。区商务委全年提前、超额完成各项目标。

二、商业经济

为加快提升黄浦商业整体能级，区商务委依托自身特色优势，加快转变发展方式，努力实现创新突破。

（一）聚焦项目扩大领先优势

全年共完成商业结构调整面积13.4万平方米，完成全年目标的112%。其中，南京东

2012年黄浦区企业家风云人物颁奖仪式

路外滩地区完成“益丰·外滩源”会所式购物中心、“百达翡丽源邸”体验型业态、南京大楼F21亚洲最大旗舰店等4个项目,商圈人气进一步集聚;淮海中路新天地地区完成阿迪达斯品牌中心、马莎百货全新旗舰店、兰姿亚洲最大概念店、海瑞温斯顿新天地旗舰店等4个项目,国际名品的集聚示范效应加速放大;打浦桥地区完成日月光中心调整提升,成功引进优衣库、台湾馆、城市超市、翠华餐厅等品牌,加快打浦桥地区作为市级商业副中心的建设步伐。

(二) 聚焦品牌增强发展后劲

建立并完善由品牌发展“十二五”规划、三年行动计划、品牌发展专项资金组成的黄浦区品牌工作制度体系,全年新增中国驰名商标3件、上海市著名商标8件,中华老字号品牌向外拓展商业网点150家,均提前超额完成全年任务指标。承办2012年中华老字号博览会,区内53家参展老字号实现销售240万元,占博览会销售总额的半壁江山。

(三) 聚焦营销强化竞争实力

成功举办2012上海购物节开幕式、购物节长三角推介会、2012上海时装周、2012钻石文化节等市级整体营销活动4个,VOGUE摩登不夜城、ELLE风尚大典等具有全球知名度和影响力的品牌时尚活动2个,有效拉动消费。其中,上海时装周2012秋冬作品发布活动的规模和场次均创历年之最,并引进了全新的“品牌限定馆”销售模式,集中销售中国本土设计师的原创作品,推动时装周活动转化为生产力、消费力。

(四) 聚焦功能促进产业融合

强化创意设计功能平台建设,提升创意产业区域经济贡献度,全年税收比上年增长12.1%,占区级税收比重超过12%。成功举办江南智造“创意发声”讲堂,打造集知识产权转化、教育培训、展示交易、融资等功能于一体的功能性平台。推进上海国际黄金珠宝商贸功能区建设。完成金镶玉博物馆暨行业标准化推广中心项目建设,并基本建成翠玉皇玉文化馆和四大名石馆。推进世博滨江文化博览商务区建设和招商。协助完成城市最佳实践区一期75%的招商,吸引世界500强企业斯凯孚亚洲总部、上海城市规划研究院、美国商会等高能级企业、高端品牌和国际“头脑机构”入驻。

(五) 聚焦民生满足群众需要

推行平抑菜价措施,保证黄浦区25家菜场节假期间主要蔬菜品种价格低于全市平均水平,且货源充足、供应稳定。打造星级菜市场,为百姓提供安全、便捷、高品质的买菜环境。全年新建、改造早餐工程门店32家,完成市府实事工程——早餐工程任务指标的123%。提升副补现金发放效能,全年副补实际发放率达93%。为老弱病残送票上门350人次,广受居民好评。

三、利用外资

2012年,黄浦区新批准的外商投资企业共287个,比上年下降11.7%;总投资额86122.21万美元,比上年增长112.77%;合同外资金额126545.93万美元,比上年增长10%,完成全年目标的126.5%。

2012年利用外资情况表

利用外资方式	批准外资企业			合同外资	
	项目数(个)	总投资额(万美元)	比上年(±%)	金额(万美元)	比上年(±%)
外商直接投资	287	86122.21	112.77	126545.93	10
其中:合　资	15	11984.38	—	—	—
合　作	—	—	—	—	—
独　资	272	74137.83	—	—	—

2012年合同外资引进总额、新引进项目数、新增跨国公司地区总部数等3项指标在全市中心城区均名列前茅。涉外经济全年税收比上年增长12.7%，占区级税收比重增至近50%。新增当纳利(中国)投资有限公司、罗森(中国)投资有限公司、劳氏船级社(中国)有限公司和日立汽车系统(中国)有限公司等4家经认定的跨国公司地区总部，超额完成全年任务指标。其中，劳氏船级社是全市首家被认定为地区总部的船级社。截至年底，黄浦区的跨国公司地区总部(含投资性公司)累计达39家，总部型企业在整合产业链、联动行业发展、实现安商留商等方面的优势正逐步显现。

2012年吸引外资的主要领域是专业服务业、商贸流通业、金融服务业、投资性公司等，独资项目占绝大多数。新设项目投资国别和来源地继续保持多样化，以中国香港(127个)、日本(38个)为主。

截至2012年底，已批准建立的三资企业总数达2685家，投资总额241.93亿美元，总合同外资150.79亿美元。

2012年外商投资行业(或产业)分布情况表

行业(或产业)	项目数		投资总额		合同外资	
	个数	占比(%)	金额(万美元)	占比(%)	金额(万美元)	占比(%)
合　计	287	100.0	165222.11	100.0	126545.93	100.0
生产型项目	287	100.0	165222.11	100.0	126545.93	100.0
非生产型项目	—	—	—	—	—	—

2012年外商投资主要来源地情况表

国别(地区)	项目数(个)	投资总额(万美元)	合同外资(万美元)
中国香港	127	24193.12	11220.85
日　本	38	44093.80	20544.81

四、对外贸易

黄浦区2012年累计完成外贸进出口总额47.3亿美元，比上年下降8.2%。其中出口完成15.3亿美元，比上年下降10.4%；进口完成32亿美元，比上年下降7.1%。受到外贸严峻形势的影响，黄浦区2012年贸易进出口额有一定降幅，其中，自营类企业总体降幅较大。与2011年相比，黄浦区外贸进出口的主要国家地区和商品种类基本相同。

2012年进口商品主要来源地情况表

国别(地区)	进口额(万美元)	占比(%)	比上年(±%)
泰　国	61223	19.1	40.9
日　本	50232	15.7	16.6
瑞　士	22306	7.0	-25.2
意大利	20066	6.3	-19.8
韩　国	19447	6.1	-38.0

2012 年出口商品主要输往地情况表

国别(地区)	出口额(万美元)	占比(%)	比上年(±%)
日　　本	28131	18.4	-10.4
美　　国	23394	15.3	-0.3
中国香港	10815	7.1	-21.3
澳大利亚	9086	6.0	10.6
南　　非	8777	5.8	-9.9

2012 年主要进口商品情况表

商品名称	进口额(万美元)	占比(%)	比上年(±%)
机电、音像设备及零件	118869	37.1	3.9
光学、医疗等仪器	51527	16.1	-6.3
纺织原料及纺织制品	41863	13.1	21.1
塑料及其制品	16956	5.3	-11.5
鞋帽伞等	13249	4.1	-15.2

2012 年主要出口商品情况表

商品名称	出口额(万美元)	占比(%)	比上年(±%)
纺织原料及纺织制品	68350	44.8	1.7
机电、音像设备及零件	31864	20.9	-11.7
贱金属及其制品	10409	6.8	-31.3
杂项制品	9962	6.5	-9.9
化学工业及其相关工业	8087	5.3	-15.2

五、对外经济合作

2012 年,黄浦区有两家企业被批准在境外设立公司。其中一家投资地为中国香港,主要从事黄金珠宝相关业务,投资总额达 387 万美元。另一家投资地是美国,主要从事建筑科技等相关业务,投资总额 10 万美元。

2012 年对外经济合作发展特点:一是以发达国家为投资市场的基本格局初步形成。黄浦区涉及的境外投资企业大多投资到欧洲、北美、大洋洲以及亚洲的一些发达国家和新兴地区。二是业务投资领域逐渐增多。从传统的建筑、矿业、地产、机械等领域,逐步向黄金、科技等新兴行业扩展。三是境外投资总量有所减缓。面对近年来复杂多变的国际形势,企业对于境外投资显得比较谨慎。为了帮助企业对外投资的风险控制,政府亟需加大境外的市场调研力度,积极转变政府服务的工作方式。

静安区商务

商务委员会主任
诸 旖

一、概述

2012年，在国内外经济形势非常严峻的背景下，静安商务工作紧紧围绕上海“创新驱动、转型发展”总方针，围绕“建设国际静安，构建和谐家园”的目标，牢牢把握“开放促发展、法治筑和谐”的工作主基调，深入对接上海国际贸易中心建设，攻坚克难，抓形势分析，抓产业分析，经过全区共同努力，取得了来之不易的成绩，全面完成年初制定的各项经济指标及各项重点工作任务。商贸流通业和文化创意产业对区域经济转型发展的贡献度进一步提高，外资外贸运行质量稳健攀升，社区商业建设成效进一步显现，商业商务软环境不断优化，各项经济指标均超额完成区政府年初下达的目标任务，为全区“十二五”商务发展奠定了良好的基础。

二、商业经济

2012年全区完成社会消费品零售总额286.32亿元，比上年增长9.02%，完成商品销售总额1563.9亿元，比上年增长10.01%。

（一）优化调整商业布局

完善品牌引进评审机制，静安南京路沿

2012年11月15日，静安区人民政府与商务部市场建设司、中国社区商业工作委员会共同举办“社区商业研讨会”

线共调整品牌23家,面积11266平方米。着力推进1788国际中心、越洋广场、嘉里中心二期等新建载体的招商开业工作。协助推进恒隆广场外立面及重点品牌商家开展装修改造,恒隆广场路易威登之家于7月21日开业,Dior、Cartier、Dolce Gabbana、Hermes等店铺完成装修并重新开业。

(二) 强化商旅文联动

协调集团和有关企业,在吴江路休闲街、静安寺广场等区域开展特色营销活动。举办春、秋两季静安国际购物嘉年华活动,并承办2012年全国(上海)消费促进月启动仪式。策划以“幸福静安,欢乐迎新”为主题的岁末迎新系列活动,并于12月14日举办“南京西路商圈迎新亮灯活动”。指导楼宇联盟开展“购物消费送戏票”的静安南京路整体营销活动。

(三) 大力发展电子商务新兴商业业态

深化实施电子商务“双推”(推动电子商务企业创新发展,推动中小企业应用电子商务)工作。组织鸿洋电子商务、领秀电子商务有限公司等企业申报上海市现代服务业综合试点项目、上海市电子双推平台企业、上海市电子商务储备项目等项目。鼓励扶持自主品牌发展新型业态,推进“网上南京路”建设,为更多品牌和企业提供展示展销平台。5月22日召开静安区高端品牌电子商务座谈会,超过50家国际知名品牌企业出席座谈会。

(四) 积极推进区域品牌建设

5月8日组织召开由商务部部长助理房爱卿主持的“商务部国际高端品牌企业座谈会”,20多家区域高端品牌企业高层出席。组织静安区23家老字号企业参加中华老字号博览会,提升老字号企业的市场竞争力,活动期间企业累计销售近65万元,“九百集团”等多家企业荣获“2012中华老字号博览会最佳展示奖”等奖项。起草《静安区创建国家自主品牌示范区工作方案(草案)》,起草《静安区加强品牌建设实施意见(草案)》,加大品牌建设引导和支持力度,促进静安区一批自主品牌不断提高核心竞争力。

(五) 努力提高社区商业建设成效

完成海康菜场标准化建设,完成兴泰菜市场、新镇宁菜市场、鲜乐菜市场3家菜市场归口亚细亚公司管理,推进全区菜市场回归公益化。武定等10家菜场、31家生鲜超市完成追溯秤联网等建设。推进菜价等便民信息进社区。多次组织城市超市等大型蔬菜供应企业进社区。推进早餐午餐网点布局,完成市政府早餐工程实事项目。优化白领午餐单位10家,升级楼宇食堂1家,评选出30家“白领午餐”示范单位。完成白领午餐绩效评价工作,编制白领午餐指南第五期。与商务部市场建设司、中国社区商业工作委员会共同举办“社区商业研讨会”。完成全国专家组来静安区评审创建“全国社区商业示范区”的相关工作。

(六) 不断优化区域商业商务软环境

策划品牌活动提升区域影响力,与中欧国际工商学院共同举办2012第四届顶级品牌高峰论坛。与《福布斯》中文版共同策划主题为“城市发展——商业生态之平衡与融合”的2012福布斯·静安南京路论坛。协助举办2012上海时装周秋冬时装发布会活动。

认真落实文明指数测评和文明城区迎检要求,较好地完成每次迎检工作。认真做好酒类、粮油、动物卫生监督等方面的市场监管工作。牵头开展单用途预付卡专项整治活动。启动静安商务信用试点工作。加强行业安全生产宣传教育,认真做好防台防汛等应急工作。推进商业商务节能减排工作。提升行业服务文明创建水平,进一步抓好商业街服务文明的氛围宣传,静安商业诚信信息平台常态运作。发挥行业职工的主力军作用,开展“抓提升、促优化”2012年静安区商务系统“六比”劳动竞赛活动。

三、利用外资

2012年,静安新批外商直接投资企业

180 家，投资总额 18.84 亿美元，比上年增长 38.53%；合同利用外资 11.95 亿美元，比上年增长 64.4%，实际到位外资 4.59 亿美元，比上年增长 10.56%。

2012 年利用外资情况表

利用外资方式	批准外资企业		合同利用
	项目数(个)	总投资额(万美元)	外资金额(万美元)
外商直接投资	180	188410.6	119468.5
其中：合资企业	8	30.1	1648.8
合作企业	1	50.5	50.5
独资企业	171	188330.0	117769.3

2012 年外商直接投资来源地情况表

国别(地区)	项目数(个)	投资总额(万美元)	合同外资(万美元)
中国香港	72	117646.4	87313.6
日　本	31	24120.7	12291.9
美　国	13	10356.7	3805.3
德　国	4	8137.4	2932.2
意大利	4	6345.9	2728.4

（一）品牌企业集聚度不断提升

2012 年，引进奥瑟亚(中国)投资有限公司、星崎(中国)投资有限公司、奥托立夫环亚管理(上海)有限公司、日本哈利玛化成管理(上海)有限公司 4 家地区总部；引进格莱登(上海)国际贸易有限公司、水芝澳(上海)贸易有限公司等 10 家知名企业或品牌；完成艾溥思贸易(上海)有限公司等 5 家代表处翻牌。

（二）外资项目增资扩张趋势明显

2012 年静安区增资项目累计实现合同外资 6.47 亿美元，较上年增长 25.4%，且合同外资总额比重超过 50%，展现了良好的发展势头和重要的支撑作用。专业服务业和商贸流通业为吸引外资的两大支柱，分别实现合同外资 3.94 亿美元和 3.14 亿美元，分别占实现合同外资总额的 33% 和 26.3%，成为静安区吸收合同外资的两大支柱。

（三）不断提升外资企业服务水平

建立外商投资重大项目协调推进常态工作机制，及时协助解决外资企业在落户或经营中所遇到的问题；完善外商投资并联审批工作和外资网上办事系统功能，进一步规范行政审批行为并简化审批流程，推行外商投资企业合同章程格式化审批；定期组织重点招商中介开展外资政策解读和学习，继续推进相关重点进出口品牌企业的评估和推荐工作，积极推进落实贸易便利化的各项工作举措；借助区外商投资企业协会，强化与重点外资企业的联系，做好扶商留商等工作。

四、对外贸易

2012 年，静安区外贸出口保持适度增长，实现海关出口额 12.47 亿美元，比上年增长 6.55%。

（一）发达国家市场需求低迷，总体表现不振

美、欧、日市场是静安区出口产品的主要目的地，2012 年需求一直不振。其中，日本

市场贸易额下降15.81%，欧洲市场下降6.17%，美国市场基本持平。

（二）新兴市场增幅较大，成为新亮点

自东盟贸易区进出口货物“零”关税及人民币跨境结算全面开启，亚洲市场特别是东盟各国与静安区的贸易持续活跃，尽管2012年外部经营环境较为严峻，但仍保持上升态势。全年对上述地区贸易完成11.6亿美元，比上年增长29.59%。

（三）纺织品出口平稳增长，大宗商品进口额降幅较大

纺织品出口是静安区对外贸易主要商品之一，全年完成出口额4.5亿美元，占年出口总额近三成，比上年增长10.51%。由于国内市场需求持续走弱，销售不旺，价格逐月下移，大宗商品中的矿产品进口贸易下跌较为明显，全年仅完成进口1.39亿美元，比上年下跌53.17%。

2012年出口商品主要输往地情况表

国别（地区）	出口额（万美元）	占比（%）
美　国	30745	24.66
日　本	15124	12.13
中国香港	6597	5.29
新加坡	5782	4.64
阿拉伯联合酋长国	4829	3.87
澳大利亚	4133	3.31

2012年主要出口商品情况表

商品名称	出口额（万美元）	占比（%）	比上年（±%）
纺织产品	44755	35.89	10.51
机电产品	31739	25.45	-7.37
化工制品	18101	14.52	7.58
其他产品（家具、玩具等）	30095	24.14	294.12

长宁区商务

商务委员会党组
书记、主任　龚　明

一、概述

2012年是“十二五”规划加速实施年，是推进上海国际贸易中心建设的关键之年。长宁区商务委以科学发展观为指导，围绕打造“国际商都”，坚持提升国际经贸与商务主导功能，做大做强贸易核心功能，在搭建贸易功能性平台，推动贸易便利化工作等方面取得显著突破，加快推进了以贸易为引领的现代服务业的发展。

2012年，全区实现消费品零售总额254.37亿元，比上年增长8.8%。引进外资企业250家，合同利用外资6.84亿美元，比上年增长3.07%。外贸进出口总额56.67亿美元，比上年增长28.43%。

二、商业经济

2012年，长宁区商业消费市场表现活跃，累计实现商业税收16.36亿元，比上年增长10.9%。全区实现消费品零售总额254.37亿元，比上年增长8.8%。其中吃的商品零售额70.97亿元，占27.9%；穿的商品零售额42.35亿元，占16.64%；用的商品零售额132.27亿元，占52%；烧的商品零售额0.88亿元，占0.35%。

国际进口商品展示交易中心开幕

长宁区发展商业经济的主要工作：

（一）做好全国文明城区商业复查工作

区商务委先后10多次召开全国文明城市指数测评迎检工作专题会议，要求企业充分认识全国文明城区商业复查工作的重要性，切实将工作落到实处。通过商场滚动显示屏插播文明创建口号，制作、下发台卡、易拉宝、海报等一批宣传材料，并引导企业自行制作其它宣传材料，努力营造文明城区氛围。对全区主要商业街和商业企业先后进行实地检查，针对发现的问题，指导企业立即整改，消除工作的漏洞，圆满完成迎检任务。

（二）做好家电以旧换新收尾工作

做好家电以旧换新补贴申请的审核和监管收尾工作，完成家电以旧换新补贴申请审核和资金拨付工作。按照区财政局的要求，对2011年长宁区家电以旧换新专项资金使用、管理情况进行自查，形成《2011年长宁区家电以旧换新专项资金自查总结报告》，通过区财政局对家电以旧换新专项资金使用情况的专项检查。

（三）开展商贸领域安全生产大检查

制定《关于全面开展商贸领域安全生产大检查的通知》，要求区域内各商业企业开展商贸领域安全生产的全面自查。深入全区29家大型商业企业、28家菜市场以及14家重点餐饮企业等，进行实地检查和指导，针对检查中发现的问题，督促企业采取有力措施，消除安全隐患。

（四）做好清理整顿大型零售企业向供应商违规收费工作

按照市商务委等相关部门的工作布置，联合区整规办、公安分局、工商分局、税务分局、物价局等，于5月和6月分别对区内百联西郊购物中心、卜蜂莲花、乐购、世纪联华、家乐福等大型零售企业就违规向供应商收费情况进行实地检查。并对部分供应商进行约谈，听取供应商对零售商收费情况的反映。对检查中发现的部分违规收费情况督促企业进行整改。

（五）新建、恢复一批标准化菜市场，完善菜市场布局

政府出资回租虹康菜市场，回购佳园菜菜市场；完成佳园菜市场、福泉路菜市场2家标准化菜市场建设；新增凯旋路菜市场等5家标准化菜市场蔬菜低价直销柜工作；完成凯旋路菜市场改造重新开业；完成机场新村、虹珠，西法华菜市场装修改造工程。

（六）建立健全菜市场长效管理考核机制

进一步健全菜市场规范管理考核评分标准，制定《长宁区菜市场规范管理考核评分标准》，从物价管理、规范经营、食品安全、环境卫生、计量管理、居民满意度、行业管理等七个方面对菜市场进行检查考评，促使各菜市场重视制度建设和加强对本菜市场的全面管理，为区菜市场的形象提升和城区文明的建设起到积极的作用。

（七）一批高端品牌商户启动营业

5月18日，全球最大的家具生产商和美国销量第一的家具零售商——爱室丽家居中国首家旗舰店在中山公园商圈隆重开幕。爱室丽家居上海旗舰店是爱室丽旗下按高标准精心打造的中国首家零售门店，它展示现代、经典、简约、时尚等多种风格的家具和饰品。

12月19日，国际著名百货公司高岛屋集团中国大陆一号店——上海高岛屋百货举行“贵宾预览日”，开启对外营业。高岛屋百货，经营范围覆盖Versace范思哲、Dolce&Gabbana等众多国际高端品牌，它对外营业标志着新虹桥商业中心进入全面升级阶段。

12月28日，华宁·弘基生活中心“缤纷商户 惊喜不停”系列营销活动启动，标志着华宁·弘基生活中心开始对外营业，进一步丰富中山公园商圈“东三角”的业态功能，成为商圈优化升级的又一推力。

汇聚国际高端品牌的尚嘉中心将于2013年1月31日启动试营业。尚嘉中心由法国LVMH路威酩轩集团主席贝尔纳·阿诺和港澳巨商何鸿燊领衔投资，汇聚了LVMH集团旗下LOUIS VUITTON、CELINE、LOEWE、KENZO、FENDI等众多一线品牌和BURBERRY、Salvatore Ferragamo、Ermenegildo Zegna等其它国际著名品牌。尚嘉中心作为新虹桥商业中心的高端地标,它的试营业将进一步提升商圈的能级和影响力,助推区域高端商业加速发展。

(八) 推进白领午餐便利联盟工作

区商务委对区内"白领午餐"挂牌餐饮企业加强指导监管,开展新一轮"白领午餐"就餐点的申报、评审工作,并完成新申报的9家"白领午餐"定点挂牌企业的评审、检查。区内"白领午餐"定点示范企业累计有18家。在各街、镇、园区的协助下,通过"白领午餐"问卷调查,形成分析报告,并根据调查情况进一步明确工作重点。在区委组织部的牵头下,走访创建便利服务示范点,现场指导创建工作,结合便利示范点工作继续培育、积极发掘,倡导社会餐饮参与"白领午餐"便利服务,激发企业社会责任感,使"白领午餐"在区域内形成品牌效应。

(九) 开展金山农副产品对接

区商务委会同区委组织部,组织区域内重点超市、餐饮等农副产品消费终端企业,召开两次"金山区农委优质农副产品进长宁专题对接洽谈会"。引导双方以直供、团购、租借专柜、举办金山农产品专场等多渠道、多方式对接合作,通过压缩中间环节成本,降低终端销售价格,同时满足从地头到餐桌的可追溯性要求,为消费者提供优质、实惠、放心的农产品。6月1—4日,区商务委与金山区农委,在百联西郊购物中心和家乐福古北店成功举办2012金山西甜瓜节长宁展销,引入小皇冠西瓜、多利升西瓜、珠丰甜瓜、银龙玉米汁等优质的金山特色瓜果产品,受到长宁消费者的欢迎。

(十) 举办"秋韵风尚 魅力虹桥"——2012上海购物节长宁活动

9月14日—10月7日,"秋韵风尚 魅力虹桥"——2012上海购物节长宁活动拉开帷幕。围绕中山家电节、虹桥消费节和仙霞美食文化节三大板块,共推出近50项特色主题活动。区商务委会同团区委、虹桥办和商联会,举办2012"风尚长宁"长宁区职业青年商业创意策划设计比赛,并首次统一设计购物节长宁活动标识。据抽样统计,购物节期间,长宁区23家主要参与企业共实现销售额11.32亿元,同比增长29.65%,高于市购物节平均增幅18个百分点。在"银联杯"营销策划大赛中,长宁区商务委"秋韵风尚 魅力虹桥"2012上海购物节长宁活动荣获最佳组织奖,百联西郊购物中心凭借以"绿色消费"为主题的"绿活西郊惠精彩"活动荣获最佳创意奖。在"百联杯"优秀商业形象作品评选中,吉盛伟邦虹桥国际家居中心"站在自然的肩头"、"游然生活"分获店堂装饰银奖和橱窗陈列铜奖,百联西郊购物中心"绿活西郊惠精彩"和汇金百货虹桥店"秋韵风情"同获空间展示铜奖。

三、利用外资

2012年,全区引进外资企业250家,比上年减少16.39%;投资总额10.3亿美元,比上年减少4.36%;注册资本7.01亿美元,比上年增长3.04%;引进合同外资6.84亿美元,比上年增长3.07%。

2012年利用外资的主要特点:

(一) 服务贸易企业占引进外资比重大

全年吸引商业企业140家,合同外资数1.04亿美元,其中包括了住友林业(上海)商贸有限公司、上海西屋维克核电设备技术有限公司、伊藤园饮料(上海)有限公司、亚电能源技术(上海)有限公司等知名企业。另依托长宁大力发展总部经济的政策,2012年共引进世界连合(上海)管理有限公司、化药(上海)管理有限公司、日毛(上海)管理有限公司、丰田合成(上海)管理有限公司4家地区总部,形成长宁总部集聚效应。

（二）存量企业增资活跃

全年审批增资项目 139 户，增加合同外资 3. 13 亿美元，占引进合同外资数近一半。在 2012 年申请增加资本金投入的知名企业有：统一企业（中国）投资有限公司、捷太格特（中国）投资有限公司、仲利国际租赁有限公司、汉海信息技术（上海）有限公司等。

2012 年利用外资情况表

利用外资方式	批准外资企业			合同利用	
	项目数（个）	总投资额（万美元）	比上年（±%）	外资金额（万美元）	比上年（±%）
合　计	351	102903. 74	-4. 36	68367. 36	3. 07
外方直接投资	250	59374. 85	22. 20	37042. 45	36. 26
其中：合资企业	23	3453. 63	-17. 79	1471. 95	-8. 22
独资企业	227	55921. 22	11. 58	35570. 50	13. 56
增　资	—	43550. 89	-26. 21	31337. 91	-19. 96

2012 年外商投资主要来源地情况表

国别（地区）	项目数（个）	投资总额（万美元）	注册资本（万美元）	合同外资（万美元）
合　计	250	59374. 85	38569. 5	37042. 45
日　本	84	13285. 32	9736. 5	9722. 45
中国香港	73	38605. 51	23896. 3	22677. 80
欧　洲	27	3206. 20	1939. 7	1876. 20
中国台湾	15	929. 20	692. 0	686. 00
美　国	14	1456. 30	891. 0	891. 00
韩　国	9	706. 00	517. 0	383. 00
离岸群岛	9	499. 00	369. 0	288. 00
新 加 坡	7	157. 97	126. 0	126. 00
澳大利亚	3	100. 50	85. 0	85. 00
其　他	9	428. 85	317. 0	307. 00

四、对外贸易

2012 年，长宁区进出口总额 56. 67 亿美元，比上年增长 28. 43%。其中，进口额 41. 38 亿美元，比上年增长 40. 11%；出口额 15. 30 亿元美元，比上年增长 4. 80%。

从企业来看，2012 年进出口超过 2000 万美元的企业有 32 家，其中外资企业 19 家，占 59. 38%。

从贸易方式来看，长宁还是以一般贸易为主。

2012 年贸易方式情况表

贸易方式	进出口额(万美元)	比上年(±%)
一般贸易	400632.23	44.72
加工贸易	37224.35	-14.18
其他贸易	128885.28	6.46

从贸易往来国别来看,主要还是以美国、日本和欧洲市场为主,2012 年法国取代美国成为主要国家的第一位,其主要原因是上海东方航空有限公司从法国空客进口飞机。

2012 年对外贸易往来主要国别(地区)情况表

国别(地区)	进出口额(万美元)	比上年(±%)
法　国	148820.91	224.26
美　国	123982.54	0.64
德　国	77212.46	91.24
日　本	59474.01	-13.46
东　盟	32324.43	14.10

从进出口商品来看,商品主要以车辆、航空器、船舶,机电、音像设备及其零件,纺织原料及纺织制品,塑料及其制品,橡胶及其制品,化学工业及其相关工业的等产品为主。

2012 年主要进出口商品情况表

商品类别	进出口额(万美元)	比上年(±%)
车辆、航空器、船舶	249582.81	106.67
机电、音像设备及其零件	116262.53	-2.01
纺织原料及纺织制品	64945.32	-6.66
塑料及其制品;橡胶及其制品	38319.34	1.74
化学工业及其相关工业的	25808.87	1.60

长宁区进出口额大幅增长主因是由于由国家直接调控的上海东方航空进出口量大。2012 年东方航空进出口额为 30.58 亿美元,占长宁进出口总额的 53.96%,比上年增长 96.47%。如剔除东航数字,长宁区其他企业累计进出口额为 26.09 亿美元,比上年下降 8.65%。其中,出口额 12.36 亿美元,比上年下降 3.58%;进口额 13.74 亿美元,比上年下降 12.77%。

徐汇区商务

商务委员会主任
戚振国

一、概况

2012年是实施“十二五”规划承上启下的重要一年，徐汇区商务工作以科学发展观为指导，紧紧围绕建设现代化国际大都市一流中心城区的目标，坚持创新驱动、转型发展，加快转变经济发展方式，稳步推进产业结构升级，努力推动区域经济又好又快发展。全年各项主要经济指标和重点工作扎实有序推进，在“十二五”规划取得良好开局的基础上迈出了坚实步伐。

2012年，全区实现社会消费品零售总额435.40亿元，比上年增长10.10%；新批准外商投资企业308家，比上年减少14.44%；批准外商投资企业增资173家，比上年增长13.07%；全年共计引进合同外资10.02亿美元，比上年增长9.42%；实际利用外资6.09亿美元，比上年增长7.12%。完成外贸进出口总额13.15亿美元，比上年下降17.51%。

二、商业经济

2012年全区完成社会消费品零售总额435.40亿元，比上年增长10.10%；实现商品销售总额2471.55亿元，比上年增长12.81%；实现商业类税收52.96亿元，比上

徐汇区商圈跨年度3D激光秀

年增长12.77%。

（一）组织参与市级大型节庆活动

4—5月间，组织开展消费促进月系列活动。共举办重点活动5场，知名品牌推广近20场，各类酬宾促销15次。消费促进月期间还组织名为“释放”的2012上海国际服装文化节徐汇区主题活动，活动期间上演10场国际品牌的新品发布秀，展示商圈时尚魅力。据统计，消费促进月期间，商圈抽样企业销售额同比增长1.41%，其中“五一”期间同比增长5.13%。

9月14日—10月7日，举办上海购物节徐汇区活动。徐家汇商圈围绕“快乐购物节，欢聚徐家汇”主题，开展“购物天堂徐家汇”、“异彩纷呈徐家汇”、“放心购物徐家汇”三大板块活动以及“上海市购物节闭幕式”、“原创时尚舞蹈大赛”两大重点活动。区内15家主要商业零售企业（集团）及部分驻区知名品牌企业参加活动。购物节期间，徐家汇地区商业销售同比实现增长8.3%。推进“购物节进社区”工作，举办“长桥社区第三届‘上海购物节’活动”，长桥街道罗香路商业街、区域内6个菜市场参加活动。

购物节期间，组织区域商业企业参加由上海市商务委主办的“‘银联杯’上海购物节营销大赛”以及“‘百联杯’上海优秀商业形象作品评选活动”。商圈企业报送的作品分获“百联杯”橱窗陈列、空间展示、店堂装饰等10个银、铜奖项。组织开展“‘徐家汇杯’购物节营销大赛及优秀商业形象评选活动”。评选出营销策划、户外造景、橱窗陈列、空间展示、店堂装饰等25个奖项。徐家汇商圈荣获上海消费者最爱购物地网络评选活动“上海最爱购物地”称号。

（二）组织开展徐家汇商圈整体营销活动

“五一”期间，开展主题为“欢乐徐家汇，迎接e时代”的整体营销活动。活动为期两天，包括“徐家汇商圈官方微博启动仪式”、“欢乐徐家汇，五一嘉年华”广场文艺演出、徐家汇白领联盟等互动演艺活动和“欧陆风尚”——欧洲国家商品周活动、“天天爱吃”美食节活动等商场主题营销活动及促销酬宾活动。此外，4月29日、30日，“六百”延长营业时间至0:00时，“汇金”延长营业时间至次日1:00时。

“十一”期间，配合2012上海市购物节，商圈在“快乐购物节，欢聚徐家汇”的主题下开展促销活动和广场互动活动。据统计，商圈各大商厦自主策划以商品折扣和满额赠礼为主要形式的促销活动18个；开展各类品牌展示推广活动8场次；组织的广场互动活动超过12场次。主要活动通过在线直播、微博实时发布等形式进行互动宣传。

圣诞节及元旦期间，徐汇区商业联合会与徐家汇商城集团联合开展名为“欢乐徐家汇，喜迎宝马车”的徐家汇商圈迎新主题营销活动，内容主要由抽奖营销、互动演出、酬宾促销三大部分组成。期间，徐家汇商圈还首次引入大型户外3D激光表演，吸引人气，提升商圈跨年活动的文化氛围。据统计，活动期间徐家汇商圈销售同比增长11.26%。抽奖活动共发出奖券89万张。

（三）徐家汇商圈新商业载体亮相

1月19日，百联徐汇商业广场开业。该商业载体由百联集团旗下的友谊股份原新路达商厦进行全新改造而成，在从商场外形、入驻品牌、业态组合等多方面进行了调整，总建筑面积约为2万平米，一楼、二楼是复式“品类组合旗舰店”的商业形态，三楼为时尚餐饮品牌。

5月28日，光启城时尚购物中心开幕。中心位于徐家汇商圈外围，宜山路轨道交通3、4、9号线交汇处。商业面积达12万平方米，融合国际购物、环球美食、休闲娱乐等功能于一体，填补了宜山路区域一站式时尚购物中心的空白。

（四）推进商圈品牌结构调整

按照徐汇区现代商贸业发展规划的要求，不断推进商圈品牌结构提升工作。高端品牌方面，港汇恒隆广场。年内完成GUCCI、BV、TIFFANY入驻开业，港汇恒隆一楼已基本形成了高档国际品牌的聚集。主力百货方面，东方商厦陆续完成部分品类楼面的装修调整；汇金超市经过4个月停业装修全新开业；六百、汇金、汇联、美罗城、百联徐汇商业广场等均开展了部分商品品牌的调整升级工作。

（五）加快商圈业态结构调整

加快徐家汇商圈业态结构调整步伐，特别是在3C数码市场方面取得突破。美罗城转变部分数码市场的商业业态，引进文化娱乐业态；太平洋数码初步形成业态调整方案，并启动太平洋数码二期的调整提升前期研究工作；西亚改造项目全面启动，年内已完成拆落地。此外，徐家汇商城集团筹建电子商务公司，开始进军B2C线上线下相结合的全新市场。

（六）徐家汇网络商城上线

徐家汇商城集团围绕“圈内提升、圈外拓展”战略，积极研究推动线上和线下商贸互补共荣的模式，实现传统商业转型。12月18日11点18分，由上海徐家汇商城集团电子商务有限公司建设的“徐家汇商城www.xjh.com”正式上线。标志着徐家汇网络商城的成型。该平台以发布当季时尚新品为主，定位于“中国一流的高端时尚综合类百货商城”。以B2C商城作为切入点，结合O2O模式进行差异化经营，以资讯、服务、购物娱乐和分享游戏为一体的互联网社区为建设目标，服务于徐家汇商圈线下实体企业，突破目前徐家汇商圈在物理空间上的限制，实现上海徐家汇到中国徐家汇的突破。

（七）徐家汇官方微博启动

4月1日，徐家汇商城集团在新浪网开通“徐家汇商圈官方微博”（http://weibo.com/u/2747640384）。徐家汇商圈官方微博开设之初设“购物天堂徐家汇”、“文化徐家汇”、“徐家汇风采”、“每日徐家汇”、“享乐生活‘汇’”、“型尚青春”等栏目。经过一个月的试运行，“徐家汇商圈官方微博”于5月1日正式运行。“五一”期间，商圈首次采用微博营销，取得了一定效果。

（八）推进早餐工程建设

年内，区商务委牵头成立徐汇区早餐工程推进小组，由区食品药品分区、质检分局、环保局、市容局等成员单位组成。推进小组经反复比较，选定上海中饮餐饮公司（巴比馒头）、上海世好餐饮公司（吉祥馄饨）和上海乔家栅饮食食品发展有限公司作为区早餐工程承办企业。11月15日，完成对26家新建及改建的早餐工程网点的验收。根据上海市早餐工程建设要求，给予配套建设资金共计84万元。

（九）以点带面推进社区商业建设

对区社区商业、特色商业街发展情况以及新载体建设情况进行调研并形成重点工作目标，并印发区内天平、湖南社区沿街商业发展的指导意见。推进各街镇与区内重点社区商业企业对接。光启城于5月开业，在硬件环境、业态及品牌结构等方面得到认可。

三、利用外资

2012年，全区新批准外商投资企业308家，引进合同外资10.02亿美元，比上年增长9.42%；实际利用外资6.09亿美元，比上年增长7.12%。

2012年利用外资情况表

利用外资方式	批准外资企业		
	项目数（个）	合同金额（万美元）	比上年（±%）
合　计	308	100209	9.42
外商直接投资	308	100209	9.42
其中：合　资	28	5757	-64.28
合　作	1	1000	1900.00
独　资	279	93452	23.92

（一）投资行业

2012年，区批准外商投资企业设立308家，批准外商投资企业增资173家。年内批准外商投资企业设立及增资共利用合同外资10.02亿美元。其中，以咨询、软件、总部经济为代表的现代服务业企业引进合同外资7.29亿美元，占全年吸引外资总额的72.74%。

2012年引进外资分行业情况表

行　　业	新设合同外资余额（万美元）	增资合同外资余额（万美元）	合计余额（万美元）	占比（%）
合　　计	27766	72443	100209	—
第一产业	—	—	—	—
第二产业	5	1300	1305	1.30
第三产业	27761	71143	98904	98.70
现代服务业	20480	52414	72894	72.74
其中：咨　询	3010	2357	5367	5.36
软　件	3777	1866	5643	5.63
总部经济	11225	44836	56061	55.94
其他现代服务业	2468	3355	5823	5.81
房　　产	—	2834	2834	2.83
商　　贸	6556	15624	22180	22.13
其　　他	725	271	996	0.99

（二）投资来源地

美国、中国香港和日本是2012年徐汇区引进外资的主要来源地。从项目个数看，中国香港和日本两地投资项目合计143个，占项目总数的46.43%。但从合同外资看，仍以美国最多，共引资4.76亿美元，占全年引资的47.46%（含增资）。

2012年外商投资（含增资）主要来源地情况表

国别（地区）	项目数（个）	合同外资（万美元）	国别（地区）	项目数（个）	合同外资（万美元）
合　　计	308	100209	澳大利亚	7	86
中国香港	106	18994	维尔京群岛	5	2524
日　　本	37	9321	意大利	4	735
新加坡	22	1742	瑞　　士	4	69
韩　　国	20	1386	法　　国	3	4048
美　　国	18	47562	荷　　兰	3	598
中国台湾	13	480	瑞　　典	3	465
萨摩亚	13	941	马来西亚	3	56
德　　国	10	4900	丹　　麦	3	354
英　　国	8	670	开曼群岛	2	3604
塞舌尔共和国	8	194	其　　他	16	1480

（三）大项目投资

在308家新设立企业中，合同外资在1000万美元及以上的项目有6个，分别是默沙东（中国）投资有限公司、滔搏投资（上海）有限公司、泰科（中国）投资有限公司、传游（上海）网络科技有限公司、上海徽融融资租赁有限公司和精诚（中国）企业管理有限公司。在173家增资企业中，合同外资增资1000万美元及以上的企业有13家，分别是：嘉吉投资（中国）有限公司、百思买商业（上海）有限公司、阿姆斯壮（中国）投资有限公司、欧喜投资（中国）有限公司、瓦克化学（中国）有限公司、佛吉亚（上海）管理有限公司、旭化成（中国）投资有限公司、上海波特曼建业里东区置业有限公司、欧喜投资（中国）有限公司、特力屋（上海）商贸有限公司、上实投资（上海）有限公司、卧鸿网络科技（上海）有限公司和上海伽玛医院有限公司。以上19家企业共计吸引合同外资6.79亿美元，占全年吸引合同外资总量的67.76%。

（四）总部经济

全年新增10家外资总部经济机构，其中6家管理型地区总部分别是精诚（中国）企业管理有限公司、上海佳明航电企业管理有限公司、三井金属爱科特（上海）管理有限公司、保华（上海）企业管理有限公司、美利肯企业管理（上海）有限公司和恒堡管理（上海）有限公司；4家投资性公司分别是是泰科（中国）投资有限公司、默沙东（中国）投资有限公司、滔搏投资（上海）有限公司和瓦克化学（中国）有限公司。2012年外资总部经济机构新批和增加合同外资达5.61亿美元，占全年吸引合同外资总额的55.94%。截至2012年底，落户徐汇的跨国公司地区总部共有49家（其中国家级地区总部5家），投资性公司39家，外资总部经济在中心城区中位居第一，在全市仅次于浦东新区，且发展势头良好。

（五）外资现代服务业

全年现代服务业企业新批项目157个，新批和增资合同金额达7.29亿美元，较上年增长1.30%，占吸引外资总额的72.74%。2012年，在新批准和增资合同外资1000万美元及以上的19家企业中，有16家为现代服务业企业，合同外资达5.84亿美元，占全年现代服务业新批和增资总量的80.11%，占全年吸引合同外资总额的58.28%。其中仅嘉吉投资（中国）有限公司增资金额就达1.89亿美元。

四、对外贸易

2012年，徐汇区完成外贸进出口总额13.15亿美元，比上年下降17.51%。其中，出口总额为6.56亿美元，比上年下降25.16%；进口总额为6.59亿美元，比上年下降8.17%。

按企业性质分，出口方面：三资企业出口总额下降较为明显，比上年下降46.72%；外贸公司和自营进出口企业分别比上年下降16.35%和17.79%。进口方面，自营进出口企业和外贸公司的进口比上年分别下降11.33%和7.08%；而三资企业的进口减少幅度较小，比上年下降1.95%。

按贸易类型分，一般贸易出口完成6.3亿美元，比上年下降25.82%；加工贸易出口完成0.24亿美元，比上年增加4.94%。

2012年徐汇区外贸出口主要特点有：

（一）整体出口形势受外需不振影响出现下降

2012年在国际金融危机的深层次影响下，欧美发达经济体的外需出现显著下降。导致徐汇区对美国、日本等主要输往地的出口量下降较明显。对美国出口2.10亿美元，比上年下降25.82%；对日本出口1.11亿美元，比上年下降26.50%。

（二）服务外包产业继续保持较好的发展势头

2012年徐汇区各服务外包企业的接包合同量保持了较好的增长势头，协议金额4.37亿美元，比上年增长32.22%；执行金额3.14亿美元，比上年增长13.35%。

（三）主要出口商品

全年机电产品、纺织品、化学工业品分列区主要出口商品出口金额前三位。机电产品出口额14096万美元，占21.48%；纺织品出口额10394万美元，占15.84%；化学工业品出口额10116万美元，占15.41%。上述商品出口总额34606万美元，占区出口商品总额的52.73%。

2012年出口商品主要输往地情况表

国别（地区）	出口额（万美元）	占比（%）	比上年（±%）
美　国	21048	32.07	-25.82
日　本	11073	16.87	-26.50
德　国	3873	5.90	-52.10
东　盟	3427	5.22	-14.38
巴　西	968	1.47	-45.23
中国台湾	903	1.38	22.11

2012年主要出口商品情况表

商品名称	出口额（万美元）	占比（%）	比上年（±%）
机电产品	14096	21.48	-13.75
纺织品	10394	15.84	-22.90
化学工业品	10116	15.41	-57.93
贱金属	9370	14.28	-4.86
杂项制品	3469	5.28	-7.74
光学、医疗仪器	2127	3.24	58.96

2012年进口商品主要来源地情况表

国别（地区）	进口额（万美元）	占比（%）	比上年（±%）
美　国	14923	22.65	6.33
日　本	11457	17.38	-1.05
德　国	6086	9.23	-23.69
东　盟	3553	5.39	-10.36
非　洲	3493	5.30	62.24
中国台湾	3312	5.02	-17.52

2012年主要进口商品情况表

商品名称	进口额（万美元）	占比（%）	比上年（±%）
化学工业品	15331	23.26	-21.76
机电产品	14117	21.42	-15.97
光学、医疗仪器	8227	12.48	-6.73
纺织品	1915	2.91	16.49
贱金属	1742	2.64	35.43
杂项制品	1382	2.10	-0.84

杨浦区商务

商务委员会主任
顾毓静

一、概述

2012 年，杨浦区紧紧围绕国家创新型试点城区建设主线，牢牢把握"稳中求进"的工作总基调，积极应对复杂多变的国内外经济形势，坚持"三区联动，创新驱动"，围绕年初确定的目标任务，全力抓落实、抓推进、抓突破，经济社会发展总体平稳有序，商务经济工作取得较好成效。全年，全区实现社会消费品零售总额 311.2 亿元，比上年增长 13%；合同利用外资 5.09 亿美元，比上年增长 44.41%，新引进外资项目 122 个，注册资金 1000 万美元以上项目 8 个；实现外贸进出口额 7.2 亿美元，比上年增长 5%；商业运行和节日市场监测、上海购物节筹备、上海设计之都活动周等多项工作，得到市级部门表彰。

二、商业经济

2012 年，杨浦区积极扩内需，联手相关行业协会，聚焦五角场商圈，组织广大商家精心策划各类节庆营销活动，组织区内重点企业合作交流、开拓销售渠道；加强保民生，全

中原城市广场

区开设早餐固定门店、爱心帮帮车等早餐示范点60多个，新建改造标准化菜市场4家，设置猪肉、蔬菜、水产、牛肉、粮食等追溯系统80多个，扎实推进菜市场规划落地、平价菜市场建设、产销直供等工作，“两淡五节”和灾害性气候期间，市场蔬菜货源充足、价格平稳；着力优布局，紫荆广场、君欣时代广场和海际（原旭辉）商业广场等商业载体建设有序推进，中原城市广场开业、宝地广场商业项目竣工，大学路休闲特色街创建稳步推进，金储休闲广场等分别被授予市社区商业示范社区创建工作先进集体和市特色商业街区创建工作先进集体荣誉称号。全年，商品销售总额1678.9亿元，比上年增长1.1%，社会消费品零售总额311.2亿元，比上年增长13%。

主要运行特点是：

（一）商业运行总体良好

2012年，全区商业运行总体呈现上半年平稳运行、下半年缓慢回升的态势。从商业税收看，批发业实现税收5.6亿元，比上年增长13.3%；零售业实现税收2.8亿元，比上年下降1%；餐饮业实现税收2.1亿元，比上年增长4.37%。

2011—2012年社会消费品零售额示意图

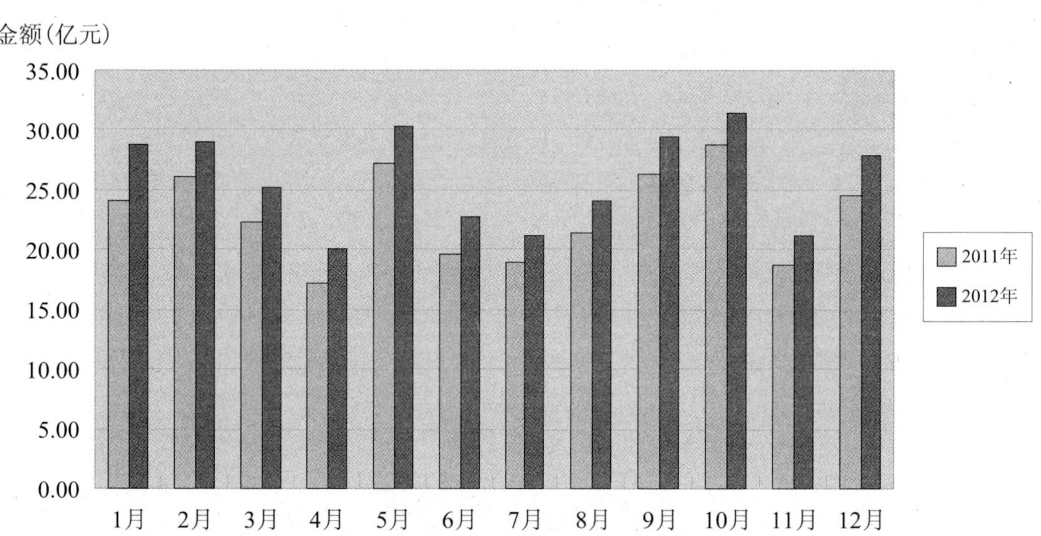

（二）商圈业态调整提升

五角场商圈销售整体平稳，全年实现销售额112.84亿元，比上年增长9.04%。重点骨干商家调整品牌数近百个。其中，百联又一城引进和调整品牌13家，新开设“新世纪食品城”主营进口食品，引入港丽、外婆家等知名餐饮品牌；东方商厦杨浦店全方位引进中高端成熟女装、皮具、钟表礼品等28家；巴黎春天引进知名品牌13家；米兰城市奥特莱斯近30家品牌单店入驻。

（三）节庆营销促进消费

商家紧抓节日商机，各类节庆营销活动丰富紧凑，有效刺激消费。元旦、春节、四月消费促进月、“五一”和中秋、国庆“双节”期间，抽样企业销售额分别同比增长24.29%、20.97%、8.34%、19.18%和16.63%。“五角场商圈主题联动营销”获得市购物节“最佳人气奖”。

（四）无店铺销售稳定增长

东方电视购物克服电商竞争激烈、运营成本增加等不利因素，积极整合业务、扩大经营种类、精心策划营销活动等，全年实现销售额60.3亿元，比上年增长13.3%。

东方电视购物月度销售对比图

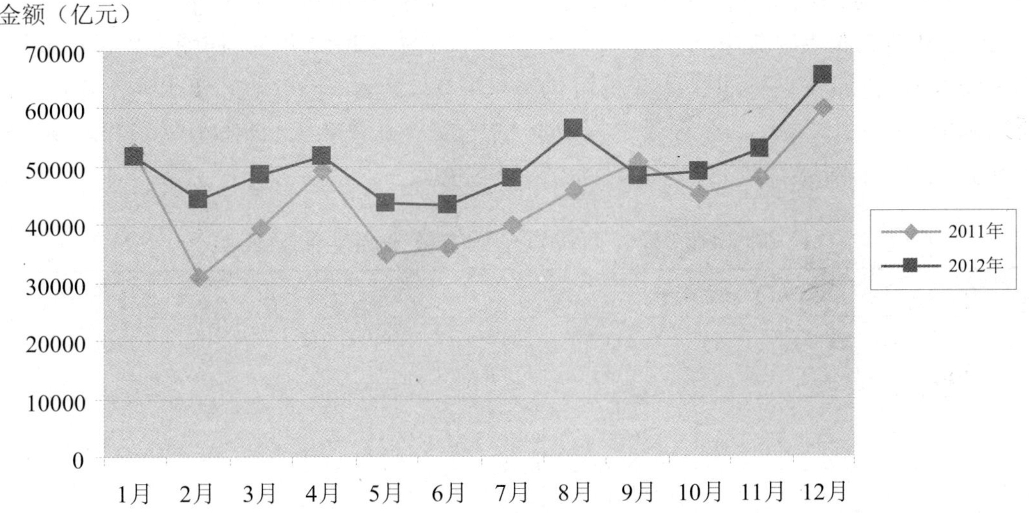

三、利用外资

2012年，杨浦区注重聚焦重点区域、重点行业、重点企业以及总部型、龙头型、领军型优质项目，不断提高外资引资质量，提升外资企业服务水平。全年，合同利用外资5.09亿美元，新引进项目122个，实到外资3.05亿美元，其中注册资金500万元以上的企业23家，均属高新科技类和现代服务类。38家外资企业增资，共增资1.7亿美元。

2012年利用外资情况表

利用外资方式	新批准项目(个)	合同外资(亿美元)	实到外资(亿美元)
合　　计	122	5.09	3.05
其中:合　资	20	1.55	0.44
合　作	1	0.25	0.49
独　资	101	3.29	2.12

主要运行特点是：

（一）外资结构继续优化

新引进的122个项目中，知识型现代服务业项目43个、高新技术产业项目23个、商旅文体服务业项目55个、房地产业项目1个，绝大部分为区“十二五”规划中的“两个优先、两个提升”产业。

（二）批发零售占据主导

新引进的122个项目中，批发零售业有51家，合同利用外资0.93亿美元，占项目总数的41.8%，占新引进项目合同利用外资的27.48%。38个增资项目中，批发零售业有16家，合同利用外资0.65亿美元，占项目总数的42.1%，占增资总额的38.1%。

（三）金融服务类外资企业发展迅速

金融服务类企业，合同利用外资0.28亿美元；年内，新引进股权投资管理企业1家、创业投资企业1家、创业投资管理企业3家。

（四）招大引强取得进展

新引进的122个项目中，注册资金1000万美元以上企业8家，合同利用外资2.8亿美元，占新引进项目合同利用外资的82.6%，占全年合同外资的55%；38个增资项目中，增资超过1000万美元的项目5个，共增资1.24亿美元，占增资总额的72.94%，占全年合同利用外资的24.36%。

（五）外资来源相对集中

中国香港、新加坡是杨浦区外商投资的主要来源地，在新引进的122个项目中，资金来源共涉及26个国家和地区。其中，香港47家，合同利用外资1.66亿美元；新加坡10家，合同利用外资1.32亿美元。

截至2012年底，杨浦区累计批准三资企业1323家，合同外资56.05亿美元。其中，合资企业378家、合作企业111家、独资企业834家。

2012年新设外商投资企业主要来源地情况表

国别（地区）	项目数（个）	合同外资（万美元）	占比（%）
合　　计	122	33903.8	100.00
中国香港	47	16559.1	48.84
新加坡	10	13191.7	38.91
美　　国	11	205.4	0.61
中国台湾	8	116.2	0.34
日　　本	7	150.2	0.44
其他国家、地区	39	3681.2	10.86

四、出口贸易

近年来，杨浦区主要出口商品产品结构不断调整，虽仍以劳动密集型加工类纺织制品为主，但科技含量较高的机电类产品比重逐步增加，比上年增长4.46%。

2012年主要出口商品情况表

商品名称	出口额（万美元）	占比（%）	比上年（±%）
合　　计	44700	100.00	5.65
纺织制品	18395	41.15	-12.00
机电、音响制品及其零部件	13204	29.54	7.58
贱金属及其制品	3655	8.18	12.27
车辆、航空器、船舶等	1214	2.70	25.5
塑料、橡胶及其制品	1581	3.54	-5.09
化学工作及其相关工业的	2504	5.60	-7.68
其　　他	4147	9.28	-11.17

杨浦区的出口市场主要集中在亚洲、欧洲和北美洲等成熟市场。受欧美经济影响，对欧美市场的出口有所下降。其中，向美国市场出口额为0.86亿美元，占出口总额的19.26%，比上年下降1.99%；向欧洲市场出口额为0.94亿美元占出口总额的21%，比上年下降4.41%。亚洲市场方面，向东盟等新兴市场的出口逐步提升，出口额为0.54亿美元占出口总额的12.1%，比上年增长3.5%；向日本、韩国等市场的出口略有下降，占出口总额的比重分别比上年下降1.12%和0.27%。

2012 年出口商品主要输往地情况表

国别(地区)	出口额(万美元)	占比(%)
合　计	44700	100.00
亚　洲	18506	41.40
其中:日　本	4716	10.55
韩　国	872	1.95
东　盟	5409	12.10
欧　洲	9387	21.00
北美洲	8962	20.05
其中:美　国	8609	19.26
其　他	7845	17.55

五、对外经济合作

杨浦区贯彻国家和上海市鼓励企业境外投资的相关政策精神,加强企业"走出去"的政策宣传和指导工作,大力推动有条件的企业通过"走出去"拓展国际市场。截至 2012 年底,全区经批准的"走出去"企业累计 30 家,其中,2012 年完成投资项目审批 10 个,比上年增长 42.86%,投资总额近 1 亿美元,比上年增长 400%。从形式看,并购成为杨浦区境外投资的主要途径,占全区境外投资总额的 60%。

虹口区商务

商务委员会主任
刘波英

一、概述

2012年，虹口区商务以“创新驱动，转型发展”为工作思路，紧紧围绕年度工作目标，有序、有效、有力地推进各项工作，部分经济指标提前超额完成，重点项目逐一落地，为上海“四个中心”建设和“虹口新崛起”做出新的贡献。

2012年，虹口区商务工作各项指标顶住压力，逆势增长。社会消费品零售总额、合同利用外资、实到外资增长速度均超全市平均水平。涉外经济形势喜人，合同利用外资与实际利用外资双双突破“十亿”大关，创造虹口区吸引外资以来最好成绩；海关进出口总额名列全市前茅，其中出口额位列全市中心城区第一位。

全区全年完成社会消费品零售总额252.11亿元，比上年增长10.3%，完成全年计划的102.5%；现代商贸业全年完成税收36.8亿元，比上年增长29.3%；利用外资全年全区共批准外资项目124个，合同利用外资10.27亿美元，比上年增长44.5%，实到外资10.63亿美元，比上年增长63.57%。全年全区外贸进出口总额达39.05亿美元，比上年增长12.47%。其中，出口额20.06亿美元，比上年增长6.23%；进口额18.99亿美元，比上年增长19.91%。

2012上海购物节虹口区系列活动四川北路全程电子商务平台启动仪式

二、商业经济

2012年,虹口区以商业结构调整和能级提升为重点,以推进载体建设和功能招商为抓手,创新商业模式,发展电子商务、特色餐饮等新型业态,完善社区商业保民生,不断夯实商业经济发展基础。全年社会消费品零售总额达252.1亿元,比上年增长10.3%,其中吃的商品97.4亿元,穿的商品34.2亿元,用的商品107.9亿元,烧的商品12.6亿元。现代商贸业实现税收36.8亿元,比上年增长29.3%。

(一)电子商务快速发展

2012年,虹口区电子商务企业数量、质量、经济贡献度都保持快速发展的良好态势。全区电子商务类企业237家,比2009年翻了两番多。全区电子商务类企业实现三级税收1.34亿元,比上年增长60.4%。区内规模电商企业高企行业领先地位,形成以规模企业主导的发展格局,集聚了号百商旅、上海苏宁易购、百丽优购、大宗钢铁等一批商贸、餐饮、旅游和大宗商品交易平台等电商"排头兵"。上海苏宁易购电子商务公司和百丽电子商务(上海)有限公司跃居全区社会零售业第一、第二位。

着力打造四川北路全程移动电子商务平台。9月,"Hongkoufree" wifi网络向消费者开放,实现了四川北路商业街户外公共区域无线网络"全覆盖、全天候、全免费"。同时,推出适用于手机苹果和安卓系统的"虹口商街·逛街一点通"APP,收纳四川北路信息,实现"商业信息实时化、营销活动多样化、公共信息实用化",四川北路的整体营销,吸引众多年轻时尚消费群体,已有用户近2万。购物节期间,"畅想无线生活·时尚消费在虹口"四川北路全程移动电子商务平台获"银联杯"2012上海商业企业营销策划大赛"最佳创意奖"。

(二)推进四川北路商业街转型升级

四川北路重点项目建设稳步推进,南段"上海108广场"、虹城金融大厦、苏宁高端酒店等约43.5万平方米的商业商务项目开工建设。开展支马路调研,形成《四川北路商业街重点支马路发展调查报告》,并逐步推进至支马路的开发利用。

2012年,四川北路街区全年社会消费品零售总额约120亿元,占全区社会零售的48%;实现商贸区级税收2.29亿元,比上年增长18.1%。乐购仕日本原产地家电家居进口产品商场开业,标志着四川北路以国别中心为特色的进口商品集散地打造全面推进。壹丰广场、中信泰富·申虹广场先后开张试营业,新增商业面积约7万平方米。P-PLUS、STUDIO A、星怡会等近1000个品牌入驻四川北路。沿线中小商铺业态有序调整升级,全年累计调整商铺约70户。

(三)重大活动繁荣消费市场

坚持以节兴市,引导开展形式多样的节日营、促销活动,拉动消费,繁荣市场。举办第八届上海酒节、2012上海购物节虹口区系列活动、2012食荟虹口等丰富多彩的主题活动。第八届上海酒节于9月19—24日在虹口足球场举行。吸引全球四大洲30多个国家与地区酒商参展。展位数272个,总参观人数超过11.5万人次。本届酒节获得"百联杯"2012上海优秀商业形象作品评选"空间展示"金奖。购物节期间,虹口区13个作品参加"'百联杯'2012年上海优秀商业形象作品评选"活动,最终荣获两金一银两铜,金奖数与黄浦区并列全市第一。

元旦、春节、五一、十一等重要节假日期间,在一系列整体营销宣传推动下,虹口区销售明显增长,同比分别增长35.4%、37.1%、24.3%、35.9%,增幅均位列全市前茅。

(四)不断提升社区商业能级

位于临平路瑞虹路的瑞虹坊2区开业,商业面积超过10000平方米,定位为中高端社区配套商业,以中高端品牌的时尚餐饮、休闲体验、生活配套服务等为主,与瑞虹生活广场等周边社区商业协调发展。引进顺风大酒店、大家乐、唐韵秦风西北菜、La Tagliatella意大利餐厅等餐饮品牌，COSTA 咖啡、思妍丽等休闲体验品牌，乐高儿童体验、启稚摇篮、建设银行等生活配套服务品牌，为社区居民提供便利、提升生活品质。

三、利用外资

2012 年，虹口区共引进外商投资企业项目数共计 130 个，比上年增长 5.69%；合同外资 10.42 亿美元，比上年增长 27.41%；实际利用外资 10.63 亿美元，比上年增长 63.57%。合同外资、实到外资双双突破“十亿”美元大关，刷新虹口区利用外资以来的最好成绩。

2012 年，实际利用外资首次超过合同利用外资，更体现出利用外资水平，反映虹口区外资招商引资取得的实效。

（一）产业结构不断优化

近几年来，随着区经济发展的不断转型升级，利用外资项目结构更为优化，连续三年，服务业合同外资和实际到位外资占全区的比重均为 100%。2012 年现代服务业发展仍然不断稳中求进。全年现代商贸业引进外商投资企业项目数及合同外资金额均在区五大产业中位列第一。航运、金融服务业奋勇发力，航运服务业全年引进合同外资 8507 万美元，比上年增长 77.14%；金融服务业引进合同外资更高达 8841 万美元，较上年 140 万美元大幅增长 6215%。

（二）五大产业亮点频现

现代商贸业：百丽电子商务（上海）有限公司增资 2000 万美元，主要用于网络销售平台的建设；百丽鞋业（上海）有限公司业绩大幅增长，荣获 2012 年度上海纳税百强企业，全区百丽系企业已经增至 5 家；日资品牌 LAOX 设立乐购仕（上海）商贸有限公司，及日本最大的体育用品超市 ALPEN 株式会社设立爱蓬（中国）商贸有限公司，成为四川北路上进口商品国别店。

航运服务业：引进吉与宝（上海）船务有限公司、太平船务（中国）有限公司、赫伯罗特船务（中国）有限公司等知名的外资航运重点项目。

金融服务业在 2012 年实现了诸多第一：第一家外资公募基金公司华宸未来基金管理有限公司，第一家外资融资租赁公司浩科融资租赁（上海）有限公司。

信息服务业：上海电信旗下上海市信产通信服务有限公司与美国拜特公司合资成立的中通服网优技术有限公司，专注于中国迅速增长的网络优化市场，为运营商提供一流的网络优化产品和服务。

战略性新兴产业：英国 ERM 集团继在虹口成立伊尔姆环境资源管理咨询（上海）有限公司之后，又设立伊尔姆希维斯能源管理（上海）有限公司。接受企业委托，对其节能减排以及温室气体减排的证据提供数据收集和核定服务，是区战略性新兴产业中高端服务业中的新亮点。

2012 年利用外资情况表

利用外资方式	批准外资企业			合同外资	
	项目数（个）	投资总额（万美元）	比上年（±%）	金额（万美元）	比上年（±%）
合　　计		171105.91	44.96	104231.83	27.41
外方直接投资	130	124758.84	283.74	40626.53	90.99
合资企业	20	96480.98	10164.70	22876.79	7500.77
独资企业	109	27442.86	-13.08	17324.75	-17.38
增　　资	—	46347.08	-45.81	63605.30	5.07

2012年外商投资行业分布情况表

行业	项目数		投资总额		合同外资	
	个数	占比(%)	金额(万美元)	占比(%)	金额(万美元)	占比(%)
合计	130	100.00	171105.91	100.00	104231.83	100.00
生产型项目	—	—	—	—	—	—
服务型项目	130	100.00	171105.91	100.00	104231.83	100.00

历年批准外商投资企业情况表(至2012年12月31日止)

类型	批准的外商投资企业		合同外资(含增资)	
	项目数(个)	占比(%)	金额(万美元)	占比(%)
批准数	1665	100.00	702173.56	100.00
合资企业	410	24.62	218669.50	31.14
合作企业	131	7.87	89154.91	12.70
独资企业	1124	67.51	167448.64	23.85
第二产业	412	24.74	27652.99	3.94
第三产业	1253	75.26	619361.35	88.21
土地批租(包括旧区改造)	34	2.04	284481.62	40.51
500万以上项目	121	7.27	512674.13	73.01
增资额	—	—	229291.95	32.65

2012年外商投资来源地情况表

国别(地区)	项目数(个)	投资总额(万美元)	合同外资(万美元)
中国澳门	1	42.00	30.00
百慕大	1	2165.40	200.00
德国	4	434.48	655.36
法国	1	200.80	155.86
韩国	3	3181.00	810.85
荷兰	1	10.00	7.00
加拿大	1	14.00	10.00
开曼群岛	1	21.00	15.00
利比里亚	1	110.60	79.00
马来西亚	1	4.75	2.85
毛里求斯	1	72.00	50.80
美国	8	347.54	321.54

（续表）

国别（地区）	项目数（个）	投资总额（万美元）	合同外资（万美元）
摩纳哥	1	15.76	15.76
日本	11	7970.47	4301.70
瑞士	3	154.00	134.00
萨摩亚	3	127.66	91.47
塞舌尔共和国	1	51.00	51.00
中国台湾	9	808.39	789.00
中国香港	59	103473.04	30454.58
新加坡	8	1108.74	876.65
意大利	3	335.10	235.12
英国	2	65.70	46.00
印度	1	20.00	14.00
维尔京群岛	4	1264.80	738.00

四、对外贸易

2012年虹口区进出口总额居全市中心城区第三位，累计达到39.05亿美元，比上年增长12.47%。其中，出口额20.06亿美元，居全市中心城区第一位，比上年增长6.23%；进口额18.99亿美元，比上年增长19.91%。主要原因是：一是外贸“国八条”政策和市商务委关于促进对外贸易稳定增长的一系列政策措施进一步发挥实效，外贸结构进一步优化，企业核心竞争力不断提高。二是随着生产技术、设计水平和品牌影响力的不断提高，传统的劳动密集型产品逐步向优质、个性化和高附加值的新型劳动密集型产品转型，比较优势渐显，出口呈逆势增长态势。三是市场选择性增长模式进一步巩固，以东盟与非洲地区为主的出口增长市场和以韩国和印度为主的进口增长市场稳步上扬。

虹口区出口贸易中，外商投资企业16203万美元，外贸企业115119万美元，自营企业69287万美元。一般贸易121691万美元，占比60.66%；加工贸易10266万美元，占比5.12%。年出口额在1500万美元以上的企业有：上海中燃船舶燃料有限公司（保）、上海外轮供应有限公司、上海亚东盛进出口有限公司、上海兰生文体进出口有限公司、上海凤凰进出口有限公司、东方国际集团上海市纺织品进出口有限公司、上海家化进出口有限公司、上海尼赛拉传感器有限公司、中萱（上海）贸易有限公司、上海铭城进出口有限公司、上海爱思旅行用品有限公司、上海柔石国际贸易有限公司、鹰伦五金商贸（上海）有限公司、上海瑞能国际贸易有限公司、中国图书进出口上海公司、上海信服化工有限公司、上海荣昱实业有限公司。

2012年虹口区出口商品结构与上年比较：按出口额排列的前五大类商品其类别和排列的位置较有改变。矿产品出口额仍居首位；毛革制品取代木制品列第九位；纺织、机电、化学品分列第二、三、四位。出口额居前五位的出口商品中，矿产品占32.84%，纺织制品占13.65%，机电产品占13.39%，化学品占8.46%，其他各类出口商品所占份额均小于7.5%。

2012 年主要出口商品情况表

商品名称	出口额(万美元)	占比(%)	比上年(±%)
矿 产 品	65871	32.84	12.49
纺织制品	27384	13.65	7.94
机 电	26857	13.39	-6.84
化 学 品	16962	8.46	20.00
贱 金 属	14368	7.16	5.48
车辆船舶	11112	5.54	10.52
杂 项	9098	4.54	15.06
塑料制品	6382	3.18	5.16
毛革制品	5693	2.84	30.16
仪 器	4589	2.29	-19.87

2011 年出口商品主要输往地情况表

国别(地区)	出口额(万美元)	占比(%)	比上年(±%)
美 洲	78456	39.11	-7.26
欧 洲	28823	14.37	3.80
日 本	21888	10.91	2.69
韩 国	4538	2.26	28.52
印 度	2469	1.23	16.19
东 盟	21461	10.70	49.20
非 洲	10680	5.32	33.90

五、服务贸易

2012 年,在动漫设计培训领域,处于行业领先地位的虹口区博思堂职业技能培训学校成功通过上海服务外包培训机构资质审核,区服务外包培训资质机构实现“零突破”。

目前,虹口区的服务外包工作按照“十二五”规划纲要在有序推进中。下一阶段,将进一步贯彻落实上海市建设服务外包基地城市的要求,挖掘服务外包存量企业,争取服务外包总部型企业,充实服务外包产业链企业,增加区服务外包企业总量。充分利用 2013 年上海市配套资金扶持服务外包重点企业,发展服务外包领军型企业,培育服务外包先进技术型企业,提高区服务外包企业质量,增强区服务外包产业总体实力。

闸北区商务

商务委员会主任
任少南

一、概述

2012年，闸北区商务委紧紧围绕市第十次党代会提出的“创新驱动、转型发展”总方针和区第九次党代会“南高中繁北产业”发展战略，坚持“两手抓”，一手抓经济发展方式转变，积极推动总部经济、楼宇经济、涉外经济，在引进数量、质量和效益上实现历史性的突破；一手抓拓品牌、扩内需、惠民生、稳市场实事工程，努力推动菜市场保供稳价、粮油食品、酒类商品和社区商业改造建设形成新的发展格局。

全年完成社会消费品零售额达240.32亿元，比上年增长11.2%；引进合同外资9.5亿美元，比上年增长77.6%；完成外税总收入57.88亿元，比上年增长增长27.5%，占全区总税收35.8%；区级外税18.44亿元，比上年增长21.03%。

二、商业经济

（一）加快建设商业载体

编制《苏河湾地区商业业态导则》、《苏河湾商业业态实施意见》、《汉中路三线交汇商业规划》和《苏河湾核心区社区商业发

2012年7月24日闸北区委书记方惠萍陪同市政府发展研究中心主任王战调研电子商务企业钻石小鸟

展规划》。都市商业、社区商业建设齐头并进。成功出让312地块(原闸北体育场)上市,有效推出市北474街坊1丘地块、336街坊17丘地块、市北15-1地块、市北14号地块、闸北中环商业地块等项目出让前期产业征询。市北佳程广场、313地块、"宝贝当家"等新建、在建项目建设加快推进。原闸北体育场312地块、隆宇406地块、大悦城二期等大型商业项目开发筹备进展顺利。全区商业总面积达到近170万平方米。盛源生活广场、五月花生活广场两个社区商业中心开门营业。全区社区商业面积超过60万平方米。

(二) 积极引进高端品牌

全球第四家宝格丽酒店、全市第二家久光百货、世界定制时装三巨头之一的皮尔巴尔曼集团下属皮尔巴尔曼时装(上海)有限公司、世界快时尚品牌三巨头之一的芒果服饰等一批国际知名品牌企业纷纷进驻。大悦城一期购物中心、大宁国际商业广场、太平洋百货不夜城店商业品牌调整取得新进展。

(三) 节庆营销拉动消费

组织开展上海购物节等区域商业促销活动。2012上海购物节闸北主题系列活动期间,区商务委围绕"世界风、中华情、上海韵"三大主线,组织各类主题营促销活动14项,重点组织主要商业街区和特色商贸企业开展"商圈购物秀、便利消费潮、餐饮美食汇"三大系列八项主题营销活动。促销活动首次尝试"线上线下"互动宣传模式,利用闸北"在地通"服务平台,在全区主要商场举行微博有奖促销活动,促进了消费增长。

(四) 上海国际贸易技术标准服务中心挂牌

"上海国际贸易技术标准服务中心"揭牌仪式在闸北区举行。2月27日,市商务委与区政府在市北高新技术服务业园区共同举行"上海国际贸易技术标准服务中心"揭牌仪式。闸北区争取国家和上海市在保税检测、行业开放、进出口等方面试点创新,制定推进实施意见和支持检测认证行业发展政策,与上海出入境检验检疫局签订合作框架协议,并明确部门职责,合力推进建设。通过努力,行业集聚效应初步显现,全区具有检测与认证资质的企业达65家,全球著名检测认证企业德凯在闸北区成立亚太区总部,是全市第一家检测认证类跨国公司地区总部。

(五) 加强"菜篮子"工程建设

通过以政府补贴摊位费等形式,在全区标准化菜市场设置绿叶菜优惠供应专柜、产地直销专柜等,使闸北菜市场蔬菜价格在中心城区保持低位,受到居民欢迎,市级媒体曾作多次报道。菜市场改建,区商务委制定二次改造计划,确定5家菜市场列入改造计划,彭越浦6号地块标准化菜市场建设完工。标准化菜场安装猪肉、蔬菜和水产、牛羊肉、粮食追溯系统,设立农药残留物快速检测点。还积极做好粮油供应和副补发放工作,及时补充库存,确保不脱销、不断档和价格稳定。

(六) 抓好大众餐饮实事项目

全区新建和改建早餐门店18家,实际投放帮帮车38辆,完成市政府下达的年度目标任务,满足居民早餐需求。区内企业"永和豆浆"获批为全市仅有的8家主食加工配送中心试点企业之一,并获市政府专项资金支持110万元。为帮助苏河湾西区洲际酒店、嘉里中心、上海人才大厦、青少年活动中心白领便捷寻找就餐点,区商务委牵头制作"白领就餐指南",指南信息"全""新""实",并配中英日三种语言,免费发放给周边写字楼白领,深受欢迎。

(七) 加大市场监管整治力度

打击侵犯知识产权和制售假冒伪劣商品专项行动开展以来,区行政执法部门共出动执法人员5819人次,检查各类市场1226个(次)、经营户8232余户,共立案280件,查获侵权商品和涉嫌违法物品646268余件,取缔假冒窝点189个。加大对废品回收企业的监察力度。会同区公安、工商及行业协会等对区内25家废品回收站进行专项检查，对废品回收企业提出相关整改意见和工作要求。开展大型零售企业向供应商违规收费联合检查工作，规范企业经营行为。加强酒类行业无照经营及打出假冒伪劣行为清理取缔，年内共执法检查588人次，被检单位186家，参加联合执法30次60人次、64家单位。查处违法案件26起。

三、吸引外资

2012年，全区新批外商投资企业（项目）157家（其中合资项目20个，独资项目137个）；外商投资总额21.98亿美元，比上年增长206%；增资企业（项目）38家，投资总额7.96亿美元，比上年增长41%；引进合同外资7.68亿美元，比上年增长118%；增资1.82亿美元，比上年减少1%。

2012年利用外资情况表

利用外资方式	批准外资企业			合同外资	
	项目数（个）	投资总额（万美元）	比上年（±%）	金额（万美元）	比上年（±%）
外方直接投资	157	211981.7	206	76815.9	118.0
其中：合资项目	20	118900.8	259	28313.4	1.93
独资项目	137	93080.9	158	48502.5	90.0
合作项目	—	—	—	—	—
增资项目（不计入合计）	38	79529.2	41	18188.2	-1.0

2012年外商投资行业（或产业）分布情况表

行业或产业	项目数		投资总额		合同外资		实到外资	
	个数	占比（%）	金额（万美元）	占比（%）	金额（万美元）	占比（%）	金额（万美元）	占比（%）
合计	157	100	211981.7	100	76815.9	100	—	—
生产型	—	—	—	—	—	—	—	—
非生产型	157	100	211981.7	100	76815.9	100	—	—

说明：以上数据不含增资项目。

（一）引进总部型经济达历史高点

2012年，成功引进：瑞典爱生雅集团的亚太区总部——爱生雅（中国）投资有限公司，西班牙著名时尚品牌MANGO集团的管理性地区总部——芒果服饰（中国）有限公司，全球知名检测认证企业DEKRA AG投资设立——德凯达企业管理（上海）有限公司，希杰希界维（上海）企业管理有限公司，美国莱克斯诺工业企业管理（上海）有限公司等5家跨国公司地区总部，创历年引进总部数量的历史之最。截至2012年底，全区经市商务委认定的地区总部已达18家，初步形成总部经济的规模化、集聚化。

（二）集聚外资品牌型企业

2012年，成功引进全球排名第三的货运代理公司——德迅（中国）货运代理有限公司，全球第六大集装箱班轮运输公司——美国总统轮船有限公司，全市首例非投资性公司外资股权出资项目——康铨（上海）贸易有限公司，全区首家外商独资人力资源公司——上海汇杰管理顾问有限公司，法国老牌定制时装集团在闸北区设立皮尔巴尔曼时装（上海）有限公司，意大利的 MORELLATO 集团在闸北区设立莫托（上海）商贸有限公司，高端商业地产开发商香港利富集团投资设立利怡达商业置业（上海）有限公司。

（三）拓展外资金融现代服务业领域

2012 年，全区引进 157 个外资企业（项目），全部为服务业性质。特别是引进融资租赁公司——八达通融资租赁有限公司和上海力池融资租赁有限公司（全区外资融资租赁公司已达 4 家），为区域发展金融服务业提供坚实的助力。

2012 年外商投资来源地情况表

国别（地区）	项目数（个）	投资总额（万美元）	合同外资（万美元）
中国香港	85	191317.0	71077.0
中国台湾	14	1248.4	1156.5
日　本	10	424.0	250.6
德　国	7	14846.0	2403.9
新加坡	7	580.9	332.7
美　国	5	89.5	70.8
维尔京群岛	5	2136.0	692.9
萨摩亚	5	209.0	166.0
文　莱	3	42.0	30.0
荷　兰	2	31.0	30.8
塞舌尔共和国	2	33.5	23.6
意大利	2	57.7	39.2
加拿大	2	162.0	122.0
哥伦比亚	1	42.0	30.0
瑞　士	1	30.0	21.0
新西兰	1	21.4	15.0
澳大利亚	1	20.0	14.0
罗马尼亚	1	16.0	15.8
以色列	1	15.0	11.0
泰　国	1	15.0	11.0
丹　麦	1	11.5	7.9
委内瑞拉	1	2.2	1.6

说明：以上数据不含增资项目。

四、对外贸易

2012 年，闸北区实现外贸进出口总额 83445 万美元，比上年增长 1.5%。其中，出口额 52214 万美元，比上年增长 0.17%；进口额 31231 万美元，比上年增长 1.0%。一般贸易出口完成 50441 万美元，比上年增长 2.2%；加工贸易出口完成 1772 万美元，比上年减少 9.6%。

（一）自营出口企业成为出口主力军

自营出口企业出口额 24616 万美元，比上年增长3.0%，自营出口占出口总额47.14%。三资企业出口额20232万美元，比上年增长4%，三资企业出口占出口总额38.75%。外贸公司出口额7366万美元，比上年减少7.8%，外资出口占出口总额14.17%。

（二）出口市场以美国、日本为主

2012年，由于国际市场变化较大，闸北区对美国、日本、法国、韩国和中国香港出口比上年减少。出口占出口总额比重超过10%的只有2个国家：对美国出口占出口总额22.53%，比上年减少0.5%；对日本出口占出口总额15.39%，比上年减少0.5%。

（三）出口商品以机电设备、纺织原料及制品为主

2012年，区出口商品比重超过10%的商品排名前三位的依次为机电音响设备、纺织原料及制品、贱金属及其制品，占比分别为46.65%、20.25%、15.37%；增幅最高的为革、毛皮及其制品，为16.16%；其次分别为机电音响设备(4.4%)、塑料及其制品(3.4%)、纺织原料及制品(3.16%)。跌幅超过10%的商品依次为杂项制品(－27%)、鞋帽伞等(23.66%)、化学工业及其制品(16.16%)。

2012年出口商品主要输往地情况表

国别(地区)	出口额(万美元)	占比(%)	同上年(±%)
美　国	11765	22.53	-0.05
日　本	8036	15.39	-2.70
委内瑞拉	2236	4.28	92.35
法　国	1588	3.04	-22.73
巴　西	1444	2.77	46.79
德　国	1381	2.65	19.74
韩　国	1364	2.61	-45.99
中国香港	1318	2.52	-29.99
澳大利亚	1220	2.34	11.79
印　度	1067	2.04	-21.76

2012年主要出口商品情况表

商品名称	出口额(万美元)	占比(%)	比上年(±%)
机电、音响设备	23912	44.65	4.40
纺织原料及纺织品	10378	20.25	3.16
贱金属及其制品	7879	15.37	-3.24
革、毛皮及其制品	1777	3.47	16.16
鞋帽伞等	1633	3.19	-23.66
杂项制品	1002	1.95	-27.33
化学工业及其制品	985	1.92	-16.66
塑料及其制品	870	1.70	3.40

普陀区商务

商务委员会主任
李世荣

一、概述

2012年，普陀区商务委按照部门职责和工作要求，紧紧围绕上海西部新兴商贸科技区建设目标和“一河五区”空间布局，抓项目，抓落实，抓推进，抓服务，全面完成年初确定的各项目标任务，为区域经济发展做出了应有的贡献。

全年实现现代服务业区级税收累计11.42亿元，比上年上升18.09%，占区级税收的比重为18.26%；商贸业区级税收9.98亿元，比上年上升6.62%，占区级税收的15.96%；区属社会消费品零售总额367.02亿元，比上年上升8.04%。引进合同外资6.52亿美元；外贸进出口总额15.87亿美元，比上年上升0.31%。

二、商业经济

（一）商贸业能级进一步提升

1. *提升区域商业能级*。4月，组织全国“消费促进月”普陀区活动期间，区域社会消费品零售总额40.73亿元，同比增长14.61%；9月，组织2012年上海购物节、旅游节普陀区“走进商贸普陀，体验欢乐之旅”活动，整合营销方案获得2012上海购物节营销大赛“最佳销售奖”，长风景畔广场、我格广场分别获得2012年上海优秀商业形象作品评选橱窗陈列和空间展示类铜奖，中环市级商圈销售额同比增长34.9%，位列全市三甲。12月，开展年终岁末迎新营销活动，中环商圈开展跨年迎新系列活动，着力提升“金中环”的知名度和影响力，12月31日，百联中环购物广场客流量同比上升24%，销售规模同比上升44.5%，其中东方商厦中环店销售规模同比上升46.5%。

2. *完善商业设施布局*。协调中环、长寿、真如、长风、武宁五大商圈业态调整，加强月星环球港、农工商扩建、百联中环生活广场、智富名品城、近铁城市广场等重点商业项目服务。加快完善社区商业中心建设，曹杨街道获市社区商业示范社区先进集体。组织商业特色街建设，支持中华老字号及发挥非物质文化遗产商业价值。

3. *落实民生实事工程*。完成区民生实事项目“菜价通”9个街镇标准化菜市场信息监测系统试行工作；完成市民生实事项目标准化菜市场食品追溯系统，完成20家水产、30家粮食、35家牛羊肉追溯系统建设和早餐示范项目的26家固定网点和26家移动网点的布点工作，制定管理办法和财政补贴方案；发放5批平抑菜价补贴共计500万元；推进标准化菜市场的新建、改造和公益化进程；完善菜市场配置医药箱等硬件配套；加强农贸市场管理，组织经营管理人员培训和诚信市场评选。

（二）开展商业规划研究

完成《普陀区商贸工作推进计划》，完成《关于整顿和规范本区商品交易市场管理的若干意见》、《普陀区特色街（路、店）建设管理办法(试行)》、《早餐工程管理办法》、《服务企业若干意见》、《关于规范本区设立商品交易市场、物流企业进行规划评估的实施意见》等办法的制订或修改,并着手《普陀区商业规划》的起草。

(三) 推进产业平台建设

协调上海有色金属交易中心建设和改造工程,加强白银市场交易平台服务、集聚并建成中国白银价格指数,推进西北保税园区提升及海关、商检服务,协助上海陆上货运交易中心申报市中小企业服务平台项目,推进中山化工交易市场建设。参与2013年(上海)国际跨国采购大会前期工作。

(四) 参与"一河五区"建设

参与中环商贸区和长寿商业商务区工作,组织中环商圈宣传推广及跨年迎新系列活动,提升"金中环"的知名度和影响力,定期召开月星环球港协调会。参与桃浦地区转型发展及104地块专项资金申报、真如副中心重点项目、长风生态商务区跨采园区等。

三、利用外资

(一) 实际利用外资再创新高

2012年普陀区外商投资领域进一步拓宽,利用外资规模进一步扩大,新兴行业实现突破。全区新批外资项目123个,比上年增长6.03%,批准合同外资6.52亿美元。实际利用外资6.15亿美元,比上年上升8.07%。外资项目质量提升,200万美元以上项目(含增资)共34个,比上年增长55.9%。

2012年利用外资情况表

利用外资方式	批准外资企业		
	项目数(个)	合同外资(万美元)	比上年(±%)
合　计	186	65162.54	-6.91
1. 外商直接投资	123	31544.22	-43.55
其中:独　资	109	10045.89	-82.68
合　资	13	19146.09	1774.43
合　伙	1	2352.24	—
2. 老企业增资	63	33618.32	205.96

2012年外商投资主要来源地情况表

国别(地区)	项目数(个)	合同外资(万美元)	占比(%)
中国香港	67	50227.79	77.08
开曼群岛	5	5565.38	8.54
中国台湾	13	2994.62	4.60
新加坡	11	1311.11	2.01
日　本	23	1206.16	1.85
萨摩亚	5	858.00	1.32
维尔京群岛	7	846.93	1.30
美　国	15	763.01	1.17
澳大利亚	3	318.00	0.49
德　国	7	278.66	0.43

（二）三大行业带动利用外资总体增长

2012 年普陀区加速产业转型，第三产业吸收合同外资和实到外资占总额的比值分别达到 95.95% 和 99.73%。其中，信息、计算机服务业、批发和零售业、房地产业三大行业共计吸收合同外资 5.62 亿美元，占全年合同外资总额的 86.2%。

2012 年利用外资项目产业分布示意图

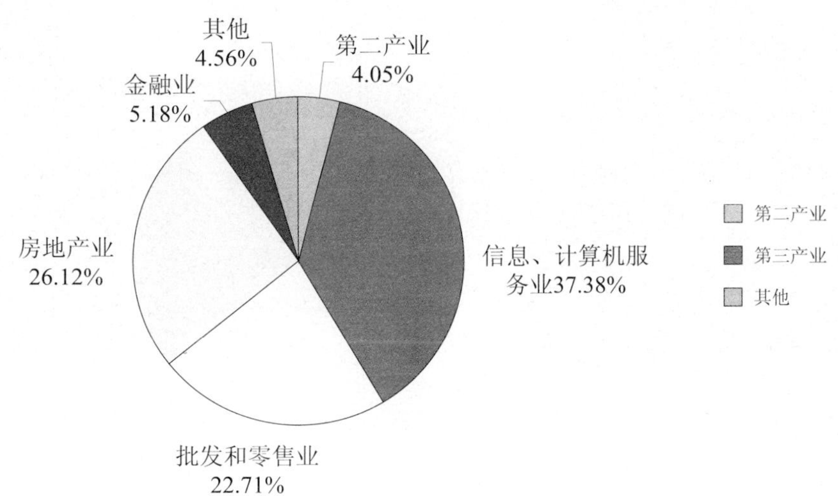

（三）现代服务业成效显著

1. 商贸业加快发展。商贸业利用外资势头良好，新批项目数中，商贸类项目 83 家，占比 67.48%。一批外资商贸企业通过设在普陀的总部基地不断发展扩张，为普陀区的商贸经济发展增添了新的活力。福满家（即全家超市上海母公司）未来两年将陆续开店 200 家；麦德龙年内在全国新开 20 家门店；博马努瓦在巴黎被授予法资企业"最佳在华企业大胆创新奖"，截至 2012 年底在华已有门店 669 家，2013 年计划再新设 200 家门店，预计将在中国大陆开设超过千家分店；特易购、商富商贸获批分别在上海市内增设店铺 10 家、17 家。

2. 新兴行业实现突破。德济医院填补了外资在普陀区卫生领域的空白；百卡弗（上海）管理有限公司获批为区第二家经上海市商务委员会认定的跨国公司地区总部；新光台成（上海）贸易发展中心是区第一家外资合伙企业；上海亿达旅行社是区第一家外资旅行社。新引进利信、鸿泰项目均为融资租赁企业，有望成为激活区中小企业发展的助推器。

3. 对房地产业的依赖程度明显降低。非房地产行业利用外资迅猛发展，年内批准合同外资 4.81 亿美元，比上年增长 121%。房产、非房产项目引资比例从上年的 2∶1 下降为今年的 1∶2.8，引资结构不断优化、质量逐步提高。

（四）外企运营态势向好

截至 2012 年，普陀区累计批准外商投资项目 1620 个，吸收合同外资 48.94 亿美元。根据 2012 年外资企业联合年检报告，2011 年参检企业数共 763 家，企业存量率 50.33%、运营率 49.67%。

外资企业运营情况良好，在扩大规模的同时，投资质量和效益稳步提高。外资企业主体稳定，投资方式以独资为主（78.51%）。投资来源多元化分布。2011 年参检企业涉及的国家和地区共有 45 个，排名前列的分别是香港地区、新加坡、维尔京群岛、开曼群岛、奥地利。总投资 1000 万美元以上的外商投资企业 69 家，累计投资总额为 55.24 亿美元，占比 88.58%；外方注册资本累计 23.58 亿美元，占比 83.87%。

2012 年 5 月 23 日普陀区商务委与 CREE 香港公司签订战略合作备忘录

四、对外贸易

2012 年,普陀区外贸进出口总额达 15.87 亿美元,比上年增长 0.31%。其中,进口额 7.49 亿美元,比上年增长 5.05%;出口额 8.38 亿美元,比上年下降 3.58%。

(一) 内资企业的进出口保持稳定增长

2012 年,普陀区开展进出口业务的内资企业有 188 家,全年进出口额 10.02 亿美元,占总额的 63.12%,比上年增长 6.20%。其中,进出口额超过 1000 万美元的内资企业有 14 家,进出口额累计达 7.02 亿美元,占内资企业进出口总额的 70.05%。

开展进出口业务的外资企业 148 家,全年进出口额 5.85 亿美元,占总额的 36.88%,比上年下降 8.40%。其中,进出口额超过 1000 万美元的外资企业有 12 家,进出口额达 3.34 亿美元,占外资企业进出口总额的 57.00%。

(二) 一般贸易踞重头

普陀区外贸进出口货物的贸易方式分为一般贸易、加工贸易和其他贸易三大类,其中一般贸易为主要的贸易方式。2012 年,一般贸易的进出口额为 13.99 亿美元,占比 88.13%,比上年下降 2.78%;加工贸易的进出口额为 1.13 亿美元,占比 7.12%,比上年下降 7.09%;其他贸易的进出口总额为 7539.4 万美元,占比 4.75%,比上年增长 243.42%。

(三) 机电产品是外贸主要商品

2012 年,普陀区的进出口商品共有 20 项大类、89 项小类、767 个具体产品。其中,机电产品等主要商品对全区进出口贸易带动作用明显。机电产品和植物产品的进口额,占比分别为 27.7% 和 22.01%;机电产品、纺织制品和化工制品的出口额,占比分别为 50.87%、14.56% 和 11.24%。

(四) 进出口市场分布广泛

2012 年,普陀区对外贸易往来的国家及地区共有 153 个,其中进口排名前五位的国家分别是:智利、美国、德国、法国和日本,合计进口额 39226.9 万美元,占进口总额的 52.38%。出口排名前五位的国家分别是:美国、日本、阿塞拜疆、越南和法国,合计出口额 40282.8 万美元,占出口总额的 48.05%。

2012年主要出口商品情况表

商品名称	出口额(万美元)	占比(%)	比上年(±%)
机电产品	42646.8	50.87	2.35
纺织原料及制品	12209.9	14.56	-27.12
化学工业及制品	9426.0	11.24	12.32
轻工产品	7068.1	8.43	12.54
贱金属及制品	5234.6	6.24	-16.66

宝山区商务

商务委员会主任
丁顺强

一、概述

2012年，宝山区商务委围绕年初确定的目标任务，突出工作重点，狠抓任务落实，全区商务运行呈现良性发展的总体态势。

2012年，宝山区全年完成增加值824.2亿元，比上年增长10.2%；地方财政收入94.10亿元，比上年增长10%；社会消费零售总额460.3亿元，比上年增长20.5%，增幅列全市各区县第二；商品销售额2598.3亿元，比上年增长9.1%；吸收合同外资3.51亿美元，比上年增长62.6%；实到外资2亿美元，比上年增长18.6%。外贸进出口总额50.40亿美元，其中：出口额27.52亿美元，进口额22.88美元。

二、服务业

2012年，宝山区继续加大调结构、促转型力度，在已形成的"一带三线"发展格局基础上，继续深化现代服务业发展布局，提升功能定位，打造核心品牌。全区服务业实现增加值465.8亿元，比上年增长10.4%。服务业占经济总量的比重为56.5%，对经济增长贡献率达到47.2%。

宝山区万达广场开业盛典

2012 年，宝山区服务业发展及特点：

(一) 继续推进服务业载体建设

依托滨江带和轨道交通 1、3、7 号线轨道交通的优势，加快沿线服务业载体项目建设，形成"点上集聚、线上贯通、连点成线、连线成面"的现代服务业发展格局。在建服务业载体 189 万平方米，宝山万达广场、博济智慧园一期、上海婚礼中心、红石电脑研发大楼等一批新项目相继建成或对外运营招商，宝山万达广场开业半年实现营业额 6 亿元；华滋广场(国际教育总部基地)基本建成，复旦高新技术产业基地二期、上海国际节能环保园二期、华谊永达国际汽车广场、上海玻璃博物馆二期等项目已启动；宜家家居、国际研发总部基地一期、尊木汇一期等项目正在加快建设，为宝山服务业发展提供更多的承载空间。

(二) 着力推进重点项目建设

启动"三个试点区"建设：推进上海钢铁现代服务业综合试点区建设，编制完成《上海钢铁现代服务业综合试点区项目实施方案》，组建上海钢铁交易中心有限公司，扎实推进试点区子项目建设；推进邮轮产业发展区工作，2012 年 9 月 15 日中国邮轮旅游发展实验区正式揭牌，标志我国第一个国家级邮轮旅游实验区创建工程正式启动；推进全国旅游标准化试点区创建工作，提升宝山旅游行业质量和水平，争取把旅游业培育为宝山服务业发展的支柱之一。

(三) 服务业综合效益得到提升

2012 年全区共有 31 个企业(项目)获得区服务业发展引导资金扶持，共计金额 2501.35 万元。"一带三线"共有 27 个载体项目已纳入统计季报范围，涉及载体面积约 124.4 万平方米，共计入驻企业 4237 户，其中落地型 1966 户，纳税企业 3332 户。总计产出税收 17.8 亿元，其中区级税收 5.7 亿元。同时，三大特色产业园区发展态势良好。上海动漫衍生产业园实现税收 2.5 亿元，比上年增长 50.6%；上海智力产业园实现税收 1.1 亿元，比上年增长 23.3%；复旦软件园高新技术产业基地实现税收 3733 万元，比上年增长 9.2 倍。

三、商业经济

2012 年，宝山区实现商品销售额 2598.3 亿元，比上年增长 9.1%；实现社会消费零售总额 460.3 亿元、比上年增长 20.5%。从总量规模来看，宝山区社会消费品零售额保持全市第四位(浦东新区除外)，郊区县第二位，超额完成年度 427.84 亿元、增长 12% 的目标；从增幅来看，列全市各区县第二，其中批发零售业实现 432.31 亿元，比上年增长 20.9%；汽车零售业共实现零售额 93.96 亿元，比上年增长 23.5%；住宿餐饮业实现 28 亿元，比上年增长 14.2%。

2012 年商业发展及特点：

(一) 改善型消费增长显著

全区汽车销售企业实现汽车零售额 94 亿元，比上年增长 23.5%，占全区零售额的比重为 20.4%，为历年来最高；文化、体育用品及器材零售企业实现零售额 1.5 亿元，比上年增长 44.8%。几类消费品零售企业实现零售额的快速增长高于全区各类商品的平均增速，显示了宝山区居民消费层次与消费需求正在加快提升，居民的改善型消费对零售增长的拉动潜力巨大。

(二) 商业主力业态销售持续增长

区内家乐福、易买得、乐购等 21 家大卖场累计实现零售额 36.8 亿元，比上年增长 2.4%。百货销售保持平稳，区内巴黎春天、黄金广场、宝钢商场等 3 家百货商场实现零售额 8.5 亿元，比上年增长 9.6%。6 月，宝山万达广场等一批重大项目正式开业运营，为区商贸市场的持续较快发展提供了强有力的后劲支撑。

(三) 节庆消费拉动作用明显

精心组织商旅、节庆营销主题活动。除与区内主要商业企业共同筹划组织"春节"和"五一"、"十一"等主要节假日营销活动外，还组织举办并参与2012上海购物节宝山区活动、2012上海旅游节开幕式及宝山区系列活动、2012上海樱花节、国际邮轮停靠接待等重大活动，激发消费热情，活跃消费市场。据对区主要商业企业统计，“春节”、“五一”、“十一”上海购物节主题营销活动，商品销售额同比分别增长16.86%，9.67%和30.3%。

（四）特色商业集聚效应显现

随着智力产业园区的逐渐成熟，形成以易迅网为龙头的电子商务零售特色板块。2012年，全区电子商务销售实现零售50.3亿元，比上年增长1.2倍，对全区新增零售额的贡献率达到35.5%，对全区消费品市场的拓展起到巨大推动作用。宝马等中高端汽车品牌5S店陆续进驻，形成区域特色的汽车消费板块。全区实现汽车零售93.96亿元，比上年增长23.5%，拉动社会消费零售总额增长4.7个百分点。

2012年开工、竣工的主要商业项目情况表

项目名称	属地	占地（亩）	建筑面积（万平方米）	功能定位	投资额（亿元）	开工、竣工时间
合　　计	—	195.5	39.18	—	46.68	—
上海宝山万达广场	高境	92.0	20.00	商业商务	30.00	2012.2竣工
绿地新都会	庙行	48.2	12.00	商业商务	10.00	2012.2竣工
山水国际广场	吴淞	25.3	3.40	商业商务	1.68	2012.2竣工
红太阳商业广场	张庙	30.0	3.78	商业	5.00	2012.2开工
宝乐汇	友谊	42.0	10.00	商业	6.00	2012.6开工

四、利用外资

2012年，宝山区批准外商投资项目136个（其中新批104个，增资32个），比上年增长16%；吸收合同外资35123万美元，比上年增长63%；实到外资20058万美元，比上年增长19%。

2012年利用外资情况表

利用外资方式	合同外资		实到外资	
	金额（万美元）	比上年（±%）	金额（万美元）	比上年（±%）
合　　计	35123	63.0	20058	19
其中：合　资	20945	158.5	2635	−32
合　作	1361	−56.0	1072	−16
独　资	12817	−26.0	16351	39

2012年吸引外资主要领域、方式及特点：2012年，外商投资生产型项目34个，合同外资24321万美元，占合同外资总量的69%。项目主要涉及黑色金属冶炼及压延加工业、通用设备制造业、交通运输设备制造业、专用设备制造业。非生产型项目102个，合同外资10802万美元，占合同外资总量的31%。项目主要涉及零售业、软件业、交通运输、仓储和邮政业、批发业。

2012 年外商投资行业(或产业)分布情况表

行业(或产业)	项目数		合同外资		实到外资	
	个数	占比(%)	金额(万美元)	占比(%)	金额(万美元)	占比(%)
合　　计	136	100	35123	100	20058	100
生产型项目	34	25	24321	69	11029	55
非生产型项目	102	75	10802	31	9029	45

特点:一是吸引外资工作呈现数量质量同步提升,利用外资领域进一步拓展。其中胜狮货柜管理(上海)有限公司成为继林肯电气之后,又一家落户宝山的跨国公司地区总部;上海思佰益仪电股权投资管理有限公司以及上海星堡老年服务有限公司分别成为宝山区第一家外商投资的股权投资管理企业和第一家外资养老机构。二是利用外资形式多样化。通过外资并购、外资股权基金投资、外资增资等形式,促进外资增长。引导推进外商投资企业参与转型发展,成功引进普洛斯项目。

2012 年,外商直接投资主要来自日韩、中国香港澳门、欧洲等国家和地区。其中日韩项目 31 个,合同外资 22669 万美元;中国港澳地区项目 33 个,合同外资 8450 万美元;欧洲项目 24 个,合同外资 1494 万美元。

2012 年外商投资主要来源地情况表

国别(地区)	项目数(个)		合同外资(万美元)
	新　　批	增　　资	
中国香港、澳门	25	8	8450
中国台湾	11	0	237
日本、韩国	23	8	22669
东　　盟	8	3	653
欧　　洲	18	6	1494
美　　国	8	1	194
其　　他	11	6	1426

五、对外贸易

2012 年,全区完成进出口总值 50.39 亿美元。其中出口总值 27.52 亿美元,比上年下降 18.9%;进口总值 22.88 亿美元,比上年下降 9.6%。

2012 年主要出口商品情况表

商品名称	出口额(万美元)	占比(%)	比上年(±%)
集 装 箱	82301	29.9	-37.1
钢　　材	26817	9.7	-22.3
钢铁或铝制结构体及其部件	20736	7.5	81.8
未锻造的铝及铝材	13801	5.0	-46.7

（续表）

商品名称	出口额(万美元)	占比(%)	比上年(±%)
冷冻机和制冷设备	7905	2.9	-8.0
通断保护电路装置及零件	6503	2.4	25.4
服装及衣着附件	6320	2.3	-7.1
变压器	4763	1.7	-6.0
纺织纱线、织物及制品	3660	1.3	5.3
制冷设备用压缩机	3622	1.3	-38.2

主要特点：一是全年出口整体呈下降态势。2012 年单月出口额除 2、9、10 月外，其余月份总体在 2—2.5 亿美元左右；除 5 月出口额同比增长外，其余月份均为负增长。二是集装箱全年出口降幅较大。2012 年全区集装箱出口额为 8.23 亿美元，比上年降幅达 37.1%，由于其占全区出口总额比重达 29.9%，因此集装箱出口大幅下滑是造成全区出口总量下滑的主要因素。三是铁矿砂的进口有一定增长。铁矿砂进口额达 8.94 亿美元，比上年增长 28.1%，占全区进口总额的 39.1%，主要由宝矿国际贸易有限公司进口。四是高新技术产品出口有所增长。全年出口额为 1.51 亿美元，比上年增长 14.8%，虽然其占出口总额的比重仅为 5.5%，但这充分说明了宝山区出口企业正在逐步转型升级。五是对主要市场出口均呈现下滑。受外需不足影响，对美国、欧盟、日本、东盟、韩国和中国香港的年出口额均为负增长，特别是由于欧债危机，对欧盟的出口降幅达 41.9%。但对新兴市场的拉丁美洲出口额为 2.12 亿美元，比上年增长 47.7%。

2012 年出口商品主要输往地情况表

国别(地区)	出口额(万美元)	占比(%)	比上年(±%)
美国	69686	25.3	-5.4
欧盟	38139	13.9	-41.9
日本	36245	13.2	-23.0
东盟	35370	12.9	-1.5
韩国	10747	3.9	-28.1
中国香港	10051	3.7	-61.8
巴西	6416	2.3	50.0
印度	6163	2.2	-41.5
加拿大	5580	2.0	28.9
澳大利亚	5281	1.9	-6.8

六、对外经济合作

2012 年，宝山区企业经核准赴境外新设立企业 4 家，并购 1 家，增资 1 家，投资总额为 907.3 万美元。投资主体主要为民营企业。投向国别（地区）分别为中国香港、日本、马来西亚和美国。主要经营行业涉及风电、精密机械、电子、化工、建筑工程和矿业等领域。

2012年对外投资情况表

设立方式	境外企业名称	境内投资主体	国别（地区）	投资总额（万美元）	经营范围
增资	京能科技（香港）有限公司	京能风电技术工程（上海）有限公司	中国香港	300.0（增资250）	风力发电机和永磁电机的产品的市场开发和销售。
新设	MOVAC株式会社	上海丰禾精密机械有限公司	日本	37.0	清洗机械的新机型设计、开发；清洗机械零部件的设计、开发；零部件加工机械的设计、开发；清洗机械、清洗机械零部件、零部件加工机械的试生产、销售、技术咨询服务。
新设	洛合镭信光电科技（美国）有限公司	洛合镭信光电科技（上海）有限公司	美国	50.0	研发、设计、生产、销售光电子产品及相关产品。
并购	安裕三联矿业有限公司	上海庆峰工贸有限公司、上海寰逸实业有限公司	马来西亚	440.0	金属矿物勘探、采掘、加工、销售；商品和原材料的制造、进口、出口、批发零售。
新设	宝钢工程建设有限公司	宝钢工程建设有限公司	中国香港	129.0	建筑工程总承包，房屋建筑相关的实业投资。
新设	香港能元控股有限公司	上海能元化工有限公司	中国香港	1.3	化工原料及产品的销售。

闵行区商务

经济委员会主任
蔡潇飞

一、概述

2012 年是闵行建区 20 周年,也是“十二五”规划承上启下的关键之年。闵行区商务委,依靠各镇、街道、工业区和大企业集团,紧紧围绕“全面调结构,深度城市化”发展主线,着重推进“调结构”、“大招商”、“强服务”、“稳增长”四方面重点工作,全区商业经济发展稳中有进,招商引资成效明显,重大项目推进顺利,企业服务水平不断提升。商业经济、利用外资、对外贸易、对外经济合作等各方面保持良好发展势头,经济总量实现平稳健康增长。

2012 年,全年实现地区生产总值 1594.22 亿元,比上年增长 7.5%。其中,第二产业增加值 974.02 亿元,增长 3.7%;第三产业增加值 618.57 亿元,增长 14.2%。第三产业增加值占全区生产总值的比重为 38.8%,比上年提高 2.3 个百分点。全区合同利用外资 26.8 亿美元,比上年增长 18.5%;实际到位外资 16.12 亿美元,比上年增长 7.7%。全年新增内资注册资金 418.87 亿元,比上年增长 10.1%。全区进出口总额 245.33 亿美元,比上年下降 7.2%。其中,出口额 168.33 亿美元,比上年下降 5.3%;进口额 77.0 亿美元,比上年下降 11.1%。

2012 年 3 月 30 日上海新虹桥国际医学中心开工仪式

二、商业经济

(一) 主要指标

2012 年,全区消费品市场稳中有升,共实现社会消费品零售总额 566.59 亿元,比上年增长 13.3%。其中,批发和零售业实现零售额 522.98 亿元,比上年增长 13.4%;住宿和餐饮业实现零售额 43.61 亿元,比上年增长 11.8%。第三产业实现税收 212.9 亿元,比上年增长 11.7%,

(二) 主要项目

积极组织 2012 上海购物节闵行区活动,共举办一次启动仪式和 21 项重点活动,通过整合商业资源,营造浓厚的节庆营销气氛,对大力宣传和推动商业发展、进一步提升全区商业能级、扩大内需、促进消费发挥了积极的推动作用。积极跟踪服务"大型居住社区商业配套设施建设",推进闵行区浦江原选址基地、浦江新选址一号基地、浦江拓展基地、鲁汇基地、谈家港基地、君莲基地、马桥旗忠基地、梅陇上广电基地等 8 个大型居住区菜市场建设工作。积极推进"上海红星美凯龙家具广场"商业配套项目,合计商业面积 9.35 万平方米,为区商业发展储备了新的增量。新设立富苑菜市场、虹桥古玩市场、北翟路 1441 号建材市场等三个专业市场,协调设立九星红木家居市场。

(三) 发展特点

1. *新增企业贡献较大*。全年 99 家限额以上新增企业实现零售额 19.23 亿元,对全区社会消费品零售总额增长的贡献率达到 29.0%,拉动全区零售额增长 3.9 个百分点。其中:58 家新增批发企业实现零售额 2.15 亿元,19 家新增餐饮企业实现零售额 4.59 亿元,16 家新增零售企业实现零售额 12.30 亿元。

2. *农贸市场成交量可观*。全区 61 家农贸市场实现成交额 39.44 亿元,比上年增长 32.5%,其中:新增的 20 家农贸市场实现成交额 11.24 亿元。由于肉禽蛋菜价格持续上涨等影响,带动农贸市场销售。

3. *节庆购物节效应促进消费市场活跃*。购物节提振消费信心,集聚市场人气,促进和扩大消费,提升区商业能级、质量和品味,形成闵行购物节特色,为全区商业发展提供有效驱动力。仲盛世界商城在购物节活动期间日均客流量达到 10 万人次,最高单日客流量达 15 万人次,销售额达 5014 万元,同比增长 7.11%。启动仪式当天商场销售额达 527 万元,同比增长 30.77%。古镇美食总动员——第三届"我最欢迎的小吃"评选活动在七宝古镇举行。活动期间老街商店统一宣传,展示七宝老街特色商店、名优商品,为七宝特色商业街区造就一个良好的消费环境,形成浓厚的购物节气氛。活动期间七宝古镇共接待游客约 19 万人次,同比上升 23%,营业收入同比上升 15%。

4. *穿类商品增幅最快*。服装类零售行业随着下游企业采购成本、生产成本以及物流成本的提高,其价格上升幅度明显,同时随着居民消费水平的提高,对服饰品支出的比重也有所上升,受品牌化、时尚化和物价上涨等因素影响,商场的服装类商品少则几百,多则上千,均价总体水平不断升高,带动了大型百货、专卖店穿类商品销售快速增长。全年全区穿类商品实现 42.59 亿元,比上年增长 62.7%。吃、用、烧类商品分别实现零售额 146.31 亿元、332.36 亿元和 45.33 亿元,比上年增长 14.2%、10.1% 和 3.0%。其中用的商品占社会消费品零售总额比重较大,为 58.7%,对社零总额增长的贡献率为 45.9%。

三、利用外资

2012 年,闵行新批准三资企业 649 个,合同利用外资 26.80 亿美元,比上年增长 18.5%。其中亿美元以上大项目 7 个,合同外资 15.1 亿美元,占全区合同外资总量的 56.3%。全年新批和增资 1000 万美元以上的外资项目48个,吸收合同外资22亿美元,占合同外资总额82.1%。实际到位外资16.12亿美元,增长7.7%。新增内资注册资金418.87亿元,比上年增长10.1%。截至年底,全区有投资性公司24家,管理性公司6家,其中认定的跨国公司地区总部23家;独立外资研发中心23家。

(一)外资结构

在新批准的649个外资项目中,合资企业62家,合同外资8.9亿美元;独资企业585家,合同外资17.3亿美元。在649家企业中,第一产业无,第二产业31家,第三产业618家。其中,1000万美元以上的49家,总投资70.6亿美元,合同外资22.2亿美元。

2012年利用外资情况表

利用外资方式	批准外资企业		合同外资		实到外资	
	项目数(个)	比上年(±%)	金额(万美元)	比上年(±%)	金额(万美元)	比上年(±%)
合　　计	649	-1.5	268004	7	161167.4	6.3
外商直接投资	649	-1.5	268004	7	161167.4	6.3
其中:合　资	62	—	89068	—	—	—
合　作	—	—	1590	—	—	—
独　资	585	—	172734	—	—	—
外方其他投资	2	—	4612	—	—	—

(二)产业分布

2012年全区新批准的649个项目中,生产型项目31个,包括先进制造业3个,其他制造业28个;非生产型项目618个,包括投资性公司2个,研发中心1个,房地产业3个,其他服务业612个。全年新设1000万美元以上的大项目24家,总投资57.9亿美元,合同外资15.3亿美元。

2012年外商投资行业(或产业)分布情况表

行业(或产业)	项目数		合同外资	
	个数	占比(%)	金额(万美元)	占比(%)
合　　计	649	100.0	268004	100
生产型项目	31	4.8	91004	34
非生产型项目	618	95.2	177000	66

(三)投资来源地

2012年外商直接投资主要来自51个国家和地区,合同利用外资额位于前5位的分别是:中国香港、美国、印度、日本和毛里求斯。

2012年外商投资来源地情况表

序号	国别(地区)	项目数(个)	投资总额(万美元)	注册资本(万美元)	合同外资(万美元)
	合　　计	649	765527	412211	268004
1	中国香港	179	301852	164486	110879

（续表一）

序号	国别(地区)	项目数(个)	投资总额(万美元)	注册资本(万美元)	合同外资(万美元)
2	美　国	30	315746	141365	71716
3	印　度	5	20240	13189	13189
4	日　本	75	14177	10952	10483
5	毛里求斯	4	29091	29071	9365
6	中国台湾	96	10418	9460	9287
7	法　国	7	9626	8304	8280
8	韩　国	90	7014	4951	4932
9	维尔京群岛	12	8520	4764	4701
10	澳大利亚	6	7808	4338	4272
11	德　国	19	7763	3749	3760
12	爱尔兰	2	10159	3482	3482
13	奥地利	1	2605	2897	2897
14	新加坡	24	5767	2642	2382
15	萨摩亚	15	1963	1329	1329
16	瑞　士	2	3325	1305	1305
17	英　国	13	2144	1314	1295
18	瑞　典	3	1078	1063	1063
19	开曼群岛	4	991	609	609
20	塞舌尔共和国	10	475	372	372
21	意大利	5	682	401	364
22	股份制	1	632	348	348
23	西班牙	2	1473	346	346
24	巴巴多斯	0	460	236	236
25	马来西亚	3	452	276	167
26	马绍尔群岛	1	157	157	157
27	加拿大	4	141	133	133
28	多米尼加	0	100	100	100
29	文　莱	2	76	76	76
30	墨西哥	2	82	66	66
31	印度尼西亚	2	60	60	60
32	尼日利亚	6	73	54	54
33	伊　朗	3	52	44	36
34	丹　麦	3	39	32	32
35	土耳其	2	32	26	26
36	捷　克	1	25	25	25
37	安圭拉	2	29	22	22

（续表二）

序号	国别(地区)	项目数(个)	投资总额(万美元)	注册资本(万美元)	合同外资(万美元)
38	荷　兰	1	28	21	19
39	哈萨克斯坦	1	16	16	16
40	泰　国	1	23	16	16
41	巴　西	1	17	15	15
42	尼泊尔	1	15	15	15
43	加　纳	1	14	14	14
44	阿尔及利亚	1	15	11	11
45	塞浦路斯	1	14	10	10
46	智　利	0	14	10	10
47	摩洛哥	1	8	8	8
48	葡萄牙	1	11	8	8
49	俄罗斯	1	14	14	7
50	爱沙尼亚	1	8	6	6
51	乌克兰	1	3	3	3

四、对外贸易

2012 年，全区外贸进出口总额 245.33 亿美元，比上年下降 7.2%。其中进口额 77 亿美元，比上年下降 11.09%；出口额 168.33 亿美元，比上年下降 5.3%。外贸进口额中外商投资企业进口 70.57 亿美元，比上年下降 12.28%；内资企业进口 6.43 亿美元，比上年增长 4.46%。外贸出口额中内资企业出口 9.18 亿美元，比上年下降 7.58%。

（一）出口商品

2012 年，全区机电产品出口 147.97 亿美元，比上年下降 4.5%；纺织品出口 5.37 亿美元，比上年下降 20.14%；高新技术产品出口 114.32 亿美元，比上年增长 0.51%，其中光电技术出口 2.47 亿美元，比上年增长 0.12%，电子技术出口 14.59 亿美元，比上年增长 13.77%；塑料及其制品的出口 4.67 亿美元，比上年增长 0.22%；贱金属及其制品出口 3.22 亿美元，比上年下降 14.00%；光学、医疗等仪器出口 2.75 亿美元，比上年下降 0.47%。其他如食品、植物产品、艺术品类等产品的出口均有较大增长。

2012 年主要出口商品情况表

商品名称	出口额(万美元)	占比(%)	比上年(±%)
机电产品	1479737.74	87.91	−4.50
纺织品	53732.26	3.19	−20.14
杂项制品	37837.56	2.25	−9.41
贱金属及其制品	32166.52	1.91	−14.06
光学、医疗等仪器	27523.00	1.64	−0.47

（二）出口市场

对新兴市场和对传统市场出口略有下降。2012 年，对东盟市场出口 10.67 亿美元，比上年下降 9.67%；对拉美市场出口 9.83 亿美元，比上年下降 11.41%；对北美洲市场出口金额为 60.18 亿美元，比上年下降 7.62%。对于传统的非洲市场出口 1.08 亿美元，比上年下降 12.52%。对中国香港及日本市场的出口比上年均有所回升。

2012 年出口商品主要输往地情况表

国别(地区)	出口额(万美元)	占比(%)
欧　盟	236757.86	14.06
美　国	578620.28	34.37
日　本	204185.28	12.13
中国香港	119410.15	7.09
东　盟	106726.80	6.34
非　洲	10849.68	14.06

五、对外经济合作

在加快实施“走出去”战略政策引导下，2012 年闵行区企业境外投资稳步前进。全年共审批通过境外投资企业 22 家，投资总额 2604 万美元，中方投资额 2092.52 万美元。境外投资国别包括中国香港、美国、加拿大等国家和地区，其中在中国香港投资有 5 家，投资总额 629.46 万美元，在美国投资有 6 家，投资总额 1040 万美元。投资领域主要涉及电子产品的销售，自有品牌的推广及各种日用商品、服装的贸易等。

嘉定区商务

2012年,嘉定区商务工作紧紧围绕"稳增长、促转型、谋发展、惠民生"的工作要求,努力应对宏观经济形势变化带来的挑战,科学谋划,狠抓落实。商业经济取得佳绩,引进外资和外贸出口均超额完成年度目标计划,为"十二五"商务工作发展打下了坚实的基础。

一、商业经济

2012年,嘉定区商业经济在电子商务、商业综合体等新型业态蓬勃发展的带动下,取得快速发展,成绩喜人。

(一) 总体呈现快速发展势头

全年实现商品销售总额3033.4亿元,比上年增长20.89%;实现社会消费品零售总额430亿元,比上年增长22.6%,增幅位居全市前列;实现商业增加值98.2亿元,比上年增长26.8%;完成商业税收63.3亿元,占三产税收的32%。

2012年社会消费品零售情况表

分　类	金额(亿元)	比上年(±%)
合　计	430.0	22.6
吃的商品	89.0	6.6
穿的商品	19.8	35.0
用的商品	286.8	27.5
烧的商品	34.4	24.3

10月25日,上海裕强户外用品股份有限公司、上海任远环保股份有限公司在上海股权托管交易中心挂牌。区委副书记、区长马春雷出席仪式并和企业负责人一起敲响挂牌铜锣

从行业来看，批发零售贸易业共实现社会消费品零售额400.5亿元，比上年增长21.8%；住宿餐饮业实现29.4亿元，增长35.4%。从企业类型来看，内资企业共实现社零额396.5亿元，比上年增长26.5%；外资企业实现33.5亿元，比上年下降10%。从节假日销售情况来看，元旦、春节、"五一"、"十一"4个黄金周期间区内部分重点商业企业的销售额分别较上年同期增长49.8%、58.8%、23.7%和72.3%，节庆效应对全区商业的带动作用进一步凸显。

（二）电子商务发展势头强劲

2012年，电子商务市场发展强劲势头不减，电子商务已经成为全区产业发展的新名片，带动商业实现了快速增长。据统计，2012年区内纳入统计的限额以上电子商务企业共实现商品销售额154.2亿元，比上年增长64.7%，分别带动全区商品销售总额和社零额增长7.1和17.3个百分点。随着电商企业的快速发展，传统百货却进入了销售的"寒冬"，据统计数据显示，区内4家重点监测百货企业年内共实现销售收入4.8亿元，比上年增长3.2%，增幅较上年有较大下滑。

（三）大型商业综合体成为商业发展的新亮点

江桥万达、安亭嘉亭荟城市商业综合体相继开业，南翔中冶祥腾也于年末试营业，居民消费方向进入多元化和品质化。江桥万达、嘉亭荟开业后总体运行情况良好，分别实现营业收入8.9亿元和3.6亿元，特别是嘉亭荟不仅满足附近居民、企业员工一站式消费需求，同时也辐射周边昆山花桥等地。商业综合体正逐步发挥着引领、示范、辐射的多重作用，成为区商业发展的新亮点。

（四）专业市场运行升降互现

2012年，全区16家主要专业市场实现销售额254.7亿元，比上年增长6.2%，增幅较上年下降0.9个百分点。从市场类别看，装饰建材市场、钢材市场还受国家房产调控政策的影响，全年装饰建材市场实现销售收入21.7亿元，比上年增长7.7%；钢材市场实现销售收入26.5亿元，比上年下降23.5%。汽车市场受政策退出和宏观调控的双重影响，在大幅下滑后，经一年的调整，已恢复常态运行，全年实现销售收入81.5亿元，比上年增长16.7%，增幅比上年提升11.8个百分点。生活资料市场则因相关商品的价格下降，实现销售收入101.5亿元，比上年增长9.4%。五金机电市场实现销售收入23.5亿元，比上年增长4.6%，增速有所回落。

二、吸引外资

2012年，嘉定区合同利用外资6.5亿美元，实际利用外资7.86亿美元，均超额完成年度计划。全年，新批准外商直接投资项目189个，合同利用外资2.65亿美元；批准增资项目92个，合同利用外资4.46亿美元。增资项目数量虽较上年同期减少16个，但合同利用外资却比上年增长41.1%，外资项目质量正逐年提高。

2012年嘉定区利用外资主要特点：

（一）先进制造业向高端化和规模化发展

2012年，区制造业实现合同利用外资1.65亿美元。从行业结构看，主要侧重于汽车、精密电子及高端装备等，如：上海本特勒汇众汽车零部件有限公司增资1406万美元，斯凯孚（上海）汽车技术有限公司增资1500万美元。

（二）三产比重上升现代服务业能级进一步提升

2012年，区新批外资三产项目163个，占新批项目总数的86.2%，增幅比上年增加6.4个百分比，三产全年实现合同利用外资4.87亿美元，占合同外资总额的74.7%。上海拉手信息技术有限公司、新蛋贸易（中国）有限公司全年均实现2次增资，分别引进4000万美元和1500万美元的合同外资。以文化信息、电子商务、广告创意为主体的现代服务业领域正逐步形成集聚效应和品牌效益发展。

（三）总部经济保持良好发展态势

2012年共引进跨国公司地区总部5家，其中投资性公司3家，分别为矢崎（中国）投资有限公司、阿克苏诺贝尔（中国）投资有限公司和三樱（中国）投资有限公司；研发中心2家，分别为凯斯纽荷兰（上海）机械研发有限公司和爱茉莉太平洋（上海）研发有限公司。年内，三樱公司增资3000万美元，将原管理性地区总部升级为投资性地区总部，总部能级进一步提升。至年末，全区共有外资总部型企业39家，共计引进合同外资5.68亿美元。

（四）跨境人民币直接投资趋势明显

近年来，越来越多的外国投资者选择以跨境人民币直接投资的方式进行投资。这种新出资方式，省略了投资方办理结售汇的手续，给外国投资者带来很大便利。2012年，全区累计批准6个跨境人民币直接投资项目，跨境人民币累计投资总额为3.8亿元。

（五）生活性服务项目成为投资新领域

围绕嘉定新城建设，年内引进一批高品质的外商投资生活性服务项目，包括商业、酒店管理等。香港特区投资者在南翔镇投资5亿元成立加恒（上海）置业有限公司；安亭镇新引进合同外资1.4亿元（香港特区独资）的艾必信（上海）置业有限公司；中国阳光控股投资有限公司（香港）与上海蕾枫酒店管理有限公司合资成立蕾枫酒店投资管理（上海）有限公司。优质项目的不断引进，有效推动全区城市化进程，促进了全区的经济发展。

2012年利用外资情况表

利用外资方式	批准外资企业			合同外资		实到外资	
	项目数（个）	总投资额（万美元）	比上年（±%）	金额（万美元）	比上年（±%）	金额（万美元）	比上年（±%）
合　计	189	113525	-47.4	65206	-40.0	78610	95.4
其中：合　资	34	—	—	6350	-87.9	—	—
合　作	—	—	—	3369	1847.4	—	—
独　资	155	—	—	55368	-1.1	—	—
股份制	—	—	—	119	净增	—	—

2012年外商投资行业（或产业）分布情况表

行业（或产业）	项 目 数		合同外资		实到外资	
	个数	占比（%）	金额（万美元）	占比（%）	金额（万美元）	占比（%）
合　计	189	100.00	65206	100.00	78610	100.00
生产型项目	26	13.76	16523	25.34	—	—
非生产型项目	163	86.24	48683	74.66	—	—

2012年外资来源地情况表

国别（地区）	项目数（个）		合同外资（万美元）	
	新　批	增　资	新　批	增　资
合　计	189	133	26561	38645
中国香港	63	43	16004	17005

（续表）

国别(地区)	项目数(个)		合同外资(万美元)	
	新批	增资	新批	增资
日本	19	15	1683	9117
荷兰	2	3	212	3417
德国	18	4	489	2132
中国台湾	19	14	3008	–990
新加坡	4	7	85	1606
开曼群岛	—	2	—	1500
意大利	5	1	954	212
维尔京群岛	5	10	580	615
韩国	3	4	276	809
萨摩亚	7	3	290	539
瑞典	2	1	360	351
加拿大	3	1	506	150
英国	4	—	515	—
其他	35	25	1599	2182

三、对外贸易

2012 年，在国际贸易形势复杂多变的背景下，嘉定区着力于“稳增长、调结构、促平衡”，加大对外贸企业的扶持力度，搭建平台鼓励和组织企业“走出去”，在一系列促进外贸稳定增长、优化外贸结构的政策措施作用下，对外贸易走势趋于稳定，全年对外贸易呈现以下特征：

（一）出口增速低位趋稳，“稳外贸”措施初见成效

2012 年，在国际市场需求有所回升和“稳外贸”政策措施逐步落实等因素带动下，全区实现进出口总值 176.11 亿美元，比上年下降 4.85%。其中，出口 95.88 亿美元，增

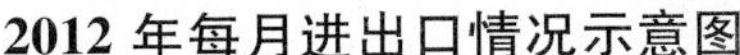
2012 年每月进出口情况示意图

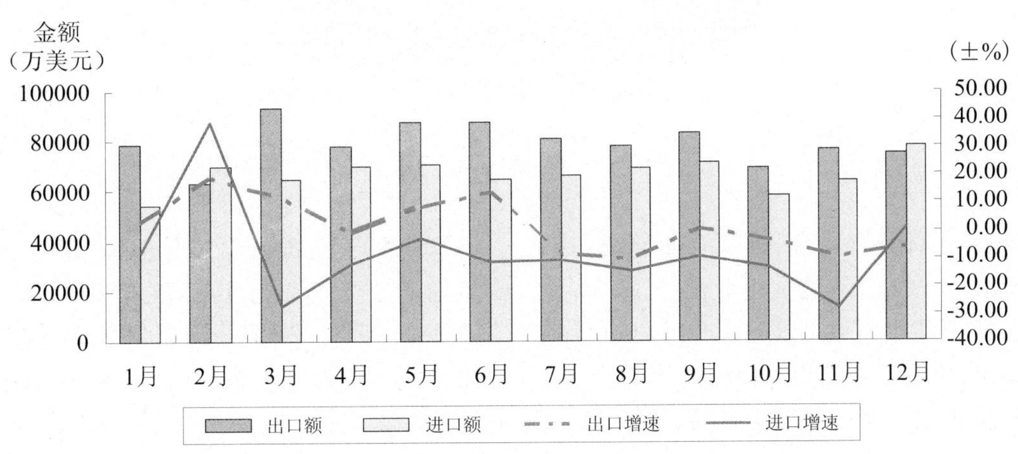

长0.32%，呈现出低位趋稳的态势；进口80.23亿美元，下降10.38%；贸易顺差达到15.65亿美元，比上年扩大190.35%。

（二）汽车零部件出口稳步增长，商品结构继续优化

作为全区特强产业的汽车及零部件，出口保持良好增长态势，2012年汽车及零部件出口20.13亿美元，比上年增长18.15%，高于全区外贸出口增幅近18个百分点，占全区出口总额的21.00%。进口41.12亿美元，占全区进口总额的51.25%。机电类产品增长势头较有所回落，进出口双双出现下滑。劳动密集型产品，如纺织服装、塑料制品，进出口均呈现不同程度下滑。

（三）传统市场出口稳中略降，新兴市场增速放缓

2012年，受欧债危机影响，欧洲市场需求锐减，全年对欧盟出口13.73亿美元，比上年下降8.11%，占全区出口14.32%，占比上年减少1.04个百分点；进口27.58亿美元，下降5.85%。对美贸易，全年出口22.75亿美元，增长10.39%。对日贸易受中日因钓鱼岛主权之争影响大幅减速，全年对日进出口总额40.14亿美元，下降8.20%。

随着与新兴市场的经贸合作不断加深，区内企业开拓新兴市场的积极性和主动性明显增强，与新兴市场贸易往来活跃，市场份额稳步提升。2012年与东盟贸易增长3.89%，对其出口增长10.77%；与俄罗斯贸易增长8.00%，对其出口增长19.19%；与南非贸易增长17.75%，对其出口增长21.10%。

（四）贸易方式持续改善，贸易主体格局更趋合理

2012年，全区一般贸易出口50.62亿美元，比上年增长5.07%；进口59.76亿美元，比上年下降9.91%。一般贸易进出口额110.38亿美元，占全区外贸总值的62.68%，一般贸易比重继续提高。贸易方式不断优化，加工贸易增长乏力，2012年比上年下降7.13%，低于全区外贸总体增速2.28个百分点，占进出口总额35.81%。其中，出口下降4.57%，低于同期区总出口增速4.89个百分点；进口下降13.01%，低于总进口增速2.63个百分点。

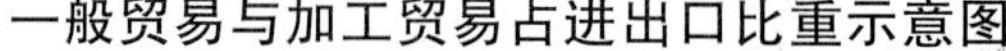

一般贸易与加工贸易占进出口比重示意图

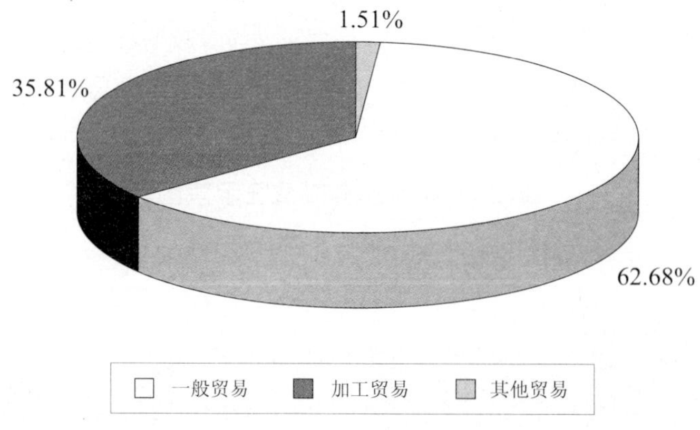

贸易主体格局方面，外资企业继续占据主导地位。2012年，外资企业出口77.35亿美元，比上年上升0.23%，占全区出口总额80.68%，比重较上年下跌0.08个百分点。民营企业出口增速明显放缓，全年出口16.28亿美元，占区出口总值16.98%，比上年增长1.11%，与上年度相比增幅回落19.1%。此外，外贸公司出口2.24亿美元，比上年下降1.83%，占全区出口总额2.34%。

2012 年出口贸易方式情况表

贸易方式	出口额(亿美元)	比上年(±%)	占比(%)
一般贸易	50.63	5.07	52.80
加工贸易	45.18	-4.57	47.13
来料加工	2.66	-17.70	2.76
进料加工	42.52	-3.61	44.35
其他贸易	0.07	86.23	0.07

2012 年出口企业分类情况表

企业类型	出口额(亿美元)	比上年(±%)	占比(%)
外商投资企业	77.35	0.23	80.68
自营进口企业	16.28	1.11	16.98
外贸企业	2.24	-1.83	2.34

2012 年出口商品主要输往地情况表

国别(地区)	出口额(亿美元)		比上年(±%)
	2012 年	2011 年	
北美洲	24.33	22.19	9.65
日本	18.22	17.77	2.51
欧盟	13.73	14.94	-8.11
东盟	8.92	8.06	10.77
其他地区	30.68	28.48	9.29

金山区商务

经济委员会主任
倪向军

一、概述

2012年，金山区商务工作紧紧围绕“稳中求进”的工作总基调，坚持“创新驱动、转型发展”总方针，着力惠民生、稳增长、抓创新，不断推动各项工作创新突破，较好地完成全年任务，开创了商务工作新局面。

2012年全区社会消费品零售额完成288.5亿元，比上年增长15%；第三产业增加值完成174.8亿元，比上年增长14.7%，比重为37.4%，提升1.6个万分点；新批外商投资项目106个，增资项目50个，投资总额（含增资）84771万美元，比上年增长25.62%；合同外资（含增资）35212万美元，比上年增长12.2%；实到外资19201万美元，比上年增长24.4%；外贸进出口总值为52.3亿美元，比上年增长5.5%。其中：出口24.2亿美元，增长6.7%；进口28.1亿美元，增长4.5%，贸易逆差3.9亿美元。

二、商业经济

2012年，金山区商贸工作主要有以下七点：

（一）积极开展调研，完善商贸业体系

针对金山区服务业结构不合理、分布不均匀等问题，聚焦重点区域服务业项目的建

和辉光电新一代平板显示项目奠基礼仪式

设，提出业态布局设想。以生产性服务业功能区为研究基点，重点研究金山新城生产性服务业发展中的共性问题，提出可操作性的解决思路。此外，进一步明确金山新城商业总量及未来发展的突破点，体现了城市经营的新理念。

（二）聚焦生产性服务业，培育服务业基地

对于金山区已有一定规模的上海化学工业区物流产业园、金石湾生产性服务业功能区及以新跃物流为代表的一批新型物流企业，继续加强扶持和服务，跟踪其发展情况，认真协调其发展中的困难。组织开展生产性服务业功能区年度评估工作，按照上海市申报总集成总承包工程专项引导资金的要求，对区内生产性服务业企业进行梳理，组织企业开展申报工作，进一步扶持区内生产性服务企业的发展。

（三）以重点项目为依托，促进现代服务业

加强枫泾国际商务区、金石湾功能区、漕泾物流园区的跟踪服务，推进现代服务业特别是生产性服务业发展，加强与化工物流平台、物流信息平台、化工交易平台的交流互通，为化工品交易商贸功能区的建设作基础铺垫。同时，年初排定的同福易家丽、古镇旅游、五福商业广场等25个服务业重点项目积极贯彻"调结构、转方式、提能级"的主线，为更好地实现"创业金山、宜居金山、和谐金山"的发展目标创造条件，对加强现代服务业促进产业联动，起到了促进作用。

（四）引进新型业态，积极提升传统商贸业

通过近几年积极引进优质商业业态和项目，金山区大型连锁商业市场份额逐年扩大，购物中心等新型业态逐步进入并发挥带头示范作用，原有商业企业充分挖掘自身潜力，积极探索新型营销方式和服务手段，共同提升金山商业综合服务能级。以"美食、美景、美生活"为主题，2012年金山购物节在宣传力度、参与企业数量、举办规模上取得了突破，参与企业共实现销售额3.1亿元，比上年增长15.1%，取得了企业、消费者、媒体单位的认可。

（五）以便民利民为宗旨，持续推进消费网络建设

截至2012年底，全区已建成315家便民店，做到了全区行政村全覆盖，惠及40万以上人口，60%以上店内商品和100%以上店内食品均实行统一配送。新建和改造便民店42家，建设商品配送中心1家，体现了"综合、便民、安全"的宗旨，为基层农村营造便利实惠、安全放心的消费环境，进一步充实和完善全区金字塔形的商贸结构。

（六）开展专项整治行动，净化市场环境

结合创卫和迎复审工作，开展农贸市场检查工作，督促市场开展整改工作，在改善市场环境等方面取得一定成效。此外，作为今年全市及全区纠风工作的第一项内容，对区内大型零售企业进行联合专项检查，对重塑行业风气产生积极效果。在以往单用途预付卡摸排的基础上，针对近期商务部出台的《单用途商业预付卡管理办法（试行）》，做好发卡企业走访工作，指导重点规模发卡企业开展备案工作。

（七）规范营销活动，保障供应稳定

2012年元旦、春节、五一、国庆4个长假，全区24家抽样商业企业共实现销售约2.2亿元，同比增长15.8%，节日供应稳定有序，消费市场继续保持较快增长势头，增长点从生活必需品上转移到改善性消费和投资性消费上，消费弹性继续提高。此外，截至2012年1月底家电以旧换新工作结束，全区备案网点108家，累计销售家电约27.3万台9.4亿元，扩大全区内需效果明显。

三、利用外资

2012年，全年新批外商投资项目106个，增资项目50个。投资总额（含增资）

84771万美元，比上年增长25.62%；合同外资（含增资）35212万美元，比上年增长12.2%；在新批外商投资企业中，中外合资企业19家，合同外资2152.01万美元；外商独资企业87家，合同外资20114.78万美元。

2012年利用外资情况表

利用外资方式	批准外资企业				合同外资			实到外资	
	项目数（个）	总投资（万美元）		比上年（±%）	金额（万美元）		比上年（±%）	金额（万美元）	比上年（±%）
		新批	增资		新批	增资			
合计	106	56830	27942	25.62	22267	12945	12.20	19201	24.4
合资	19	10168	5213	-2.00	2152	691	-63.50	—	—
合作	—	—	—	—	—	—	—	—	—
独资	87	46662	22729	61.86	20115	12254	65.48	—	—

2012年，金山区吸引第二产业项目31个，占新批项目总数的29%；投资总额53452万美元，占新批项目投资总额的94%；合同外资19808万美元，占新批项目合同外资总额的89%；第三产业外资项目75个，占新批项目的71%；投资总额3378万美元，占新批项目投资总额的6%；合同外资2459万美元，占新批项目合同外资总额的11%。

2012年外商投资行业（或产业）分布情况表（新批项目）

产业	项目数		投资总额		合同外资		实到外资	
	个数	占比（%）	金额（万美元）	占比（%）	金额（万美元）	占比（%）	金额（万美元）	占比（%）
合计	106	100	56830	100	22267	100	19201	100
第一产业	—	—	—	—	—	—	—	—
第二产业	31	29	53452	94	19808	89	—	—
第三产业	75	71	3378	6	2459	11	—	—

2012年，吸引外资主要呈以下特点：1. 外资保持平稳、较快增长，外资项目的规模和质量明显提高；2. 外资项目向工业园区集聚卓有成效，外资项目的定位和布局更趋合理；3. 符合区产业规划和发展的大项目数量增加，产业结构有效改善；4. 独资项目占主导地位，外资第三产业项目数量保持增长，项目的规模和质量有待提高，项目涉及的领域需要拓展；5. 新批项目中，资金主要来源地是中国香港、日本、欧美、第三地注册（资金主要来自中国台湾）等，其中中国香港以7938美元占据合同外资第一位。

2012年外商投资主要来源地情况表（新批项目）

国别（地区）	项目数（个）	投资总额（万美元）	合同外资（万美元）
中国香港	38	19800	7938
日　本	9	6696	2571
欧　美	5	4085	2586
第三地注册	4	13913	4283

四、对外贸易

（一）总体保持平稳增长

2012年，全区进出口总体保持平稳增长，呈现低位回稳态势。全年外贸进出口总值为52.3亿美元，比上年增长5.5%。其中：出口24.2亿美元，增长6.7%；进口28.1亿美元，增长4.5%，贸易逆差3.9亿美元。三资企业全年累计出口17.1亿美元，比上年增长9.7%，占全区出口总额的70.7%。机电产品出口比重逐步提升，纺织制品类等劳动密集型产品出口增速放缓。

2012年主要出口商品情况表

商品名称	出口额（万美元）	占比（%）	比上年（±%）
纺织原料及纺织制品	65913	27.2	-4.5
塑料及其制品	56342	23.3	-1.6
化学工业及其相关工业	45268	18.7	19.8
机电、音像设备	27481	11.3	65.6
贱金属及其制品	12180	5.0	25.6
杂项制品	6712	2.8	4.0
车辆、航空器、船舶	5854	2.4	-4.9

2012年，全区对主要传统市场（除东盟、韩国外）的出口额均保持一定的增长，但增速均有所放缓。出口商品主要销往日本、美国、欧盟、东盟、中国台湾、中国香港等30多个国家和地区。

2012年出口商品主要销往地情况表

国别（地区）	出口额（万美元）	占比（%）	比上年（±%）	国别（地区）	出口额（万美元）	占比（%）	比上年（±%）
日　本	70042	28.9	15.3	中国台湾	19536	8.1	4.8
美　国	30355	12.5	10.0	中国香港	14619	6.0	3.0
欧　盟	29308	12.1	0.4	韩　国	11296	4.7	-23.4
东　盟	23522	9.7	-4.6	德　国	7810	3.2	5.3

（二）外资企业经营回升

1. 销售收入平稳增长，出口呈现低位回稳态势。2012年全区外资企业销售总额351.6亿元，比上年增长5%；出口17.1亿美元，比上年增长9.7%，占全区出口总额的70.7%。主要原因：各国宏观政策力度的加大，在一定程度上提振了市场信心，国际市场需求有所回升，企业发展面临的内外部环境有所改善。国内出台的一系列稳增长的措施逐渐显现效果，进一步增强了企业的信心，缓解了企业经营困难。

2. 利润空间持续收窄。全年累计利润14.8亿元，比上年下降27.4%。主要是国内各种要素成本上升，特别是劳动力成本上升、融资难、用工难等因素，给企业的经营和发展带来一定的挑战。国际上，由于未来经济走势不明朗，进口商多持观望心态，出口企业的议价能力明显下降，人民币汇率波动、贸易环境趋紧等因素均将使得外向型企业经营压力明显增大。上述多种因素叠加导致企业利润降幅明显。

3．税收保持增长。全年外资企业税收累计32.7亿元，比上年增长21.9%。外部经济下滑势头有所缓解，国内经济增速趋于稳定，并且呈现积极变化，这些因素均推动企业增长企稳趋升，上交税金稳步增长。

2012年外资企业生产经营情况表

项　　目	单　位	全年累计	比上年(±%)
销售收入	万元	3515837	5.0
利润总额	万元	147641	-27.4
出口商品总额	万美元	171193	9.7
税　　金	万元	327151	21.9

（三）对外投资

2012年，全区境外投资项目3个，投资区域涉及美国、越南和瑞士，全年投资总额达282万美元，其中中方投资额达229.6美元，涉及的行业有通用设备制造业、建筑业、纺织品及服装服饰产品。

2012年全区输出对外劳务（研修）人员100余名，主要输往日本等国家，工种以缝纫、电子等为主。

松江区商务

经济委员会主任
何胜友

一、概述

2012年，松江区商务工作面对全球疲软、复杂多变的国际经济形势和国内经济运行出现的新情况新问题，围绕"创新驱动、转型发展"总要求，切实加强对外向型经济的指导，坚持以市场经济为导向，促内销，稳增长；继续加大利用外资的力度；不断优化外贸发展结构；保证了全区商务经济运行的持续稳定和增长。

二、商业经济

2012年，在经济形势比较严峻的情况下，松江区全年实现社会商品销售总额1120.33亿元，比上年增长16.2%；社会消费品零售总额383.52亿元，比上年增长12.1%。全年实现商业增加值120.75亿元，可比增长8.9%，占全区GDP及三产增加值比重分别为13.6%和35.8%，均比上年增长约2个百分点。全年实现商业税收39.5亿元，比上年增长3.2%，占全区税收总收入的14.6%，占三产税收的33.9%。

2012年商贸业主要经济指标完成情况表

指标名称	2012年(亿元)	比上年(±%)	2011年(亿元)	比上年(±%)
生产总值	886.55	-5.10	934.17	0.90
第三产业增加值	337.42	3.90	316.02	8.70
商业增加值	120.75	8.90(可比)	108.14	9.80
商品销售总额	1120.33	16.20	964.00	25.10
社会消费品零售总额	383.52	12.10	342.12	17.10
税收总额	271.04	8.31	250.25	8.30
第三产业税收	116.64	-5.89	106.40	11.17
商业税收	39.50	3.20	37.30	14.52

说明：商业包括批发和零售业、住宿和餐饮业。

（一）加强商务诚信体系建设

年内，松江区商务部门会同有关部门联合清理整顿区内大型零售企业违规收费，对卜蜂莲花、大润发、沃尔玛、宏图三胞松江店等开展检查；在区内商务系统开展道德领域突出问题专项教育和治理，推进商贸企业服务质量标准化管理，完善保护创新、防止侵权假冒的自律机制；开展松江区商务诚信建设试点，确定松江开元地中海商业广场等8家为试点单位，向全区商业企业发出"推进诚信经营，创新服务理念"的倡议；规范单用途商业预付卡管理，对全区单用途商业预付卡规模以上(年营业收入500万元以上)及其他发卡企业开展备案。

（二）多种形式开展节庆营销活动

4月，松江区举办消费促进月，推出“购物秀”和“健康饮食、实惠消费”等主题活动。据统计，活动期间开元地中海商业广场实现营业额4900万元，同比增长39%；市百一店实现营业额1133万元，同比增长40.05%。7月12日，2012松江第四届青岛啤酒节在上海大学生体育中心南侧广场开幕。活动历时11天，参与市民共计4万多人次，每天喝掉近3—4吨啤酒。9月17日，2012年松江购物节活动在开元地中海商业广场拉开帷幕。活动分四大篇章30项主题活动，内容涵盖购物、美食、休闲、娱乐等方面，参与的商业企业、行业协会达到30多家，门店200多家。据统计，活动期间24家参与企业共实现销售收入5.49亿元，同比增长8.50%。松江区商旅委连续第四年荣获上海购物节“银联杯”营销大赛最佳组织奖。

（三）继续做好为民生服务工作

年内，松江区启动商贸服务业“十二五”发展规划修编，优化商留服务业网点布局。结合城市建设开展《松江区主副食品网点布局规划》、《松江区菜市场网点中长期规划》编制，推进必备性商业配套布局。

松江区积极探索农副产品生产、加工和销售环节的产销对接，促成浦南生猪屠宰场和农副产品批发市场合作，降低流通成本和食品安全隐患，缓解市民买菜贵、农户买菜难问题。按照上海市政府实事工程统一部署，松江区建成80个标准化早餐供应网点，实现了城区全覆盖和部分镇的布点。戴家浜、新凯、祥东菜场开业，龙马菜场建成，兰桥等5个菜场完成二次改造。在标准化菜市场中完成3家猪肉、37家蔬菜、35家牛羊肉和3家水产的食品流通安全追溯系统建设。

（四）大力进行商贸项目建设

2012年，全区23个重点拟建、在建商旅项目计划总投资150.08亿元。其中松江万达广场、世茂纳米魔幻城等13个项目开工，新桥绿地金御商业广场、浦南生猪屠宰中心等项目建成，新桥家乐福和逸东华酒店开业。沪松公路沿线改造提升全面开展，研究制定沿线改造提升实施意见和业态布局方案。沿线九亭镇、泗泾镇、洞经镇和中山街道稳步推进拆违、腾地、整治、改造等工作。东明国际商城启动市级特色商业街创建。天马世茂新体验商业中心、新桥家乐福等项目完成业态联席评估。松江新城国际生态商务区被列为上海市“十二五”现代服务业集聚区。

截至2012年底全区有商业网点总数21649个、商业设施总面积为865.31万平方米，较2010年底增长18.7%。其中已建成商业面积714.15万平方米，在建商业面积151.19万平方米。全区有商品交易市场90家，其中专业市场29家，农贸市场60家（标准化菜场53家）。全年商品交易市场实现总成交额402.74亿元，比上年增长4.5%。其中专业市场交易额386.07亿元，比上年增长4.5%；农贸市场交易额16.67亿元，与上年持平。

三、利用外资

2012年，松江区批准外商投资项目134个，比上年增长8.1%，其中中外合资23个、外商独资110个；增资项目120个，比上年增长9.1%；合计总投资16.25亿美元，比上年下降23.5%；合同外资9.69亿美元，比上年增长15.1%；外商实际到位资金7.96亿美元，比上年增长26.33%。外商投资者来自中国香港、日本、中国台湾、美国、新加坡、德国、韩国、萨摩亚、法国、维尔京群岛等28个国家和地区，其中，新批准投资项目的国家和地区21个。

至2012年底，松江区累计批准外商投资项目3975个，其中中外合资983个、中外合作313个、外商独资2679个，总投资270.73亿美元，合同外资159.40亿美元。外商投资者来自62个国家和地区。

2012年，全区外资企业保持健康稳定发展，生产经营状况良好，对经济转型作出应有贡献。已投产“三资”企业2171家，比上年2105家增加147家，增长7%；实现销售收入

3134.4 亿元，比上年下降 13.9%；实现利润 88.88 亿元，比上年下降 22.35%；"三资"企业实现税收 105.91 亿元，比上年增长 21.2%。

2012 年，松江区利用外资有如下特点：

（一）大项目多

2012 年，松江区利用外资中，1000 万美元以上新设项目和增设项目有 30 个，合计合同利用外资 63515 万美元，占全区合同利用外资总数的 65.56%。其中，投资 1000 万美元以上外资新设项目有 10 个，合计投资 34953 万美元，占全区新批准外资项目总投资的 69.9%，合同外资 20243 万美元，占全区新批准外资项目合同外资的 69.5%；外资增资 1000 万美元以上项目有 20 个，共增加投资 91116 万美元，占全区外资增资项目总投资的 81%，增加合同外资 43272 万美元，占全区外资增资项目合同外资的 63.9%。

（二）工业项目占主要比重

2012 年，外商对工业项目投资增加，在松江区 134 个新批准项目和 120 个增资项目中，工业项目有 171 个，占 67.3%，比重比上年增加 7 个百分点。其中，新批准外资工业项目 68 个，占全区新批准外资项目 50.7%，比重比上年增加 8 个百分点；增资工业项目 103 个，占全区外资增资项目 85.8%，比重比上年增加 21.3 个百分点。171 个工业项目合同外资 5.69 亿美元，占全区合同外资 58.7%，比重比上年下降 22.8 个百分点。

（三）引进外资以增资为主

2012 年，松江区引进外资中，增资项目合同利用外资为 43272 万美元，占全区合同利用外资近五成，达 44.67%。这是由于区内进行行政审批制度改革，大大缩短了项目审批时间，使有土地储备的外资企业加快了产能升级步伐。这类企业增资数额大，主要用于建设厂房与购买设备。增资额小的企业，则将资金主要用于缓解全球经济疲软形势下的财务现金流紧张。

（四）日资项目较多

自 2011 年日本地震后，日本投资者加快了生产基地由本土向中国转移。2012 年新设项目中日本对新合同外资达 9424.3 万美元，占全区新项目合同外资总额的 32.37%；增资合同外资 31558 万美元，占全区增资项目合同外资总额的 46.57%。大额增资项目如恩梯恩总部迁入区后又增资 9600 万美元、

7 月 17 日，商务部外资司副司长邱丽新一行来松江区实地考察，表示全力支持松江工业区升级为国家级经济技术开发区的工作

恩梯恩精密机电增资6720万美元、日亚电子化学增资1000万美元。

（五）外资企业整合提升趋势明显

2012年以来，较多外资企业以股权转让或引入战略合作者的方式进行企业整合的趋势较为明显，部分大型企业为整合国内投资业务也逐渐将股权集中到国内地区总部或投资性公司，整体提升了区外资企业的质量和竞争力。

2012年外商投资来源地情况表

国别(地区)	批准项目数(个)		总投资（万美元）	合同外资（万美元）
	新批准	增资		
合计	134	120	162494	96873
中国香港	34	21	32230	25383
泰国	—	1	420	210
日本	27	37	57952	40982
新加坡	8	6	3790	1850
美国	11	10	3283	1576
中国台湾	18	8	1509	1100
澳大利亚	1	—	21	16
韩国	5	5	1243	607
德国	6	5	2649	1447
英国	1	2	634	345
开曼群岛	—	1	—	9
塞舌尔	2	1	282	198
马来西亚	—	1	240	167
文莱	2	—	98	70
意大利	1	1	204	134
法国	3	1	996	703
印度尼西亚	1	—	58	20
荷兰	2	1	1877	1796
新西兰	—	1	99	74
丹麦	1	1	30	23
奥地利	2	—	32	18
毛里求斯	1	1	4421	1215
维尔京群岛	3	8	5479	2605
百慕大	—	1	600	302
萨摩亚	4	5	42575	15267
巴巴多斯	—	1	1250	500
爱尔兰	1	—	500	250
列支敦士登	—	1	22	6

四、对外贸易

2012年,松江区共有1077家企业实现进出口贸易总额492.48亿美元。其中,进口额138.88亿美元,比上年162.81亿美元减少23.93亿美元,下降14.7%;出口额353.60亿美元,比上年419.99亿美元减少66.39亿美元,下降15.8%,占全市出口总额17.1%,所占比重比上年下降2.9个百分点,实现外贸出口交货值2087.36亿元,比上年下降16.4%。在出口贸易中,加工贸易出口314.12亿美元,比上年下降18.1%,占区出口总额88.8%;一般贸易出口39.48亿美元,比上年增长8.95%,占区出口总额11.2%。主要出口商中,机电产品出口293.10亿美元,比上年下降18%,占区出口总额82.9%;纺织服装出口6.19亿美元,比上年下降12.8%,占区出口总额1.8%;光学医疗器材出口4.80亿美元,比上年增长35.2%,占区出口总额1.4%;塑胶化工出口3.99亿美元,比上年增长0.6%,占区出口总额1.1%。出口企业中,"三资"企业出口占居主要成份,全年出口346.42亿美元,比上年下降15.99%,占区出口总额98%;其它外贸出口企业出口7.19亿美元,比上年下降6.2%。

2012年出口商品主要输往地情况表

国别(地区)	出口额(万美元)	占比(%)	比上年(±%)
亚　洲	1005314	28.43	-13.5
欧　洲	913309	25.83	-18.1
北美洲	1420662	40.18	-13.3
拉丁美洲	95706	2.71	-27.0
大洋洲	92146	2.61	-34.4
非　洲	8482	2.40	-23.5

2012年主要出口商品情况表

出口商品	出口额(万美元)	占比(%)	比上年(±%)
机电产品	2931002	82.89	-18.02
纺织服装	61887	1.75	-12.81
光学医疗器材	48022	1.36	35.19
塑胶化工	39885	1.13	0.60
贱金属及制品	38275	1.08	8.83

2012年进口商品主要来源地情况表

国别(地区)	进口额(万美元)	占比(%)	比上年(±%)
东　盟	206944	14.90	-43.30
日　本	206174	14.85	-13.29
美　国	72473	5.22	-12.80
欧　盟	56388	4.06	-24.85
中国香港	17336	1.25	-61.29

2012 年主要进口商品情况表

进口商品	进口额(万美元)	占比(%)	比上年(±%)
机电产品	460142	33.13	-14.06
光学医疗	173243	12.47	39.43
塑胶化工	77186	5.56	-3.30
贱金属及制品	28030	2.02	-18.74
纺织服装	13924	1.00	-24.53

2012 年,松江区对外贸易主要工作:

(一) 积极实行外贸"走出去"战略

2012 年,松江区有 16 家企业对外投资,项目总数 18 个,投资总额 4864.14 万美元,比上年增长 52.4%。其中有 7 家企业进行增资达 2361.27 万美元。投资区域主要分布为:中国香港 7 个项目、美国 3 个项目、澳大利亚 3 个项目,维尔京群岛、法国、捷克、波兰、新加坡各 1 个项目。对外投资的行业主要有文体用品制造、电气机械及器材制造、电子设备制造、文化传媒、商业服务业、贸易进出口、零售、批发、林业等行业。

(二) 大力扶持中小企业开拓国际市场

2012 年,全区 396 家企业获国际市场开拓资金 1498.69 万元。区经委通过印发资料、召开座谈会、走访等形式,对国家中小企业国际市场开拓资金扶持政策进行广泛宣讲,具体指导开拓资金申报工作。2012 年共有 396 家企业申报资金项目,比上年增加 34.79%;通过审核项目 1026 个,比上年增加 24.2%;获扶持资金 1498.69 万元,比上年增加 22.9%。1026 个项目中,境外展览 212 个,扶持金额 462.7 万元,占 30.87%;境外市场考察 303 个,金额 348.5 万元,占 23.25%;国际市场宣传推介 158 个,金额 226.1 万元,占 15.08%;电子商务活动 132 个,金额 163.3 万元,占 10.89%;产品认证 86 个,金额 116.5 万元,占 7.73%;管理体系认证 97 个,金额 103.7 万元,占 6.91%;境外广告与商标注册 39 个,金额 77.9 万元,占 5.19%。扶持的 396 家企业中,进出口企业占 77%,民营企业占 71.5%,生产型企业占 65.2%,电子、五金、机械类企业占 47.85%。受资助最多的企业获得 26.3 万元补贴,最少的是 0.5 万元,平均单个企业获得 3.77 万元的补贴,单个项目补贴金额则为 1.46 万元。

(三) 加强"关贸合作"

年内,区经委为进一步加强"关贸合作",密切松江海关与经委合作关系,松江海关加工贸易科 10 位关员 3 月起分 5 批到经委外贸科指导交流工作。4 月 13 日,松江海关与经委举行"关贸合作"座谈并签署合作备忘录。双方本着更好服务松江地方经济、共同促进松江加工贸易转型升级、促进松江对外贸易可持续发展,建立信息交换机制、联合培训研究机制、联络协调机制和业务改革合作机制。在加工贸易边角料交易服务中心建设过程中,开展对边角料等商品多方共管的试点探索,各司其职,密切合作,共同支持和引导交易中心的发展。

2012 年外商投资企业出口额前 20 名情况表

位次	企 业 名 称	出口额(万美元)	比上年(±%)
1	达功(上海)电脑有限公司	2395056.5	-15.27
2	达丰(上海)电脑有限公司	302400.4	-42.61

（续表）

位次	企 业 名 称	出口额(万美元)	比上年(±%)
3	国基电子(上海)有限公司	99888.8	-26.07
4	台积电(中国)有限公司	50134.8	74.45
5	达人(上海)电脑有限公司	48747.5	3.28
6	上海凯虹科技电子有限公司	32507.8	-19.82
7	豪威半导体(上海)有限责任公司	27899.7	-24.13
8	上海比亚迪有限公司	24714.6	49.02
9	上海建伍电子有限公司	24136.2	9.70
10	友达光电(上海)有限公司	19713.4	49.85
11	葵和精密电子(上海)有限公司	17132.5	-19.19
12	上海交运福祉物流有限公司	14067.0	55.02
13	安弗施无线射频系统(上海)有限公司	11216.5	196.34
14	上海东洋电装有限公司	10747.3	8.16
15	上海意力速电子工业有限公司	9476.0	4.41
16	上海恩梯恩精密机电有限公司	9474.8	21.54
17	上海纳米奇精密机电有限公司	8930.3	-10.32
18	达耐时工业(上海)有限公司	8569.1	-10.23
19	达研(上海)光电有限公司	8130.5	1345.90
20	尼西半导体科技(上海)有限公司	8124.6	12.19

青浦区商务

经济委员会主任
顾啸流

一、概述

2012年，青浦区围绕“创新驱动、转型发展”主线，加快实施“一城两翼”战略，稳步推进商务工作发展。2012年5月，青浦区召开首次全区商务工作会议，加快发展商务工作的共识进一步增强。2012年，青浦区商务经济呈现出快速发展态势：消费拉动持续增强，实现社会消费品零售总额357.8亿元，比上年增长19.6%；利用外资再创新高，引进合同外资8.02亿美元，外方到位资金6.68亿美元，新增“跨国公司地区总部”2家；对外投资稳步增长，7家企业实现非金融类对外直接投资2012.1万美元；对外贸易低位运行，实现进出口总额为112.16亿美元。

二、商业经济

（一）主要指标

2012年，青浦区全年实现社会消费品零售总额357.8亿元，比上年增长19.6%；完成商贸业固定资产投资58.7亿元，比上年增长293.7%。第三产业快速发展，实现增加值295亿元，比上年增长14.0%，占比达到41.1%，与上年相比增加1.1个百分点。

（二）主要项目

2012年，全区共在推商贸业项目66个，总投资445.1亿元，用地面积6256亩。其中，

2012年朱家角商业诚信经营户评选活动

土地储备项目14个，在办基建手续项目17个，在建项目21个，竣工项目14个，形成“储备一批、在批一批、在建一批、竣工一批”的滚动开发效应。在主要项目中，青浦工业园区的岛区酒店以及商业项目已经取得土地，计划2013年开工建设；奥特莱斯实施加层改造工程，扩大经营面积，提升经营能力；富绅商业中心正在加快建设，力争2013年竣工开业；珠江创展西区米格天地完成建设，签约商户147家，计划于2013年1月开业；西郊国际完成建设，引进了“货通天下”农产品交易服务平台。

市重点项目——国家会展中心主体工程于7月28日正式开工建设。在市、区两级政府以及各相关职能部门的大力支持下，项目正按照时间节点稳步推进。目前，项目区域内道路、管线的废弃和迁移工作以及外围地区渣土清运和绿化建设已基本完成。建筑桩基施工和基坑维护工程正在施工过程中，预计2013年年初完成。

（三）主要工作

1. 突出重点，推进服务业集聚区建设。一是推进西虹桥商贸商务集聚区建设。1月，获批授牌成为“上海市现代服务业集聚区”。8月，在北京举办“建设新青浦 聚焦西虹桥——上海市青浦区招商推介会”，成功签订“北斗西虹桥基地合作备忘录”，共建“中国北斗卫星导航位置服务技术创新西虹桥基地”。加快推进规划编制、土地动拆迁和储备以及“中国（上海）网上国际贸易中心功能区”和上海私募产业园等项目落地。二是推进赵巷商业商务区建设。1月，被列为上海市首批10个服务业综合改革试点区域之一。2月，区政府开展青东地区现代服务业调研，并于5月成立青东地区现代服务业推进工作领导小组。9月，成立赵巷商业商务区服务业综合改革试点领导小组，制定出台《青浦区赵巷商业商务区服务业综合改革试点实施意见》。三是推进三大企业总部试点基地建设。上海淀山湖总部基地大楼项目抓紧办理前期手续，一期预计2013年开工建设；西虹桥总部园加快推进规划落地，与14个项目签订意向协议；总投资15亿元的上海移动互联网产业基地于11月开工建设。

2. 扩大消费，推进商贸经济繁荣兴旺。一是组织策划消费促进月活动。在4月2日到5月4日消费促进月期间，共推出12项主题营销活动，实现销售收入4.6亿元，同比增长24.6%，客流总量达150万人次。其中意邦建材的“全球建材采购节”、“春季建材淘淘乐”、“寻找有缘人”三项活动被市商务委确定为全市重点活动。二是组织策划购物节活动。在9月14日至10月7日购物节期间，共推出六大版块、11项主题活动，实现销售收入4.5亿元，同比增长20%，客流总量达126万人次；“万车游青生活”大型自驾商贸活动，荣获2012上海购物节营销大赛的最具创意奖；在购物节期间，成功举办“园区企业生活类品牌展示特卖会”，40余家企业参展特卖，吸引顾客约3.5万人次，累计实现销售收入526万元。

3. 保障民生，推进市场经营安全有序。一是推进早餐工程建设。2012年，全区建成固定式标准化门店12家，帮帮车早餐网点71个，并有1家企业被市商务委认定为“实施上海放心早餐工程企业”。二是推进商贸企业文明经营。召开2012青浦区提升服务文明指数工作推进会，4家企业获评“文明菜市场”，6家企业获批“放心店”，并在朱家角古镇开展诚信经营评比活动。

（四）特色商业街建设

北大街商业一条街是青浦区唯一的一条特色商业街。位于青浦区朱家角古镇核心区域，东起放生桥，西至城隍庙，全长500米左右，是上海市郊保存最为完整的明清一条街。全街有商户156户，经营总面积约110000平方米，主要经营旅游商品、餐饮等，其中特色商户12家，有代表性的商户有涵大隆酱菜、漕溪人家家常菜、葛恒生粽子等。每年接待游客90多万人次，其中国外游客占一成以上。

2012年，北大街以诚信文明经营为工作重点，向商铺发放《北大街商铺文明经营倡议书》和《朱家角古镇旅游区经营户管理诚信评比暂行办法》。组织开展北大街商铺诚信文明经营户公众投票活动，在双休日、节假日期间向游客发放北大街商铺诚信文明经营户选票并进行评选；“十一”期间，组织开展2012年上海市购物节青浦区系列活动之朱家角古镇诚信经营户的评选活动，从而有效规范商铺经营行为，督促其诚信经营。

三、利用外资

2012年，青浦区全年批准合同外资项目105个，吸收合同外资8.02亿美元，比上年增长6.6%；外资企业到位资金6.68亿美元，比上年增长1.2%。合同外资在1000万美元以上项目18个，吸收合同外资6.45亿美元，占比为80.5%。

2012年，青浦区利用外资主要有以下特点：

（一）服务业利用外资稳步发展

2012年新批服务业项目74家（比上年增加13家），增资项目18家（比上年增加2家），合计合同外资5.4亿美元，占比67.6%。其中大型房地产项目贡献突出，合计吸收外资3.0亿美元，占服务业吸收外资总量的55.2%。

（二）总部型企业拉动效应明显

继尤妮佳（中国）投资有限公司后，又一家总部型企业——天田（中国）有限公司落户青浦，合同外资达到3694.6万美元。7月，两家企业被市商务委认定为跨国公司地区总部，使青浦区跨国总部实现零的突破；同时，尤妮佳（中国）投资有限公司年内三次增资，合同外资增加13250万美元。

（三）外资投资领域逐步扩大

在土地、厂房资源紧缺的情况下，全区各招商机构加大无地招商力度，吸引外资投向更多领域，特别是研发设计、信息技术、物流以及商专业咨询等领域。3月引进全球500强之一韩国SK集团投资的爱思开（上海）运动用品商贸有限公司，投资总额14300万元，注册资本7300万元，该公司也是青浦区第一家跨境人民币直投企业；6月引进从事矿产勘探及贸易业务的昌通矿业（上海）有限公司，投资总额达到2500万美元，注册资本1000万美元；引进青浦区首家外资股权投资管理企业——上海捷途股权投资管理有限公司。

2012年利用外资情况表

利用外资方式	批准外资企业			合同外资		实到外资	
	项目数（个）	总投资额（万美元）	比上年（±%）	金额（万美元）	比上年（±%）	金额（万美元）	比上年（±%）
合　计	105	63054.6	8.0	45554.3	6.6	66814.3	1.2
外商直接投资	105	63054.6	8.0	45554.3	6.6	66814.3	1.2
其中：合　资	21	6265.4	6.2	1874.9	-7.3	2770.9	—
合　作	1	140.0	—	100.0	—	1256.7	—
独　资	83	56649.2	30.0	43579.4	7.1	62786.7	—

2012年外商投资行业（或产业）分布情况表

行业（或产业）	项目数		投资总额		合同外资		实到外资	
	个数	占比（%）	金额（万美元）	占比（%）	金额（万美元）	占比（%）	金额（万美元）	占比（%）
合　计	105	100.0	63054.56	100.0	45554.30	100.0	66814.3	100.0
生产型项目	31	29.5	15691.14	24.9	9177.62	20.1	32614.6	48.8
非生产型项目	74	70.5	47363.42	75.1	36376.68	79.9	34199.7	51.2

2012 年外商投资(含增资)主要来源地情况表

国别(地区)	项目数(个)	合同外资(万美元)	占比(%)
合　计	165	80169.50	100.0
中国香港	57	40432.02	50.4
日　本	27	19416.98	24.2
欧　美	40	8394.57	10.5
新加坡	11	5067.05	6.3
萨摩亚	4	2132.00	2.7
维尔京群岛	2	2200.00	2.7
中国台湾	10	879.50	1.1
其　他	16	1647.38	2.1

四、对外贸易

2012 年,世界经济复苏乏力,外贸环境持续疲软;国内内需不振,企业成本不断提高。受此影响,青浦区外贸进出口总额为 112.16 亿美元,比上年下降 9.7%。其中:出口额 65.82 亿美元,比上年下降 9.8%;进口额 46.34 亿美元,比上年下降 9.6%。

(一) 出口贸易主体

2012 年,青浦区内资企业出口额 15.85 亿美元,占全区出口总额比例的 24.1%,较 2011 年增加 3.3 个百分点;但从总量分析,占全区出口主体的仍是外资企业,出口额为 49.97 亿美元,占比 75.9%。

2012 年出口贸易企业情况表

企业类别	出口额(万美元)	占比(%)
青浦区	658171	100.0
外　资	499662	75.9
内　资	158509	24.1

(二) 出口贸易方式

2012 年,青浦区一般贸易出口额 32.87 亿美元,占比由 2011 年的 45.2% 上升为 49.9%,上升 4.7 个百分点;加工贸易出口额 32.45 亿美元,占比由 2011 年的 54.1% 下降到 49.3%,下降 4.8 个百分点。

2012 年出口贸易方式情况表

贸易方式	出口额(万美元)	占比总额(%)
合　计	658171	100.0
一般贸易	328671	49.9
加工贸易	324493	49.3
其他贸易	5007	0.8

(三) 出口商品结构

2012 年,青浦区机电、音像设备及其零件、附件出口额为 32.37 亿美元,占比由 2011 年 53.9% 下降到 50.7%;纺织原料及纺织制品出口额为 9.06 亿美元,占比由 2011 年 13.1% 上升到 14.2%;塑料及其制品、橡胶及其制品出口额为 4.10 亿美元,占比由 2011 年 5.4% 上升到 6.4%;车辆、航空器、船舶及有关运输设备出口额为 3.39 亿美元,占比由 2011 年 4.5% 上升到 5.3%。

2012 年主要出口商品情况表

商品名称	出口额(万美元)	占比(%)	比上年(±%)
机电、音像设备及其零件、附件	323664	50.68	-16.54
纺织原料及纺织制品	90598	14.19	-3.96
塑料及其制品;橡胶及其制品	40950	6.41	5.22
车辆、航空器、船舶及有关运输设备	33859	5.30	5.76

(四) 对外贸易市场

2012 年,青浦区进出口贸易往来涉及 173 个国家(地区),其中出口市场涉及 168 个国家地区,进口市场涉及 92 个国家地区。全区出口市场数与 2011 年持平。美国、日本、欧盟、东盟仍是青浦区最主要的出口贸易市场,对这 4 个主要市场的出口额为 42.39 亿美元,占全区出口总额的 64.5%;对新兴市场出口贸易形势良好,对墨西哥、智利等拉丁美洲国家的出口额分别比上年增长 28.09%和 7.73%,对阿曼、沙特等阿拉伯国家的出口额分别比上年增长 39.15%和 16.45%。

2012 年出口商品主要输往地情况表

国别(地区)	出口额(万美元)	占比(%)
东　　盟	113783	17.31
美　　国	111070	16.90
日　　本	105585	16.06
欧　　盟	93438	14.21

五、对外经济合作

2012 年,青浦区新批境外投资项目 7 个,投资总额 2012.09 万美元,其中中方投资总额 1978.68 万美元,占比 98.34%。境外投资主要投向地是中国香港、缅甸、柬埔寨等国家和地区。

奉贤区商务

经济委员会主任
徐建龙

一、概述

2012年，奉贤区商务工作坚持以科学发展观统领经济社会发展大局，紧紧围绕“三化两建设”发展要求，贯彻“扩内需、保增长、调结构”发展思路，坚持转型发展不动摇，千方百计克服各种困难，深化细化工作方案，研究落实工作措施，较好地完成了全年商务工作目标。

全年实现实现商品销售总额954.63亿元，比上年增长18.1%；实现社会消费品零售总额335.34亿元，比上年增长15%；完成第三产业增加值203.75亿元，比上年增长9.3%，实现第三产业税收73.78亿元，比上年增长2.3%；吸引合同外资4.31亿美元，比上年下降4.68%；外贸出口55.77亿美元，比上年增加1.18%；外资到位3.23亿美元，比上年下降0.74%。

二、商业经济

2012年，奉贤区整合区内资源大力开展商业营销活动，推动了商业市场的平稳增长。商业主要项目有8项：

2012年8月，以上海和黄药业研发生产基地为代表的28个重大产业项目在上海市工业综合开发区集中开工，这是奉贤区2012年的第三批集中开工项目

1. 百联南桥取得突破性增长。百联南桥购物中心2012年总销售收入达9.78亿，比上年增长速度达38%，连续高速发展令人瞩目。东方商厦奉贤店和百联南桥购物中心均已经成功迈入上海市重点百货店和重点购物中心销售排行前20强。

2. 发展31家上海市早餐工程网点。大力推进市政府实事项目早餐工程，发动悦和餐饮、巴比馒头、金指缘、来和小吃店4家早餐工程实施项目企业，共发展31家早餐网点为2012上海市早餐工程网点，早餐工程的实施将进一步提升奉贤区内社区商业的品牌化进程。

3. 农资配送网络覆盖全区。按照政府实事工程项目建设要求，继续规范严格"万村千乡"农资配送网络。2012年增加两家农资店，总数达到52家，形成了覆盖全区的农资配送网络。

4. 连城商业广场开业。12月17日，连城商业广场开业。该广场位于南桥镇西渡社区，总建筑面积10万平方米。连城商业广场的开业，不仅可以满足西渡社区14万居民的消费需求，也将对周边社区的居民发挥巨大的辐射效应。

5. 开展首届消费促进月活动。4月2日到5月4日，响应全国首届消费促进月号召，组织区内重点商家企业借助菜花节、休闲美食节等节庆平台，开展各类促销活动。

6. 开展欢乐购物节活动。9月15日到10月7日，整合全区商业资源，开展第六届上海购物节奉贤欢乐购物活动。围绕热点消费、品牌消费、绿色消费、放心消费四大主题，先后开展"品味奉贤 · 网评美食"奉贤美食网络人气评选、"今天你 Shopping 了吗"大型超市活动联展、"情定水星家纺 · 我要讨娘子啦"——奉贤首届婚庆展等多项主题营销活动。

7. 提升社区商业功能。成立奉贤区社区商业推进领导小组，集中力量开展各镇开发区社区商业实地走访与专项调研。制定《关于完善社区商业功能和提升社区商业管理的意见》，指导全区社区商业提升工作，按排三年逐步推进。

8. 制作《奉贤区楼宇招商推介手册》。为整体展示奉贤商务楼宇及服务业园区情况，打造奉贤楼宇经济整体招商形象，制作了《楼宇招商推介手册》。手册中汇集12个产业园区、23个商务楼宇、11个商业街区及市场，在8月份的国际人才周作为推介会资料发放。

三、利用外资

2012年共审批外商投资项目237个(其中市批12个)，比上年增长11.27%；增资项目71个，比上年下降11.25%。吸收投资总额93252.45万美元，比上年下降11.47%；其中增资部分为41237.08万美元，占投资总额的39.15%；注册资本48437.08万美元，比上年下降20.53%；合同外资43113.95万美元，比上年下降4.68%；其中增资部分为21649.54万美元，占合同外资总额的50.21%。

2012年利用外资情况表

利用外资方式	批准外资企业			合同利用	
	项目数(个)	总投资额(万美元)	比上年(±%)	外资金额(万美元)	比上年(±%)
合　　计	166	93252.45	-11.47	43113.95	-4.68
外方直接投资合计	166	52015.37	-28.18	21464.41	-16.54
合资企业	33	13361.77	-71.49	17942.77	-65.02
独资企业	133	38653.60	51.24	21649.54	14.66
增资企业	71(不计入合计)	41237.08	25.29	21649.54	10.93

2012 年外商投资规模情况表

类别	投资规模	项目数(个)	投资总额(万美元)	占比(%)	合同外资(万美元)	占比(%)
新批项目	合　计	166	52015.37	100.00	21464.41	100.00
	100 万美元以下	115	2747.29	5.28	1882.44	8.77
	100—499 万美元	39	6333.96	12.18	3654.13	17.02
	500—999 万美元	3	1640.00	3.15	950.00	4.43
	1000 万美元以上	9	41294.12	79.39	14977.84	69.78
增资项目	合　计	71	41237.08	100.00	21649.54	100.00
	100 万美元以下	41	936.51	2.27	4286.49	19.80
	100—499 万美元	16	3032.87	7.35	2218.14	10.25
	500—999 万美元	2	1228.00	2.98	760.00	3.51
	1000 万美元以上	12	36039.70	87.40	14384.91	66.44

2012 年新设外商投资产业分布情况表

类别	项目类型	产业分类	项目数		投资总额		合同外资	
			个数	占比(%)	金额(万美元)	占比(%)	金额(万美元)	占比(%)
新批项目	合　计		166	100.00	52015.37	100.00	21464.41	100.00
	生产型	第一产业	—	—	—	—	—	—
		第二产业	26	15.66	28434.04	54.66	12189.41	56.79
	非生产型	第三产业	140	84.34	23581.33	45.34	9275.00	43.21
增资项目	合　计		71	100.00	41237.08	100.00	21649.54	100.00
	生产型	第一产业	1	1.41	50.50	0.12	63.44	0.29
		第二产业	41	57.75	11520.88	27.94	10697.78	49.41
	非生产型	第三产业	29	40.85	29665.70	71.94	10888.32	50.29

2012 年外商投资新项目最多的国家和地区列前 5 名的依次是香港特别行政区、日本、荷兰、美国、韩国；合同外资(含新项目及增资项目)列前 5 位的依次是香港特别行政区、日本、美国、荷兰、韩国。

2012 年外商投资来源地情况表

类别	国别(地区)	项目数(个)	投资总额(万美元)	合同外资(万美元)
新批项目	新项目合计数	166	52015.37	21464.41
	中国香港	49	14559.80	5329.81
	日　本	19	12704.30	6229.35
	美　国	17	5384.05	1929.88

（续表一）

类别	国别(地区)	项目数(个)	投资总额(万美元)	合同外资(万美元)
新批项目	韩　国	14	3080.68	1511.10
	中国台湾	13	245.60	175.51
	新加坡	7	800.44	476.62
	意大利	6	231.98	147.28
	维尔京群岛	5	2487.02	1180.44
	马来西亚	5	141.78	92.37
	澳大利亚	4	307.83	88.83
	英　国	4	181.50	66.00
	萨摩亚	3	145.00	106.00
	法　国	3	156.69	105.08
	德　国	2	118.13	83.36
	荷　兰	2	9488.52	3171.41
	瑞　典	1	1270.00	508.00
	瑞　士	1	21.00	15.00
	塞舌尔共和国	1	40.00	28.00
	爱沙尼亚	1	8.80	8.80
	叙利亚	1	20.00	14.00
	保加利亚	1	28.00	10.00
	俄罗斯	1	11.08	7.91
	苏　丹	1	15.00	11.00
	中国台湾	1	20.00	14.00
	加拿大	1	441.77	78.89
	以色列	1	14.00	10.00
	比利时	1	22.40	15.77
	也门共和国	1	70.00	50.00
增资项目	增资项目合计数	71	41237.08	21649.54
	中国香港	24	22860.30	11028.00
	日　本	12	12390.00	4920.92
	中国台湾	8	128.97	185.11
	美　国	5	1718.00	2030.09
	韩　国	3	200.20	116.52
	新加坡	2	43.48	35.48
	维尔京群岛	2	90.00	81.00
	萨摩亚	2	1485.00	630.00
	瑞　士	2	103.67	298.61
	瑞　典	2	21.00	565.00
	法　国	2	487.40	357.50
	意大利	1	18.00	12.66

（续表二）

类别	国别(地区)	项目数(个)	投资总额(万美元)	合同外资(万美元)
增资项目	新西兰	1	0	370.00
	西班牙	1	1045.00	561.00
	马来西亚	1	28.00	20.00
	荷兰	1	218.03	152.62
	菲律宾	1	280.00	200.00
	澳大利亚	1	120.00	85.00

据2012年度外商投资企业工商联合年检数据反映,全区共有1152家企业参加年检,参检率为89.23%(参检率以区审批企业为依据),参检合格率为100%。其中:合资企业289家,合作企业25家,独资企业835家,股份制企业3家。投产开工企业957家,筹建企业175家,停业20家。全区年检企业投资总额826007.7万美元,比上年增长6.58%;注册资本439741万美元,比上年增长5.25%,合同外资总额383756万美元,比上年增长5.94%;外方实收资本344541.5万美元,比上年增长5.51%;从业人数达111820;销售收入9443084.9万元,比上年增长15.67%;利润总额347687.5万元,比上年下降27.56%;纳税总额460221.6万元,比上年增长32.36%。

四、对外贸易

2012年奉贤区外贸进出口总额91.32亿美元,比上年下降1.22%。。其中进口总额35.54亿美元,比上年下降4.77%;出口总额55.77亿美元,比上年增长1.18%。

截至2012年底全区共有进出口企业898家。出口企业中,外商投资企业469家,共出口43.05亿美元,比上年增长5.59%,占出口总额77.19%。内资企业429家,共出口总额11.93亿美元,比上年下降17.99%,占出口总额21.39%。出口额1亿美元以上有9家企业,5000万美元以上的17家,出口额在1000万美元以上的企业有102家。

2012年主要出口商品为机电产品、机械产品、塑料制品、车辆零附件产品等。

2012年主要出口商品情况表

商品类别	出口额(万美元)	占比(%)	比上年(±%)
机电、音像设备及其零	267049.01	46.56	-11.90
贱金属及其制品	55695.02	9.71	0.35
纺织原料及纺织制品	50419.76	8.79	-10.90
杂项制品	47914.51	8.35	20.22
塑料及其制品;橡胶及其	42856.64	7.47	7.12
车辆、航空器、船舶及其	30026.41	5.23	4.68
化学工业及其相关工业的	29740.69	5.18	10.28
矿物材料制品;陶瓷品	9165.99	1.60	16.39
光学、医疗等仪器;钟	8010.23	1.40	18.37
木浆等;废纸;纸、纸板	6539.10	1.14	-7.04

2012年,出口商品主要销往日本、美国、东盟、中国台湾、澳大利亚等100多个国家和地区。

2012年出口商品主要输往地情况表

国别(地区)	出口额(万美元)	占比(%)	比上年(±%)
日　本	105848.47	18.45	8.71
美　国	105462.64	18.39	13.17
东　盟	53964.73	9.41	46.07
中国台湾	32646.94	5.69	-11.77
澳大利亚	29031.69	5.06	19.51
比利时	27178.32	4.74	3.48
泰　国	24142.13	4.21	85.36
荷　兰	23475.05	4.09	-52.47
韩　国	21925.76	3.82	-4.45
德　国	18066.82	3.15	-37.85
加拿大	11659.18	2.03	23.01

全年实现一般贸易出口额22.65亿美元,比上年下降4.23%,占出口总额40.61%。加工贸易出口额31.04亿美元,比上年增长4.12%,占出口总额55.65%。其中进料加工贸易29.1亿美元,比上年增长4.9%,占出口总额52.18%;来料加工贸易1.94亿美元,比上年下降6.34%,占出口总额3.47%。

五、对外经济合作

对外劳务合作。2012年,全年对外输送劳务人员共计4批35人,主要输出到日本、墨西哥等国家和地区。工种主要以缝纫工为主,还有检品工、电焊工、捻线工、钣金工等。

崇明县商务

经济委员会主任
沈　忠

一、概述

2012年，随着崇明县经济社会的不断发展和市民消费需求的不断提升，商务市场流通规模不断扩大，消费品市场活跃繁荣，保持了良好的营销业绩。截至年末，全县私营个体商业20806户，比上年增长4.7%，从业人员46120人，比上年增长4.2%。实现社会消费品零售总额64.73亿元，比上年增长18.3%，比年度计划提高2.3个百分点。商品销售总额175.01亿元，比上年增长13.0%。商业增加值15.89亿元，比上年增长18.3%，商业增加值和增速继续保持第三产业行业分类的第一。商业税收8.75亿元，占三产税收的18%，比上年增长4.0%。

二、商业经济

（一）零售业增速领先其他行业

2012年，全县商业零售业实现零售额55.57亿元，比上年增长18.0%，占全社会消费品零售总额的85.8%；批发、住宿、餐饮行业分别实现零售额2.94亿元、2.47亿元和3.75亿元，比上年分别增长20.2%、23.9%和18.5%。

2012年上海崇明森林旅游节暨第十五届崇明文化艺术节开幕式上文艺演出

（二）吃穿用烧商品保持较快增长

2012年，全县食品、穿着用品、日用品、成品油商品分别实现零售额26.65亿元、7.71亿元、27.13亿元和3.24亿元，比上年分别增长18.2%、19.3%、18.3%和17.6%。吃、用类商品对社会消费品零售总额贡献率分别达到41.2%和41.9%。其中，集市贸易成交额13.51亿元，比上年增长33.9%。

（三）市县政府实事项目顺利推进

根据市县实事项目建设要求，一季度着重调研、二季度制定方案、三季度全面推进，至12月中旬，圆满完成市里下达崇明县今年实事项目的建设任务。主要完成6家标准化菜场蔬菜追溯系统建设，安装使用电子秤332台；完成庆成菜场3个摊位牛羊肉追溯系统建设；完成12家标准化超市门店猪肉追溯系统建设；完成中饮公司承建的早餐门店11家。

（四）城市文明指数得到提升

根据县委、县政府有关要求，细化文明指数测评工作措施，并落实到13个商业行业主管部门。开展农贸市场"平安市场"创建活动，通过市级7部门联合中期评估验收。加强对列入市级测评点和2个测评行业的督查，组织开展3次乡镇城市文明和行业服务文明指数测评活动，顺利完成2次环境文明、秩序文明市级测评活动。全县农贸市场、大型商场（超市）等市级测评点的文明指数得到提升，窗口服务质量和水平迈上一个新台阶。

（五）生猪定点屠宰管理进一步加强

2012年，全县定点屠宰生猪24.3万头，定点屠宰率保持98%以上。县肉食品公司和明珠湖肉食品公司通过市生猪定点屠宰资格复验。重点加强节日前后和问题突出的农贸市场鲜肉市场检查，出动执法人员1000余人次，检查农贸市场肉摊贩9000余户次，收缴没收非检白肉200多公斤。

（六）回收处置废弃农药包装物规范有序

2012年，全县回收处置废弃农药包装物150.5吨，其中瓶87.9吨、袋62.6吨。完善乡镇、村二级工作机构网络，继续设置定点回收点27个，落实村级回收员590名。开展专项检查3次，规范了废弃农药包装物的清点、秤重、解交和处置等要求。2011年度专项补贴经费202万元，于春节前足额划拨至相关企业和乡镇。

（七）商业营销活动成效明显

2012年，全县111个"家电下乡"销售网点累计共销售家电产品3.34万台（件），销售总额7890.03万元。开展"销售真牌真品，保护知识产权"承诺活动，为列入市2012年度创建单位的烟草公司、医药公司和华联超市3家企业的65个门店，发放"真"字桌签和"真"字标贴各550个，引导企业开展诚信经营和优质服务，保护知识产权，并通过中期评估验收。组织8家商业企业参与上海购物节营销活动，组织3家企业参与消费促进月活动，参与企业销售取得良好成效。

（八）酒类市场管理力度加大

2012年，根据《酒类流通管理办法》规定，加大执法检查力度，全年新办和更换酒类商品零售许可证2391张，出动执法人员200余人次，检查酒类批发、宾馆饭店、烟杂店和KTV等酒类经营企业221家，查处销售假冒酒案件4起，无证经营3起，收缴假冒酒109瓶，收缴罚没款5万余元，处置群众投诉举报2起，有效维护了全县酒类市场秩序。

三、利用外资

2012年，全县外商投资企业实际到位外资1372.63万美元，比上年增长34.49%。全年审核批准外资项目114个，其中新设立的50个项目，均为非生产型项目，投资总额

11423.34万美元，注册资本5958.46万美元，合同利用外资5496.77万美元；增资7个，投资总额224万美元，注册资本158.8万美元，合同利用外资158.8万美元；变更、减资、终止、迁入项目57个。

截至年末，全县外商投资企业共有314家，总投资额5.904亿美元，合同外资3.066亿美元。其中：合资企业85家，总投资额3.037亿美元，合同外资1.162亿美元；合作企业9家，总投资679.6万美元，合同外资503.5万美元；独资企业220家，总投资2.807亿美元，合同外资1.852亿美元。

2012年利用外资情况表

利用外资方式	批准外资企业			合同外资		实到外资	
	项目数（个）	总投资额（万美元）	比上年（±%）	金额（万美元）	比上年（±%）	金额（万美元）	比上年（±%）
合　计	57	11647.34	185.97	5655.57	160.03	1372.63	34.49
外商直接投资	50	11423.34	255.56	5496.77	244.14	—	34.49
其中:合　资	6	969.22	1391.57	479.86	1517.32	1372.63	9
合　作	—	—	-100.00	—	-100.00	—	—
独　资	44	10454.12	233.02	5016.91	220.35	—	—
增　资	7	224.00	-30.28	158.80	-72.65	—	—

2012年，在崇明县投资的国家和地区共有16个，以中国香港、日本、美国等国家（地区）的投资者居多，共有29个项目，占新批项目总数的58%。

2012年外商投资主要来源地情况表

国别（地区）	项目数（个）	投资总额（万美元）	合同金额（万美元）
中国香港	20	9500.10	4194.40
日　本	5	154.24	77.04
美　国	4	41.26	31.76

四、对外贸易

2012年，全县进出口总额3.27亿美元，比上年下降10.9%。其中出口额2.82亿美元，比上年下降8.7%；进口额0.45亿美元，比上年下降22.8%。

全县出口贸易中，外商投资企业出口额较上年减少0.36亿美元，降幅为19.9%，占出口总额的51.6%；具有自营进出口权企业出口额较上年增加0.09亿美元，增幅为7%，占出口总额的48.4%。全年有5家企业出口额达千万美元以上，其中上海冠华不锈钢制品有限公司出口额减少1.06万美元，降幅为16.1%，占全县的19.5%，出口额居全县首位。全县进口贸易中，外商投资企业进口额比上年减少489万美元，降幅16.9%，占全县进口额的53.3%；具有自营进出口权的企业进口额比上年减少844万美元，降幅28.6%，占全县进口额的46.7%。

全县出口商品中，贱金属及其制品出口额比上年减少1839万美元，降幅10.93%；纺织原料及纺织制品出口额比上年减少479万美元，降幅10.69%。

2012 年主要出口商品情况表

商品名称	出口额(万美元)	占比(%)	比上年(±%)
年出口额	28196	100.00	-8.70
贱金属及其制品	14976	53.11	-10.93
纺织原料及纺织制品	3999	14.18	-10.69
机电、音像设备及其零部件	3280	11.63	-6.89
车辆、航空器、船舶及其零部件	2287	8.11	-6.05

全县出口商品主要销往 95 个国家和地区,与上年相比增加 23 个。从数量来看,对以往的主要贸易国出口额总体小幅减少,其中仅对美国出口增加,出口额比上年增加 1417 万美元,增幅为 25.23%;对欧盟出口额比上年减少 1815 万美元,降幅 21.96%;对日本出口额比上年减少 627 万美元,降幅 14.17%;对利比里亚出口额比上年减少 820 万美元,降幅 31.72%。

2012 年出口商品主要输往地情况表

国别(地区)	出口额(万美元)	占比(%)
年出口额	28196	100.00
美　国	7030	24.93
欧　盟	6454	22.89
日　本	3798	13.47
利比里亚	1764	6.26

五、对外经济合作

2012 年,全县共有 2 个境外投资项目获批,分别是上海鹏欣集团有限公司在新西兰成立新西兰乳业控股有限公司,上海鸥江集团有限公司在中国香港成立香港金盛达控股集团有限公司,2 个项目投资总额共 2.1 亿美元。

2012 年,全县共外派劳务 449 名,完成县就业指标 273 名,完成县年度目标的 97.5%。外派劳务人员主要派往日本、美国、新加坡等 8 个国家和地区,主要从事邮轮服务员、水手、轻纺、食品加工、电子加工、机械加工等工作。至年底,全县在境外务工人员共 780 名,比上年减少 152 名。

六、粮食营销

(一) 粮食收购

夏粮收购,全县累计收购小麦 3.43 万吨,油菜籽 0.45 万吨。2012 年小麦赤霉病发生偏重,县粮食部门协调粮食收购主渠道企业落实应对措施,完成了全县 1.03 万吨入库不合格小麦的备案登记和销售管理工作。秋粮收购期间,制定收购工作方案,协调主渠道企业收购价格要贴近全市平均水平,全县累计收购稻谷 8.31 万吨。同时牵头组织县有关部门加强粮食收购市场管理,发放粮食收购事先告知单 60 多份,出动市场检查 30 人次,取消不符合收购资格条件的粮食收购企业 4 家。

(二) 粮食储备

根据储备粮常储常新的要求,为足额轮换 2.03 万吨县级储备粮,制定县级储备粮轮出计划和轮入方案,于 9 月底轮出全部完成,12 月底完成新稻谷收储任务。对县级储备粮储备质量进行抽样检测,全部符合要求。开展粮食清仓查库工作,通过检查全县储备粮帐实相符,帐帐相符,质量完好,存储安全。

(三) 粮食供应

做好军粮供应工作,不定期走访慰问部队,听取部队官兵对军粮供应的意见建议,并要求县军粮站及时予以整改落实,服务质量明显提高。全年累计为全县 8000 多名城镇居民发放副补 43 万元,为 3700 多户粮油帮困对象供应价值近 217.5 万元的大米食油。

第六编

专　　集

组织机构·商贸法律法规·协会

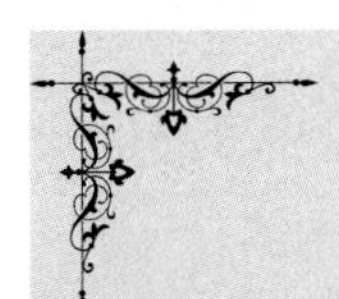

一、上海市商务委员会组织机构

委领导

党组书记、主任：尚玉英
党组成员、副主任：张新生
党组成员、副主任：王新培
党组成员、副主任：陈先进
党组成员、副主任：顾　军
党组成员、副主任：顾嘉禾
党组成员、纪检组组长、市商务委直属单位工作党委书记：胡文君
党组成员、副主任：吴星宝
党组成员、副主任：钟晓敏
党组成员、秘书长、机关党委书记：俞建明
副巡视员：余如鹤
副秘书长：桑　琦

委处室及负责人

办公室
主　任：邓福顺
副主任：陈晓明
副主任：奚其龙
综合处(研究室)
综合处处长：马俊生
副处长：盛弘彦
干部人事处
处　长：周步松
副处长：陆　屹
副处长：石小平
老干部处
处　长：周步松
副处长：时诗展
副处长：周利霞
财务处
处　长：陈伟权
副处长：郑步芬
公平贸易处(法制处)
处　长：申卫华
副处长：卢　正
处事处
处　长：戴　刚
副处长：沈　清
副处长(正处级)：陈　江
市场体系建设处
处　长：刘　敏
副处长：高　瑞
副处长：徐秀立
服务业发展处
处　长：李　泓
副处长：赵玉春
副处长：陈　伟
市场运行调控处(市副食品管理办公室)
处　长：吴星宝(兼)
副处长：李子顺
副处长：朱文群
商贸行业管理处
处　长：徐文杰
副处长：华　忆
副处长：包闻杰
市场秩序管理处

处　长：吴国梁
副处长：宗望原
外贸发展处
处　长：顾　军(兼)
副处长：范　洁
副处长：尤永生
副处长(正处级)：蒋雪根
国际服务贸易处
处　长：孙嘉荣
副处长(正处级)：阎　蓓
外国投资管理处
处　长：朱　民
副处长：刘朝晖
副处长：陈　昊
外商投资促进处(台港澳商务处)
处　长：徐士良
副处长(正处级)：蒋红霞
机电和科技产业处(市机电产品进出口办公室)
处　长：臧新兴
副处长：李　磊
副处长：金怡明
对外经济合作处
处　长：桑　琦(兼)
副处长：尚晓辉
副处长：孔福安
机关党委
机关党委副书记：华天雄
机关党委副书记：聂训南
监察室
纪检组副组长、监察室主任：谷　健

上海市商务委员会直属单位

单位名称	负责人姓名	单 位 地 址	邮 编	电 话
上海市粮食局	张新生(兼)	南苏州路1455号2号楼5楼	200041	62874530
上海钻石交易联合管理办公室	李 牧	世纪大道1701号中国钻石交易中心大厦A幢13楼	200121	50158000
上海市酒类专卖管理局	卢荣华	延安西路691弄1号	200050	62259709
上海市外国投资促进中心 (上海市海外营销促进中心、 上海市对外投资促进中心) 上海市国际技术进出口促进中心	陈先进(兼)	娄山关路83号15楼	200366	62368800
上海市商务发展研究中心	朱 桦	威海路48号民生银行大厦23楼	200003	53857888
上海市商务教育培训中心 (上海市商业人才开发服务中心)	张建忠	福州路89号6楼	200002	63295838 63297862
上海市海外救援服务中心 (上海市对外经济技术交流中心)	孔福安(兼)	中山北路2020号中星大厦18楼CD座	200063	52910680 60900339
上海市商务行政事务中心 (上海市会展业促进中心)	罗志松	娄山关路55号14楼	200336	62752788 62702626
上海市商务老干部活动中心	章会东(兼)	吴中东路513号10楼	200235	64270948 64278120
上海市电子商务促进中心 (联合国贸易网络(上海)中心)	李 悦	中山南路1088号南浦大厦4楼	200011	63685000

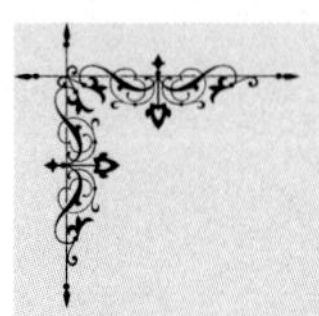
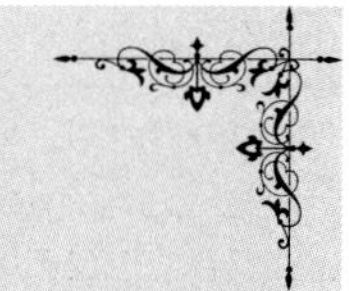

二、商贸法律法规

国家商贸法律法规

2012 年国家新颁布商贸法律、法规目录

法律法规名称	发布机关	发布日期	实施日期
关于公布 2012 年商品归类决定	海关总署	2012.01.16	2012.02.01
进出口许可证证书管理规定	商务部	2012.02.04	2012.03.05
商业特许经营信息披露管理办法	商务部	2012.02.23	2012.04.01
中央企业境外投资监督管理暂行办法	国务院国有资产监督管理委员会	2012.03.18	2012.05.01
进口食品境外生产企业注册管理规定	国家质量监督检验检疫总局	2012.03.22	2012.05.01
机电产品国际招标机构资格管理办法	商务部	2012.04.08	2012.06.01
外商投资商业领域管理办法补充规定	商务部	2012.04.10	2012.04.10
关于加强进口促进对外贸易平衡发展的指导意见	国务院	2012.04.30	2012.04.30
商务领域标准化管理办法(试行)	商务部	2012.05.08	2012.07.01
商务行政处罚程序规定	商务部	2012.05.12	2012.07.01
关于公布世界海关组织归类决定	海关总署	2012.05.18	2012.05.18
家电维修服务业管理办法	商务部	2012.06.09	2012.08.01
关于加强食品安全工作的决定	国务院	2012.06.23	2012.06.23
关于印发“十二五”国家战略性新兴产业发展规划的通知	国务院	2012.07.09	2012.07.09
关于深化流通体制改革加快流通产业发展的意见	国务院	2012.08.03	2012.08.03
关于促进外贸稳定增长的若干意见	国务院办公厅	2012.09.16	2012.09.16
关于涉及外商投资企业股权出资的暂行规定	商务部	2012.09.21	2012.10.22
单用途商业预付卡管理办法(试行)	商务部	2012.09.21	2012.11.01
缺陷汽车产品召回管理条例	国务院	2012.10.22	2013.01.01
家庭服务业管理暂行办法	商务部	2012.12.26	2013.02.01
机动车强制报废标准规定	商务部、发改委、公安部、环境保护部	2012.12.27	2013.05.01

上海商贸法规

2012 年上海新颁布商贸法规目录

法规名称	发布机关	发布日期	实施日期
上海市再生资源回收管理办法	上海市人民政府	2012.09.17	2012.12.01
上海市推进国际贸易中心建设条例	上海市人大常委会	2012.11.21	2013.01.01
上海市商品包装物减量若干规定	上海市人大常委会	2012.11.21	2013.02.01
上海市餐厨废弃油脂处理管理办法	上海市人民政府	2012.12.26	2013.03.01

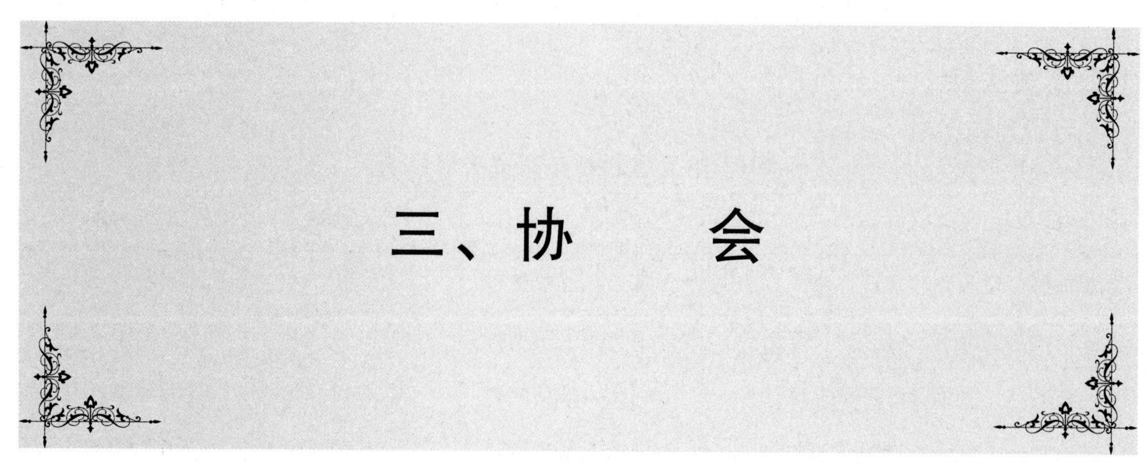

上海市现代商务促进中心

上海市现代商务促进中心是2006年为配合上海市政府部门做好上海市商业现代化、电子商务和商业技术进步的推广和应用而成立。其原上级主管单位是上海市经济委员会，业务指导部门是经委技术进步处，现上级主管单位是上海市商务委。促进中心的发起人、理事均系现代商务领域的标志型国有企业、行业领军及专家学者。促进中心秘书长、法定代表人余爱国。

促进中心不仅承担大量的市、区政府的电子商务规划工作，而且将尝试凭借促进中心的工作积累和专业领域的深耕，以区、镇为单元开展电子商务示范园的实践。

2012年主要工作：

一、举办年会，开展上海诚信网购联盟和企业家沙龙活动。

二、承办消费促进月暨2012上海网络购物季活动。

三、2012年9月28日至12月28日，结合2012上海购物节，以爱生活，爱网购为主题，主办2012上海网络购物季。这次活动有50多家网络购物企业参加，网上交易额突破60亿元。整个网购季是通过参与企业不同的线上活动有机的联系在一起。由独立官网(www.scxlm.org)线上整体活动以购物季官网为核心，联合各参会企业共同开展线下活动；通过诚信承诺公约、诚信网购联盟、网购投诉平台和新浪微博和社会互动和企业互动，使上海网络购物季成为一个品牌性的网购活动。

四、受市商务委委托，开展2011—2012上海电子商务蓝皮书编撰工作，并已于在2012年10月1日出版。该蓝皮书在上海虹桥论坛上发放受到极大欢迎。

五、在上海商务委的领导下，2012年11月中心与上海现代商业发展研究中心有限公司合作举办2012上海移动商务应用沙龙。

六、受上海市宝山区商务委委托，承担制定上海市宝山区电子商务十二五规划的实施方案。

七、受上海市宝山区高境镇人民政府委托，制定上海移动商务产业园的规划，并直接参与上海移动商务产业园的建设、运营的筹建工作。

协会地址：上海市宝山区共和新路4727号205－1室

邮政编码：200435

电　　话：60297241

传　　真：4009201858

电子邮箱：yuaiguo@ly700800.com

上海进出口商会

上海进出口商会更名成立于2009年11月12日。其前身是(成立于1997年3月)上海对外经济贸易企业协会。是由上海从事进出口业务的企业和与进出口相关的单位、团体依法自愿组成的行业性、非营利性社会团体法人。主管部门上海市商务委员会。会长汤庆福。

商会现有在册会员单位6000多家。商会主办《上海外贸网》和周报《上海外贸报》。

商会的主要职责是:反映进出口企业呼声,维护进出口企业权益;规范进出口企业行为,提升进出口企业素质,帮助进出口企业成长;成为进出口企业与政府联系的纽带、走向国际市场的桥梁、企业间交流合作的平台;推动上海国际贸易中心建设,促进全市进出口行业发展。

2012年商会主要工作:

一、拓展服务领域,推进商会工作创新。启动2010—2011年度上海出口品牌认定工作,有86个品牌(74家企业)、35个品牌(35家企业)分别被认定为上海市出口名牌和出口品牌。举办"走出去"论坛,深入探讨2011—2020年上海加快实施"走出去"战略的目标取向和创新思路。主办"上海外贸企业出口精品展销会",帮助外贸企业转型,促进内外贸融合发展。创新上海海关与外贸企业沟通模式,推动海关通关便利化。

二、深入开展行业调研,发挥商会的沟通作用。先后拟写上海上半年度和全年外贸运行分析材料,编发"出口形势严峻,企业期盼支持"的《情况反映》,拟写《上海外贸2.7万家小微企业作用凸现》、《上海外贸小微企业的生存能力较弱》、《小微外贸企业期待政策阳光普照》和《2013年出口形势不容乐观——97家外贸企业调查问卷汇析》等4期《外贸调研》上报,均引起充分重视。

三、贴近企业的实际需求,开展政策宣传解读、融资保险、对外交流合作、培训和人力资源、外贸信息、公平贸易和法律以及个性化等服务,不断提高商会对会员的服务质量。

四、注重行业自律,促进行业规范发展。成功联办了"上海—瑞典:企业社会责任培训",编写了货物贸易进出口合同示范文本。

五、顺应政府职能转变,承接政府转移或委托的项目。

六、注重规范运作,加强商会建设。2012年被评为上海市先进社会组织。

协会地址：上海市江宁路445号6楼A座

邮政编码：200041

电　　话：62717808

传　　真：62717251

网　　址：www.shccie.org.cn

上海市外商投资企业协会

上海市外商投资协会成立于1988年3月。是由外商投资企业、台港澳投资企业和其他有关组织联合组成的非营利性的社会团体法人。主管部门上海市商务委员会。会长刘锦屏。

协会以为会员和投资者服务,维护其合法权益,增进会员企业之间、会员企业和政府机构之间的沟通交流,反映企业诉求,宣传政府政策,为改进企业商务环境提供服务,促进发展。

协会设有会员联络部、企业服务部、贸易促进部、人力资源部(培训部)、信息部、法律事务部(投诉中心办公室)、咨询部、办公室等8个工作部门,并成立地区总部、研发中心、汽车、商业、涉外咨询、房地产、航运等7个的工作委员会(分会),直属会员2500余家,17个区县外资协会都是市协会的团体会员,会员数达万家。

市协会发挥着桥梁、维权、推优、联谊的作用。如宣传党和国家的外资政策,组织高层对话,开展政策解读,受理企业投诉,组织联谊活动等。协会还提供各种信息服务,如《上海外资》、《外资信息》、《法规选编》、《英文信息》、《情况反映》、《工作简报》、电子信息和网站等;组织各类政策、财务、税收、外汇、进出口管理、人事管理等方面的培训;负责外资企业参加广交会、华交会的组团和服务,开展贸易促进;承接政府委托的各项事务。

协会地址:上海市长宁区娄山关路55号新虹桥大厦615室

邮政编码:200336

电　　话:62958677

传　　真:62751423

电子邮箱:saefi@saefi.org.cn

上海市国际货运代理行业协会

上海市国际货运代理行业协会成立于1992年7月。是由国际货运代理企业自愿组建的跨部门、跨所有制的非营利性社团法人行业组织。现有会员520家。主管部门上海市商务委员会。会长王林。协会主办《信息交流》(半月刊),网站www.siffa.org。

协会以"指导、服务、保护、协调"为宗旨,积极贯彻国家促进物流发展的各项方针,营造适应货代物流发展的市场环境;反映企业的合理诉求,代表行业参与谈判,维护行业合法权益;协助政府加强行业管理,承接政府委托的国际货运代理企业的备案,参与上海市国际物流(货代)行业重点企业的认定,发挥行业协会桥梁纽带作用;开展行业自律,制订行业海空运合同及无船承运人(NVOCC)提单格式文本,开展行业企业信用等级评估,不断促进行业诚信体系建设；组织国内外的合作交流，举办业务洽谈会，参加国际会展，开展异域商情介绍，推动“走出去”战略的实施；认真开展行业培训，围绕企业经营要求，针对企业风险防范、货代业务法律知识、应收帐款的管理、企业人事管理、绩效管理等业务知识，举办专题讲座，围绕政策法规，开展新政说明会，并常年举办“国际货运代理从业人员上岗资格证书”培训和“民航国际货运销售代理上岗证”培训，为行业发展提供人才支持；充分发挥行业协会“服务企业、服务行业、服务政府”的社会中介作用，荣获商务部国际贸易经济合作研究院信用等级与认证中心授予的“诚信中国信用建设特别贡献单位”奖牌，荣获中国国际货运代理协会“2011 年度中国国际货代物流最佳地区贡献奖”。

协会地址：上海市虹口区甘河路 8 号明道大厦 17 楼 B 座

邮政编码：200437

电　　话：65600859　65600861

传　　真：65602133

电子邮箱：siffa@ online. sh. cn

网　　址：www. siffa. org

上海市国际服务贸易行业协会

上海市国际服务贸易行业协会成立于 1996 年 10 月。是在全国率先成立的国际服务贸易行业社团法人组织。是中国服务贸易行业协会的副会长单位。主管部门上海市商务委。会长姚春海。

协会拥有团体会员 500 多家，会员企业分布在国际贸易、会展、金融、保险、运输、广告、信息、咨询、设计、会计、律师、旅游、宾馆、商业等 10 多个行业。协会下设投资和管理顾问、文化贸易、安全防灾、外经贸车辆管理、会展服务、涉外咨询等 6 个专业委员会。

协会的宗旨是：引导和帮助全市服务贸易企业面向国际市场、开展国际交流、促进中外企业合作，为上海对外经济贸易的加速发展和促进上海向服务经济的转型服务，为长三角和内地发展服务贸易服务。

协会负责管理商务部《中国服务贸易指南网上海子站》和上海市商务委《上海市服务贸易网》。协会自己有《上海市国际服务贸易行业协会网站》和《国际服务贸易》报。

协会负责上海的服务贸易直报统计工作、参与上海市服务贸易重点企业的申报、推荐工作。参与“京交会”上海企业团的组织和服务工作。

协会组织了多次大型活动，如近两年来的上海现代服务业展、上海国际服务贸易论坛、陆家嘴金融论坛等，还协办中国商品约旦展和中国印尼技术设备展。协会还接受相关部门和机构的委托，成为许多大型论坛、会议的组织方和合作方。协会是中国第一届中国服务贸易大会的组织方之一，也积极参与了中国第二次、第三次服务贸易大会的组织工作。协会还承担市政府有关委办的多项研究课题。

近年来，协会与市商务委共同编辑出版《服务贸易 100 问》、《上海服务贸易案例选编》等书，对普及服务贸易知识、推动服务贸易品牌建设、推广服务贸易先进经验有所帮助，受到读者的欢迎。2011 年起，协会开展《上海市服务贸易优势和潜力企业》认定活动。这项活动是市政府《关于促进上海服务贸易全面发展实施意见》中指出的《上海市服务贸易百强企业》的前奏，受到市商务委的重视和支持，受到服务贸易企业的重视。

协会加强社会联系，与上海市一些区县开展工作联动，与长三角地区的一些服务贸易协会和组织加强联系，开展互动，取得了一定进展。2012 年，协会发起“京津沪渝服务贸易协会工作研讨会”，促进京津沪渝服务贸易工作的交流和互动，并且使这种交流和互动成为制度化的安排。

协会地址：上海市雁荡路 107 号（雁荡大厦）3 楼 E\F\G 室

邮政编码：200020

电　　话：63583039

传　　真：63583039 - 8002

电子邮箱：fzlsmcl@126.com

上海国际经济技术合作协会

2012 年，上海国际经济技术合作协会紧紧围绕国家“走出去”战略，围绕上海经济大局和商务工作中心，以推动行业创新驱动、转型发展为工作主线，在引领和促进上海外经工作向更大规模、更高层次、更广领域发展等方面发挥了积极作用。

2012 年协会主要工作：

一、建成“上海市走出去信息服务”和“上海市对外劳务合作服务”两个平台。2 月开通的“走出去信息服务”平台，以覆盖全球的综合性信息为基础，以推进“走出去”扩大国际经济技术合作为目标，已陆续对海内外发布大量务实、前瞻、丰富、及时有效的各类国际经济技术合作信息，受到广泛的关注和欢迎；12 月底揭牌的上海市对外劳务合作服务平台，对推动上海对外劳务合作寻求迈入高端市场等有积极意义，对上海外派企业选派出境务工人员开辟了重要渠道。

二、开拓专业服务：1. 设立协会的海外代表，以延伸对企业“走出去”的海外服务；2. 开展咨询服务，逐步为企业的海外项目提供可行性研究报告和企业委托进行的其他专业课题报告等；3. 拓展交流对接服务，一是注重与外国政府驻沪使领馆、商务机构及国际组织等建立联系；二是为中外客商牵线搭桥，落实项目洽谈合作等商务配对工作；三是推进中外合作开展各类市场开拓活动；四是对重点项目跟踪服务。4. 组织同业间服务。

三、抓住重点市场机遇，服务走出去。年内协会抓住日本灾后重建和西澳的开发建设的有利时机，推进上海企业对两个市场的开拓。一是组团赴日本和西澳考察；二是组织完成了上海与西澳投资合作的课题研究；三是着力推进重点项目。如会同企业考察投资西澳的新型园区开发建设项目、新西兰农业开发项目等，指导并推进项目的实施。

四、完善信息服务体系。加强信息载体建设，年内外经协会网与“上海市走出去信息服务平台”实现两网合一。“平台”的英语版也建立开通，向境内外同步发布国际经济合作领域的相关重要信息。

“两网合一”后，外经协会网在充分体现协会特色和重点工作的基础上，将进一步发布独家译编的采自境外重点专业网站的第一手海外项目信息、着力推介企业的国际竞争实力、构建更多元化、宽领域、快捷有效的国内外沟通交流的信息网络。

协会刊物《外经广角》经不断优化完善，

信息量大，针对性、时效性较强，有力引领了行业的发展进程，已成为协会一张有特色的名片。

协会地址：上海市江宁路445号6C
邮政编码：200041
电　　话：62717264　62185770
传　　真：62177244
电子邮箱：saietc. wangaiwen@ gmail. com

上海劳动保护用品行业协会

上海劳动保护用品行业协会成立于1990年。是由上海从事劳动保护用品的各种经济成份的生产、流通企业自愿组成，是跨地区、跨所有制的行业组织，是促进上海劳保行业的发展，代表行业的利益，加强行业自律，以规划行业管理为目标，为行业服务的非营利性行业社会团体。主管部门上海市商务委员会。会长王兴良。

协会遵循章程要求，自主办会，民主办会，人员自聘，经费自筹，工作自主。协会有会员380多家，其中国有企业占3%，民营、外资、股份制企业占97%。协会每月出版内部刊物《上海劳保用品》。

协会宗旨是以政府经济发展战略为指导，在行业管理、行业自律中发挥积极作用，在政府与企业间做好桥梁，为会员服务，维护会员合法权益，保障公平竞争，促进行业发展。协会努力完成政府交办的任务，开展咨询服务、产品推介、职业培训，组织信息交流、出版会刊、帮助会员参加国内外专业展览和开展经贸洽谈。

2012年协会主要工作：一、顺利完成协会换届改选工作；二、积极推进企业诚信创建活动；三、继续做好特种劳动防护用品质量管理工作；四、采用多种形式推动会员企业扩大市场营销能力；五、积极开展各项行业活动促进行业交流；六、继续办好劳动防护用品专业知识培训班；七、走出国门开展行业国际合作交流；八、努力发展新会员，不断扩大协会在行业的覆盖面。

协会地址：上海市香港路111号309室
邮政编码：200002
电　　话：63217892
传　　真：63390545
电子邮箱：lb@ shlaobao. org
网　　址：www. shlaobao. rog

上海市电子商务行业协会

上海市电子商务行业协会成立于2002年4月13日。是由从事电子商务的企事业单位按照自愿平等原则组成，具有独立法人资格的非营利性行业组织。主管部门上海市经济和信息化委员会。会长王玮。

协会拥有会员260多家,会员企业涉及贸易流通、交易服务、技术支持、电子支付、物流配套、交易服务、安全认证、消费等20多个细分行业。其中不乏一些国内和国际知名的电子商务企业,如号百、东方钢铁、爱姆意、阿里巴巴、ebay、1号店等。

协会主办《上海市电子商务行业协会网》,内部期刊《电子商务资讯》和两年出版一本的《上海市电子商务报告》。

协会的主要职责:行业统计、行业调研、促进行业交流、推动行业发展、服务会员需要、倡导行业诚信,完善电子商务信用环境体系。

2012年协会主要工作:

一、先后与长三角地区电子商务协会、加拿大维多利亚大学、美国columbus2020发展规划委员会等进行密切交流合作,形成一系列共识。以此不断提升上海电子商务在长三角区域及国际上的影响力。

二、进一步完善电子支付、制造业专委会工作建设,成立移动电子商务专业委员会,引领细分电商行业市场发展。

三、打造电子商务信用平台,筹建电子商务诚信联盟,倡导行业诚信经营,完善电子商务信用环境体系,引导电商发展环境健康发展。

四、深入开展虹口北外滩园区诚信承诺登记,组织园区、会员企业参与法务座谈会、企业沙龙、参观交流等活动,为会员、园区企业寻求商机,促进行业内合作,增强企业社会影响力。

五、召开"电商发展模式"等内容的专家研讨会,理清行业脉络;组织企业配合市政府相关调研活动,实时反映电商现状;出版《2010—2011年上海电子商务报告》,总结分析电商晴雨。

协会地址:上海市虹口区四川北路1666号28楼

邮政编码:200080

电　　话:63560343

传　　真:63560343—20

电子邮箱:seca1666@sina.com

网　　址:www.sh-ec.org.cn

上海黄金饰品行业协会

上海黄金饰品行业协会成立于1996年12月。是由经营零售、批发、生产加工以黄金、铂金及其他珠宝玉石为主材料的首饰企业和其他相关的经济组织、文教组织和首饰检测单位自愿组成,实行行业服务和自律管理的跨地区、跨部门、跨所有制的非营利性的行业社会团体法人。主管部门上海市商务委员会。会长程秉海。

协会有会员单位230家,行业覆盖面达到85%,会员单位的市场占有率达90%以上。

协会主办《上海黄金饰品行业协会网》,公开发行《中国黄金报》和《上海黄金饰品行业协会新闻月刊》。

协会的主要职责是:服务、协调、自律、指导和整合社会资源,凝聚行业力量,代表行业利益,规范行业行为,进行行业调研、技术培训、会展招商、产品推介、中介咨询服务和国内外信息交流等,以促进上海黄金饰品行业的繁荣发展。

2012年协会的主要工作:

一、在上海购物节期间开展"商业创新争优评选表彰活动",一批会员单位荣获上海商业系统争先创优先进单位及个人。

二、抓好行业自律。在行业内倡导企业计量诚信、质量诚信、价格诚信、营销诚信、服务诚信、信用诚信，接受社会监督。

三、完成新一届理事会的换届改选工作。

四、开展行业协会评估工作，经市民政局评定协会为“4A”级社团组织。

五、举办大型活动。4月举办“第九届上海国际首饰时尚节”；11月举办为期4天的“上海国际珠宝展览会暨创意产业博览会”；12月举办第七届中国黄金与贵金属峰会，有来自全球200多位行业内高级管理人员和资深专业人士参与。

六、开展慈善基金爱心活动。

协会地址：上海市丽水路88号

邮政编码：200010

电　　话：63553416

传　　真：63737592

电子邮箱：shgold@163.com

网　　址：www.shgjta.org.cn

上海典当行业协会

上海典当行业协会成立于2004年6月。是由上海典当企业和相关企事业单位自愿参加组成的地方性、跨部门、跨所有制的非营利的行业性社会团体法人。主管部门上海市商务委员会。会长吴贤达。

协会现有会员231家，其中上海市典当企业229家，分支机构59家，共计288家经营网点，市场覆盖率达100%；相关企业2家为上海投融信息科技服务公司和上海社会科学院典当研究中心。

协会拥有“上海典当网”“QQ群”和内部期刊《上海典当》。从2009年起，已连续4年每年出版《上海典当业发展报告》。

2012年协会主要工作：

一、准确把握典当作为特殊工商企业在社会经济发展中的定位，坚持为小微企业服务的经营方向，发挥融资服务功能，坚持寻求创新驱动，在创新中求发展，2012年完成典当总额544亿元，比上年增长12.8%，继续保持行业连续增长态势。

二、协会联合上海社科院典当研究中心、东方典当举办“2012中国典当业创新发展高峰论坛——促进小微企业短期融资服务专业化”论坛，研讨典当融资的新模式，新思路。

三、支持企业参与协办“2012第四届上海玉龙奖作品评选活动”，“第六届上海玉器节”活动，组织跨行业联姻服务专业市场，促进与玉石文化产业的共同发展。

四、建立行业网络信息平台，加强信息化建设。开展多种形式的典当业务培训，有从业资格上岗培训，典当财务培训，钟表鉴定评估专业培训等。

五、加强行业自律和诚信建设，全面落实行业服务规范，树立服务第一的服务理念，不断创新服务模式，主动接受社会监督，建立行业诚信形象。

六、开展对外交流活动，组织会员赴外地和国外学习考察。

协会地址：上海市香港路111号306室

邮政编码：200002

电　　话：63293849　63299078

传　　真：63293469

电子邮箱：dwh111332@yahoo.com.cn

网　　址：www.shpawn.net

上海国际时尚联合会

上海国际时尚联合会成立于2004年8月。是由时尚社会团体、企事业单位及时尚产业从业者个人自愿组成的联合性、国际化的非盈利社团法人组织。主管单位上海市商务委员会。会长郑永刚。

联合会以推动全球时尚发展、促进国际间交往、推动城市时尚联合为主要工作,以助力打造世界级时尚之都为工作目标,通过交流性和公益性的各种时尚活动,推动上海时尚产业发展。

联合会有会员单位近200家,领域涉及时尚产业相关的服装服饰、珠宝首饰、美容化妆、创意设计、演艺策划、汽车、游艇、健身、会所、传媒、教育、艺术、广告、模特等各个业态。

联合会的主要职能是:信息交流、政策传递、需求反馈、调查研究、营销推广和人才引荐等职能。

联合会的业务范围有:学术研究、工作协调、专业培训、资质认证、业务咨询、信息服务、专业评比、会展招商、生活方式推介、国内外合作与交流等。联合会成立以来,组织召开了若干国际性的时尚论坛,与来自世界各国的时尚机构代表共同探讨国际时尚联盟与中国时尚发展契机等重大课题。

2012年时尚联合会主要工作:

一、设立并运作六个专业委员会:设计师委员会、现代艺术委员会、演艺文化委员会、时尚传媒委员会、时尚品牌委员会、时尚美妆委员会。

二、筹建“风尚上海”时尚设计公共服务平台旨在为国内外时尚品牌和创意设计师提供全面服务。

三、举办高水准国际性赛事“2012亚洲新锐模特大赛”。

四、出访巴西,商洽上海与圣保罗两地时尚领域的合作。

五、参与市经信委关于《上海时尚产业三年行动计划编制草案》的组稿筹备工作。

协会地址:上海市浦东新区浦东大道1200号巨洋大厦23楼

邮政编码:200135

电　　话:58883882

传　　真:38689991

电子邮箱:Shiff. sh@ gmail. com

上海市创业投资行业协会

上海市创业投资行业协会成立于2000年11月。是由从事创业投资、投资管理、咨询服务企业及创业投资相关的金融证券机构,学术研究机构,创业企业和其他相关企业自愿组成,实行行业服务和自律管理的跨部门、跨所有制的非营利的行业性社会团体法人。主管部门是上海市发展和改革委员会。协会有团体会员近200家。会长程静萍。

协会宗旨是以人为本,以服务为已任,积极开展业务活动,促进国内外创业投资界的合作与交流,落实上海创业投资行业自律管理,推进创业投资行为规范化,促进上海创业投资实业的健康发展,积极为我国的创业投资实业作贡献。

2012年协会主要工作：

一、主办创投高层研讨会,邀请来自国内外创投行业的专家学者发表对创投发展的真知灼见。

二、举办落实政策培训活动,从政策实施的角度宣讲创投备案登记和税收减免、科技金融和扶持中小企业政策,以及职称评审的相关政策和操作实务。

三、积极配合政府引导基金、行业统计、备案年检、风险救助等工作。

四、除协会自己办的内部刊物外,还组织新闻媒体集中宣传上海创业投资风采,取得了很好的效果。

五、协会积极申报社团规范化星级评定,协会被国家民政部评定为四星级社团组织。

协会地址：上海市南丹东路60号502—504室

邮政编码：200030

电　　话：64389130

传　　真：64387057

电子邮箱：pr@ shvca. org

上海市茶叶行业协会

上海市茶叶行业协会成立于2005年1月。会长黄政。主管部门上海市商务委员会。现有会员单位130多家。2012年,协会主要活动有4项：

一、举办2012年上海国际茶博会。2012年5月18日—21日,由上海市茶叶行业协会主办的中国(上海)国际茶叶博览会在上海国际展览中心和上海世贸商城同时举办,来自国内外23个产茶区的540多家企业参展。展览面积达2000平方米,标准展位突破500个,设置名茶品牌展区、黑茶展区、绿茶展区、茶叶机械包装展区、茶叶科技创新品牌展区等十大展区。在4天的展期中,共接待近9万人。其中国际采购商近5000人。现场销售3760万元,订单交易额2.72亿元,意向订单13.404亿元,总交易额近16.5亿元。

二、召开沪上首届茶城工作会议。上海市茶叶行业协会在对11个属于会员单位茶城调研的基础上,于9月18日召开沪上首届茶城工作会议。会议研究如何在加强茶市管理中发挥茶城的作用。大宁国际茶城等与会的11家茶城向全市各茶城发出了《推进茶城"诚信经营四统一"联合行动倡议》。

三、接受规范化评估,建成国家4A级协会。2012年,市社团局和市商联会对上海部分行业协会按照中国社会组织评估要求进行等级评定。市茶协及时申报并进行了大量申报准备工作,并接受了市社会组织规范化建设专家组的现场评估。上海市茶叶行业协会经批准正式成为国家4A级协会。

四、组织沪上首次斗茶大赛。12月2日,上海市茶叶行业协会与新民晚报社联合主办以铁观音为赛品的沪上首次斗茶大赛开幕。共有58家茶企、近80款铁观音茶品报名参赛。经过初赛、复赛和决赛三轮角逐,有16款茶品分获清香型铁观音前10名和浓香型铁观音前6名。经过国家权威检测机构的检测,质量全部合格。

协会地址：上海市浦东新区张杨路655号福兴大厦1501室

邮政编码：200120

电　　话：51379848

传　　真：51379849

电子邮箱：teashanghai5@ sina. com

上海南北货食品行业协会

上海南北货食品行业协会成立于1988年12月。是由研发、生产、经营土特产食品的企事业单位自愿组成的跨部门、跨所有制、跨业态的非盈利、行业性的社会团体。主管部门上海市商务委员会。会长李金国。

协会现有研发、生产、经营土特产食品的会员企业112家,市场占有率达80%以上。经营食品门类涉及干果类、干菜类、食用菌类、调味类、炒货类、蜜饯类、休闲食品类、糟醉食品类、腌腊类、干海味类等十大类。

2012年协会主要工作：

一、参与政府举办的各类培训班、讲座、论坛,加强协会建设,提高协会参与社会管理水平。

二、《食品安全国家标准预包装食品营养标签标准》公布后,一些会员企业在执行中因技术原因无所适从,协会深入调研后对有关问题向政府有关部门提出诉求,获得政府重视与认可。

三、发挥协会公信力功能,为企业参与“上海市著名商标”评选及“上海市商业优质服务先进”等创优评先类称号的品牌建设工作服务。

四、参与“3. 15消费者权益保护日”及“质量月”等各类社会活动,为消费者服务。

五、针对食品安全突发事件,如美国杏仁译名事件,协会及时应对,联系各主要新闻媒体,沟通信息澄清事实。

六、组织会员企业参与“促内需,促消费”各项活动,如在上海展览中心举办“双博会”等,为企业提高经济效益服务。

七、参与制订《食品零售商店服务标准》规范零售企业经营活动。

八、收集与民生相关的南北货商品信息,预测其经营趋势,为政府决策提供信息依据。

协会地址：上海市福州路107号307室

邮政编码：200002

电　　话：33183202

传　　真：33183202

电子邮箱：shnbh@ sina. cn

上海市进口食品企业协会

上海市进口食品企业协会成立于1997年1月。有会员单位90家，均为上海乃至全国有一定影响和规模的，专门或主要从事进口食品批发、零售和加工的企业。协会主管部门上海市商务委员会。会长胡永强。

协会的主要任务：

一、组织会员学习国家有关政策和法律，开展行业自我教育、自我管理、自我把关。举办各类适合会员需要的讲座、培训班和研讨会，帮助会员提高从业素质和经营管理水平。

二、发挥协会团体作用，促进会员优势互补，调解会员与会员单位之间、会员与非会员单位之间的矛盾，共同提高会员经销商的市场占有率。

三、向会员提供有关的法律帮助，以保护会员的正当合法权益。协调会员和政府部门之间的关系，向政府部门及时反映行业呼声、建议和要求，谋求行之有效的解决方法。

四、定期进行相关市场调研，为会员提供有关商品、商业信息和有关咨询、决策信息，作好会员参谋。

五、定期组织会员参加各类交流活动，促进会员与国内外的行业交往，为会员的海内外发展创造机会。

六、承担政府职能部门委托的其他工作。

协会地址：上海市斜土路2669号英雄大厦1702室

邮政编码：200030

电　　话：64398189

传　　真：64398195

电子邮箱：zhangshe@ sifea. cn

第七编

大 事 记

2012 年上海商务工作大事记

一　　月

1 月 4 日　元旦小长假四天，上海商业供销两旺。451 家大中型商业企业共实现营业收入 63.29 亿元，同比增长 17.6%，创下元旦节日新高。

1 月 5 日　2012 年上海对口支援地区特色商品迎新春博览会在上海展览中心开幕。开幕式后还举行 2012 年上海对口支援地区项目签约仪式，共有 51 个项目签约，协议资金 58.22 亿元。

同日　市政府副秘书长、商务委主任沙海林参加并主持沪港经贸合作会议第二次会议，沪港双方就商贸合作、文化交流、公务员交流、医疗合作四方面签署合作协议。这是继 2003 年 10 月第一次会议在香港举行之后，在《内地与香港关于建立更紧密经贸关系的安排》(CEPA)框架下，双方进一步深化与拓展的合作。

1 月 6 日　上海跨国采购发展(集团)有限公司宣布成立。该集团是一家"立足上海，面向世界，服务全国"的大型商贸服务企业集团。主要功能包括：跨国采购商贸服务，跨国采购会展服务，跨国采购电子商务，跨国采购咨询服务，跨国采购教育培训，跨国采购创意研发六大板块。

1 月 8 日　中储粮(上海)米业项目在闵行竣工投产，规划年产大米 36 万吨，米糠油 3.6 万吨，将成为我国最具规模的成品粮生产供应基地之一。

1 月 9 日　上海市现代服务业集聚区建设推进大会在杨浦区创智天地召开。会议由市政府副秘书长、商务委主任沙海林主持，副市长艾宝俊到会并做重要讲话。市发改委、市经信委、市财政局、市建交委、市规土局、市地税局、市统计局、市房管局等联席会议成员单位领导，各区(县)分管区(县)长，区(县)商务委(经委)、相关集聚区推进主体负责人出席。会议总结"十一五"期间现代服务业集聚区的建设成果和经验，并对"十二五"工作进行了部署。

1 月 11 日　市政府副秘书长、商务委主任沙海林出席"上海国际贸易技术标准服务中心"揭牌仪式并致辞。该服务中心是上海市商务委与闸北区共同建设的国际贸易中心重要的功能服务平台，目标是集聚国内外各类检测与认证企业，着力打造中国乃至全球知名的国际贸易检测与认证服务基地。

同日　上海市租赁行业协会网站正式开通。网站开设政策法规、行业动态、法律服务、人才培训等栏目，具有政策咨询、人才交流、法律服务、行业自律等多重功能，为广大会员提供专业的、权威的公共服务。在此基础上，加快融资租赁公共服务平台建设，积极整合各类社会资源，进一步完善和拓展平台的信息发布、专业服务和资产交易功能。

1 月 12 日　位于武汉盘龙的上海百联

奥特莱斯广场正式开业,是为上海商业"走出去"的重要举措之一。

1月19日 上海钢联电子商务股份有限公司与芝加哥商品交易所公司签订《数据授权许可协议》。

1月22—28日 春节黄金周,全市452家大中型商业企业4000多家网点共实现营业额56.85亿元,平均日销8.12亿元,创1999年实行节日销售统计以来历史新高。

二 月

2月1日 截至2012年1月,外商在上海累计设立投资性公司243家、跨国公司地区总部361家、研发中心336家。上海已成为我国内地吸引跨国公司总部最多的城市之一。

2月6日 上海医药收购常州康丽制药有限公司70%股权,并在后两年内分别收购余下30%股权。

2月8日 "2012年上海商务情况通报会"在虹桥喜来登酒店举行。市政府副秘书长、商务委主任沙海林出席并主持会议。市商务委副主任张新生对2011年上海经济社会发展及商务领域主要情况进行了通报。市政府有关部门和区县商务主管部门负责同志,外国驻沪总领馆、外国驻沪经贸投资促进机构及代表处、外国非企业经济组织、跨国公司地区总部和知名外企代表等450余人出席会议。

2月14日 上海环境能源交易所与上海零碳中心联合共同推出中国第一套碳交易平台——零碳信用系统。

2月15日 上海新国际博览中心全面落成。博览中心前后历经共12期扩建,总投资为44亿元,具备17个单层无柱式展厅,室内展览面积达20万平方米,室外展览面积则达到10万平方米。同时配备20个卸货区,以及2个多层大型敞开式停车库、5个室外停车场,可提供总计4730个车位。

同日 2012年上海市商务工作会议召开。副市长艾宝俊主持会议,市长韩正出席会议并讲话。韩正指出,当前国内外经济领域出现许多新情况、新挑战,需要充分认清形势、把握大局,要重点把握好"六个坚持"。即:坚持扩大开放的基本战略、坚持市场化改革的基本方向、坚持扩大内需的战略基点、坚持服务实体经济的基本要求、坚持民生优先的基本导向,以及坚持国际化商务环境的营造。只有这样才能做到万商云集、人才汇聚。市政府副秘书长、商务委主任沙海林作2011年度商务工作报告,部署落实今年全市商务工作的重点工作和主要预期目标。

2月16日 市政府在上海国际会议中心召开上海市推进贸易便利化服务企业大会。副市长艾宝俊,市政府副秘书长、商务委主任沙海林,商务部服贸司副司长万连坡,商务部驻上海特派员储士家以及市贸易便利化联席会议成员单位分管领导、部分区政府分管领导、各区县商务主管部门负责人、中央监管单位负责人、本市外贸转型升级示范基地负责人、市贸易便利化工作重点联席企业负责人、商会等共约300人出席会议。

2月17日 副市长艾宝俊出席上海电气建筑节能有限公司合资合同暨银企战略合作协议签字仪式。在签约仪式上,上海电气与施耐德电气(中国)签署共同设立上海电气建筑节能有限公司的合资合同,该公司与浦发银行签署银企战略合作协议和一批绿色建筑节能环保战略合作项目。上海电气与施耐德电气中国的合作,将更加有力地推进上海市建筑楼宇节能改造进程。

2月17日—4月17日 125年意大利经典设计艺术展在上海震旦博物馆举行。

2月21日 上海市电子商务集成服务平台正式开通。该平台以综合电子商务运营为载体,集一站式注册、搜索、导航、导购等服务于一体,打造涵盖网络购物、大宗贸易、跨境贸易等各类电商模式的上海超级电子商务平台。平台将为注册和备案在上海本地的专业电子商务网站、集成平台服务企业提供电商产业链服务。

2月27日 经市政府同意，市发展改革委、市商务委印发《上海市吸收外资和境外投资“十二五”规划》。《规划》明确，“十二五”期间上海要坚定不移地贯彻国家更加积极主动的开放战略，努力成为外商投资最具吸引力和境外投资最具活力效率的地区之一。

2月29日 “2012年上海台湾名品博览会”合作备忘录签字仪式暨新闻媒体见面会在上海世博展览馆举办。

三　月

3月1—5日 第22届中国华东进出口商品交易会在上海新国际博览中心举行。本届华交会设立服装、家用纺织品、装饰礼品、日用消费品4个专业展区，展览面积为11.5万平方米，比上届华交会增长11.11%；标准展位5880个，增长10.73%；参展企业达3420家，增长2.83%。

3月1日 荷兰商品馆落户上海，这是荷兰在中国首家以国家名义命名的商品馆。

3月7日 首届国际技术贸易运营师研修班在上海对外贸易学院开班。

3月12日 市人大、市法制办赴市商务委召开上海国际贸易中心立法工作走访沟通会议，并对国际贸易中心立法下阶段工作进行了部署。

3月13日 ModeShanghai2012上海国际时尚服饰展览会在上海新国际博览中心开幕。此后，上海国际时尚服饰展览会每年举办两季，旨在将上海打造成“亚洲时尚贸易枢纽”。

3月20日 30家中央企业与上海浦东新区签订总投资额约1000亿元的合作协议，签约40个项目，主要涉及现代服务业和战略性新兴产业。

3月21日 商务部产业转移促进中心协调领导小组工作会议在上海召开。

3月25日 上海文化产权交易所与安徽长江产权交易所在沪签署战略合作协议。

3月26日 上海国际酒业交易中心与中国民生银行举行战略合作签约仪式。

3月27日 上海文化产权交易所北京总部成立，同时启动中央文化企业国有产权交易系统。首批14家中央文化企业与上海文交所签署战略合作协议，200多个文化项目在上海文交所挂牌征求受让方。

3月28日 第18届上海国际服装文化节、上海时装周组委会全体会议暨新闻发布会召开。

四　月

4月2日 市政府副秘书长、商务委主任沙海林出席2012年全国（上海）消费促进月暨春季静安国际购物嘉年华启动仪式，并宣布开幕。

4月5日 首届“2012上海台湾名品博览会”在世博展览中心开幕。

4月13日 上海市商务委员会与上海进出口商会、上海联合融资担保有限公司、上海市再担保有限公司签订战略合作框架协议。两家担保公司将专门针对本市中小外贸企业提供融资担保服务。

4月15日 上海市商务委、上海综合保税区管委会和上海虹口区政府举行“关于共同推进上海国际贸易中心建设三方合作框架协议”签约仪式，上海将把虹口区建设成为上海国际贸易中心核心功能区之一。

4月18日 苏丹发生战乱，上海有关部门立即排摸本市企业在苏丹的经贸项目，并指导企业开展安全防范工作，确保人员财产安全。

4月19—22日 在上海世博展览馆举办的“第十七届中国国际船艇及其技术设备展览会”吸引中外450家客商参展，其中国外客商比去年增长50%，初步统计成交金额

22亿元，同比增长120%。

4月25日 上海市商务委与上海东方传媒集团举行战略合作签约仪式，正式签署《上海国际经贸信息港合作发展协议》。

4月27日 第九届上海国际首饰时尚拉开帷幕，这次活动以“品牌创意整合发展”为主题，由上海市商务委和黄浦区政府主办，上海老凤祥、亚一金店、老庙黄金等各大知名黄金、珠宝首饰企业积极参与。

同日 全市2012年市政府实事项目早餐工程建设动员会召开。会上，市商务委对2011年三大民生项目进行总结，并部署了2012年市政府实事项目早餐工程。5月15日，首家“早餐工程”标准化门店——虹口区三角地水电菜场清美早餐店正式开业，以经营价廉物美的上海传统早点为特色。该网点的开业，标志着2012年市政府实事项目——早餐工程建设取得实质性进展。

4月28日 2012上海“全国农特优产品大联展”新疆展区展销活动于4月28日—5月11日在上海农工商超市（集团）118店隆重举行，为期14天，活动主题为“新疆品质绿色天然”。

同日 《上海市现代服务业集聚区发展“十二五”规划》正式发布。该规划回顾了“十一五”期间上海现代服务业集聚区的发展成效，提出了“十二五”期间进一步发展的指导思想、发展目标、主要任务和保障措施。

五　　月

5月2日 上海联合矿权交易所率先在该所网站推出包括金、银、铜、铝、锌、镍、铅7种国际主要金属现货实时结算价格，并将适时发布国际金属现货价格指数，为中国矿业投资者参与国际资源开发提供及时权威的信息服务。

5月5日 上海积极组织消费促进月活动并取得圆满成功。全市2万多家商户先后开展66项重点活动、230项主题活动。通过活动，上海4月份实现限额以上商品销售额3821.71亿元，同比增长18.9%。实现限额以上消费品零售额415.66亿元，同比增长8.6%。

5月8日 惠生控股（集团）有限公司与中国出口信用保险公司上海分公司签署全面战略合作协议。根据协议，惠生集团将与中信保在海外工程总承包、海洋工程船舶及钻井平台建造、海外投资等领域展开紧密合作。

5月16—18日 第六届国际太阳能产业及光伏工程（上海）展览会在上海新国际博览中心举行。展商超过2000家，来自全球90个国家和地区。

5月17日 全球最大的乳制品加工企业新西兰恒天然集团在上海设立研发中心。

5月18日 上海首个葡萄酒品鉴中心正式投入试运营，为消费者提供一个专业的试酒平台。

5月23日 上海市商务行政事务中心（上海市会展业促进中心）举行成立揭牌仪式。“中心”的成立将为本市会展业促进、商业网点规划及商务行政事务提供优质、专业的服务和保障。

同日 2012上海购物节组委会第一次全体会议召开，标志着2012上海购物节的筹备工作全面启动。会议确定2012上海购物节总体思路、基本框架、工作要求和主要活动内容，部署安排了2012上海购物节组织筹备工作。

5月29日 “首届中国国际服务贸易交易会‘上海日’揭幕式暨国家对外文化贸易基地推介”在京交会核心活动区举行。

5月31日 美国礼来公司在上海张江高科技园区成立中国研发中心，这是礼来制药在中国发展的又一重大举措。

5月31日—6月1日 中美高技术贸易研讨会在上海召开。本次研讨会以“增进互信，促进合作，扩大中美高技术贸易”为主题，研讨新形势下扩大双边高技术贸易的措施与办法，敦促美落实中美高技术贸易重点领域合作计划，放宽对华出口管制，扩大高技术产品对华出口。

六　　月

6 月 4 日　世界首座浮式 LNG 液化再气化存储装置项目启动仪式在上海举行。该项目位于哥伦比亚加勒比海，合同额约 3 亿美元，是上海惠生海洋工程有限公司以 EPCIC 模式总承包的境外工程项目。

同日　上海市商务委召开 2012 年本市展览业工作会议。展会主办、承办单位相关负责同志近百人参加会议。会议向在沪的展会主办、承办单位通报了 2012 年 1—5 月本市展览会发展情况，并进行展会申报工作培训。

6 月 7—8 日　全国早餐示范工程现场经验交流会在上海召开。商务部在会议总结中对上海早餐示范工程建设给予充分肯定。

6 月 7—9 日　2012 中国（上海）国际网络购物大会在上海世贸商城举行。网购大会云集了 1 号店、苏宁易购、百联 E 城、新蛋网等知名电商平台，并设置了海外供应商展区、电子商务网购企业展区、电子商务网购体验区等八大主题展区。本次网购大会以“区域合作、内外贸融合、进口贸易促进、线上线下互动”为核心，推动电子商务产业的集聚效应，促进电子商务健康、快速发展。

6 月 8 日　全球化与营销战略会议暨第八届皇家银行国际研究论坛在上海召开。

6 月 10 日　“全球化营销与战略国际大会”上海举行。

6 月 12 日　2012 中国上海国际汽车零部件、制造设备及售后服务展览会在上海新国际博览中心开幕。此次参展主题为“技术完美，汽车激情”，有来自国内外近 2000 家厂商参展，展览会规模近 70000 平方米。此次上海汽配展以“展示国外先进技术、助推国内自主品牌”为宗旨，以“满足国内外配套、售前、售后市场最新需求”为目标，积极构架有效的出口桥梁，搭建“引进—消化—吸收—再创新”的平台。

6 月 13 日　上海市商务委会同中国银联上海分公司召开上海购物主题信用卡组织推广动员会。各区县商务主管部门、有关行业协会、市属大型商业集团、重点商业企业、主要银行金融机构等 100 余人参加会议。市商务委党组书记、副主任张新生对做好上海购物卡的组织发行工作提出三点要求。一是各部门各司其职，合力推动；二是商银合作，互利共赢；三是抓紧落实，确保成功，使上海购物卡成为上海商业的一张新名片。

6 月 15 日　上海启动浦东新区总部经济共享服务中心（平台），这是全国首个总部经济共享服务中心。该平台将发挥“智库”作用，建立总部经济数据库，建立信息共享机制，方便查阅和建立总部预警机制。

6 月 20 日　上海市电子商务发展联席会议办公室正式印发《2012 年上海市电子商务工作要点》，明确了 2012 年上海市电子商务工作的主要任务，对具体工作进行分工，公布了 2012 年重点支持电子商务企业名录。

同日　亚洲移动通信博览会（GSMA）开幕。

6 月 26 日　国内首家台商独资医疗机构——上海禾新医院正式开业。这是在海峡两岸经济合作框架协议签订后核准设立的第一家台商独资医疗机构。

6 月 28 日　华盛顿中国中心在上海开幕，这是华盛顿哥伦比亚特区首次在国外的城市成立分支机构。

6 月 29 日　虹口酒类功能区交易中心开业。

七　　月

7 月 3—6 日　第 14 届上海国际机床展（EASTPO 2012）在上海新国际博览中心举行。本届展会总规模 10 万平方米，山崎马扎克、发那科、瑞士米克朗、山善株式会社、三一精机、三菱重工等 1200 余家国内外著名机床厂商纷纷携最新科技新品出展。

7 月 4 日 全球最大的微创外科内窥镜设备及器械制造企业——德国卡尔史托斯内窥镜公司在上海成立中国区总部。

7 月 9 日 第 22 批跨国公司地区总部颁证仪式在上海举行。截至 2012 年 6 月底，上海累计批准设立外资投资性公司 253 家，认定跨国公司地区总部 380 家，设立研发中心 348 家。

7 月 12 日 全球领先的快递及物流公司 DHL 在上海正式启用其北亚枢纽。DHL 北亚枢纽位于上海浦东国际机场，是目前亚洲最大的快递转运中心。

同日 中共上海市委书记俞正声会见瑞士联邦委员兼经济部长施耐德 · 阿曼（Johann N. Schneider Ammann）一行。

7 月 14 日 "南郊电子商务"现货交易平台在上海奉贤区正式上线运行，这是国内线上最先进的现货交易电子系统。

7 月 20 日 上海市召开上海现代服务业综合试点工作领导小组会议。市政府副秘书长肖贵玉，市商务委党组书记、副主任张新生出席会议。会议通报 2011 年以来上海现代服务业综合试点工作情况，并对 2012 年综合试点工作进行总体部署，讨论通过了综合试点项目评审补充规定和投资审核标准。

7 月 24 日 上海市商务委与上海银行签订战略合作协议，双方将在内外贸易、外商投资、金融产品创新、支持中小企业发展、虹桥商务区建设等多方面加强合作，共同推进上海国际贸易中心建设。在市商务委的牵头下，上海银行同日与上海进出口商会、上海市再担保有限公司、上海联合融资担保有限公司共同签署《上海进出口企业"外贸通"金融合作协议》。

7 月 26 日 上海市商务委、上海市外商投资企业协会召开 2011 年度上海市外商投资企业"双优企业"、"双百强企业"表彰会，表彰 2011 年度进出口额前 20 名的外商投资企业、创利税额前 20 名的外商投资企业、进出口额 1000 万美元以上并创利税 1000 万元以上的外商投资企业（简称"双优企业"）以及 2011 年度营业额百强企业、纳税额百强企业（简称"双百强企业"）。

八　　月

8 月 2 日 "国际进口商品展示交易中心"开幕典礼及国别中心授牌仪式在上海世贸商城举行。"国别商品中心"是上海市与商务部"部市合作"的重点项目之一，是上海与世界各国或地区政府紧密合作，通过进口商品展示交易，促进国际贸易的重要举措之一。

8 月 8 日 市政府办公厅印发《转发市商务委等八部门关于〈上海市鼓励跨国公司设立地区总部的规定〉实施意见的通知》，明确跨国公司在上海设立地区总部的资助与奖励标准、资金来源及管理，简化跨国公司地区总部人员的出入境手续和就业许可手续，并为跨国公司地区总部及其设立的研发中心、物流分拨中心提供通关便利。

8 月 10 日 上海市商务委与安信信托签署战略合作协议，支持社会多元化投资参与本市食品流通产业战略项目的建设。

8 月 10—13 日 "上海外贸企业出口精品展销会"在上海光大会展中心举行。240 家上海外贸企业踊跃报名参展，展示销售参加广交会的出口精品和近百个出口品牌商品，参展商品定位为：外贸优质产品、品牌产品、特色产品。展销期间共吸引 37000 多名市民进场购物，参展企业生意成交及合作意向均取得佳绩。

此次展销会是加快内外贸对接，建立内外贸一体化现代流通体系，增强国内商贸流通企业国际竞争力，应对国内消费增长疲软的重要举措。

8 月 14—16 日 上海市商务委举办"上海市涉外展会参展人员业务知识培训会"。

本次培训会主要针对上海市广交会参展企业进行为期三天的分批培训,受到企业的好评。

8月16—20日 2012浦东国际汽车展览会在上海新国际博览中心召开。本次车展使用博览中心5个展馆6万平方米展览场地,展品全部为各类乘用车、商务车,有近70家国际和国内汽车厂商(品牌)参展,几乎涵盖了国内市场现有品牌。本次车展是上海双年最大的汽车展览会,同时也是华东地区今年规模最大的汽车展览会。

8月23日 上海市商务委会同市节能减排中心举行2012年上海市商业节能降耗工作培训活动,通报2012年上半年商业节能降耗工作完成情况,开展商业节能降耗政策解读和相关节能技术的专业培训。区县商务主管部门、市属商业集团、商业重点用能单位和有关商业行业协会的相关负责人参加了培训活动。

8月25日 上海西郊国际"宁夏馆"开馆仪式暨宁夏特色农产品产销对接会在上海西郊国际农产品展示直销中心开幕。宁夏特色农产品馆面积约257平方米,主要围绕宁夏13个农业特色优势产业打造"有机绿色"、"民族特色"的宁夏品牌,由39家宁夏龙头企业展示11大类300多种富有地方特色的农产品,搭建面向长三角地区的招商引资平台。

8月28日 上海首个酒类电子交易平台正式投入运营。上海综合保税区红酒国际贸易有限公司建立的电子交易平台,将打造成为酒类现货投资及贸易电子交易平台,重点引进世界各地国际高品质红酒。

九　月

9月7日 上海市商务委召开上海市商务诚信建设试点工作动员大会,部署推进商务诚信建设试点工作。通过开展商务诚信建设试点工作,使商贸流通企业提供的商品和服质量全面提升,市场信用环境明显改善,让消费者购物放心、安全、满意,构建企业之间、企业与消费者之间的和谐关系。

9月12—13日 第十一届中国(上海)国际跨国采购大会(下称"跨采大会")在上海成功举办。本届跨采大会是目前我国规格最高、规模最大的跨国逆向采购大会。大会邀请来自全球14个国家和地区的431家国际采购商,20家供应链服务商,6000家国内外目标供应商。

9月19日 "2012第八届上海酒节"在上海虹口足球场盛大开幕。本届酒节的主题为"酒品世界,美好人生",有近300个展位荟萃了30多个国家及产区近5000种酒品。整个展览分为主题形象区、品牌特装区、白酒展区、酒吧及洋酒展示区、葡萄酒展区及品鉴室、追溯体验区等几大区域。酒节期间,还举办"2012第八届上海酒节酒类投资高峰论坛"、"中国红酒投资、消费现状及未来发展高峰论坛"等特色活动。

9月21日 上海农产品中心批发市场举行水果节——上海"百年十六铺"水果精品展暨名特优展示展销会,组织了来自美国、智利、希腊、澳洲、新西兰、泰国、菲律宾等20多个国家的60种进口水果,以及来自我国台湾、山东、新疆、海南、福建等各地的70种国产水果参展。

9月21—24日 "2012中华老字号博览会"在上海展览中心举行。本届博览会主题为"传承创新 精益求精",展出面积6528平方米,参展企业202家,并首次邀请少量境外品牌参展,为中华老字号逐步扩大海外市场创造商机。

9月25日 "发展平台经济与促进区域合作"高峰论坛在上海举行,与会嘉宾为上海经济发展以及区域协调合作出谋划策。

9月26日 上海市商务委、中信保上海分公司联合召开2012出口信用保险工作会议。全面部署上海出口信用保险工作,大力推动各项"稳增长"措施,切实做好服务保障工作,努力实现外贸稳增长目标。

9月29日 “2012上海网络购物季”拉开帷幕。在活动期间,包括百联E城、为为网、苏宁易购、新蛋网、易迅网、金蚂蚁、1号店、聚尚网、美丽居商城和驴妈妈旅游网等诸多上海知名电商平台及企业推出团购、秒杀、特价、满额送或减、有奖赠送等多项促销优惠。此次参与活动的电商企业均已签署诚信承诺公约,加入上海诚信网络联盟。

同日 “2012上海钻石文化节”正式开幕,来自上海市商务委员会等有关部门、钻石行业协会、钻石企业、服务机构,以及比利时钻石高阶层议会(HRD)的400余位嘉宾出席开幕式活动。

十　月

10月10日 据监测,2012上海购物节活动期间,全市抽样调查489家大中型商业企业6280个商业网点,实现营业收入245.87亿元,同比增长11.6%,增速高于1至8月份全市限额以上企业零售额增速3.9个百分点。

10月10—12日 “2012第四届上海国际减灾与安全博览会暨2012第四届中国(上海)国际减灾与安全产业峰会”在上海世博展览馆举行。本届展会以“智慧减灾,平安城市”为主题,倾力打造我国与世界各国减灾和安全行业交流与合作的公益平台。本届展会展览面积12000平方米,室内外总展位数480个,展商有来自美国、德国、加拿大、韩国、新加坡等多个国家的企业及国内企业。

10月11日 全球最大的私有化纺织品及化工集团之一美国美利肯集团在上海成立亚太区总部、研发中心并投入运营。此次在上海设立的亚太区总部,是美利肯集团近150年历史上第一个区域性总部。

10月18日 2012上海时装周在新天地举行开幕仪式。该时装周在2011年被列入商务部与上海市部市合作重点项目,升级为国家级商贸品牌活动。

10月19日 上海市商务委召开大型居住区商业设施配套工作座谈会。根据计划安排,全市现有大型居住社区配套商业设施建设最迟将在2015年底前完成。

10月25日 第十届上海软件外包国际峰会正式开幕。峰会坚持“专业化、国际化”方向,为扩大上海软件出口、展示“上海软件”整体形象起到了积极的促进作用。

10月29日 上海市商务委召开2012年单用途商业预付卡管理工作会议。上海将进一步加强单用途商业预付卡的管理工作。

10月30日—11月1日 第80届中国电子展CEF在上海新国际博览中心举行,展会主题为“信息化推动工业化,电子技术促进产业升级”。共有超过1300多家展商参展,集中展示电子元器件、电子生产设备、电子工具、仪器仪表、光电产品、消费电子产品等完整产业链,展位2100多个,同比增长4.5%,展示面积50000平方米。同期还举办2012亚洲电子展、2012年全球3D科技与融合研讨会暨商洽会、2012第十届(上海)汽车电子论坛、2012传感世界暨物联网应用峰会等一系列相关活动。

10月31日 由香港工业贸易署、上海市商务委员会、香港驻上海经济贸易办事处共同主办的“CEPA研讨会”举行。

十一月

11月1日 上海市政府举行新闻发布会。市商务委党组书记、副主任张新生在会上向媒体详细介绍上海,要围绕“到2015年基本拥有比较完备的国际贸易中心核心功能框架;2020年基本建成上海国际贸易中心”的总体目标,按照“两个提高、两个加快”的总体思路,即“提高市场开放程度;提高贸易便利化水平;加快建设以要素市场和消费服务市场为重点的现代市场体系;加快营造国际一流水平商贸发展环境”,坚持创新驱动、转型发展,推动上海国际贸易中心加快发展等情况,并回答了记者的提问。

11月5日 上海光明食品(集团)有限公司与LionCapi－talLLP基金联合宣布,光明食品对英国著名品牌食品企业维他麦60%股份的并购已经完成交割。这次交易是中国食品行业最大宗的海外并购,企业价值为12亿英镑(包括企业股权和负债)。

同日 第十四届中国国际工业博览会在上海世博中心开幕。本届工博会以"创新转型与战略性新兴产业"为主题,共设置了数控机床与金属加工展、工业自动化展、新能源与电力电工展、新能源汽车展、环保技术与设备展、信息与通信技术应用展、科技创新展等7个专业展,展览面积达到14万平方米,1648家国内外企业参展。

11月6日 世界著名化工公司巴斯夫亚太创新园在上海浦东落成。该项目总投资5500万欧元,是迄今为止巴斯夫在亚太区最大的创新投资。

11月9日 上海出台13条政策措施,大力支持快递业健康发展,加快发展快递"总部经济"。

11月13日 2012上海外资研发中心论坛举行,主题为"智能互通,开放创新"。

同日 "上海市2011—2012年度国家文化出口重点企业和重点项目授牌仪式"举行,为上海获得国家"双重点"称号的企业授牌。经评选,上海共有包括"中国图书进出口上海公司"在内的39家企业,以及"国家对外文化贸易基地"在内的8个项目获奖,获评企业数量在全国各省市中名列前茅。

11月14日 2012年上海废旧商品回收利用暨《上海市再生资源回收管理办法》宣传活动启动仪式举行。按照"便于交投"的原则,上海已在210个街道、乡、镇设立了3453个废旧商品回收网点,同时规划建设7个拣加工中心、9个拆解中心及2个区域性回收利用基地,并规划设置900余家生产性废旧金属收购点。

同日 市委常委、副市长艾宝俊主持召开上海"走出去"企业座谈会,听取企业意见和建议,研究对策措施。市商务委、发改委、经信委、财政局、国资委、地税局、知识产权局、金融办、外汇管理局上海分局等部门参加会议。电气集团、光明食品、建工集团、中国建材、复星集团、鹏欣集团等8家企业就各自企业"走出去"的成就、遇到的问题和政策建议作了交流发言。

11月15日 首届中国国际石油贸易大会在上海举办。

11月16日 商务部在上海举办2012年中国进口论坛。

11月16—17日 "2012上海中医药国际论坛"成功举办。该论坛秉承"中医临床·健康生活·国际化发展"的主题,来自美国、日本、德国、英国和法国、台湾、香港地区和内地其他省市近200多位中外学者与上海同道一起参加分论坛的各项活动。

11月21日 上海市第十三届人民代表大会常务委员会通过《上海市推进国际贸易中心建设条例》于2013年1月1日起正式实施。《条例》的颁布和实施为各方面全力推进上海国际贸易中心建设提供有力的法制保障,对加快推进上海国际贸易中心建设具有重要意义。

同日 建设银行上海市分行成功为通用电气(中国)有限公司办理金额1.5亿元的对美国母公司通用电气公司人民币放款,完成全国首笔以公司内部贷款形式、人民币为币种的跨境资金运作。

11月27日 "电子商务与新型贸易现代化专项工程"申报工作专题会议在上海召开。电子商务专项是"十二五"规划的上海市战略性新兴产业的十五个专项之一。

11月30日 "虹桥贸易论坛:新兴电子商务模式,创新、示范和引领"在上海举行。虹桥贸易论坛的提出,是设想构建一个高水平的贸易领域交流平台,是商务部和上海市部市合作重点工作之一。

十二月

12月3日 总部在上海的中国海运通过中国银行全球现金管理平台，由境外子公司向境内归集1500万美元，同时由境内对外放款500万美元，完成跨国公司总部外汇资金集中运营管理试点第一笔交易，这标志着该项试点业务进入实质操作阶段。

12月6日 第八届制造服务外包国际论坛暨展示交流会在上海召开。本届论坛主题为“制造服务化与平台经济的兴起与发展”。现场还举行了上海现代服务业促进中心与中国银行上海市分行、上海银行等上海金融机构的战略合作签约仪式。

12月7日 2012第七届上海国际渔业博览会在上海开幕，为期三天。本届博览会吸引了17个国家和地区200余家企业参展共有300多个展位，主要展示企业品牌形象、最新特色水产品和水产领域的应用设备，给业界传递崭新的水产品加工技术及水产养殖的新理念。

12月12日 “全球零售自有品牌产品亚洲展·2012上海”在上海世贸商城开幕，会期三天。全球零售自有品牌产品亚洲展(PLF)是国内唯一、国际最大的以自有品牌为主题的展会，是目前全国消费类产品展会中唯一全部由制造商构成的展会，全部参展企业均从事实体经济运营。2012PLF的展示面积首次超过10000平方米，现场有227家企业设展，展商家数较去年增长将近50%，参展企业来自19个国家和地区，展品涉及食品、个人护理用品与日用百货。

12月13日 上海“商务诚信活动周”启动、“上海商务诚信网”开通。

同日 2012中国(上海)国际食品安全博览会、第一届中国国际地理标志产品博览会在上海展览中心隆重开幕。

12月14日 “金融支持服务外包银企对接会”在上海召开。中国进出口银行上海分行等10家服务贸易和服务外包最佳伙伴银行、服务外包专业园区和重点企业的相关负责人共100余人参加了会议。

同日 上海市商务委和人行上海分行共同主办的“金融支持服务外包银企对接会”在浦东软件园举行。

12月18日 台湾贸易中心上海代表处正式成立，成为台湾地区在大陆设立的首家经贸办事机构。

12月19日 上海浦东新区综合配套改革试点又有新突破，8家企业获得开展商业保理试点准入资格，10家企业签订设立商业保理企业协议。根据改革试点总体目标，至2013年末浦东将吸引30家保理企业落户，“十二五”期末将增至100家。

12月20日 2013年(第三届)全国年货购物节上海地区活动正式启动。本届年货节的主题是“欢乐购物、品质生活”，横跨圣诞、元旦、春节等节庆，从12月持续到明年2月。

12月21日 “2012年产业转移园区合作对接会”在上海召开。大会主旨是推动东中西部间开发区、产业园区的务实合作，搭建东中西部开发区、园区间产业转移合作平台，促进中西部均衡发展、务实合作、平等共赢、共同繁荣。

同日 《2012上海外商投资环境白皮书》正式发布。旨在帮助越来越多的海内外投资者全面、客观地了解上海、投资上海。

12月24日 上海2012年岁末迎新主题营销活动正式拉开帷幕，延续至翌年1月20日。围绕“上海商业欢乐消费迎新年”的主题，上海将进一步推动品牌消费、绿色消费、智能消费和网络消费，促进商旅文结合以及商业与金融结合。

12月26日 上海市贯彻实施《上海市推进国际贸易中心建设条例》工作会议召开。市委常委、副市长艾宝俊，市人大常委会副主任杨定华出席会议并讲话，会议由市政府副秘书长肖贵玉主持。在会上，市商务委党组书记、副主任张新生汇报了贯彻实施《条例》的工作打算。

第八编

统　　计

对外贸易往来的国家和地区
内外贸统计表

一、对外贸易往来的国家和地区

2012 年，是上海对外贸易调结构、促转型，优化贸易结构的关键年。面对美日经济回升缓慢、欧洲债务危机加深、国际经济不振的外部环境，上海紧紧围绕“创新驱动、转型发展”总方针，加快推进国际贸易中心建设，对外贸易总体保持了平稳发展。全年货物贸易进出口总额 4367.58 亿美元，比上年仅减少 0.2%。其中，出口额 2068.07 亿美元，比上年减少 1.40%；进口额 2299.51 亿美元，比上年增长 1.0%；贸易逆差 231.44 亿美元，比上年的 178.6 亿美元上升 52.84 亿美元。

全年上海与全球 229 个国家和地区有贸易往来。其中，欧盟仍然是上海最大的贸易伙伴，全年对欧盟进出口贸易总额 901.87 亿美元，与上年基本持平。美国、欧盟、日本、东盟和中国香港仍然是上海的五大出口市场；欧盟、东盟、日本、美国和韩国则是上海的五大进口市场。在国际经济疲软的情况下，上海对新兴市场的贸易仍然取得较好的成绩，如对东盟、中东国家的贸易在上年大幅上升的基础上，2012 年仍然分别上升 6.02% 和 4.04%；对拉丁美洲的贸易 2011 年达 257 亿美元，比上一年上升近二成，2012 年贸易额仍然保持 256.5 亿美元。对俄罗斯的贸易额在 2011 年上升 27% 的基础上，2012 年又上升了 8.3%。

2012 年上海对外贸易往来国家（地区）一览表

金额单位：万美元

国别（地区）			进出口额		出口额		进口额	
			金额	比上年（±%）	金额	比上年（±%）	金额	比上年（±%）
亚洲	中国	香港	1682321	−2.15	1596921	−1.09	85400	−18.41
		澳门	8379	75.41	7507	81.15	872	36.09
		台湾	2022702	−4.58	570095	−7.90	1452607	−3.22
	东亚	日本	5731083	−2.25	2496183	4.12	3234900	−6.65
		韩国	2445331	−5.65	694548	−6.37	1750783	−5.37
	东盟国家		5702581	6.02	2091703	2.70	3610878	8.04
	中东国家		1146777	4.04	730753	7.07	416024	−0.88
非洲国家			746601	−8.10	437588	−11.20	309014	−3.31
欧洲	欧盟国家		9018685	持平	3910743	−10.25	5107942	9.58
	俄罗斯		526779	8.28	326291	27.84	200488	13.30

（续表）

国别（地区）		进出口额		出口额		进口额	
		金额	比上年（±%）	金额	比上年（±%）	金额	比上年（±%）
美洲	美　国	7017804	0.75	5015901	3.65	2001903	-5.84
	加拿大	543095	2.86	307133	9.15	235962	-4.32
	拉丁美洲国家	2564888	-0.22	1065466	-6.38	1499422	4.68
大洋洲	澳大利亚	1294798	-3.42	579843	2.39	714955	-7.67
	新西兰	162468	18.87	47191	7.87	115277	24.05

2009—2012 年上海与中国香港贸易情况表

金额单位：万美元

年份	进出口		出口		进口	
	金额	比上年（±%）	金额	比上年（±%）	金额	比上年（±%）
2009	1197789	-13.14	1098649	-12.61	99139	-18.59
2010	1467080	22.48	1340942	22.05	126138	27.23
2011	1719273	17.19	1614600	20.41	104673	-17.02
2012	1682321	-2.15	1596921	-1.09	85400	-18.41

2009—2012 年上海与中国澳门贸易情况表

金额单位：万美元

年份	进出口		出口		进口	
	金额	比上年（±%）	金额	比上年（±%）	金额	比上年（±%）
2009	9451	35.75	9175	39.67	276	-29.83
2010	8185	-13.41	7770	-15.32	415	50.41
2011	4785	-41.54	4144	-46.66	641	54.34
2012	8379	75.11	7507	81.15	872	36.09

2009—2012 年上海与中国台湾贸易情况表

金额单位：万美元

年份	进出口		出口		进口	
	金额	比上年（±%）	金额	比上年（±%）	金额	比上年（±%）
2009	1519203	-12.33	406902	-7.38	1112301	-14.01
2010	2065873	35.98	565420	38.96	1500453	34.90
2011	2119850	2.61	618965	9.47	1500884	0.03
2012	2022702	-4.58	570095	-7.90	1452607	-3.22

2009—2012 年上海与日本贸易情况表

金额单位:万美元

年份	进出口		出口		进口	
	金额	比上年(±%)	金额	比上年(±%)	金额	比上年(±%)
2009	3868027	-16.39	1608390	-19.74	2259637	-13.83
2010	5051709	30.60	1964599	22.15	3087110	36.62
2011	5862817	16.06	2397439	22.03	3465378	12.25
2012	5731083	-2.25	2496183	4.12	3234900	-6.65

2009—2012 年上海与韩国贸易情况表

金额单位:万美元

年份	进出口		出口		进口	
	金额	比上年(±%)	金额	比上年(±%)	金额	比上年(±%)
2009	1394209	-25.20	468966	-21.42	925244	-26.99
2010	2053297	47.27	589192	25.64	1464105	58.24
2011	2591871	26.23	741817	25.90	1850054	26.36
2012	2445331	-5.65	694548	-6.37	1750783	-5.37

2009—2012 年上海与东盟贸易情况表

金额单位:万美元

年份	进出口		出口		进口	
	金额	比上年(±%)	金额	比上年(±%)	金额	比上年(±%)
2009	2869722	-18.01	1279428	-10.23	1590295	-23.35
2010	4340487	51.25	1774008	38.66	2566479	61.38
2011	5378660	23.92	2036640	14.80	3342020	30.22
2012	5702581	6.02	2091703	2.70	3610878	8.04

2009—2012 年上海与中东 17 国贸易情况表

金额单位:万美元

年份	进出口		出口		进口	
	金额	比上年(±%)	金额	比上年(±%)	金额	比上年(±%)
2009	694184	-6.51	494121	-12.30	200063	11.70
2010	842072	21.30	551994	11.71	290078	44.99
2011	1102233	30.90	682516	23.65	419718	44.69
2012	1146777	4.04	730753	7.07	416024	-0.88

2009—2012年上海与非洲贸易情况表

金额单位:万美元

年份	进出口		出口		进口	
	金额	比上年(±%)	金额	比上年(±%)	金额	比上年(±%)
2009	473413	-2.34	321821	-3.53	151592	0.30
2010	691751	46.12	409844	27.35	281906	85.96
2011	812375	17.44	492781	20.24	319595	13.37
2012	746601	-8.10	437588	-11.20	309014	-3.31

2009—2012年上海与欧盟贸易情况表

金额单位:万美元

年份	进出口		出口		进口	
	金额	比上年(±%)	金额	比上年(±%)	金额	比上年(±%)
2009	6009931	-16.44	3495537	-19.79	2514394	-11.29
2010	7619798	26.79	4173190	19.39	3446608	37.08
2011	9018804	18.36	4357476	4.42	4661328	35.24
2012	9018685	(持平)	3910743	-10.25	5107942	9.58

2009—2012年上海与俄罗斯贸易情况表

金额单位:万美元

年份	进出口		出口		进口	
	金额	比上年(±%)	金额	比上年(±%)	金额	比上年(±%)
2009	253306	-6.81	103399	-42.76	149907	64.41
2010	381928	50.78	211485	104.53	170443	13.70
2011	486475	27.37	255239	20.69	231236	35.67
2012	526779	8.28	326291	27.84	200488	-13.30

2009—2012年上海与美国贸易情况表

金额单位:万美元

年份	进出口		出口		进口	
	金额	比上年(±%)	金额	比上年(±%)	金额	比上年(±%)
2009	4718478	-11.71	3209402	-13.75	1509076	-7.02
2010	6126601	29.84	4099087	27.72	2027514	34.35
2011	6965344	13.69	4839383	18.06	2125961	4.86
2012	7017804	0.75	5015901	3.65	2001903	-5.84

2009—2012 年上海与加拿大贸易情况表

金额单位：万美元

年份	进出口		出口		进口	
	金额	比上年(±%)	金额	比上年(±%)	金额	比上年(±%)
2009	386605	-20.64	227403	-24.59	159202	-14.23
2010	486964	25.96	278008	22.25	208956	31.25
2011	527994	8.43	281384	1.21	246610	18.02
2012	543095	2.86	307133	9.15	235962	-4.32

2009—2012 年上海与拉丁美洲贸易情况表

金额单位：万美元

年份	进出口		出口		进口	
	金额	比上年(±%)	金额	比上年(±%)	金额	比上年(±%)
2009	1470175	-10.59	586449	-21.35	883727	-1.66
2010	2153101	46.45	944722	61.09	1208379	36.74
2011	2570462	19.38	1138058	20.46	1432405	18.54
2012	2564888	-0.22	1065466	-6.38	1499422	4.68

2009—2012 年上海与澳大利亚贸易情况表

金额单位：万美元

年份	进出口		出口		进口	
	金额	比上年(±%)	金额	比上年(±%)	金额	比上年(±%)
2009	711401	-10.12	341535	-14.64	369866	-5.49
2010	1018375	43.15	455869	33.48	562506	52.08
2011	1340654	31.65	566305	24.23	774349	37.66
2012	1294798	-3.42	579843	2.39	714955	-7.67

2009—2012 年上海与新西兰贸易情况表

金额单位：万美元

年份	进出口		出口		进口	
	金额	比上年(±%)	金额	比上年(±%)	金额	比上年(±%)
2009	82988	6.44	32959	-22.02	50029	40.12
2010	115048	38.63	40241	22.10	74806	49.53
2011	136672	18.80	43747	8.71	92924	24.22
2012	162468	18.87	47191	7.87	115277	24.05

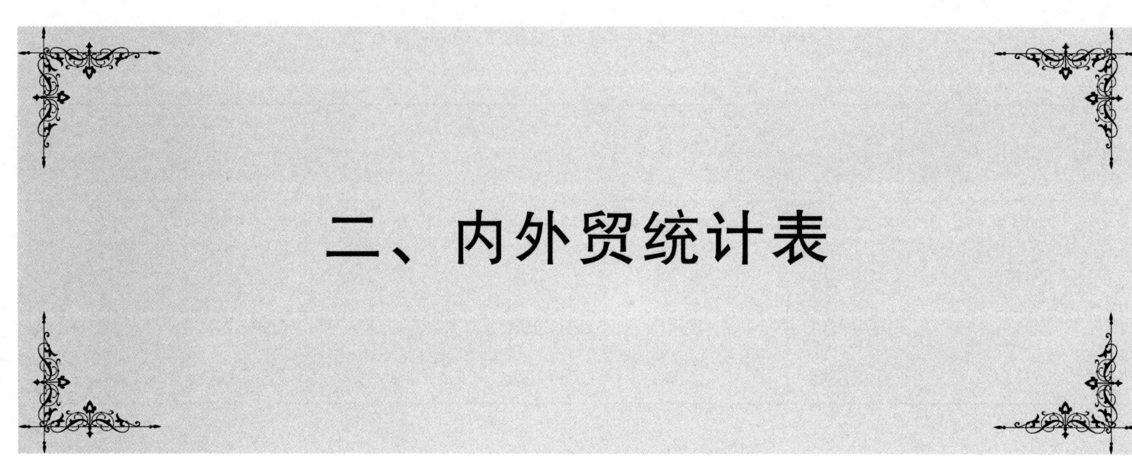

二、内外贸统计表

（一）国内贸易

2012年上海限额以上批发贸易业产业活动单位和从业人员情况表

类　　别	法人企业(个)	产业活动单位数(个)	从业人员(人)
总　　计	5073	8246	384765
按登记注册类型分			
内资企业	3585	5554	172460
国　　有	193	419	14413
集　　体	48	67	2103
股份合作	8	8	175
联　　营	18	27	1455
有限责任公司	645	1243	52487
股份有限公司	58	757	16873
私　　营	2574	2979	82322
其　　他	41	54	2632
港澳台商投资企业	403	837	69031
外商投资企业	1085	1855	143274
按行业分			
农、林、牧产品批发	36	42	1732
食品、饮料及烟草制品批发	302	933	37349
#米、面制品及食用油批发	49	100	4337
烟草制品批发	22	495	7178
纺织、服装及日用品批发	715	1303	113196
#服装批发	235	509	43970
文化、体育用品及器材批发	135	194	8553
医药及医疗器材批发	195	334	37979

（续表）

类　别	法人企业(个)	产业活动单位数(个)	从业人员(人)
矿产品、建材及化工产品批发	1984	2978	62028
#煤炭及制品批发	71	76	2068
石油及制品批发	147	814	14916
金属及金属矿批发	946	1062	17275
建材批发	134	157	3850
机械设备、五金交电及电子产品批发	1196	1750	96053
#汽车批发	35	48	8252
汽车零配件批发	88	113	6267
电气设备批发	110	154	10373
计算机、软件及辅助设备批发	128	167	11194
贸易经纪与代理	194	255	9785
其他批发	316	457	18090

2012 年上海限额以上零售贸易业产业活动单位和从业人员情况表

类　别	法人企业(个)	产业活动单位数(个)	从业人员(人)
总　计	1589	11963	313603
按登记注册类型分			
内资企业	1380	9388	201225
国　有	119	621	11872
集　体	45	214	2398
股份合作	15	51	456
联　营	40	49	872
有限责任公司	453	5028	101313
股份有限公司	36	704	16275
私　营	654	2624	66655
其　他	18	97	1384
港澳台商投资企业	117	933	57221
外商投资企业	92	1642	55157
按行业分			
综合零售	249	5709	122932
#百货零售	105	276	19311
超级市场零售	101	1605	75129
食品、饮料及烟草制品专门零售	100	1601	21120
纺织、服装及日用品专门零售	173	1601	68147
#服装零售	102	981	53526

（续表）

类　别	法人企业(个)	产业活动单位数(个)	从业人员(人)
文化、体育用品及器材专门零售	122	366	12516
#体育用品及器材零售	8	23	1114
图书、报刊零售	19	154	3813
医药及医疗器材专门零售	84	1216	13544
#药品零售	75	1130	12663
汽车、摩托车、燃料及零配件专门零售	605	736	36279
#汽车零售	407	449	30756
家用电器及电子产品专门零售	100	397	20157
#家用视听设备零售	7	41	3184
日用家电设备零售	24	149	7456
计算机、软件及辅助设备零售	34	40	1683
通信设备零售	16	69	2330
五金、家具及室内装修材料专门零售	80	176	6162
货摊、无店铺及其他零售业	76	161	12746
#互联网零售	17	19	9956
邮购及电视、电话零售	4	4	170

2009—2012 年上海批发零售贸易业、餐饮业从业人员情况表

年　份	从业人员（万人）	其　中			
		批发零售贸易业	其　中		餐饮业
			批发业	零售业	
2009	205.49	175.32	90.36	84.96	30.17
2010	207.94	176.69	91.58	85.21	31.15
2011	215.57	184.61	96.96	87.65	30.96
2012	226.70	194.28	104.33	89.95	32.42

说明：本表从业人员是指本行业的全部从业人员。

2009—2012 年上海批发零售贸易业商品销售、库存总额情况表

单位：亿元

指　标	2009 年	2010 年	2011 年	2012 年
商品销售总额	31974.39	37383.25	46075.87	53795.10
零　售	4405.65	5199.12	6018.57	6598.46
批　发	27568.74	32184.13	40057.30	47196.64
年末库存总额	1221.90	1913.49	2357.55	2805.57

注：本表为国内批发零售贸易业、物资供销业、对外贸易业统计口径。

2012 年上海批发零售贸易业商品销售、库存总额情况表

单位:亿元

类　别	商品销售总额	商品库存总额
总　计	53795.10	2805.57
限额以上单位	45381.85	2605.68
限额以下单位	8413.25	199.89

2012 年上海限额以上零售贸易业商品购、销、存总额情况表

单位:亿元

类　别	商品购进总额	商品销售总额	商品库存总额
总　计	4042.66	5220.53	643.85
按登记注册类型分			
内资企业	2557.55	3415.41	362.13
国　有	263.00	327.28	16.75
集　体	24.90	26.64	1.52
股份合作	6.36	6.76	0.41
联　营	28.91	34.03	1.88
有限责任公司	1079.80	1422.76	126.28
股份有限公司	172.43	201.39	36.82
私　营	966.76	1376.53	176.65
其　他	15.40	20.04	1.82
港澳台商投资企业	799.12	1013.52	144.78
外商投资企业	685.99	791.60	136.94
按行业分			
#综合零售	1186.02	1471.64	142.84
食品、饮料及烟草制品专门零售	444.78	450.81	20.48
纺织、服装及日用品专门零售	290.95	550.05	114.88
文化、体育用品及器材专门零售	216.81	265.90	114.09
医药及医疗器材专门零售	157.34	166.70	13.20
汽车、摩托车、燃料及零配件专门零售	1179.81	1229.56	111.23
家用电器及电子产品专门零售	310.26	653.93	85.89
五金、家具及室内装修材料专门零售	48.03	70.05	8.85

2011—2012年上海限额以上批发零售贸易业主要生产资料销售量情况表

单位:万吨

生产资料名称	2011年	2012年
钢　材	5712.05	6916.37
铜	177.62	247.61
铝	205.46	214.17
煤　炭	10209.06	15475.93
汽　油	2020.84	1866.83
煤　油	779.36	810.45
柴　油	3457.19	2926.06
水　泥	228.06	395.69

2012年上海限额以上批发贸易业商品购、销、存总额情况表

单位:亿元

类　别	商品购进总额	商品销售总额	商品库存总额
总　计	37385.07	42530.96	2427.57
按登记注册类型分			
内资企业	23374.56	24291.87	1176.10
国　有	6568.89	6630.48	244.56
集　体	72.03	75.75	6.76
股份合作	85.77	87.78	3.86
联　营	152.96	161.24	14.53
有限责任公司	7218.50	7570.35	384.50
股份有限公司	2525.40	2630.35	125.51
私　营	6648.15	7017.78	390.13
其　他	102.85	118.14	6.24
港澳台商投资企业	3117.78	3833.05	389.30
外商投资企业	10892.72	14406.03	862.17
按行业分			
农、林、牧产品批发	184.49	191.97	49.15
食品、饮料及烟草制品批发	1480.33	1784.07	156.69

（续表）

类　别	商品购进总额	商品销售总额	商品库存总额
#米、面制品及食用油批发	360.65	426.79	41.14
烟草制品批发	350.73	393.83	9.13
纺织、服装及家庭用品批发	2928.79	3663.22	363.86
#服装批发	769.12	954.92	149.19
文化、体育用品及器材批发	769.80	850.30	68.05
医药及医疗器材批发	1199.40	1434.00	191.15
矿产品、建材及化工产品批发	20453.14	20901.50	777.32
#煤炭及制品批发	1034.39	1047.94	10.57
石油及制品批发	5372.96	5552.00	116.30
金属及金属矿批发	10062.51	10074.49	408.20
建材批发	561.45	563.02	53.05
化肥批发	52.25	54.78	4.48
机械设备、五金交电及电子产品批发	8619.23	11659.85	635.23
#汽车批发	2904.98	5153.81	177.55
汽车零配件批发	566.44	638.33	38.67
家用电器批发	897.33	996.35	31.78
计算机、软件及辅助设备批发	1188.04	1271.58	83.07
贸易经纪与代理	599.49	711.56	60.49
其他批发	1150.40	1334.50	125.62

2009—2012 年上海社会消费品零售总额情况表

单位：亿元

年　份	社会消费品零售总额	按商品用途分			
		食品类	衣着类	用品类	燃料类
2009	5173.24	1609.01	582.17	2714.06	268.00
2010	6070.50	1830.64	686.15	3197.85	355.86
2011	6814.80	2036.14	760.31	3590.39	427.96
2012	7412.30	2107.08	862.56	3990.29	452.36

说明：1. 2009 年社会消费品零售总额及分组依二经普数据，按国家统计局规定进行了修订。

2. 以上国内贸易资料来源均来自上海市统计局。

（二）对外贸易

2009—2012 年按国别(地区)分的上海关区出口总额情况表

单位：亿美元

国别(地区)	2009 年	2010 年	2011 年	2012 年
总　　计	3251.28	4233.40	4999.64	4911.56
亚　　洲	1303.43	1653.96	2022.89	2023.25
#中国香港	169.74	210.46	249.36	239.09
中国台湾	80.79	112.52	133.45	125.52
日　　本	362.86	442.82	544.99	551.98
韩　　国	110.54	138.83	170.70	168.69
新 加 坡	78.64	94.80	107.85	113.29
马来西亚	52.70	73.08	81.19	83.86
泰　　国	41.53	61.18	79.57	91.27
菲 律 宾	22.03	29.43	29.70	30.09
巴基斯坦	14.07	16.12	19.13	20.95
科 威 特	3.65	4.05	5.19	3.48
沙特阿拉伯	18.65	19.92	33.13	33.76
阿拉伯联合酋长国	39.26	44.97	52.44	54.77
非　　洲	109.65	130.79	156.71	161.27
#埃　　及	10.59	12.11	11.94	13.79
苏　　丹	4.22	4.39	3.58	2.85
欧　　洲	819.17	1095.67	1199.80	1068.67
#德　　国	163.15	214.67	216.84	204.99
法　　国	89.37	110.42	100.99	77.25
意 大 利	70.87	118.34	120.53	85.39
荷　　兰	103.38	154.89	185.24	162.35
英　　国	94.92	117.88	129.79	123.49
瑞　　典	13.49	20.26	21.86	19.72
俄 罗 斯	31.10	59.95	77.35	88.38
美　　洲	932.43	1234.11	1470.82	1513.00
#美　　国	711.71	910.54	1058.72	1087.47
加 拿 大	59.24	74.81	82.07	83.86
巴　　西	45.19	75.44	100.92	99.17
智　　利	12.86	20.47	25.89	26.79
大洋洲及太平洋岛屿	86.60	118.87	149.42	145.37
#澳大利亚	72.44	95.45	125.09	126.57
新 西 兰	7.81	9.87	11.52	12.03
其　　他	—	—	—	—

说明：“其他”为无国别数(以下同)。

2009—2012 年按国别(地区)分的上海关区进口总额情况表

单位：亿美元

国别(地区)	2009 年	2010 年	2011 年	2012 年
总　计	1903.61	2613.05	3123.50	3101.54
亚　洲	1054.13	1477.09	1684.84	1662.77
# 中国香港	13.30	17.05	17.55	11.38
中国台湾	155.05	210.86	215.90	209.29
日　本	352.04	473.84	539.98	493.03
韩　国	177.53	279.87	283.29	263.45
新 加 坡	35.25	51.61	65.70	65.87
马来西亚	53.06	117.63	158.56	169.17
泰　国	50.75	63.19	76.11	66.35
菲 律 宾	26.06	36.47	42.39	48.04
巴基斯坦	1.98	3.24	4.21	5.64
科 威 特	0.37	0.71	0.87	1.06
沙特阿拉伯	5.68	8.28	11.81	12.62
阿拉伯联合酋长国	1.27	1.85	4.22	5.19
非　洲	26.92	41.85	45.79	44.04
# 埃　及	1.12	1.31	1.85	1.63
南　非	12.36	16.60	18.71	16.11
欧　洲	461.14	619.42	810.26	807.58
# 德　国	173.95	248.28	310.64	297.20
法　国	45.92	53.72	71.57	85.68
意 大 利	36.07	51.07	68.52	61.58
荷　兰	11.74	15.19	19.64	19.64
英　国	24.56	37.69	51.03	57.64
瑞　典	26.74	28.75	38.18	37.94
俄 罗 斯	18.23	22.93	31.09	28.28
美　洲	319.04	420.66	505.50	506.52
# 美　国	197.46	268.76	301.50	289.65
加 拿 大	18.80	27.89	39.02	31.99
巴　西	18.99	19.03	30.47	32.16
智　利	54.97	63.82	77.21	86.96
大洋洲及太平洋岛屿	42.28	53.73	76.64	80.18
# 澳大利亚	35.61	45.35	65.13	66.46
新 西 兰	6.34	8.33	11.14	13.34
其　他	0.10	0.30	0.47	0.44

2009—2012 年上海关区出口总额分类情况表

单位:亿美元

年　份	关区出口总　额	其　中				
		#一般贸易	#来料加工装配贸易	#进料加工贸易	#对外承包工程货物	#出料加工贸易
2009	3251.28	1647.82	175.38	1252.87	69.78	0.13
2010	4233.40	2183.98	178.52	1639.70	60.55	0.09
2011	4999.64	2691.93	151.78	1846.59	77.70	0.11
2012	4911.60	2722.60	137.52	1718.10	72.50	0.12

2009—2012 年上海关区进口总额分类情况表

单位:亿美元

年　份	关区进口总　额	其　中				
		#一般贸易	#来料加工装配贸易	#进料加工贸易	#对商投资企业进口设备	#租赁贸易
2009	1903.61	883.20	121.40	428.62	38.92	4.36
2010	2613.06	1209.42	169.36	552.86	43.81	18.56
2011	3123.50	1558.35	135.68	610.32	51.18	13.69
2012	3101.50	1517.00	123.06	676.40	33.00	10.80

2009—2012 年上海市进出口总额情况表

单位:亿美元

年份	上海市进出口总额	上海市进口总额	上海市出口总额	进出口差额	进出口总额相当于生产总值的比例(%)	出口总额相当于生产总值的比例(%)
2009	2777.31	1358.17	1419.14	60.97	127.3	65.1
2010	3688.69	1880.85	1807.84	-73.01	148.0	72.5
2011	4374.36	2276.47	2097.89	-178.58	147.2	70.6
2012	4367.58	2299.51	2068.07	-231.44	135.8	64.3

资料来源:上海市商务委员会外贸发展处。

2011—2012 年海外企业情况表

指　　标	2011 年新增	至 2011 年底累计	2012 年新增	至 2012 年底累计
企业数(家)	172	1680	249	1929
投资额(万美元)	265824	1034119	324335	1358454

资料来源:上海市统计局。

2011—2012 年国际会展情况表

指标	2011 年	2012 年
举办国际会展次数(次)	227	265
国际会展展出总面积(万平方米)	689	826.9

资料来源:上海市统计局。

2009—2012 年上海外贸进出口贸易额及其增长速度情况表

年份	进出口总额		出口额		进口额	
	金额(亿美元)	比上年(±%)	金额(亿美元)	比上年(±%)	金额(亿美元)	比上年(±%)
2009	2777.31	-13.79	1419.14	-16.20	1358.17	-11.11
2010	3688.69	32.80	1807.84	27.40	1880.85	38.48
2011	4374.36	18.59	2097.89	16.04	2276.47	21.03
2012	4367.58	-0.15	2068.07	-1.42	2299.50	1.00

2011—2012 年上海外贸商品进出口贸易差额(按 SITC 分类)表

单位:万美元

商品名称	2011 年				2012 年			
	进出口	进口	出口	进出口差额	进出口	进口	出口	进出口差额
总值	43743584	22764664	20978921	-1785743	43675804	22995083	20680720	-2314363
一、初级产品	3719601	3263669	455932	-2807737	3445082	2954917	490165	-2464752
0 类 食品及活动物	488028	381946	106082	-275864	588844	478375	110468	-367907
00 章. 活动物	788	269	519	250	1092	238	854	616
01 章. 肉及肉制品	45138	39138	6000	-33138	63066	54906	8159	-46747
02 章. 乳品及蛋品	55194	55001	193	-54808	70231	70063	168	-69895
03 章. 鱼、甲壳及软体类动物等	57375	45115	12260	-32855	67632	57766	9866	-47900
04 章. 谷物及其制品	17104	13852	3252	-10600	18266	14695	3572	-11123
05 章. 蔬菜及水果	105418	73003	32415	-40588	92356	63956	28400	-35556
06 章. 糖、糖制品及蜂蜜	10296	4896	5400	504	13141	8425	4716	-3709
07 章. 咖啡、茶、可可、调味料等	44595	29782	14813	-14969	51097	33009	18088	-14921
08 章. 饲料(不包括未碾磨谷物)	44778	36582	8195	-28387	56589	46927	9662	-37265
09 章. 杂项食品	107342	84309	23033	-61276	155374	128390	26984	-101406
1 类 饮料及烟类	151331	131528	19803	-111725	175700	153245	22455	-130790
11 章. 饮料	135570	128783	6786	-121997	157067	149706	7360	-142346
12 章. 烟草及其制品	15761	2745	13016	10271	18633	3539	15094	11555

（续表一）

商品名称	2011年				2012年			
	进出口	进　口	出　口	进出口差额	进出口	进　口	出　口	进出口差额
2类　非食用原料(燃料除外)	2061477	1968269	93208	-1875061	1632383	1549430	82952	-1466478
21章.生皮及生毛皮	3789	3789	0	-3789	5392	5392	0	-5392
22章.油籽及含油果实	190999	190394	605	-189789	161397	159976	1421	-158555
23章.生橡胶(包括合成橡胶等)	186618	167115	19503	-147612	152945	139236	13709	-125527
24章.软木及木材	206467	200059	6407	-193652	180963	175586	5378	-170208
25章.纸浆及废纸	51537	51242	295	-50947	42014	41876	138	-41738
26章.纺织纤维(羊毛条除外)等	150317	130489	19827	-110662	128779	114145	14634	-99511
27章.天然肥料及矿物(煤石油等)	41832	35170	6662	-28508	47229	40974	6254	-34720
28章.金属矿砂及金属废料	1181083	1173615	7468	-1166147	867662	859255	8407	-850848
29章.其他动、植物原料	48835	16395	32440	16045	46002	12992	33010	20018
3类　矿物燃料、润滑油及有关原料	922128	688472	233656	-454816	957109	685290	271819	-413471
32章.煤、焦炭及煤砖	102354	93119	9234	-83885	124899	122530	2369	-120161
33章.石油、石油产品及有关原料	714370	490026	224343	-265683	709606	440190	269416	-170774
34章.天然气及人造气	105405	105327	78	-105249	122604	122569	35	-122534
4类　动植物油、脂及蜡	96638	93454	3184	-90270	91047	88577	2470	-86107
41章.动物油、脂	6857	6071	786	-5285	5586	4037	1549	-2488
42章.植物油、脂	67316	65991	1324	-64667	72121	71855	266	-71589
43章.已加工的动植物油、脂等	22465	21392	1073	-20319	13341	12685	656	-12029
二、工业制品	40023983	19500995	20522988	1021993	40230721	20040167	20190555	150388
5类　化学成品及有关产品	4481382	3194932	1286451	-1908481	4563375	3249231	1314145	-1935086
51章.有机化学品	1161412	824292	337121	-487171	1174541	834366	340175	-494191
52章.无机化学品	281439	151895	129544	-22351	245988	153742	92246	-61496
53章.染料、鞣料及着色料	210875	124965	85910	-39055	209648	126240	83408	-42832
54章.医药品	579099	395609	183490	-212119	759486	507180	252306	-254874
55章.精油、香料及盥洗、光洁制	259013	166426	92588	-73838	270392	174031	96362	-77669
56章.制成废料	18393	123	18269	18146	9890	135	9755	9620
57章.初级形状的塑料	1059780	864267	195514	-668753	1025474	831584	193889	-637695
58章.非初级形状的塑料	308675	215462	93214	-122248	301332	199046	102286	-96760
59章.其他化学原料及产品	602695	451894	150802	-301092	566623	422907	143717	-279190
6类　按原料分类的制成品	5679407	3109952	2569455	-540497	5824270	3235804	2588466	-647338
61章.皮革、皮革制品及已鞣毛皮	41757	31974	9783	-22191	41673	30574	11099	-19475
62章.橡胶制品	233259	144096	89162	-54934	249603	146571	103032	-43539

（续表二）

商品名称	2011年				2012年			
	进出口	进口	出口	进出口差额	进出口	进口	出口	进出口差额
63章.软木及木制品（家具除外）	94218	12663	81555	68892	102865	13901	88964	75063
64章.纸及纸板；纸浆、纸及纸板	175303	102050	73253	-28797	159149	84081	75068	-9013
65章.纺纱、织物、制成品	897912	271617	626295	354678	898048	267461	630587	363126
66章.非金属矿物制品	656183	432348	223835	-208513	583109	362311	220797	-141514
67章.钢铁	807398	333076	474321	141245	681510	296834	384676	87842
68章.有色金属	1842122	1469272	372851	-1096421	2156710	1739236	417474	-1321762
69章.金属制品	931256	312857	618399	305542	951603	294834	656768	361934
7类 机械及运输设备	23948144	10898408	13049736	2151328	23799917	11042406	12757511	1715105
71章.动力机械及设备	894047	496878	397169	-99709	819303	448774	370528	-78246
72章.特种工业专用机械	1144720	641460	503260	-138200	1180132	605370	574762	-30608
73章.金工机械	319765	231122	88643	-142479	308462	208578	99885	-108693
74章.通用工业机械设备及零件	2527571	1388155	1139416	-248739	2303711	1125934	1177777	51843
75章.办公用机械及自动数据处理	6505303	1141791	5363512	4221721	6138869	1141650	4997219	3855569
76章.电信及声音的录制及重放装	2080262	509644	1570619	1060975	2453131	679575	1773555	1093980
77章.电力机械、器具及其电气零件	7817865	5129949	2687917	-2442032	7767240	5192737	2574502	-2618235
78章.陆路车辆（包括气垫式）	1816763	1157427	659337	-498090	1968259	1274018	694241	-579777
79章.其他运输设备	841847	201984	639863	437879	860811	365770	495042	129272
8类 杂项制品	5879587	2283847	3595740	1311893	5928783	2399044	3529738	1130694
81章.活动房屋；卫生水道供热等	107793	16989	90804	73815	125604	16406	109198	92792
82章.家具及其零件：褥垫及类似	414604	67038	347566	280528	437094	71017	366077	295060
83章.旅行用品、手提包及类似品	261979	108612	153367	44755	275763	120674	155088	34414
84章.服装及衣着附件	1656492	205417	1451075	1245658	1642789	245049	1397740	1152691
85章.鞋靴	174236	66615	107622	41007	181379	76884	104496	27612
87章.专业、科学及控制用仪器等	1543009	934940	608068	-326872	1658814	1114055	544759	-569296
88章.摄影器材、光学物品及钟表	424993	350385	74608	-275777	452874	365884	86990	-278894
89章.杂项制品	1296481	533851	762630	228779	1154466	389077	765389	376312
9类 未分类的商品	35462	13856	21606	7750	114376	113682	694	-112988
93章.特殊交易品及未分类商品	35408	13854	21553	7699	114075	113471	604	-112867
96章.非法定货币的硬币（金币除外）	2	2	0	-2	225	211	14	-197
97章.非货币用黄金（金矿砂除外）	53	0	53	53	76	0	76	76

2011—2012 年上海与世界各地贸易往来情况表

单位:万美元

国别(地区)	2011 年				2012 年			
	进出口	进　口	出　口	进出口差额	进出口	进　口	出　口	进出口差额
总　值	43743584	22764664	20978921	-1785743	43675804	22995083	20680720	-2314363
亚　洲	21094416	12326965	8767451	-3559514	21101901	12279253	8822648	-3456605
中国香港	1719273	104673	1614600	1509927	1682321	85400	1596921	1511521
印　度	881301	336486	544815	208329	823963	331405	492559	161154
日　本	5862817	3465378	2397439	-1067939	5731083	3234900	2496183	-738717
韩　国	2591871	1850054	741817	-1108237	2445331	1750783	694548	-1056235
中　国	1222409	1222409	0	-1222409	1282908	1282908	0	-1282908
台　湾	2119850	1500884	618965	-881919	2022702	1452607	570095	-882512
东　盟	5378660	3342020	2036640	-1305380	5702581	3610878	2091703	-1519175
马来西亚	1903225	1494654	408572	-1086082	1951707	1586972	364735	-1222237
新加坡	1155773	480786	674986	194200	1165247	478898	686349	207451
泰　国	916643	594757	321886	-272871	873002	512363	360640	-151723
非　洲	812375	319595	492781	173186	746601	309014	437588	128574
欧　洲	10171700	5433202	4738498	-694704	10188028	5828605	4359423	-1469182
英　国	909339	431162	478177	47015	1074664	574555	500110	-74445
德　国	2650121	1788026	862095	-925931	2865947	1922547	943400	-979147
法　国	1023066	558661	464405	-94256	977487	691956	285531	-406425
意大利	841145	472309	368836	-103473	750341	455600	294741	-160859
荷　兰	1043517	158309	885208	726899	974921	170040	804881	634841
拉丁美洲	2570462	1432405	1138058	-294347	2564888	1499422	1065466	-433956
巴　西	812947	518958	293989	-224969	710144	431900	278244	-153656
智　利	551611	484493	67118	-417375	610902	546059	64843	-481216
北美洲	7494326	2373458	5120868	2747410	7564397	2239172	5325224	3086052
美　国	6965344	2125961	4839383	2713422	7017804	2001903	5015901	3013998
大洋洲	1596730	875465	721265	-154200	1507046	836676	670370	-166306
澳大利亚	1340654	774349	566305	-208044	1294798	714955	579843	-135112

2009—2012 年上海外贸出口贸易方式情况表

单位：万美元

贸易方式	2009 年		2010 年		2011 年		2012 年	
	出口额	占比(%)	出口额	占比(%)	出口额	占比(%)	出口额	占比(%)
总　　值	14191373	100.00	18078421	100.00	20978921	100.00	20680720	100.00
一般贸易	4886215	34.43	6327402	35.00	7715507	36.78	7892900	38.17
国家间、国际组织无偿援助和赠送的物资	4375	0.03	3238	0.02	1935	0.01	595	0.00
华侨、港澳台同胞、外籍华人捐赠物资	—	—	—	—	106	0.00	—	—
补偿贸易	—	—	—	—	2	0.00	—	—
来料加工装配贸易	721165	5.08	670557	3.71	452055	2.15	395917	1.91
进料加工贸易	7425102	52.32	9366830	51.81	10453531	49.83	9756969	47.18
寄售代销贸易	2	0.00	—	0.00	—	—	183	0.00
边境小额贸易(边民互市贸易除外)	—	—	3	0.00	—	—	8	0.00
来料加工装配进口的设备	—	—	—	—	—	—	—	—
对外承包工程货物	136700	0.96	80326	0.44	175443	0.84	173440	0.84
租赁贸易	—	0.00	—	—	439	0.00	35	0.00
外商投资企业作为投资进口的设备、物品	—	—	—	—	—	—	—	—
出料加工贸易	1076	0.01	546	0.00	1113	0.01	1252	0.01
易货贸易	2	0.00	—	—	—	—	—	—
保税监管场所进出境货物	246846	1.74	276917	1.53	378309	1.80	415988	2.01
海关特殊监管区域物流货物	768218	5.41	1350984	7.47	1798904	8.57	2041584	9.87
其　　它	1672	0.01	1620	0.01	1576	0.01	1849	0.01

2009—2012 年上海外贸出口商品结构(按 SITC 分类)情况表

单位：万美元

商品结构	2009 年		2010 年		2011 年		2012 年	
	出口额	占比(%)	出口额	占比(%)	出口额	占比(%)	出口额	占比(%)
总　　值	14191373	100.00	18078421	100.00	20978921	100.00	20680720	100.00
一、初级产品	259518	1.83	376094	2.08	455932	2.17	490165	2.37
0 类　食品及活动物	74166	0.52	92042	0.51	106082	0.51	110468	0.53
00 章. 活动物	629	0.00	718	0.00	519	0.00	854	0.00
01 章. 肉及肉制品	3608	0.03	4630	0.03	6000	0.03	8159	0.04
02 章. 乳品及蛋品	181	0.00	203	0.00	193	0.00	168	0.00

（续表一）

商品结构	2009年		2010年		2011年		2012年	
	出口额	占比(%)	出口额	占比(%)	出口额	占比(%)	出口额	占比(%)
03章.鱼、甲壳及软体类动物等	10820	0.08	10655	0.06	12260	0.06	9866	0.05
04章.谷物及其制品	2579	0.02	2753	0.02	3252	0.02	3572	0.02
05章.蔬菜及水果	19985	0.14	31613	0.17	32415	0.15	28400	0.14
06章.糖、糖制品及蜂蜜	4057	0.03	4631	0.03	5400	0.03	4716	0.02
07章.咖啡、茶、可可、调味料等	8364	0.06	8828	0.05	14813	0.07	18088	0.09
08章.饲料(不包括未碾磨谷物)	7446	0.05	7698	0.04	8195	0.04	9662	0.05
09章.杂项食品	16499	0.12	20314	0.11	23033	0.11	26984	0.13
1类　饮料及烟类	17068	0.12	21378	0.12	19803	0.09	22455	0.11
11章.饮料	5764	0.04	9476	0.05	6786	0.03	7360	0.04
12章.烟草及其制品	11304	0.08	11903	0.07	13016	0.06	15094	0.07
2类　非食用原料(燃料除外)	51138	0.36	69846	0.39	93208	0.44	82952	0.40
21章.生皮及生毛皮		0.00	0	0.00	0	0.00	0	0.00
22章.油籽及含油果实	178	0.00	613	0.00	605	0.00	1421	0.01
23章.生橡胶(包括合成橡胶等)	3246	0.02	7931	0.04	19503	0.09	13709	0.07
24章.软木及木材	8119	0.06	7123	0.04	6407	0.03	5378	0.03
25章.纸浆及废纸	312	0.00	535	0.00	295	0.00	138	0.00
26章.纺织纤维(羊毛条除外)	7435	0.05	10922	0.06	19827	0.09	14634	0.07
27章.天然肥料及矿物(煤石油等)	5957	0.04	7868	0.04	6662	0.03	6254	0.03
28章.金属矿砂及金属废料	524	0.00	6423	0.04	7468	0.04	8407	0.04
29章.其他动、植物原料	25367	0.18	28432	0.16	32440	0.15	33010	0.16
3类　矿物燃料、润滑油及有关原	115569	0.81	191539	1.06	233656	1.11	271819	1.31
32章.煤、焦炭及煤砖	2343	0.02	18619	0.10	9234	0.04	2369	0.01
33章.石油、石油产品及有关原料	113224	0.80	172920	0.96	224343	1.07	269416	1.30
34章.天然气及人造气	3	0.00	0	0.00	78	0.00	35	0.00
4类　动植物油、脂及蜡	1576	0.01	1288	0.01	3184	0.02	2470	0.01
41章.动物油、脂	525	0.00	455	0.00	786	0.00	1549	0.01
42章.植物油、脂	343	0.00	172	0.00	1324	0.01	266	0.00
43章.已加工的动植物油、脂等	707	0.00	661	0.00	1073	0.01	656	0.00
二、工业制品	13931855	98.17	17702327	97.92	20522988	97.83	20190555	97.63
5类　化学成品及有关产品	698642	4.92	977538	5.41	1286451	6.13	1314145	6.35
51章.有机化学品	205132	1.45	282413	1.56	337121	1.61	340175	1.64
52章.无机化学品	71115	0.50	113726	0.63	129544	0.62	92246	0.45
53章.染料、鞣料及着色料	53518	0.38	65962	0.36	85910	0.41	83408	0.40
54章.医药品	98074	0.69	112968	0.62	183490	0.87	252306	1.22
55章.精油、香料及盥洗、光洁制	62261	0.44	80711	0.45	92588	0.44	96362	0.47
56章.制成废料	1669	0.01	8302	0.05	18269	0.09	9755	0.05

（续表二）

商品结构	2009年		2010年		2011年		2012年	
	出口额	占比(%)	出口额	占比(%)	出口额	占比(%)	出口额	占比(%)
57章.初级形状的塑料	88288	0.62	146193	0.81	195514	0.93	193889	0.94
58章.非初级形状的塑料	44132	0.31	66723	0.37	93214	0.44	102286	0.49
59章.其他化学原料及产品	74452	0.52	100539	0.56	150802	0.72	143717	0.69
6类　按原料分类的制成品	1589667	11.20	2022704	11.19	2569455	12.25	2588466	12.52
61章.皮革、皮革制品及已鞣毛皮	5639	0.04	8388	0.05	9783	0.05	11099	0.05
62章.橡胶制品	46554	0.33	64330	0.36	89162	0.43	103032	0.50
63章.软木及木制品(家具除外)	63254	0.45	70011	0.39	81555	0.39	88964	0.43
64章.纸及纸板;纸浆、纸及纸板	48277	0.34	61715	0.34	73253	0.35	75068	0.36
65章.纺纱、织物、制成品等	408369	2.88	502385	2.78	626295	2.99	630587	3.05
66章.非金属矿物制品	132728	0.94	179320	0.99	223835	1.07	220797	1.07
67章.钢铁	216942	1.53	347905	1.92	474321	2.26	384676	1.86
68章.有色金属	187401	1.32	234590	1.30	372851	1.78	417474	2.02
69章.金属制品	480504	3.39	554060	3.06	618399	2.95	656768	3.18
7类　机械及运输设备	8992989	63.37	11482320	63.51	13049736	62.20	12757511	61.69
71章.动力机械及设备	234528	1.65	248750	1.38	397169	1.89	370528	1.79
72章.特种工业专用机械	296724	2.09	395352	2.19	503260	2.40	574762	2.78
73章.金工机械	61687	0.43	69988	0.39	88643	0.42	99885	0.48
74章.通用工业机械设备及零件	861649	6.07	981691	5.43	1139416	5.43	1177777	5.70
75章.办公用机械及自动数据处理	4067293	28.66	5135256	28.41	5363512	25.57	4997219	24.16
76章.电信及声音的录制及重放装	845759	5.96	1089080	6.02	1570619	7.49	1773555	8.58
77章.电力机械、器具及其电气零件	1756810	12.38	2452115	13.56	2687917	12.81	2574502	12.45
78章.陆路车辆(包括气垫式)	301880	2.13	476724	2.64	659337	3.14	694241	3.36
79章.其他运输设备	566660	3.99	633363	3.50	639863	3.05	495042	2.39
8类　杂项制品	2632319	18.55	3203136	17.72	3595740	17.14	3529738	17.07
81章.活动房屋;卫生水道供热等	63549	0.45	75316	0.42	90804	0.43	109198	0.53
82章.家具及其零件:褥垫及类似品	281978	1.99	313968	1.74	347566	1.66	366077	1.77
83章.旅行用品、手提包及类似品	95247	0.67	124068	0.69	153367	0.73	155088	0.75
84章.服装及衣着附件	1110386	7.82	1271792	7.03	1451075	6.92	1397740	6.76
85章.鞋靴	86804	0.61	94157	0.52	107622	0.51	104496	0.51
87章.专业、科学及控制用仪器等	320884	2.26	530805	2.94	608068	2.90	544759	2.63
88章.摄影器材、光学物品及钟表	63805	0.45	75725	0.42	74608	0.36	86990	0.42
89章.杂项制品	609665	4.30	717304	3.97	762630	3.64	765389	3.70
9类　未分类的商品	18238	0.13	16630	0.09	21606	0.10	694	0.00
93章.特殊交易品及未分类商品	18229	0.13	16605	0.09	21553	0.10	604	0.00
96章.非法定货币的硬币(金币除外)	0	0.00		0.00	0	0.00	14	0.00
97章.非货币用黄金(金矿砂除外)	9	0.00	26	0.00	53	0.00	76	0.00

2009—2012年上海外贸进口商品结构(按SITC分类)情况表

单位:万美元

商品结构	2009年		2010年		2011年		2012年	
	进口额	占比(%)	进口额	占比(%)	进口额	占比(%)	进口额	占比(%)
总值	13581732	100.00	18808523	100.00	22764664	100.00	22995083	100.00
一、初级产品	1686684	12.42	2505103	13.32	3263669	14.34	2954917	12.85
0类　食品及活动物	198524	1.46	290328	1.54	381946	1.68	478375	2.08
00章.活动物	1386	0.01	769	0.00	269	0.00	238	0.00
01章.肉及肉制品	22120	0.16	26871	0.14	39138	0.17	54906	0.24
02章.乳品及蛋品	24887	0.18	40419	0.21	55001	0.24	70063	0.30
03章.鱼、甲壳及软体类动物等	15827	0.12	26791	0.14	45115	0.20	57766	0.25
04章.谷物及其制品	5253	0.04	9765	0.05	13852	0.06	14695	0.06
05章.蔬菜及水果	34292	0.25	47771	0.25	73003	0.32	63956	0.28
06章.糖、糖制品及蜂蜜	3238	0.02	3476	0.02	4896	0.02	8425	0.04
07章.咖啡、茶、可可、调味料等	12334	0.09	19579	0.10	29782	0.13	33009	0.14
08章.饲料(不包括未碾磨谷物)	19023	0.14	41767	0.22	36582	0.16	46927	0.20
09章.杂项食品	60163	0.44	73120	0.39	84309	0.37	128390	0.56
1类　饮料及烟类	60654	0.45	81304	0.43	131528	0.58	153245	0.67
11章.饮料	58462	0.43	80771	0.43	128783	0.57	149706	0.65
12章.烟草及其制品	2191	0.02	533	0.00	2745	0.01	3539	0.02
2类　非食用原料(燃料除外)	1055789	7.77	1587972	8.44	1968269	8.65	1549430	6.74
21章.生皮及生毛皮	4169	0.03	3654	0.02	3789	0.02	5392	0.02
22章.油籽及含油果实	209289	1.54	231165	1.23	190394	0.84	159976	0.70
23章.生橡胶(包括合成橡胶等)	65995	0.49	111273	0.59	167115	0.73	139236	0.61
24章.软木及木材	110215	0.81	178022	0.95	200059	0.88	175586	0.76
25章.纸浆及废纸	40964	0.30	55550	0.30	51242	0.23	41876	0.18
26章.纺织纤维(羊毛条除外)	46051	0.34	78141	0.42	130489	0.57	114145	0.50
27章.天然肥料及矿物(煤石油等)	21451	0.16	33030	0.18	35170	0.15	40974	0.18
28章.金属矿砂及金属废料	545750	4.02	883816	4.70	1173615	5.16	859255	3.74
29章.其他动、植物原料	11904	0.09	13322	0.07	16395	0.07	12992	0.06
3类　矿物燃料、润滑油及有关原	272822	2.01	453735	2.41	688472	3.02	685290	2.98
32章.煤、焦炭及煤砖	37396	0.28	72504	0.39	93119	0.41	122530	0.53
33章.石油、石油产品及有关原料	195228	1.44	299165	1.59	490026	2.15	440190	1.91
34章.天然气及人造气	40198	0.30	82066	0.44	105327	0.46	122569	0.53
4类　动植物油、脂及蜡	98896	0.73	91764	0.49	93454	0.41	88577	0.39

（续表一）

商品结构	2009年		2010年		2011年		2012年	
	进口额	占比(%)	进口额	占比(%)	进口额	占比(%)	进口额	占比(%)
41章.动物油、脂	2949	0.02	4799	0.03	6071	0.03	4037	0.02
42章.植物油、脂	92410	0.68	81712	0.43	65991	0.29	71855	0.31
43章.已加工的动植物油、脂等	3536	0.03	5253	0.03	21392	0.09	12685	0.06
二、工业制品	11895048	87.58	16303421	86.68	19500995	85.66	20040167	87.15
5类 化学成品及有关产品	1909528	14.06	2654927	14.12	3194932	14.03	3249231	14.13
51章.有机化学品	507907	3.74	673577	3.58	824292	3.62	834366	3.63
52章.无机化学品	71165	0.52	120165	0.64	151895	0.67	153742	0.67
53章.染料、鞣料及着色料	96391	0.71	122398	0.65	124965	0.55	126240	0.55
54章.医药品	225175	1.66	270251	1.44	395609	1.74	507180	2.21
55章.精油、香料及盥洗、光洁制	105212	0.77	132654	0.71	166426	0.73	174031	0.76
56章.制成废料	18	0.00	47	0.00	123	0.00	135	0.00
57章.初级形状的塑料	534925	3.94	779012	4.14	864267	3.80	831584	3.62
58章.非初级形状的塑料	123178	0.91	186241	0.99	215462	0.95	199046	0.87
59章.其他化学原料及产品	245559	1.81	370583	1.97	451894	1.99	422907	1.84
6类 按原料分类的制成品	1981574	14.59	2537266	13.49	3109952	13.66	3235804	14.07
61章.皮革、皮革制品及已鞣毛皮	26958	0.20	30623	0.16	31974	0.14	30574	0.13
62章.橡胶制品	80206	0.59	115490	0.61	144096	0.63	146571	0.64
63章.软木及木制品(家具除外)	6233	0.05	9644	0.05	12663	0.06	13901	0.06
64章.纸及纸板;纸浆、纸及纸板	64134	0.47	85284	0.45	102050	0.45	84081	0.37
65章.纺纱、织物、制成品等	193146	1.42	230016	1.22	271617	1.19	267461	1.16
66章.非金属矿物制品	164212	1.21	288133	1.53	432348	1.90	362311	1.58
67章.钢铁	273374	2.01	295277	1.57	333076	1.46	296834	1.29
68章.有色金属	968426	7.13	1209417	6.43	1469272	6.45	1739236	7.56
69章.金属制品	204885	1.51	273382	1.45	312857	1.37	294834	1.28
7类 机械及运输设备	6719587	49.48	9306805	49.48	10898408	47.87	11042406	48.02
71章.动力机械及设备	288579	2.12	414528	2.20	496878	2.18	448774	1.95
72章.特种工业专用机械	354672	2.61	521555	2.77	641460	2.82	605370	2.63
73章.金工机械	121119	0.89	182545	0.97	231122	1.02	208578	0.91
74章.通用工业机械设备及零件	744591	5.48	1092188	5.81	1388155	6.10	1125934	4.90
75章.办公用机械及自动数据处理	872481	6.42	1184834	6.30	1141791	5.02	1141650	4.96
76章.电信及声音的录制及重放装	391503	2.88	435214	2.31	509644	2.24	679575	2.96
77章.电力机械、器具及其电气零件	3427487	25.24	4517739	24.02	5129949	22.53	5192737	22.58
78章.陆路车辆(包括气垫式)	333920	2.46	670556	3.57	1157427	5.08	1274018	5.54

（续表二）

商品结构	2009年		2010年		2011年		2012年	
	进口额	占比(%)	进口额	占比(%)	进口额	占比(%)	进口额	占比(%)
79章.其他运输设备	185235	1.36	287648	1.53	201984	0.89	365770	1.59
8类 杂项制品	1276231	9.40	1791651	9.53	2283847	10.03	2399044	10.43
81章.活动房屋;卫生水道供热等	12648	0.09	14055	0.07	16989	0.07	16406	0.07
82章.家具及其零件:褥垫及类似品	36813	0.27	48077	0.26	67038	0.29	71017	0.31
83章.旅行用品、手提包及类似品	41663	0.31	70433	0.37	108612	0.48	120674	0.52
84章.服装及衣着附件	78503	0.58	120546	0.64	205417	0.90	245049	1.07
85章.鞋靴	34163	0.25	42094	0.22	66615	0.29	76884	0.33
87章.专业、科学及控制用仪器等	615000	4.53	838565	4.46	934940	4.11	1114055	4.84
88章.摄影器材、光学物品及钟表	190835	1.41	260328	1.38	350385	1.54	365884	1.59
89章.杂项制品	266607	1.96	397553	2.11	533851	2.35	389077	1.69
9类 未分类的商品	8128	0.06	12771	0.07	13856	0.06	113682	0.49
93章.特殊交易品及未分类商品	8120	0.06	12764	0.07	13854	0.06	113471	0.49
96章.非法定货币的硬币(金币除外)	8	0.00	6	0.00	2	0.00	211	0.00
97章.非货币用黄金(金矿砂除外)	0	0.00	0	0.00	0	0.00	0	0.00

2009—2012年上海外贸出口市场构成情况表

单位:万美元

国别(地区)	2009年		2010年		2011年		2012年	
	出口额	占比(%)	出口额	占比(%)	出口额	占比(%)	出口额	占比(%)
总值	14191373	100.00	18078421	100.00	20978921	100.00	20680720	100.00
亚洲	5739538	40.44	7259247	40.15	8767451	41.79	8822648	42.66
中国香港	1098649	7.74	1340942	7.42	1614600	7.70	1596921	7.72
印度	315690	2.22	385122	2.13	544815	2.60	492559	2.38
日本	1608390	11.33	1964599	10.87	2397439	11.43	2496183	12.07
韩国	468966	3.30	589192	3.26	741817	3.54	694548	3.36
中国台湾	406902	2.87	565420	3.13	618965	2.95	570095	2.76
东盟	1279428	9.02	1774008	9.81	2036640	9.71	2091703	10.11
马来西亚	300423	2.12	425179	2.35	408572	1.95	364735	1.76
新加坡	484256	3.41	590129	3.26	674986	3.22	686349	3.32
泰国	145089	1.02	241421	1.34	321886	1.53	360640	1.74
非洲	321821	2.27	409844	2.27	492781	2.35	437588	2.12

（续表）

国别(地区)	2009年		2010年		2011年		2012年	
	出口额	占比(%)	出口额	占比(%)	出口额	占比(%)	出口额	占比(%)
欧 洲	3707585	26.13	4507243	24.93	4738498	22.59	4359423	21.08
英 国	351719	2.48	431095	2.38	478177	2.28	500110	2.42
德 国	713199	5.03	860514	4.76	862095	4.11	943400	4.56
法 国	503861	3.55	609668	3.37	464405	2.21	285531	1.38
意大利	235640	1.66	369930	2.05	368836	1.76	294741	1.43
荷 兰	511565	3.60	776060	4.29	885208	4.22	804881	3.89
拉丁美洲	586449	4.13	944722	5.23	1138058	5.42	1065466	5.15
巴 西	149226	1.05	269484	1.49	293989	1.40	278244	1.35
智 利	40483	0.29	53744	0.30	67118	0.32	64843	0.31
北美洲	3436821	24.22	4378255	24.22	5120868	24.41	5325224	25.75
美 国	3209402	22.62	4099087	22.67	4839383	23.07	5015901	24.25
大洋洲	399160	2.81	579110	3.20	721265	3.44	670370	3.24
澳大利亚	341535	2.41	455869	2.52	566305	2.70	579843	2.80

2009—2012年上海外贸进口市场构成情况表

单位：万美元

国别(地区)	2009年		2010年		2011年		2012年	
	进口额	占比(%)	进口额	占比(%)	进口额	占比(%)	进口额	占比(%)
总 值	13581732	100.00	18808523	100.00	22764664	100.00	22995083	100.00
亚 洲	7465469	54.97	10419763	55.40	12326965	54.15	12279253	53.40
中国香港	99139	0.73	126138	0.67	104673	0.46	85400	0.37
印 度	131373	0.97	219181	1.17	336486	1.48	331405	1.44
日 本	2259637	16.64	3087110	16.41	3465378	15.22	3234900	14.07
韩 国	925244	6.81	1464105	7.78	1850054	8.13	1750783	7.61
中 国	1128923	8.31	1114397	5.92	1222409	5.37	1282908	5.58
中国台湾	1112301	8.19	1500453	7.98	1500884	6.59	1452607	6.32
东 盟	1590295	11.71	2566479	13.65	3342020	14.68	3610878	15.70
马来西亚	481968	3.55	1077504	5.73	1494654	6.57	1586972	6.90
新加坡	267464	1.97	394209	2.10	480786	2.11	478898	2.08
泰 国	434245	3.20	530933	2.82	594757	2.61	512363	2.23

（续表）

国别(地区)	2009 年		2010 年		2011 年		2012 年	
	进口额	占比(%)	进口额	占比(%)	进口额	占比(%)	进口额	占比(%)
非　洲	151592	1.12	281906	1.50	319595	1.40	309014	1.34
欧　洲	2977660	21.92	4007529	21.31	5433202	23.87	5828605	25.35
英　国	164511	1.21	234296	1.25	431162	1.89	574555	2.50
德　国	967037	7.12	1406088	7.48	1788026	7.85	1922547	8.36
法　国	362946	2.67	425388	2.26	558661	2.45	691956	3.01
意大利	239346	1.76	364641	1.94	472309	2.07	455600	1.98
荷　兰	78883	0.58	110620	0.59	158309	0.70	170040	0.74
拉丁美洲	883727	6.51	1208379	6.42	1432405	6.29	1499422	6.52
巴　西	319394	2.35	408918	2.17	518958	2.28	431900	1.88
智　利	312098	2.30	426089	2.27	484493	2.13	546059	2.37
北美洲	1669365	12.29	2237900	11.90	2373458	10.43	2239172	9.74
美　国	1509076	11.11	2027514	10.78	2125961	9.34	2001903	8.71
大洋洲	433656	3.19	651320	3.46	875465	3.85	836676	3.64
澳大利亚	369866	2.72	562506	2.99	774349	3.40	714955	3.11

说明：1. 根据2006年3月1日起施行的《中华人民共和国海关统计条例》中第九条，如果货物的原产国是中国，那么进口该货物的原产国统计就列名为中国，也就是国货复进口。

2. 以上进出口资料来源除已注明来自上海市统计局外，余均来自上海市商务委员会外贸发展处。

（三）利用外资

2011—2012 年上海利用外资方式情况表

利用方式	2011 年			2012 年			比上年（±%）
	项目（个）	合同外资（亿美元）	占比（%）	项目（个）	合同外资（亿美元）	占比（%）	
合　　计	4329	201.03	100.00	4043	223.38	100.00	11.12
合　　资	511	23.85	11.86	592	39.76	17.80	66.71
合　　作	13	14.85	7.39	8	7.29	3.26	-50.91
独　　资	3801	160.23	79.70	3437	172.16	77.07	7.45
股 份 制	4	2.11	1.05	6	4.17	1.87	97.63

2009—2012 年上海外商直接投资基本情况表

年份	项目（个）	合同外资（亿美元）	实到外资（亿美元）
2009	3090	133.01	105.38
2010	3906	153.07	111.21
2011	4329	201.03	126.01
2012	4043	223.38	151.85

资料来源：上海市商务委员会外商投资促进处。

（四）对外经济合作

2009—2012 年上海对外承包工程、劳务合作基本情况表

年份	年末在外人数（人）	全年外派人数（人次）	承包工程合同项目（个）	合同金额（万美元）	营业额（万美元）
2009	26250	13926	2638	1240205	734105
2010	26847	15910	3397	1066977	754163
2011	23491	14308	567	1234673	594113
2012	29350	21244	361	1031056	681188

2009—2012 年上海派往境外从事对外承包工程、劳务合作人次情况表

单位：人次

年份	合　　计	承包工程	劳务合作
2009	13926	4494	9432
2010	15910	6581	9329
2011	14308	5559	8749
2012	21244	3477	17767

2009—2012 年上海在境外从事对外承包工程、劳务合作人次情况表

单位：人次

年份	合　　计	承包工程	劳务合作
2009	26250	8178	18072
2010	26847	9430	17417
2011	23491	7559	15932
2012	29350	8320	21030

2009—2012 年上海对外承包工程、劳务合作合同金额情况表

单位：万美元

年份	合　　计	承包工程	劳务合作	新签劳务人员合同工资总额
2009	1240205	1193790	46415	—
2010	1066977	1010276	56701	—
2011	—	1234673	—	17694
2012	—	10131056	—	19405

2009—2012 年上海对外承包工程、劳务合作营业额情况表

单位：万美元

年份	合　　计	承包工程	劳务合作	劳务人员实际收入总额
2009	734105	665664	68441	—
2010	754163	689616	64547	—
2011	—	594113	—	20050
2012	—	681188	—	18537

资料来源：上海市商务委员会外经处。

（五）技术贸易

2012 年上海高新技术产品出口分类表

品　　名	出口额(亿美元)	比上年(±%)
总　　计	902.45	-3.00
计算机与通讯技术	659.33	-3.37
电子技术	162.17	-1.98
生命科学技术	30.96	28.91
光电技术	27.11	-25.23
计算机集成制造技术	13.12	-5.01
航空航天技术	4.58	42.40
材料技术	4.29	-6.72
生物技术	0.52	29.04
其他技术	0.36	7.17

2012 年上海高新技术出口产品主要输往地情况表

国别(地区)	出口额(亿美元)	比上年(±%)
总　　计	902.45	-3.00
美　　国	295.27	4.56
中国香港	92.02	7.47
日　　本	73.36	15.33
荷　　兰	58.30	-9.94
德　　国	51.54	21.27
新 加 坡	35.78	-11.21
中国台湾	32.02	-6.27
澳大利亚	23.87	2.84
英　　国	22.57	14.86
韩　　国	17.60	-22.37

2012 年上海市技术进口主要行业情况表

行业类别	合同数(份)	金额(万美元)
总　　计	3082	488182.89
制造业	1480	340508.4
房地产业	543	45637.88
居民服务和其他服务业	343	24308.26

（续表）

行业类别	合同数(份)	金额(万美元)
科学研究、技术服务业	126	15802.15
租赁和商务服务业	161	12569.10
信息传输、计算机服务和软件业	67	10754.19
住宿和餐饮业	27	10634.53
批发和零售业	208	10222.31
交通运输	32	10039.13
电力、燃气和水的生产和供应业	2	37.02

2012 年上海市技术进口主要来源地情况表

国别(地区)	合同数(份)	金额(万美元)
总　计	3082	488182.89
德　国	553	117972.16
美　国	675	113711.63
日　本	590	79855.78
英　国	107	24434.04
中国香港	217	21077.28
瑞　士	34	19119.69
法　国	55	14702.84
捷　克	8	13784.15
荷　兰	64	12694.13
瑞　典	20	7712.38

资料来源:上海市商务委员会机电和科技产业处。

第九编

商贸便览

上海商贸资料·中国经贸资料

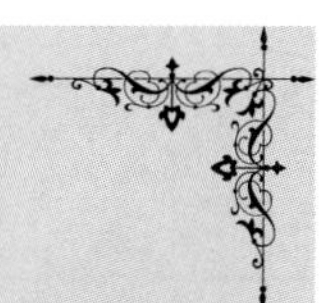

一、上海商贸资料

2012 年中国·上海商贸情况对照表

类别	项目	单位	中国		上海	
			数量	比上年(±%)	数量	比上年(±%)
国内生产总值	国内生产总值	亿元	519322	7.8	20101.33	7.5
	其中:第一产业增加值	亿元	52377	4.5	127.80	0.5
	第二产业增加值	亿元	235319	8.1	7912.77	3.1
	第三产业增加值	亿元	231626	8.1	12060.76	10.6
	其中:商业	亿元	—	—	3590.33	10.7
	其中:批发零售	亿元	—	—	3291.93	11.5
	住宿餐饮	亿元	—	—	298.40	2.6
内贸	商品销售总额	亿元			53795.10	16.8
	社会消费品零售总额	亿元	210307	14.3	7387.32	9.0
	其中:用的商品	亿元	—	—	2915.40	8.0
	吃的商品	亿元	—	—	1222.61	3.7
货物贸易	货物进出口总额	亿美元	38668	6.2	4367.58	-0.2
	其中:出口额	亿美元	20489	7.9	2068.07	-1.4
	进口额	亿美元	18178	4.3	2299.51	1.0
服务贸易	进出口总额	亿美元	4706	12.3	1515.60	7.2
	其中:出口额	亿美元	1900	4.0	515.30	8.9
	进口额	亿美元	2810	19.0	1000.30	22.1
利用外资	新批外资项目	项	24925	-10.1	4043.00	-6.6
	其中:服务业外资项目	项	—	—	3818.00	—
	合同利用外资	亿美元	—	—	223.38	11.1
	其中:服务业利用外资	亿美元	—	—	187.13	9.6
	实际使用外资	亿美元	1117	-3.7	151.85	20.5
	累计实际使用外资	亿美元	—	—	1342.13	12.8

（续表）

类别	项　目	单　位	中　国		上　海	
			数量	比上年(±%)	数量	比上年(±%)
总部经济	累计在沪:跨国公司地区总部	家	—	—	403.00	14.2
	投资性公司	家	—	—	265.00	10.4
	研发中心	家	—	—	351.00	5.1
对外投资	新批对外投资项目	项	772.0	28.6	249.00	8.7
	投资总额	亿美元	—	—	32.40	22.0
	其中中方投资额	亿美元			30.00	40.0
对外经济合作	新签对外承包工程合同额	亿美元	—	—	103.11	-16.5
	完成营业额	亿美元	1166.0	12.7	68.12	14.6
	派出劳务人员	万人次	51.2	13.3	2.12	48.7

2012 年上海市进出口贸易往来前 20 位国家(地区)一览表

排序	国别(地区)	进出口额(亿美元)	比上年(±%)	排序	国别(地区)	进出口额(亿美元)	比上年(±%)
1	美　国	702	0.75	11	新加坡	117	0.82
2	日　本	573	-2.25	12	英　国	107	18.18
3	东　盟	570	6.02	13	法　国	98	-4.46
4	德　国	287	8.14	14	荷　兰	97	-6.57
5	韩　国	245	-5.65	15	泰　国	87	-4.76
6	中国台湾	202	-4.58	16	印　度	82	-6.51
7	马来西亚	195	2.55	17	意大利	75	-10.80
8	中国香港	168	-2.15	18	巴　西	71	-12.65
9	澳大利亚	129	-3.42	19	智　利	61	10.75
10	中　国	128	4.95	20	越　南	58	76.48

2012 年上海市外商投资合同额来源地前 20 位情况表

排序	国别(地区)	占比(%)		合　计	
		项目(个)	合同外资	项目(个)	合同外资(万美元)
	总　计	100.00	100.00	4043	2233845
1	中国香港	35.52	54.01	1436	1206496
2	日　本	13.26	11.21	536	250506
3	新加坡	5.02	6.20	203	138578
4	美　国	6.90	5.92	279	132142
5	毛里求斯	0.35	2.71	14	60620

（续表）

排序	国别（地区）	占比（%）		合　计	
		项目（个）	合同外资	项目（个）	合同外资（万美元）
6	荷　兰	0.74	2.45	30	54626
7	中国台湾	8.11	1.63	328	36455
8	萨 摩 亚	2.18	1.50	88	33494
9	德　国	3.88	1.45	157	32446
10	维尔京群岛	2.25	1.25	91	27855
11	韩　国	4.75	0.88	192	19741
12	西 班 牙	0.57	0.80	23	17921
13	法　国	1.14	0.79	46	17703
14	瑞　士	0.64	0.74	26	16500
15	印　度	0.30	0.61	12	13658
16	百 慕 大	0.07	0.59	3	13075
17	英　国	2.00	0.42	81	9395
18	瑞　典	0.52	0.38	21	8412
19	中国澳门	0.20	0.31	8	6912
20	意 大 利	1.78	0.29	72	6540

2012 年上海市新批准主要外商投资商贸企业情况表

企　业　名　称	投资总额（万美元）	注册资本（万美元）	合同外资（万美元）	企业类型
捷成工业（中国）有限公司	1978.13	791.25	791.25	外资
迅销（上海）商业有限公司	10500.00	3500.00	3500.00	外资
上海粤融企业发展有限公司	4265.68	1421.89	355.47	合资
上海信星商贸有限公司	1000.00	1000.00	1000.00	外资
大创（上海）商业有限公司	1324.81	662.41	662.41	外资
埃尼润滑油贸易（上海）有限公司	1556.13	622.45	622.45	外资
连卡佛百货商贸（上海）有限公司	3574.60	1191.53	1191.53	外资
帝泽家用电器贸易（上海）有限公司	3798.00	1266.00	620.34	合资
唯炜澜谛（上海）商贸有限公司	1250.00	500.00	500.00	外资
维真珠宝（上海）有限公司	1577.16	788.58	402.18	合资
伊藤园饮料（上海）有限公司	1265.96	632.98	632.98	外资
上海卡帝乐鳄鱼服饰有限公司	3798.00	1266.00	1251.95	合资
优友（上海）商贸有限公司	9900.00	3300.00	3300.00	外资
住友林业（上海）商贸有限公司	1330.02	665.01	665.01	外资

（续表一）

企业名称	投资总额（万美元）	注册资本（万美元）	合同外资（万美元）	企业类型
鑫爵贸易（上海）有限公司	1250.00	505.00	505.00	外资
上海盛合新能源科技有限公司	4739.64	1579.88	797.84	合资
上海英盾安防设备有限公司	1429.27	577.48	259.87	合资
福胜新天地（上海）实业有限公司	4733.22	1577.74	1577.74	外资
斯篮搏（上海）体育文化发展有限公司	1182.87	473.15	165.60	合资
爱蓬（中国）商贸有限公司	2500.00	1000.00	1000.00	外资
安得利（上海）食品有限公司	1582.50	633.00	633.00	外资
上海缘翔企业发展有限公司	8753.24	2917.75	1441.37	合资
乐购仕（上海）商贸有限公司	1577.16	788.58	788.58	外资
保利金控（上海）企业发展有限公司	1289.86	644.93	644.93	外资
瀚昂商贸（上海）有限公司	2900.00	1450.00	1450.00	外资
格翔（上海）实业有限公司	3942.90	3942.90	3154.32	合资
耐克商业（中国）有限公司	1971.45	788.58	788.58	外资
上海缪氏企业集团有限公司	16174.10	5391.37	2463.50	合资
上海宣泰医药科技有限公司	3639.75	1582.50	474.75	合资
拉菲波雅克酒业（中国）有限公司	2400.00	1680.00	1680.00	外资
寿司郎（上海）餐饮管理有限公司	1577.74	788.87	481.21	合资
海岩贸易（上海）有限公司	2500.00	1000.00	1000.00	外资
孚丰商贸（上海）有限公司	2366.61	984.04	984.04	外资
益逻触控系统贸易（上海）有限公司	1375.00	550.00	550.00	外资
传线网络科技（上海）有限公司	9000.00	9000.00	9000.00	外资
杜拉维特卫浴科技（上海）有限公司	1261.73	630.86	630.86	外资
禾合时尚（中国）商业有限公司	1577.16	788.58	402.18	合资
上海宝信实嘉汽车销售有限公司	9462.96	4731.48	4731.48	外资
上海棋上信息技术有限公司	2200.00	1000.00	1000.00	外资
唯日贸易（上海）有限公司	1000.00	850.00	850.00	外资
互盛（中国）有限公司	3786.00	1893.00	1893.00	外资
依维柯（中国）商用车销售有限公司	1971.88	788.75	788.75	外资
上海聚美优品商贸有限公司	1250.00	500.00	500.00	外资
爱茉莉太平洋化妆品（上海）有限公司	9625.04	3208.35	2220.60	合资
武田（中国）国际贸易有限公司	2100.00	840.00	840.00	外资
澳帝桦（上海）商贸有限公司	1160.36	515.72	515.72	外资
新稼农业科技（上海）有限公司	3943.75	1577.50	1577.50	外资
中航国际船舶发展（中国）有限公司	4733.22	1577.74	1577.74	外资

（续表二）

企业名称	投资总额（万美元）	注册资本（万美元）	合同外资（万美元）	企业类型
理泓国际贸易（上海）有限公司	2500.00	1000.00	1000.00	外资
江铜国际贸易有限公司	29966.04	15771.60	1577.16	合资
上海曜中能源科技有限公司	4100.62	2365.74	2365.74	外资
上海昊信光电有限公司	6308.64	3272.92	2290.98	合资
上汽通用汽车销售有限公司	4900.00	4900.00	2401.00	合资
上海盛时商贸有限公司	3600.18	3600.18	3600.18	外资
摩科瑞（中国）金属资源有限公司	9000.00	3000.00	3000.00	外资
上海翡翠滨江艺术发展有限公司	4800.00	1600.00	1600.00	外资
莲特贸易（上海）有限公司	3857.34	1285.78	1285.78	外资
路易达孚（上海）商贸有限公司	4500.00	1500.00	1500.00	外资
上海曜船光电有限公司	1971.45	788.58	307.55	合资
康慧母婴专护服务（上海）有限公司	9462.96	3864.04	3864.04	外资
采瑞贸易（上海）有限公司	1516.68	631.95	631.95	外资
上海波汇通信科技有限公司	1948.21	779.29	129.88	合资
上海透景生命科技有限公司	1774.31	709.72	99.14	合资
上海爱定客信息科技有限公司	3000.00	1500.00	1500.00	外资
天盛纸业（上海）有限公司	1984.10	793.64	793.64	外资
先声默沙东（上海）药业有限公司	1985.89	794.36	405.12	合资
央数信息科技（上海）有限公司	1000.00	500.00	500.00	外资
宜家家具配件（上海）有限公司	1262.00	504.80	504.80	外资
奕荟实业（上海）有限公司	1400.00	1000.00	1000.00	外资
科丝美诗（上海）生物科技有限公司	2500.00	1000.00	1000.00	外资
纳新塑化（上海）有限公司	7580.18	2532.00	1519.20	合资
阿拉丁化学试剂（上海）有限公司	4440.00	1480.00	1480.00	外资
上海优黎德贸易有限公司	2000.00	800.00	800.00	外资
上海美美尚隽印刷有限公司	1200.00	500.00	255.00	合资
上海尤尼特生物科技有限公司	1163.00	500.00	500.00	外资
捷士安阀门技术（上海）有限公司	1800.00	1500.00	1500.00	外资
帝人医疗器械（上海）有限公司	1250.00	500.00	500.00	外资
爱思开（上海）运动用品商贸有限公司	2302.65	1151.33	1151.33	外资
昌通矿业（上海）有限公司	2500.00	1000.00	1000.00	外资
天虹国际贸易有限公司	1579.88	789.94	7.90	合资
凌扬真空科技（上海）有限公司	1000.00	500.00	500.00	外资

资料来源：市商务委外商投资促进处。

2012 年上海市进出口额前 50 位企业名录

排序	企业名称	总额（亿美元）	排序	企业名称	总额（亿美元）
1	达功（上海）电脑有限公司	275.23	26	日月光封装测试（上海）有限公司	17.55
2	昌硕科技（上海）有限公司	183.54	27	国基电子（上海）有限公司	16.58
3	丹沙物流（上海）有限公司	147.57	28	上海怡世翔物流有限公司	15.42
4	宝山钢铁股份有限公司	80.56	29	上海外高桥造船有限公司	14.70
5	上海浦东国际机场进出口有限公司	44.42	30	上海电气集团股份有限公司	14.62
6	世天威物流（上海外高桥保税物流园区）有限公司	43.77	31	金士顿科技（上海）有限公司	14.49
7	达丰（上海）电脑有限公司	43.64	32	索尼物流贸易（中国）有限公司	13.78
8	英顺达科技有限公司	42.25	33	上海同华储运有限公司	13.64
9	晨碟半导体（上海）有限公司	41.12	34	上海通用汽车有限公司	13.56
10	全球物流（上海）有限公司	38.22	35	中国金山联合贸易有限责任公司	12.72
11	英源达科技有限公司	37.60	36	上海外高桥物流中心有限公司	12.69
12	东方航空进出口有限公司	30.58	37	东芝物流（上海）有限公司	12.50
13	捷豹路虎汽车贸易（上海）有限公司	30.28	38	拜耳材料科技（中国）有限公司	12.50
14	保时捷（中国）汽车销售有限公司	30.06	39	上海中燃船舶燃料有限公司（保）	11.83
15	英运物流（上海）有限公司	27.97	40	上海吉开伊物流有限公司	11.75
16	星科金朋（上海）有限公司	27.83	41	国家物资储备局上海七处（保）	11.55
17	上海新金桥国际物流分拨有限公司	26.65	42	上海同盛物流园区投资开发有限公司	11.52
18	上海近铁国际物流有限公司	25.49	43	达伟（上海）物流仓储有限公司	11.37
19	安靠封装测试（上海）有限公司	24.71	44	叶水福洋山物流（上海）有限公司	11.28
20	上海振华重工（集团）股份有限公司	21.76	45	捷普科技（上海）有限公司	11.25
21	威宏电子（上海）有限公司	21.53	46	上海大众国际仓储物流有限公司	11.17
22	英华达（上海）科技有限公司	19.61	47	沪东中华造船（集团）有限公司	11.05
23	上海大众汽车有限公司	19.45	48	上海江南长兴造船有限责任公司	10.54
24	环旭电子股份有限公司	18.85	49	上海贝尔股份有限公司	10.37
25	英业达科技有限公司	18.76	50	瑞表企业管理（上海）有限公司	10.00

历届中国华东进出口商品交易会一览表

届次	年份	展馆（万平方米）	摊位（个）	参展省市（个）	参展企业（家）	到会外商（人次）	国别（地区）（个）	总成交额（万美元）
1	1991	22.10	1050	7	607	6018	71	102261
2	1992	2.90	1450	7	700	6341	78	133247
3	1993	3.50	1750	15	1000	6741	84	164784
4	1994	3.60	1800	20	1000	7788	90	180508
5	1995	5.10	2500	36	1400	7906	100	214100
6	1996	4.90	2500	37	1500	7543	104	223600
7	1997	6.42	2537	35	1500	7738	125	223144
8	1998	6.38	2625	33	2000	6518	150	195500
9	1999	5.18	2216	32	2000	6108	130	120600
10	2000	4.40	1926	32	1926	7277	120	129500
11	2001	6.12	2807	37	340	10562	126	153200
12	2002	5.76	2850	35	3000	13646	154	168900
13	2003	5.75	2966	35	3000	15749	175	204000
14	2004	8.05	4158	14	3100	18915	—	255900
15	2005	8.05	4158	39	3300	20558	151	297372
16	2006	10.35	5346	39	3540	23660	—	332119
17	2007	10.35	5346	39	3522	18557	117	355300
18	2008	10.35	5346	39	3592	19263	145	367800
19	2009	10.35	5312	39	3500	18229	140	224000
20	2010	10.35	5310	39	3376	19029	123	273300
21	2011	10.35	5310	39	3326	20105	133	283900
22	2012	11.50	5880	39	3420	21124	128	312200

2012年上海市单体百货零售额20强排行榜

排名	商 场 名 称	零售额（亿元）
1	上海第一八佰伴	45.0
2	上海新世界城	35.5
3	上海久光百货	22.7
4	上海第一百货商店	18.5
5	东方商厦旗舰店	17.7
6	汇金百货徐汇店	10.8
7	上海置地广场商厦	9.9
8	太平洋百货徐汇店	8.4

（续表）

排名	商 场 名 称	零售额(亿元)
9	永安百货	8.3
10	东方商厦中环店	8.2
11	东方商厦南京东路店	7.4
12	上海虹桥友谊商城	6.6
13	上海第六百货商店	5.9
14	东方商厦奉贤店	5.5
15	东方商厦杨浦店	4.5
16	太平洋百货淮海店	4.4
17	东方商厦青浦店	4.2
18	上海黄金广场	3.9
19	浦东永安百货	3.4
20	东方商厦嘉定店	3.3

说明：前5位均属百联集团旗下企业。

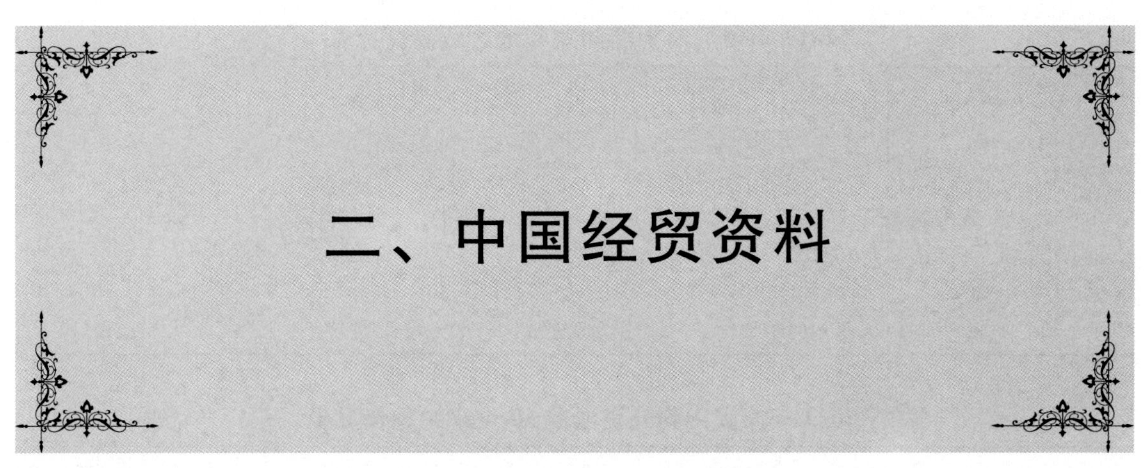

2003—2012 年中国进出口贸易额情况表

单位:亿美元

年份	进出口总额	比上年(±%)	占世贸总额的比重(%)	位次	出口额	比上年(±%)	进口额	比上年(±%)	顺逆差额
2003	8512.1	37.1	5.47	4	4383.7	34.6	4128.4	39.9	255.3
2004	11547.4	35.7	6.21	3	5933.6	35.4	5613.8	36.0	319.8
2005	14221.2	23.2	—	3	7620.0	28.4	6601.2	17.6	1019.0
2006	17606.9	23.8	7.20	3	9690.8	27.2	7916.1	19.9	1018.8
2007	21738.0	23.5	8.00	3	12180.0	25.7	9558.0	20.8	2622.0
2008	25616.3	17.8	—	3	14285.5	17.2	11330.8	18.5	2954.7
2009	22072.7	-13.9	—	—	12016.7	-16.0	10056.0	-11.2	1960.7
2010	29728.0	34.7	10.00	2	15779.0	31.3	13948.0	38.7	1831.0
2011	36420.6	22.5	—	2	18986.0	20.3	17434.6	24.9	1551.4
2012	38668.0	6.2	10.50	2	20489.0	7.9	18178.0	4.3	2311.0

1993—2012 年中国利用外资情况表

单位:亿美元

年份	总计		年份	总计	
	项目数(个)	实际利用额		项目数(个)	实际利用额
1993	83595	398.60	2003	48081	535.05
1994	47646	432.10	2004	43664	606.30
1995	37184	481.30	2005	44011	603.25
1996	24673	548.00	2006	41473	630.21
1997	21046	519.33	2007	37872	747.00
1998	19846	455.82	2008	27514	923.95
1999	17022	526.60	2009	23435	900.30
2000	22347	493.56	2010	27406	1057.00
2001	26139	468.46	2011	27712	1160.10
2002	34171	527.43	2012	24925	1117.00

2012 年中国对主要国家和地区贸易情况表

国别(地区)	出口额(亿美元)	比上年(±%)	进口额(亿美元)	比上年(±%)
美　国	3518	8.4	1329	8.8
欧　盟	3340	-6.2	2121	0.4
中国香港	3235	20.7	180	15.9
东　盟	2043	20.1	1958	1.5
日　本	1516	2.3	1778	-8.6

2012 年中国实到外资额前 10 位来源地情况表

排序	国别(地区)	实到外资额(亿美元)	排序	国别(地区)	实到外资额(亿美元)
1	中国香港	712.89	6	韩　国	30.66
2	日　本	73.80	7	德　国	14.71
3	新加坡	65.39	8	荷　兰	11.44
4	中国台湾	61.83	9	英　国	10.31
5	美　国	31.30	10	瑞　士	8.78

说明：上述 10 个国家和地区的合计实到外资额占全国实际使用外资金额的 91.4%。

2002—2012 年中国出口商品交易会一览表

年份	届次		到会客商(人)		来自国别(个)		成交额(百万美元)		全年成交额(百万美元)	比上年(±%)
	春季	秋季	春季	秋季	春季	秋季	春季	秋季		
2002	91	92	120576	135482	185	191	16850	18470	35320	21.20
2003	93	94	23128	150485	167	201	4420	20490	24910	-70.53
2004	96	96	159717	167926	203	203	24510	27200	51710	107.59
2005	97	98	195464	177000	210	210	29230	29430	56935	10.10
2006	99	100	190011	192691	210	212	32220	34060	66280	16.41
2007	101	102	206749	189500	211	213	36390	37450	73840	11.41
2008	103	104	192013	174562	210	213	38230	31550	75680	2.49
2009	105	106	165436	188170	209	212	26230	34070	60300	-20.32
2010	107	108	203996	200612	212	208	34300	34833	69133	14.65
2011	109	110	207103	209175	209	210	36860	37900	74760	8.14
2012	111	112	210000	188145	213	211	36030	32680	68710	-8.09

一主　一辅　一配套

ROBOT

三区 + 两轴+ 一核心

诚挚欢迎海内外有志有识之士加入我们，和我们一起创造智上海的未来！

上海机器人产业园（宝山）是由上海市经信委于2012年9月批准建设的市级工业园区，占地面积 3.09 平方公里。园区地理位置极佳，位于轨道交通地铁1号线和7号线之间，市政规划中的地铁18号线将贯穿整个园区，右临吴淞港，与和浦东新区只有一江之隔，距市中心、火车站和虹桥枢纽等都只有半个小时车程，是离市中心最近的上海市'104'区块。

随着上海城市化进程的推进，园区周边已拥有大片成熟的生活社区，商务设施配套也已形成规模，上海最大的生态公园顾村公园就坐落在其附近。近几年，市、区领导已关注到顾村镇日新月异的变化以及我园区的地理优势，对园区提出了加大产业结构调整力度的 要求和指导。

我园区以发那科机器人项目为重点发展契机和起点，为上海机器人产业园确定了"一主、一辅、一配套"的功能定位和"三区 + 两轴+ 一核心"的规划理念。其中"一主"是：以机器人产业链为核心的产业集群为主；"一辅"是：以相关智能装备制造业为辅助功能；"一配套"是：以高端生产性服务集群为配套功能。"三区"即：机器人研发及成果转化区、总部经济区、智能装备制造区；"两轴"即：以两条贯穿园区的主干道打造成商务轴和景观轴；"一核心"，即：机器人产业园公共服务核心区。

2012年9月园区正式挂牌之后，得到市、区各级领导和部门的关注和支持。在将近一年的时间内，一系列针对园区实际情况的专项扶持政策制订出台；发那科二期、鑫燕隆汽车流水线等项目顺利入驻，国内、外多个重点项目也在进一步洽谈；产业园研发应用中心和孵化基地的成功建设也引进和帮助了一批研发类企业起步发展。此外，我园区和东浩集团联手开展上海市机器行业协会的筹备工作，并由ABB、KUKA、、FANUC、上海电气等相关产业中的领头企业一同发起建设此行业内的专业交流平台，以我园区为实体载体，希望能在东方之珠上海打造出一个高智能化的产业基地。

上海富盛经济开发区

“服务为本，政策为信”

上海富盛经济开发区成立于1994年，是上海市人民政府批准设立的市级开发区。位于崇明岛的中部南沿，地处规划中的崇南分区城市经济产业带的核心区域，总规划面积为5.9平方公里。东部毗邻新河镇、西部与崇明新城接壤、北部衔接全岛交通主干道——陈海公路、南部濒临浩瀚长江，拥有3公里长、常年水深为负12米的深水岸线,具有良好的区位优势，水陆物流运输相当便捷，产业经济功能辐射全岛。开发区重点发展港口机械、船舶制造配套制造、现代通信技术工程、生物科技工程、绿色食品深加工等产业，适时培养和发展物流、商务等生产性服务业。

从2003年开始，富盛经济开发区本着“统一规划、配套建设、分期实施、协调发展”的原则，对园区进行形态开发。在完善开发区道路、供水、排水、通信等基础配套设施的同时，还在园区内建成了一座3.5万伏变电站，为投资者提供了更完善的硬件环境。除了引进大规模的企业以外，开发区还出资建造了富盛创业园，并建造了生活配套区，方便了中小型企业的落户和发展。为确保园区形态开发的顺利推进，开发区还按照“高起点规划、高水平设计、高质量施工、高标准管理”的标准，先后建造了两个动迁安置小区——“富源花苑”和“富景名城”。

上海富盛经济开发区以完善的基础设施，良好的投资环境，优惠的引资政策和真诚的合作态度，赢得了各方投资者。

NU SKIN 如新

优异，你看得见！

如新善的力量基金会
如新受饥儿滋养计划
NU SKIN 如新中华儿童心脏病基金
NU SKIN 如新5·12小额信贷基金

NU SKIN 如新集团成立于1984年，1996年在纽约证券交易所上市，目前业务遍及全球53个市场，在全世界拥有超过90万活跃事业经营伙伴，并拥有世界一流的抗衰老科研顾问团。2011年，NU SKIN 如新成功并购LifeGen美国生命基因科技公司，以领先业绩10年以上的优势，在“抗衰老领域”提供最优质的产品。

2003年 NU SKIN 如新正式进入中国市场，总部设在上海，在华投资总额迄今已逾30亿人民币。目前已在国内建成五大生产基地和上海、北京两大研发中心，并在上海奉贤区建设 NU SKIN 大中华创新总部园区，将世界级的抗衰老科研中心、生产基地与体验中心带到中国。2006年 NU SKIN 如新中国成为首批获发中国直销经营许可证的直销公司之一。NU SKIN 如新中国所有分公司以及奉贤、湖州工厂都已获得由英国标准协会（BSI）颁发的 ISO 9001:2008 质量管理体系认证证书，店铺营运管理水平、顾客服务水平等均达到国际新标准。

NU SKIN 如新中国依托集团优秀的科研实力，一直坚持“6S品质措施”，以制药的方法及设备对产品研发、生产和品质进行严格控制，其标准不仅符合且远超于美国FDA拟定的GMP标准，同时亦遵循国家的各项质量规范及要求，确保公司质量体系良好有序的运行。

NU SKIN 如新积极投身公益事业，于1996年创办“如新善的力量基金会”，通过提供赞助基金与产品的方式，为儿童和人类创造更美好的世界。截至2013年2月底，“如新受饥儿滋养计划”已在全球募集到超过2亿9千8百万份蜜儿餐，“NU SKIN 如新中华儿童心脏病基金”已成功救治超过1,200名贫困先心病患儿，“NU SKIN 如新 5·12小额信贷基金”已累积向超过5,200户汶川地震受灾农户发放贷款超过1亿3千万多元。

稳健发展29年，以“优异，你看得见！”为定位的 NU SKIN 如新集团，正不断以优秀的人才、优质的产品、优良的文化及优渥的事业机会，努力开创 NU SKIN 如新的美好未来！

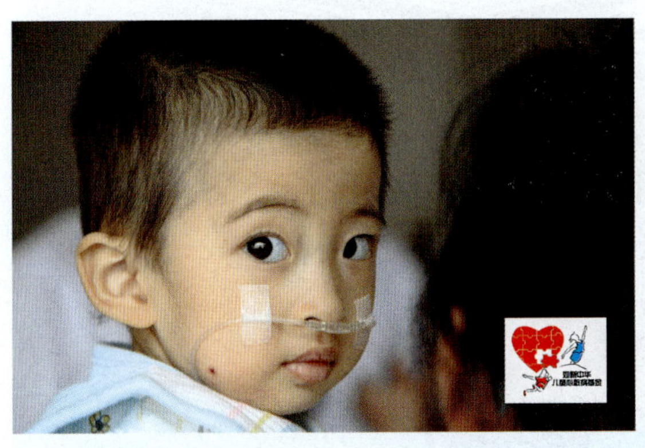

FIRMENICH AROMATICS

芬美意香料（中国）有限公司

芬美意集团成立于1895年，总部设在瑞士日内瓦。是一家具有100多年历史的国际化的家族企业，亦是全球最大的从事香精原料研究和生产的公司，业务遍布全球64个国家，2012公司财年销售额达26.4亿瑞士法郎。芬美意以高质量、创造和革新为生产经营之本，集团每年投入大量资金（每年10%的销售额）用于研究和开发，至今，芬美意集团已荣获包括诺贝尔化学奖在内的35个世界级科研奖项及上百项专利产品。

芬美意集团于1994年进入中国，在上海设立办事处。1995年与昆明香料厂合资成立昆明芬美意香料有限公司，投资总额2738万美元。2001年11月19日芬美意集团在上海市莘庄工业区投资成立芬美意香料（中国）有限公司，2004年初正式投产运行，主要从事合成香精香料及单体原料的生产、加工、研究、开发以及售后服务和技术支持。客户大多为日用家居个人护理和食品行业的生产厂家，遍布大中国地区。2006年6月，芬美意香料亚太研发中心在莘庄工业区成立。

2012年，芬美意高科技研发新大楼在中国上海正式启用，旨在于亚太区进一步巩固行业创新领导地位，力争成为该地区客户的首选合作伙伴。

Belle 百麗國際 International

百丽国际，1991年成立于中国深圳。目前是中国大陆地区最大的女装鞋零售商，和最大的运动品牌零售商之一。

2007年5月23日，百丽国际控股有限公司在香港主板成功上市，并于2010年9月6日正式晋身香港恒指蓝筹股之列。截至2013年1月21日，市值超过1500亿港元。

集团拥有遍布全国30个省市自治区以及港澳地区的零售网络。截至2012年12月31日，在中国大陆拥有自营零售店17564家，在香港和澳门拥有自营零售店近200家。

集团业务由两大部分构成——鞋类业务及运动服饰业务。

鞋类业务的自有品牌包括：Belle(百丽)、Teenmix(天美意)、Tata(他她)、Staccato(思加图)、Senda(森达)、Basto(百思图)、JipiJapa、Millie's (妙丽)、 Joy & Peace (真美诗)及Mirabell(美丽宝)等；代理品牌主要包括 Bata、Clarks、Mephisto、BCBG、Merrell、Sebago及Caterpillar等。

自有品牌主要采用纵向一体化的经营模式，包括产品研发、采购、生产制造、分销及零售。代理品牌的经营方式主要为品牌代理和经销代理。

运动服饰业务目前以代理经销为主，包括一线运动品牌Nike及Adidas；二线运动品牌Kappa、PUMA、Convers、及Mizuno等。(注：一、二线运动品牌的划分乃主要依据本集团代理之运动品牌的营业规模)

据中国行业企业信息中心统计，2011年度，以销售额计国内女皮鞋市场排名前10名中，有6个品牌属于百丽，它们分别是百丽(第一)，天美意(第二)、他她(第三)，思加图(第五)，百思图(第八)，森达-女鞋(第九)和；森达-男鞋居男装皮鞋市场排名首位。其中，百丽品牌连续16年荣居中国女装鞋销售榜首。百丽品牌连续7届入选"中国500最具价值品牌"榜单，品牌价值同行业中排名第一；于2009年入选"中国十大名鞋"榜单，并荣获"中国驰名商标"、"中国名牌"、"中国真皮鞋王"、"中国真皮标志名牌"等多项殊荣。

运动服饰品牌

鞋类品牌

网路零售商 搜索

全部商品分类 | 简介 | 品牌直销 | 团购 | 夺宝岛 | 京东社区

- 图书、音乐、影视
- 家用电器、汽车用品
- 手机数码
- 电脑、办公
- 家居家装、厨具
- 服饰鞋帽
- 个护化妆
- 礼品箱包、钟表、珠宝
- 运动健康
- 母婴、玩具乐器
- 食品饮料、保健食品
- 彩票、机票、充值、票务

京东(JD.COM)是中国领先的综合网络零售企业，公司秉承“客户为先”的经营理念，致力于为消费者提供丰富优质的产品、便捷的服务和实惠的价格，打造广大用户的优质网购入口。

截至2013年4月底，京东拥有超过1亿的优质用户，数万家供应商。在线销售家电、数码通讯、电脑、家居百货、服装服饰、母婴、图书、食品等13大类数万个品牌，京东自营和开放平台提供了超过700万个单品库存。日订单处理量超过100万单，网站日均页面浏览量超过2亿。2010年，京东跃升为中国首家规模超过百亿的网络零售企业，自2004年进军电子商务以来，年复合平均增长率超过150%。根据第三方机构艾瑞咨询最新发布的数据，京东在2012年继续蝉联中国自营B2C电商市场份额第一，份额高达49%，领先优势持续扩大。

2007年，京东在行业中率先进行全国物流体系的布局，目前已经建立华北、华东、华南、西南、华中、东北6大物流中心，27个城市仓储中心、近1000个配送站、300个自提点组成，覆盖全国1000个区县。

京东以“产品、价格、服务”为核心，致力于为消费者提供质优的商品、优惠的价格，同时领先行业推出“GIS包裹跟踪系统”“211限时达”、“次日达”、“夜间配送”、“预约配送”、“售后100分”、“全国上门取件”、“先行赔付”等多项专业服务。京东通过不断优化的服务引领网络零售市场，率先为中国电子商务行业树立了诚信经营的标杆。

同时，京东致力于成为“技术驱动型”企业，在云计算和大数据等技术领域引领行业。京东作为中国最受消费者信赖的电子商务网站之一，不仅为用户提供最佳的网购体验，同时也为产业链、经济和社会发展创造全新价值。

上海金山工業區

金山工业区成立于2003年9月，是上海市政府重点支持发展的市级工业区之一。园区规划面积58平方公里，由新加坡裕廊顾问私人有限公司总体规划设计。凭借着环境优美、配套齐全、产业集群，园区正成为杭州湾北岸先进制造业基地。

Jinshan Industrial Park was established in September 2003, which is one of the municipal industrial zones developed under the key support of Shanghai Municipal Government. The planning area of the Park is 58 square kilometers that planned and designed by Singapore Jurong Consultants Pte Ltd. By virtue of the beautiful environment, complete supporting facilities and industrial clusters, the Park is becoming an advanced manufacturing base on the north shore of Hangzhou Bay.

主导产业 Pillar Industries

- 生物医药产业 Biomedical Industry
- 新材料产业 New Materials Industry
- 光电产业 Optoelectronics Industry
- 先进装备产业 Advanced Equipment Industry
- 食品加工产业 Food Processing Industry
- 绿色印刷产业 Green Printing Industry

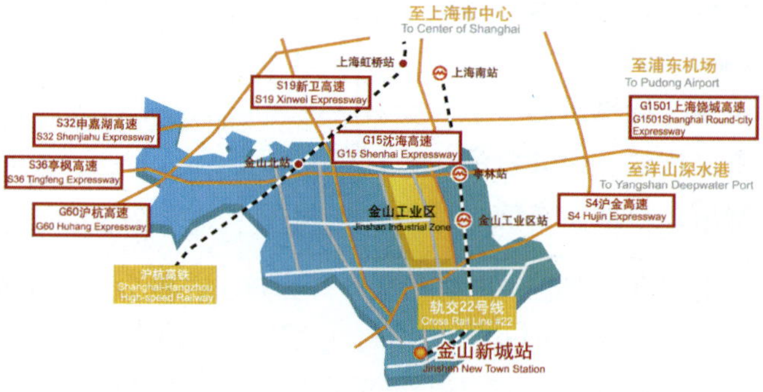

距长三角16个重要城市的距离均在一小时车程左右

Less than 1 hour's drive away from 16 key cities in Yangtze River Delta

金山距上海市中心 Jinshan is 44 KM away from Shanghai downtown 44km

金山距虹桥机场 Jinshan is 38 KM away from Hongqiao Airport 38km

金山距浦东机场 Jinshan is 55 KM away from Pudong Airport 55km

金山距洋山深水港 Jinshan is 60 KM away from Yangshan deepwater port 60km

金山距杭州跨海大桥 Jinshan is 33 KM away from Hangzhou Bay Cross-sea Bridge 33km

上海虹桥机场 Shanghai Hongqiao Airport

浦东国际机场 Pudong International Airport

洋山深水港 Yangshan Deep-Water Port

杭州湾跨海大桥 Hangzhou Bay Bridge

至上海市中心 To Center of Shanghai

至浦东机场 To Pudong Airport

至洋山深水港 To Yangshan Deepwater Port

金山工业区 Jinshan Industrial Zone

轨交22号线 Cross Rail Line #22

金山新城站 Jinshan New Town Station

- 上海金山日本企业产业园 Shanghai Jinshan Industrial Park, Japanese companies
- 国家绿色创意印刷示范园区 Notional Green Creative Printing Demonstration Zone
- 上海国家生物产业基地 Shanghai National Biological Industrial Base
- 国家科技兴贸创新基地（生物医药） National Revitalizing Trade through Science & Technology Innovation Base
- 上海市高新技术产业化新材料产业基地 Shanghai New High-tech Commerrcialization New Materrial Industy Base
- 上海品牌建设优秀园区 Excellent Shanghai Brand Building Park
- 上海市企业服务优秀园区 Excellent Shanghai Enterprise Service Park

http://jsgyq.jinshan.gov.cn

地址：上海市金山工业区大道100号 电话：86-21-57276999 传真：86-21-57275473 邮编：201506

Add:No.100.Jinshan Industrial Zone Avenue,Shanghai P.C.201506 Tel:86-21-57276888 57276999 Fax:86-21-57275473

MCEC 上海市机械设备成套(集团)有限公司

上海市机械设备成套(集团)有限公司前身为成立于1959年上海市机械设备成套局。经中共上海市委、上海市人民政府批准于1999年改制成立。

成套集团系国内大型企业，集团拥有工程总承包、国际国内招标、进出口代理和外经权、甲级国家设备成套、甲级工程咨询等20余种资质。近3年，集团经营规模年均达155亿元，跻身国家物资流通企业综合实力百强行列。

50多年来，成套集团为国家和上海市重点工程、重大技改项目，实施过上万个项目，提供千亿元成套设备，积累丰富的设备集成经验，集聚了宝贵的专业人才。成套集团多年来连续评为上海市合同信用最高等级AAA级企业，多次荣获上海市重点实事立功竞赛优秀公司、全国设备成套系统先进单位称号。

经过多年发展，成套集团的业务范围已从设备成套扩展到工程总承包与设备集团、招标代理、进出口贸易、国内贸易、设备租赁、工程监理、汽车销售与维修、工程咨询、项目管理、典当等领域。

成套集团将充分发挥整体优势，增强核心竞争能力，坚持创新发展，秉承企业经营理念“诚信服务、合作共赢”共创未来。

盾构隧道掘进机

韩国太阳能电站项目

卸船机

中油天宝钢管有限公司全套钢管生产线设备引进项目

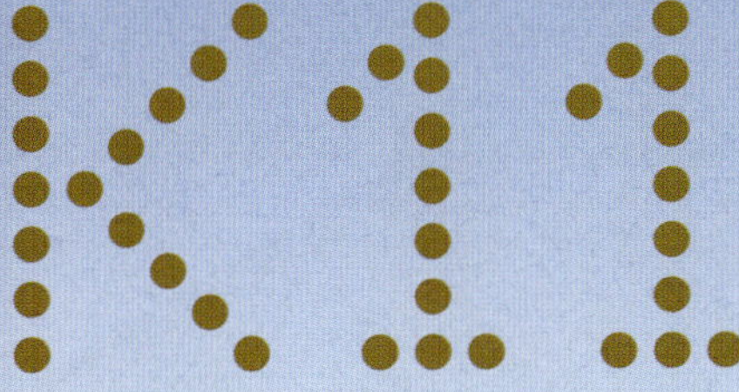

购物艺术中心

K11是首个把艺术•人文•自然三大核心元素融合的全球性原创品牌；品牌以城市多元文化生活为起点，在K11所在的独特区域糅合多维艺术形式的欣赏交流、本土人文的重塑及再现、自然环保的建筑空间、商场及公共空间里人们的日常生活与气息，相互融合产生微妙的互动化学作用，为大众带来前所未有的独特感官体验。

K11在上海

内地首家购物艺术中心——上海K11于2013年6月28日正式开业，开业不久的上海K11已获得大众的亲睐与关注。未来5年香港新世界集团更将陆续在中国11个城市北京、广州、武汉、天津、青岛、沈阳、海口、宁波等地都构建19个项目延续K11的创意之旅，项目总面积将超过160万平方米。

上海K11购物艺术中心在淮海中路地标之一的——香港新世界大厦购物广场的基础上华丽变身，地下三层至地上六层，面积约40000平米，交通便利、周围配套设施成熟。商场引进约78家品牌，其中约12%的零售及餐饮品牌为首次入驻中国。商场提供包括免费艺术中心、空中花园、大型垂直绿化以及多元化品牌名店的“创艺”生活。未来的上海K11将为大众所呈现的不仅仅是一座购物中心，更是一间艺术博物馆、环保体验中心、主题旅游景点和展示人文历史的绝佳场所。上海K11秉承将艺术•人文•自然三大元素相融合的品牌价值，为大众带来集艺术欣赏，人文体验，自然绿化与购物消费相融合的全方位完美体验。

→艺术

K11与艺术家、艺术团体紧密合作，在商场动线内摆放艺术作品，同时特辟专属空间定期举办免费展览，以促进艺术与大众之间的互动。上海K11特设：

- K11 Art Foundation

  K11 Art Foundation是一个在香港注册的非牟利组织，旨在为大中华区年轻新锐艺术家提供源源不绝支持的培植跳板，使年轻新锐艺术家的创意及贡献得到广泛关注。

- chi K11 art space

  3000平米的艺术交流、互动及展示空间，定期举行免费的艺术展览、艺术家沙龙等活动， 打造艺术家与公众之间的交流平台，使艺术不仅仅局限于艺廊或博物馆，亦可在日常生活中为人们欣赏和喜爱。

- K11艺术典藏

  精选国内外知名当代艺术家的17组作品，分布于商场各处。如当代艺术家隋建国为K11独家定制的雕塑作品《蝴蝶》、艺术界先锋人物达明安•赫斯特的Wretched War等。今后各展品都将于各地K11之间轮换展出。而商场特别配备的专业艺术导赏员将为您讲解艺术品本身的意义及背后的创作理念，在满足消费者休闲购物需求的同时，也为人们带来了一趟充满惊喜与收获的“艺术漫步”之旅。

→ 人文

从人文角度出发，不断追溯活化，在物质空间与自然融合中感悟人生是品牌又一核心元素。上海K11将和黄浦区政府紧密合作，推出形式多样的文化活动，将淮海路商业街的文化氛围放大，令每个参与其中的人都成为上海多元文化生活的共同缔造者。

→ 自然

K11为城市生活缔造崭新空间，唤醒大众对大自然的关注，使人与自然和谐共存。上海K11已获得美国绿色建筑协会颁发的“美国LEED金奖认证”， 更在商场内部打造都市农庄、都市丛林景观、屋顶花园等绿色空间。

- K11都市农庄

  300平米的室内生态互动体验种植区，突破了室内环境的局限，采用多种高科技种植技术在室内模拟蔬菜的室外生长环境，让大众零距离接近自然，体验种植的乐趣。

- 都市丛林奇景

  中庭采用大面积垂直绿化墙设计，有效隔热降低能耗；高33米的人工水景瀑布飞泻而下，逼真的水流声、鸟叫声让人仿佛置身大自然丛林之中。

- 空中花园

  六楼的屋顶花园隔绝都市的喧嚣，使上海K11成为既能俯瞰淮海路全貌，又能享受自然之美的安静之所。

→ 上海K11商铺

K11倡导全新购物体验，在这里国际名牌、时尚潮牌、各国美食、生活百货一应俱全。BURBERRY、BALLY、Chloé、DOLCE & GABBANA、Max Mara等国际大牌基于对上海生活传统及历史背景的理解，结合K11三大核心元素，构建出仅属于上海K11的独一无二的品牌概念店及形象店。

K11奖项与展望

K11品牌自创立以来，获得了在地产、零售及环保各个领域的诸多殊荣。K11相信通过长期的规划和努力，人们将更容易接触并欣赏艺术，提升美学素养，而上海K11也将为大众全力打造最大的互动艺术乐园、最具舞台感的购物体验、最潮的多元文化社区枢纽，为上海这个国际化大都市再增一个潮流新地标！

丰收日集团 HARVEST FESTIVAL GROUP 餐饮·酒店·食品

1999年，丰收日集团携东海海鲜的新鲜美味登陆上海，以创新的浙江菜式而蓬勃发展。10多年间，坚持传承与创新的发展理念，为传统的浙江饮食文化带来全新的面貌，并朝着多业态、多品牌的方向迈进，集团的主要业务板块现已涉及餐饮、酒店和食品生产。集团拥有丰收日、丰和日丽、云、点沁、云悦等多个连锁品牌。

早在2004年，丰收日集团作为传统中餐标准化的倡导者，率先组建中央厨房、物流中心和客服中心，规范产品标准、物流标准和服务标准，为此后多品牌、多地域的连锁经营模式奠定了良好的基础。至2011年底，丰收日集团已在上海、北京、苏州、无锡和香港开设并运营着40多家不同品牌、不同风格的餐厅，涉及海鲜酒家、新浙江菜、海派融合、休闲餐饮等多个连锁餐饮领域，并每年为超过800万的三地消费者提供健康美味、质量恒定的餐饮服务。

2010年丰收日集团凭借优秀的管理能力、良好的品牌形象和突出的产品特色，成功入选第一批“上海世博会餐饮服务供应商”。10多年来，集团屡获国内外的政府及行业奖项，包括“国际餐饮名店”、“国际美食质量金奖”、“中国十大餐饮品牌”、“中国十佳酒家”、“中国十佳婚宴接待单位”、“中国商业名牌”、“2012全国浙商500强”、“上海市著名商标”和“上海名牌”等，共计30多项。

丰收日集团在自身发展的同时，不忘企业肩负的社会责任。一直秉承“植根民众”的观念，积极支持公益事业。促进和谐社会与推进可持续发展与已被纳入企业的核心价值观。为此，集团加入和创立多个公益型基金，致力于提高和改善所在城市居民的生活质量和生活环境。

86年历史传承，**回力**与你共奋进！

1927-2013

上海证大房地产有限公司

上海证大房产是证大集团房地产业务的旗舰公司，也是香港主板的上市公司（0755.HK）。证大房产于1994 年开始涉足房地产业务，十几年来，已经发展成为以上海为核心，足迹遍及浙江、江苏、四川、东北、海南等地的综合性房地产集团，具备各类物业的开发、经营和物业管理经验，连续三年跻身上海市房地产开发５０强，曾获得上海市房地产业四大著名商标之一，同时又荣获2011中国房地产百强企业—成长性TOP10及2011中国房地产上市公司综合实力百强等殊荣。

精耕十八载，上海证大房产秉承“建筑艺术生活”的理念，蕴含“探求大道、追求大同、创造大美，实现大我”的企业文化精髓，专注于开发和管理包括上海在内的长三角、东北三省、环渤海湾和海南四大地区的高端物业。上海证大房产发展重点包括“大拇指社区”商住综合体系列、“喜玛拉雅”城市综合体系列、“九间堂”高端别墅系列、旅游目的地商旅休闲项目系列。一个个城市明星项目，以独特的建筑理念与文化品位，展现着上海证大房产的深厚底蕴。

作为一家品牌至上的综合性房地产营造企业，证大房产将继续坚持“追求专业品质，建筑艺术生活”的宗旨，以更加开放和创新的精神创造价值，回报社会和股东。

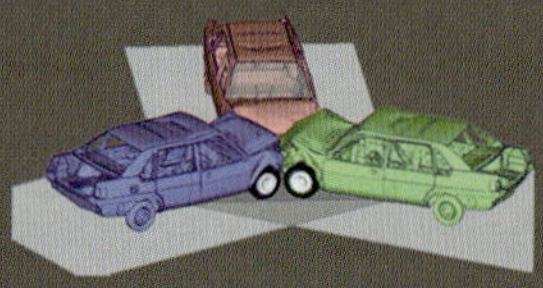

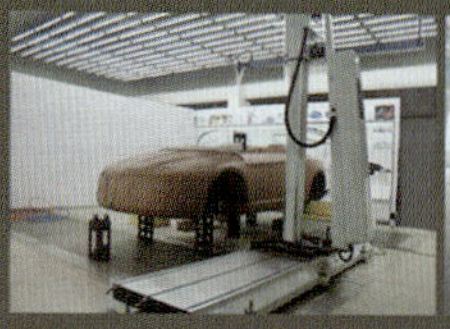

SHANGHAI

海晟融资租赁

上海海晟融资租赁有限公司（Season Financial Leasing Co., Ltd）成立于2012年2月，注册资本金2000万美元。

海晟租赁致力于融资租赁的创新和应用，集合金融机构、设备制造商、终端用户形成租赁交易平台，满足承租人客户不同的租赁需求，提供高效、专业、全面的融资租赁服务。

海晟租赁以打造融资租赁高端理财服务为公司基本定位，在基础设施、能源、交通、通信、石化、医疗、机械等融资租赁的业务领域开展业务，并将在基础设施、节能、环保等新兴的业务领域寻求创新性发展，发挥我们的特长和优势，不断创造客户群体，创造客户需求，创造交易模式，创造互利共赢。

SEASON FINANCIAL LEASING

上海世纪联华超市发展有限公司

世纪联华是百联集团旗下联华超市股份有限公司全资子公司，专司大型综合超市经营管理。公司现有员工19000多人，依托联华股份强有力的支撑体系，积极实施跨地区发展战略，公司网点规模总数已达103家，分布在华东、华南、华北和东北等地的中心城区，初步实现了全国战略布点。公司以提升绩效、服务顾客为中心，牢牢把握机遇与挑战，内夯基础，外谋发展，各项工作都取得较好成绩。

入世以来，国际资本大举进入中国零售市场，竞争加剧。世纪联华积极调整发展策略，集聚各方面的资源优势，加快向长三角地区发展，尤其是向江苏、安徽等省份二三线城市的渗透，优化了网点梯度结构，使公司在长三角地区的整体规模优势和市场地位得到进一步巩固。

为了满足顾客购物新的需求，公司集合各方面的创新要素，加快业务模式和管理模式的转型，积极探索“大卖场＋品牌百货”的经营模式。2011年，公司引入国际时尚元素，打造公司旗舰店——上海体育场店优品生活馆；2012年，又强化新店的品牌特色专柜和区块化管理，让消费者充分享受“一站式”购物的便利和乐趣。此外，为了重塑公司价格形象，推进民生商品销售，公司携手重点供应商，选取消费者喜闻乐见的民生商品开展“惠生活　利民生”活动，给广大消费者带来真正的实惠。

公司积极倡导为顾客创造价值的服务理念。通过激励机制的优化，激发广大干部员工的工作热情和业务技能的提高，培育了一支诚实守信的经营管理队伍。公司秉承“尊重顾客、忠于企业、团队协作、追求卓越”的价值观，恪守“顾客第一，唯一的第一”的经营理念，以振兴民族商业为已任，力争打造大型综合超市业态的领先品牌。

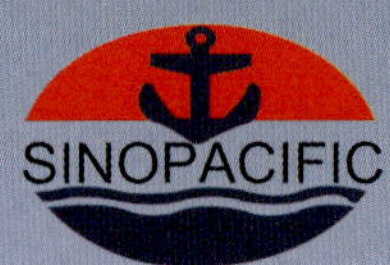

上海太船国际贸易有限公司

SHANGHAI SINOPACIFIC INTERNATIONAL TRADE CO.,LTD

上海太船国际贸易有限公司是江苏太平洋造船集团股份有限公司的全资有限责任公司，成立于2005年4月，注册地为上海市长宁区，总注册资本为3亿元。公司的业务范围涉及：船用产品出口业务，船用产品进口代理，船用物资备件供应，船舶销售、租赁、代理，国内设备及材料贸易，技术咨询，相关服务等。

公司从成立至今，面向全球，努力开拓创新，不断拓展各项与船舶及航运市场相关的国内、国际进出口业务。通过几年国际化模式的经营，完善的管理机构，科学的管理方法，专业化的人才队伍建设以及个性化的客户服务，企业在整体竞争力、经济效益和综合效率等各方面均有不俗的表现，现已发展成为中国较为知名的综合性的船舶贸易企业，在国际船舶贸易行业也有一定的国际知名度。

2010年度在各级政府相关职能部门的大力扶持下，公司签订了价值达6.9亿元的人民币贸易出口合同。目前业务已进入到实质阶段。随着人民币跨境结算业务的不断深入，公司进一步开展了包括人民币出口买方信贷、人民币对外投资及人民币借款在内的等多项延伸业务。人民币跨境结算业务为企业规避汇率风险、拓宽融资渠道、创造多种经营模式，实现长远发展创造了条件。

公司地址：上海市番禺路586号东方商务大楼6层

电话：021-61978288

传真：021-62978282

邮编：200052

上海南桥中小企业总部商务区

位于上海杭州湾北岸地区综合性服务型核心新城——南桥新城核心区域内的上海南桥中小企业总部商务区，是上海市首批20个现代服务业集聚区之一。2007年2月，奉贤区成立了由区长直接挂帅的商务区推进领导小组，并下设办公室。2008年，区政府为加快推进商务区发展，商务区推进办与新城办合署进行办公。

商务区的开发，主要分三个阶段。第一个阶段:从2007年到2010年，是提升规划、完善配套阶段，重点集聚人气和增强社会关注度；第二个阶段:从2011年到2014年，是完善功能，丰富业态和总部经济成长阶段，重点提升商务功能和培育总部基地；第三个阶段:从2015年到2018年，是提升功能，引领示范，成为企业总部落户发展的孵化器和助推器阶段，重点以提升总部基地品牌和增强现代服务业实力。

目前，商务区一期用地已经全面完成招商，并已初具形态。重点项目分别由南方集团、绿地集团和银基发展等开发建设的南方国际商业广场、绿地望海新都和银河丽湾项目。商务区二期用地内，重点建设中企联合大厦项目和卓越世纪中心项目，二期后期用地主要是推进以“小切块”为特征的总部项目集聚。联合大厦项目建筑高度达180米，集商务办公、会务会展、高端商业等多项功能于一体，建成后将成为商务区以及南桥新城的地标建筑。卓越世纪中心项目是由国内CBD标杆企业深圳卓越置业开发建设。商务区三期用地预计将在2014年推向市场。为进一步提升商务区建设标准，正委托新加坡CPG集团深化商务区城市设计，并开展对地下空间开发利用的专项研究。

2013年，商务区工作重点是推进总部企业项目落地，并在商务楼宇招商方面朝着增强产业集聚度方向进行转变。商务区将进一步完善招商引资的政策，提升服务软环境，加快中小企业总部在商务区形成集聚。

地址：上海市奉贤区大叶公路7318号
电话：021-3718-6666（接内线114）
传真：021-6758-0412（自动）
官网：http//www.noritz.com.cn

能率（中国）投资有限公司在创新中走出新路

——以技术创新为消费者带来愉悦的消费体验

能率(中国)投资有限公司作为集团公司下辖3个独资法人和1个控股法人企业，有员工近1600余名，在上海经营了20个年头。先后在上海浦东新区金桥出口加工区、上海市奉贤区有自己的生产加工基地；在全国80余个大中心城市拥有销售网络。全年生产的各类型燃气具产品除约占38%的产品远销北美、南美、澳洲、亚洲的国家及地区外，其余62%的产品在国内各地销售。2012年，已经实现销售额10亿元人民币，缴纳各种税金近5000万元。产品在全国同类产品市场份额中占第四位，在上海高端燃气具用品市场拥有很高声誉。近年来，企业发展的同时，员工收入也有了相应提高。

在全市各级各类企业积极转型、力图创新的大潮中，能率公司积60余年的行业技术实力，大力推行技术创新，以技术创新为动力，连续向市场推出技术含量较高的新产品，获得了消费者的认同，带来了良好的销售形势。

在长江以南广大市场区域销售的这些创新型产品，是在细致调查了消费者生活习惯、洗浴方式和季节特点后，将燃烧技术和电脑控制技术完美地结合制造出来的。一经问世，即得到消费者的喜爱。市场切换率充分说明消费者认同产品技术创新带来的新变化。技术创新永远是企业的发展动力。家电类企业及产品也处于不断呼唤企业为消费者提供新产品、新技术、新消费体验的变革的阶段。我们还要抓住这个大好时机，不断开展技术革新、创新，不间断地以新产品、高效节能的产品为广大消费者服务，以最让人满意的服务提供令人愉悦的消费体验。

能率人将不断致力于企业的成长、技术的创新、产品的更新换代、服务的致臻至善及员工的发展与提高。

杨王村

杨王村基本概况

杨王村城面积5.75平方公里，工业园区用地面积2840亩，全村总户数1206户，共有8个村民联组，总人口3555人，外来人口在册4500人，流动人口约10000人左右。2010年6月经区委、镇党委批准建立了杨王村党委，成了市内第二家、区内首家村级党委。现已下设52个党支部，共有党员379名。近年来，杨王村党委紧紧围绕建设社会主义新农村的主题，以党建促进新农村建设，积极发挥领头羊示范引领作用。2008年被区列为区新农村建设试点村和新农村建设领头羊村，先后被评为全国文明村、全国生态村、全国民主法制示范村、中国幸福村、全国十佳小康村、中国特色村、中国美丽村庄、中国特色农庄、中国村庄名片、市先进基层党组织、市生态村、市五好村党组织、市“我最喜爱的乡村”等荣誉称号。2012年村党委书记孙跃明当选为第十二届全国人大代表，2012年全村一、二、三产业实现经济规模123.4亿元，税金实现3.29亿元，全村可支配收入达到3788.64万元，人均可支配收入达到23000元。村综合实力在全国农村中排行为36位。

新农村建设的总体思路

杨王村贯彻中央关于新农村建设的二十字方针，因地制宜，实事求是，结合村的实际，通过几年来的探索，形成了适合杨王村实际的新农村建设“一二三四五六”总体思路，即：一个目标：按照党中央建设社会主义新农村的20字方针，把握政治、经济、社会、文化“四位一体”整体推进，坚持科学发展、全面发展、自主发展、协调发展、和谐发展，实事求是、因地制宜地把杨王建设成富强、生态、文明、和谐的社会主义新农村。二个重点：一是提升村的经济总体实力为出发点，增加农民收入为落脚点；二是保持村的幸福、快乐和稳定和谐为重点。三个集中：一是农业向规模集中；二是工业向园区集中；三是农民居住向农村社区集中。四个有：一是人人有岗位；二是人人有房产；三是人人有保障；四是人人有股份。五个加强：一是加强产业转型和能级提升；二是加强文化和精神文明建设；三是加强培育新农民；四是加强政治民主建设；五是加强党的建设。六个完善：一是完善工业园区管理服务功能；二是完善农民集中居住区的建设；三是完善农业生产组织化程度；四是完善新农村建设人才新高地；五是完善民主管理机制；六是完善村的形态建设。

工业园区的发展情况

1998年，杨王村自筹资金开发经济园区100亩，2000年抓住镇政府将杨王村工业园区调整为镇第二经济园区的发展的机遇，自筹资金开发1000亩园区工业用地，走工业强村之路，发展现代农业，坚持多业并举发展。到2012年底，实业型企业218家，已形成新能源、新材料、生物医药、先进装备等多个支柱产业，品种达到1万多个，产品畅销国内外市场。近几年来，工业园区产业结构不断优化，能级水平不断提升，杨王工业园区被上级定位为区管镇级园区和上海市104个产业园区之一。同时，在占用土地的注册型企业纷纷注册，到2012年，共引进注册型企业有1248户。以转方式调结构为抓手，提升产业能级水平，大力发展新兴产业。“十一五”期间村经济总量年平均增长31%，税收年平均增长27.84%。同时，改善和优化企业服务，出台了16项菜单式、保姆式服务项目，组建了杨王主任咨询会，坚持民主管理园区，村两委把对园区企业的服务当作“招得进、留得住、发展好”的软环境建设的一个重要内容。

“三个集中”及村庄归并的情况

杨王村本着从实际出发，实事求是，追求实效，以政策与法规为导向，贯彻市委市府关于“人口向城镇集中、产业向园区集中、土地向规模经营集中”的总战略，排除来自各方面的阻力和干扰，以规划为引领，实施“三个集中”。杨王村坚持规划先行，统一制定总体规划，确定产业导向，现杨王村共划分为六大板块，国际农业公园、先进生产制造业基地、生产性功能服务区、城市建设用地、农村新型社区以及国际休闲农庄，呈现出规划合理、形态美化、业态优化、生态良好、有利生产、方便生活、产业齐全、产业联动的新农村建设格局。从根本上改变农村面貌，实现“农民生活方式、农业生产方式、土地经营方式、农民收入方式”根本转变的深刻变革。杨王村推进“三个集中”，带来了“三大变化”：一是盘活了存量土地，拓展了土地利用资源，经全部复垦整理后节余建设用地420亩；二是改善了村民居住条件，建设成农村居民新社区；三是优化了人文环境，促进了经济发展。

文化建设的基本情况

杨王村投资建成了占地面积约2000平方米的足球场、篮球场、网球场、台球室、健身房、农家书屋和百姓大舞台等一批文体设施，为满足村民求知、求乐和健身的需求创造了良好的硬件条件。村里还成立了骑游队、文艺队、足球队等10支文体团队，丰富了村民的业余文化生活。同时，还成立了文体党支部，进一步加强文体团队建设。百姓大舞台做到了大型活动月月有，小型活动周周有，自娱自乐天天有，使村民的精神生活得到了满足。另外，杨王村还发动干部群众写新农村建设“三字经”、村训、村歌、家训等，弘扬敬老爱幼的良好风尚。通过《新杨王》导刊、宅基课堂、村民学校等宣传方式，结合杨王村实际，进行社会主义核心价值观、爱国主义教育等。通过开展多种教育培训，带动更多的村民发展成为有文化、懂技术、会经营的新型农民。

民主政治和民主管理的基本情况

杨王村始终把民主政治建设放在重要的位置上，把扩大民主，发挥村委会的“自我管理、自我教育、自我服务”作用当作密切党群、干群关系的重要内容来抓。从2007年4月起在全区率先实行党务、村务、财务“三务”公开工作制度，组织“三务”公开监督小组全面参与群众来信来访和干部的考核评定等工作，村的“三重一大”事项都提交村“三务”监督小组审议，并建立公示制度。去年杨王村积极推行“一堂二站三卡四会”的群众工作机制，进一步推进村党组织在“推动发展、服务群众、凝聚人心、促进和谐”方面取得新成效。村两委在改善和密切党群、干群关系方面，近年来创新了如下做法：一是每年坚持党员干部夜访群众制度，听取对村的工作意见，听取村民在生产和生活中的困难和问题，把听取的意见分别梳理后反馈给村民群众，以此来改进村的工作和提高村民群众对村工作的满意度。二是从今年起实行每位党员干部联系10个普通家庭的制度，增加党和群众的联系渠道，有利于解决村民群众个性化的困难和问题，与村民群众双向沟通，加深相互理解，进一步密切党群、干部关系。三是建立村扶贫帮困基金，发动园区企业自愿为村老年事业和困难群体捐款献爱心，十多年来每年筹集的帮困基金稳定在60至70万元左右，同时村也探索出了利用社会资源帮助困难群体的路子。四是要求党员干部做到务实惠民，作为党员干部的一个考核内容。五是村两委坚持依法治村、民主建村，把政策交给群众，让群众说话，每次组织读报活动时留一定的时间让群众给村两委提工作建议和意见，村坚持做到群众意见事事有交代，件件有落实。六是坚持村党委、村委会向党员和村民代表报告工作制度，让党员和村民代表充分发表意见，用表决的形式通过村两委报告。七是不断创新社会管理方式，实行了村民联组长专职从事管理与服务，虽然管理成本大了点，但村民有事能有人管、有人处理，受到了村民群众的叫好。八是制定了《村民自治章程》、《安全稳定长效管理机制》、《村容村貌环境卫生长效管理机制》、《工作人员须知》等各项制度，实行了制度管人的机制，使办事过程更民主、更透明。历年来无群众越级上访事件，治安秩序良好。

杨王村精神文明建设和村民教育的基本情况

在精神文明建设中和全国文明村创建中，杨王村创新推出了“星级户”“十有十没有”的评比项目。用贴在门口的星级来表明每家每户的文明程度，评比标准贴近百姓生活、贴近农村实际，采用村民互评的方式，又充分体现了民主和公平。如今，在杨王村“争星”和“保星”成了村民们建设文明乡风的一大动力。2011年1月在市文明委的推荐下，中央电视台还专门为此拍摄了专题片《杨王追星记》，使“星级户”评选成了全国农村乡风文明建设的一个亮点。同时结合新农村建设的任务，以村民学校、宅基课堂、村民会议等为阵地，以宣传栏、村域网、电子显示屏、手机报等多种形式，围绕培育新农民、提升新理念、塑造新风尚、掌握新技能，积极开展多形式、多层次、多内容的教育活动，充分整合各方资源，将沟通、教育、宣讲的平台深入到村民家庭，积极推进村民教育模式转变来提升杨王村教育服务水平的新方式。充分利用远程教育系统每周播放一部电影或农业方面知识讲座，并组建了一支由村老党员、老干部组成的宅基课堂真善美宣讲团。

杨王村建设幸福村庄的基本情况

在大力发展村级经济的同时，村两委始终坚持“群众利益无小事，要让老百姓享受到改革发展的成果。”围绕村民最关心、最直接、最现实的利益问题，尽力而为、量力而行、突出重点、统筹兼顾，着力保障和改善民生，努力提高村民生活质量。建设了农村新型社区，使85%的村民住上了环境优美、配套完善、治安良好、服务周到的联体别墅。为村民落实了镇保、村保、农保、低保为主要手段的村民生活保障机制，实现了保障全覆盖。对退休老人每人每月免费发放10公斤大米；80周岁以上老人年终一次性发放营养补助500元；年末一次性发放每位村民实物福利；对烈军属、退伍军人、五保户、困难户、四残人员，做好优扶照顾工作，每逢过年村干部定期慰问；为考取大学的村民子女发放奖学金。村民物质生活的殷实和精神生活的富有，极大地提升了幸福指数。

杨王村党的建设的基本情况

牢固树立“大党建”理念，创新党建工作思路，党的思想建设主要突出学习，打造学习型党组织，理论联系实际用于指导新的实践；党的作风建设主要突出转作风、作表率；党的组织建设主要突出新经济组织、新社会组织，具备条件的及时组建党组织。以加强党的执政能力建设和先进性建设为主线，进一步丰富党建工作内涵，设计多种主题载体，搭建各类服务平台，切实发挥村党委的核心领导作用、支部的战斗堡垒作用、党员的先锋模范作用、干部的示范带动作用、群团组织的参谋助手作用和群众的广泛参与作用，不断增强党组织引领经济发展、建设新农村、构建和谐社会的能力和水平。

我们村党委一班人认为，要提高村民群众的幸福指数必须坚持物质文明和精神文明协调发展，使村民群众安居乐业，丰衣足食，看病不愁，日常无忧，老有所养，小有所教，基本保障靠集体，发家致富靠自己，村民的社会尊重度得到提升。因此，我们结合村的实际，建立了提升村民幸福指数的长效机制，提出了“六个杨王”建设任务，作为“十二五”期间的奋斗目标：一是魅力杨王：产业集聚，工业特强，现代服务业发达，现代农业建设有亮点，农业旅游有看点，物态、业态和形态美观，文化建设有特色。二是实力杨王：“十二五”期间经济规模保持全区农村领先，工业经济和三产经济保持南桥镇经济园区前茅，村可支配收入年增长15%以上，人均可支配收入保持全区农村前列，建立农村增收长效机制。三是幸福杨王：社会保障和医疗保障覆盖全村人口，全面实现人人有岗位、人人有保障、人人有房产、人人有股权，其他福利每年有新的增长。四是和谐杨王：民主法治健全，民主监督完善，村民自治机制成熟，人际关系和谐，党群、干群关系密切，各类刑案有效控制，生产性事故有效防范，各类救助完善，为慈善事业做贡献成为时尚。五是生态杨王：绿化覆盖率达到70%以上，生活污水和企业生产污水全纳管，风能、太阳能得到充分利用，垃圾分类处理得到有效落实，绿化低碳生活理念普及化。六是诚信杨王：先进文化引领诚信体系建设，“做老实人、办老实事、说老实话”普遍成为杨王人准则，“诚实劳动、诚实经营、诚信守誉”成为一种普遍理念。

杨王村广大干部群众决心在“十八大”精神鼓舞下，根据村党委提出的“提标准、强管理、重服务”的工作要求，以科学发展观统领新农村建设，在上级党委、政府的领导和支持下，继续发扬杨王村村训八个字、三句话的精神“勤劳、智慧、进取、和谐。不怕艰难、昂扬向上的精神状态；大胆实践、善于创新的务实作风；敢为人先、争创一流的时代风范”。不骄傲、不自满，在建设社会主义新农村一伟大而艰辛的工程中，继续发奋图强、努力拼搏，取得更好的成绩。

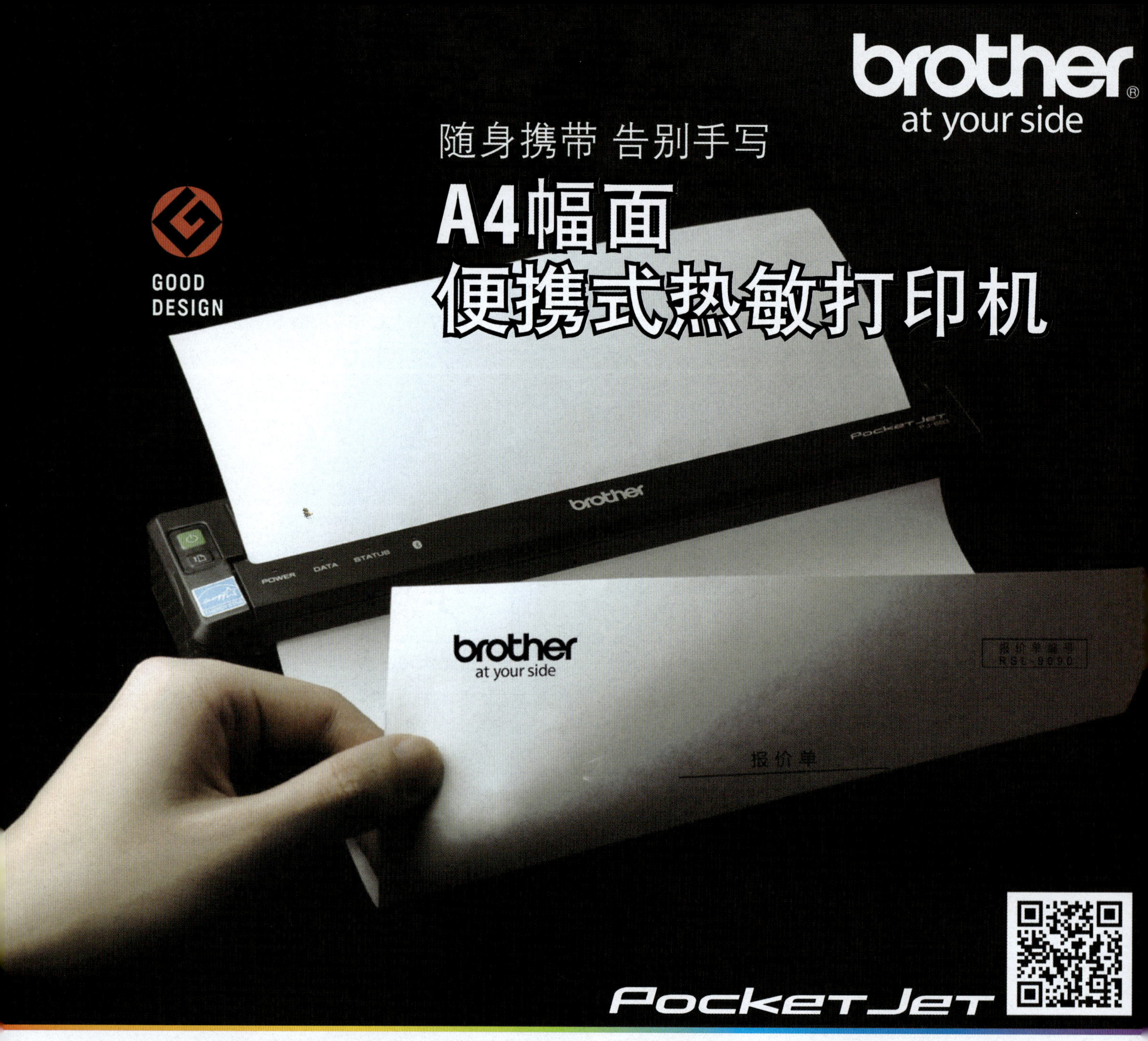

HOLLANDER

荷兰朵系列婴幼儿配方奶粉是荷兰知名健康食品集团BLOEM旗下推出的优质乳品品牌，由荷兰著名百年乳品企业LYPACK B.V研制生产而成。作为BLOEM和LYPACK倾力打造的一流产品，Hollander荷兰朵奶粉采用世界公认最优质的荷兰地产有机奶源，依据联合国粮农组织（FAO）和世界卫生组织（WHO）食品法典要求，并运用领先的工艺技术，完善的全程质控，制造和检测全部执行世界卫生组织(WHO)Codex和欧盟质量标准，确保Hollander奶粉的品质纯正，配方科学，满足宝宝全面营养需求。荷兰朵的优势在于产品的一流的品质和技术创新能力，严格的管理和现代化的检测科技贯穿生产始终。

作为荷兰朵Hollander在中国大陆的唯一指定进口推广商，逸氏贸易（上海）有限公司承接欧洲百年名企的服务宗旨与服务质量，通力合作，传承经典。为中国消费者提供一流产品和服务是公司夯实社会责任感和赢得消费者良好口碑的内在动力也是核心竞争力。自荷兰朵品牌进驻中国6年来，陆续推出的茵倍可系列牛奶粉和羊奶粉特别参照中国婴儿的生理特点和营养需求研制，均以其100%荷兰原装进口的卓越品质，科学经典的配方和合理价格及积分互动体系赢得了大批中国爸爸妈妈的信任和钟爱。逸氏贸易追求比中国消费者更了解中国宝宝的成长发育，时刻把满足中国宝宝及父母的需求放在第一位，通过精良产品向中国消费者传递热忱服务和美好体验，为其提供一种健康踏实的生活方式，安心享受生活的每一天。

SCHIPHOL PLAZA

Kimberly-Clark
金佰利

引领生活用品新典范，共创美好生活！

- 全球健康卫生护理领域的领导者
- 营业额超过210亿美元
- 全球员工58,000人
- 在37个国家设有生产设施，产品销往超过175个国家和地区
- 每天全球近四分之一的人口在使用金佰利的产品
- 1983年以来，曾连续被《财富》杂志评为最值得敬佩的公司之一
- 曾连续五年荣登道琼斯全球可持续发展指数的个人护理用品行业可持续发展指数榜首

家庭生活用纸

Kleenex®舒洁®，来自世界著名的生活用纸制造商金佰利公司，诞生于1924年。Kleenex®舒洁®品牌多年来被《商业周刊》评为全球最有价值前100品牌之一。每天全球140多个国家的几千万人和您一起享用Kleenex®舒洁®高品质产品。

婴儿护理用品

好奇®HUGGIES®纸尿裤诞生于1978年，是全球技术创新领先的婴儿纸尿裤品牌。好奇®HUGGIES®努力提供最优秀表现的产品，从每一个细节为宝宝考虑，让宝宝在他的世界里无拘无束的自由探索、发现、快乐地成长！

妇女卫生护理用品

1920年，金佰利公司发明了世界上第一片一次性使用卫生巾，从此高洁丝® Kotex®品牌诞生；1975年，高洁丝®发明了世界上第一片护垫。如今，高洁丝®在美国、欧洲和北亚等地都占据市场份额前三位。高洁丝®，关爱全球女性，呵护100年。

Depend 得伴

成人失禁护理用品

Depend®得伴，全球成人失禁护理领导品牌。自1980年诞生之日起，Depend®得伴始终坚持产品创新，研发出多款从轻度到中重度失禁的成人失禁护理产品。畅销全球几十个国家，为全球上千万尿失禁人群及看护者带来福音，使深受尿失禁困扰的人群受到舒适、专业的防漏保护。

商用消费品

金佰利公司商用消费部针对商业客户的卫生场所及工作区域中遇到的问题，运用专业技术及创新理念，不断研究开发品质卓越、物有所值的产品，力求提供最有效的解决方案以满足您的需求。旗下WypeAll®等品牌，能够满足制作及商业设施的特殊清洁要求。

如需更多资料，敬请浏览公司网站:www.kimberly-clark.com.cn

创新发展思维

聚合世界的思想

大空间 大发展

拓宽发展平台

投资环境

嘉定出口加工区处于江浙沪交通枢纽、长三角经济圈的中心地带。园区北邻江苏太仓，西接江苏昆山，东临长江口，离石洞口码头、张华浜、宝钢码头以及铁路华东最大枢纽南翔站都在30分钟车程以内，距虹桥国际机场25公里。周边路网发达，临近嘉金高速、郊环高速和204国道、宝钱公路、浏翔公路等主干道。上海11号轨道交通嘉定北站直达上海市区静安寺，全线建成后可直达浦东洋山深水港区。交通十分方便、区位优势明显。

发展状况

嘉定出口加工区以汽车零部件和电子信息等产业为主导发展方向，利用出口加工区功能拓展政策，大力发展保税物流、仓储、检测、维修等现代服务产业。为配合拓展功能和招商引资的需要，新建完成了一期23000平方米的标准厂房，随着物流企业的入驻，为周边数百家企业提供保税物流和物流仓储等服务。

经济发展

2012年全年，出口加工区累计进出区总货值为13.89亿美元，同比增长42.61%。海关共征收税款36392万元，同比增长68.88%；上海出入境检验检疫局嘉定出口加工区办事处为区内外企业提供进出口检验放行14670批次，检验收入为338万元。入驻出口加工区的6家保税物流企业，积极为周边企业提供便捷的保税物流业务，全年保税物流业务进出区货值总额达到8.86亿美元，同比增长46.30%。同时，仓储业务也不断发展，区内场地已不能满足物流仓储需求，新规划的保税仓库项目已经立项，择时开工建设。

上海嘉定出口加工区

地址：上海市嘉定区宝钱公路4500号
邮编：201815
电话：39568003　39568000
网站：www.jdepz.com

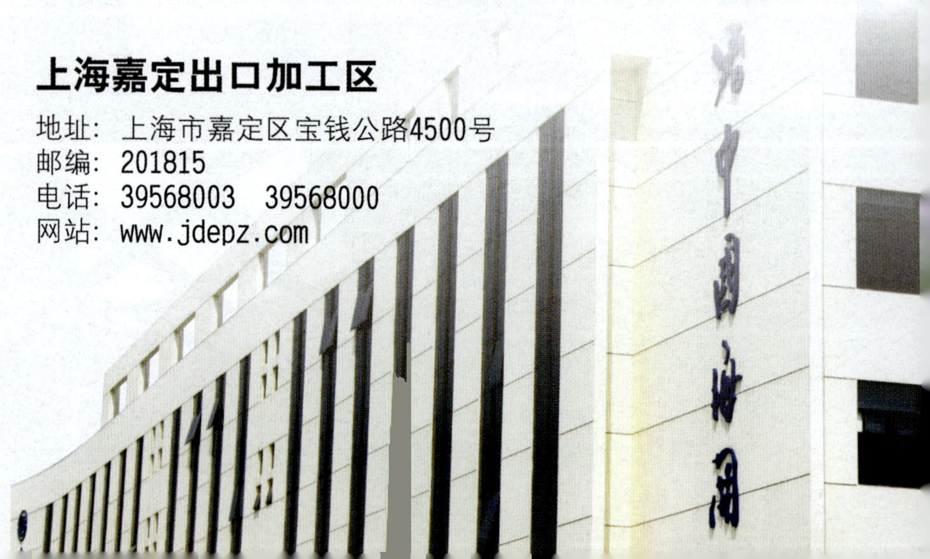

树精品意识 创百年南华

上海南华换热器制造有限公司

生产流水线设备

管式换热器高温灭菌成套机组

板式换热器高温杀菌成套机组

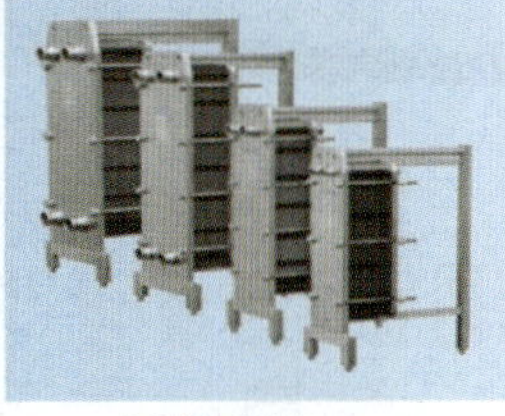

板式换热器单机

上海南华换热器制造有限公司创建于一九九三年九月，仅靠3个人2.8万元资本金艰难起家。经过多年的艰苦创业、努力拼搏，发展到今天现有员工150名，其中大中专以上工程技术人员45名，管理人员20名，占地面积13340m2，建有13000m2的现代化厂房，拥有美国、德国、意大利、瑞士、日本等国际一流的先进生产设备，资产总额已超过1.5亿元。

公司主要生产板式换热器、管式换热器、板式 管式高温、超高温杀菌机、空气热交换器等产品。产品广泛应用于乳品、饮料、果汁、啤酒、调味品、豆制品、酱油、醋、生化制药、精细化工、空调、烘干等行业领域，产品覆盖全国各地，并出口欧洲、亚洲、非洲、北美洲和中东等三十多个国家和地区。

"树精品意识、创百年南华"是南华公司的品牌定位，遵循"南华技术敢于竞争、德政精神、信誉为本"和"南华走遍世界"的经营理念。多年来，公司始终贯彻和重视科技创新和品牌建设工作，不断研制和开发出一批又一批适应市场需求的科技含量较高的高新技术产品，先后创造了中国六个"第一"：国内第一套25t/h啤酒巴氏板式杀菌机组（无菌灌装）；国内第一套20t/h连续闪蒸板式杀菌机组；国内第一套50t/h板式杀菌机组；国内第一套 20t/h UHT管式灭菌机组；国内第一套 50L/h 实验用杀菌机组；以及国内第一套2t/h 蛋品巴氏杀菌机组（适用蛋清、蛋黄、全蛋杀菌），产品技术水平经中国科学院上海科技查新咨询中心认定已达到国内领先、国际先进水平，并且全部拥有自主知识产权，现有发明专利1项，实用新型专利7项，外观设计专利1项，计算机软件著作权4项，正在审批中的发明专利2项，实用新型专利7项，同时先后通过了ISO质量体系认证、SGS机械制造认证、CE国际认证和计量合格认证。

长期来，上海南华公司在坚持走创建劳动关系和谐企业，坚持走自主创新、科技创新、品牌建设和诚信创建之路中取得了较大的成绩。先后三次被上海市人民政府命名为"上海市文明单位、上海市平安单位"，连续多次被认定为"高新技术企业、上海市著名商标、上海名牌、上海市科技小巨人培育企业、上海市重点新产品、上海市自主创新产品、上海市高新技术成果转化项目、上海市诚信创建企业、上海市纳税信用A类企业、上海市财务会计信用A类企业、上海市守合同重信用企业、上海市合同信用AAA级企业"（2013年被评定为全国"守合同重信用企业）。

南华公司在贯彻"树精品意识、创百年南华"的发展战略中，赢得了国内外众多的客户和一致好评，面对成功，南华人并没有陶醉，他们清醒地认识到换热器行业发展很快，竞争激烈，要在竞争中永远立于不败之地，除了依靠技术创新、品牌建设之外，还必需要不断加强创新驱动、转型发展、制定长期发展规划，公司已另外购置45亩土地，将投资1-1.5亿元资金建设一个崭新的南华公司，为扩大生产能量和提高企业的经济发展跨出了较大的步伐。

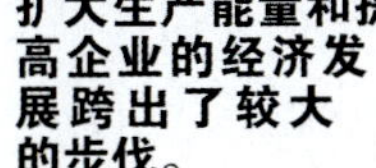

创新精神与自主研发完美结合的
伟大创新公司

让完美的中国创新产品享誉世界

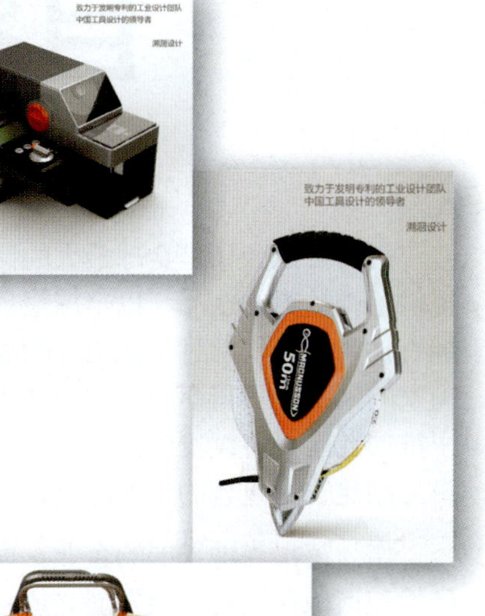

溯洄设计，是服务于专业设备领域的著名工业设计公司，中国工具设计的领导者。在沪浙两地均设有研发及产品测试中心。经过8年的发展，目前拥有50多人的专业设计研发人员，已成为工具机械设备设计、研发领域的行业翘楚。在第111届广交会上成为长三角设计公司中第一家在广交会出展的设计企业，并持续受邀出展112、113、114届广交会。令溯洄人骄傲的是，在第111届广交会一期会场的C展区(机械工具类)内的知名品牌，有超过70%的新产品设计均出自溯洄。

溯洄设计是中国工业设计协会会员单位，上海工业设计协会常务理事单位，中国五金制品协会理事单位，上海市设计创新示范企业！溯洄设计是首家用品牌量化管理思维清晰打造自身设计品牌的设计公司。也是极少数把发明创造提升到公司战略层面并持续坚持践行的设计公司。至今已拥有自主专利1630余项（含著作权），是目前国内设计公司中拥有发明专利数量最多的工业设计公司。

截止目前，国际排名前10位的工具巨头已经有4家与溯洄建立合作，国内排名前10位的工具巨头有7家是溯洄的长期客户。

上海闽龙实业有限公司

Shanghai Minlong industry Co.,LTD

上 海 市 农 业 产 业 化 重 点 龙 头 企 业

企业理念：以质量赢得市场 以服务赢得客户 以诚信赢得信誉

上海闽龙实业有限公司——上海市农业产业化重点龙头企业，厂区占地30000平方，员工600多人，主要经营干果类、菌菇类等全国特色优质农副土特产品，企业历经近二十年的发展积淀三大核心价值竞争优势：

一、"品牌核心价值优势"

品牌是企业发展的核心价值，闽龙实业在成立之初就注册了品牌"闽龙达"，通过品质和服务叠加来积极构建企业的品牌核心价值竞争优势，荣获“名牌产品”、“著名商标”，其中核心产品之一有机黑木耳荣获中国国际农交会最高奖项"金奖"，黑木耳和新疆大枣通过有机认证，公司产品连续十二年上海畅销金品，并连续多年行业排名第一，稳居行业旗舰地位，闽龙实业还被指定为2010年上海世博会干货食品原料供应商，认定为上海市重合同守信用企业。

二、"产业链的核心价值优势"

闽龙实业扎实、量力、持续发展，不断完善产业链的发展建设，以巩固农业产业化的核心价值竞争优势：集产品的种植基地、基地采购、加工生产、仓储物流、渠道销售，整个产业链的农业产业化龙头企业。

三、"市场渠道能力的核心价值优势"

“渠道为王，终端制胜”是闽龙的宗旨——闽龙实业秉承对内对外注重诚信的发展原则。市场是企业发展的动力，企业不断加强市场销售渠道能力的建设，以巩固聚焦市场能力的核心竞争力。由早在创业之初与传统的食品店、南货店销售合作，到超市、卖场出现后至今近6000家门店的卖场、超市、便利店、折扣店的渠道销售以及机场、高铁、高端商场销售渠道的合作，到新型线上电子商务销售网络的合作、再到空中媒体电视购物平台的销售合作，专注于为企事业单位、社会团体提供年货、防暑降温品等福利，形成线上电子商务、线下传统行业、空中媒介电视购物三维鼎立。

2010年，闽龙实业成为上海市第一批援疆落户企业，成立了新疆闽龙达干果产业有限公司，闽龙实业投资近亿建设“西域戈壁·枣业庄园”项目，项目包括千亩精品红枣种植基地、加工基地建设项目“西域戈壁·枣业庄园”标准化生产厂房、仓库、冷库、综合办公楼、检测中心和员工宿舍等300亩基础建设，配置年加工能力达5000吨的先进红枣流水线设备。做为上海企业援疆的排头兵，闽龙将泽普高品质的有机红枣资源优势与闽龙实业的品牌优势、渠道优势、研发优势、资源整合实力和实业创新思路相结合，向红枣的精深加工领域发展创新。

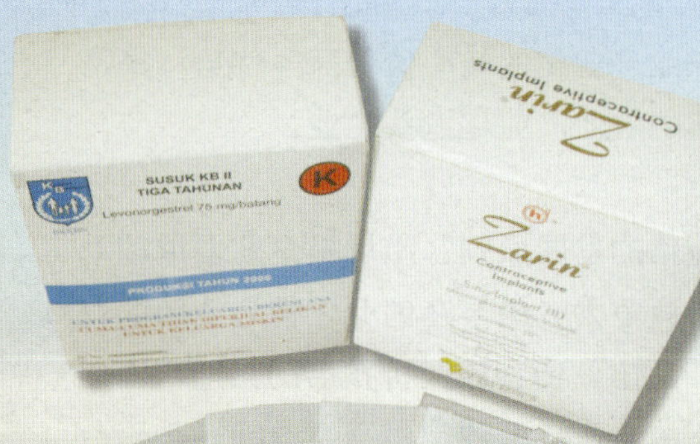

上海亿通国际股份有限公司

Shanghai E&P International,INC.

刘亚东董事长

李伟达总经理

上海亿通国际股份有限公司成立于2001年7月。是一家专业从事口岸物流公共信息和国际经贸电子商务统一平台建设运营和服务的控股型企业，是中国大陆口岸物流信息化建设领域的先行者和引领者。

公司成立以来，根据国家口岸管理部门和上海市政府授权，在上海口岸相关政府部门和单位的大力支持下，积极推动上海口岸物流信息资源的整合，逐步形成以统一数据处理平台为核心，相关口岸监管及港口航运单位“一点接入”的大口岸物流基础信息共享支撑体系，网络覆盖上海海港、空港口岸及所有特殊监管区域，并辐射长三角和长江流域，与中国香港、中国台湾等泛亚地区的物流信息网络衔接。服务功能贯穿“外贸监管”、“现代物流”、“供应链管理”、“电子支付”四大业务环节，为上海航运航空枢纽建设提供了重要的技术支撑和保障。

公司发展至今，已拥有1100平米的电信级数据中心和600平方米的异地容灾备份中心，平台网络连接海关、检验检疫、港口局、海事局、边检等主要口岸监管单位，并通过上海政务外网实现与工商、税务、质检、国资、商务委、外管局的网络互联，同时实现10大金融机构的网络接入。客户网络涉及各类出口加工制造企业、第三方物流企业、各类进出口及国际物流业务中的相关单位，覆盖上海的洋山保税港区、外高桥保税区、保税物流园区、5大出口加工区，以及上海所有的海空港口岸，此外还实现与中国香港、中国台湾物流信息网络的衔接，积极探索“两岸三地”的口岸信息共享。

近年来，响应国务院及上海市政府提出的建设上海国际航运中心的号召，公司积极参与上海国际航运中心综合信息共享平台的建设，按照“整合资源、强化主业、优化结构、和谐发展”的指导方针，不断强化公司核心竞争力建设，提高自主创新能力和市场竞争能力，实现跨越式发展。公司提出集团式发展战略、数据中心战略和长江战略等三大核心战略，重点围绕上海国际航运中心信息化服务体系建设，以公共信息服务平台建设和运营为目标的发展思路，努力提高上海口岸物流信息一体化服务能力，同时实现长江流域主要港口信息互联，提高航运信息增值服务能力，大力拓展跨区域、跨国界、全覆盖的物流信息采集、处理和交换，构建具有高度市场竞争力的现代物流信息服务产业集团，并利用5-10年的时间成为全国乃至全球领先的电子数据服务商。

上海普利特化工新材料有限公司

上海普利特化工新材料有限公司是上海普利特复合材料股份有限公司的全资子公司，本公司于2010年7月正式成立，位于上海市金山第二工业园区，注册资本9200万元，计划年生产13000吨液晶高分子材料（TLCP），目前一期工程（2000吨/年）的生产装置已经顺利投产。

上海普利特化工新材料有限公司是国内唯一一家拥有液晶高分子材料纯树脂聚合技术的生产厂家。公司的技术人员，从1995年开始研究TLCP，历经近20年的TLCP结构—性能基础研究、TLCP配方和合成工艺研究。TLCP项目先后得到上海市科委、教育部博士点基金、国家自然科学基金、国家自然科学基金重大研究计划项目、国家攀登计划项目、科技部“科技型中小企业技术创新基金小额资助项目”的支持。公司的TLCP项目已获得三项专利，拥有自主知识产权。

TLCP是一种高性能材料。它具有全芳族结构的刚性链，刚性链液态时呈有序排列，应力下易流动、易取向。加工成型后链保持沿流动方向的平行排列状态。TLCP的刚性链结构和特殊的凝聚态结构赋予它非常优越的综合性能：流动性能和加工性能极佳，制件尺寸精密，尺寸稳定，线膨胀系数低，兼具高刚性、高强度、高韧性，高热变形温度，优良的热稳定性，固有的阻燃性，陶瓷般的抗化学药品性能等。

近代电子产品趋向小型化、薄壁化，TLCP优越的综合性能使它成为最合适选用的材料，现今TLCP已是电子工业领域不可缺少、不可代替的材料。TLCP作为“超级工程塑料”，在电子工业、通讯产业、航天航空、军事、光缆、汽车工业等领域都有广泛应用；TLCP也可用来制造纤维和薄膜，性能极其优秀、在高科技领域有应用需求。

上海市房地产开发企业
诚信承诺先进单位
中国商业地产最佳运营机构

百联集团置业有限公司

百联集团置业有限公司于2005年7月由百联集团房产置业事业部转制而成立，由原一百集团、华联集团、友谊集团和物资集团的房地产开发企业、物业管理企业、房屋租赁企业通过整合归并组建形成。公司注册资金2.68亿元，经营范围包括房地产开发、经营、租赁、置换、咨询服务、物业管理、建筑、装饰材料的销售等。

百联集团置业有限公司是由百联集团投资设立的国有独资企业，公司成立初期就提出“建成具有一流商业房地产开发能力和一流商业物业经营管理水平的企业”，成为百联集团房地资源管理中心和房地资产运作平台。

公司坚持专业化分工，市场化运作，集约化经营，基本完成资产、业态、人员的整合，确定“一条发展主线”（积极慎重推进商业房地产开发）、推进“三项业务”（以物业管理、租赁经营和市场经营为主要业务）的发展态势，形成了“一司一业”的经营格局。2012年实现主营业务8.32亿元，是公司成立之初的3.17倍；利润总额1.91亿元，是公司成立之初的7.07倍，至2012年，公司利润总额已连续三年超亿元。公司先后荣获“中国商业地产最佳运营机构”称号，“上海市房地产开发企业诚信承诺先进单位”等称号。

上海海烟物流发展有限公司

上海海烟物流发展有限公司是专注于烟草、酒类、食品的配送与分销，集现代物流、商品流通、产品营销、信息服务于一体的企业。公司按照“和搏一流”的企业精神，做精做强的战略思想，围绕“国际先进、国内一流”的目标及“服务创造价值”的企业理念，对上海烟草零售终端实行统一配送；对卷烟、酒类、食品等数千种规格的商品进行统一经营，年销售额70亿余元。

海烟物流中心运用国际先进物流技术，将WMS(仓库管理系统)与ERP(企业资源计划)高度集成，实现了信息处理及时、配送流程优化、存取选拣自动化、物流管理智能化，从而在物流流程的各个时间节点上达到精确衔接。我们把服务作为自己的核心产品，作为一切工作的出发点和落脚点，对上下游客户实现“两个一”承诺：对上游工作单位承诺“卷烟进货车辆等待不超过一辆车”；对下游卷烟零售户承诺“卷烟配送时间与约定时间误差在一小时内”，根据上海市质协用户中心的第三方测评，公司的满意度始终保持在较高水平，在行业内名列前茅。海烟物流先后获得全国和上海市服务质量满意企业、上海市优秀服务商标、上海市诚信创建企业、中国糖酒业十大企业等荣誉，2010-2012连续三年获得上海市安全行车先进集体荣誉称号。

我们将继续坚持“服务创造价值”的企业理念，致力于供应链的管理和优化，努力成为上下游客户的战略合作伙伴。

2010年度上海市安全行车先进集体

2011年度上海市安全行车先进集体

2012年度经济发展特别贡献奖（长宁区）

2012年度上海市安全行车先进集体

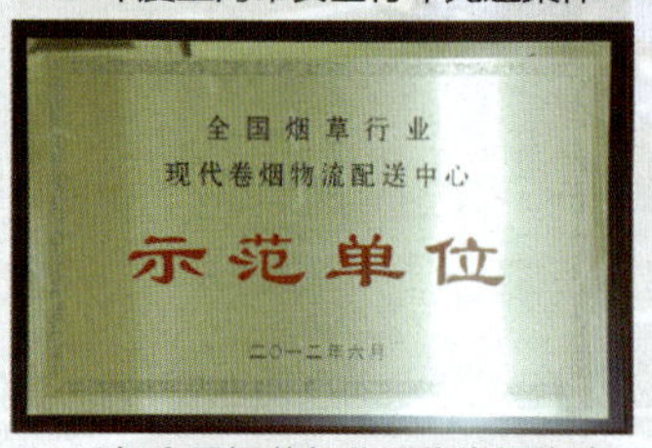

2012年全国烟草行业现代卷烟物流配送中心示范单位

中钢集团上海有限公司

中钢集团上海有限公司是中国中钢集团公司（简称中钢集团，英文简称Sinosteel）所属地区公司。

中钢集团是国务院国资委管理的中央企业。主要从事冶金矿产资源开发与加工；冶金原料、产品贸易与物流；相关工程技术服务与设备制造。是一家为钢铁工业和钢铁生产企业及相关战略性新兴产业提供综合配套、系统集成服务的集资源开发、贸易物流、工程科技、设备制造、专业服务为一体的大型跨国企业集团。

中钢集团上海有限公司(英文名称Sinosteel Shanghai CO.,LTD.)，前身为成立于1951年的国家重工业部驻上海办事机构。主要经营钢材、煤焦炭、有色金属、废钢、铁合金、耐火材料和矿类产品。注册资本为37363万元。公司坚持以经济效益为中心，以贸易经营为基础，以钢铁产品为主导，面向国内外两个市场，与国际、国内多家大中型钢铁生产企业建立了良好的合作关系。以上海为销售基地，在无锡、海盐、南通等地设立营销分公司，形成了有效的跨区域统购分销网络。

公司在近几年的经营管理中，一直以行规行约为准绳，以诚实守信为理念，以推动社会诚信体系建设为己任，并着力于开发开拓，扩大经营，服务社会，多次荣获“中钢集团总裁奖励基金”、“上海市生产资料流通改革开放30年优秀企业”、“上海市综合系统文明单位”、“上海市物资流通业销售50强企业”、“守行规、讲诚信、创业绩先进企业”、“驻沪办事机构双服务先进单位”和“上海市静安区纳税100强”等称号。

地址：上海浦东银城中路8号36层
邮编：200120
电话：021-50105566
传真：021-50105588
网址：http://shanghai.sinosteel.com
电邮：shanghai@sinosteel.com

东方航空食品

上海虹桥国际机场空港三路100号
T 021-22335283
021-22335266

公司系由中国东方航空集团公司与中国东方航空股份有限公司，于2003年11月共同投资3.5亿元组建的，中国目前规模最大、实力最强、结构最优的航空配餐板块——东方航空食品投资有限公司（简称东方航食）。东方航食自组建以来，确定了以航空配餐为主，拓展相关业务，走多元化经营之路的发展战略。

十年来，在巩固主营业务的同时，逐步开发新的产品，进入新的业务领域，大力发展非航业务。到目前为止，已经发展成为以航空配餐为主，集半成品制作、餐食供应、饮料和休闲食品制造为一体的综合性食品板块，目前拥有17家子公司，分布在全国14个大中城市，以执着与开拓精神，不断发展与创新，现已成为中国目前规模最大、实力最强的航空配餐企业。

“以客为尊，倾心服务”是我们的服务宗旨，“做精做优，做强做大”是我们的企业愿景。优秀的企业文化，严谨的工作作风，和谐的创业团队，引领我们一路向前，一起翱翔！

新材料　生物医药　先进重大装备

创新驱动 转型发展

建设生态宜业现代特色产业园区

上海张江高新区青浦园是上海市张江高新区最早的组成园区之一，2010年7月扩区，总规划面积达25平方公里。园区以“团结、奉献、创新、卓越”为企业精神，以建设“生态宜业现代特色产业园区”为发展目标，注重基础设施和环境建设、注重主导产业引进、注重创新能力培育、注重特色产业园建设和注重功能产业板块建设，形成了新材料、生物医药、先进重大装备三大主导产业，实现了发展环境不断优化、产业集聚初步显现、经济实力稳步增强和布局框架基本形成等阶段性目标。

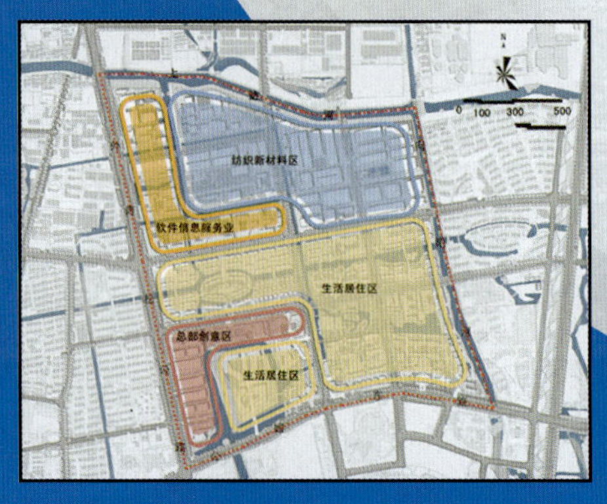

未来园区将继续充分发挥张江品牌效应和政策效应，加快集聚创新要素、汇聚优势企业，加快推进先行先试、探索体制创新，加快推进产城融合、实施转型发展，加快推进基础设施建设、提升环境形象。努力把张江高新区青浦园建设成为带动区域经济发展的核心区、引领科技进步的先导区、聚焦战略性新兴产业发展的功能区、实现产城融合的示范区和具备可持续发展能力的生态区，最终建设成为生态宜业的现代特色产业园区。

上海张江高新区青浦园

中机国能电力工程有限公司
China Sinogy Electric Engineering Co.,Ltd.

上海漕河泾新兴技术开发区海宁分区

漕河泾开发区海宁分区区位图

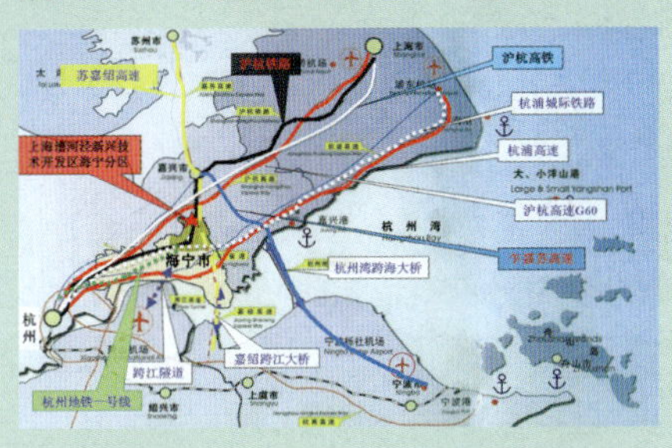

漕河泾开发区海宁分区土地开发范围图

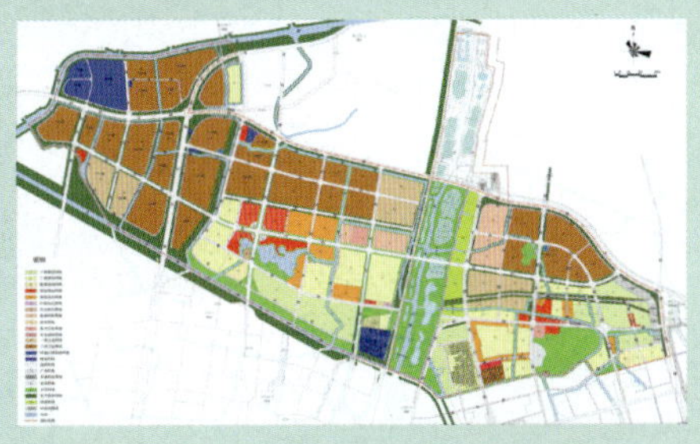

一、概述

上海漕河泾新兴技术开发区海宁分区是沪浙首个国家级开发区异地共建的合作园区，由海宁市人民政府、上海漕河泾新兴技术开发区和海宁经济开发区合作设立。总规划面积15平方公里，致力于发展电子信息、先进装备、新能源、新材料、生物医药等先进制造业及现代服务业，着力培育发展物联网、节能环保等战略性新兴产业，配套发展生产性服务业。2009年12月17日，漕河泾开发区海宁分区公司（下称分区公司）正式成立，并作为海宁分区唯一的开发、建设、经营、管理主体，公司注册资本2亿元。

二、规划建设

坚持规划先行。分区公司委托英国合乐公司编制完成总体城市设计，并委托上海现代规划设计院编制控制性详细规划，进一步描绘和深化以打造海宁城北“康湖”为核心的现代产业新城规划蓝图。

坚持打造优良基础设施和环境平台。至2012年，已完成启动区域主要道路和河道建设，完成绿化景观建设约5.6万平方米，初步建立绿化环绕、河道顺畅、道路通达、场地平整、项目落户、配套齐全的园区新形象。

坚持高标准厂房建设。为法国宝捷公司量身定制的厂房竣工并交付使用，标志着分区公司内厂房建设初见成效。

三、招商引资

依靠上海漕河泾开发区的平台及沪浙两地合作的优势，至2012年底已引进包括中远物流、宝捷机电、普泰环保、昱扬电子等一批优质项目，实现了海宁分区招商引资工作的良好开局。

四、海宁科技绿洲项目

海宁科技绿洲项目是引进上海漕河泾开发区科技绿洲品牌和经验的新型项目，总占地面积约6.7万平方米，建筑总面积约10万平方米。计划到2014年底将完成全部厂房、商务楼及服务设施的建设，目前首期3.5万平方米的标准厂房和综合服务大楼已开始招商。该项目计划建有11幢标准厂房、1幢标志性的16层商务楼及1幢设有会议、餐饮、咖啡吧、便利店等配套的综合服务中心，涵盖了研发办公、制造生产以及商务服务三种功能。同时，园区配备充足的停车、电力、通讯和一流的物业管理。海宁科技绿洲传承了漕河泾“科技绿洲”所体现的“现代、创新、开放、包容”的特征，旨在打造一个集生产、生活、生态为一体的示范园区，作为展示漕河泾海宁分区形象的窗口，迎接广大客商入驻。

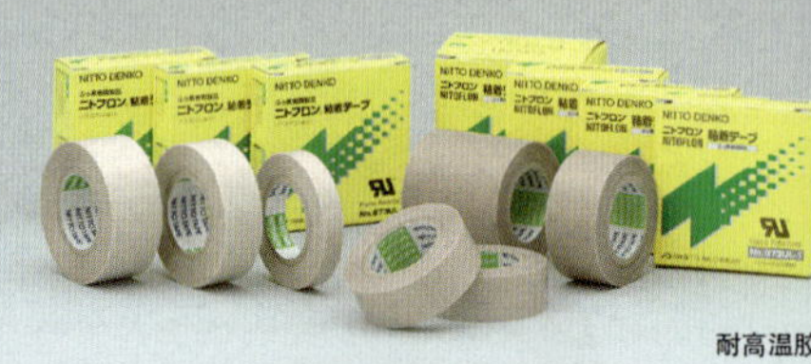

锂电池用胶带

耐高温胶

反渗透膜

双面

新十钢·红坊创意产业集聚区

上海红坊文化艺术社区

2007年中国创意产业100强
2008年视觉文化艺术产业基地
2009年城市雕塑艺术中心被评为国家文物局工业遗产再利用示范单位
2010年上海市创意产业示范集聚区

新十钢•红坊创意产业集聚区（上海红坊文化艺术社区，以下简称“红坊”）位于淮海西路570号，毗邻虹桥开发区、徐家汇商业中心，地理位置十分优越。园区占地面积约50,000平方米，总建筑面积约46,000平方米。

自2005年11月红坊开园以来，集聚了近百家文化艺术类和创意类机构和企业。其中包括两大公益性艺术机构上海城市雕塑艺术中心和民生现代美术馆，以及艺博画廊、红桥画廊、华氏画廊、视平线画廊、圣菱画廊、百雅轩画廊、奥赛画廊等上海知名画廊。诸多企业也对红坊优美的环境和浓厚的文化、创意氛围钟爱有加，例如创意行业内熟知的知名公司李奥贝纳（全球排名第四、欧洲排名第一、美国排名第三的广告公司）已入驻红坊多年。

红坊以其独特的创新理念发展成为上海的新文化地标，并先后获得“2007年中国创意产业100强”、“2008年视觉文化艺术产业基地”、2009年城市雕塑艺术中心被评为“国家文物局工业遗产再利用示范单位”，“2010年上海市创意产业示范集聚区”的荣誉称号，成为国内外具有影响力的文化创意产业集聚区。与此同时，红坊公司被评为“2009-2010年度长宁区文明单位”，红坊党支部也荣获了“长宁区先进基层组织”的称号。红坊文化艺术社区将致力于融入虹桥文化带，进一步扩充长宁文化创意产业；推进新十钢•红坊文化创意产业集聚区，连同新华路文化街区和虹桥路国际文化走廊共同发展成为上海现代服务业集聚带。

2011年，上海创意产业活动周开幕式成功在红坊举办，接待了多批国内外的贵宾及游客，不但向海内外呈现了上海作为世界创意之都的城市形象，而且为全力推动城市文化艺术事业及文明的发展做出了自身的贡献。2012年6月，艺术红坊•画廊联盟成立，打造具有核心竞争力及国际化艺术交易平台；9月，艺术红坊•画廊联盟举办成立以来首次联展--“朝向未来的回归”。2013年4月，艺术红坊•画廊联盟再次举办了上海艺术界颇具影响力的“ART SH 2013画廊联盟展”。

上海古林国际印务有限公司

上海古林国际印务有限公司创建于1994年7月，是由日本古林纸工株式会社和上海包装造纸（集团）有限公司合资组建的综合性大型包装企业，其中日方占股份60%，中方占股份40%。位列上海市包装印刷企业50强，并以印刷跨国制药公司和化妆品公司的包装纸盒的最先进水平在国内外享有盛誉。公司充分发挥日本印刷包装界最高先进技术及经营管理方式，在日本古林纸工株式会社80余年来制造纸容器的丰厚经验和独特技术的基础上，将款式设计、生产技术、质量管理、售前售后服务融合一体，形成可迅速满足客户的产销体制，赢得了众多著名制药公司和化妆品公司的信赖，并成为他们最重要的合作伙伴。

公司主要产品有药品、化妆品的系列包装用印刷纸容器。采用BACD、折光、荧光、线条等多中综合一体的高科技防伪印刷手段的产品，已达到世界包装行业最先进水平行列。由于公司纸盒产品科技含量很高，所以市场上的不法商贩很难假冒，大大地减少药品、化妆品包装纸盒假冒伪劣商品，从而广泛地得到国内外著名公司的赞扬。

2012年公司销售15113万元，利润1124万元，税收1533万元。

公司坚持奉行以包装奉献社会的经营理念和“让客户更满意”的方针，1991年和2004年率先在全行业中荣获ISO9001质量管理体系和ISO14001环境管理体系认证。由于公司坚持为客户和消费者提供优质和安全（不能假冒）的产品，取得优异的社会效益，并取得了优秀的企业效益。

公司在2001年荣获上海市外商投资先进技术型企业，并且于2003年起连续多年荣获上海市、区文明单位。2011年美国WCA【企业社会责任评价】（Work Place Assessment）评价合格 。2012年荣获上海包装50强企业。倍他乐克系列产品荣获绿色包装称号。

远纺工业（上海）有限公司

Far Eastern Industries (Shanghai) CO, LTD.

远纺公司是中国台湾远东新世纪股份有限公司在上海的子公司，创建于1996年，现在总投资为5.26亿美元。公司位于上海浦东陆家嘴金融贸易区，下属工厂坐落在奉贤区星火开发区。工厂占地面积643，600平方米。

公司主要从事制造和加工聚酯瓶级切片、高功能聚酯薄(胶)片、涤纶差别化短纤维、涤纶差别化长丝、弹力丝，并销售公司自产产品；同时从事自产产品上下游产品(如PTA、MEG等）的进出口业务。

2000年被评为上海市外商投资先进技术企业。2001~2004先后通过DNV（挪威船级社）ISO 9001：2000国际质量管理体系认证，ISO-14000环境管理体系认证，ISO-CHSAS-18000职业健康安全管理体系认证。2001-2008年多次被评为上海市外商投资企业50强、100强，上海市企业100强，上海市进出口企业100强。全国外商投资双优企业、对外贸易企业500强、制造业企业500强。

产品、产能

产品名称	产能（吨/年）
聚酯瓶级切片	520000
聚酯薄（胶）片	40000
涤纶短纤维	120000
涤纶长丝	55000

立业精神

诚、勤、朴、慎、创新

公司地址：上海市浦东东方路800号宝安大厦31-33，21楼 电话：021-68751888 传真：021-68764775 邮编：200122

工厂地址：上海市浦东星火开发区白沙路198号 电话：021-57501888 传真：021-57503241 邮编：201419

上海西郊商务区

http://www.jjqjjc.com/ http://www.69111666.com/

上海西郊商务区是经上海市经济委员会批准设立，上海首个启动的生产性服务业集聚区，也是上海市总部经济促进中心列入重点扶持的16家总部经济基地之一。位于上海市嘉定区江桥镇，规划范围东至外环线，西至金沙江西路，南至北苏州河，北至沪宁高速公路。占地面积4.5平方公里，总建筑面积420万平方米，园区重点建设以下四大区域：总部经济区、第三方服务区、滨江生态绿化区、生活配套服务区。

园区具有独天得厚的区位交通优势，紧贴外环线和沪宁高速公路，与虹桥综合交通枢纽近在咫尺，坐拥上海与江苏、浙江两大经济圈的连接枢纽，距市中心人民广场17公里，离虹桥国际机场仅需8分钟车程。周边有沪嘉高速(S5)、京沪高速(G2)、沈海高速(G15)、绕城高速(G1501)，312国道、204国道，沪宁、沪杭和京沪铁路，中环线、外环线、金沙江路。地铁13号线贯穿其中，设有金沙江西路站、华江路站。依托虹桥综合交通枢纽港航空、轨道交通、高速铁路、磁悬浮及地面公交等多位立体化交通网络，近可达长三角各城市，远可畅通世界各地。

上海市嘉定区沙河路337号
邮编：201803
电话：69112530
传真：69110906
邮箱：jjqjjc@sina.com

中国服务企业500强
上海企业100强

上海交运(集团)公司

上海交运(集团)公司，成立于1996年是由原上海市交通运输局改制而成的国有独资大型交通运输企业集团，集团注册资本143,993万元。

经过长年的积累和发展，上海交运集团资产规模和市场地位在上海市同类企业中居于前列，连续多年位居“中国服务企业500强”和“上海企业100强”。截至2012年底，集团总资产约100亿元，净资产约33亿元，实现主营业务收入约80亿元。

上海交运集团多年来坚持交通运输服务产业链、价值链同步发展，在“运输业与物流服务”、“汽车零部件制造与汽车后服务”、“水上旅游服务”等主业领域取得长足进展，拥有专业的运输经验、庞大的运输和仓储资源、完备的运营网络、较高的行业声誉，已经具备较为明显的区域性现代大型物流集团的竞争优势。在未来的发展进程中，上海交运集团将以科学发展观为统领，以“创新驱动、转型发展、共建共享”为发展主线，以“固本、培源、强基、创新”为发展基调，着力塑造“SJY(上海交运)”企业品牌形象，发展成为“长三角区域领先的综合物流服务提供商”，并最终发展成为国家标志性的现代物流企业之一。上海交运集团竭诚期待与境内外客户、社会各界广泛协作，共迎美好的明天！

WELCOME TO **DAXIANG** CHEMICAL

专业印染助剂制作商　**上海大祥化学工业有限公司**

上海大祥化学工业有限公司是日本染化株式会社旗下的全资子公司，是在中国专业生产销售纺织，印染助剂的企业。所有生产工艺技术和质量保证体系均为日本染化株式会社提供，并派员长期驻厂监制和品管，产品质量达世界先进水平。公司通过ISO 9001：2008质量认证体系，更进一步完善和保证了质量体质。

2013年5月起，为了强化公司技术力量，深化品质管理，优化公司生产力，提高公司综合竞争力，日本染化株式会社董事会任命了新的领导班子。林健史为董事长，大迫强为董事总经理，以及三位副总经理。他们从事染整工作20余年，熟悉染整工艺及技术应用。能够及时有效地应对客户提出的各项要求，解决各种问题。确保公司产品的质量稳定。

公司设立以来，一直致力于为客户提供高品质的助剂产品和提供优良服务为宗旨。以为客户节约成本，提高产品竞争力为目标。发挥日本企业之专长，不求做全做大只求做精做细。回报于客户，服务于社会。

上海试四赫维化工有限公司

上海试四赫维化工有限公司创建于1958年，是原化工部化学试剂的七大骨干企业之一。生产的化学试剂类产品近300种，其中主要有：钠化学品、钙化学品、镁化学品、胺化学品、碳化学品、钾化学品、锡化学品、铅化学品、锑化学品、铜化学品、酸类化学品等其它化学品；精细化学品类产品主要有：偶氮二异丁腈，偶氮二异戊腈、偶氮二异庚腈、间三氟甲基苯乙腈、间-三氟甲基苯乙酸、邻三氟甲氧基苯胺，对三氟甲氧基苯胺等。公司近10年来与国际跨国大企业合作重点研制开发新型特殊药物中间体，共拥有授权的发明专利11个，实用新型专利1个，外观专利1个。

公司多次被认定为上海市高新技术企业，获得上海市科技小巨人企业、上海市创新型企业称号，并连续获得6届上海市文明单位称号。

董事长：林建华

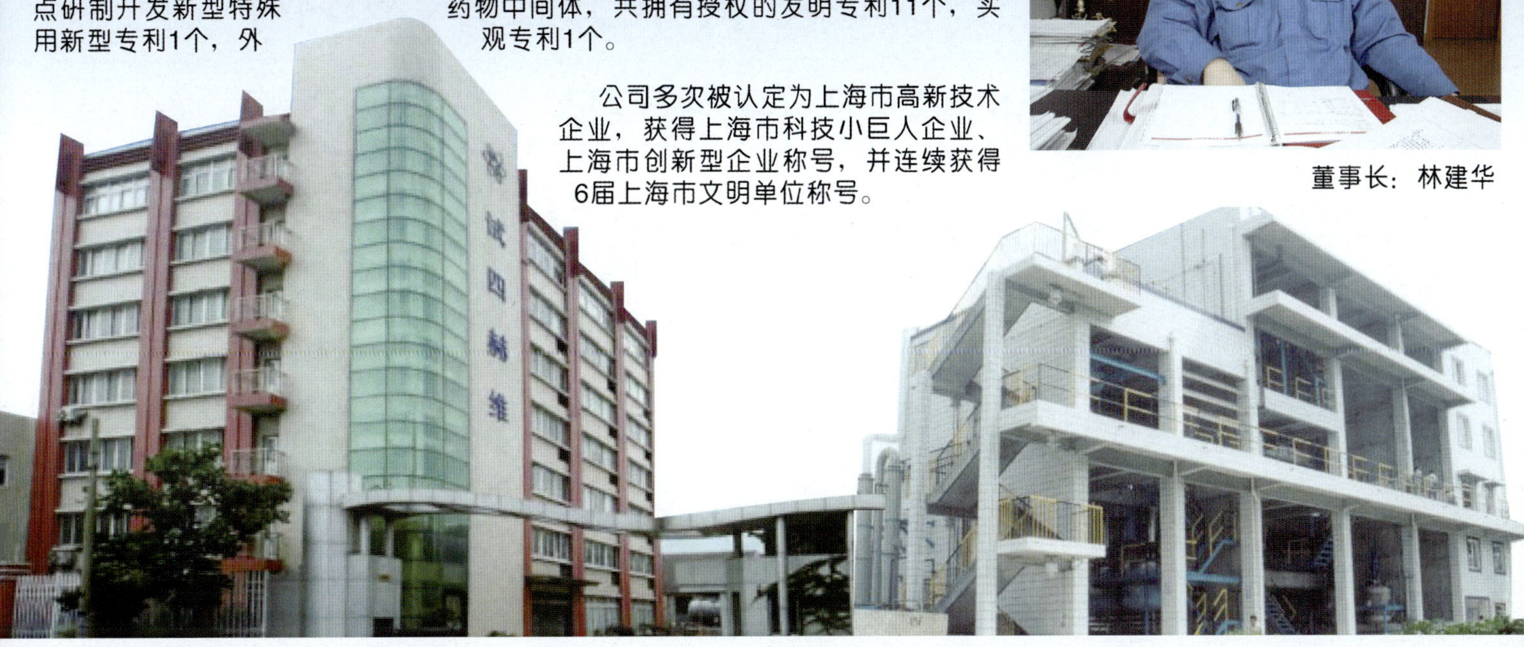

Bright Beginnings®

旭贝尔

美国旭贝尔（Bright Beginnings），经美国FDA认证，隶属于美国PBM营养品有限公司。旭贝尔奶粉选取来自北纬45度黄金奶道的优质奶源，100%美国原产原装原罐进口，符合美国 FDA 制定的严格营养指标，值得妈妈信赖，是亿万妈妈的安心“智”选。欧美著名影星波姬•小丝（Brooke Shields）亦曾是Bright Beginnings的代言人。旭贝尔奶粉富含优质品质的藻油 life’s DHA，成就宝宝的健壮体格和智力发展。

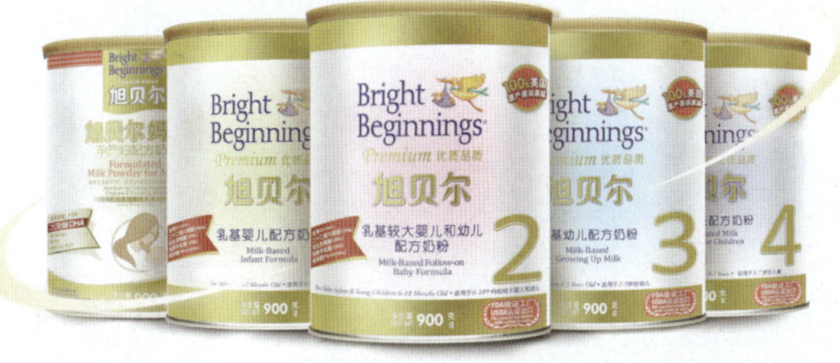

VENTURE

周生生于1934年在广州开展业务，并于1973年在中国香港上市，为香港第一家珠宝业股票上市公司。作为集团主要业务，周生生珠宝金行有限公司为全资经营，是大中华地区著名珠宝零售商。集团旗下周生生珠宝金行有限公司在中国香港共有四十五家周生生及九家点睛品分店。在中国台湾及中国澳门分别有二十一家及五家点睛品分店。在中国内地各省市设有二百八十六家周生生分店，亦会陆续在国内增设分店。周生生更设置网上购物店https://eshop.chowsangsang.com，并提供馈赠送货服务。集团现为伦敦国际钻石商贸公司DTC全球七十八家钻石配货商之一，可直接向DTC购入钻石毛坯，保证钻石的质量及稳定性。周生生所售的饰品以时尚设计和优质工艺见称，同时亦积极引入世界级珠宝品牌，让客人享有更多元化的选择。周生生希望透过其首饰传达一种幸福愉悦的感觉，带给女性感性而精致的生活，时刻绽放愉悦的光芒。

单位名称：周生生（中国）商业有限公司上海分公司
地址：上海市淮海中路755号新华联大厦东楼9B
网址：http://www.chowsangsang.com
电话：021-64677633

MHD

酩悦轩尼诗帝亚吉欧洋酒（上海）有限公司由国际顶级尊华品路威酩轩集团（LVMH）与全球闻名的烈酒集团帝亚吉欧集团（DIAGEO）强强联手，合资组成，主要从事国际顶级尊华葡萄酒和烈酒在中国的市场发展和销售，我们销售的很多品牌都有着百年或者数百年的历史，涵盖了目前国内市场最畅销的的洋酒品牌，如轩尼诗干邑系列、酩悦香槟、尊尼获加威士忌系列等产品。

MHD中国公司总部设在上海，在中国多个城市拥有办事处和强大的销售队伍，并在全国几乎所有的大中城市设立了强大的分销网络。我们的产品终端客户包括高级餐厅、酒吧、夜总会、国际五星级酒店、连锁店以及大型商场。

多年来，我们在干邑和香槟领域占据了中国市场的绝对领先地位，威士忌和葡萄酒在保持市场领先地位的同时，其市场份额也在逐年攀升。在很多重要场合和活动中，都可以看到我们产品尊华的身影。MHD中国公司致力于提供最高水平的尊华产品和服务，并带给消费者最高尊华的享受，深受消费者喜爱和认可。我们的产品对新的挑战充满热忱和激情，在品牌的创新上更具有世界瞩目的能力。充满激情，不断突破，MHD中国公司为消费者带来极致的品牌享受和体验。

上海宝山经济发展区

上海宝山经济发展区于1993年3月经宝山区人民政府批准设立，是上海市第一个实行由区管辖的民营经济发展区，现占地面积130公顷。园区东临长江入海口处和上海港最大散货码头---罗泾港区，西近嘉定科技城，南依宝山钢铁总厂和上海浦东钢铁有限公司，北靠江苏省太仓市明代三宝太监郑和下西洋的浏河港。

“优质、高效、诚信”的一条龙服务体系是园区的特色，也是园区服务品牌的精髓。2003年，上海宝山经济发展区成为上海首家导入CIS企业形象识别系统的经济园区，以现代化的管理为指导思想，为企业提供科学、专业、便捷的服务，更进一步提升企业的品牌形象。“宝山有宝、罗泾有金、投资罗泾，前程似锦”已是有口皆碑，享誉业界；在园区成立十周年之际，真正成为“诞生1000个百万富翁的摇篮”；在园区发展到十五年时，已走向“培育1000个千万富翁的五星之家”。园区曾先后荣获“上海市管理规范小区、上海市模范集体、中国最具投资价值十大非公经济开发区、全国中小企业成长环境十佳园区、亚洲博鳌中国最佳投资环境开发区、世博中国年最佳民营经济示范开发区、2009-2010年度上海市文明单位”等荣誉称号。

上海益民食品一厂有限公司

上海益民食品一厂有限公司是光明食品集团所属益民集团旗下全资子公司，生产“光明牌”冷饮、威化巧克力、速冻八宝饭为主，前身是1913年成立的美商海宁洋行。全国解放后，在时任常务副厂长的江泽民同志倡导和组织下，更名为上海益民食品一厂，并创建了中国冷饮自己的品牌“光明牌”。现在，“光明牌”是上海市著名商标，也是商务部认定的中华老字号。

2004年4月，生产企业乔迁奉贤食品工业加工区。上海益民食品一厂在发展过程中，始终得到各级领导的重视、关心和支持。

多年来，“光明牌”产品专注于品质的保障与提升，经受了不断变化的市场的长久考验，稳定的产品质量深受消费者的青睐和信任。公司不断加强新品开发，拓展市场渠道，把光明品牌做好，力争以聚焦上海市场冷饮品类第一、覆盖华东地区冷饮市场的发展目标，实现益民食品一厂发展新突破。

上海软中信息技术有限公司

上海软中信息技术有限公司成立于1997年3月，隶属于上海市科学技术委员会，主要股东为上海计算机软件技术开发中心。公司是主要从事行业应用软件开发、系统集成以及软件专业服务的国有控股高新技术公司，是上海市首批认定的软件企业。公司已通过ISO9001：2008质量体系认证和CMMI4级评估，具有计算机系统系统集成三级资质和信用资质等级AAA证书。公司的战略目标是成为中国行业信息化产品和服务的一流提供商。

公司现有员工近200人，其中本科及以上学历超过90%。公司业务主要包括金融服务、电子政务、电子商务、企业信息化、建筑信息化等领域的软件开发和系统服务，公司软件产品多次获得国家重点新产品证书、上海市科技进步奖、上海市优秀软件产品等业内认可，主要客户覆盖众多政府部门、金融机构和大中型企事业单位等。

上海亚东盛进出口有限公司

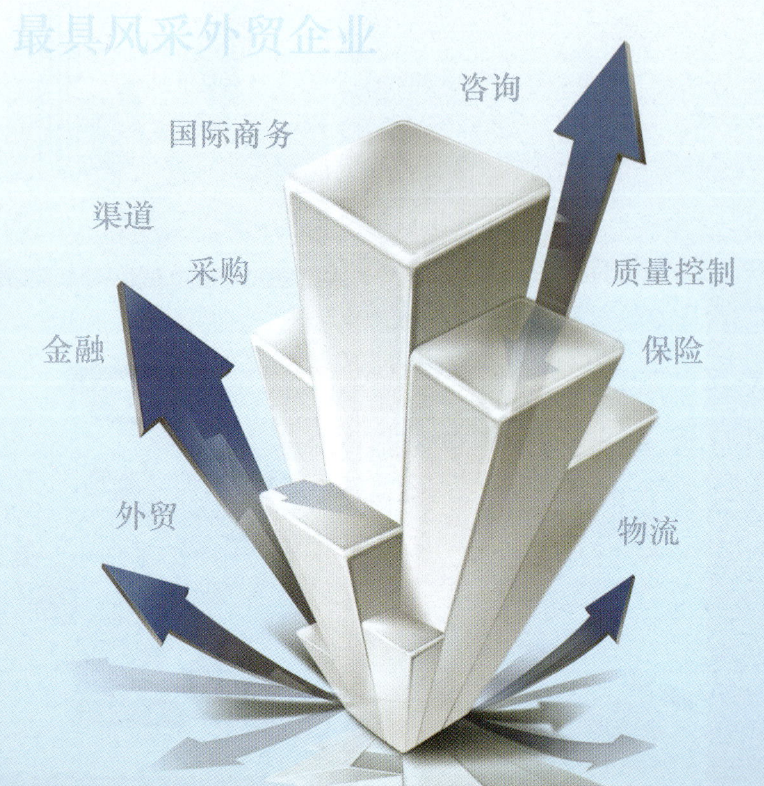

2004年成立，年均进出口额超过2亿美元，是上海市“品牌服务企业”、被所在区域推选为“最具风采外贸企业”，是上海进出口商会常务理事。

公司在意大利、澳洲、中国香港、日本设立合资公司，并与集团总部在国内及美国、加拿大、新加坡等地70余家分公司构建服务网络。公司拥有100多位专业人才，依托公司和总部的网络和功能平台，打破传统外贸模式，提出集咨询、国际商务、外贸、金融、采购、质量控制、保险、物流、渠道九位一体的供应链管理服务。根据客户需求，提供商业链方案设计、整合、优化和重塑并组织实施。

亚东盛致力于国际贸易的便利、可信和透明。争取成为全球知名的国际商业链服务企业。

上海凯虹电子有限公司

上海凯虹电子有限公司为外商投资的高新技术企业，于2000年在美国纳斯达克上市，总部位于美国德克萨斯州的达拉斯，在全球共设有14个分公司，8个销售网点（其中4个在亚洲，4个在欧洲）。

公司的主要产品是二级管、整流器、晶体管、MOSFET、保护器件等，在广阔的分散和模拟半导体市场上居全球领先地位的高质量，主要服务于电子消费品、计算、通讯、工业和汽车制造业。公司新产品开发能力一直处于业界领先，开发重点是高成长的最终用户设备市场，如数据通信设备、电脑、平板显示器、数码相机、手机、直流电源转换器、直流无刷电机冷却扇和汽车应用产品。

公司的目标是通过持续改进成为世界一流的半导体制造商，制造世界一流产品来满足顾客需求。

图书在版编目(CIP)数据

上海商务年鉴·2013/《上海商务年鉴》编纂委员会编.
—上海：上海锦绣文章出版社，2013.9

ISBN 978-7-5452-1308-9

Ⅰ.①上... Ⅱ.①上... Ⅲ.①商务—上海市—2013—年鉴 Ⅳ.①F727.51-54

中国版本图书馆CIP数据核字(2013)第107327号

责任编辑：叶　导
美术编辑：姚　毅

上海商务年鉴(2013)

出　　版	上海锦绣文章出版社
地　　址	上海市长乐路672弄33号 （邮编200040）
印　　刷	上海展强印刷有限公司印刷
规　　格	889×1194　　1/16
印　　张	32
插　　页	108
字　　数	900千字
版　　次	2013年9月第1版第1次印刷
书　　号	ISBN 978-7-5452-1308-9/J.825
定　　价	350.00元

如有印装质量问题　请与印装单位联系 021-56477080

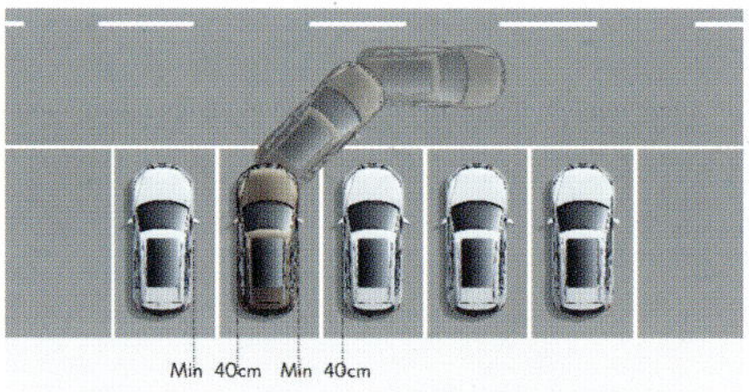

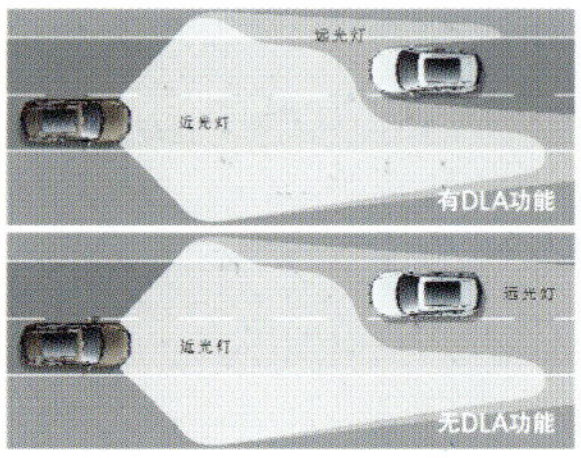